本书系国家社会科学基金十三五规划
2019 年度教育学一般项目"百年中国社区教育发展的历史反思与前瞻（1912 ~ 2020）"的
最终成果（项目编号：BKA190225）

百年中国社区教育发展的历史反思与前瞻

（1912～2020）

The Development of Community Education in China Over the Past 100 Years（1912-2020）:

Historical Considerations and Foward Insights

邵晓枫 著

社会科学文献出版社
SOCIAL SCIENCES ACADEMIC PRESS (CHINA)

目　录

绪　论 ……………………………………………………………………… 001

第一章　中国现代社区教育的发展与实验探索

第一节　中国现代社区教育的产生及发展 ……………………… 023
第二节　国外教育对中国社区教育的影响 ……………………… 063
第三节　中国现代社区教育的实验探索 ………………………… 080

第二章　中国社区教育目标的演变

第一节　百年中国社区教育目标的演变 ………………………… 105
第二节　中国现代社区教育目标确立的依据 …………………… 121
第三节　现代社区教育的核心目标 ……………………………… 136

第三章　中国社区教育实施机构的发展

第一节　百年中国社区教育实施机构的发展 …………………… 159
第二节　社区教育办学机构的标准化建设 ……………………… 185

第三节　中国社区学院的性质与定位 ……………………………… 201

第四章　中国社区教育课程的变革

第一节　百年中国社区教育课程的变革 ……………………………… 215
第二节　社区教育课程的科学化 ……………………………………… 245
第三节　社区教育课程开发中的居民参与 ………………………… 266

第五章　中国社区教育教学的历程及发展方向与形式

第一节　百年中国社区教育教学的历程 ……………………………… 287
第二节　社区教育教学的理想追求——从有效走向卓越 ………… 318
第三节　几种重要的社区教育教学形式 ……………………………… 338

第六章　中国社区教育保障机制的流变及科学化与专业化

第一节　百年中国社区教育保障机制的流变 ……………………… 361
第二节　社区教育政策的现实特点与科学化 ……………………… 397
第三节　建立科学合理的社区教育经费保障机制 ………………… 415
第四节　社区教育教师专业化的学理探索 ………………………… 432

第七章　中国学校与社区关系的变迁及校社合作与校社共同体

第一节　百年中国校社关系的变迁 ………………………………… 453
第二节　学校与社区合作的动力因素、内在逻辑及路径选择 …… 472
第三节　校社关系的最高境界:构建学校与社区教育共同体 ……… 489

第八章　百年中国社区教育理论研究历程及方向前瞻与范式转换

第一节　百年中国社区教育理论研究历程 …………………… 511

第二节　我国社区教育学术研究的反思与方向前瞻 ………… 550

第三节　社区教育研究范式的转换 …………………………… 568

第九章　现代化理想、治理理念、教育均衡与中国社区教育改革

第一节　现代化理想与中国社区教育改革 …………………… 587

第二节　社区教育促进社区治理的机理及功能体现 ………… 605

第三节　社区教育均衡发展的理性思考 ……………………… 619

参考文献 ………………………………………………………… 641

后　记 …………………………………………………………… 667

绪　论

社区教育作为现代教育体系的重要组成部分，在构建服务全民终身学习的教育体系中起着重要的作用。研究百年中国[①]社区教育发展的历程，反思其中的一些重要理论与实践问题，对于促进我国社区教育的高质量发展有着重要的意义。

一　研究的对象与主要内容

（一）　研究的对象

本研究以百年中国社区教育为主要对象，本研究中的"百年"，是指1912~2020年。之所以把1912年作为本研究的起始时间，是因为在这一年，中华民国成立，并在教育部下设立了社会教育司，这是我国有别于古代社区教育的现代社区教育的开端。

1887年，德国社会学家滕尼斯（F. Tönnies）在其著作《共同体与社会——纯粹社会学的基本概念》中提出了关于"社区"的概念，我国在20世纪30年代翻译和引入了这一概念。人们提出了多种有关社区的定义，如滕尼斯认为社区的本质是现实的和有机的生命，[②]强调了人们之间的社会联系与共同生活而并不强调地域性的特征。芝加哥学派创始人帕克（R. E. Park）在强调了社区地域性的同时，也强调了其中的组织制，他认

---

① 本研究中，"中国"是指中国大陆地区。

② 〔德〕斐迪南·滕尼斯：《共同体与社会——纯粹社会学的基本概念》，林荣远译，商务印书馆，1999，第52页。

为：“对一个社区所能作的最简单扼要的说明是：占据在一块被或多或少明确地限定了的地域上的人群的汇集。”但他又认为：“一个社区还不止这些。一个社区不仅仅是人的汇集，也是组织制度（institutions）的汇集。”[①]按照费孝通的理解，“社区是一定地域范围内的社会”，[②]其中同样既包含了地域因素，又包含了自然地域之外的社会因素。我国台湾学者王政彦进一步明确指出：“广义的社区概念其实包含了形式及实质要件。就形式要件来看，地理空间或依其所划定的行政区域可以是必备的条件。从实质要件来说，社区认同、社区意识及社区发展等相关的心理及社会因素，则是社区的必备条件。”而在狭义的社区概念中，“社区应具有的实质要件比形式要件来得重要”。[③]克拉克（Clark）归纳出了社区的五种概念，使“社区”的内涵更为完备：社区即一群人的聚集；社区即一个地理区域；社区即分享活动；社区即紧密联结的关系；社区即情感。[④]我们可以这样理解，“社区是指以一定地域为基础的社会生活共同体”，[⑤]其基本要素有：一定的地域、一定的人群、一定的组织形式、共同的价值观念和行为规范及相应的管理机构，以及满足成员物质和精神需求的各种生活服务设施。我国当前的社区主要是以形式要件为依据去确立，表现为以居委会辖区、村委会辖区等基层法定社区作为操作单位，也即是说，“确定社区实体首选的标准是地域界限明显，至于成员归属感的强弱则是次要的”，[⑥]实质要件被放到了较为次要的地位。不过，我国社区有多种表现形式：其基本单位除了居委会辖区、村委会辖区等外，还有乡（镇）等比村（居）更大的社区，以及居民的居住小区、居住单元、居住院落等自然形成的社区；除了现实社区外，还有超越地域、在互联网上构建的虚拟社区；等等。笔者所讲的社区教育中的“社区”，是指以一定地域为基础的社会生活共同体，这个“一定地域”，其范围既可以是村（居），也可以是乡（镇），甚至可以是区（县），还可以是居住小区、居住单元、居住院落等。

---

① 〔美〕帕克等：《城市社会学——芝加哥学派城市研究文集》，宋俊岭、吴建华、王登斌译，华夏出版社，1987，第110页。
② 费孝通：《当前城市社区建设一些思考》，《群言》2000年第8期。
③ 王政彦：《终生学习社区合作网络的发展》，五南图书出版公司，2002，第7~8页。
④ 转引自王政彦《终生学习社区合作网络的发展》，五南图书出版公司，2002，第7页。
⑤ 辞海编辑委员会编纂《辞海》，上海辞书出版社，2010，第1654页。
⑥ 邱梦华等编著《城市社区治理》，清华大学出版社，2013，第6页。

对于社区教育，2001 年，教育部办公厅在印发的《全国社区教育实验工作经验交流会议纪要》中指出："社区教育是在一定地域范围内，充分利用、开发各类教育资源，旨在提高社区全体成员整体素质和生活质量，促进区域经济建设和社会发展的教育活动。"① 这一定义的主要问题在于没有把社区教育与社区内其他种类的教育活动区别开来。学术界对社区教育概念有多种不同的理解，在我国当代社区教育产生之初，大多数人把社区教育视为一种服务于学校教育的补充教育形式，即校外教育形式。1993 年10 月全国社区教育研讨会在北京召开，与会代表一致认为，社区教育是教育社会化和社会教育化的辩证统一，是学校教育与校外教育、正式教育与非正式教育、普通教育与各种专业职业教育的统一体，是与现代社会生产生活融为一体的教育。② 在对社区教育概念外延的界定中，一个最具有争议的问题是：社区教育是否社区内所进行的各种教育的统称？一种观点认为，社区教育是社区内所进行的各种教育的统称；另一种观点认为，社区教育是与学校教育、家庭教育并列的社会教育，这是目前处于主流地位的观点。笔者赞同后者，认为社区教育本质上是一种在社区内进行的社会教育，"从某种意义上说，社区教育即属于地域社会教育的范畴"。③

既然社区教育本质上是一种社会教育，那我们就必须弄清楚什么是社会教育。德国学者狄斯特威格（F. A. W. Diesterweg）最先于 1835 年在其著作《德国教师陶冶的引路者》中提出了"社会教育"这一概念，1902 年 7月，《教育世界》杂志刊登了日本利根川与作的《家庭教育法》，我国第一次出现了"社会教育"这个名词。百年来，一些学者对这一概念的内涵进行了探讨，大致有三派观点。其一，认为"凡是比较不择固定的时间、地点、对象而授与一般人群以知识技能的教育，便是社会教育"。④ 这实际上是把所有的教育都纳入了社会教育的范畴。其二，认为社会教育是指在学校教育和家庭教育之外的由社会教育机构实施的教育，这是大多数人的观

---

① 《教育部办公厅关于印发〈全国社区教育实验工作经验交流会议纪要〉的通知》，北大法宝网站，2001 年 12 月 10 日，http://www.pkulaw.cn/fulltext_form.aspx? Gid = 5a5d4809d4719a87bdfb&Search_IsTitle = 0。

② 傅松涛：《全国社区教育研讨会综述》，《教育研究》1994 年第 1 期。

③ 〔日〕小林文人、〔日〕末本诚、吴遵民：《当代社区教育新视野——社区教育理论与实践的国际比较》，上海教育出版社，2003，第 10 页。

④ 冯业焜：《社会教育方法论》，《社会教育辅导》1945 年第 4 期。

点。如马宗荣指出："借家庭和学校以外的种种教育机关，应用种种的手段，在社会的实生活场中，不问其老幼，男女，贫富和贵贱，凡属教育未成熟的人，均教化他；因以增高一般社会民众的教育程度，使社会的发展上，进步上受有益的影响，这就叫做社会教育。"① 陈礼江认为，社会教育"是国家或私人欲使教育范围扩张，在普通正式学校以外，另办的各种各样的非定式的教育。它包含各种教育机关和事业，应用各种方法和手段，给予一切未受国民基础教育的成年民众以补习的基础教育，及受过教育（无论何种程度）的民众以继续的教育"。其特点是受教的人是全民、受教的时期是终身、内容是整个的生活、实施的方式不定。② 吴学信认为："社会教育为学校教育及家庭教育以外，所施行的教育活动的泛称。"③ 厉以贤认为，社会教育是"学校与家庭以外的社会文化机构及其有关社会团体或组织对社会成员，特别是青少年所进行的教育"。④ 其三，认为社会教育的内涵有广义和狭义之分，不过，各自的观点又有所不同。如有人认为，广义的社会教育是指"举凡社会上各种事业，其结果可使社会改良者均属之"，狭义的社会教育则"仅以直接改良社会为目的"。⑤ 俞庆棠认为："广义的社会教育就是全民教育，以社会全体民众为对象，启发人民向着光明的路上走，不分男女老幼，贫富贵贱……狭义的社会教育，就是失学青年的基本补充教育。"⑥《中国大百科全书》（教育卷）指出，广义的社会教育是"指一切社会生活影响于个人身心发展的教育"，狭义的社会教育"则指学校教育以外的一切文化教育设施对青少年、儿童和成人进行的各种教育活动"。⑦ 顾明远在其主编的《教育大辞典》中也认为社会教育在广义上是指"旨在有意识的培养人，有益于人的身心发展的社会活动"；在狭义上是指"家庭和学校以外的社会文化教育机构实施的教育"。⑧ 笔者认为，对社会教育在狭义层面上进行界定更为妥当，其内涵包括以下三

---

① 马宗荣：《社会教育概说》，商务印书馆，1933，第1～2页。
② 陈礼江编著《社会教育的意义及其事业》，正中书局，1937，第2～3、18～22页。
③ 吴学信编著《社会教育史》，商务印书馆，1939，第2页。
④ 厉以贤主编《现代教育原理》，北京师范大学出版社，1988，第334页。
⑤ 余寄编《社会教育》，中华书局，1917，第1页。
⑥ 茅仲英、唐孝纯《俞庆棠教育论著选》，人民教育出版社，1992，第27页。
⑦ 中国大百科全书总编辑委员会《教育》编辑委员会、中国大百科全书出版社编辑部编《中国大百科全书》（教育卷），中国大百科全书出版社，1985，第313页。
⑧ 顾明远主编《教育大辞典》（增订合编本）（下），上海教育出版社，1998，第1353页。

点。其一，社会教育是一种与学校教育、家庭教育相并列的教育形式。其二，社会教育是以社会文化机构和相关社会组织为主对全体公民实施的教育。其三，社会教育是在公共社会生活领域进行的教育，与发生在非公共社会生活领域的家庭教育相区分。

社区教育既然是在社区范围内进行的社会教育，当然也应符合上述三点。即社区教育同样是一种在学校教育、家庭教育之外的教育活动；社区教育是以社会文化机构和相关社会组织为主实施的；社区教育是在公共社会生活领域进行的。但社区教育与社会教育并不完全相同，其最大的区分点在于社区教育具有社区性。综合上述观点，笔者认为，社区教育是指在社区内进行的社会教育活动，是以社会文化机构和相关社会组织为主实施的，旨在提高社区全体成员素质和生活质量、促进社区发展。社区教育的特点包括以下几个方面。地域范围：是在社区内进行的社会教育活动。外延：是学校教育、家庭教育之外的社会教育活动。实施主体：是以社区社会文化机构和相关社会组织为主实施的。受教育主体：社区内的全体居民。上述几个方面也可以作为衡量一种教育活动是否属于社区教育的基本标准。

本研究的对象是 1912 年以来我国的社区教育，其不但包含 1986 年及以后的中国当代社区教育，而且包含中华民国成立以来至 1986 年以前的社区教育。也即是说，在 1912~2020 年，凡是在一定区域范围内进行的社会教育活动都属于社区教育，都是笔者的研究对象。

对于社区教育产生的时间这个问题，人们有着不同的答案。一些人认为，社区教育伴随着人类社会的产生而产生，[①] 原始社会的教育本质上就是一种社区性教育，社区教育的本质特征从其萌芽伊始就表现为教育与社区生活的结合。[②] 有人认为，清末民初的通俗教育与民众教育是社区教育的前身，20 世纪上半叶，晏阳初的平民教育活动、陶行知的生活教育运动、梁漱溟的乡村教育运动、中国共产党领导下的革命根据地以及解放区的校外教育活动，都近似于社区教育。[③] 有人则明确指出："20 世纪 30 年

---

① 刘伯奎：《社区教育实验理论与实务推展——社区教育工作指南》，中央广播电视大学出版社，2013，第 229 页。

② 黄云龙主编《社区教育基础》，华东理工大学出版社，1994，第 78 页。

③ 朱鸿章：《社区教育政策与公民学习权保障的研究》，博士学位论文，华东师范大学，2012，第 38~39 页。

代，我国兴起了乡村教育运动，可以视为以'教育和社会改造相结合为特征的农村社区教育'。"① 有学者指出，社区教育大致在奴隶社会与封建社会时期开始萌芽。② 有人认为，中国社区教育萌芽于元代的社学教育。③ 有人则认为，1800 年后，社区教育兴起，民众中学开启了现代社区教育实践的先河。④ 还有一些人认为，中国社区教育产生于 20 世纪 80 年代中期。

　　笔者认为，按照前述关于社区教育的衡量标准，人类社会自产生之时就有了社区教育活动，如中国古代的社学就是典型的社区教育形式。在民国时期，陶行知、晏阳初等人的乡村教育实验活动，各地区性的平民学校、民众学校、民众教育馆、成人补习学校、夜校、冬学，新中国成立后，地区性的扫盲教育、工农补习学校、冬学、夜校、成人学校、乡镇农民技术学校及地区内进行的社会宣传活动等，其地域范围、外延、实施主体、受教育主体几个方面都符合社区教育的标准，因此属于社区教育范畴（而普通学校教育、家庭教育、社区内企事业单位内部组织的职工教育、由上级政府统一设立的如抗大及管理干部学院一类的成人学校教育等不属于社区教育，其在地域范围、外延、实施主体、受教育主体等方面都不具有社区性），只不过没有被冠以"社区教育"的名称（"社区教育"这一概念在世界范围内被正式使用是在第二次世界大战以后，我国对"社区教育"概念的正式使用是在 1986 年我国当代社区教育产生后），正如柯隆威（N. F. S. Grundtvig）于 1844 年创办的民众中学一样，虽然其没有使用社区教育的概念，但仍然被视为现代社区教育产生的标志。直到今天，日本也仍然使用"社会教育"这一概念，北欧则一直以"民众教育"名之，但它们事实上都属于社区教育的范畴。对这个问题，有人早就指出："我国新时期的社区教育，除名称以外，从一定意义上看，在教育对象、教育功能、教育活动的内容及具体设施方面，都与民国时期的社会教育相类似。"⑤

　　在本研究中，除了要厘清社会教育与社区教育两个概念的关系外，还

① 周延军编著《新时代社区教育若干问题研究》，北京时代华文书局，2020，第 3 页。
② 王焱：《也谈社区教育的本质》，《教育理论与实践》2000 年第 2 期。
③ 魏晨明：《社区教育概论》，青岛出版社，2009，第 19 页。
④ 王英：《中国社区老年教育研究》，博士学位论文，南开大学，2009，第 53 页。
⑤ 侯怀银：《中国社会教育研究的若干问题》，《教育研究》2008 年第 12 期。

需要简要说明通俗教育、平民教育、民众教育、成人教育等概念与社区教育的关系。

　　民国时期，除社会教育概念外，通俗教育、平民教育、民众教育这几个概念也依次出现。通俗教育的名称源自清末，后《教育部整理教育方案草案（三年十二月十一日）》指出："社会教育，范围至广，即学校以外之教育无不包含之，今姑以其程度为区别标准，于学艺的之外，则有通俗的，其数最多，其自然之势力及习惯足以影响国家者至巨，各国谈教育者莫不注意乎是。""通俗教育，此以狭义解释，乃对于有限的社会人类而施教育者，如设露天学校、公众补习所、少年育德会、女子育德会、小学教育品陈列所、理学试验所等属之。"① 也即是说，通俗教育是社会教育中程度较低的那一部分，其受教育对象主要是文化水平较低的民众，其内容较为浅显，其目的是"专以不识字，或粗识字的人而给与粗浅的知识及技能为要务"。② 在通俗教育运动之后，又兴起了平民教育运动。平民教育运动更关注社会底层人民的受教育权利，但不局限于向受教育者传授粗浅的知识及技能，平民教育的目的是教人做有知识力、有生产力和有公德心的新民。③ 1927 年后，中国又兴起了由政府主导的民众教育，狭义的民众教育是"年长失学者的一种补受的基础教育"，广义的民众教育是"对于成年失学的一种补受的基础教育和对于幼年或成年曾受基础教育者的一种补充的继续教育"。④ 民众教育是面向全体民众的，不仅要面向文化水平较低的民众，还要对一般民众进行继续教育，其对象比通俗教育和平民教育广泛，其教育内容不但包括平民教育的文字、公民、生计教育几项，还包括家政、卫生、休闲教育等项。通俗教育、平民教育、民众教育三种概念和形式虽然出现的时间有先后，但不可能截然分开，在各个时间段是交叉存在的。这三个概念尽管与社会教育概念有细微的差别，前三者强调的是受教育者的文化水平与范围，社会教育强调的是该项教育的性质与施教的场所，但总体来看，通俗教育、平民教育和民众教育都属于社会教育范畴，

----

① 《教育部整理教育方案草案（三年十二月十一日）》，《江苏教育行政月报》1914 年第 16 期。
② 马宗荣、黄雪章编著《中国成人教育问题》（上），商务印书馆，1937，第 49 页。
③ 晏阳初编《平民教育概论》，商务印书馆，1928，第 4 页。
④ 陈礼江编著《民众教育》，商务印书馆，1935，第 4 页。

是在家庭教育和学校教育之外由社会文化机构和相关社会组织进行的教育，是当时中国社会教育的具有代表性的形式。至于成人教育这一概念，则主要是按受教育对象的年龄来划分的，其与通俗教育、平民教育、民众教育、社会教育都有交叉关系，通俗教育、平民教育、民众教育、社会教育都是进行成人教育的重要形式，成人也是这几种教育形式中重要的受教育主体。

由于篇幅所限，也由于社区教育的主要受教育对象是成人，特别在中国，社区教育更是成人教育的新增长点，本研究所讲的"社区教育"主要是指社区成人教育。在1986年以前，中国并没有"社区教育"的概念，因此，在本研究中，一些相关地方只能按照当时文件或文章中的用法，以"社会教育""通俗教育""平民教育""民众教育""扫盲教育"等概念去指代社区教育。

（二）研究的主要内容

本研究以时间为经，以问题为纬，以"社区教育"这一概念为关键词，以我国百年来社区教育发展的实际情况为基础，选择社区教育中的几个主要方面，分专题进行探讨。在每一专题中，又以时间为纵轴，分阶段地总结每一阶段在该方面的发展情况与特点，在此基础上对其发展情况进行评价与反思，并对其中的一些重要理论与实践问题进行专门的探讨，最后，对我国当前社区教育改革中的一些重要而具有全局性的问题进行较为深入的分析和展望。具体而言，本研究的主要内容有以下几个方面。

第一，横的方面：本研究选择了中国现代社区教育的产生、社区教育目标、社区教育实施机构、社区教育课程、社区教育教学、社区教育保障、学校与社区、社区教育学术研究8个主要方面作为专题，对每一方面的发展历程进行回顾与总结。纵的方面：在每一专题中，又以时间为纵轴，分阶段地分别总结每一专题在该方面的发展情况与特点。根据国内的社会形势及社区教育本身的发展情况，我国社区教育的发展大致可分为三个阶段。第一个阶段：1912~1949年，我国现代社区教育从起步到初步发展时期。第二个阶段：1949~1978年，我国社区教育蓬勃发展时期。第三个阶段：1978~2020年，我国当代社区教育酝酿产生与深化发展时期。

第二，每一专题都对该方面社区教育百年来发展的成败得失进行了系统的总结和评价，并对其中的一些重要理论与实践问题进行较为深入的理性思考。

第三，对我国当前社区教育改革中的一些重要而具有全局性的问题，如对现代化理想与中国社区教育改革、社区教育促进社区治理、社区教育均衡发展等问题进行较为深入的分析和展望。

二　研究的目的与意义

本研究的主要目的有以下几个：在充分挖掘、收集、整理和分析百年来中国社区教育发展史料的基础上，厘清百年来我国社区教育发展的脉络、基本情况及主要研究观点，从而帮助人们了解相关的史实；全面、系统地总结和评价百年来我国社区教育发展历程中的经验与教训，以供人们借鉴；在回顾与反思百年来我国社区教育发展历程的基础上，对我国社区教育几大主要方面的相关问题进行较为深入的理性思考，以有益于我国社区教育各方面更加科学化地发展；对我国当前社区教育改革中重要的理论和实践问题进行比较深入的思考，以便为我国社区教育的理论研究和更好地改革、发展中国社区教育提供借鉴。

研究百年中国社区教育发展历史，具有重要的学术意义、理论意义与现实意义。

其一，具有填补百年来我国社区教育发展历史研究空白和加强相关研究薄弱环节的意义。百年来，我国无数的社区教育工作者投身于社区教育的实践，进行了大量的探索和试验，使我国社区教育由起步到繁荣，取得了巨大的成绩，对提高整个中华民族的素质、促进社会的发展起到了重要的作用，但我国学术界至今没有很好地对其进行总结与分析，只有一些论文对其发展情况进行了总结评述，或在相关著作中有所涉及（具体情况见后面相关内容）。但这些研究要么篇幅较短，其介绍和分析十分简略，不可能对百年来我国社区教育的发展情况做比较全面、深入和系统的总结，也不可能在此基础上对我国社区教育发展的相关问题做比较系统的探讨；要么只研究了我国百年社区教育发展中某一阶段的情况，尤其对于1949~1986年长达37年的社区教育发展情况，更是极少有人去进行研究，但正如前文所言，这一时期，尽管没有"社区教育"甚至也几乎不提"社会教育"这一名词，但事实上社区教育活动还是在进行的，我们不应该让这一阶段的社区教育发展历史面目如此模糊。因此，本研究对百年来我国社区教育发展情况进行系统的梳理，基本弄清其发展脉络，系统反思在其发展中取得的成绩和存在的问题，探讨我国社区教育的改革前景，具有填补关于这一问题的研究空白和加强相关研究薄弱环节的意义。

其二，有助于完善我国社区教育理论。百年来，我国社区教育其性质从最初的通俗教育到后来的平民教育、民众教育、抗战教育、工农业余教育、成人教育，以及当代社区教育；其机构从最初的简易识字学塾、通俗教育馆等到后来的平民学校、民众学校、民众教育馆、冬学、业余学校、成人学校、社区学院等；其规模从最初的零星不系统到后来的不断壮大，直到今天建立了全国性的社区教育体系；其内容从最初的扫盲识字、初级卫生等生存教育，走向今天的全面发展、终身学习等生活与生命教育。百年风雨，一路走来，尽管有过挫折与失败，而且我国当前社区教育的实践和研究还存在大量的问题，但不管怎样，百年来，在我国社区教育的发展历程中，必然有着不少的经验和值得我们引以为鉴的教训，同时，还有众多的学者对我国社区教育的理论问题进行了大量的研究，这些都是我们今天研究社区教育时所应继承的宝贵财富，可以为探讨我国社区教育或深化我们对我国社区教育的理性认识提供借鉴。因此，总结和分析百年来我国社区教育发展历史，从中发现成绩与不足，并对其中一些问题进行较为深入的理性思考，有助于我们借鉴已有的优秀成果，对完善我国社区教育理论，把我国社区教育研究推向一个新的高度具有重要意义。

其三，有助于解决我国当前社区教育改革中存在的各种现实问题。当代社区教育在我国起步较晚，发展水平较低，还存在种种问题，如有关社区教育的法律法规和政策欠缺或不完善、社区教育治理体系还未建立起来、社区教育目标不够明确和科学、社区学院地位尴尬、社区教育课程开发存在问题、社区教育教学有效性有待提高、社区教育人员专业化程度较低、社区教育中居民参与程度不高、社区与学校还未真正建立紧密的联系等。要有效地解决上述问题，就需要认真研究总结历史上社区教育发展中的经验和教训，因此，研究百年来我国社区教育发展历史就具有重要的现实意义，可以为更好地解决我国当前社区教育改革中存在的问题提供理论和实践上的指导。

三　百年中国社区教育发展历史的研究综述

（一）　国外的相关研究

国外对社区教育本身有一些研究，如在社区公民教育研究方面，有人探讨了面向中学生的社区公民教育问题；[①] 有人研究了面向青年学生的社区参与教育问题；[②] 有人回顾了相关学术史，用一些著名人士的思想佐证了社区教育机构进行公民教育的必要性；[③] 一些人阐述了社区学院进行公民教育的必要性、思想渊源、项目内容及机遇与困难；[④] 有学者发现社区社会组织的公民教育项目目标与学校的公民教育项目目标有明显区别；[⑤] 有学者提出，应该将社区公民教育纳入移民安置计划。[⑥] 再如，在社区教学方面，有人介绍了阿富汗社区学习中心成人扫盲教育教学相关情况；[⑦] 有学者将成人教育教学和社区发展相结合；[⑧] 澳大利亚国家职业教育研究中心认为，社区教育机构因其规模小且教学灵活而特别适合提供基础技能

[①] Edgar Litt, "Civic Education, Community Norms, and Political Indoctrination,"*American Sociological Review* 28(1963), p. 70.

[②] Harry C. Boyte, "Community Service and Civic Education,"*Phi Delta Kappan* 72(1991), p. 765.

[③] Nicholas V. Longo, *Why Community Matters: Connecting Education with Civic Life* (Albany: SUNY Press, 2007), pp. 3-5.

[④] George H. Higginbottom, Richard M. Romano, "Appraising the Efficacy of Civic Education at the Community College,"*New Directions for Community Colleges* 136(2006), pp. 23-32.

[⑤] Scott London, *Doing Democracy: How a Network of Grassroots Organizations Is Strengthening Community, Building Capacity, and Shaping a New Kind of Civic Education* (Dayton: Kettering Foundation, 2010), pp. 36-37.

[⑥] Pius S. Kartasasmita, "Beyond Project Compliance: Unintended Social Impact and the Emergency Call for Community Education in West Tarum Canal,"*Journal of Social Studies Education Research* 11 (2020), p. 64.

[⑦] Khalilurahman Hanif, Adult Literacy Teaching and Learning at Community Learning Centers in Afghanistan: A Research Study of Adult Literacy Teaching and Learning-Challenges and Opportunities from the Facilitators and Learners' Points of View at Community Learning Centers (master's thesis, Karlstad University, 2015), pp. 12-23.

[⑧] G. Adekola, "Establishing a Link between Adult Education and Community Development for Improved Teaching, Learning and Practice of the Concepts,"*Global Journal of Educational Research* 11(2012), pp. 71-72.

培训，讨论了这种培训对增加人力资本和社会资本的有效性。[①]

国外对中国社区教育发展历史几乎没有相关的研究，对中国社区教育发展情况的研究也不多，对中国社区学院有少量的研究，主要表现为在一些著作和文章中涉及中国社区学院，如一些人在书中用两个章节介绍了中国社区学院，[②] 有人在文章中对中国社区学院的研究情况一带而过，主要在于梳理美国学术界的社区学院比较研究进展。[③] 此外，还有一些外籍华人对中国社区学院进行了研究。如有人在文章中简要地介绍了中国社区学院的情况，而其主要是参考了中国矿业大学刘春朝的博士学位论文。[④] 还有人在文章中提出中国也应该举办社区学院。[⑤]

（二） 国内的相关研究

民国时期及改革开放以来，有不少学者对社区教育的概念界定、本质内涵、作用功能、发生发展、课程教学、政策管理、经费师资等方面进行了研究，出版了大量的专著，发表了大量的论文（详细内容见本书第八章）。对于社区教育发展历程的探讨，总体可以分为两大部分——民国时期对我国社区教育发展历程的研究、当代学者对社区教育发展历程的研究（其大致包括以下几个方面：对民国时期社区教育发展历程的探讨、对我国从古代到当代社区教育发展历程的整体回顾、对我国当代社区教育发展历程的专门探讨）。

1. 民国时期对我国社区教育发展历程的研究

民国时期的一些学者对我国社区教育发展历程进行了相关研究，还出版了少量专著，如吴学信在《社会教育史》（1939）一书中，把我国社会

---

① Lisel O'Dwyer, Mandy Mihelic, *Provision of Foundation Skills Training by Community Education Providers in Regional Australia* (Adelaide: National Centre for Vocational Education Research, 2021), pp. 8-10.

② Rosalind L. Raby, Edward J. Valeau, eds., *Community College Models: Globalization and Higher Education Reform* (Dordrecht: Springer, 2009), pp. 157-172, 517-544.

③ Rosalind L. Raby, Edward J. Valeau, "Community College Global Counterparts: Historical Contexts," *Research in Comparative and International Education* 8(2013), p. 113.

④ Yi(Leaf)Zhang, "Models of Community Colleges in Mainland China," *New Directions for Community ty Colleges* 177(2017), pp. 43-46.

⑤ Nan B. Hu et al., Planning and Developing Community Colleges in China (paper presented at the conference "Toward the 21st Century: The Trends in World Education Development and China's Education Reform," Washington D. C., 1996), p. 7.

教育划分为：社会教育的类似时期，时间大致为古代社会；社会教育的草创时期，时间大致为清朝末年；社会教育的确立时期，时间大致为民国初年，以通俗教育为主；社会教育的发展时期，时间大致为 1919 年五四运动之后，以平民教育为主；社会教育的扩张时期，时间大致为 1927 年国民政府定都南京之后，以民众教育为主；社会教育的抗战时期，时间大致为 1937 年全面抗战爆发之后。并叙述了每一个时期我国社会教育的发展情况，只不过，其对以上几个阶段情况的叙述都非常简略。汤茂如在《平民教育运动史略》（1928）一书中，对我国平民教育运动的发展历史进行了回顾，把其划分为胚胎时期、提倡时期和研究实验时期，并概述了每一时期的大致情况。除专门著作外，还有一些相关的学术著作和论文也对我国社区教育的发展历程进行了简单总结，如《第二次中国教育年鉴》把中国近代社会教育史划分为四个时期，即社会教育萌芽时期（1895～1911 年）、社会教育成立时期（1912～1926 年）、社会教育发展时期（1927～1936 年）、社会教育积极推进时期（1937～1947 年）。① 马宗荣在《现代社会教育泛论》一书中将我国社会教育的发展历程划分为三个时期，即准社会教育时期（西周到 1895 年）、社会教育萌芽时期（1896～1911 年）、社会教育成立时期（从 1912 年民国教育部下设社会教育司开始），并概述了每一时期的大致情况。② 顾岳中在其《民众教育》（1948）一书中把我国民众教育发展史列为单独的一章，认为从清末开始，我国民众教育史可分为简易识字学塾倡导与推行时期、通俗教育倡导与推行时期、平民教育倡导与推行时期、民众教育全盛时期、抗战时期共五个时期。俞庆棠把清末以来的社会教育史分为四个时期：1895～1911 年，简易识字学塾时期；1912～1918年，通俗教育时期；1919～1927 年，平民教育时期；1928 年及以后，民众教育时期。③ 这是当时最有影响力的一种分法。

2. 当代学者对社区教育发展历程的研究

对民国时期社区教育发展历程的探讨。如董纯才在其主编的《中国革命根据地教育史》（1～3 卷）中分别对土地革命战争时期、抗日战争时期、解放战争时期的革命根据地的社会教育发展情况进行了介绍。博士学位论

---

① 教育部教育年鉴编纂委员会编《第二次中国教育年鉴》，商务印书馆，1948，第 1087 页。
② 马宗荣：《现代社会教育泛论》，世界书局，1934，第 251～345 页。
③ 茅仲英、唐孝纯编《俞庆棠教育论著选》，人民教育出版社，1992，第 159 页。

文《山西革命根据地社会教育研究》（辛萌，2017）、《中国近代民众教育思潮研究》（张蓉，2001）、《吉林通俗教育讲演所研究（1915—1931）》（朱一丹，2016）、《抗战时期陕甘宁边区社会教育研究》（王玉珏，2013）等，硕士学位论文《中央苏区的社会教育研究》（仪淑丽，2003）、《抗战时期陕甘宁边区社会教育研究》（谢飞，2010）、《冯玉祥主政时期的河南社会教育研究（1927—1930 年）》（夏豪杰，2016）、《近代中国（1911—1937）城市民众教育馆述论》（毛文君，2002）等对民国时期社区教育的某一方面进行了研究。还有一些学者对民国时期的社区教育发展历史进行了探讨。如王雷在 2003 年出版了《中国近代社会教育史》，后又在其论文中将民国时期的社会教育分为近代社会教育萌芽、确立、发展、分化四个阶段。[①] 杨才林在其博士学位论文中将民国社会教育史大略分为四个时期：1912~1918 年，社会教育的确定时期，也称通俗教育时期；1919~1927 年，社会教育的发展时期，也称平民教育时期；1928~1937 年，社会教育的全面扩张时期，也称民众教育时期；1938~1949 年，处于全面抗战继而全面内战，所以称战时社会教育时期。并分析了民国社会教育的演进特点。[②] 吴晓伟以《民国时期社会教育的发展嬗变及特征》作为其硕士学位论文题目，回顾了民国时期社会教育发展的历程，把其划分为确立期、蓬勃发展期及分化期，并阐述了每一时期的大致发展情况，等等。

对我国从古代到当代社区教育发展历程的整体回顾。1986 年，台湾学者李建兴出版了《中国社会教育发展史》一书，比较系统地回顾了中国社会教育的发展。陈乃林把近代以来我国社区教育的发展分为三个阶段：早期的社区教育研究与实验，主要指 20 世纪二三十年代的平民教育运动；新社会计划经济体制下的社区教育，常以运动形式统一开展；市场经济体制下的城乡社区建设与居民社区教育。[③] 魏晨明简要回顾了我国社区教育从古代到当代发展的整个过程：社学是我国古代社区教育的萌芽；近代社区教育的尝试，河北定县乡村建设实验区、山东邹平乡村建设实验区与山海

---

① 王雷：《我国近代社会教育的发展历程与基本经验》，《华东师范大学学报》（教育科学版）2010 年第 3 期。

② 杨才林：《"作新民"、"唤起民众"——民国社会教育研究》，博士学位论文，首都师范大学，2007，第 27 页。

③ 陈乃林主编《现代社区教育理论与实验研究》，中国人民大学出版社，2006，第 13~27 页。

工学团是这一时期的社区教育典型；新时期社区教育的复兴和发展，分为新时期社区教育的复兴阶段、探索与实验阶段、模式化阶段。① 朱鸿章认为，在我国古代社会，就出现了类似今天社区教育的社会文化现象；清末民初，出现了通俗教育与民众教育，这是社区教育的前身；20 世纪二三十年代，晏阳初的平民教育活动、陶行知的生活教育运动、梁漱溟的乡村教育运动对社区教育产生了深远的影响；20 世纪三四十年代，中国共产党领导下的革命根据地以及解放区创建了近似于社区教育的校外教育活动，呈现出"教育社会化"的特点，为建立具有中国特色的社区教育开了先河。②

对我国当代社区教育发展历程的专门探讨。大多数人把我国当代社区教育发展分为了三个阶段，不少人以 1993 年召开全国社区教育研讨会和1999 年国务院批转教育部《面向 21 世纪教育振兴行动计划》作为关键的时间点来划分。吴建军等的划分：社区教育的兴起阶段（1986～1992 年）、社区教育的形成阶段（1993～1998 年）、社区教育的发展阶段（1999～2002 年）。并介绍了每一个阶段的特点、目标、教育对象、教育内容等。③ 吴遵民等的划分：20 世纪 80 年代中期是社区支援学校的阶段，社区教育对象以中小学生为主；20 世纪 90 年代初期是学校回报社区的阶段，社区教育对象也从中小学生向社区居民拓展；20 世纪 90 年代中后期是社区、学校"双向服务"的阶段，朝完善终身教育体系、创建学习型社区、教育与社区互动的方向发展，社区教育对象也逐渐扩大到以全体社区成员为主的层面。④ 秦钠的划分：第一阶段初创期，1985～1988 年，社区教育主要为中小学生的校外教育服务；第二阶段形成期，1988～1993 年，学校向社区开放，社区教育的对象逐渐扩展到社区居民；第三阶段，1993 年后，社区教育发展呈现出面向社区全体成员、形式丰富多样的特点。⑤ 栾精靓的

① 魏晨明：《社区教育概论》，青岛出版社，2009，第 19～28 页。
② 朱鸿章：《社区教育政策与公民学习权保障的研究》，博士学位论文，华东师范大学，2012，第 38～39 页。
③ 吴建军、毛长红主编《学习化社区建设指南》，地质出版社，2002，第 14～21 页。
④ 〔日〕小林文人、〔日〕末本诚、吴遵民：《当代社区教育新视野——社区教育理论与实践的国际比较》，上海教育出版社，2003，第 4 页。
⑤ 秦钠：《中日都市社区教育比较研究——以上海和大阪为例》，博士学位论文，上海大学，2006，第 37 页。

划分：社区教育起步阶段（1986~1990 年）、社区教育探索阶段（1991~
1998 年）、社区教育实验阶段（1999 年及以后）。① 王英的划分：社区教育
的兴起阶段（20 世纪 80 年代初至 1993 年）、社区教育的试验阶段（1993~
1999 年）、社区教育的发展壮大阶段（1999 年后）。② 黄云龙认为中国社区
教育的现代化发展有三次标志性的飞跃：第一次飞跃的标志是 20 世纪 80
年代社区教育委员会的普遍建立，使社区教育从自发形式走向自觉组织，
促进了教育社会化；第二次飞跃的标志是 20 世纪 90 年代后，在北京、天
津、上海等大城市涌现了各种形态的社区学校（学院），形成了社区学院、
社区学校及其教学点的三级网络；第三次飞跃的标志是进入 21 世纪后，教
育部确立了全国社区教育实验区，形成了社区教育区域推进、建设学习型
社会的态势。③ 刘宗锦的划分：社区教育启动阶段（1986~1992 年）、社区
教育转型阶段（1993~2001 年）、社区教育实验深化阶段（2002 年至
今）。④ 杨志坚在其主编的《中国社区教育发展报告（1985—2011 年）》
一书中，把我国社区教育的发展分为社区教育的启动阶段（1986~1989
年）、转型发展阶段（1990~2000 年）、实验深化和提升阶段（2001~2011
年）三个阶段。此外，还有一些人把我国当代社区教育发展历程分为两个
阶段。如叶忠海的分法是：社区教育的初始阶段（20 世纪 80 年代中期至
1993 年）；社区教育的探索实验阶段（1993 年至今），认为这一阶段又可
分为两个时期，即转化期社区教育（1993~2002 年）、提升期社区教育
（2002 年至今）。⑤ 张群弟等人的分法是：起始阶段，20 世纪 80 年代至 90
年代末；实验阶段，2000~2007 年，确立了社区教育实验区。⑥ 厉以贤特
别强调 1993 年是我国社区教育视角转换的时间点，认为此后我国社区教育
开始进入规范状态，同时体现出多样性和创造性。这实际上也是把我国社

① 栾精靓：《美、德、日社区教育发展的成功经验及对我国的启示》，硕士学位论文，黑龙
江大学，2008，第 31~33 页。
② 王英：《中国社区老年教育研究》，博士学位论文，南开大学，2009，第 56~58 页。
③ 汪国新主编《中国社区教育 30 年名家访谈》，浙江科学技术出版社，2010，第 246 页。
④ 刘宗锦：《我国城市社区教育协同治理研究》，博士学位论文，天津大学，2017，第 22~
25 页。
⑤ 叶忠海：《21 世纪初中国社区教育发展研究》，中国海洋大学出版社，2006，第 17~21 页。
⑥ 张群弟、尚晓梅：《我国社区教育的发展历程与基本经验》，转引自陈乃林、刘建同主编
《学习型社会建设中的社区教育发展研究》，高等教育出版社，2010，第 2 页。

区教育发展分成了两大阶段。①

此外，还有个别对从中华人民共和国成立后至 1986 年前我国社区教育情况的研究，如硕士学位论文《试论建国后十七年河南农村的社会教育》（薄运玲，2002）、《建国初期四川的社会教育研究（1949—1956）》（詹凯，2014）等。

百年来，我国社区教育取得了巨大的成绩，积累了丰富的经验，其间也存在不少问题，同时，学术界不少人对社区教育进行了探讨，其中很多好的做法和思想观点值得我们深入思考和借鉴，但我国社区教育中的不少理论问题还存在较多分歧，现实中更是有许多问题需要解决。要正确认识和处理我国社区教育的各种相关理论问题与现实问题，就需要全面总结反思百年来我国社区教育的发展历史。但由上可知，学术界对我国社区教育发展的历程要么是只研究了其中某一时段的情况，要么是全面然而简略的概述，对于百年来中国社区教育的发展历程缺乏系统而详细的总结回顾，更缺少对于发展历程的系统的评判与反思。因此，我们还应从以下三个方面对其进一步加以研究。其一，需要对百年来我国社区教育发展历程进行专门的、系统的梳理和研究。特别是要加强对新中国成立以来到 1986 年之前的 30 多年间社区教育发展历程的系统研究。其二，需要进一步对百年来我国社区教育发展历程中的经验教训进行专门和系统的总结与反思。其三，需要在研究百年来我国社区教育发展历程的基础上，对其中存在的一些重要理论与实践问题进行比较深入的思考。

四　研究的价值尺度

在进行任何研究之前，都必须确立正确的价值尺度，要审视我国百年来社区教育的发展历程，要构建合理的社区教育理论，就需要确立相关的正确的价值尺度或评判标准。因此，在正式论述我国百年来社区教育发展历史的相关问题之前，笔者先对本书所持的价值尺度做一论述。

研究我国社区教育发展历程的基本价值尺度主要应有以下几个方面。

第一，最大限度地满足居民的学习需要，促进社区全体居民的发展，

---

① 厉以贤：《社区教育的推行》，《教育研究》1999 年第 11 期。

这是衡量社区教育发展情况的首要价值尺度。以人为本理念早已深入人心，在社区教育中，以人为本理念最重要的体现就是要以社区居民为本，而这种以社区居民为本的首要含义就是要从社区居民的特点和需要出发，促进社区全体居民的发展。社区实际上就是一个小的社会，居民在年龄、职业、文化程度、兴趣爱好、学习动机、时间安排、学习方式等方面都具有多样性，他们对教育的需要也各不相同，把居民的特点和需要作为社区教育的出发点，是以人为本理念的重要体现。同时，社区教育与其他教育一样，其本质当然也是要培养人，社区居民发展好坏自然应成为衡量社区教育好坏的根本价值尺度。所谓社区居民的发展有以下几个方面的含义。一是指社区居民的全面、和谐发展，即要使社区居民在德、智、体、美、劳等方面得到全面、和谐发展。二是指让所有社区居民都得到同样的发展，而不是部分城市社区居民或者发达地区社区居民的发展。三是指社区居民的主动发展和个性发展，即社区居民在接受社区教育中能主动地、充分地发挥自己的个性和开发自己最大的潜力，实现整个生命素质和质量的提升。四是指社区居民的可持续发展，即使社区居民今天所受的教育能成为促进其持续不间断地发展的力量。

第二，有利于促进社会和社区的发展。社区教育作为一种教育，除了具有促进人（即社区居民）发展的内部功能或者说本体功能外，还应具有促进社区乃至社会发展的外部功能，二者不可偏废。社区教育的外部功能主要表现在：通过社区教育，培养社区居民的公民意识与公民能力，促使其主动积极地参与到社区的各项事务中去，促进社区的民主政治建设，建立社区治理体系；通过社区教育，提高社区居民的科学知识水平、职业能力及创造力，培养社区经济发展所需的人才，促进社区经济发展；通过社区教育，普遍提高社区居民的文化水平，传承并创新社区文化，促进社区文化的发展，促进建立服务全民终身学习的教育体系；通过社区教育，提高社区居民的道德水平，加强法治意识，促进社区整体风气的提升；等等。总之，社区教育是否有利于上述几方面的发展，应成为衡量社区教育发展水平高低的重要价值尺度。

第三，符合社区教育本身的特点且有利于促进社区教育的发展。首先，社区教育是在一定区域内进行的教育，是与社区发展相结合、具有这个特定区域的人文、社会、地理等方面特点的教育。其次，社区教育是一种大教育，是社会教育与学校教育、正规教育与非正规教育、学历教育与非学历教育等相互融合，整合社会各方面教育资源的一种教育。再次，社区教育是一种开放教育，社区内各个单位及所有居民都有权利参与，社区教育的真正主体力量应该是社区居民。最后，社区教育作为一种服务于社区居民的教育，应具有公益的性质。衡量与评判社区教育发展情况，应从上述特点出发，研究如何解决社区教育中存在的问题，按照社区教育的特点和规律办事。因此，是否符合社区教育本身的特点、是否有利于促进社区教育的发展应成为评判我国社区教育发展好坏的重要价值尺度。

第四，符合时代进步潮流和要求。时代精神是一个社会在某个时代主要的思想价值取向与整个社会的精神主流，它深刻地影响着社会的各个方面，我国社区教育改革与发展同样要受到时代精神的影响，并且必须符合时代进步潮流和要求。如在 20 世纪 80 年代中期，中国学校存在办学经费缺乏、德育环境日益复杂化等问题，于是，中国当代社区教育作为学校德育的一种补充形式应运而生，而 20 世纪末以来，伴随终身教育、终身学习思潮的日益深入人心，社区教育就逐步成为服务全民终身学习的教育体系的重要组成部分。

五 研究的思路与框架

本书的基本思路是采取专题研究与过程研究相结合的方式，即首先，对百年来我国社区教育的发展历程做一概述，其次，把我国社区教育发展的几个主要方面分专题分别进行梳理和总结，对每一方面发展的特点、得失等进行总结，在每一专题中又都注意其发展脉络，并对其中的一些重要理论与实践问题进行较为深入的理性思考，最后再对我国整个社区教育改革中的一些重要问题进行深入的学理探讨。这样的结构和分析，既有利于读者把握我国社区教育发展历程的总体情况，又有利于读者去了解其中某一方面的具体发展脉络与情况，还有利于读者对社区教育中的一些问题进行较为深入的思考与探讨。具体而言，本书除绪论外，共分为 9 章。

第一章，中国现代社区教育的发展与实验探索。对百年来我国现代社区教育的产生及发展历程进行比较全面的回顾，并对国外教育对中国社区教育的影响与本土化，以及社区教育实验等重要理论与实践问题进行较为深入的理性思考。

第二章，中国社区教育目标的演变。梳理总结百年中国社区教育目标的演变历程，并对我国现代社区教育目标确立的依据、现代社区教育的核心目标是要培养现代人等理论与实践问题进行探讨。

第三章，中国社区教育实施机构的发展。总结百年中国社区教育实施机构的发展历程，对社区教育办学机构的标准化建设、中国社区学院的性质与定位等问题进行较为深入的探讨。

第四章，中国社区教育课程的变革。梳理总结百年中国社区教育课程（包括课程设置及内容、教材等）的变革历程，从认识论、知识论和方法论去深入审视社区教育课程，并对社区教育课程开发中的居民参与问题进行理性反思。

第五章，中国社区教育教学的历程及发展方向与形式。梳理总结百年中国社区教育教学的历程，对社区教育教学从有效走向卓越，以及对社区教育教学中的几种重要形式进行较深入的探讨。

第六章，中国社区教育保障机制的流变及科学化与专业化。梳理总结百年中国社区教育政策法规、经费、师资几方面保障体制的流变历程，对社区教育政策的现实特点与科学化、建立科学合理的社区教育经费保障机制、社区教育教师专业化等问题进行理论探讨。

第七章，中国学校与社区关系的变迁及校社合作与校社共同体。对百年中国学校与社区关系的变迁历程进行考察与梳理，对学校与社区合作的动力因素、内在逻辑及路径选择，以及构建学校与社区教育共同体等问题进行较深入的研究。

第八章，百年中国社区教育理论研究历程及方向前瞻与范式转换。全面回顾百年中国社区教育的理论研究情况，总结其中具有代表性的人物提出的思想观点，对研究中取得的成绩与存在的问题进行全面的总结、反思与评价，并对社区教育的研究方向、研究范式等问题进行深入的思考。

第九章，现代化理想、治理理念、教育均衡与中国社区教育改革。深入思考现代化理想与中国社区教育改革、社区教育促进社区治理、社区教育均衡发展等理论与实践问题。

第一章

中国现代社区教育的发展与实验探索

本章首先总结我国现代社区教育的产生及发展沿革，在此基础上，进一步对国外教育对中国社区教育的影响与本土化、中国社区教育实验等有关问题进行反思与前瞻。

第一节　中国现代社区教育的产生及发展

中国现代社区教育的产生是多种因素共同作用的结果，其发展可大致分为以下几个阶段。第一个阶段（1912～1949 年）：中国现代社区教育的起步阶段。在这一阶段，社区教育从晚清的通俗教育到 20 世纪 20 年代初的平民教育，再到 20 世纪 30 年代的民众教育，以及进入全面抗战后的抗战教育，虽然名称上有异，侧重点也不同，但其社区教育的性质是一样的，现代社区教育体系初步形成。与此同时，在共产党根据地开展的社区教育构成了中国社区教育的另一条线，可大致分为土地革命战争时期的社区教育、抗日战争时期的社区教育和解放战争时期的社区教育。第二个阶段（1949～1978 年）：中国现代社区教育的蓬勃发展阶段。在这一阶段，中国进行了大规模的、广泛的社区政治教育、文化教育和职业技术教育，培养了大批社会主义建设需要的人才。第三个阶段（1978～2020 年）：中国当代社区教育酝酿产生与深化发展阶段。在这一阶段，"社区教育"这一概念正式进入人们的视线，现代社区教育的管理体系、人员体系、课程体系等不断走向完善，成为终身教育、建设学习化社会的重要组成部分。

一　中国传统社区教育及现代社区教育的产生

（一）　中国古代的社区教育

我国古代有大量的具有社区教育色彩的社会教化活动，只是当时没有社区教育这一概念。如在西周时期，设置了专门人员负责社会教化工作，他们于每年的正月、七月、十一月的朔日召集所在辖区内的民众一同诵读邦法，又于每年春秋社祭日，行乡饮酒礼、乡射礼，以示尊敬长老，旌表有德者。据《周礼·地官》记载，大司徒"正月之吉，……乃悬教象之法于象魏，使万民观教象"，州长"正月之吉，各属其州之民而读法"。① 也可以说，周时的聚民读法是我国早期社区教育比较有代表性的表现形式。宋朝蓝田吕氏发起的乡约制度是重要的社区教育实施规范，其内容为"德业相劝，过失相规，礼俗相交，患难相恤四条，每条下又分为若干项"。② 此外，还有如范仲淹所办之"义庄"等多种社区教育形式。元代在地方广设社学。公元1286年，元世祖颁令各路劝农立社，"诸县所属村庄，五十家为一社，择高年晓农事者立为社长"，并且"每社立学校一，择通晓经书者为学师，农隙使子弟入学"。③ 明朝时的社区教育表现为乡约、社学等不同的形式。明太祖洪武三十年颁布《圣训六谕》，每里选一耆老，持一木铎，一边走一边敲一边念诵，后又常在乡约会场宣讲。④ 清顺治帝颁布了《六谕卧碑》，康熙帝颁布了《圣谕十六训》，雍正帝制定了《圣谕广训》，嘉庆帝颁行了《圣谕广训直解》，一些地方官员把这一类"圣训"或"圣谕"进行了详解甚至是图解，使其成为各地方社区教育的主要内容。

　　总结中国古代的社区教育，其特点大概有以下几个方面。其一，社区教育的目的是"化民成俗"与"建国君民"。其二，社区教育的主要内容是道德教化，以儒家学说为主，特别注重仁、义、礼、智、信等内容。如《圣谕广训》中有敦孝悌以重人伦、和乡党以息争讼、重农桑以足衣食、尚节俭以惜财用、隆学校以端士习、黜异端以崇正学、讲法律以儆愚顽、明礼让以厚风俗等内容。⑤ 当然，由于各地社区情况不同，族规、乡约等社区教育内容也会有一定差异。其三，社区教育的形式以宣讲、讲演等为

---

① 吴学信编著《社会教育史》，商务印书馆，1939，第21页。

② 吴学信编著《社会教育史》，商务印书馆，1939，第22页。

③ 毛礼锐、沈灌群主编《中国教育通史》第3卷，山东教育出版社，1987，第295页。

④ 吴学信编著《社会教育史》，商务印书馆，1939，第24页。

⑤ 王新龙编著《中华家训2》，中国戏剧出版社，2009，第73～89页。

主，如雍正帝就要求把《圣谕广训》"晓谕军民生童人等，通行讲读"①；
同时，乡约、义庄、社学等都是社区教育的典型形式，并注意把教育与宗
族活动、宗教活动、社会管理、法律政策及奖惩善恶的宣传等相结合。其
四，社区教育的实施是在政府意志主导下进行的，在具体实施过程中并未
形成严密的组织系统，在中国古代"皇权不下县"的背景下，民间组织及
乡绅等在社区教育中起着不可忽视的作用。其五，社区教育是一种"上所
施、下所效"的活动，受教者完全成为客体，被动接受施教者的教育。

（二）　清末开始的近代社区教育

清朝末年，由于面临空前的民族危机和社会矛盾，且民权思想不断高
涨，人们开始认识到教育的重要性，一些人提出了有关社区教育的建议。
如 1902 年，罗振玉提出在京师大学校、各省区、各府厅州县设立图书馆和
博物馆，设立半日学堂、夜校、七日学校等简易学校，设立招收残废人的
废人学校，设立各种学会和陈列所等。② 1905 年，刘学谦奏请设立半日学
堂。在这种形势下，清政府颁布了一系列关于社区教育方面的规定，如学
部于 1905 年发出各地设立半日学堂的通令，1906 年颁布《奏定劝学所章
程》，规定各地方一律设宣讲所，并对宣讲内容及宣讲员资格进行了规
定，③ 同年，学部下令各地成立教育会、劝学所及半日学堂。1908 年，学
部颁布《简易识字学塾计划》，1909 年，又颁布了《简易识字学塾章程》，
规定"简易识字学堂专为年长失学及贫寒子弟无力就者而设"，还规定了
毕业年限、每日教授钟点、课程、经费、教师等问题。④ 1911 年，学部又
对这一章程进行了修订，并规定各级政府均有筹设此学塾之责并纳入考核
范畴。⑤ 此后，各地纷纷设立了简易识字学塾、宣讲所、补习学校、半日
学校、阅报社、博物馆等各种形式的社区教育机构。如张鹿秋在江津设农
业夜校；陆惠中在新芳希望桥创设耕余补习班；蒋莨清等于江口设立农余
体育会；苏衮依在顺德设恤贫半夜学堂；刘启勋等在金陵设立商业补习夜

① 璩鑫圭编《中国近代教育史资料汇编·鸦片战争时期教育》，上海教育出版社，2007，第
　125 页。
② 罗振玉：《学制私议》，《湖北学报》1903 年第 16 期。
③ 蒋建白、吕海澜编著《中国社会教育行政》，商务印书馆，1937，第 12 页。
④ 《学制：学部奏定简易识字学塾章程》，《浙江教育官报》1910 年第 20 期。
⑤ 《奏改定简易识字章程折》，《时报》1911 年 4 月 15 日。

馆；津群西马路宣讲所设立半日营业学堂；嘉兴商会附设士商体育会；郭梅生夫人在扬州办女工传习所；南昌正蒙女学所附设半日妇女学堂；天津严范孙在城隍庙办教育品陈列场；泰安府图书社同人创设教育博物馆；等等。[①] 宣统三年（1911），据学部公布的数据，全国有 16 个省市设立了简易学堂，共有 29000 所，[②] 各省市识字学塾 16314 所，学生 255477 人。[③] 清末的社区教育内容涉及扫盲、职业、公民、健康、科学常识等各个方面。

清末社区教育与古代社区教育的本质区别在于其理念与内容具有一定的现代性，其主要有以下特点。第一，中国近代社区教育起步，有利于把西方的政治、法律、自然科学等知识传播给普通民众，同时，使中国教育开始突破狭隘的学校教育与精英教育理念。第二，教育目的主要是"开民智"与"新民德"。第三，在管理体制方面，清末社区教育最初由社会的一些民间人士创办，然后推动清政府参与，把设立各类社区教育机构明确写入地方自治的规程中，但此时还未设立专门的社区教育管理部门，社区教育由普通教育行政机构兼管。第四，兴办了一系列学校式的社区教育机构，改变了古代只有单一的社会式社区教育的状况，使社区教育开始正规化和系统化。第五，突破了传统单一道德教化的内容，注重各方面知识的传播，是"纯以普及教育，发扬民智为主旨，即以偏重推行智的社会教育为目的"。[④] 但与此同时，教育内容中的封建色彩还十分浓厚。

（三） 影响中国现代社区教育产生的因素

中国现代社区教育的产生是内外因素共同作用的结果。

1. 中国现代社区教育产生的内因

首先，中国现代社区教育的产生，是中华民族欲救亡图存的结果。自第一次鸦片战争以来，中国饱受帝国主义的侵略，内忧外患的刺激，救亡图存成了当时中华民族最迫切的追求，反映在思想文化领域，就是想要通过提高全体国民的素质，培养现代公民以振兴国家，因此，对全社会的民众进行教育，使其成为新民的现代社区教育就被提上了议事日程。

---

① 吴学信编著《社会教育史》，商务印书馆，1939，第 36～37 页。
② 吴学信编著《社会教育史》，商务印书馆，1939，第 22 页。
③ 教育部教育年鉴编纂委员会编《第二次中国教育年鉴》，商务印书馆，1948，第 1179 页。
④ 蒋建白、吕海澜编著《中国社会教育行政》，商务印书馆，1937，第 2 页。

其次，中国现代社区教育的产生，是变革旧的教育制度的需要。1905年科举制度被废除，中国的现代学校教育全面启动，但学校教育中的受教育者是极少数人，不能满足社会上大多数人的学习需要，面对中国文盲充斥的现状，迫切需要一种能弥补学校教育不足的教育，而社区教育正是这样一种教育。因此，学部在1910年"奏设简易识字学塾，欲以辅小学教育之不及，而期以无人不学为归"。① 蔡元培认为："教育决不是专为儿童而设，凡有年长的人，无论其从前是否进过学校，也不可不给他有一种受教育的机会。例如补习学校、平民大学等。"② 1915年，教育总长汤化龙指出，人民智德之健全，端赖一国教育之普及，而考及教育普之方法，学校而外，尤籍有社会教育以补其所不逮。③ 同时，我国当时建立起来的新式学校存在教育内容盲目模仿外国或者仍以"四书五经"为教材，培养的人才不能满足当时中国社会的需要等问题，要解决这些问题，最为合适的即是举办与社会需要紧密相连的社区教育。

最后，中国一直有社会教化的传统。中国现代社区教育的产生是在中国社会教化的传统基础上的革新，相比完全西式的新式学堂，现代社区教育的产生反而更容易为广大知识分子和民众所接受。

2. 中国现代社区教育产生的外因

总体来看，中国现代社区教育是在日本、德国等国的影响下产生的。一些知识分子通过对日本、德国及北欧各国的实地考察后，发现它们的强盛无一不与教育的发达，特别是社会教育的发达有关，认为只有提高了国民素质才能振兴国家，故这些知识分子在回国后积极宣扬国外的教育经验，把各国有关社会教育的理论及做法介绍到国内。因此，来自日本、德国等国的社会教育、成人教育等思想及其在实践中取得的显著成绩，给中国教育界带来了极大的震撼，对中国现代社区教育的产生也有着重大影响，如我国的"社会教育"一词就来源于翻译的日本文章，而我国当时设立的通俗教育研究会、图书馆、博物馆等社会教育机构也是学习日本、德国等国的结果。

---

① 《章奏：学部奏遵拟简易识字学塾章程折》，《浙江教育官报》1910年第19期。
② 高平叔编《蔡元培教育论著选》，人民教育出版社，2011，第473页。
③ 王雷：《我国近代社会教育的发展历程与基本经验》，《华东师范大学学报》（教育科学版）2010年第3期。

二　中国现代社区教育的起步发展（1912~1949年）

1912年，国民政府在教育部下设立了"社会教育司"，"此为我国正式采用'社会教育'名词之始，亦是社会教育在教育行政上获得地位之肇端"，[①] 我国开始了制度化的现代社区教育，大致可分为通俗教育、平民教育、民众教育几个阶段。我党在革命根据地开展的社区教育则构成了中国社区教育发展的另一条线。

（一）　国统区社区教育的发展概况

1. 通俗教育时期的社区教育概况

清末民初，受日本及欧美通俗教育发展的影响，在政府主导下，中国兴起了通俗教育，1915年，教育部设立通俗教育研究会，各地也相继成立了通俗教育研究会。这一时期社区教育的主要事业有以下几个方面。

第一，兴办了如公众补习学校、半日学校、简易识字学校、讲演所、图书馆等多种社区教育机构。据1915年的统计，当时共有通俗图书馆286所，图书馆170所，阅报所1825所，巡回文库259处，博物馆13所，讲演所1881所，巡行讲演团940团，通俗教育会233所。[②]

第二，特别注重讲演这一教育形式。除了常规的课堂教学形式外，教育部还要求各省在社区教育中首重讲演这种形式，并于1915年公布了《通俗教育讲演所规程》和《通俗教育讲演规则》，对于省会、县城等应设置的讲演所数目及讲演的要点进行了规定。此外，中华民国教育部还组织编印了通俗讲演稿，审核商务印书馆、中华书局等各大出版社的讲演参考用书数十种。在实践中，各省都出现了数量较多的通俗教育讲演所及巡行讲演团。黄炎培在《参观京津通俗教育记》中记述了1914年在崇文门外寺庙中通俗讲演的情形："其始听者三十余人……续续以至，最多时得五十人。"讲题为劝戒烟，"讲者与讲态，以余评之，俱可予以七十以上之点数"。[③]

---

① 教育部教育年鉴编纂委员会编《第二次中国教育年鉴》，商务印书馆，1948，第1087~1088页。

② 吴学信编著《社会教育史》，商务印书馆，1939，第39页。

③ 朱有瓛主编《中国近代学制史料》第3辑（下），华东师范大学出版社，1992，第727~728页。

第三，注重识字、职业培训等教育内容。民国初年，针对文盲众多的情况，各省兴办了多种社区教育机构，对社会民众进行识字教育。同时，职业教育也受到了重视。此外，道德教育、公民知识、卫生体育等也是当时社区教育的重要内容。江苏省教育会还于1915年设立了体育传习所，为各地培养了一批公共体育场管理人员。

2. 平民教育时期的社区教育概况

西方的民主思想、杜威来华讲演，以及五四运动，都使民主与科学的思想不断深入人心，平民教育思想的产生正是这些因素共同作用的结果。与通俗教育相比，平民教育形成了系统的组织机构体系，更关注社会底层人民的受教育权利，在教育内容和教育形式上更加丰富多样，并开始使用现代化的教育手段，在全国造成了巨大的影响，不少出版社发行了大量有关的读物，不少知识分子积极地担任平民学校的义务教员，一些大学教授开始进行有关平民教育的研究，这一切，都为民国时期社区教育发展高潮的到来奠定了基础。这一时期的社区教育事业情况大致有以下几个方面。

第一，成立了平民教育促进会。1923年，中华平民教育促进会总会成立，晏阳初为总干事，由此，各省、市、县、乡纷纷成立了平民教育促进会分会。晏阳初在1927年指出，自平民教育运动开始以来，"组织平民教育促进分会，专事提倡平民教育的，则已有20行省及4特别区"，认为平民教育这一名词家喻户晓。[1] 平民教育促进会总会下设行政、研究、训练三大部门，每一部门又下设若干科室，负责平民教育促进会总会的相关工作。同时，各地平民教育促进会还注意加强合作。正如陶行知讲的那样："对于平民教育不但各界合作，而且南北也是合作的。"[2] 由此可见，我国当时的平民教育是有计划、有组织地进行的，且推动和实施平民教育运动的主体是社会教育团体和教育界人士，这与通俗教育以政府为主导力量推动不一样。

第二，设立了大量平民教育实施机构。1922年春，晏阳初首先在湖南长沙兴办了多处平民教育班，第一期毕业生有956人。随后，长沙平民教

---

[1]　马秋帆、熊明安主编《晏阳初教育论著选》，人民教育出版社，1993，第20页。

[2]　董宝良主编《陶行知教育论著选》，人民教育出版社，1991，第154页。

育促进会成立，继续推行平民教育工作。几年后，长沙一地的平民受过识字教育的有 20 万人之多。[①] 同时，各地纷纷成立了平民学校、平民读书处、平民问字处、阅书处、阅报处等教育组织机构，不少学校也附设平民学校。此外，通俗教育讲演所也留存了下来。晏阳初指出："自'平民教育运动'开始以来，为时虽仅数年；然影响所及，已遍全国，大而通都大邑，小而穷乡僻壤，都有平民学校的踪迹。先后受平民教育的，已达 300余万人。"[②]

第三，强调教育对象的平民化。平民教育运动的出发点是打破教育精英化和贵族化的现状，向普通平民普及教育，其目的在于使广大的失学民众享有平等的受教育权，培养新时代需要的有知识、有生产力、有公共心的新民。平民教育最先在城市进行，后来随着形势的发展，逐渐扩展到了农村。

第四，在教育内容、形式与手段上更为丰富科学。在教育内容上，平民教育继续注重识字教育，晏阳初指出："平民教育第一步，必需有文字教育。"[③] 在平民教育运动的推动下，政府将识字教育列为七大运动之一。不仅如此，平民教育针对中国人的"愚""贫""弱""私"四大问题，逐渐形成了文艺教育、生计教育、卫生教育、公民教育"四大教育"内容体系。各教育家和各大出版社编写和出版了大量的平民教育教材与读物。其中，晏阳初组织人员经过科学严密的研究与实验，编写出的平民千字课本销往全国，并成为此后教育部、民间教育团体及教育学者编写识字教材的蓝本。在教育形式上，明确了社会教育有三大方式：学校式、社会式和表证式。继续把讲演这种教育形式发扬光大，如北京大学平民教育讲演团就是当时最有名的讲演团体。在教育手段上，开始使用幻灯、收音机、电台等新的教学手段。

3. 民众教育时期的社区教育概况

在平民教育的基础上，在西方民主思想的进一步影响下，一些曾留学欧美的教育家，如俞庆棠、陈礼江、李蒸、高阳、雷沛鸿等一起大力倡导

① 杨才林：《"作新民"、"唤起民众"——民国社会教育研究》，博士学位论文，首都师范大学，2007，第 58 页。
② 马秋帆、熊明安主编《晏阳初教育论著选》，人民教育出版社，1993，第 20 页。
③ 马秋帆、熊明安主编《晏阳初教育论著选》，人民教育出版社，1993，第 33 页。

更具民主特色的民众教育并开展了轰轰烈烈的社区教育实验。加之国民政府统一中国，为加速社会建设，也积极推行民众教育，出台了一系列有关政策法规，在 1928~1937 年形成了社区教育的发展高潮，在抗战期间，我国社区教育虽然受到了影响，但仍未停滞。这一时期的社区教育事业情况大致有以下几个方面。

第一，社区教育的发展得到了一定的政策、财力和人力保障。首先，相关部门出台了大量有关社区教育的政策法规，为社区教育的发展提供了政策和法律保障。其次，社区教育的经费得到了一定程度的保障。国民政府规定自 1929 年起，社区教育经费在整个教育经费中要占 10%~20% 的比例，此后，教育部多次重申了这一标准，这样，各地的社区教育经费都有所增加。最后，培养训练社区教育师资。自 1928 年江苏省立教育学院成立后，紧接着浙江省立民众实验学校、湖北省立教育学院、山东乡村建设研究院、广西国民基础教育研究院等机构成立，同时福建、广东、辽宁、江西、湖北、安徽等省份社区教育方面的培训班开办，这为我国社区教育的发展提供了人力支持。

第二，社区教育事业蓬勃发展，社区教育机构迅速增加。这一时期是民国时期社区教育发展的顶峰，出现了如民众学校、民众教育馆、图书馆、补习学校、民众茶园等多种社区教育机构，且这些机构的数量、教职员及学生人数都呈现极强的增长势头。如从 1928 年到 1946 年，民众教育馆由 185 所增加到 1425 所，公共体育场由 247 处增加到 945 处，民众学校由 6708 所增加到 17000 所，各种补习学校由 150 所增加到 1492 所，全国几种主要民众教育机构总计由 8226 所增加到 22570 所。[1]（社区教育机构详细数量情况见第三章）

第三，进行了大量实验。这一时期我国社区教育的一个突出特点就是首次进行了众多的实验，其主要的趋势"是从民众的识字训练，转移到整个社会生活的教育；从城市的教育设施，转移到乡村的社会改进"。[2] 各实验区主要进行了普及教育、农业指导、合作指导、乡村自治、社会建设等方面的实验工作，对居民进行文化、职业、休闲、公民、卫生等方面的

① 教育部教育年鉴编纂委员会编《第二次中国教育年鉴》，商务印书馆，1948，第 1470 页。
② 俞庆棠：《民众教育》，正中书局，1935，第 152 页。

教育。

第四，教育内容丰富，首重识字与职业教育。国民党在1928年制定的民众训练工作纲领中，把识字运动放在了首位。1929年，教育部颁布《识字运动宣传计划大纲》，规定各省市县应设识字运动宣传委员会，并由各省市县第一负责人担任主席。此后，各省市县相继设立了识字运动宣传委员会，并对识字的意义、方法等进行了大规模的宣传。全国设立了多种识字教育机构，如识字学校、各种识字班、民众问字处等。1941年，识字教育被正式纳入国民教育系统。在职业教育方面，1930年，教育部颁布了《实施成年补习教育计划》，规定成年补习教育分为国民识字训练及职业训练两种，其后，全国各种职业补习学校猛增。1944年，国民政府颁布《补习学校法》，使职业补习教育有了法律保障。1946年，中华民国教育部又在此基础上颁布了《补习学校规则》。在政府和民间的共同推动下，职业教育无可争议地成为社区教育中最重要的内容之一。此外，体育也是社区教育中的重要内容。国民政府于1929年颁布了《国民体育法》，1932年起，教育部及各省市县成立了各级体育委员会，1939年，教育部在其颁布的《体育场规程》《体育场工作大纲》《体育场辅导各地社会体育办法大纲》等文件中规定各省市县应分别设一所省立和县市体育场及若干所简易体育场，体育场应以本区全体民众为对象，应鼓励民众体验各种设施。①

第五，开始推行电化教育。电化教育手段在我国最早被应用于社区教育领域，当时的电化教育手段主要有幻灯、广播、电影等。教育部专门在社会教育司中设立了第三科管理电化教育，并于20世纪三四十年代先后颁布了《教育部电化教育委员会章程》《电化教育实施要点》等多项有关电化教育的文件。1932年，成立了中国电影教育协会，1936年，成立了电影教育委员会和播音教育委员会。不少著名的教育家和教育机构都致力于推广这些现代教育手段。如晏阳初于1923年在嘉兴的识字教学中使用幻灯片获得了成功，其他如南京平民教育促进会、江苏省立教育学院、江苏省立镇江民众教育馆等社区教育机构都努力利用幻灯、播音等方式进行社区教育。1936年，电化教育概念正式确立，教育部于当年委托

---

① 古楳：《民众教育新动向》，中华书局，1946，第101~102页。

金陵大学创办了电化教育人员训练班，后又多次创办了电化教育人员训练班。

第六，社区教育在抗战期间仍艰难前行。战时的社区教育当然主要为争取抗战胜利服务，其目标主要是唤起民众抗战积极性并提高其抗战能力。鉴于战争年代的特殊性，此时采用了大量巡回施教的教育形式，各省市组织了各种社区教育的工作团、工作队、戏剧与歌咏团等进行抗战宣传，还缩短了民众学校修业时间。其间，教育部颁布了一系列学校兼办社区教育的文件，以充分利用学校教育资源推进社区教育。1944 年将社会教育纳入学制系统并使学校教育与社会教育相互沟通。此外，还建立了督导制度，加强对社区教育的督导和考核。

（二）　革命根据地的社区教育概况

中国共产党一直非常重视对工农群众进行教育，并在其领导的根据地开展了广泛的社区教育，主要情况和特点如下。

1. 社区教育内容突出政治并强调实用性

虽然在土地革命战争、抗日战争及解放战争各个时期，根据地社区教育的目的和任务有所不同，但总体来看，都是使所有工农大众有受教育的权利，提高群众在政治、文化等各方面的水平，从而更好地为革命战争服务，这就决定了其社区教育内容中特别突出政治。表现为不但有专门的政治教育，而且在文化识字教育、生产生活教育、娱乐卫生教育中，也贯穿了大量的革命意识教育。如在土地革命战争时期，兴国县使用的《工农兵三字经》教材内容中就有："天地间 人最灵 创造者 工农兵 男和女 总是人 一不平 大家鸣。"[1] 此外，根据地社区教育还特别注意与当时的斗争和生产实际紧密结合，强调教育的实用性。

2. 兴办多种社区教育机构，采用多种教育形式，扩大了受教育面

革命根据地因地制宜地兴办了多种社区教育机构，如夜校、民校、半日学校、识字班、识字组、业余补习学校、冬学、民众教育馆等，还从当时的具体情况出发，灵活地运用标语、传单、报纸、识字牌、问字所、俱乐部、读报团、工农剧社、壁报、秧歌队、歌咏队、讲演所、广播等多样的教育形式进行教育，扩大了受教育面。如报纸《青年实话》发行 28000

---

① 董纯才主编《中国革命根据地教育史》第 1 卷，教育科学出版社，1991，第 218 页。

份,《斗争》在江西苏区每期至少要销 27100 份,《红星》发行 17300 份,[1] 使当地更多的群众受到了教育。再如,哈尔滨市北傅家区文化馆在 1947 年至 1949 年 9 月,共购置图书 23 种,2227 册,画片 698 幅,报纸杂志数十种,平均每天的读者和观众达 700 人左右,为群众代书问事 7387 件,出黑板报 80 期,窗报 31 期,广播 100 次,电台广播 2 次。[2]

3. 发动一切力量和利用一切教育资源开展社区教育

针对社区教育师资奇缺的状况,根据地采取由小学教师、村干部、群众教师及抽调机关和部队人员担任社区教育教师的方法解决这一问题。针对根据地经费紧张的情况,社区教育兼职教师基本上都是义务的,学员学习所需的书本、油灯等大多也由学员自己准备。据毛泽东 1933 年 11 月在兴国县长冈乡的调查,书纸笔墨自备,灯火少数是自己带去,四五人共用一灯,多数就夜学设备的木油灯,十几二十人共用一灯。[3] 为了节约书写的文具,在写字练习时还采用以沙地为纸、以树枝为笔等的方法。1940 年《新华日报》刊载的《晋察冀边区群众文化教育的新发展》一文指出,"在边区,三四十岁的农夫们在山坡翻过沙,趁休息之暇,差不多都会坐在树荫下,把细沙匀平,用手指在沙上练习"。[4]

4. 建立了较为系统的管理体制

革命根据地从土地革命战争起就建立了从中央到地方的社区教育专门管理机构,在 1931 年成立的临时中央政府中的教育人民委员部下设社会教育局。1934 年,中央教育人民委员部颁布了《教育行政纲要》,规定社会教育由社会教育局和艺术局协同管理。各省、县、区也都设置了专门的社会教育主管机构——社会教育科。[5] 抗日战争时期,在边区教育厅或教育处也大多设有社会教育科,在偏远农村,也分别设有促进委员会(或教育委员会)与救亡室(或民族革命室)。同时,还成立了社会教育指导团。在社区教育机构内部,也建立了较为系统的管理体制。如山东革命根据地1941 年从省到村按级成立冬学运动委员会的组织,各级组织成员一般包括

① 李桂林主编《中国现代教育史教学参考资料》,人民教育出版社,1987,第 47 页。
② 董纯才主编《中国革命根据地教育史》第 3 卷,教育科学出版社,1993,第 176 页。
③ 李桂林主编《中国现代教育史教学参考资料》,人民教育出版社,1987,第 55 页。
④ 董纯才主编《中国革命根据地教育史》第 2 卷,教育科学出版社,1991,第 369 页。
⑤ 李桂林主编《中国现代教育史教学参考资料》,人民教育出版社,1987,第 48~49 页。

政府人员、民众团体、热心教育的士绅及学校负责人，做有关冬学的计划、布置、传送、帮助等工作，并定期召开会议。[①] 此外，还建立了对社区教育的巡视制度和工作报告制度。如鄂豫皖省苏维埃政府文化委员会在1931 年颁布了《鄂豫皖区文化教育委员会巡视纲要》，规定各地巡视员要巡视教育机构设置情况、生员情况、对群众的吸引力、经费开支、管理等内容。[②] 中央教育人民委员部在 1934 年公布的《教育行政纲要》中，就巡视和报告制度专门写了一章，详细规定了省、县、区、乡的巡视工作。[③]陕甘宁边区实行了学区督导制，每个学区配备督学 1 人。[④]

（三）　民国时期社区教育小结

1. 成绩

1912～1949 年，中国现代社区教育从起步到初步发展，构建了社区教育体系，取得了突出的成绩。

（1）初步形成了现代社区教育体系

首先，在民国时期，社区教育被正式纳入教育体系，并大致形成了学校式社区教育与社会式社区教育两种方式。学校式社区教育包括简易识字学校、平民学校、民众学校、夜校，以及各类业余学校、补习学校等形式。社会式社区教育主要在博物馆、图书馆、展览馆、公园、茶园、阅报处等地方通过各种宣传活动、通俗讲演、歌咏、戏剧等来实施。其次，初步形成了专门的社区教育行政管理体系。教育部设立了社会教育司，社区教育第一次成为独立的教育板块。1917 年，教育部颁布了《教育厅暂行条例》和《教育厅署组织大纲》，规定各省社区教育由省教育厅第二科管理，在县一级则设立了社区教育推广员，后又在县教育局设立了社区教育课（股），初步形成了社区教育行政管理体制，并在相关的法规中明确了社会教育司负责的事项。此外，各省教育厅还分别设有识字运动宣传委员会、民众教育委员会等。与此同时，共产党领导的根据地形成了专门的管理体系。再次，出台了大量有关社区教育的政策与法律法规，形成了社区教育

---

① 中央教育科学研究所编《老解放区教育资料》（二·下），教育科学出版社，1986，第 250～251 页。

② 皇甫束玉、宋荐戈、龚宁静编《中国革命根据地教育纪事 1927.8—1949.9》，教育科学出版社，1989，第 47 页。

③ 董纯才主编《中国革命根据地教育史》第 1 卷，教育科学出版社，1991，第 83 页。

④ 董纯才主编《中国革命根据地教育史》第 2 卷，教育科学出版社，1991，第 93 页。

的政策与法律法规体系，这使得社区教育的发展有章可循。最后，各地社区教育机构出台了相应的计划规章和管理制度，形成了包括督导制度、补习教育制度、国民教育制度等在内的社区教育制度体系。如1913年，教育部颁布了《视学规程》，指出要对包括社区教育在内的教育进行视察。① 从1928年起，教育部专门设置了社区教育督导员，负责各地社区教育的督导工作。

（2）扩大了居民受教育的机会，受教育者人数不断增加

除抗战初期外，参加社区教育的民众人数在其他年份呈增长趋势。据统计，在1912~1916年，各省公众补习学校、半日学校、简易识字学校分别有学生900人、910人、1585人。② 全国失学民众受补习教育人数在1928年、1937年、1938年、1940年、1946年分别为206021人、3987271人、2815608人、8109498人、9531978人。③ 以吉林县立讲演所为例，1928年南路巡讲路线上平均每个驻讲点的人数约170人，场均听讲人数70人，西路驻讲点平均人数约270人，场均听讲人数60人，北路驻讲点平均人数约460人，场均听讲人数70人，这意味着有15.2%~41.2%的当地居民参与了讲演活动。④ 鄂豫皖苏区参加工余学校、识字班、识字组学习的工人达23万人，农民达150万人，妇女达70万人，几乎所有的青壮年和部分老年人都参加了识字运动。霍邱县第二区92个村，入学人数达万人以上。⑤ 在陕甘宁边区，冬学学员人数稳定增长，还建立了大量的识字组，1937年，全边区有识字组9000多个，识字组组员在29000人以上，比入学儿童多3倍。⑥ 1939年，冀中根据地27个县的冬学人数由1938年的69826人增加到331621人，相当于1938年的5倍。⑦ 1945年，太行区40个县的冬学、民校学员达到105万人，形成了百万农民上民校的壮观景象；

---

① 朱有瓛等编《中国近代教育史资料汇编　教育行政机构及教育团体》，上海教育出版社，2007，第115页。
② 根据朱有瓛主编《中国近代学制史料》第3辑（下），华东师范大学出版社，1992，第730~735页数据整理。
③ 教育部教育年鉴编纂委员会编《第二次中国教育年鉴》，商务印书馆，1948，第1482页。
④ 朱一丹：《吉林通俗教育讲演所研究（1915—1931）》，博士学位论文，吉林大学，2016，第152页。
⑤ 董纯才主编《中国革命根据地教育史》第1卷，教育科学出版社，1991，第317页。
⑥ 中央教育科学研究所编《老解放区教育资料》（二·下），教育科学出版社，1986，第8页。
⑦ 董纯才主编《中国革命根据地教育史》第2卷，教育科学出版社，1991，第370页。

太岳区的冬学、民校入学人数达 30 万人以上。[①]

（3）提高了居民的文化素质，突出表现为扫除了较多的文盲

据教育部统计，1928~1939 年，历年扫除文盲具体人数如下。1928 年：206021 人；1929 年：887642 人；1930 年：944289 人；1931 年：1062161 人；1932 年：1109857 人；1933 年：1292672 人；1934 年：1353668 人；1935 年：1446254 人；1936 年：16555500 人；1937 年：10707372 人；1938 年：2942939 人；1939 年：8840104 人。[②] 在革命根据地，这样的数据更是比比皆是。如 1933 年初，通过社区教育，湘赣苏区识字者已达全省总人数的 30%。[③]《青年实话》1934 年第 3 卷第 8 号报道：通过开展扫盲教育，截至 1934 年 1 月，才溪全区能看懂《斗争》者约占 8%；能看懂《红色中华》者与能写浅白信者约占 6%；能看路票与打条子者约占 8%；能识 50~100 字者，约占 30%；能查普通路条的妇女约占 30%。通贤区减少 65% 的文盲，能看《斗争》者占 4%；能看《红色中华》者和能写信者占 7%；能看路票者和能写便条者占 40%，能识 50~100 字者占 50%。[④] 即使是在贫困落后的鲁中、鲁南山区，多数青年男女也能识 300~500 字，还学会了写信、记工和开路条。[⑤] 1942 年，晋绥边区二分区冬学中识字最多者能识 300 多字。山东泰山区 7 个县中有 14 万人上了冬学，结果有 2 万人能识 300 字以上。[⑥]

（4）促进了当地经济发展

国内不少民众教育机关设立了农场，组织了合作社，对当地的农作物、种子、农具、畜牧、园艺等进行了改良，促进了当地经济的发展。如邹平乡村建设研究院指导组织的梁邹美棉运销合作社在 1934 年运销花衣 274189.5 斤，社员除照得售价外，每百元能分得余利 7.7 元。江苏省立教育学院下的农村工艺传习室与北夏实验区合设了农村工艺传习所，指导民

① 董纯才主编《中国革命根据地教育史》第 2 卷，教育科学出版社，1991，第 390 页。
② 教育部社会教育司编《全国社会教育概况（民国二十九年度）》，南京京华印书馆，1940，第 34~35 页。
③ 董纯才主编《中国革命根据地教育史》第 1 卷，教育科学出版社，1991，第 256 页。
④ 皇甫束玉、宋荐戈、龚宁静编《中国革命根据地教育纪事 1927.8—1949.9》，教育科学出版社，1989，第 92~93 页。
⑤ 董纯才主编《中国革命根据地教育史》第 2 卷，教育科学出版社，1991，第 468 页。
⑥ 董纯才主编《中国革命根据地教育史》第 2 卷，教育科学出版社，1991，第 213 页。

众改良藤工、竹工、稻草工等。① 在定县牛村，通过改良鸡房和鸡种的教学，母鸡下蛋数由平均每年的 64.5 个增加到改良后的 154.6 个。②

（5）全面提高居民素质，对于移风易俗和支持革命战争起到了很大作用

社区教育通过传播新文化、新思想使居民素质得到了全面提高，对于移风易俗起到了较大的作用，这一点在革命根据地表现得尤为突出。如其在社区教育中开展的解放妇女、破除迷信、禁止鸦片和赌博等活动，使居民开始逐渐树立起新的道德意识，形成了革命新风尚。正如埃德加·斯诺在《西行漫记》中写的那样："陕北已经彻底消灭了鸦片……贪官污吏几乎是从来没有听到过……缠足和溺婴是犯法的，奴婢和卖淫已经绝迹，一妻多夫或一夫多妻都遭到禁止。"③ 同时，社区教育对于唤起民众的国家和民族意识，培养有关战争的基本技能，最后夺取全国胜利起到了重要的作用。如 1928 年，湘赣边界各乡农民在夜校中懂得了许多革命道理。妇女通过在夜校学习，提高了思想觉悟，从神权、族权、夫权的桎梏中解放出来，成为革命战争中的一支重要力量。④ 抗战时期的一份冬学总结说："由于今冬在冬学中，广泛深入地进行了抗战的教育，提高了群众的抗战积极性，我们的支前工作和参军入伍动员工作，进行的比以往任何时候都顺利。"⑤

2. 不足

20 世纪上半叶，我国现代社区教育在取得了突出成绩的同时，由于观念有误、经费紧张、人才缺乏、目标广泛、事业草创、需要复杂、教育落后、民生困苦等因素，⑥ 不可避免地存在许多问题。

（1）现代社区教育还只在少数地区开展且发展极不均衡

当时人们普遍视学校教育为正统，视社区教育为旁支，再加上财政困

---

① 茅仲英、唐孝纯编《俞庆棠教育论著选》，人民教育出版社，1992，第 300~301 页。

② 吴雨农：《定县牛村的平民教育》，中华平民教育促进会，1929，第 32 页。

③ 〔美〕埃德加·斯诺：《西行漫记》，董乐山译，生活·读书·新知三联书店，1979，第 201 页。

④ 皇甫束玉、宋荐戈、龚宁静编《中国革命根据地教育纪事 1927.8—1949.9》，教育科学出版社，1989，第 10 页。

⑤ 董纯才主编《中国革命根据地教育史》第 2 卷，教育科学出版社，1991，第 210 页。

⑥ 许公鉴：《中国社会教育新论》，中国文化服务社，1948，第 82~84 页。

难，因此，在国统区，社区教育发展很不均衡，其机构主要设在城市，农村很少有这样的机构。

（2）社区教育师资、教学设施、教育经费等极为缺乏

当时中国的绝大多数人是文盲，社区教育师资的缺乏就成了必然，同时，由于整个国家财力有限，社区教育的经费和设施也存在严重问题，这些都成了社区教育发展和社区教育质量提高的严重障碍。

（3）在实施中存在脱离居民需求实际的问题

虽然当时的社区教育尽力想从居民的实际需求出发进行，实际效果却不那么理想。如在社区教育中特别强调识字教育，本来扫除文盲，提高居民的文化素质是非常必要的，但在当时的社会情况下，对于居民，特别是大多数农民而言，识字并不是一种最迫切的需要，而且如果时间安排不合理，识字反而会成为居民的负担。1939 年，陕甘宁边区政府在《陕甘宁边区各县社会教育组织暂行条例》中规定：识字组必须每日进行识字，至少间日一次，夜校每夜上课一小时半至二小时。[1] 按照这样的规定，学员每天必须上学，但这种规定对于本身劳动很繁重的农民而言，就成了严重的负担。当时的居民最需要的是如何改进生计、怎样提高农作物产量等方面的学习，社区教育在这方面虽然做了一些工作，但还是比较薄弱。

（4）存在形式主义倾向

一些地方为应付上面的检查，在社区教育中搞形式主义，甚至伪造数据。当时就有人指出了社区教育发展的实际情况，不仅空话多于事实，并且都是空洞的计划、有名无实的机构和伪造的报告。[2] 还存在用引诱的手段来招徕民众、实施者往往不根据民众的需要而妄办甚至代办、用精美的设备来建造乐园、用敷衍的态度来粉饰门面等问题。[3]

（5）党化教育的消极影响

1928 年，国民政府颁布了《取缔各种社会教育机关违背党义教育精神

① 陕西师范大学教育研究所编《陕甘宁边区教育资料（社会教育部分）》（上），教育科学出版社，1981，第 98 页。

② 卢文迪：《由启蒙的观点论中国当前的教育》，《中华教育界》1948 年第 6 期复刊 2。

③ 杨才林：《"作新民"、"唤起民众"——民国社会教育研究》，博士学位论文，首都师范大学，2007，第 289~291 页。

通则》，规定"凡公私团体或私人所举办之社会教育机关或其负责人员，而有违背党义教育精神之设施或言行者，由国民政府遵照本通则，分饬所属各级教育行政机关及民政机关严格取缔之"。① 同时，各级党部直接参与民众教育：国民党在中央执行委员会下设立了社会教育委员会，各省、市、县的社会教育相关事务也由该省、市、县党部设立的社会教育委员会办理，三民主义被列为民众学校的首要课程。1940 年 3 月，教育部颁布《社会教育设施与党部联络办法》，规定各地有关推进社会教育的委员会，应请当地党部参加，党部要介入社会教育的办理、指导、督促等工作。② 这些都说明社区教育被当成了国民党训政的重要工具。

此外，在这一时期，尽管有不少的教育家对社区教育的相关理论进行了研究（详见本书第八章），但这些理论研究毕竟刚起步，还很不成熟，理论研究的不成熟会影响社区教育的进一步发展。

三　中国现代社区教育的蓬勃发展（1949～1978 年）

新中国成立后，社区教育不管是在城市还是在农村都得到了蓬勃发展，受教育面由新中国成立前的少数民众扩大到了全中国的民众。这一时期，社区教育继承了老解放区根据地社区教育中一些好的经验与做法，如全面发动群众，大办冬学、夜校、业余学校等，进行全国性的社区扫盲运动。同时，又根据社会主义建设的需要，进行马克思主义、毛泽东思想的教育，着力提高广大群众的政治觉悟和科学文化水平，树立社会主义的新道德、新风尚，培养了大批社会主义建设需要的人才，取得了辉煌的成就。

（一）　本时期社区教育的主要情况和特点

1. 在全国进行了大规模的社区教育活动，参加人数众多，普及面广

新中国成立后，在"民族的科学的大众的"文化教育总方针和工农开门的指导思想的指引下，社区教育面向全国的所有居民，普及面大大扩大，参加学习的人数迅猛增加。如在 1950 年、1951 年、1952 年 1～9 月，

---

① 《取缔各种社会教育机关违背党义教育精神通则》，《中央周刊》1928 年第 10 期。
② 教育部社会教育司编印《社会教育一般重要法令》，教育部社会教育司，1942，第 1～2 页。

全国参加业余文化学习的工人分别有 764199 人、1718246 人、3020299 人，农民参加冬学的人数在 1950 年有 22217914 人，在 1951 年有 42183281 人，农民参加常年民校的人数在 1950～1952 年分别有 3485036 人、15489717 人、26458462 人；[①] 1956 年 5 月，北京市街道居民中的文盲、半文盲的一半以上已经入学；[②] 据 1956 年教育部视察组《对东北三省工农业余教育工作的视察报告》，东北各省市民文盲入学率达 50% 左右，农民文盲 1955 年冬的入学率情况是：黑龙江省 70%，辽宁省 60%，吉林省 40% 以上；[③] 据不完全统计，1956 年，全国农民入学人数达 6200 多万人，占全国 14 岁以上青壮年农民总数的 30%；[④] 湖北省东部山区的蕲春县在 1963 年 3 月有近 40000 名农民在业余学校参加学习；[⑤] 等等。

2. 灵活运用各种教育形式与方法，注意把社区教育与实践相结合

在这一时期的社区教育实践中，教育形式仍然可大致分为学校式与社会式两种，注意灵活运用各种教育形式与方法，与居民的生产生活实践相结合。1950 年 12 月，政务院在批准的《关于开展农民业余教育的指示》中指出：学习形式必须多样灵活，不应该强求一律，并尽量与农民的生产互助组织与文娱组织互相结合。[⑥] 1956 年颁布的《关于扫除文盲的决定》规定：识字教学必须采用多种多样的组织形式，条件较好的地方，可以采用班级教学形式，条件不具备的地方，可以采用小组教学形式，条件特别差的地方，可以采取个别教学形式。各地文化机关，如文化馆、图书馆、俱乐部等应积极开展扫盲工作。[⑦] 1962 年，教育部在《关于农村业余教育工作的通知》中强调，开展农村业余教育工作，应紧密地同当地农业生产、技术改革和群众的学习要求相结合。[⑧]

---

① 林汉达：《三年来的工农业余教育》，《人民教育》1953 年第 1 期。
② 欧阳璋主编《成人教育大事记（1949—1986 年）》，北京出版社，1987，第 131 页。
③ 国家教育委员会成人教育司编《扫除文盲文献汇编（1949—1996）》，西南师范大学出版社，1997，第 81 页。
④ 《中国教育年鉴》编辑部编《中国教育年鉴（1949—1981）》，中国大百科全书出版社，1984，第 576 页。
⑤ 《蕲春近四万农民参加业余学校学习》，《人民日报》1963 年 3 月 23 日，第 2 版。
⑥ 《中国教育年鉴》编辑部编《中国教育年鉴（1949—1981）》，中国大百科全书出版社，1984，第 578～579 页。
⑦ 国家教育委员会成人教育司编《扫除文盲文献汇编（1949—1996）》，西南师范大学出版社，1997，第 78 页。
⑧ 刘立德、谢春风主编《新中国扫盲教育史纲》，安徽教育出版社，2006，第 67 页。

其一，学校式教育形式，主要包括冬学、民校、补习学校、业余学校、夜校等形式。在新中国成立之初，冬学和民校是农村社区教育的主要形式，而随着社区教育走向正规化，冬学逐渐转为了民校，同时，大量的业余学校兴办。1970 年后，各地都办起了五七大学或五七学校，一些县、公社所办的五七大学或五七学校的性质是在一定区域内的社会教育机构，更贴近于今天社区大学（学校）的性质。此外，各地还办起了业余大学（学校）、政治夜校等，这些学校不少是由当年的冬学转变而来的，一般由当地公社和大队组织举办与领导。吉林省前郭县五七大学、解虞县西张耿农业技术夜校、天津市宝坻县林亭口公社小靳庄大队的政治夜校等都是当时树立的典型。在新中国成立后建立的这些社区教育学校都强调教育与生产生活紧密结合。如在识字教学中，把办学形式同生产组织相结合，教学形式适应不同对象的需要，灵活安排，主要采取班级教学、小组教学和包教包学三种形式。① 再如，四川省的农业技术业余夜校结合当时、当地的农业生产，向学员讲授有关的先进技术；② 商丘市技术大学的学生白天进行生产劳动，晚上学习技术，然后又把学到的东西运用到田间和工厂……③

其二，社会式教育包括多种形式。如上海各地主要通过报纸、杂志、广播、黑板报、墙报、先进典型事例、学习文件、报告会、展览、专题讨论、专题教育辅导、故事朗诵会、演唱会、戏剧表演、观看电影等形式组织居民学习雷锋。④

3. 社区教育与时代紧密结合

新中国成立后，社区教育紧贴时代精神，各时期的要求成为社区教育的重要内容。如山西盂县各工作队通过在各村张贴有关土改的标语和布告，采取座谈会、诉苦会、黑板报、广播、文娱演出等多种形式，宣传了土改运动的伟大意义和方针政策；⑤ 北京市各区在街道成立了市民宣传队，

① 刘立德、谢春风主编《新中国扫盲教育史纲》，安徽教育出版社，2006，第 37 页。
② 《农业技术业余夜校　四川省已有三千多所》，《人民日报》1957 年 1 月 10 日，第 3 版。
③ 陈健：《河南全民办业余大学入学人数达三百二十七万》，《人民日报》1958 年 8 月 16 日，第 6 版。
④ 邓爽：《雷锋形象的塑造与民众动员——以 1963—1966 年上海"学雷锋"运动为例》，硕士学位论文，复旦大学，2012，第 45~53 页。
⑤ 张润槐：《对盂县土地改革运动情况的回忆》，《山西文史资料》1994 年第 6 期。

教育的方式有报告会、控诉大会、街头宣传、群众座谈会、图片展览和讲解、读报等，宣传抗美援朝战争的意义，增强必胜信心;[①] 上海南市区巡道街红旗里弄委员会通过图书馆、文化室、广播室、扫盲班、初中班、业余文工团等形式宣传人民公社化政策;[②] 天津市从1957年10月中旬开始，在9个区的25个居民委员会进行了社会主义教育运动的试点工作;[③] 湖北恩施白果乡两河公社在两个多月的社会主义教育运动中，共讲毛主席著作57次，全公社18岁以上的男女社员，平均听了5次以上;[④] 抚顺市1963年成立了7792个学雷锋小组，有98000多人参加学习;[⑤] 山西省阳城县在1963年的社区教育中，开展了社会主义教育，不久，又开展了学雷锋的活动，通过多种形式宣传雷锋的事迹，很快，又开展农业学大寨运动，1965年，大队建立了学"毛著"委员会，生产队有学"毛著"核心小组，"文革"期间，还演出各种"革命样板戏";[⑥] 等等。

4. 社区教育主要由政府与单位组织主办

这一时期的社区教育主要由政府和单位组织主办，由居民及其社会组织主办的较少。在城市，各种社会式社区教育主要由当地政府，如街道组织进行，各种业余学校不少是由单位创办的，受教育对象以在职职工及其家属为主。1954年7月，教育部和扫除文盲工作委员会联合发布的《关于城市劳动人民业余文化教育工作的通知》指出，应重视城市劳动人民业余文化教育工作，城市劳动人民业余教育的主要对象是街道干部、积极分子、职工家属和干部家属。[⑦] 据1960年4月北京市的统计，全市各级业余学校在学总人数中，企业职工占68.1%，机关和文教卫生部门职工占

① 黄利新:《论北京市城区基层组织在抗美援朝运动中的宣传工作》,《北京社会科学》2011年第5期。
② 翁其荃等:《组织起来，走人民公社化道路——红旗里弄委员会调查报告》,《复旦》1960年第6期。
③ 石坚、朱泽民:《依靠积极分子注意居民特点天津在居民中进行社会主义教育取得经验》,《人民日报》1957年12月7日，第4版。
④ 李凝康、傅文琳:《把大讲大学毛主席著作摆在社教运动的首位》,《江汉学报》1966年第Z1期。
⑤ 魏松云等:《抚顺市二十八年来开展群众性学雷锋活动综述》,《党史纵横》1988年第3期。
⑥ 吴家虎:《革命与教化:毛泽东时代乡村文化的一项微观研究》,博士学位论文，南开大学，2012，第53、224、230页。
⑦ 《中国教育年鉴》编辑部编《中国教育年鉴（1949—1981）》，中国大百科全书出版社，1984，第575页。

15%，农民占14%，市民占2.9%。[1] 由此可见，在北京市的业余教育对象中，企业和机关职工等共占80%多，市民只占很小的比例。此外，也有少量私人办的业余学校。北京市工农业余教育局于1956年颁布了《关于私立补习学校的暂行管理办法》，对私立补习学校的开办条件、教科书、考试、财务、奖励与处分等进行了规定。1957年7月，北京市私立补习学校有46所，有学员14500余人，[2] 总体数量并不大。在农村，社会式社区教育和学校式社区教育主要由公社领导下的大队、生产队组织进行，如解放初期最具有代表性的社区教育机构形式就是冬学，该机构就是由当地政府组织创办的。

（二）　本阶段社区教育取得了突出的成绩

1. 初步形成了社会主义的社区教育体制

其一，在管理体制上，建立了全国性的社区教育相关管理机构。教育部于1949年下设社会教育司，1952年，把社会教育司改为工农业余教育司，1958年，改为业余教育司。还成立了专门的扫盲教育管理机构：1952年，成立了扫除文盲工作委员会，下设城市扫盲工作司、农村扫盲工作司；1956年，成立了全国扫盲协会并开始建立各级扫盲协会，截至该年11月底，全国已有北京、上海等21个省、区、市建立了扫盲协会或筹备组织，江苏、福建、广东等省有80%左右的县市建立了扫盲协会。[3] 社区教育机构内部，也努力建立规范的管理体制。如新中国成立初期建立的河南农村冬学，改选乡冬学委员会为民校委员会，乡长和冬学委员会主席兼正、副校长，掌管民校的全部工作；副乡长和冬学委员会副主席兼总务，管理全乡民校经费；乡冬学校长兼教导，负责教师和学员的学习、教学及生活；义教、教员各一个兼督导委员，负责检查全乡各民校的情况。[4] 再如，北京市第七区在新中国成立初期设立的夜校中，将学生分为高、中、初三级，并编制考试制度，修业达到一定水平，发放证书并升级。每校由

---

① 欧阳璋主编《成人教育大事记（1949—1986）》，北京出版社，1987，第226页。
② 欧阳璋主编《成人教育大事记（1949—1986）》，北京出版社，1987，第154页。
③ 《中国教育年鉴》编辑部编《中国教育年鉴（1949—1981）》，中国大百科全书出版社，1984，第577页。
④ 薄运玲：《试论建国后十七年河南农村的社会教育》，硕士学位论文，河南大学，2002，第7页。

校主任和教务主任负责联系各班，各校每周开一次教务会，并向区文教科汇报情况。① 又如，解虞县西张耿农业技术夜校建有校务委员会，由党支部宣传委员任校长，团支书和技术股长分任副校长，生产大队副队长、妇联主任和本队的小学教师也参加了校务委员会。夜校的日常工作，由共青团支部具体管理。② 其二，在经费体制上，沿袭了战争年代解放区的做法，建立了以群众自筹为主、政府适当补贴的社区教育经费体制。其三，尝试建立各种教育并举的体制。1951 年的《政务院关于改革学制的决定》指出，要专门设立面向工农的速成学校、业余学校且与普通学校相沟通，还规定开办识字学校。1958 年中共中央、国务院发布的《关于教育工作的指示》提出，要多种形式办学，其中就包括实现成人教育与儿童教育并举，全日制学校与半工半读、业余学校并举，学校教育与自学（包括函授学校、广播学校）并举等。③ 我国在普通学校之外建立的众多的业余学校、夜校等，都是上述文件精神的体现。其四，制定了一些考核的标准和制度。如制定了脱盲标准，大约为认识 1500 个常用字，基本做到能写会用，这些标准一直沿用到 1988 年，还规定了脱盲的考核制度。

2. 扫除了大量文盲，极大地提高了整个民族的文化素质

1949 年新中国成立之时，全国文盲率较高，农村的文盲率又高于全国。④ 通过社区扫盲教育，不少地方的文盲率大大下降。如据教育部视察组《对东北三省工农业余教育工作的视察报告》，到 1956 年，以前的纯文盲一般已读完一册识字课本，能够认写三四百字，很多半文盲已达到扫盲标准。⑤ 又如，河北省涉县沿头村坚持办民校 14 年，共扫除文盲 277 人，达到高小肄业程度、高小语文结业程度、初中肄业程度、初中语文结业程度、高中语文结业程度的各有 58 人、92 人、60 人、17 人、1 人。到 1963

---

① 《北京市第七区整顿成人夜校　吸收千余劳动市民参加　组织正规学习获得经验》，《人民日报》1950 年 1 月 7 日，第 3 版。

② 田培植：《农村人民公社办好业余学校的一个范例　西张耿农业技术夜校源源出人才》，《人民日报》1964 年 8 月 3 日，第 1 版。

③ 欧阳璋主编《成人教育大事记（1949—1986）》，北京出版社，1987，第 177~178 页。

④ 〔日〕浅井加叶子：《1949—1966 年中国成人扫盲教育的历史回顾》，《当代中国史研究》1997 年第 2 期。

⑤ 国家教育委员会成人教育司编《扫除文盲文献汇编（1949—1996）》，西南师范大学出版社，1997，第 81 页。

年，全村 14~40 岁青壮年中非文盲占 78.8%。[1] 再如，湖北省蕲春县通过开展社区扫盲教育，到 1963 年，农村人口中的识字者比新中国成立初期增加了 1.4 倍。全县 18 多万个青壮年农民已经有 40% 具有初小的文化水平，其余的人也大都能读些通俗的书报。[2] 从全国范围看，从 1949 年到 1956 年，全国脱盲人数有 2076 多万人。[3] 从 1949 年到 1965 年，全国扫除文盲 10272.3 万人，年均扫盲 604.3 万人。[4] 在农村，从 1949 年到 1981 年，通过业余成人学校学习达到业余小学毕业程度的共有 807.5 万人，达到业余初中毕业程度的有 70.2 万人。[5] 到 1981 年，全国共扫除文盲 14144.8 万人，农村青壮年中的文盲减少到 25% 左右，表 1-1 展示了 1949~1981 年各阶段扫除文盲人数。[6]

表 1-1　1949~1981 年各阶段扫除文盲人数

单位：万人

阶段	扫除文盲
1949~1953 年	701.0
1954~1965 年	9571.3
1972~1976 年	1265.8
1977~1981 年	2606.7
总计	14144.8

注：1966~1971 年数据暂缺。

3. 为新中国培养了大批建设人才

新中国成立初期，百废待兴，建设人才奇缺，只依靠学校教育培养所需人才是不现实的，社区教育为我国社会主义建设培养了大批人才，特别是基层干部、技术骨干等。如 1965 年，在河北省涉县沿头村时任生产大队

---

[1] 《坚持办学十四年的涉县沿头村农民业余学校》，《人民教育》1965 年第 1 期。

[2] 《蕲春近四万农民参加业余学校学习》，《人民日报》1963 年 3 月 23 日，第 2 版。

[3] 据刘英杰主编《中国教育大事典》（下），浙江教育出版社，1993，第 1831 页的数据统计。

[4] 《中国教育年鉴》编辑部编《中国教育年鉴（2000）》，人民教育出版社，2000，第 26 页。

[5] 毛礼锐、沈灌群主编《中国教育通史》第 6 卷，山东教育出版社，1989，第 431 页。

[6] 《中国教育年鉴》编辑部编《中国教育年鉴（1949—1981）》，中国大百科全书出版社，1984，第 578 页。

和生产队干部的 99 人中，有 93 人先后参加民校学习，大多数已达到扫盲结业以上程度，能写会算，在 19 名技术人员中，有 4 名是在民校打下了文化基础，经过短期训练得到提高的，有 15 名是受训回村后，又经民校技术班培养出来的；① 青海省海北藏族自治州门源回族自治县的苏吉滩公社创办了 23 所各类业余学校，从创办到 1960 年的两年多来，这些学校已培养了 100 多名社、队干部、会计、拖拉机手以及 180 多名初、中级兽医人员，大大地增强了公社的领导力量和技术力量；② 江苏灌云县古城村农民业余文化学校从 1951 年办学以来，互助组长、初级社长、高级社长、生产队长、会计、记工员等一大批农村基层干部，都在这所业余学校摘掉了文盲的帽子，文化水平提高到初小、高小甚至初中；③ 乳山县五七学校先后开设了 13 个专业，为农村人民公社和生产队培养了大批急需人才，如卫生专业班，为农村培训了 1400 多名赤脚医生，有效地巩固了农村合作医疗……④

4. 极大地促进了社会主义建设

社区教育全面促进了社会主义政治、经济、道德风尚等方面的建设。一是广泛宣传了马克思主义、毛泽东思想，让党的路线、方针、政策深入人心，大大提高了广大居民的政治思想觉悟，巩固了中国共产党的领导。如 1950 年，辽宁省新民、彰武和黑龙江省阿城参加冬学的农民普遍地学会了唱国歌，知道了新中国成立的意义等。⑤ 又如，吉林省蛟河自强屯冬学的居民在冬学学习了征粮政策后，立刻展开送好粮运动，自强屯获得了"征粮模范屯"的光荣称号。⑥ 二是通过职业技术教育，促进了社会主义经济建设。如江苏灌云县古城村农民业余文化学校开设了种棉花的技术课，在 1961 年夏天棉花遭到严重的虫害时，学校培养的这批"棉花技术

---

① 《坚持办学十四年的涉县沿头村农民业余学校》，《人民教育》1965 年第 1 期。
② 龚成华：《紧密结合生产　加速培养人材》，《人民日报》1960 年 8 月 11 日，第 4 版。
③ 《根据不同农事季节　灵活安排上课时间　灌云古城农民业余学校日益巩固　为当地培养出许多能写会算的基层干部》，《人民日报》1962 年 1 月 21 日，第 4 版。
④ 《面向农村开门办学——乳山县五七学校的经验》，《破与立》1975 年第 1 期。
⑤ 《东北冬学工作广泛开展，去年底已有百八十余万人入学》，《人民日报》1950 年 1 月 27 日，第 3 版。
⑥ 《东北冬学工作广泛开展，去年底已有百八十余万人入学》，《人民日报》1950 年 1 月 27 日，第 3 版。

员"，根据所学的知识，配制农药，消灭了害虫。① 三是改变了一夫多妻、封建迷信等陋习，树立了社会主义的新风尚，居民的道德水平得到普遍提高。

（三） 本阶段社区教育存在的问题

1. 对社区教育培养人的本质认识不清

这一时期我国社区教育的一个突出问题就是过分强调其社会功能，对教育的本体功能是培养人这一问题认识不清，社会功能固然重要，但其只是间接功能，而非本体功能。社区教育作为一种教育方式，其本体功能同样是促进社区内所有居民的全面发展，社区教育在促进社会政治、经济、文化发展等方面的功能是通过培养的人去实现的，因此，片面强调社区教育的社会功能，忽视其培养人的本体功能显然是不妥的。

2. 取消了社会教育司，使社区教育丧失了独立地位

中央人民政府教育部在 1949 年 11 月成立之初，下设了社会教育司，1951 年，社会教育司改名为工农业余教育司。此后，又先后改名为业余教育司、成人教育司及今天的职业教育与成人教育司。由于社会教育司的取消，社会教育及社区教育失去了独立地位。而工农教育这一概念把教育对象局限于工农，不能涵盖所有居民；业余教育是指对在职人员在业余时间进行的教育，但社会上还有数量众多的无业人员及退休老人、儿童等；成人教育只以成年人为教育对象；职业教育侧重于对人进行职业训练，不能涵盖社区教育中的文化教育、道德教育、休闲教育及学生的校外教育。由于上述概念不能涵盖社区教育的内涵与外延，其所成立的管理机构也就存在问题。这个问题所造成的不良影响一直延续到现在，今天我国社区教育仍然存在社区教育及其管理部门归属不明、社区内各种教育力量条块分割、各自为政、多头管理等的问题，这已成为当前我国社区教育发展的最大障碍。

3. 居民在教育中多处于被动地位

现代教育的一个重要特征就是学生要成为主体，但我国这一时期的社

---

① 《根据不同农事季节　灵活安排上课时间　灌云古城农民业余学校日益巩固　为当地培养出许多能写会算的基层干部》，《人民日报》1962 年 1 月 21 日，第 4 版。

区教育主要由政府主导进行。1950 年山西教育厅视导组到榆次专区视导发现，平顺、潞城等村，采用强迫命令方式，以罚油等办法来强制农民上冬学。[①] 潞城五区张庄村规定一次不来上冬学批评，二次不来上冬学罚油四两，三次不来上冬学罚煤一斗。[②] 有人对江苏省石村考察后发现，新中国成立后，无论是冬学、民校，还是放电影等社会教育活动，无一不是在国家政策的主导下产生及开展的，不是出自石村的内生。[③] 也就是说，在社区教育中，居民多处于较为被动的地位，这一现象直到改革开放后才有所改变。

四　中国当代社区教育的酝酿、产生及深化发展阶段（1978～2020 年）

（一）　我国当代社区教育的酝酿、产生及发展阶段

1978～1986 年是我国当代社区教育产生前的酝酿期，在这一时期，为适应现代化建设的需要，城市地区为待业人员和个体工商业者创办了一些业余补习学校，农村地区开办了乡镇农民业余学校。如 1981 年，中国国民党革命委员会、中国民主同盟、中国民主建国会等的地方组织在全国 22 个大中城市办起了各类业余学校、补习学校等 50 所，参加学习的在职职工和待业青年约 2 万人。[④] 乡镇农民业余学校灵活运用了各种教育组织形式。比如 1981 年，广西玉林地区农民业余学校办有长期班和短训班：长期班比较系统地传授某一方面的科学技术知识，短训班传授一些单项专业技术，如蘑菇栽培等。[⑤] 到 1983 年，县、公社（乡）、大队（村）三级办学日趋成型，许多地方已突破扫盲—业余小学—业余中学的教育结构，形成了大队（村）办的普及性技术学习班组、公社（乡）办的农民初级文化技术学

①　《山西检查冬学工作，廿县超过预定计划，有些县作得不好，教育厅正注意纠正》，《人民日报》1950 年 1 月 9 日，第 3 版。

②　《督促辅导各区村冬学，潞城派出检查传授组》，《人民日报》1950 年 1 月 12 日，第 3 版。

③　袁媛：《热闹而寂寞的乡村教化——基于建国后石村社会教育历史人类学考察的研究》，博士学位论文，东北师范大学，2010，第 142 页。

④　张永年：《民主党派成员积极办学受到欢迎　已办起各类业余学校、补习学校等五十所，参加学习的在职职工和待业青年约二万人》，《人民日报》1981 年 2 月 14 日，第 3 版。

⑤　《玉林地区办起四百多所农民业余学校》，《人民日报》1981 年 8 月 15 日，第 2 版。

校、社队企业办的专业学习班、县办的农民中等专业（技术）学校体系。①
这一时期还出现了一些由居民个人办理的社区教育机构，社区教育办理主
体开始走向社会化。如北京市朝阳区李淑芬1982年在校外活动站的基础上
创办了朝阳区半工半读职业学校，该学校主要为待业青年补习文化知识，
并安排他们在学校附设的实验工厂学习生产技能。1984年，首钢职工学校
离休教师陈德兰办起了北京市第一个家庭辅导站，用于照看下午放学后无
人照管的孩子做游戏，督促他们完成作业，指导他们阅读课外读物。这一
举措得到市妇联的认可，市妇联号召发动社会力量试办家庭辅导站。② 这
些社区教育实践，推动了我国当代社区教育的产生。

我国当代社区教育产生于20世纪80年代中期，产生标志是1986年上
海真如中学建立的"真如中学社会教育委员会"。我国当代社区教育的产
生，主要源于以下几个方面。其一，学校教育改革和发展的需要。首先，
中国当代社区教育最初是为学校德育所需的校外教育而产生的。1988年，
《中共中央关于改革和加强中小学德育工作的通知》强调，"要把社会和家
庭教育同学校教育密切地结合起来，形成全社会关心中小学生健康成长的
舆论和风气"。③ 其二，中国当代社区教育的产生，是政治、经济等多种社
会因素综合作用的结果。从政治上看，随着民主政治的推进，国家对一些
过于死板的局面逐渐改变，社区自治权力增大，而且民主政治需要公民具
有较强的现代公民意识与参与能力，而社区教育就是唤起民众的公民意
识，培养公民参与能力的最佳平台；从经济上看，市场经济的发展使越来
越多的人由"单位人"变为"社会人"，同时，在农村实行家庭联产承包
责任制后，剩余劳动力大量增加，于是进城农民工增多，此外，城市中存
在大量的老年人口……上述人群都需要社会为之提供各种层次、各种内容
和形式的教育培训，原来的"单位体制"显然无力为这些人提供相应的教
育服务，社区教育应运而生。其三，当代中国社区教育的复兴，是教育自
身合乎规律地发展的表现，是一种"历史性的复归"。因为社区教育是一

---

① 《中国教育年鉴》编辑部编《中国教育年鉴（1982—1984）》，湖南教育出版社，1986，
第248页。
② 欧阳璋主编《成人教育大事记（1949—1986）》，北京出版社，1987，第484页。
③ 《中共中央关于改革和加强中小学德育工作的通知（一九八八年十二月二十五日）》，宣
讲家网，2012年5月23日，http://www.71.cn/2012/0523/671921.shtml。

种沟通中央和地方（社区）、政府和民众之间关系的教育管理制度，同时，社区教育有助于缓和与解决社区对教育需求与教育产品适应、服务与社区之间的矛盾和不协调问题。[①] 1986 年后，社区教育这一概念正式进入人们的视线，1993 年，我国成立了社区教育委员会，并加入了国际社区教育协会。

　　根据国家相关政策、社会形势等的发展变化及我国社区教育本身的发展情况，我国当代社区教育的发展大致分为以下四个阶段。第一个阶段：起步阶段（1986~1992 年）。20 世纪 80 年代初期，江苏、天津、山东等一些地方出现了学校、社会和家庭相结合的教育委员会——共建共管共育委员会，以及关心下一代协会等的较为松散的社区教育组织。1985 年，上海吴泾地区成立了社会支教基金会，这是上海最早的社区教育组织的萌芽形态。1986 年，上海真如中学与地区工厂联合成立了"真如中学社会教育委员会"，这标志着我国当代社区教育起步。20 世纪 90 年代初期，上海市所有的街道都建立了社区教育委员会，一些乡镇也开始开展社区教育活动，开始形成区、街、居三级社区教育组织。这一阶段社区教育的实质是学校德育社会化，即社会为学校的校外德育提供支持，其受教育对象主要是中小学生。第二个阶段：探索发展阶段（1993~1998 年）。1993 年，中共中央、国务院颁布了《中国教育改革和发展纲要》，提出要建立社区教育组织。1994 年 11 月，全国第一所社区学院——上海金山社区学院成立。我国的社区教育开始由单纯的校外德育走向教育社会化与社会教育化，教育对象由以在校学生为主扩展到全体社区成员，全国多地成立了社区学院（学校）等社区教育实体机构，并向完善终身教育体系、创建学习型社区发展。第三个阶段：繁荣实验阶段（1999~2012 年）。1999 年，国务院在《面向 21 世纪教育振兴行动计划》中提出，要开展社区教育实验工作，逐步建立和完善终身教育体系。同年，国家开始实施社区教育实验计划，创立了实验区和示范区，并逐步推向全国。第四个阶段：深化发展阶段（2013~2020 年）。2013 年 11 月，中国共产党第十八届中央委员会第三次全体会议通过了《中共中央关于全面深化改革若干重大问题的决定》，提出要推进国家治理体系和治理能力现代化。2016 年，教育部等九部门颁布

　　[①]　鲁洁主编《教育社会学》，人民教育出版社，2001，第 335~338 页。

的《关于进一步推进社区教育发展的意见》提出，到 2020 年，我国社区教育治理体系初步形成，基本形成具有中国特色的社区教育模式，全国开展社区教育的县（区、市）要实现全覆盖。① 在这一阶段，我国社区教育蓬勃发展，逐步形成了社区教育网络，社区教育的组织管理、硬件设施、师资力量和考核评估等方面也不断走向规范化，社区教育内容不断拓展，各种社会力量及公民个体参与社区教育的积极性和主动性不断增强，中国社区教育开始由管理走向治理。

（二）　本阶段社区教育的发展情况及取得的成绩

我国当代社区教育产生以来，国家出台了一系列有关社区教育的政策和规定，开展了社区教育的实验工作，强调要把社区教育作为社区建设的重要内容和终身教育体系的重要组成部分，建立和完善县（区、市）、街道（乡镇）、居委会（村）三级社区教育网络。社区教育在我国得到了蓬勃发展，从单向的社区为学校德育服务逐步走向学校与社区教育的互动融合，从活动的零星、无系统到有计划、有组织地大规模开展，从自发到自觉，从城市逐步走向农村，开始建立系统的社区教育管理体系、人员体系、课程体系等。社区教育打破了学校与社会及家庭相隔绝的局面，有利于整合社区内所有的教育资源，是建设学习型社会的重要基础和构建终身教育体系的重要力量，在促进社区发展、满足广大人民群众日益增长的教育需求、提高社区成员素质方面起着不可替代的作用。

1. 形成了系统的社区教育管理体系，并开始从管理走向治理

总体来看，我国当代社区教育管理大致经历了以下几个阶段。第一个阶段，1986 年到 1992 年，此时社区教育基本处于自发状态，是以学校为主体、社会积极参与的管理体制。第二个阶段，1993 年到 21 世纪初，初步形成以街道（乡镇）为主体、学校积极参与的社区教育管理体制，上海等地形成了县（区、市）、街道（乡镇）和居委会（村）的三级管理体制。第三个阶段，2004 年到 2015 年，社区教育逐步形成教育部《关于推进社区教育工作的若干意见》（2004）中规定的党政统筹领导、教育部门主管、有关部门配合、社会积极支持、社区自主活动、群众广泛参与的管

---

① 教育部等九部门《关于进一步推进社区教育发展的意见》，教育部网站，2016 年 7 月 29 日，http://www.moe.gov.cn/jyb_xwfb/xw_fbh/moe_2069/xwfbh_2016n/xwfb_160729/160729_sfcl/201607/t20160729_273300.html。

理体制和运行机制。① 第四个阶段，2016 年以后，社区教育从管理向治理迈进。2016 年，教育部等九部门颁布的《关于进一步推进社区教育发展的意见》把我国社区教育的管理和运行体制修改为："党委领导、政府统筹、教育部门主管、相关部门配合、社会积极支持、社区自主活动、市场有效介入、群众广泛参与的社区教育协同治理的体制和运行机制。"② 社区教育治理参与主体走向多元化，如广东省佛山市形成由各级党委、政府、工青妇、社区大学等组成的社区教育管理体系和以电大为依托建立的四级社区教育服务体系；上海市静安区公共文化场馆做到对社区教育全参与；山西省太原市杏花岭区形成社区家庭、社团组织、驻地单位的三联动参与格局；深圳市宝安区成立独立的社区教育协会，囊括了区内不同层面的资源和力量，推动了社区教育发展；等等。③

当前，我国社区教育具体的日常管理部门归属于职业与成人教育司，教育部综合改革司下的继续教育办公室对社区教育承担宏观管理之责。各地社区教育在当地社区教育委员会的领导下进行，社区教育委员会主任由当地党政主要领导担任，委员会成员包括当地有关职能部门、企事业单位的主要负责人和社会知名人士，在教育局设立该委员会的办事机构——社区教育办公室。在实践中，各地形成了各有特色的管理模式。如青岛市四方区的"多元联动"管理模式、杭州市下城区的实体机构"互动共进"管理模式、上海市的区域性"优势功能组合式"管理模式等。④

此外，社区教育的质量评估体系开始建立。2002 年，教育部发布《教育部社区教育评估指标体系（优秀级）（征求意见稿）》，2004 年教育部《关于推进社区教育工作的若干意见》对社区教育评价工作进行了专门规

---

① 教育部《关于推进社区教育工作的若干意见》，教育部网站，2008 年 4 月 25 日，http：//www. moe. gov. cn/srcsite/A07/zcs_cxsh/200412/t20041201_78909. html。

② 教育部等九部门《关于进一步推进社区教育发展的意见》，教育部网站，2016 年 7 月 29 日，http：//www. moe. gov. cn/jyb_xwfb/xw_fbh/moe_2069/xwfbh_2016n/xwfb_160729/160729_sfcl/201607/t20160729_273300. html。

③ 杨志坚主编《中国社区教育发展报告（2013—2014 年）》，中央广播电视大学出版社，2015，第 43~47 页。

④ 陈乃林、张志坤主编《社区教育管理的理论与实务》，高等教育出版社，2009，第 47~50 页。

定。2010 年教育部颁发《社区教育示范区评估标准（试行）》，并于 2011 年、2012 年分两批组织了社区教育示范区的督查工作。2012 年，教育部颁布了《全国社区教育实验区评估标准（试行）》。2016 年，《关于进一步推进社区教育发展的意见》再次强调要完善督查评价机制。

社区教育机构内部也制定了相关的管理制度。如上海市真如中学社会教育委员会下设德育、教学、管理三大组，各组各司其职。对于乡镇农民文化技术学校，1987 年国家教委等部门颁布的《乡（镇）农民文化技术学校暂行规定》中规定，乡（镇）农民文化技术学校要建立由教育、农业、乡镇企业等有关部门负责人参加组成的学校领导管理机构，并对其学校负责人、管理等进行了比较详细的规定。[1] 1991 年国家教育委员会（现教育部）颁布的《国家教委关于大力发展乡（镇）、村农民文化技术学校的意见》、1995 年国家教委印发的《示范性乡（镇）成人文化技术学校规程》等文件，都对相关的管理体制问题进行了规定。全国各省市基本按照这些文件精神建立了相应的管理机构。

2. 兴办了大量社区教育机构，社区教育办学机构网络体系逐渐形成

这一时期是我国社区教育蓬勃发展的时期，兴办了大量的社区教育机构，一些地方兴办了大量社区教育学院、社区学校等，形成了社区大学、社区学院、社区学校、社区教学点四级网络系统。农村的不少地方虽然还没有使用"社区教育"这一名词，其事实上的社区教育机构以农村成人学校或农民文化技术学校为主，但也形成了县、乡、村三级教育网络体系。

3. 探索出了多种社区教育发展模式

各地针对自己的实际情况，采用不同的社区教育模式，如北京市在城市中心区、城乡接合区、偏远乡村、近郊区县、远郊区县分别采取的是社区文化活动中心模式、多元化社区学院模式、村落型社区学习中心模式、实用技术与传统文化结合模式、电化教育与成人教育中心模式；[2] 上海市社区教育的主要模式有由街道办事处直接主持开展的连动型社区教育模

---

[1] 《乡（镇）农民文化技术学校暂行规定》，第一财税网，1987 年 12 月 30 日，https://www.tax.org.cn/displaw-law-11256230.html。

[2] 马叔平、郑晓齐主编《论社区教育发展模式——适应北京地区经济发展的社区化教育模式研究》，高等教育出版社，2001，第 208~231 页。

式、以中小学校为主体进行的活动型社区教育模式、以区级社区学院为载体进行的综合型社区教育模式、地域性集团自治型社区教育模式；① 江苏省社区教育模式有改革开放后的随机萌生、散点培训模式，20 世纪 80 年代初的社会自发、校社结合模式，20 世纪 80 年代中期至 20 世纪 90 年代初期的双向开放、自然延拓模式，20 世纪 90 年代中期后的政府参与、统筹规划模式，20 世纪 90 年代末以来的理论导向、科学实验模式；② 河南省南阳市采取"学校+公司+农户"的模式；广东省佛山市三水区采取"社区学院+合作社+农户"的模式；浙江省绍兴市嵊州市各乡镇都成立了集乡镇成人学校、党校、农业函授大学、社区青少年培训中心于一体的社区教育中心；浙江省金华市专门开办了农民学院；广东省佛山市南海区成立了社区干部学院和社区领袖学院；③ 成都市武侯区形成了由"区、街、居"三级管理机制，"学院+学校+工作站"三级运作机制，政府、社会、个人三级保障经费机制构成的"三·三发展"模式；江西省形成了政府正确引导、高校积极协助、社会力量参与、社区主体发展的四维一体模式；④等等。

4. 进行全国性的社区教育实验，收到了良好成效

1999 年，国务院在《面向 21 世纪教育振兴行动计划》中提出，要开展社区教育实验工作，逐步建立和完善终身教育体系。同年，国家开始实施社区教育实验计划，创立了实验区和示范区，并逐步推向全国。2014 年，国家级社区教育实验区和示范区覆盖了全国 31 个省（区、市），以建立管理机制、督导检查、开展满意度调查、推动实验项目实施等方式促进社区教育实验区与示范区在不断的创新中稳步前进，引领全国社区教育工作的地位和作用日益凸显，逐步使大力发展社区教育成为各地社会治理创新、学习型社会形成和终身教育体系建设的新常态。⑤

① 秦钠：《中日都市社区教育比较研究——以上海和大阪为例》，博士学位论文，上海大学，2006，第 46~48 页。

② 陈乃林主编《现代社区教育理论与实验研究》，中国人民大学出版社，2006，第 82 页。

③ 杨志坚主编《中国社区教育发展报告（2013—2014 年）》，中央广播电视大学出版社，2015，第 25~27 页。

④ 欧阳忠明：《江西省社区教育发展模式研究》，硕士学位论文，南昌大学，2006，第 34 页。

⑤ 杨志坚主编《中国社区教育发展报告（2013—2014 年）》，中央广播电视大学出版社，2015，第 65 页。

5. 社区教育在提高居民素质和促进社区建设中起着越来越重要的作用

首先，社区教育在提高居民素质中起到了重要作用。居民通过参与社区教育，文化素质、思想素质等都得到了提高。如四川省巴中县在1979年实现了基本无盲，1984年获得了联合国教科文组织颁发的"野间扫盲奖"。20世纪80年代初期，全国文盲率为20%左右，1981～1985年，中国第六个五年计划期间，共扫除文盲1500万人，达到基本扫除文盲标准的县有1418个，约占全国总县数的60%。[①] 1989年，全国有395万人参加扫盲学习，其中有200万人脱盲。[②] 1995年，成人文盲率下降到16.48%。2000年，成人文盲率只有8.72%。2005年，全国青壮年文盲率控制在4%左右，得到国际社会的赞扬。[③] 社区教育还在"为农村普及文化科学技术知识，培训实用技术人员等方面发挥了积极作用。农民教育已经成为提高农民素质、促进农村两个文明建设的重要途径"。[④] 1992年，农民技术学校结业者占农村劳动力总数的9.8%，辽宁省、四川省、河北省等3个省的在农民技术培训学校结业的学员占乡村劳动力的比例接近或超过1/5。[⑤] 1999年，农村成人培训人数占当年劳动力的21%，农村成人的科学文化素质得到了极大提高。[⑥] 同时，社区教育中的公民教育增强了社区居民的公民意识，提高了社区居民的基本素质。如四川省成都市大部分社区居民认为社区教育中公民意识的培育对其自身与社区生活的完善具有较大的作用，特别是对"学习法律知识，维护自身权益，减少社区纠纷"及"明确公民权利与义务，提高社区管理效率"等方面有着重要的影响，[⑦] 形形色色的社区老年教育课程和相关活动丰富了老年居民的现实生活和精神生活，使其适应不确定的社会生活的能力逐渐增强，特别是对其结交新朋

---

① 《中国教育年鉴》编辑部编《中国教育年鉴（1985—1986）》，湖南教育出版社，1988，第804页。
② 《中国教育年鉴》编辑部编《中国教育年鉴（1990）》，人民教育出版社，1991，第225页。
③ 刘立德、谢春风主编《新中国扫盲教育史纲》，安徽教育出版社，2006，第172、234、287页。
④ 《中国教育年鉴》编辑部编《中国教育年鉴（1985—1986）》，湖南教育出版社，1988，第804页。
⑤ 《中国教育年鉴》编辑部编《中国教育年鉴（1992）》，人民教育出版社，1993，第175页。
⑥ 《中国教育年鉴》编辑部编《中国教育年鉴（2000）》，人民教育出版社，2000，第160页。
⑦ 郑玉：《成都市社区居民公民意识培育研究》，硕士学位论文，四川师范大学，2019，第45页。

友、扩大社交范围、增加生活乐趣并能规划自己的老年生活等方面产生了重要影响。①

其次，社区教育极大地促进了社区的经济建设。这一点在农村表现得特别突出，可以列举出大量有关的数据资料：四川省涪陵市从1987年到1990年，通过乡农校对农民进行了20个专项实用技术的培训，参加培训的农民共33万人次，培训使农民学会了科学养殖和种植，经济效益明显提高，养猪、淡水养鱼、种植柑橘、种桑养蚕、种麻的专业户成倍增加，义和乡绝大多数农户养猪由传统的熟食改为生食，由单一饲料改为混合饲料，节约燃料200万斤，节约粮食50万斤，获得20多万元的经济效益；②1988~1991年，各地通过燎原计划贷款项目，培训农民达2159万人次，推广的技术有11239项，带动了群众致富；③1986~2001年，全国累计培训农村劳动者12.9亿人次，有效地提高了农村劳动者的科技文化素养，促进了农村经济和社会的发展；④20世纪90年代初期，西峡县乡村成人学校举办各种技术培训班5680期，培训人员28.9万人次，推广实用技术191项、高新技术29项，直接经济效益达8700万元；⑤1994年，北京市密云黄坨子村开展社区大棚蔬菜种植技术培训，当年人均收入增加了628元，后又经过近70次的大棚蔬菜种植技术培训，为全村创造了显著的经济效益，人均年收入逐年增加；⑥20世纪90年代中期，湖北省汉川市丁集乡成人文化技术学校教农民在湖塘进行成鱼立体套养，在岗地进行空中搭架挂葡萄、地面套种药材、地下开沟养鱼的技术，开设食用菌培训课程，400多户农民受训，出现万元户12个，4000多人成为科技致富带头人；⑦2004年，农民实用技术培训达到5127万人次的规模，传授了大量农业生产与经营的

①　《中国教育年鉴》编辑部编《中国教育年鉴（1992）》，人民教育出版社，1993，第175页。

②　王娜梅：《文化技术学校遍乡镇　涪陵市发展农民教育见成效》，《人民日报》1990年11月28日，第3版。

③　廖其发主编《当代中国重大教育改革事件专题研究》，重庆出版社，2007，第347页。

④　教育部《关于进一步加强农村成人教育的若干意见》，教育部网站，2002年11月21日，http://www.moe.gov.cn/srcsite/A07/zcs_cxsh/200211/t20021121_8929.html。

⑤　庞灿然：《冲出徘徊天地宽——西峡县乡村成人学校改革办学模式的调查与思考》，《成人教育》1994年第11期。

⑥　马叔平、郑晓齐主编《论社区教育发展模式——适应北京地区经济发展的社区化教育模式研究》，高等教育出版社，2001，第225页。

⑦　余国平：《丁集成人学校瞄准乡情办学》，《人民日报》1997年5月8日，第5版。

新知识、新技术，有力地促进了农业增效、农民增收和农村发展；① 2013 年，上海市青浦区练塘镇通过茭白叶工艺品制作技术培训，创造产值 3400 多万元；② 2014 年，江苏省建立了 152 个农科教结合示范基地，累计开展农村劳动力职业培训 1420 万人次，示范推广新技术、新品种达 5900 多项；③ 云南省师宗县五龙壮族乡成人文化技术学校，通过对村民的各种教育培训，年推广种植生姜 2.8 万余亩，产值达 7560 多万元，狗街、牛尾两村农民年种植冬早马铃薯 2.4 万余亩，收入 3600 多万元，年转移富余劳动力 2600 余人，实现打工经济近 2 亿元，几年来各个村寨陆续盖起了小洋楼……④

最后，社区教育极大地推动了社区的文化建设和治理。党的十八届三中全会后，各地把社区教育作为实现社区治理创新的一个有效途径，实现社区教育与社区治理的融合、培育各种社区社会组织和学习共同体、构建社区教育治理体系、促进形成社区建设的多元主体协同治理格局等成了新时期社区教育的主要任务。成都市社区教育机构致力于居民自主学习团队的培育，全市建有各类自主学习团队 2000 多个。成都市锦江区创建的"院落学习室"，调动了居民参与院落管理的积极性和主动性，实现了居民参与社区管理和公共服务的目标，成为社区教育服务社区建设的前沿阵地，2012 年仅五福桥社区就收到居民提案 172 件，同比增长 50%。成都市龙泉驿区丽阳社区的居民曾因房屋拆迁问题与政府产生了尖锐的矛盾，发生了较为严重的事件，这时，龙泉驿区社区教育中心组建和派出了三人工作团队，历时两年半，共计投入近 200 万元，在社区居民和社区之间搭建了沟通的桥梁，缓和了社区居民与政府的关系，圆满解决了问题，并使丽阳社区成为龙泉驿区社区治理的十佳社区。再如，2013 年，通过社区教育活动，北京市顺义区有 4 个社区被评为首批"北京市民主法治示范

---

① 《中国教育年鉴》编辑部编《中国教育年鉴（2005）》，人民教育出版社，2005，第 202 页。
② 杨志坚主编《中国社区教育发展报告（2013—2014 年）》，中央广播电视大学出版社，2015，第 120 页。
③ 杨志坚主编《中国社区教育发展报告（2013—2014 年）》，中央广播电视大学出版社，2015，第 24 页。
④ 张正沛、张云芳：《抓定位　重培训　为农民致富架金桥——五龙壮族乡成人文化技术学校工作纪事》，《中国农村教育》2016 年第 7～8 期。

社区"。① 同时，社区教育通过各种教育活动，如北京市东城区的国子监大讲堂，上海市静安区的"白领学堂"，山东省济南市的"泉学 e 站"，江苏省江阴市顾山镇的"乡镇居民大课堂"，成都市的"最成都·市民课堂"等，促进了社区的文化建设。

此外，社区教育在课程内容的丰富、教学方法及手段的多样等方面都取得了突出的进步，鉴于后面有专章阐述这些内容，此处不赘述。

（三） 本阶段社区教育中存在的问题

1. 管理主体不明

社区教育究竟应归属于哪一个范畴，一直没有得到明确，导致社区教育至今未被确立为独立的教育板块，管理主体不明，在国家层面上缺乏统筹管理全国社区教育工作的机构。社区教育涉及社会的方方面面，单靠教育部门管理是不行的，为此，国家颁布的各种文件也提出了各地要成立"相关部门负责人参加的社区教育工作领导机构"，但教育部并没有这个权力去要求各地成立这样的机构，因此，这个机构在全国不少地区都没有建立起来。虽然一些地区成立了由各部门主要领导组成的社区教育委员会这样的机构，实行定期召开社区教育委员会成员联席会议制度，但社区教育只是各地党委和政府工作中的一部分，让党政领导来做社区教育负责人，担负统筹领导之责，就导致在实践中屡屡出现党政领导政务繁多或者不够重视使这样的机构和联席工作会议制度空有其名、统筹不足的情况。另外，我国社区教育当前在宏观上归属于综合改革司的继续教育办公室管理，日常管理属于教育部职成司，但社区教育不仅包括由社区所进行的职业教育、成人教育与继续教育，还包括由社区所进行的校外教育，而教育部职成司只管职业教育与成人教育，继续教育办公室也只管学校教育之后的继续教育，校外教育并不在其职责范围内。社区教育与职业教育、成人教育、继续教育几个概念是交叉关系，用其中一个概念去统领与其具有交叉关系的概念显然是不妥当的，这样窄化了社区教育的内涵。同时，把社区教育归于继续教育办公室与教育部职成司管理，造成了管理部门不明的情况。

---

① 杨志坚主编《中国社区教育发展报告（2013—2014 年）》，中央广播电视大学出版社，2015，第 18 页。

2. 社区教育发展不均衡

当前我国许多的县及农村地区还没有建立社区教育机构，而全国社区教育实验区与示范区多集中在东部地区和大中城市。2014 年，全国社区教育实验区与示范区，东、中、西部地区分别占总数的 73.62%、14.46%、11.92%。① 在社区教育经费方面，总体而言，存在较为严重的地区间、城乡间不均衡的问题，在不少地区的社区教育中，其经费每年每人不到 1 元，浙江省有些地方却达到了每年每人 20 多元（详见第九章第三节）。因此，我国社区教育发展不管是在机构分布，还是在经费等方面都还很不均衡。

3. 居民主体性未得以充分体现

当前我国社区教育的管理和运行总体上仍然是自上而下进行的，比如，1987 年颁布的《乡（镇）农民文化技术学校暂行规定》规定：乡（镇）农民文化技术学校"是由乡（镇）政府举办和管理的以文化技术教育为主体的综合性、多功能的农村成人教育基地"。② 从这一规定可以看出，乡（镇）成人文化技术学校是由乡镇政府创办和管理的。1988 年上海市长宁区社区教育委员会章程规定："长宁社区教育委员会是在区委、区政府领导下，在区人大、区政协支持关心下，有工业、城建、地区、部队、公、检、法、科、教、文、卫、体等方面参加的促进教育发展和全区社会主义精神文明建设的社会组织。"③ 这正是我国大多数地区社区教育委员会的组成模式，即社区教育委员会的负责人及主要构成人员（一般是政府各部门官员），居民很少能在管理机构组成人员中占有一席之地，很少能参与社区教育发展规划、课程设置、考核评价等方面的具体管理与决策。不少地区社区教育计划与规划形成的具体流程为：社区学院办公室草拟本区社区教育的发展规划后，报教育局局长审阅，然后报县（区）委、县（区）政府分管领导审批，最后形成文件下发。此外，社区居民没有成为社区教育活动的组织者，如社区教育课程开发者主要是社区教育机构工作人员，居民没有成为课程开发的主体。居民的主体性未能得到充分的尊

---

① 杨志坚主编《中国社区教育发展报告（2013—2014 年）》，中央广播电视大学出版社，2015，第 71 页。

② 《乡（镇）农民文化技术学校暂行规定》，第一财税网，1987 年 12 月 30 日，https://www.tax.org.cn/displaw-law-11256230.html。

③ 袁采主编《上海社区教育的实践和认识》，上海社会科学院出版社，1989，第 21 页。

重与体现，这就极大地影响了居民参与社区教育的积极性。有调查结果表明：只有 15.4% 的被调查者表示经常参加社区组织的教育培训活动，19.9% 的被调查者表示不会参加社区组织的教育培训活动，22.9% 的被调查者表示对社区组织的教育培训活动不了解。①

4. 在社区教育的课程、师资、经费等方面存在问题

当前我国不少地方的社区教育在课程设置、课程开发方面存在问题，没有专门的课程开发团队，课程设置的随意性较强，目前开设最多的是休闲养生等方面的课程，这类课程主要面向老年人，而中青年人急需的有关职业培训方面的课程开设较少，不能很好地满足社区中青年人的需要。各社区教育机构的师资主要来源于中小学，不少人不具备社区教育的专业背景，且专、兼职教师及志愿者数量不足，如在 2006 年，全国农民技术培训学校共有 15.09 万所，教职工有 23.26 万人，其中专任教师有 10.31 万人。② 从以上数据可以看出，教师的数量严重不够，平均一所农民技术培训学校只有一个半教师，专任教师不到 1 人。在经费方面，国家没有关于社区教育经费的明确规定，经费投入缺乏保障机制，不少地方政府没有把社区教育经费纳入财政预算，其经费的多少或有无取决于当地行政领导对社区教育的重视程度。在农村，在农业税制没有改革以前，农村成人学校经费按一定的比例从农村教育附加费中开支，农村税制改革以来，对农村成人学校没有明确的规定，经费缺乏有效保障。经费的不足导致一些社区教育机构办学条件较差，特别是一些农村成人学校，只有 2~3 间办公室和教室，没有学习所必需的如图书、电脑等设施，甚至不少乡镇只挂了一个成人文化学校的牌子，基本没有开展活动。

五　小结

百年来，我国教育从传统的社会教育走向了现代社区教育，从通俗教育、平民教育、民众教育、业余教育等走向了当代社区教育，取得了巨大

---

① 朱鸿章：《社区教育政策与公民学习权保障的研究》，博士学位论文，华东师范大学，2012，第 57~58 页。

② 孙诚：《我国乡镇成人文化技术学校的发展现状与若干建议（上）》，《成人教育》2008 年第 10 期。

的成就：首次设立了社区教育的专门管理机构，进而逐渐形成了现代社区教育的管理体系，并正在从以政府为单一管理主体的管理体系走向多元主体参与的社区教育治理体系；兴办了大量社区教育机构，从民国时期零散的讲演所、通俗教育馆、平民学校、民众学校、半日学校、补习学校、民众教育馆、冬学、民校、业余学校走向当代社区大学—社区学院—社区学校—社区教学点四级办学机构网络体系；从民国时期的零星社区教育实验走向当代社区教育的全国性和各级地区性的系统实验，收到了良好成效；确立了学校式和社会式两类社区教育形式，中国社区教育基本形式从此定型；课程内容日益走向丰富与多样，由民国时期的少量几门课程走向今天的海量课程；从实际出发，采用了灵活多样的教学组织形式与教学方法，游学、参观等成为新兴的教学形式；教学手段走向现代化，从开始的原始电化教学走向以现代信息技术为支撑的线上线下混合式教学；从各地实际情况出发，探索出了多种社区教育发展模式；社区教育与时代紧密结合，反映了时代精神，顺应了时代需要；注意把社区教育与社区居民的生活实际及生产实践相结合，极大地满足了居民的各方面需要；社区教育从普及性的通俗教育、平民教育，走向了终身教育，成为服务全民学习和终身教育的重要组成部分；以人为本的理念日益深入人心，社区居民的主体地位日益凸显。现代社区教育的兴起，打破了把教育局限于学校的传统，促进了学校与社会的沟通与融合，扩大了居民受教育的机会，受教育者人数不断增加；全面提高了居民在文化、政治、道德、卫生等各方面的素养；扫除了大量的文盲，移风易俗，树立了现代社会新风尚；促进了当地经济发展和社区发展；对于支持革命战争和社会主义现代化建设、促进社区治理，起到了很大作用。

但社区教育在发展中还存在一些问题，如当前社区教育还没有普及每一个地区且发展极不均衡；取消了社会教育司，使社区教育丧失了独立地位；社区教育的管理主体不明；居民主体性未得到充分体现；没有很好地处理国外教育影响与中国社区教育本土化的问题；在实验的管理及设计的科学化等方面存在一些问题；在课程、师资、经费等方面存在问题；等等。下面我们对国外教育对中国社区教育的影响及本土化、社区教育实验的相关问题进行专门的探讨。

第二节　国外教育对中国社区教育的影响

百年来，我国社区教育不同程度地受到了来自国外有关教育思想及实践的影响，中国学者对这些外来影响进行了扬弃及本土化的努力，取得了巨大的成就，同时存在一些问题。

一　国外教育对中国社区教育的影响概况

（一）　国外教育对中国社区教育影响的发展阶段

百年来，世界教育理论与实践空前活跃，对中国社区教育的发展产生了重大影响，大概可以分为三个阶段。

第一个阶段：20 世纪初期到 1949 年，受日本、德国等国的影响，中国现代社区教育起步和发展，此后，来自美国的影响占据了主导地位。一方面，日本、德国、英国、丹麦等国家在社区教育实践中取得了显著成绩，这给中国教育界带来了极大的震撼和影响。《教育世界》1902 年第 29 号刊登的日本利根川与作的《家庭教育法》一文中首次出现了"社会教育"一词。不久，又连续刊登了大量介绍德国社会教育的文章。因此，从源头上看，中国学界认识和接受"社会教育"这个名词最初是受日本的影响，随之而来的德国"新教育"理论，对于人们理解和使用"社会教育"起到了深化作用。[①] 1912 年，国民政府在教育部下设立了社会教育司。1929 年，日本在全国教育大会决议中提出："社会教育是家庭教育、学校教育以外的，以文化向上为目标的一般教育作用的总称，具备各种各样的教养训练的设施和机关，以使一般国民能自由利用之为本旨。"[②] 这一观点对我国关于社会教育内涵的理解影响极大。另一方面，20 世纪上半叶，新教育思想、实用主义教育思想等影响了整个世界，其核心观点是强调学校与社会生活的联系，强调学生的经验和主动发展。其中，杜威提出

---

① 王雷：《"社会教育"传入中国考略》，《河北师范大学学报》（教育科学版）2000 年第 4 期。

② 丘学训：《社会教育的概念与实质》，《东方杂志》1933 年第 6 期。

的"学校即社会"的思想成为世界现代社区教育思想的重要源头，也成为我国社区教育最重要的理论基础。同时，一批美国专家来华指导心理测试及教育实验，影响了中国社区教育实验的开展。此外，西方有关社会教育、成人教育、职业教育等方面的理论，也深深地影响了中国的社区教育。

第二个阶段：新中国成立后到改革开放前，主要受到来自苏联的影响。苏联教育在革命根据地被奉为学习的榜样，新中国成立后，中国教育包括社区教育全方位地学习苏联。苏联的教育思想及一些发展成人教育的做法，对我国社区教育产生了较大影响。

第三个阶段：改革开放后到现在，受到来自世界各国有关教育理论与实践的影响，中国当代社区教育产生并成为社会教育的主要形式。在思想理论层面，兴起于20世纪60年代的终身教育思潮于20世纪70年代末期传入中国，深刻地影响了我国的社区教育。近二三十年，后现代主义、教育治理理论等多种理论并存，主张破除权威中心，强调多元参与；此外，关于教育技术方面的如泛在学习、智慧教育、计算教育等各种理论异军突起，这影响了中国社区教育理念和手段的进一步革新。在实践层面，二战结束后，社区教育这一概念在世界范围内被正式使用，各国高度重视社区教育对于提高社区居民素质和促进社区发展的重要作用，社区教育在世界范围内蓬勃发展，取得了辉煌的成就，这些都给中国当代社区教育的产生和发展带来了重要影响。

（二）　国外教育对中国社区教育影响的途径

其一，翻译国外的相关成果。

民国时期，人们翻译出版了一些社区教育方面的专门著作。如佐藤善治郎的《社会教育法》（1902）、杜威的《平民主义与教育》（1923）、贝脱勒等的《丹麦的民众学校与农村》（1931）、顾芬丽的《墨西哥的民众学校》（1934）、吉田熊次的《社会教育的设施及理论》（1935）等。新中国成立初期，苏联教育家的著作被大量翻译出版，仅人民教育出版社在1951~1957年，就翻译出版了苏联教育学著作303种，发行了苏联教育学著作1262.78万册，[①] 对我国社区教育在教育理念、指导思想等宏观层

---

① 田正平主编《中外教育交流史》，广东教育出版社，2004，第17~18页。

面上产生了影响。改革开放后，我国出版了大批反映国外教育最新动态的著作，如联合国教科文组织的《学会生存——教育世界的今天和明天》与《教育——财富蕴藏其中》，保尔·朗格朗的《终身教育引论》，以及日本新堀通也的《社会教育学》、池田秀男的《社会教育学》、日本文部省大臣官房调查统计企画课编的《社会教育调查报告书》等，这些著作对我国社区教育产生的影响巨大而深远。

其二，介绍国外社区教育的相关情况。

民国时期，各教育刊物发表了不少介绍国外社区教育情况的文章，如《教育世界》于1905年连载《讷德普氏之社会教育学》《培格曼氏之社会教育学》；邹楫和张树勋在1914年发表《东京教育博物馆通俗教育馆》《东京市立简易图书馆》；伍达发表了《日本社会教育视察记》，"对于社会教育设施之方法与功用，条分缕析，阐述至为详尽"；① 马宗荣发表《六十年来的日本社会教育》（1932）、《意大利的社会教育》（1933）；雷沛鸿发表《丹麦公立图书馆运动》（1929）、《英国成人教育运动之起源和发展》（1929）、《北欧的成人教育》（1929）、《瑞典成人教育概观》（1931）等论文。1916年，通俗教育研究会出版了《调查日本社会教育纪要》，介绍了35项日本社会教育设施。马宗荣在《比较社会教育》一书中，介绍了英、德、美、法、意、俄、丹麦、日本的社会教育情况。② 20世纪50年代初，《人民教育》等杂志刊登了大量介绍苏联教育情况的文章。20世纪70年代末，一些报纸杂志开始介绍终身教育思想。20世纪80年代后，国内出现了大量介绍国外社区教育情况的著作，如《美国社区学院》《加拿大社区学院》《各国社区教育概论》《日本战后社会教育政策》《美国社区学院治理及其理论基础》《美国社区学院课程变革与发展研究》等。同时出现了大量相关的博士论文、硕士论文和期刊论文。

其三，外国专家来华宣讲。

中华民国成立前，日本教育专家来华讲学的较多，中华民国成立后，来华讲学的教育专家则以欧美人特别是美国人为主。如孟禄、克伯屈、华虚朋、推士等著名的教育家都曾来中国考察或讲学，对中国社区教育产生

---

① 徐芳田：《社会教育之进展与伍博纯先生》，《民众教育》1931年第7期。

② 马宗荣：《比较社会教育》，世界书局，1933，第143~144页。

了直接或间接的影响。其中对中国社区教育产生影响最为突出的是杜威，他在中国进行了多场讲演，其中有不少是与社区教育直接有关的内容（见表1-2）。

表1-2　杜威在华有关社区教育的讲演情况

讲演时间	讲演地点	讲演内容
1919年5月3~4日	江苏省教育会	平民主义的教育
1919年5月7日	浙江省教育会	平民教育的真谛
1919年5月	南京高等师范学校	平民教育（共6场）
1920年6月4日	松江劝学所等	学校与社会之关系
1920年11月9日	江西省教育会	国民教育
1921年4月19日	福建青年会	国民教育与国家之关系
1921年4月30日	广东教育委员会	学校与社会
1921年7月23日	山东省教育厅	学校与社会之关系

资料来源：据田正平主编《中外教育交流史》（广东教育出版社，2004，第523~531页）有关内容整理。

20世纪50年代初期，一些苏联教育工作者来华介绍了苏联的成人教育、社区教育方面的有关情况。如1950年，魏里奇阔夫斯基在中国全国教育工作会议上介绍了苏联的扫盲教育、成人教育和师资训练情况。[1] 同年，卡尔波娃在中国第一次全国工农教育会议上介绍了苏联工农教育的相关经验。[2] 同时，菲力波夫在此会议上介绍了苏联扫除文盲的经验等。[3] 改革开放后，外国来华讲学者不可胜数，不过，随着网络及远程教育的日益发达，这已不再是传播国外有关教育思想的主要渠道。

二　国外教育对中国社区教育影响的表现

（一）对社区教育目的的影响

我国传统社区教育的目的是"化民成俗"，培养封建社会需要的"君

---

[1] 〔俄〕E. N. 魏里奇阔夫斯基、张蓝田：《苏联的成人教育和师资训练——在全国教育工作会议的演讲词》，《人民教育》1950年第2期。

[2] 〔俄〕卡尔波娃、李敬永：《苏联工人速成中学——在第一次全国工农教育会议上的经验介绍》，《人民教育》1950年第7期。

[3] 〔俄〕菲力波夫、李敬永：《苏联怎样扫除文盲——在第一次全国工农教育会议上的经验介绍》，《人民教育》1950年第7期。

子"人格。19世纪末，世界主要国家社区教育的目的虽有所不同，但其核心都强调要培养有现代意识的公民，为促进社会发展和人类幸福服务。如以杜威为代表的进步主义教育家主张的教育目的是为民主社会培养公民，佐藤善治郎在《社会教育法》中主张的社会教育的重要目的在于为人类幸福服务等思想体现了这一核心目标。受这些思想的影响，中国的社区教育目的也开始转向人的发展，变成培养具有健全人格的新公民。当时的一大批教育家，如俞庆棠、晏阳初、陈礼江等纷纷发表了自己有关社区教育目的的看法，他们都强调了人本、自动、民主、发展等内容，体现了资产阶级的教育价值观。当时颁布的一些有关社区教育目标的政策法令也体现了这些精神。如1931年，国民党中央执行委员会在《三民主义教育实施原则》中规定的社会教育，就是在继承有关传统思想的基础上，着重强调了要培养具有现代知识与技能、自治及四权（包括选举、罢免、创制、复决的权利）能力等现代特点的公民。[①] 而影响革命根据地教育的主要是苏联十月革命后的有关教育思想，苏联十月革命后的教育思想以社会为本位且政治色彩较为浓厚，如苏联当时关于扫盲最流行的口号有："文盲是反革命的后备军""识字是走向共产主义的道路"。[②] 受苏联影响，我国在社区教育目标上也体现了类似特点。如《鄂豫皖省苏维埃文化委员会决议案》指出：发展社会教育的目的是使苏区的工农劳苦群众"实现文化上的完全解放"，"提高我们的思想和文化，增加我们的战斗力量，来完成建立新社会的伟大使命"。[③] 新中国成立后，我国社区教育目标总体延续了革命战争时期的精神，体现了苏联的影响，强调社区教育要为社会主义建设服务。

改革开放后，受国外人本主义、终身教育、治理理论等各种思想的影响，人的发展和人的主体性受到空前重视，同时，社区教育在社区建设、终身教育及促进人的发展上的作用被提上了前所未有的高度，这些都影响到了我国社区教育的目标。如《乡（镇）农民文化技术学校暂行规定》（1987）、《国家教委关于大力发展乡（镇）、村农民文化技术学校的意见》

---

① 教育部社会教育司编《社会教育法令汇编》，商务印书馆，1936，第17~18页。

② 〔俄〕E. N. 菲力波夫、李敬永：《苏联怎样扫除文盲——在第一次全国工农教育会议上的经验介绍》，《人民教育》1950年第7期。

③ 董纯才主编《中国革命根据地教育史》第1卷，教育科学出版社，1991，第317页。

（1991）、《示范性乡（镇）成人文化技术学校规程》（1995）等文件，都强调了要培养有理想、有道德、有文化、有纪律、懂技术、善经营的新型劳动者。2004 年的教育部《关于推进社区教育工作的若干意见》强调社区教育要促进社区居民整体素质和生活质量的提高，促进区域经济和社会的发展，进一步构建和完善终身教育体系，形成终身学习的公共资源平台。[1]2016 年的《关于进一步推进社区教育发展的意见》指出，社区教育要以促进全民终身学习、形成学习型社会为目标，充分发挥在弘扬社会主义核心价值观、推动社会治理体系建设、传承中华优秀传统文化、形成科学文明的生活消费方式、服务人的全面发展等方面的作用。[2]

（二）　对社区教育组织机构的影响

19 世纪，德国有民众教育普及协会、基督教民众协会，日本有青年团、童子军、图书馆、博物馆、实业补习学校等多种社区教育团体和机构，并开始构建现代社区教育体系。受其影响，我国 1912 年在教育部下设立了社会教育司，各省、县、市设立了相应的管理部门。同时成立了大量的社区教育实施机构和社区教育民间团体。如伍达等人模仿日本通俗教育机构成立了通俗教育研究会，并仿照《日本文部省通俗教育委员会部分规程》编制了《通俗教育研究会进行宗旨决议案》。我国当时设立的图书馆、博物馆、补习学校、讲演所、识字学校等社区教育机构也是学习日本、德国、丹麦、英国、美国等国的结果。此后的中华教育改进社、平教社、平民学校、民众教育馆、民众学校等教育团体机构，则主要是以实用主义理论为指导建立的。

苏联在十月革命后，高度重视社会教育，苏共八大强调要发展社会教育。1919 年 12 月，列宁颁布了扫除文盲的法令。扫盲工作吸引了一切识字的人来参加，吸引了一切社会团体来努力，学校、办公室、俱乐部、私人房屋等成为扫除文盲的场所。[3]建立了数十万所扫盲学校，成立了全俄

---

① 教育部《关于推进社区教育工作的若干意见》，教育部网站，2008 年 4 月 25 日，http：//www.moe.gov.cn/srcsite/A07/zcs_cxsh/200412/t20041201_78909.html。

② 教育部等九部门《关于进一步推进社区教育发展的意见》，教育部网站，2016 年 7 月 29 日，http：//www.moe.gov.cn/jyb_xwfb/xw_fbh/moe_2069/xwfbh_2016n/xwfb_160729/160729_sfcl/201607/t20160729_273300.html。

③ 〔俄〕E.N. 菲力波夫、李敬永：《苏联怎样扫除文盲——在第一次全国工农教育会议上的经验介绍》，《人民教育》1950 年第 7 期。

扫除文盲非常委员会，还设立了成人学校、高级成人学校等。[1] 受苏联影响，我国在革命战争时期的革命根据地高度重视社区教育，新中国成立后，更是颁布了一系列有关政策。中共中央 1955 年 3 月在对教育部党组《关于第一次全国农民业余文化教育会议的报告》的批示中指出，要参照苏联经验，选择有条件的省、区、市做农民业余文化教育试点，试办扫除文盲协会。[2] 1956 年 3 月，我国扫除文盲协会成立。到 1956 年 11 月，全国已有 11 个省、区、市成立了扫除文盲协会或筹备组织。[3] 此外，我国也如苏联一样在全国建立了众多的扫盲学校及工农速成中学，社区教育同样是全民参与。

改革开放后，在终身教育及建设学习化社会思潮的影响下，面对世界各国多样的社区教育组织机构，1986 年上海市真如中学与地区工厂共同组建了"社会教育委员会"，此后，一些地区纷纷成立了社区教育组织并正式开始使用"社区教育"这一概念。1993 年，我国成立了社区教育委员会，并加入了国际社区教育协会。1994 年，国务院副总理李岚清在访问了美国的社区学院回国后即指示我国也要"试办社区学院"。1994 年 11 月，我国第一所社区学院——上海金山社区学院成立。此后，我国许多省、区、市积极地创建社区学院，社区学院由此成为我国当代社区教育机构的典型代表，不少省、区、市形成了社区教育委员会领导下的社区大学、社区学院、社区学校、社区教学点的社区教育机构体系。

（三）　对社区教育内容的影响

20 世纪初，在实用主义、职业教育等各种教育思想的影响下，我国社区教育内容逐渐从以道德教化为主的儒家学说走向全面和丰富，并强调教育内容与社会生活的联系。1915 年教育部公布了《通俗教育讲演规则》，其讲演包括爱国、守法、常识等多方面内容。当时许多有关社区教育的著作包括了文化教育、公民教育、职业教育、休闲教育等内容。在实践中，社区教育机构的课程种类多样。如据俞庆棠的调查，1929 年，民众学校有

---

[1] 〔俄〕E. N. 魏里奇阔夫斯基、张蓝田：《苏联的成人教育和师资训练——在全国教育工作会议的演讲词》，《人民教育》1950 年第 2 期。

[2] 国家教育委员会成人教育司编《扫除文盲文献汇编（1949—1996）》，西南师范大学出版社，1997，第 48 页。

[3] 刘立德、谢春风主编《新中国扫盲教育史纲》，安徽教育出版社，2006，第 28 页。

识字、三民主义、常识、珠算或笔算、乐歌五项。此外，得兼授历史、地理、自然、卫生等浅近读物，并得酌量地方情形，加设关于农业或工商业等的应用科目。[①]

苏联教育对政治、文化内容及综合技术课程的强调，对我国革命根据地及新中国成立后的社区教育产生了巨大的影响。如在晋冀鲁豫边区、陕甘宁边区等地的民众学校和冬学中，政治、识字、算术、常识等方面的内容是其社区教育的主要内容。新中国成立后，我国社区教育同样重视政治、文化及综合技术方面的课程内容，这在《关于开展农民业余教育的指示》（1950）、《关于1953年冬学工作的指示》（1953）、《关于进一步开展农村扫除文盲和业余教育工作的请示报告》（1959）、《关于农民业余初等学校课程设置和毕业考试标准问题的批复》（1964）等文件中，都有相关的规定。

当今世界各国的社区教育内容非常丰富，如美国社区学院的教育内容从最初单一的转学教育，扩展到今天的职业教育、学历教育、社区教育等各方面，居民的各种学习需求几乎都能在社区学院得到满足。我国在改革开放以来，为满足居民的学习需要及与世界社区教育接轨，各社区教育机构开设了多种多样的课程，内容包罗万象。据调查，2019年，成都市建设的市民学习网站设立了共23275门学习课程，包括12大类课程和27小类课程。

（四）　对社区教育教学组织形式及方法等的影响

我国传统的社区教育教学组织形式和方法较单一，以宣讲、讲演等为主。20世纪初，杜威提出的教育即生活、学习即经验等实用主义教育观点，以及西方教育心理学的相关思想，都对我国的社区教育组织形式及方法产生了极大的影响，于是，我国社区教育教学采用了如分组教学、个别教学等多种结合居民生活实践的组织形式，还注意采用从居民实际生活出发的教学方法。受国外教育实验思想的影响，我国社区教育也非常注重实验，建立了众多的实验区，而且在实验中，所采用的建立经济合作组织、改良农业品种、促进农村自治等的做法，都是深受丹麦等国启发的结果，因为有关人员深信，"丹麦之小农制度，信用合作制度，即以有限之土地

---

① 茅仲英、唐孝纯编《俞庆棠教育论著选》，人民教育出版社，1992，第203页。

与资本藉群众知能而善用之者。丹麦的民众高等学校有伟大的贡献"。[1] 此外，从居民的学习心理出发，从国外引进了电化教育这一新的教学手段，认为这种方式"教学生同时看，同时听，同时念，同时写，精神专注，学习是很容易的"。[2] 1935 年，江苏镇江民众教育馆开办了"电化教学讲映场"，"电化教学"这一名词由此在我国产生。

苏联在十月革命胜利之初的扫盲教育和成人教育中，经常实行小组教学和个别教学，[3] 并注重让成人的教学法与其生活相联系。受其影响，我国革命战争年代根据地的社区教育也体现了同样的特点，灵活运用了小组教学、个别教学等组织形式，并实行实物教学。新中国成立后，沿袭了这一做法，《关于 1953 年冬学工作的指示》、1954 年《关于城市劳动人民业余文化教育工作的通知》等文件，都规定了社区教育教学要依据学员的实际生产和生活情况，采取不同的组织形式和方法，这些精神在实践中得到了较好的贯彻。

改革开放后，国外社区教育、成人教育的各种教育理论、教育形式、教育方法被广泛地介绍和引进，除了传统的讲授、讲演等形式外，我国社区教育更多地采用了活动、对话、讨论等教学组织形式，而游学作为一种活动式教学组织形式在我国社区教育中方兴未艾。比如，成都市社区教育打造了蒲江茶香游学、都江堰水文化等 10 条游学线路，采用了游学这种活动教学方式，并获得了全国"终身学习品牌"的称号。随着互联网技术的发展，国外一些远程教育与远程学习的有关理论，如泛在学习理论、具身学习理论、联通主义理论等在我国产生了广泛影响，社区教育方法走向信息化，各社区学院建立了相应的学习网站，逐渐采用线上与线下混合教学与学习的方式。

三 国外教育对中国社区教育的积极影响

（一） 催生了中国现代社区教育并使其逐步形成体系

如前所述，中国近代社区教育是在日本、德国等国的影响下产生的，

---

[1] 茅仲英、唐孝纯编《俞庆棠教育论著选》，人民教育出版社，1992，第 300 页。

[2] 马秋帆、熊明安主编《晏阳初教育论著选》，人民教育出版社，1993，第 2 页。

[3] 〔俄〕E. N. 魏里奇阔夫斯基、张蓝田：《苏联的成人教育和师资训练——在全国教育工作会议的演讲词》，《人民教育》1950 年第 2 期。

随后，逐步走向体系化。首先，社会教育司及各地社会教育处（科）等的设立，使中国社区教育有了专门的管理机构且形成了管理体系。其次，颁布了大量有关社区教育的政策法规，其内容涉及指导思想、目标任务、管理机构、师资、经费、课程、教材等各方面，初步形成了有关社区教育的政策法规体系。最后，有组织、有系统地举行社区教育活动，形成了社区教育实施体系。如民国时期，北京设有中华平民教育促进会总会，各省、市、县、村都设有分会，指导各级平民教育的进行。新中国成立后，在苏联的影响下，我国从中央到地方，有组织地开展了大规模的社区教育活动，社区扫盲就是其典型。改革开放后，我国成立了社区教育委员会，建立了各级社区教育机构，并形成体系。这些社区教育机构有专门的人员、场地、经费，有较为严密的管理规章制度、完整的教学计划等。同时，我国相继推出了数批全国社区教育实验区和示范区，中国社区教育进一步走向制度化和系统化。

（二）促使中国社区教育从传统走向现代

首先，在卢梭、杜威等人的现代教育思想的影响下，我国的教育理念开始走向现代。人们突破了把教育局限于学校与儿童、局限于少数社会成员的传统观念，逐步确立了教育是一种终身的事业，其受教育对象是社会全体成员的理念。"我们要解除民众教育心理上的障碍，使人人确信教育是终身的福利，不是儿童时期所特有的。"[1] "凡有年长的人，无论其从前是否进过学校，也不可不给他有一种受教育的机会。""教育亦并非全靠学校，如演讲会、阅书报室，都是教育。"[2] 从民国到当今，我国的社区教育目标都体现了教育的全民性及促进社区居民发展的精神。这些理念和目标中所蕴含的终身性、民主性、开放性、人本性等特征，都是现代教育的核心要素。其次，在国外有关教育思想和实践的影响下，我国社区教育内容和方法走向现代。表现为以现代政治、文化、科学等内容取代封建主义的教育内容，教学方法也从传统的面对面宣讲及使用纸笔工具到广泛使用各种现代信息技术。

（三）本土化理论走向自觉

在引进国外有关教育理论之初，我国不可避免地走过了拿来主义的历

---

① 甘豫源编《新中华民众教育》，新国民图书社，1932，第49页。
② 高平叔编《蔡元培教育论著选》，人民教育出版社，2011，第473页。

程。如余寄编写的《社会教育》一书的体例与取材大都来自日本吉田熊次所著的《社会教育》一书及其他日本相关书籍，其"所述专就欧美社会情形立论，与吾国颇不相宜"。① 针对这种情况，不少教育家提出了教育中国化的问题，对国外教育的本土化在理论上开始走向自觉。庄泽宣提出："如何能使新教育中国化，这是一件很大的问题，很复杂的问题，而且非经专家长期的研究与实验不可。"② 晏阳初也认为："各国教育，有各国的制度和精神，各有他的空间性与时间性，万不能乱七八糟地拿来借用。"③ 当时不少人认识到了中国的社会教育与外国很不相同，因为后者大多数是对已受过一定学校教育的成人进行的继续教育，而前者大多数是对未受过学校教育的人进行教育，④ 因此，应把外国的教育思想中国化。马宗荣在其著作《大时代社会教育新论》中初步构建了一个具有中国特色的社会教育体系，一些教育家对国外的有关教育思想进行了创新，最著名的莫过于陶行知把杜威的"教育即生活"变成了"生活即教育"。20 世纪 50 年代，面对全面学习苏联的形势，有人主张把苏联的社会主义教育理论中国化。如曹孚在 1957 年提出，要反对把马克思主义教育理论教条化及把社会主义教育实践模式化。⑤ 在新时期，教育的全球化与本土化问题引起了不少人的关注，在社区教育领域，有一些人在研究国外有关社区教育的理论与实践时，针对中国社区教育的情况提出了一些对策建议，如《当代社区教育新视野——社区教育理论与实践的国际比较》《美国大学与社区伙伴关系的制度化和策略——杨浦"三区联动"发展战略的思考》等著作都体现了这一特点。

（四） 本土化努力在实践中取得显著成绩

20 世纪上半叶，我国社区教育在其教育内容、教材、教育方法等方面体现了一定的本土特色，如针对中国文盲率较高的具体国情，进行了以识字教育为主要内容的文化教育，并注意把集中讲授与个别教学相结合。而各地进行的各种实验，更是体现了鲜明的本土特色。如晏阳初在定县实验

---

① 余寄编《社会教育》，中华书局，1917，例言。
② 庄泽宣：《如何使新教育中国化》，民智书局，1929，第 23~24 页。
③ 马秋帆、熊明安主编《晏阳初教育论著选》，人民教育出版社，1993，第 160 页。
④ 董渭川：《义务教育与民众教育之不可分性》，《山东民众教育月刊》1932 年第 10 期。
⑤ 张瑞璠、王承绪主编《中外教育比较史纲》（现代卷），山东教育出版社，1997，第 35 页。

中，针对中国农村的愚、贫、弱、私四大问题，实施文艺、生计、卫生、公民四大教育，并组织人编写了适合中国农村居民使用的教材，"不但在以前的中国没有这种做法，就是在欧美也是前所未有"。① 从革命根据地到新中国成立后的社区教育，也力图体现中国本土特色。如建立了以冬学为典型代表的社区教育机构，创造了多种富有中国特色的教学组织形式，如把识字组与生产组相结合、包教包学、小先生制等，以及速成识字法、注音识字法等教学方法。1958 年后，进行了多种形式、多种体制办学的探索，在一定程度上避免了苏联单一国家办学体制的影响。进入新时期后，我国社区教育实践也体现出了自己的特色。如我国社区教育管理体制既吸收了各国社区教育的实践经验及治理理论等精神，又突出了党委和政府的主导作用，各地也创造了社区教育的多种模式。如上海市在建立社区学校方面，就有由区教育局划拨学校、街道自建、依托中学、利用教育系统外的教育资源、整合社区教育资源、乡镇成人学校加挂社区学校牌子等多种模式。

四　中国社区教育本土化过程中的不足

（一）　介绍国外相关理论和经验的多，联系我国实际进行深入研究的少

民国时期，一些学者介绍了国外社区教育的相关理论和经验，对如何学习与借鉴这些先进的理论和经验则语焉不详。20 世纪 50 年代初期，同样主要是介绍苏联的相关理论和经验，虽然在 20 世纪 50 年代后期提出了要把苏联的社会主义教育理论中国化的观点，但极少有人对此进行深入的思考。在当代，一些人在介绍了国外社区教育的现状后，也对我国社区教育提出了对策建议，但这些对策建议大多比较空洞，并没有真正从中国社区教育的具体实践出发。如何把国外的有关教育理论和经验本土化，是当前研究中一个比较重要的问题。如北欧社区教育中的人文主义理念与美国社区教育中的实用主义理念，都鲜明地体现了其本地、本国的文化特色，那么，我们应怎样根据自己的民族文化和现实国情确立科学的社区教育理念？再如，在社区教育管理模式上，美国、日本、新加坡分别采用了不同

---

① 宋恩荣主编《晏阳初全集》第 1 卷，湖南教育出版社，1989，第 532～533 页。

的管理模式，我们应针对具体国情采用何种管理模式？目前学术界还较少对这些问题进行深层次的思考。

（二） 存在对国外相关理论和经验盲目照搬的现象

尽管在 20 世纪 30 年代，心理学家潘菽就指出，"新的学术的建立，必须用有机的吸收方法和同化方法，而不能用机械的搬取方法"。[①] 还有一些教育工作者认为中国教育失败的原因在于"盲目地依样画葫芦地搬进欧美资本主义的教育"。[②] 但在社区教育的具体实践中，仍然存在盲目照搬的现象。

首先，在名词概念上的照搬。受日本影响，我国有了社会教育这一名词；新中国成立后照搬了苏联教育中工农教育这一概念，用工农业余教育取代了社会教育；我们今天使用的社区教育这一概念主要是受到了美国的影响，但社会教育、社区教育等概念之间的关系一直不明确。同样，我国的社区学院几乎只是照搬了美国的这个名词，因为美国社区学院具有社区教育、职业教育、学历教育、转学教育等功能，是美国高等教育的重要组成部分。而我国的社区学院绝大多数进行的是以休闲为主的教育，很难定义为高等教育。与此相类似的还有从瑞典引进的"学习圈"这个概念，但瑞典的学习圈是指一种自主学习小组，而我国一些社区确立的如"十五分钟学习圈"是指居民去参加学习的距离不超过 15 分钟的路程。如此种种，都说明我们只是搬用了别人的名称，内涵却相差甚远。

其次，在社区扫盲教育上的照搬。民国时期不少教育家发现发达国家的文盲率较低，于是也在国内大力推行社区识字教育，但遇到了居民不积极参与的困难。出现这种情况的原因就在于其没有对中国的具体国情进行深入分析，不懂得在当时居民生存尚且困难的情况下，只有把识字教育与居民生活实际需要结合起来，才能调动居民的学习积极性。

最后，在教育内容上的照搬。民国初期，受世界教育的影响，我国在社区教育内容中也竭力加了一些"前沿性"的知识，如吉林通俗教育讲演所加了《欧战结束后远东的问题》《军人道德说》《世界最小的共和国》

---

① 潘菽：《学术中国化问题的发端》，《读书月报》1939 年第 3 期。

② 李浴日：《定县平民教育》，良友图书印刷公司，1933，第 12 页。

《国会制度》《说孟德斯鸠的阴德》等内容。① 这样的内容显然难以引起绝大多数尚为文盲的社区居民听众的兴趣。新中国成立后，我国在社区教育内容中照搬了苏联强化政治性的做法，历次政治运动无一不成为社区教育的主要内容，公民教育、休闲教育等未受到应有的重视。

（三）　没有认真学习国外的一些先进理论和经验

首先，教育民主的理念没有得到很好的贯彻落实。自 20 世纪以来，来自西方的教育理论与实践包含教育民主化的思想，在社区教育上，其民主性的一个重要表现就是让社区居民真正成为社区教育的主体，这也是现代社区教育区别于古代社会教化的本质所在。但在我国社区教育中，并未真正做到这一点，表现为居民没有成为社区教育的管理主体和实施主体。如民国时期的通俗教育研究会最终由民间主办转向政府主办，民众教育的兴起也有赖政府的支持。② 当时就有人批评：所谓开会只是让民众来听，所提议案也是教育者自己搞出来的，民众自动的程度值得怀疑。③ 新中国成立后，各种以运动式推进的社区教育活动几乎都是自上而下进行的，居民大多处于被动地位，表现为社区教育的内容、时间、方式等都不由居民自己决定。当代社区教育虽然更加强调居民的参与，强调社区教育主体的多元，但从社区教育计划制定，到课程开发、教学实施、教育评价等各个环节，居民参与的比较少，即使有所参与，也是浅层次的，停留在被告知或征求意见的层面。

其次，在机构设立、课程设置、立法等方面没有很好地借鉴国外经验。20 世纪 50 年代后期，我们在反思学习苏联经验的过程中，力图贯彻马克思主义的教劳结合理论，全国各地办起了大量成人业余学校、红专大学等，但这些社区教育机构的设立随意性强，大多数缺乏科学依据，而且没有准确地理解马克思的教育与现代大工业生产相结合的理论。在课程设置方面，尽管治理理论的核心是强调多元参与，美国等国在社区学院课程

---

① 朱一丹：《吉林通俗教育讲演所研究（1915—1931）》，博士学位论文，吉林大学，2016，第 157 页。

② 施宗灿、李媛：《与国家共谋：民众教育实验与基层政权建设——以洛阳民众教育实验区为考察中心》，《天津师范大学学报》（社会科学版）2008 年第 1 期。

③ 朱若溪：《民众教育馆之各方面：民众教育馆设施方法之讨论》，《教育与民众》1933 年第 2 期。

开发中都成立了由社区居民代表组成的专门的课程开发机构，做到了课程开发的规范化、程序化，以及不断根据社会变化和社区居民的需要对社区学院课程设置进行改革，收到了良好的效果，但我国一直都没有这样做，这就导致了各地社区教育机构课程设置随意性较强的问题。在社区教育立法方面，各发达国家都制定了详细的有关社区教育的法律法规，而我国尚没有国家层面上的相关法律法规，只有成都和西安 2 个城市制定了社区教育的专门法律法规。法律法规的缺乏使我国社区教育的发展难以得到保障。

五 中国社区教育本土化思考

（一） 由外而内——从中国实际出发，吸收国外先进的社区教育经验

所谓由外而内，是指要有国际视野，立足中国国情，批判吸收国外的相关理论和经验，使之成为我国社区教育的一个组成部分，其具体过程大致可分为以下两步。

1. 树立国际化理念

一方面，全球化进程使世界范围内的各种联系变得异常紧密，任何一个国家或民族的文化在这个全球化时代都不可能不受其他国家或民族的文化影响而孤立地存在，在现代化的进程中，也"并没有与欧美的现代性绝然不同的中国的现代性，尽管中国的现代性具有历史的具体性。"[①] 这就要求我国当代社区教育与其他领域一样，必须被放到国际视野中去思考。正如英国社会学家安东尼·吉登斯所指出的那样："全球化可以被定义为：世界范围内的社会关系的强化，这种关系以这样一种方式将彼此相距甚远的地域连接起来，即此地所发生的事件可能是由许多英里以外的异地事件而引起，反之亦然。"[②] 在我国社区教育改革发展中树立国际化理念早已成了时代的要求。另一方面，"教育知识作为知识的构成部分，分享了哲学意义上知识的内在属性。这些内在属性使知识具有了相对的公共维度，使其能够在理论的传播中得以相互通约"。[③] 社区教育中的以居民为本位、建

---

① 刘小枫：《现代性社会理论绪论——现代性与现代中国》，上海三联书店，1998，前言第 3 页。

② 〔英〕安东尼·吉登斯：《现代性的后果》，田禾译，译林出版社，2011，第 56～57 页。

③ 李姗姗：《他者教育理论本土化问题研究》，博士学位论文，东北师范大学，2010，第 58 页。

立校社教育共同体、社区教育治理，以及社区教育的课程、教学等方面的理论与规律，都具有相对的公共维度，这就决定了我国有学习国外有关教育思想的前提和基础。"百余年来，社会几经风雨，教育几经曲折，许多东西发生了变化，但教育学科领域内'引进'这似乎是从娘胎里带来的记号却难以抹去。"① 在社区教育领域，对国外教育理论的引进和对先进经验的学习也是如此，是全球化潮流的必然结果。

　　2. 立足中国本土实际情况，批判吸收国外的先进理论和经验

　　如前所述，在学习国外先进理论和经验时，要特别注意这些理论和经验中的思想观点是否完全正确，是否适用于中国等问题。首先，国外相关理论并不绝对正确，而是存在各种不同的缺陷，如以杜威为代表的实用主义理论就存在过分强调学生的地位和作用、轻视教师的作用的缺陷。因此，我们首先要对这些外来思想理论的优缺点进行实事求是的、全面的分析与评价。其次，即使这些理论都是正确的，国外社区教育经验也都是好的，但不一定就完全适用于中国。因为任何思想理论的产生及实践经验的取得，都以其特定的社会政治、经济、文化背景等为基础。现代社区教育诞生于工业革命后社会生产力高速发展的欧洲，是社会民主政治、生产力高速发展，以及人们希望获得新思想、新知识、新技能的必然结果，其产生及发展都属于"内生型"。而我国社区教育的现代化与整个国家的现代化一样，属于"外生后发型"，是为了抵抗外侮，挽救民族危亡而被迫产生的，也就是说，我国现代社区教育在产生之时，仍然面临以手工业生产为主，经济十分落后，民主平等等现代理念没有得到广泛传播，封建主义势力仍然占据主导地位的局面。直到今天，我国的现代化程度与发达国家相比仍然有差距，社区教育水平与发达国家相比也有较大的差距。因此，我们必须深入分析国外社区教育的相关理论和经验，看哪些可以为中国所借鉴。最后，立足中国实际情况，批判吸收国外有关的先进理论和经验。世界先进思想理论和实践经验是中国社区教育走向现代化的源头，我们应从中国实际情况出发，对这些理论和经验进行批判性的吸收。对本国国情不加分析，盲目照搬，只会导致"橘生淮北则为枳"。正如萨德勒（M. Sadler）说过的那样："不能随意地漫步在世界教育制度之林，就像小

---

　　① 叶澜：《教育研究方法论初探》，上海教育出版社，1999，第92页。

孩逛花园一样，从一堆灌木丛中摘一朵花，再从另一堆中采一些叶子，然后指望将这些采集的东西移植到家里的土壤中便会拥有一棵有生命的植物。"[①]

（二）　由内而外——构建具有中国特色的现代社区教育体系

全球化的核心内涵是各国、各地区、各民族之间政治、经济、文化的紧密连接、相互依存、相互影响和交流，在实际过程中却主要表现为发达国家的政治、经济、文化等向发展中国家输入，带有强烈的"西方文化中心"倾向。因此，我们必须在立足中国国情，学习、借鉴、批判、吸收国外有关先进思想理论和经验的基础上实现超越与创新，构建具有中国特色的现代社区教育体系，在世界教育领域发出自己的声音，这是一个由内而外的过程，是中国社区教育本土化的目标与归宿。具体而言，要做好以下两个方面。

1. 深入研究中国传统文化与传统社区教育，处理好传统与现代的关系

中国传统文化是以儒家思想为核心，诸子百家思想并存互补的文化，在此基础上，形成了以培养封建社会所需要的"君子"为目标，以儒家思想为内容，以宣讲、讲演、义学、社学及各种民俗活动等为形式的中国古代社区教育，其中既有值得我们继承和发扬光大的积极因素，又有不少消极因素。这就要求我们处理好传统与现代的关系，特别是在面对外来的有关思想理论和实践经验时，我们更要注意避免盲目地肯定来自国外的一切影响因素，因此而否定我国的社区教育传统。当然，死守祖宗成法，故步自封，实行民粹主义是行不通的，但全部奉行拿来主义也不行。一方面，不吸收国外的有关思想理论和实践经验，不批判我国传统社区教育中的弊端，我们的社区教育就无以进步；另一方面，不继承和发扬传统社区教育中的精华，我国当代社区教育就失去了立足的根基。也就是说，我们既要继承传统社区教育中的精华，又要吸收国外相关先进的思想理论和实践经验，并使之中国化。

2. 深入研究中国当前社区教育的实际情况，改革社区教育，实现继承与超越的统一

改革中国社区教育，构建具有中国特色的社区教育体系，只研究中国

---

① 　王承绪主编《比较教育学史》，人民教育出版社，1999，第 66 页。

传统社区教育是不够的，还必须以中国当前社区教育中原发性的问题为研究起点，这就要求我们随时进行调查研究，了解我国社区教育的现状及存在的问题，并在此基础上改革社区教育。首先，在社区教育本土化中树立文化自觉意识。费孝通先生指出，文化自觉是"生活在一定文化中的人对其文化有'自知之明'，明白它的来历，形成过程，所具的特色和它发展的趋向……取得决定适应新环境、新时代时文化选择的自主地位"。① 对于中国当代社区教育的改革也是如此，只有在社区教育本土化中树立文化自觉意识，构建起具有中国特色的社区教育体系，才能真正适应新时代的要求，也才能在世界上具有自主地位。其次，要树立创新意识。在继承的基础上实现中国社区教育的创新与超越，是社区教育本土化的最终目标，只有这样，我们的社区教育才能更好地走出国门，获得更多更广泛的交流，走向世界也是本土化的最终结果。

　　总之，百年来，国外的有关思想理论和实践经验对中国社区教育的发展产生了重大影响，其间，既取得了显著的成绩，又存在种种问题，如何正确处理社区教育全球化与本土化的关系，即如何从中国的具体国情出发，吸取国外思想理论和实践经验中的有益成分，并在此基础上改革和创新社区教育，构建具有中国特色的社区教育体系，是一个需要我们深入思考的问题。

第三节　中国现代社区教育的实验探索

　　教育实验既是一种研究方法，又是一种教育实践活动，其在教育决策、改革创新、理论研究等方面起着重要作用。在我国社区教育百年发展历程中，人们所进行的实验探索是其中一个不可回避的问题，也是其中的一大亮点，这些实验极大地推进了我国社区教育的发展。百年来，我国有过两次社区教育实验高潮：一次是在20世纪二三十年代，另一次是在改革开放以来。总结百年来我国社区教育实验的发展情况、特点与经验，反思其中存在的问题，并对其发展方向进行前瞻，有利于我国社区教育实验进

---

① 费孝通：《论人类学与文化自觉》，华夏出版社，2004，第188页。

一步走向科学化。

一 百年中国社区教育实验

20世纪20年代，在国外有关心理实验等思潮的影响下，我国一些教育家开始重视社区教育实验，认为"民众教育为新兴事业，前无师承，近无成法，故惟实验是赖"。[①] 必须设立社会实验机关，开展实验，使社会教育理论有事实根据，以便推行全国。[②] 提出的办法是"划定一个区域，使区内人民均为施教对象，不但在教室内实施教育，在民众日常生活中亦实施教育，其目的在使整个社会有进步，领导民众组织起来，举办文化、经济、政治等事业"。[③] 我国现代社区教育实验的开端是1926年的河北定县实验，后来各地社区教育实验纷纷兴起，如山东乡村建设研究院的邹平实验区，江苏省立教育学院的黄巷实验区和北夏实验区，中华职业教育社的昆山徐公桥试验区，陶行知的晓庄试验乡村师范学校及山海工学团，中山大学的乡村服务实验区，湖南省政府、平教促进会的衡山实验区，金陵大学的乌江农业推广实验区，大夏大学的民众教育实验区，中国社会教育社等创办的洛阳民众教育实验区和广东花县民众教育实验区，国立社会教育学院的"璧山国民教育实验区"，河北清河实验区等的成立。据教育部统计，截至1935年，民众教育实验就"计有一百九十三处，最著者为定县试验区、邹平试验区、无锡黄巷实验区、北夏实验区等"。[④] 抗战期间及抗战后，原来的一些实验工作被迫中断，但又创建了一些新的社区教育实验区，如中华平民教育促进会创建了华西实验区，邰爽秋在四川巴县创设了"中国民生建设实验院"，平教总会与四川省政府创设了四川新都实验县，俞庆棠创办了四川松溉纺织实验区和乐山蚕丝实验区。各实验区主要进行了以下几个方面的工作：普及教育的实验，如定县实验、山海工学团的实验等；农业指导，如金陵大学的乌江农业推广实验区等的实践活动；合作

---

① 茅仲英、唐孝纯编《俞庆棠教育论著选》，人民教育出版社，1992，第216页。

② 马宗荣：《大时代社会教育新论》，文通书局，1941，第294页。

③ 教育部教育年鉴编纂委员会编《第二次中国教育年鉴》，上海商务印书馆，1948，第1089页。

④ 教育部教育年鉴编纂委员会编《第二次中国教育年鉴》，上海商务印书馆，1948，第1089页。

指导，帮助农民组织信用合作社、运销合作社和各种生产合作社；乡村自治，如中华职业教育社在昆山徐公桥设立的乡村改进试验区等；社会建设，梁漱溟在山东提倡的乡村建设是其代表。[①]　共产党领导的革命根据地，也开展了少量的相关实验，如徐特立和吴玉章在 1936 年至 1943 年，先后两次在陕甘宁边区开展新文字扫盲实验；东北解放区旅大 1949 年开展扫盲识字实验等。

新中国成立后，在社区教育领域也开展了一些有关的实验探索。如1952 年 5 月，河北省被教育部确定为推行"速成识字法"的实验区，开展成人扫盲实验工作；1958 年，山西省万荣县进行了"推行注音扫盲和推广普通话"的实验，并在全国推广；等等。只不过这些实验不多，也不够规范。

改革开放后，我国在 1980 年的全国教育实验座谈会上，提出了"教育科学的生命在于教育实验"的口号，此后，全国进行了各种教育实验。1999 年，国务院在《面向 21 世纪教育振兴行动计划》中提出，要开展社区教育实验工作。这一实验工作大致有两个方面，一是在全国设立社区教育实验区和示范区。2000 年，教育部下发《关于在部分地区开展社区教育实验工作的通知》，"决定在部分大城市的区（县）和部分中小城市进行社区教育实验工作"，并规定了开展社区教育实验的目的、具体要求和工作目标，确定了北京市朝阳区等 8 个实验区。[②]　其后，又于 2001 年、2003年、2006 年、2007 年、2013 年、2016 年分别确定了 28 个、33 个、20 个、33 个、45 个、64 个全国社区教育实验区，在此基础上，还于 2008 年、2010 年、2013 年、2016 年，分四批确定了 34 个、34 个、22 个、32 个全国社区教育示范区，国家社区教育实验区与示范区起到了极大的带动作用，2009 年，东部经济发达地区的大部分城乡已经基本普及社区教育，中部和西部大城市及一些中等城市的社区教育也有了较大进展，确定上海市徐汇区等 14 个区县为"全国数字化学习先行区"、北京市西城区月坛街道等 4 个街道为"全国数字化学习实验街道"。[③]　各省又确定了本省的社区教

---

①　茅仲英、唐孝纯编《俞庆棠教育论著选》，人民教育出版社，1992，第 225~228 页。
②　《中国教育年鉴》编辑部编《中国教育年鉴（2001）》，人民教育出版社，2001，第 160 页。
③　《中国教育年鉴》编辑部编《中国教育年鉴（2010）》，人民教育出版社，2011，第 321 页。

育实验区，如 2005 年黑龙江省确定了 20 个省级社区教育实验区。[①] 二是各实验区和示范区进行了一些有关社区教育实验项目的研究。如四川省成都市实施了"生态菜园""廊桥夜话""居民自主学习共同体""院落学习室"等社区教育实验项目；广州市番禺区实施了推进数字化学习社区建设项目；北京市顺义区实施了社区教育助推城镇化建设项目；天津市和平区实施了建设社区教育名师工作室项目；沈阳市沈河区实施了建设社区实验点项目；苏州市张家港乐余镇社区教育中心实施了社区学习共同体实验项目；等等。

二　社区教育实验的特点与取得的成绩

（一）　社区教育实验从局部的教育改革走向全国性的终身教育，从宏观的整体实验走向与微观的单项实验相结合

首先，两次社区教育实验高潮在实验的背景上不同，因此在实验的目标和规模上有极大的差异。20 世纪二三十年代，在新文化运动的推动下，中国迫切需要对落后的国民性进行改造，解决国民愚、贫、弱、私的问题，但当时的国情决定了难以在全国范围内开展大规模的社区教育实验工作，因此，民国时期的社区教育实验虽然开启了中国社区教育实验的先河，但这一时期的实验是局部性的，主要由一些民间团体和个人发起进行，并没有全国性的统一规划，只在极少数地区建立了实验区。当代社区教育实验则有完全不同的社会背景：在世界性的终身教育与终身学习思潮的影响下，社区教育已成为我国终身教育的重要组成部分，党和政府对社区教育实验工作非常重视，在全国范围内设立了实验区与示范区，以期从中总结经验教训，推进各地社区教育实施。2004 年，全国社区教育实验区和各省、市级教育行政部门确定的省、市级社区教育实验区已经占全国城区总数的 1/4 以上。[②] 当前，绝大部分的省份有了全国社区教育实验区。这种全国性层层推进的社区教育实验，使实验更具有计划性，也扩大了实验区的覆盖面和居民的受教育面。社区教育实验已成为建立人人、时时、

---

① 《中国教育年鉴》编辑部编《中国教育年鉴（2005）》，人民教育出版社，2005，第 203 页。

② 《教育部办公厅关于推荐全国社区教育示范区的通知》，教育部网站，2004 年 12 月 1 日，http：//www.moe.gov.cn/s78/A07/zcs_left/zcywlm_crjypx/201001/t20100129_8612.html。

处处可学的学习化社会，促进社会全体成员全面发展的重要形式。

其次，民国时期所进行的社区教育实验主要是宏观的整体实验，当代中国社区教育实验则是整体实验与单项实验的结合。整体实验是对教育教学中某一独立的整体结构进行全面、系统的操作变革，以观测其结构功能效果的实验。这样的实验可以是整个国家的教育体制改革的实验，也可以是一个学校、学区整个教育结构改革的实验。① 定县实验区、黄巷实验区、邹平实验区、徐公桥试验区等都属于这种类型，都主要以一个地区为对象进行社区教育的综合改革，涉及社区的人口、地理、经济、文化等诸多因素，实验同社会和社区发展的需要紧密相连。当代中国社区教育实验是由教育部统一规划，有计划地分期分批地确立各实验区和示范区，同样是一种宏观的整体实验。同时，在国家及各省确立的各级社区教育实验区及示范区内，又有较为微观的单项教育实验（各社区教育实验区和示范区内进行的各种实验项目就属于单项社区教育实验）。如上海市于 2005 年开始以项目管理的形式落实基层社区教育实验的推进工作，2006 年设立了 129 个社区教育实验项目，2020 年设立了 143 个社区教育实验项目，2006~2020年，共设立了 10 批 1601 个社区教育实验项目。② 由此，中国社区教育实验的两种基本类型形成。

（二）　开始以一定的理论为基础，尝试提出实验的目标、原则等

民国时期的一些著名社区教育实验区形成了实验设施纲要，编辑了自己的民众教育课本，有自己的理论基础及实验目标等。如晏阳初提出了文艺教育、生计教育、卫生教育与公民教育四大教育理论，其暗含的实验假设是，"运用文艺教育、生计教育、卫生教育与公民教育的工作，以完成农民所需要的教育与农村的基本建设"，③ 定县实验的原则为力求简易、经济、实际、有基础性；④ 陶行知、梁漱溟、黄炎培的实验基础则分别是生活教育理论、乡村教育理论、职业教育理论；大夏民众教育实验区的实验原则为运用最经济之方法以适合我国社会实况，培养乡村领袖人才使民众

① 张武升、柳夕浪：《教育实验的本质与规范》，四川教育出版社，1997，第 39 页。
② 周延军编著《新时代社区教育若干问题研究》，北京时代华文书局，2020，第 183~184 页。
③ 马秋帆、熊明安主编《晏阳初教育论著选》，人民教育出版社，1993，第 44 页。
④ 马秋帆、熊明安主编《晏阳初教育论著选》，人民教育出版社，1993，第 56 页。

自动改进地方事业，施行社会化之教育以祛除学校式之流弊，施行生活化之教育以改变死读书之习惯。① 2000 年，教育部在《关于在部分地区开展社区教育实验工作的通知》中明确提出了开展社区教育实验的目的：通过实验，积累有关社区教育的经验，总结社区教育的管理体制、运行机制等方面的规律和特点，探索通过社区教育构建终身教育体系、建设学习型社会的办法和途径；通过在部分地区开展社区教育实验，初步形成社区教育良性发展的局面，并对其他地区起到示范和带动的作用。并规定了开展社区教育实验的具体工作目标。② 一些社区教育实验区也在其具体的实验项目中确立了假设、目标等。如 2006 年浙江萧山区宁围镇社区教育中心进行的"万名农民进课堂"社区实验项目，提出了两个假设：一是如果"万名农民进课堂"按设计顺利实施，必定加速宁围镇社区教育的发展，促进宁围镇学习型社会的形成；二是"万名农民进课堂"是一个促进农村和谐、引导农民市民化的平台。③ 由上可见，民国时期及当代中国所进行的社区教育实验，开始用相关理论作为基础，尝试提出较为明确的目标与原则，使实验设计逐步走上科学化道路。

（三）　实验领导主体由民间到政府

民国时期社区教育实验的发起者和领导者多为民间团体与个人。如当时最著名的实验区，就是由中华平民教育促进会、山东乡村建设研究院、中华职业教育社、中国社会教育社等民间团体主办，一大批专家学者，如晏阳初、梁漱溟、黄炎培、雷沛鸿、邰爽秋、傅葆琛、李蒸、陈礼江、马宗荣等都成为社区教育实验的领导者，这呈现了一种自下而上的趋势。但与此同时，人们也深切感受到，社区教育实验的推进与成功，必须有政府在政策、资金等方面的支持，因此，在实践中，呈现出了政教合一的趋势。如晏阳初的定县实验得到了县政府的支持，梁漱溟的实验得到了山东省政府的支持，等等。还有一些实验区是由民间团体与政府联合设立，如湖南衡山实验区是由湖南省政府及平教促进会等共同设立，洛阳实验区是

---

① 《大夏之民众教育实验》，《教育与民众》1934 年第 3 期。

② 《关于在部分地区开展社区教育实验工作的通知》，教育部网站，2000 年 4 月 27 日，http://www.moe.gov.cn/srcsite/A07/s7055/200004/t20000427_165158.html。

③ 肖锋主编《杭州社区教育发展报告（1989—2009）》，浙江科学技术出版社，2009，第 150 页。

由中国社会教育社、河南省教育厅、洛阳县政府共同创办。

当代社区教育实验的领导主体主要是党和政府。如对全国社区教育实验区和示范区的确定、评估、验收等工作，是由教育部职成司牵头进行的。在各实验区内部，也主要以当地党和政府为领导主体，这在教育部发布的相关文件中得以明确，在 2004 年的教育部《关于推进社区教育工作的若干意见》和 2016 年的教育部等九部门《关于进一步推进社区教育发展的意见》中，教育部强调了党和政府的领导主体地位。实践中，在各社区教育实验区和示范区成立的社区教育委员会这一类领导机构中，一般由当地有关行政领导担任委员会主任，其主要成员有当地职能部门、企事业单位负责人。可以说，我国当前社区教育实验体现了以党和政府为领导主体，自上而下地进行的特色。如贵州省教育厅在教育部等九部门的意见出台后，决定在全省范围内遴选部分县区开展社区教育试点，制定了《贵州省社区教育试点单位建设标准（试行）》，分别于 2017 年 3 月和 10 月、2018 年 7 月，公布了 20 个、15 个、15 个社区教育试点单位。① 也就是说，省级层面社区教育实验区的确定，同样体现了政府主导，自上而下的特色。社区教育实验究竟是应采取自上而下的方式还是应采取自下而上的方式，是一个值得深入思考的问题，这反映了在中国社区教育现代化过程中，国家权力与基层自治之间的张力。

（四）　实验的管理、经费、评价体制开始从自由散漫走向规范化

民国时期，各社区教育实验区大多建立了专门的管理机构。如定县的实验区除设总干事外，还下设文艺、生计、卫生、公民教育四部及总务处、秘书处、会计处等机构。徐公桥试验区的乡村改进委员会下设了总务、建设、农艺、教育、卫生、娱乐、宣传等部。但此时并未建立全国性的实验管理体制，其实验区的设立和管理完全由各民间团体和实验组织者自行决定，所需实验经费由实验组织者自筹，对于实验效果也没有专门的评价。也就是说，民国时期的社区教育实验从总体上看，处于较为自由散漫的状态。当代中国社区教育实验在管理、经费和评价等方面逐步走向规范化。在管理上，各实验区和示范区都建立了以党政领导为主，各部门负

---

① 周延军编著《新时代社区教育若干问题研究》，北京时代华文书局，2020，第 180~182 页。

责人及社会人士组成的领导管理机构。逐步明确了实验区的评选条件，如教育部职成司在 2009 年的《关于推荐全国社区教育实验区备选单位的通知》中，从管理体制、人员、经费、活动开展等方面规定了备选单位参评的基本条件。① 同时，各社区教育示范区和实验区对本区内的实验项目进行了较为规范的管理，如杭州萧山社区学院制定了《萧山区社区教育实验指南》，浙江平湖社区学院制定了《平湖市社区教育实验项目实施管理办法》。在经费投入上，各示范区与实验区分别按照教育部规定的标准投入了社区教育专项经费。在检查评估上，2004 年教育部在《关于推进社区教育工作的若干意见》中强调，要有计划地开展对社区教育实验工作的检查评估，并形成定期检查、评估和表彰奖励制度。② 2010 年，教育部在《社区教育示范区评估标准（试行）》中，提出了 12 条评估标准和包括 5 个一级指标、16 个二级指标、39 个三级指标在内的社区教育示范区评价指标体系。③ 教育部职成司于 2011 年、2012 年分两批组织了社区教育示范区的督查工作。2012 年，教育部又颁布了《全国社区教育实验区评估标准（试行）》。各地区也分别开展了本地实验区和示范区的评估。

（五） 注意从当地实际出发，满足社区及居民的需要

这两次社区教育实验都注意从实际出发，尽力把社区教育与当地的经济、文化及居民实际需要等各个方面结合起来。在民国时期，各实验区都注意对居民进行文化、职业、休闲、公民、卫生等方面的教育，除办理学校外，还兴办了大量的如信用合作社、碾米厂、养鱼养鸡合作社、经济农场、医院、印刷工厂等实体，还帮助当地修建公路等。如到 1935 年 10 月底，江苏省立教育学院所做的实验工作有：成立合作社 27 所，引导农人修路、造桥、救灾、造林及改良农事，晚上在乡村小学组织成人学习，扶持农民设立乡村小学 3 所，北夏共设民众学校 20 所，惠北共设学校 13 所，

---

① 《关于推荐全国社区教育实验区备选单位的通知》，中国教育新闻网，2016 年 11 月 9 日，http：//www.jyb.cn/zyk/jyzcfg/200903/t20090313_56818.html。

② 教育部《关于推进社区教育工作的若干意见》，教育部网站，2008 年 4 月 25 日，http：//www.moe.gov.cn/srcsite/A07/zcs_cxsh/200412/t20041201_78909.html。

③ 《教育部办公厅关于印发〈社区教育示范区评估标准（试行）〉的通知》，教育部网站，2010 年 8 月 10 日，http：//www.moe.gov.cn/srcsite/A07/zcs_cxsh/201008/t20100810_96620.html。

成立了乡村改进会或自治协进会，在冬季指导农民组织冬防团；① 定县牛村开展了扫除文盲、改良鸡种和猪种、作物选种和病虫害防治、卫生保健等教育活动；② 山东邹平实验区注重实施农业推广、蚕桑改良、棉织改进等教育；昆山徐公桥乡村改进试验区注重修建公路、养鸡养鱼、碾米厂及机器灌溉等教育；③ 河南省政府倡行保教合一教育④……上述内容都从当时实际出发，注重把社区教育与民众需要及社区发展结合成一个整体。在教育形式上，除以学校形式实施社区教育外，还采用群众喜闻乐见的戏剧、秧歌、话剧及各种活动等方式。如江苏省立教育学院实验区的社区教育既以民众学校、义教试验班、日间短期义务班等学校形式推行，又以读书会、博物馆、阅报社、茶园、农友工余社、娱乐室、音乐队、剧社等非学校形式推行。⑤

当代社区教育实验区不但开设了传统的如道德、文化、职业技能等方面的课程，还根据当前社区居民的新需要，大大加强了休闲教育，同时，继承了采用各种社会式形式进行社区教育的优良传统。如广西龙胜各族自治县根据当地的具体情况，开展了农业新技术与新技能、创业及转移就业技能、少数民族工艺传承与民俗文化、法律法规、家庭教育、卫生保健、实用技术的学习培训活动，还通过文艺表演、体育比赛、当地民风民俗和节庆活动、家庭学习点、村民大讲堂、道德大讲堂、广场舞等多种活动进行社区教育。⑥ 而上海市静安区针对当地的具体情况，设立了"白领学堂"。党的十八届三中全会后，我国社区建设进入了一个新时期，各实验区与示范区都把社区教育作为促进社区治理的重要途径，注意实现社区教育与社区治理的融合，培育各种社区教育共同体，开设了有关社区治理的课程，还开展了有关社区教育融入社区治理的各种实验项目。这种贴近居民和社区发展的教育，有利于调动居民参与社区教育的积极性，促进社区

① 茅仲英、唐孝纯编《俞庆棠教育论著选》，人民教育出版社，1992，第254~255页。
② 吴雨农：《定县牛村的平民教育》，中华平民教育促进会，1929，第21~60页。
③ 《河南省教育厅、中国社会教育社、洛阳县政府合设洛阳实验区计划大纲》，《社友通讯》1934年第11~12期。
④ 陈大白：《保教合一之特种师资训练》，《民间（北平）》1936年第19期。
⑤ 高平叔编《蔡元培教育论著选》，人民教育出版社，2011，第719页。
⑥ 杨杰军：《大山里的社区教育之花红艳艳——龙胜各族自治县建设国家级"民族农村社区教育实验区"的龙胜式社区教育探索》，《中国农村教育》2015年第11期。

建设和发展。

（六）　在实验中注重调查研究

晏阳初、俞庆棠等人率先把调查研究等西方现代社会科学的研究方法引入了我国社区教育，他们所主持的社区教育实验都是建立在大量调查的基础之上的。晏阳初认为，社会调查是开展平民教育的首要工作，"这不但在以前的中国没有这种做法，就是在欧美也是前所未有""对世界，对社会科学界，是一个新贡献"。① 邰爽秋指出，社会调查对教育事业具有诊治作用。② 在定县实验中，从1926年开始，著名的社会学博士李景汉担任调查部部长，对定县进行了全方位的社会调查，著成了《定县社会概况调查》《定县人口调查》《定县农村经济现状》等涵盖定县人口、经济、土地分配、家庭手工业、家庭卫生、生活费用等各个方面的调查丛书，丛书达几百万字，其中，《定县社会概况调查》一书是我国近代以来爱国知识分子以西方社会学方法与技术进行的以县为单位的社会调查的代表作。③ 其他一些著名的实验区也在教育实验开始前进行了调查，作为其开展工作的依据。在当代，同样重视社区教育实验的调查工作。2003年，教育部下发了《关于2003年社区教育实验区工作情况调查的函》，并附《社区教育实验区工作情况调查表》，包括社区教育培训、各类学习型组织创建、队伍建设、机构数目、经费投入等几个方面的情况。④ 2013年3月起，教育部在全国各级社区教育实验区和示范区开展了社区教育满意度调查工作，历时1年多，收集了全国25个省、区、市的社区居民问卷101.6万份，社区教育工作者调查问卷4.1万份。⑤ 同时，在各实验区和示范区内，社区教育办学机构时常以问卷的形式，了解本区社区教育的相关情况。调查研究是社区教育实验研究与实践的基础和前提，使实验有了必要根基。

---

① 宋恩荣主编《晏阳初全集》第1卷，湖南教育出版社，1989，第532~533页。

② 邰爽秋编著《教育调查》（上），教育印书合作社，1931，第1页。

③ 孙培青主编《中国教育史》，华东师范大学出版社，2000，第449页。

④ 《关于在部分地区开展社区教育实验工作的通知》，教育部网站，2000年4月27日，http://www.moe.gov.cn/srcsite/A07/s7055/200004/t20000427_165158.html。

⑤ 杨志坚主编《中国社区教育发展报告（2013—2014年）》，中央广播电视大学出版社，2015，第63页。

（七）　注重整合各种教育资源

孟宪承指出，民众教育的组织应集合教育、建设、民政各行政机关和学校以及其他教育、建设的团体。[①] 民国时期，一些高等学校纷纷成立了各自的社区教育实验。如江苏省立教育学院先后成立了黄巷、北夏及惠北实验区，北平师范大学成立了乡村教育实验区，大夏大学创立了大夏民众教育实验区，中山大学创办了乡村服务实验区，还与中国教育社、广东教育厅合办了花县乡村教育实验区，等等。此外，燕京大学、暨南大学、南开大学、金陵大学、浙江省湘湖师范学校、上海立达学院等学校，都组织创办了规模性质各异的社区教育实验区。这些学校积极推行识字运动，指导农业生产。当代中国社区教育实验更加注重整合社会的各种教育资源。如深圳市宝安区在其社区教育协会中，囊括了区内不同层面的资源和力量；山东诸城市依托潍坊工商职业学院建成诸城农村社区学院；成都市龙泉驿区将社区教育与职业教育相融合，成立市民终身学习服务中心；大连市金州区把职教中心与社区学院资源融合；[②] 大连市甘井子区把大连理工大学、大连海事大学、党校、教师进修学校、科技活动中心、图书馆、文化馆、少年宫、老干部活动中心等整合为社区教育基地。[③] 充分整合教育资源，对于打破各机构、各团体之间的隔阂，建立大教育系统，促进社区教育的发展，具有重要意义。

（八）　实验取得了突出的成就，在国内外产生了良好的影响

一方面，社区教育实验取得了突出的成就。一是扩大了受教育面。如到 1929 年，定县实验区"有二百多个平民学校，招生总数近一万人……已经毕业的有千余人"。[④] 2005 年，全国 45 个社区教育实验区年培训总人数为 1370 多万人，社区居民总培训率为 36%。[⑤] 2011 年，全国 124 个社区教育实验区年培训总人数达 5143.82 万人，社区居民总培训率为

---

① 孟宪承：《成年补习教育问题》，《教育与民众》1929 年第 4 期。
② 杨志坚主编《中国社区教育发展报告（2013—2014 年）》，中央广播电视大学出版社，2015，第 46~47、51~52 页。
③ 周冬：《辽宁省社区教育实验发展现状与趋势调查报告》，《辽宁教育研究》2008 年第 10 期。
④ 宋恩荣主编《晏阳初全集》第 1 卷，湖南教育出版社，1989，第 153 页。
⑤ 《中国教育年鉴》编辑部编《中国教育年鉴（2006）》，人民教育出版社，2006，第 213 页。

48.53%。① 2013 年，161 个全国社区教育实验区与示范区面向老年人、外来务工人员、青少年、农民、下岗失业人员的社区教育培训人数分别约为 1728.1 万人、1477.9 万人、1400.1 万人、944.6 万人、234.8 万人。② 二是提高了当地居民的综合素质。如云南实验民众教育馆区域内，棚户区、劳工区、市民区的文盲分别减少了 27%、38%、9%。江苏黄巷实验区在未辟实验区前的文盲率为 93.47%，而在进行社区教育实验后，该区 1929 年、1930 年、1932 年的文盲率分别为 67.81%、50.23%、49.00%。③ 再如，北夏实验区和惠北实验区各成立了数所由村中热心公益的成年人组成的乡村改进会或自治协进会，④ 提高了村民自治能力。新中国成立后的"速成识字法""推行注音扫盲和推广普通话"等实验，对于社区扫盲及推广普通话等起到了较大的作用。在当代社区教育实验中，各种教育活动，如成都市金牛区的"图书漂流"文化活动、武汉市洪山区关山街的"十里科普长廊"、合肥市庐阳区的"新农家文化大院"文化活动等，⑤ 极大地促进了居民综合素质的提高。再如，为提升"农转非"新市民的素质，四川省成都市温江区 2013 年共计开展新市民教育活动 511 次，33 万余人次参与活动，新市民教育覆盖率达 68.7%，⑥ 该区还于 2012 年启动了"公民教育进社区"实验项目，提高了居民的公民意识和能力。三是促进了当地经济的发展。不管是民国时期，还是新中国成立后，特别是当代社区教育产生以来，当代中国社区教育实验都为社区培养了大量的实用技术人才，极大地促进了社区经济的发展。四是当代中国社区教育实验对建设学习型社会起到了较大的推进作用。各实验区学习型组织数量不断增加，2010 年，在全国社区教育示范区和实验区中，分别有 24.37%、12.64%、3.32% 的街道（乡镇）、居（村）委会、家庭被评为学习型街道（乡镇）、学习型居

---

① 《中国教育年鉴》编辑部编《中国教育年鉴（2012）》，人民教育出版社，2013，第 202 页。
② 杨志坚主编《中国社区教育发展报告（2013—2014 年）》，中央广播电视大学出版社，2015，第 118~119 页。
③ 茅仲英、唐孝纯编《俞庆棠教育论著选》，人民教育出版社，1992，第 278~279 页。
④ 茅仲英、唐孝纯编《俞庆棠教育论著选》，人民教育出版社，1992，第 254 页。
⑤ 杨志坚主编《中国社区教育发展报告（2013—2014 年）》，中央广播电视大学出版社，2015，第 75~78、86~88 页。
⑥ 杨志坚主编《中国社区教育发展报告（2013—2014 年）》，中央广播电视大学出版社，2015，第 23~24 页。

（村）委会和学习型家庭。①

　　另一方面，社区教育实验工作在国内外产生了较大的影响。如定县、邹平、无锡等地的社区教育实验引起了国民政府的关注，政府派官员到定县考察。西方一些国家在报纸上刊载了宣传和介绍定县实验的文章，还派人到定县实验区参观。如英国《伦敦新闻》曾载文详细报道定县实验的情形，并称此为"改造中国人生活全部结构的一项最值得注意的社会实验"。② 20 世纪 50 年代，定县模式被推广到了东南亚、非洲、南美洲、拉丁美洲等地。再如，在邹平实验区基础上形成的"菏泽模式"得到了山东省政府主席韩复榘的肯定，并在山东省多县推行。一些外国专家也来参观访问。当代社区教育实验区和示范区带动了非实验区的社区教育工作，社区教育实验区的数量不断增加，并在此基础上，评选出了多批国家级社区教育示范区，促进了全国社区教育的发展。如山东诸城农村社区教育的经验先后在 2008 年中国成人教育协会年会、环渤海地区社区教育协作组织第四届年会和山东省新型农民培训经验交流会上被作为典型经验分享，并被《大众日报》《光明日报》《中国教育报》《农民日报》等多家媒体报道，世界银行、中央电大、浙江、河北和辽宁等单位先后去该市参观考察。③ 成都市龙泉驿区的社区教育经验被《中国教育报》《四川日报》《新城乡》《新观察》等杂志进行专题介绍，近几年，该区社区教育中心还数十次受中国成人教育协会等邀请在全国各地进行经验交流及接待全国各地的参观来访人员。与此同时，各实验区和示范区还加强与国外的交流，如全国唯一的少数民族农村"社区教育实验区"广西龙胜各族自治县先后参加了联合国教科文组织农村社区学习中心的多次学术年会及课题评审会，有关成员先后受邀参加亚太地区的有关会议，其经验和成绩都获得了好评。

① 杨志坚主编《中国社区教育发展报告（2013—2014 年）》，中央广播电视大学出版社，2015，第 112 页。

② 苗春德主编《中国近代乡村教育史》，人民教育出版社，2004，第 334 页。

③ 郑兆学、周洪升：《提升农民素质的新机制——全国社区教育实验区山东省诸城市推进农村社区教育工作纪实》，《中国农村教育》2010 年第 9 期。

三　社区教育实验中存在的问题反思

百年中国社区教育实验在取得了突出成绩的同时，也存在不少的问题。有人总结民国时期乡村社区教育实验存在的问题有：实验区与乡民之间的沟通并不顺畅；民众学校成效有限，学生流失情况较为严重。① 对于当代社区教育实验，有人总结了其中存在的不足，如有人总结南昌市西湖社区教育实验区存在的问题有：政府没有将社区教育纳入真正意义上的教育管理体制范围，财政拨款少；部分基层领导不重视，社区教育发展规模小；办学条件简陋，公办学校资源对外开放度不高；师资力量薄弱，队伍不稳定；课程教学质量低。② 有人总结了上海市奉贤区社区教育实验项目的不足：部分社区学校为了实验而实验；实验项目的延续性不强；重复实验。③ 还有人指出，上海市社区教育实验项目中存在以下问题：选题有待深入精细、研究理论有待强化、实验项目有待社会实践的指导与检验。④总结 20 世纪以来中国社区教育实验的发展情况，发现其主要存在以下问题。

（一）　实验区布点不合理，致使社区教育实验发展不平衡

民国时期的社区教育实验处于自发状态，其布点没有统一的规划，实验区只分布在少数地方，呈零散状态。当代中国社区教育实验区虽然在全国绝大部分省市都有，但分布不均衡，大部分实验区分布在东部发达地区及城市，特别是省会城市，而西部欠发达地区，特别是农村地区，国家级实验区和示范区都很少。当前，我国已建成 127 个国家级社区教育实验区和 122 个示范区，二者总数为 249 个，分布在 27 个省（区、市），92 个地市（占全部地市的 27%）、249 个县（区）［占 2853 个县（区）的 8.7%］。⑤

① 娄岙菲：《抗战前的北平师范大学乡村教育实验区》，《高等教育研究》2015 年第 8 期。
② 王文群：《中心城区社区教育的发展现状与对策研究——以南昌市西湖区为例》，硕士学位论文，江西师范大学，2011，第 25~28 页。
③ 陈爱萍：《关于上海奉贤区社区教育实验项目的思考》，《湖北大学成人教育学院学报》2012 年第 5 期。
④ 王仁彧：《社区教育实验项目推进策略的定量分析——基于上海市 2009 年社区教育实验项目的研究》，《成人教育》2011 年第 2 期。
⑤ 周延军编著《新时代社区教育若干问题研究》，北京时代华文书局，2020，第 175 页。

也就是说，国家级社区教育实验区和示范区的分布面还很窄，各地发展不均衡。

（二）　对实验中领导主体的问题还需做进一步思考

民国时期的社区教育实验大部分以民间力量为领导主体，但在实验中政策、资金等方面存在困难，而当一些地区走向政教合一时，又受到了"训政""党化教育"等的干扰。我国当前社区教育实验领导主体是党和政府，其对于统一规划和规范实验，保障实验的顺利进行有着极大的作用，但存在的问题是民间参与不够，这影响了居民参与社区教育的积极性和对居民自主能力的培养。

（三）　在实验设计的科学化方面存在一些问题

总体表现为把社区教育实验与一般的社区教育改革混淆。首先，实验计划和实验对象选取标准的缺失。民国时期，只有少数著名社区教育实验区的计划、选取标准等比较完备，大量的社区教育实验区在这两个方面处于含混模糊的状态。当代全国社区教育实验区的设立在初始时也没有明确的标准。其次，实验缺少理论假说，大多没有对照组。除一些著名的实验区外，民国时期的大多数社区教育实验没有比较清晰的理论基础和假说，当代社区教育实验虽然总体秉持着终身教育、建设学习型社会等的理论，但这些理论过于宏观，一些具体的实验项目本身没有提出明确的理论基础和假说，还有一些项目尽管提出了其研究的理论基础，但又失之于简单且泛泛。而患"理论饥饿症"的实验中永远不会生长出"伟大的实验家"，那些著名实验家首先就是理论家，至少是理论造诣颇深的人。[①] 同时，不管是民国时期的社区教育实验，还是当代的社区教育实验，几乎都没有设立对照组，对实验的情境也缺乏严格的控制，这影响了实验结论的可靠性，使实验缺少说服力，因为对实验组条件和变量的控制是教育实验区别于一般教育改革的本质特征。如某地的"普及休闲教育，引导快乐学习"项目，其实验报告由"加强领导组织，完善运行体系""加大财政投入，搭建教学平台""创办老年课堂，营造'乐学'氛围""依托社团组织，创新学习模式""普及休闲教育，引导快乐学习"五个部分组成，[②] 没有实

---

① 石鸥：《对当前教育实验的反思》，《中国教育学刊》1996 年第 3 期。

② 肖锋主编《杭州社区教育发展报告（1989—2009）》，浙江科学技术出版社，2009，第 180~184 页。

验项目应有的理论假说、设立对照组、变量界定、技术方法等方面的要素。

（四） 在实验的管理、经费、评价体制及满足居民需要中存在问题

在实验的管理体制上，实验的宏观协调不足。民国时期，缺少专门的管理部门对全国的社区教育实验进行组织、协调，当前尽管教育部职成司负责全国社区教育实验区和示范区的确定、评估等，但其职能毕竟不是专门负责实验管理，这样就影响到各实验区和示范区之间的信息交流与资源整合，导致重复实验或实验重复设计，造成资源浪费。在实验的经费体制上，民国时期的社区教育实验经费基本由实验者自筹，以至于经费欠缺问题成了影响实验可持续发展的重要因素。当代社区教育实验经费以当地政府拨款为主，远未实现投资多元的设想，这既给政府带来了较大的负担，又不利于调动社会的有关力量。在实验的评价体制上，民国时期尽管颁布了有关社区教育督导的文件，但几乎没有开展对社区教育实验进行专门评价的工作。当代中国社区教育实验评价主体比较单一，主要是政府，且其注重的是对实验结果的评价，而未把实验实施的过程纳入评价体系，这导致评价体系不完善。总体来看，在社区教育实验区内，社区教育还不能很好地满足居民的需求，正因如此，才会出现民国时期一些民众学校学员大量流失的现象。当前，不少社区教育机构所开课程主要是休闲养生一类，不能满足广大中青年人的教育需求。

（五） 对实验结果缺少科学的反思，其推广也具有一定难度

教育实验既是一种科学研究，也是一种变革性的实践活动。但百年来，我国社区教育实验在更多的意义上被当成一种实践活动，主要表现为绝大多数实验项目只停留在根据实验的数据和资料得出实验结论的阶段，其实验结果缺乏理论升华，这使社区教育实验环节不完整。如前面提到的浙江萧山区宁围镇社区教育中心进行的"万名农民进课堂"的社区教育实验项目，其实验方案相对规范，但仍然缺少理论升华部分。而且教育实验既然是一种探索性和验证性的活动，在实验中就会出现失误甚至失败，但在我国社区教育实验中出现的大多是一片赞扬声，极少有人认真总结实验中存在的问题，这不利于实验走向科学化。同时，实验区的一些经验和模式在其他地区的推广具有一定的难度，而进行社区教育实验，不但要推动实验区本身社区教育的发展，还要为有关管理部门的决策提供试点经验，

以便于推向全国，但目前我国大多数实验区仅仅完成了第一个任务。比如，当前大部分全国社区教育实验区和示范区处于经济比较发达的地区，其在实验中取得的经验不一定能推广到欠发达地区。

四　社区教育实验发展前瞻

有人提出，一个较好的教育实验，一般有以下特征：较为明确具体的理论假说；有合理的控制；实验的程序、设计较为规范；有助于提高教育教学质量，并有望生成一定的模式。① 但这只是从某一具体教育实验项目的角度出发来看问题，在社区教育实验中，社区教育实验的本质、实验区的均衡发展、实验管理主体的多元化等问题也是我们不可忽视的。

（一）　认清社区教育实验的本质

这是我国社区教育实验走向科学化的前提。百年中国社区教育实验中之所以出现各种问题，其中一个重要的因素便是对教育实验的本质特点认识不清，把实验等同于一般的社区教育改革实践活动，这使实验泛化和不规范。教育实验是在一定教育理论和假设指导下，通过人为地、有目的地控制或操纵一定的条件，探索教育变量之间因果关系的研究活动。② 社区教育实验的本质特征有以下几个方面。

首先，社区教育实验具有一般社区教育改革所不具备的要素：社区教育实验是一种专门探索教育规律、进行科学研究的实践活动；必须以理论为基础，以假说为前提；积极地对环境和变量进行控制；是社区教育理论与实践的沟通桥梁。

其次，社区教育实验既要遵循科学实验的一般规范，又要遵循社区教育本身的规范。一方面，社区教育实验是一种科学研究与实践活动，必须遵循实验研究的基本规范，采用一定的实验技术，具有客观性、准确性等特性。另一方面，社区教育实验的对象是社区教育，教育是人类社会特有的高级现象，社会各方面及人类自身具有的情感、人际关系等因素极大地影响着社区教育实验的进行，而且社区居民的年龄、文化程度、需要等都

---

① 裴娣娜等：《教育实验评价的研究》，四川教育出版社，1997，第201~206页。
② 辞海编辑委员会编纂《辞海》，上海辞书出版社，2010，第914页。

有着很大的差异，社区教育与社区的政治、经济、文化等各方面因素也联系得更为紧密，这就使社区教育实验的影响因素比一般教育实验更多，更难以严格控制条件。因此，我们不能机械地照搬自然科学实验的做法，而必须从社区教育的特点出发，探寻社区教育实验自身的规律和构建相应的规范体系。

最后，社区教育实验追求的是"真""善""美"的统一。社区教育实验不但需要探求社区教育发展的客观现实"是什么"的问题，即要求真，而且必须探究社区教育发展的应然方向与客观规律，推动社区教育向至善发展。同时，社区教育实验要对实验进行艺术化处理，追求教育实验的科学美和艺术美，最终实现"真""善""美"的统一。

（二）　实现社区教育实验的均衡发展

教育均衡发展早已成为人们的共识，社区教育实验作为促进社区教育发展的重要手段，同样应实现均衡发展。社区教育实验均衡发展有两层含义。

一是社区教育实验区在区域分布上的均衡。人们一般认为，教育公平包括了教育权利公平、教育机会公平、教育过程公平与教育结果公平。有无社区教育实验区，从某种程度上可以看作各地居民是否拥有享受较优质教育资源的重要标志，当前我国社区教育实验区和示范区主要集中在城市与经济发达地区，这就让农村地区及经济欠发达地区的居民难以享受到比较优质的教育资源，这显然与教育公平的理念不符。因此，从中央层面看，应在财力、人力等方面大力向欠发达地区倾斜，支持这些地区建立更多的社区教育实验区和示范区；从地方层面看，应加强对社区教育的重视，努力争创全国性的实验区和示范区。

二是社区教育实验区之间的均衡发展。当前我国全国性的社区教育实验区和示范区虽然都达到了国家规定的基本标准，但各实验区和示范区的实际发展水平相差甚远。这种差距首先表现在教育资源配置的不均衡上。当前各社区教育实验区在经费、师资、办学条件等教育资源的配置方面都有较大的差距，而教育资源均衡配置是实现教育均衡的核心，只有实现了教育资源均衡配置，才能进一步实现教育过程与结果的均衡。为此，应注重加强各实验区之间的均衡发展建设，尤其要注意实现各实验区之间的资源均衡配置。

（三）　社区教育实验管理主体的多元化

针对我国社区教育实验宏观协调不足的现状，应建立专门的社区教育实验管理体系，统一对社区教育实验进行规划和组织，实现各实验区之间资源的共享，同时，要对实验的各个环节进行科学化管理，使社区教育实验不断走向规范化。在建立社区教育实验管理体系时，需要注意的问题是要逐步实现社区教育实验管理主体的多元化。百年来中国社区教育实验的发展历程早已表明，如果没有政府的主导，我国的社区教育实验将步履维艰。也就是说，政府是社区教育实验最重要的管理主体，其在社区教育实验的推动与推广、政策的制定、经费的支持、实验的评估等方面发挥着不可替代的作用。但我们不能因此把政府视为社区教育实验的唯一管理主体。首先，管理主体的多元化是现代社会治理的基本理念，社区教育实验管理也应贯彻这一理念，吸收更多的社会团体与个人参与社区教育实验的管理，促进社区教育实验管理的民主化和现代化。其次，现代社区教育与传统的社会教化有着本质的区别。"我们可以在抽象的意义上，把成熟的现代社会教育理解为建立在现代社会政治、经济、文化结构和组织之上的社会自我教育（教育的主体和客体都是社会）。它与传统的自上而下的社会教化有着本质的不同。"[①]也就是说，现代社区教育的本质特征之一是自下而上进行与多元参与，这也决定了我们应推动社区教育实验朝着管理主体多元化的方向发展。

（四）　增强社区教育实验的科学性

1. 提高实验项目的选题质量

选择具有较高质量的题目是做好社区教育实验项目的前提。判断一个教育实验项目选题质量的主要标准有：基础性，即所确定的课题是当代教育理论与实践的重大前沿问题；创新性；可操作性；变异性，即该课题的研究不仅能引发一系列有内在联系的、逐渐深化发展的研究课题，而且能对邻近学科的研究产生影响；实验研究方法上的突破。[②]结合我国社区教育实际，在进行实验项目选题时，至少应注意以下几个方面。第一，所选课题应有一定的新意，不能盲目跟风。第二，所选课题应是当代社区教育

---

① 于述胜：《民国时期社会教育问题论纲——以制度变迁为中心的多维分析》，《北京大学教育评论》2005年第3期。

② 裴娣娜等：《教育实验评价的研究》，四川教育出版社，1997，第134~137页。

理论与实践中较为前沿和重要的问题。比如，关于社区学习心理、社区公民教育、居民主体性培养、社区教育促进社区治理、现代信息技术与社区教育、社区教育在家校社共育中的新使命等，这些课题既是重要的理论问题，又是社区教育实践中迫切需要研究和解决的问题。第三，所选课题要从本社区的具体情况出发，具有可操作性。各个社区的经济、文化等不一样，所以各实验区在选择社区教育项目时，要根据各自社区的情况和需要。

2. 使实验设计更加科学

很多著名的理论，如斯金纳关于程序教学的理论，赞可夫关于发展性教学的理论等，都是建立在比较科学的实验设计基础上的。针对我国社区教育实验设计的现状，我们要特别做好以下几个方面的工作。第一，开展大量的调查研究，这是设计科学的社区教育实验方案的基础和前提。做好顶层设计当然是必要的，但顶层设计必须以大量来源于底层的调查研究为基础。同样，社区教育实验方案的设计如果只在顶层进行，就极可能不会成功。第二，对实验变量进行明确的界定，正确认识各变量之间的关系。社区教育实验应该具有一般教育实验所具有的几种变量：自变量、因变量、调节变量、干扰变量、中间变量。这几种变量构成了一个有机的整体。其中，自变量与因变量是实验中最主要的一对关系，二者之间必须构成因果关系。第三，有较为科学的理论假说或实验目的。假说"是实验者根据有关的理论、自己的教育经验和日常观察，从发现的问题转化构建出来的对所要研究的教育活动的规律性联系提出的某种设想"。[1] 假说对于引导教育实验，揭示教育规律，创新教育理论具有重要的意义。成功的研究假说乃是课题本身所蕴含着的矛盾合乎逻辑的展开，要做到合理性与创新性的统一、可操作性与抽象概括性的统一。[2] 在社区教育实验中，要特别强调的是，首先，要提出一定的假说，使实验的目的更加明确具体。其次，所提假说必须具有新意，且要以社区教育的有关理论和概念作为基础，具有抽象性。在此，我们以"社区学院与电大共享共赢模式的构建与运行"项目中所提出的 2 个假说为例进行分析：借助基层电大的优势，建

---

① 张武升、柳夕浪：《教育实验的本质与规范》，四川教育出版社，1997，第 75 页。

② 张武升、柳夕浪：《教育实验的本质与规范》，四川教育出版社，1997，第 151 页。

立社区学院，不仅能为社区教育的发展提供扎实的基础和坚实的保障，也能为电大发展开辟新的空间；电大与社区教育都属于终身教育体系的重要组成部分，在目标取向上具有一致性，社区学院与电大建立共享共赢的运行模式是完全可行且十分必要的。①从中我们可以看出，其所提假说的新意、抽象性和理论性都不足。第四，设置对照组，使实验自变量和因变量间的因果关系得到更准确的验证。

3. 进一步完善实验实施过程

一是要为实验提供必要的机构、人员及经费方面的保障。教育行政部门应成立专门的管理机构，对社区教育实验的规划、立项、进程、结题、评估、推广等进行系统的管理；加强对各社区教育机构相关人员的培训，使其对实验的本质、规范、方法等有基本的了解，提高其理论分析能力，同时，要与有关教育实验理论专家紧密合作，使社区教育实验更加规范与科学；为社区教育实验提供足够的经费保障，经费的来源应以政府为主，同时，要充分挖掘社区的潜力，使社区教育实验经费的来源多渠道化。二是要坚持一切从实际出发，注意以居民生活中的实际问题作为实验的内容，以激发居民学习的积极性，收到较好的实验效果。三是控制无关变量，"控制是教育实验研究的一项重要特征，它是开展实验的基本原则，是实验法的精髓"。②因为只有对无关变量进行一定控制，才能较为准确地探讨自变量和因变量之间的因果关系，使实验的结果更加真实客观。如在社区教育课程改革实验中，必须控制资金不足、政策影响等无关变量，从而较为准确地探求到社区教育课程改革措施与课程质量提高的因果关系。四是按照实验设计方案规范地实施。全面、客观地收集各种实验资料，使实验结果分析建立在真实客观的基础之上，同时，对实验进行阶段性的总结，发现实验中的偏差或错误，并加以及时纠正和补救。

4. 对实验结果进行科学评价和理论升华

要进一步使社区教育实验评价工作常规化、规范化，使评价的标准与指标不断科学化，逐步从以政府为评价主体过渡到以第三方为评价主体。这里，我们主要谈谈对社区教育实验项目的评价，应从三个方面进行。其

① 肖锋主编《杭州社区教育发展报告（1989—2009）》，浙江科学技术出版社，2009，第168～169页。
② 裴娣娜等：《教育实验评价的研究》，四川教育出版社，1997，第202页。

一是对实验准备阶段的评价。评价的内容包括：对实验选题理论价值与实践价值的评价；对实验假说的实践基础及理论概括的高度与深度的评价；对实验目标可操作性的评价；对实验方案科学性、规范性和可行性的评价。其二是对实验过程的评价。主要是考察实验是否按照所设计的方案规范地进行，所收集的资源是否真实客观等。其三是对实验结果的评价。其内涵包括以下几点。首先，对实践与理论两个方面结果的评价。从实践上看，其评价标准应包括教学质量的提高、社区居民教育需求的满足及素质的提升、促进社区发展等方面。从理论上看，应对实验总结出一定的科学结论和模式，并深入探讨社区教育的相关基本理论，促进社区教育的发展。其次，不但要看实验的短期效果，更要看实验的长远效果。教育实验具有超前性的特点，社区教育实验所取得的效果也应具有一定程度的超前性，能指导社区教育更好地沿着科学的道路实现可持续发展。最后，实验不但要能在实验区内取得良好的结果，还要能在更大范围内得到推广，从而推进全国社区教育的改革发展。所有的实验都不是为了实验而实验，"实验运动若果止于实验工作，那就毫无意义了"。①

---

① 马秋帆、熊明安主编《晏阳初教育论著选》，人民教育出版社，1993，第190页。

第二章

中国社区教育目标的演变

教育目标与教育方针、教育目的、培养目标等概念密切相关，但又有所区别。教育方针是第一层次的，是整个国家教育事业改革与发展的根本指导思想。教育目的指"培养人的总目标。关系到把受教育者培养成为什么样的社会角色和具有什么样素质的根本性质问题。是教育实践活动的出发点"。① 培养目标"有广狭两义。广义即教育目的，狭义指各级各类学校或各专业的培养要求"。② 我们通常讲的培养目标是狭义的。教育目标主要有三层含义："（1）亦称'教育目的'。是培养受教育者的总目标……（2）各级各类学校、各专业的具体培养要求。在教育总目标指导下，根据各级各类学校、各专业所担负的任务和学生年龄、文化知识水平而提出……（3）教育事业发展的目标。"③ 本书所指的教育目标主要指第一、二层含义，即主要指教育目的与培养目标。教育目标规定教育的发展方向和实践出发点，是一切教育要首先弄清的一个重要问题。中国社区教育在百年发展中教育目标也随社会的发展变化而变化，梳理总结这一发展历程，反思其中的一些理论与实践问题，对于确立更加科学合理的社区教育目标具有重要的意义。

第一节　百年中国社区教育目标的演变

中国古代教育以儒家教育为主，其总的教育目标是培养德才兼备的君子。如孔子提出要"当为君子儒，无为小人儒"，④ 孟子提出要培养"富贵不能淫，贫贱不能移，威武不能屈"的大丈夫人格，⑤ 这自然也是一种君

① 顾明远主编《教育大辞典》（增订合编本）（上），上海教育出版社，1998，第765页。
② 辞海编辑委员会编纂《辞海》，上海辞书出版社，1980，第2页。
③ 顾明远主编《教育大辞典》（增订合编本）（上），上海教育出版社，1998，第764~765页。
④ 刘琦译评《论语》，吉林文史出版社，1999，第42页。
⑤ 王立民译评《孟子》，吉林文史出版社，2001，第74页。

子应具有的人格。朱熹强调要明人伦，"父子有亲，君臣有义，夫妇有别，朋友有信，此人之大伦也。庠、序、学、校皆以明此而已"。① 而明人伦的最终目的是培养"存天理、灭人欲"的君子。由上可见，中国古代社会的教育目标是道德伦理至上的。自清末以来，这种君子式的教育目标受到了极大的挑战，培养具有新思想、能变革旧社会的新国民成了当时的教育目标。严复提出的"鼓民力""开民智""新民德"三育目标，"基本确立了中国教育目标方案的近代化模式"。② 后来，梁启超进一步明确提出了具有独立自由思想、权利与义务思想、进取冒险精神和尚武精神的"新民"的教育目标，③ 使教育目标开始走向现代化。中华民国成立后，更是对封建主义的教育目标进行了彻底的否定。作为教育重要组成部分的社区教育，其目标当然要在这一大框架下变革。下面，我们就对百年来中国社区教育目标的发展历程进行较为系统的回顾与总结。由于国统区和革命根据地的社区教育目标存在较大的差异，我们在此分别进行回顾与总结。

一　1912~1949 年的社区教育目标

（一）　国统区的社区教育目标

随着中华民国的建立，封建时期的教育宗旨已经不适应当时社会的发展要求，迫切需要确立资产阶级的教育目标。1912 年，教育部公布民国教育宗旨为，"注重道德教育，以实利教育、军国民教育辅之，更以美感教育完成其道德"，④ 这个教育宗旨完全颠覆了封建主义的道德伦理至上的君子目标，体现了资产阶级全面发展的教育目标。1918 年，全国教育联合会召开第四届年会，提出要以"养成健全人格，发展共和精神"为宗旨。所谓健全人格是指私德为立身之本，公德为服役社会之本；人生所必需之知识、技能；强健活泼之体格；优美和乐之感情。所谓共和精神是指发挥平民主义作用，俾人人知民治为立国根本；养成公民自治习惯，俾人人能负国家社会之责任。⑤ 教育宗旨作为指导当时所有教育的总方针，对社区教

① 朱熹撰《四书章句集注》，中华书局，1983，第 255 页。
② 孙培青主编《中国教育史》，华东师范大学出版社，2000，第 340 页。
③ 孙杰：《五四时期教育目标研究》，中国社会科学出版社，2012，第 56~57 页。
④ 陈学恂主编《中国近代教育大事记》，上海教育出版社，1981，第 229 页。
⑤ 陈学恂主编《中国近代教育史教学参考资料》（中），人民教育出版社，1987，第 481~482 页。

育同样具有宏观指导作用，上述教育宗旨中的主要精神，会在社区教育目标中体现出来。自中华民国成立以来，政府颁布的有关文件中，对社区教育目标有多种表述，虽然在不同时期其侧重点各有不同，但都主张通过社区教育"唤起"民众，培养德、智、体、美、劳全面发展的新国民，从而实现民族、民权与民生的三民主义，振兴中华。总体来看，国统区社区教育目标的内涵主要有以下几个方面。

1. 总体强调培养全面发展的新国民及促进社会发展

当时有关社区教育目标的规定总体包含两个方面的内容：一是培养全面发展的新国民，二是促进社会发展。

1915 年，教育部在颁布的《通俗教育讲演规则》中规定："通俗教育讲演以启导国民，改良社会为宗旨。"[①]

1928 年，全国教育会议通过了《请大学院提交国民政府议决以明令颁布分期实行民众教育案》，提出民众教育要实施文艺教育以提高民众的知识水平及兴趣，实施生计教育以提高民众的生产能力，实施公民教育以养成民众的团结力及党国精神。[②]

1929 年，国民党第三次全国代表大会通过的教育实施方针规定，"社会教育必须使人民认识国际情况，了解民族意义，并具备近代都市及农村生活之常识，家庭经济改善之技能，公民自治必备之资格，保护公共事业及森林园地之习惯，养老恤贫防灾互助之美德"。[③]

1938 年，国民党临时全国代表大会通过的《战时各级教育实施方案纲要》规定，确定社会教育制度，并迅速完成其机构，充分利用一切现有之组织与工具，务期于五年内普及识字教育，肃清文盲，并普及适应于建国需要之基础训练，社会教育以增进全民之知识道德与健康，使民众成为新时代的需要之良好公民。[④]

1939 年，教育部在《民众教育馆工作大纲》中规定："民众教育馆之施教目标，在养成健全公民，提高文化水准，以改善人民生活，促进社会

---

① 《通俗教育讲演规则》，《教育杂志（安庆）》1915 年第 4 期。
② 中华民国大学院编纂《全国教育会议报告》，商务印书馆，1928，第 393 页。
③ 钟灵秀编著《社会教育行政》，正中书局，1947，第 162 页。
④ 李桂林主编《中国现代教育史教学参考资料》，人民教育出版社，1987，第 317~318 页。

发展。"①

此外，一些文件强调了促进民众发展中的某一个或某两个方面的目标。如 1931 年，行政院公布《确定教育实施趋向办法》，规定"社会教育应以增加生产为中心目标，就人民现有之程度与实际生活，辅助其生产技能之增进"。② 1933 年，教育部在《职业补习学校规程》中规定职业补习学校的主要目的是："对于已从事职业者，补充其现有职业应具之知识技能，或增进其他职业之知识技能，并予以公民之训练。""对于志愿从事职业者，授以职业之知识技能，并予以公民之训练。"③

2. 强调培养三民主义下的公民以实现民族、民权、民生的目标

国民党统一全国后，1928 年 5 月召开的第一次全国教育会议确定中华民国教育宗旨为"三民主义的教育"。所谓三民主义的教育，就是实现三民主义的教育，就是以实现三民主义为目的的教育，就是各级行政机关的设施、各种教育机构的设备和各种教育科目，都是以实现三民主义为目的的教育。④ 1929 年，国民党第三次全国代表大会通过的教育宗旨为："中华民国之教育，根据三民主义，以充实人民生活，扶植社会生存，发展国民生计，延续民族生命为目的。务期民族独立，民权普遍，民生发展，以促进世界大同。"⑤ 此后，社区教育目标也具有了浓厚的三民主义色彩。

1930 年，国民党三中全会通过《训政时期民众训练方案》，规定民众教育的首要任务是："必须以人民在社会生存上之需要为出发点，而造成其为有组织之人民""增进其智识与技能，提高其社会道德之标准，促进其生产力与生产额，而达到改善人民生计之目的""扶植农村教育，农村组织，合作运动，及灌输农业新生产方法""作成学校以内之自治生活，实行男女青年普通的体育训练，提倡科学与文艺之集会""使人民行动合于党义，并实践三民主义之建设工作"，⑥ 后者是最终的目标。

1931 年，国民党中央训练部在拟订的《三民主义民众教育具备的目

---

① 教育部社会教育司编《社会教育法令汇编》第 2 辑，商务印书馆，1940，第 26 页。
② 教育部社会教育司编《社会教育法令汇编》，商务印书馆，1936，第 7 页。
③ 教育部社会教育司编《社会教育法令汇编》，商务印书馆，1936，第 82 页。
④ 钟灵秀编著《社会教育行政》，正中书局，1947，第 160 页。
⑤ 教育部社会教育司编《社会教育法令汇编》，商务印书馆，1936，第 2 页。
⑥ 《训政时期民众训练方案（三中全会决议通过）》，《浙江教育行政周刊》1930 年第 28 期。

标》中，把民众教育目标明确分为"民族主义教育目标""民权主义教育目标""民生主义教育目标"。同年9月，国民党中央执行委员会通过《三民主义教育实施原则》，规定社会教育目标共有五项：提高民众知识水平，使民众具备现代都市及农村生活之常识；提高民众职业智能，以改善家庭经济并增强社会生产力；训练民众熟悉四权，实行自治，并陶铸其忠孝仁爱信义和平之国民道德，以养成三民主义下的公民；注意国民体育及公共娱乐，以养成其健全的身心；培养社会教育的干部人才，以发展社会教育事业，① 其核心是要训练民众成为"三民主义下的公民"。②

1934年，教育部民众教育专家会议拟定社会教育目标为："从民众生活之迫切需要出发，积极充实其生活力，从而培养其组织力，并发扬整个民族自信力，以达到民族独立、民权普遍、民生发展之教育宗旨。"③

3. 抗战时期特别强调培养抗战人才，支持抗战

抗战时期，虽然教育秉持"战时须作平时看"的精神，但包括社区教育在内的所有教育都不可能独立于社会之外，因此，通过培养抗战人才支持抗战的要求不可避免地在社区教育目标上体现出来了。

1938年4月的《战时各级教育实施方案纲要》规定："改订教育制度及教材，推行战时教程，注重于国民道德之修养，提高科学的研究与扩充其设备""训练各种专门技术人员，与以适当之分配，以应抗战需要""训练青年，俾能服务于战区及农村""训练妇女，俾能服务于社会事业，以增加抗战力量"。④

1938年3月的《教育部社会教育工作团工作大纲》规定，社会教育工作团实施目标为唤起民众民族意识、灌输民众抗战知识、坚强民众抗战意志、训练民众抗战技能、充实民众基础知能、增进民众生产能力。1938年8月，教育部在《战时民众补习教育实施要点》中规定民众补习教育的办理要旨是："（1）激发民族意识，培养抗战知能，肃清文盲，提高文化水准，以增强民众之抗战力量。（2）发动知识分子，利用行政力量，作大规

① 教育部社会教育司编《社会教育法令汇编》，商务印书馆，1936，第17~18页。
② 《最近民众教育消息：中央：三、中常会通过社教实施之原则》，《教育与民众》1931年第2期。
③ 教育部社会教育司主编《民众教育馆》，正中书局，1941，第14页。
④ 教育部社会教育司编《社会教育法令汇编》第2辑，商务印书馆，1940，第194页。

模之推行，以谋失学民众补习教育之迅速完成。"①

1939 年，第三次全国教育会议上的《抗战建国时期之教育应多注意战时需要》一案规定："战时社会教育之目的，在觉醒人民之整个民族意识，并促进适龄者之服兵役，培养人民之军事力量，以作持久战消耗战之人力补充与普及民众教育，提高文化水准，鼓励技术人才，以谋抗战建国物力之数量的增加，及效能的提高。"1941 年，国民党五届八中全会通过的《抗战时三年建设计划大纲》指出，"社会教育应特别注重人民生活之改进，民智民德之培养，抗战意识之增强"。概言之，战时社会教育的目标，在于唤起民众的民族意识，激发抗战情绪，灌输抗战知识，这是社会教育应有之总目标，其他如生计教育等，应有自己的分目标，但应以此为最高准则。②

中华民国成立以来，除提出了比较宏观而笼统的社区教育目标外，还尝试建立了社区教育的目标体系。如 1930 年 3 月，教育部设立教育方案委员会，聘请专家拟定社会教育目标方案，该委员会把社会教育目标分为 7 大类 42 项，体现了资产阶级的全面发展思想：公民教育目标，"在使民众具备公民自治必备之资格，由此达到民权普遍，民族独立，及延续民族生命，扶植社会生存"，共 10 条；农工商人补习教育目标，"在发展国民生计"，共 6 条；识字教育目标，"在充实人民生活"，共 4 条；健康教育目标，"在发展国民公共体育"，共 5 条；美化教育目标，"在充实人民生活，延续民族生命"，共 7 条；低能残废者特殊教育及罪犯之感化教育目标，"在充实人民生活，扶植社会生存"，共 5 条；家事教育目标，"在改善家庭经济，充实人民生活"，共 5 条。③

一些地方及社区教育机构也对社区教育的目标进行了相关的规定，同样体现了在三民主义指导下培养全面发展的新国民及促进社会发展的目标。如 1929 年，上海民众教育馆在其发布的《民众教育馆计划大纲》中规定其宗旨为以最科学、经济而简便、普遍的方法以适合民众生活之需要及身心上之受领，使民众智识之向上，使社会进化上受良好之影响，养成

---

① 教育部社会教育司编《社会教育法令汇编》第 2 辑，商务印书馆，1940，第 1 页。
② 钟灵秀编著《社会教育行政》，正中书局，1947，第 171~173 页。
③ 钟灵秀编著《社会教育行政》，正中书局，1947，第 164~167 页。

民众运用四权之能力，灌输三民主义养成健全国民；[①] 1930 年夏，江苏省教育厅提出社会教育的总体目标为以"力谋民众生活之改进，使能促成地方自治，推行训政工作，为最高原则"；[②]《浙江省普及民众学校教育计划大纲草案》规定"民众学校教育之目标，在使一般民众能运用日常文字，并具备公民应有之各种常识，及运用四权之能力"；[③] 1930 年，江苏省立镇江民教馆订立了公民教育、语文教育、生计教育、健康教育、艺术教育五种目标，1933 年，该馆提出民众教育的中心目标是"全力改造民众生活，实施生计语文公民教育，唤起民众，指导民众，组织民众，以期达到救国教育之鹄的"；江苏省立南京民教馆 1930 年所定的目标是"办民校除文盲""制造社会环境，改造民众生活"，以培养"三民主义下的好公民"，1933 年，该馆提出"以艺术教育为手段，以生计教育为出发点，以文字教育为过程，以公民教育为目的"；江苏南汇县民教馆"以启迪民众知识，陶冶民众性情，改进民众生计，锻炼民众体魄，改良社会习尚，发展团体组织，发扬自治精神，提高社会文化为宗旨"；淮阴县民教馆的目标是"适合民众生活上之需要"、促进"民众智识之向上"、"养成民众有运用四权之能力"、"灌输三民主义，养成健全公民"[④] ……

　　除了政府和国家颁布的相关政策中规定了社区教育的目标外，一些学者也对此发表了自己的思想观点。如 1902 年，梁启超发表《新民说》，"作新民"成为清末民国知识界的一大共识。中华民国成立后，晏阳初、雷沛鸿、高阳、陈礼江、俞庆棠、李蒸等教育家对此发表了自己的看法。人们对于社区教育目标的侧重点各不相同，大概有侧重于文字教育、侧重于政治教育、侧重于道德教育、侧重于生计教育四种主张。20 世纪 30 年代，黄裳就有关社区教育目标任务问题对 21 省 260 个县市进行了问卷调查，发现侧重于文字教育居第 1 位，侧重于生计教育居第 2 位，侧重于公

---

① 《民众教育馆计划大纲》，《上海县教育月刊》1929 年第 24 期。
② 朱煜：《江苏民众教育馆研究（1928—1937）》，博士学位论文，苏州大学，2012，第 225 页。
③ 赵冕编著《社会教育行政》，商务印书馆，1938，第 384 页。
④ 朱煜：《江苏民众教育馆研究（1928—1937）》，博士学位论文，苏州大学，2012，第 226~228 页。

民教育居第 3 位。①

（二） 革命根据地的社区教育目标

1928 年，《中国共产党第六次代表大会底决议案》指出，要"加紧党员群众底教育，增加他们的政治程度""训练党的军事人材，造成最可靠的工人和党员军官"。② 中国共产党领导的革命根据地的社区教育的总目标是发动群众，为革命战争服务，具有人民性与革命性的特点。在这个总目标下，在土地革命战争、抗日战争、解放战争三个阶段其社区教育目标又有所不同。

在土地革命战争时期，革命根据地社区教育的主要目标是提高群众的阶级觉悟和文化程度，以巩固和发展苏维埃政权，为革命战争服务。这一精神在苏区中央政府及各地颁布的文件中都体现了出来。

1930 年，苏维埃政府文化部教育委员会召开第二次会议，确定要培养革命战争所需要的干部，普遍而深入地提高群众的阶级觉悟、政治水平和文化程度。③ 1931 年，闽西苏维埃政府提出，社会教育要"提高群众政治水平，使群众每一个都能了解目前政治形势，努力进行扩大斗争，巩固并发展苏维埃；提高群众文化程度，使有阅读各种宣传品的能力；普遍而深入地施以共产主义的教育，使能在阶级团结之下，争取一省或几省的胜利"。同年，《鄂豫皖区赤色教师学生代表大会决议案》指出：社会教育的基本任务是"厉行识字运动""扫除文盲"，提高工农群众的"文化程度和政治认识"。1932 年，《鄂豫皖省苏维埃文化委员会决议案（草案）》明确指出：发展社会教育的目的是使苏区的工农劳苦群众"实现文化上的完全解放"，提高他们的思想和文化，增加他们的战斗力量，来完成建立新社会的伟大使命。1933 年，中华苏维埃共和国中央教育人民委员部第一号训令指出："苏区当前文化教育的任务，是要用教育与学习的方法启发群众的阶级觉悟，提高群众的文化水平与政治水平，打破旧社会思想习惯的传统，以深入思想斗争，使能更有力的动员起来，加入战争，深入阶级

① 杨才林：《"作新民"、"唤起民众"——民国社会教育研究》，博士学位论文，首都师范大学，2007，第 96 页。

② 《中共党史教学参考资料（一）》，人民出版社，1957，第 170 页。

③ 皇甫束玉、宋荐戈、龚宁静编《中国革命根据地教育纪事 1927.8—1949.9》，教育科学出版社，1989，第 30 页。

斗争，和参加苏维埃各方面的建设。"同年 7 月，中华苏维埃共和国临时中央政府教育人民委员部发出第四号《训令》，指出："在目前一切给予战争，一切服从斗争利益这一国内战争环境中，苏区文化教育不应是和平的建设事业，恰恰相反，文化教育应成为战争动员中一个不可少的力量。提高广大群众的政治文化水平，吸引广大群众积极参加一切战争动员工作，这是目前文化教育建设的战斗任务。"① 1933 年 8 月，中华苏维埃共和国临时中央政府教育人民委员部颁布的《夜校办法大纲》指出，夜校的任务是在不妨碍群众生产和工作的条件下，在短期内扫除文盲和提高群众的政治文化水平。②

抗日战争时期，根据地的社区教育目标主要表现为挽救民族危亡，争取抗日战争的胜利，即通过宣传党的抗日主张及路线方针政策，增强民族意识和抗战胜利的信心，动员民众积极投身抗战。

1937 年，《关于群众的文化教育建设草案》指出，目前党的中心任务是争取全国一致的抗日战争和全国一致的民主政治，首先在自己直接领导的陕甘宁特区建立民主抗日的模范，主要工作之一是把广大的群众从文盲中解放出来，进行普及教育，使每个特区人民都有受教育的机会。③ 1938 年，《陕甘宁边区国防教育的方针与实施办法》提出："国防教育的任务是提高民众的民族觉悟、胜利信心和增加抗战的知识技能，以动员广大民众参加抗战，训练千百万优良的抗战干部，培养将来独立、自由、幸福的中国建设者，争取中华民族的独立、自由和解放。"④ 同年，毛泽东指出，"在一切为着战争的原则下，一切文化教育事业均应使之适合战争的需要"，强调要广泛发展民众教育，提高人民的民族文化水平与民族觉悟。⑤ 1940 年，陕甘宁边区政府教育厅拟定《边区教育宗旨和实施原则（草案）》规定，边区的教育宗旨是争取抗战胜利，建设独立自由幸福的新中国，培养有民族觉悟、有民主思想、有现代生活的知识技能、能担负抗战

① 董纯才主编《中国革命根据地教育史》第 1 卷，教育科学出版社，1991，第 52 页。
② 皇甫束玉、宋荐戈、龚宁静《中国革命根据地教育纪事 1927.8—1949.4》，教育科学出版社，1989，第 79 页。
③ 《关于群众的文化教育建设草案》，《新中华报》1937 年第 325~410 期。
④ 董纯才主编《中国革命根据地教育史》第 2 卷，教育科学出版社，1991，第 65 页。
⑤ 《毛泽东同志论教育工作》，人民教育出版社，1958，第 33 页。

建国任务的战士和建设者。① 1943 年，晋冀鲁豫边区公布《民众学校暂行规程》，规定民众教育的任务是：通过冬学、民校教育，提高人民政治觉悟与文化水平，培养民主科学思想，从长期着眼来扫除文盲。在政治方面，主要是增强和巩固民众抗战胜利的信心，进行民族气节教育和以反封建专制主义为中心内容的民主教育；在文化方面，主要是进行识字教育、扫除文盲和普及科学知识的启蒙教育，并利用农闲和春节开展各种文体活动，以活跃农民的文化生活。② 由上可见，尽管革命根据地的社区教育也包含提高人民文化水平、破除封建陋习等目标，但当时一切的教育都是服从于抗战这一根本目标的。

解放战争时期，革命根据地的社区教育目标是提高人民素质，培养各种人才，为解放战争和社会建设服务。

1946 年 3～4 月，在华中宣教大会上，教育厅长刘季平提出"普及新民主主义思想，教导人民识字、明理、翻身、兴家、立业，培养各种干部与专门人才，为建设新民主主义的苏皖边区及新中国，提高人民政治经济文化生活而奋斗"。同年 7 月，山东省政府在全省第二次教育会议上讨论制定了《山东省当前教育工作纲要》，提出成人群众的教育目标是："教导人民识字明理，讲求卫生，劳动发家，勤俭立业，破除迷信，改革陋俗。解除其封建束缚，普及新民主主义思想，帮助群众在文化上翻身，提高人民大众的政治文化水平。"同年 10 月，陕甘宁边区政府在发出的《关于今年冬学的指示信》中指出，"当此内战烽火燃遍全国，边区处在战争威胁之下，动员全体人民加紧备战，成为一切工作的中心。因此，今年冬学就要与自卫军的冬训密切结合起来"。晋绥行署发出《普遍开展冬学运动的指示》，指出："今年冬学的主要任务是教育和发动群众解决土地问题，扩大生产，加强翻身教育，以提高干部群众的觉悟。同时，通过冬学要动员群众参军参战支前和进行民兵教育。"同年 11 月，太行行署在《关于今年冬学的指示》中指出，"今年冬学的任务是为了保证爱国自卫战争的胜利，应着重时事教育、群众翻身教育及生产教育……首先要教育群众打破和平

---

① 皇甫束玉、宋荐戈、龚宁静编《中国革命根据地教育纪事 1927.8—1949.4》，教育科学出版社，1989，第 188 页。
② 董纯才主编《中国革命根据地教育史》第 2 卷，教育科学出版社，1991，第 407 页。

幻想，说明蒋介石必败，人民必胜的道理，从而提高人民胜利的信心，争取自卫战争的更大胜利"。同年 12 月，陕甘宁边区政府发布《战时教育方案》，指出："各级学校及一切社教组织亦应立即动员起来，发挥教育上的有生力量，直接或间接地为自卫战争服务。一切教育工作者都应成为保卫边区的宣传员和组织者。目前教育工作的中心任务是配合军事、政治、经济、群运等工作，争取人民自卫战争的胜利。"[1] 上述关于社区教育目标的表述中，尽管也讲到了要提高群众文化水平、破除迷信等方面，但显然，为解放战争和社会解放服务才是核心。

二 1949~1978 年的社区教育目标

新中国成立后，社区教育目标随着社区教育的曲折发展而不断变化，其核心内容是提高人民政治、文化等方面的水平，培养国家建设人才，为革命工作和国家建设服务。1949 年 10 月，中国人民政治协商会议第一次全体会议通过的《中国人民政治协商会议共同纲领》规定，"人民政府的文化教育工作，应以提高人民文化水平，培养国家建设人才，肃清封建的、买办的、法西斯主义的思想，发展为人民服务的思想为主要任务"，要"加强劳动者的业余教育……以适应革命工作和国家建设工作的广泛需要"。[2] 这一教育的总纲领规定了新中国成立后社区教育的目标和方向，即要以提高人民的文化水平，培养国家建设人才，服务于革命工作和国家建设为主。此后发布的各种相关文件都体现了这一精神。

1950 年，第一次全国工农会议提出"开展识字教育，逐步减少文盲"。[3]

1951 年，教育部颁发《职工业余教育暂行实施办法》，规定职工业余教育"以提高职工的文化、政治和技术水平，加强国防和生产建设，并提高职工管理国家的能力为目的"；1953 年，北京市教育局制定了《北京市业余文化教育暂行实施办法草案》，规定业余文化教育的目的是"传授普

---

[1] 董纯才主编《中国革命根据地教育史》第 3 卷，教育科学出版社，1993，第 33 页。

[2] 欧阳璋主编《成人教育大事记（1949—1986 年）》，北京出版社，1987，第 6 页。

[3] 《中国教育年鉴》编辑部编《中国教育年鉴（1949—1981）》，中国大百科全书出版社，1984，第 576 页。

通文化基础知识，以满足干部职工的工作生产需要，并为他们进一步深造打下基础"①。

1954 年，第一次全国农民业余文化教育会议提出，农民业余教育要"紧紧跟随着和密切结合着农村互助合作运动和农业生产的发展，积极地有计划地扫除农民中的文盲，并逐步地提高农民的文化水平，有效地为农业的社会主义改造和发展农业生产服务"。②

1957 年，北京工农业余教育局公布《课程设置的暂行规定》，规定"工农业余文化教育的主要任务是授予工农群众必需的系统的文化科学基础知识，使他们更好地从事生产及工作"；1958 年，《北京日报》发表社论《大力开展农村扫盲和业余教育工作》，提出农民业余教育要担负起提高农民群众的政治、文化、技术水平和为建设现代化的农业培养技术干部两个责任。③

1962 年，教育部在《关于农村业余教育工作的通知》中提出，"农村业余教育工作，应该按照党的决定的精神，努力满足群众的要求，积极地有计划地提高农民的政治、文化水平，培养农村需要的各种初级技术人员，为进一步巩固人民公社集体经济，逐步实现农业的技术改革发挥积极的作用"；1965 年，教育部在《关于今冬明春开展农村业余教育工作的几点意见》中提出，通过业余学习，"提高广大农村基层干部和群众的政治、文化、技术水平，更好地为阶级斗争、生产斗争和科学实验三大革命运动服务"。④

在"文革"期间，社区教育的目标主要体现为为政治服务，如广西玉林县樟木公社的业余学校"始终把转变学员的思想放在首位，努力把学校办成无产阶级专政的工具"。⑤

---

① 欧阳璋主编《成人教育大事记（1949—1986 年）》，北京出版社，1987，第 24、72～73 页。
② 国家教育委员会成人教育司编《扫除文盲文献汇编（1949—1996）》，西南师范大学出版社，1997，第 51 页。
③ 欧阳璋主编《成人教育大事记（1949—1986）》，北京出版社，1987，第 158、197 页。
④ 国家教育委员会成人教育司编《扫除文盲文献汇编（1949—1996）》，西南师范大学出版社，1997，第 313、317 页。
⑤ 《培养又红又专的新型农民——广西玉林县樟木公社知识青年业余学校的调查》，《人民日报》1975 年 11 月 6 日，第 3 版。

三　1978~2020 年的社区教育目标

改革开放后，社区教育的目标转变为提高社区居民的文化水平和实用技术水平，培养有理想、有道德、有文化、有纪律、懂技术、善经营的新型劳动者。

1979 年的第二次全国农民教育工作会议提出，当前和今后一个时期，农民教育要继续抓紧扫除文盲任务，使全国农村小学毕业但没有学到文化知识的青年，在语文、数学两科上真正达到小学毕业水平，使全国农村没有升入初中或没有达到实际水平的大部分初中毕业生在主要课程上提高到初中毕业的文化程度。①

1980 年，教育部印发《五七大学座谈会纪要》，提出"农民技术学校的任务是为农村社队培养具有一定文化科学技术水平的人才"。②

1982 年，教育部印发《县办农民技术学校暂行办法》，明确规定县办农民技术学校的任务是"为农村人民公社、生产大队、生产队培养具有相当于中等农业科学技术水平的人才"。③

1987 年，国家教委、财政部、农牧渔业部在颁布的《乡（镇）农民文化技术学校暂行规定》中指出：乡（镇）农民文化技术学校要"培养学员成为热爱农村，建设家乡，有理想、有道德、有文化、有纪律、懂技术、善经营的新型劳动者。要坚持因地制宜的原则，从不同对象的实际需要出发，确定不同层次不同规格的培养目标。参加实用技术培训的人员，要掌握一、二项实用技术，或掌握某项配套技术。参加岗位培训的人员，要提高适应本岗位需要的工作能力和生产技能，逐步达到本岗位的规范要求。参加初、中等文化教育的人员，对所学课程要达到相当于同类学校结业的水平"。④

1990 年，国家教委印发了《扫盲教育宣传要点》，规定扫盲的目的是：

① 杨建业：《抓紧扫除文盲发展业余教育》，《人民日报》1979 年 12 月 13 日，第 1 版。
② 国家教育委员会成人教育司编《扫除文盲文献汇编（1949—1996）》，西南师范大学出版社，1997，第 321 页。
③ 欧阳璋主编《成人教育大事记（1949—1986 年）》，北京出版社，1987，第 392 页。
④ 国家教育委员会成人教育司编《扫除文盲文献汇编（1949—1996）》，西南师范大学出版社，1997，第 171 页。

"通过教育的手段，使文盲、半文盲认识国家规定的一定数量的常用汉字，具有初步的阅读、书写、记账能力，满足他们参与社会生活的实际需要，为普及文化科学技术、提高劳动生产率创造条件；为建立文明、健康的社会文化生活，改变愚昧落后现象发挥作用，促进我国社会主义物质文明和精神文明建设。"①

1991 年，国家教委在颁布的《关于大力发展乡（镇）、村农民文化技术学校的意见》中指出，乡（镇）、村农民文化技术学校要"广泛提高农村劳动者的思想政治素质和科学文化素质，培养有理想、有道德、有文化、有纪律的新型农民，为全面振兴农村经济、促进农村两个文明建设、实现我国社会主义现代化建设第二步战略目标贡献力量"。②

1995 年，国家教委印发《示范性乡（镇）成人文化技术学校规程》，再次明确，乡（镇）成人文化技术学校的培养目标是："培养有理想、有道德、有文化、有纪律、懂技术、善经营、会管理的农村新型劳动者。"③

21 世纪以来，随着终身教育、建设学习型社会及社区治理的推进，社区教育的目标日益紧密地与居民需求、终身教育联系起来，强调社区教育要为居民的全面发展、建设学习型社会与社区治理服务。

2004 年，教育部发布《关于推进社区教育工作的若干意见》，提出，要逐步建立起适应社区建设和居民学习需求的社区教育管理体制、运行机制和教育培训模式，促进社区居民整体素质和生活质量的提高，促进区域经济和社会的发展；要把社区教育作为社区建设的重要内容和基础性工作，贯穿社区建设的各项工作；要通过社区教育，进一步构建和完善终身教育体系，形成终身学习的公共资源平台，使学习型社会建设工作落到实处。④

---

① 国家教育委员会成人教育司编《扫除文盲文献汇编（1949—1996）》，西南师范大学出版社，1997，第 171 页。

② 国家教育委员会成人教育司编《扫除文盲文献汇编（1949—1996）》，西南师范大学出版社，1997，第 345、357～358 页。

③ 《国家教委关于印发〈示范性乡（镇）成人文化技术学校规程〉的通知》，教育部网站，2010 年 1 月 29 日，http://www.moe.gov.cn/s78/A07/zcs_left/zcywlm_ crjypx/201001/t2010 0129_8943.html。

④ 教育部《关于推进社区教育工作的若干意见》，教育部网站，2008 年 4 月 25 日，http://www.moe.gov.cn/srcsite/A07/zcs_cxsh/200412/t20041201_78909.html。

2016 年，教育部等九部门《关于进一步推进社区教育发展的意见》提出，社区教育要以促进全民终身学习、形成学习型社会为目标，以提高国民思想道德素质、科学文化素质、健康素质和职业技能为宗旨，以建立健全社区教育制度为着力点，充分发挥社区教育在弘扬社会主义核心价值观、推动社会治理体系建设、传承中华优秀传统文化、形成科学文明生活消费方式、服务人的全面发展等方面的作用。①

各地社区教育机构制定了自己的教育目标，以上海市为例，上海市静安社区学院的办学宗旨是立足本区，面向全市，按需办学，确保质量，办出特色。1999 年，上海市教委在《关于同意试办普陀区社区学院的函》中指出："通过社区学院的试点，为逐步建立终身教育体系，提高社区公民自身素质及满足社区各行各业对人才的需求，提供多功能、多层次教育服务。"按照这一精神，普陀社区学院确立了"刻意创新，顺应潮流，按需办学，服务社区"的办学宗旨。上海市徐汇区业余大学在培养目标上，强调必须以培养应用技术型人才为主导，即培养社会需要的处在广泛的生产、服务一线的应用技术型人才，把其与普通高校的精英教育区分开来。②有学者把上海的社区教育目标总结为：全面提高社区居民的素质；加强青少年思想道德品质教育；为社区内下岗、待岗职工再就业进行知识与技能培训；维护社区安定；创建"学习型社区"。③

四　小结

百年来，我国社区教育目标从封建主义性质走向资产阶级性质，再走向社会主义性质，实现了一次次质的飞跃，并在这一过程中不断走向科学与现代。

首先，社区教育目标从培养合乎封建伦常的君子和封建臣民转向了培

---

① 教育部等九部门《关于进一步推进社区教育发展的意见》，教育部网站，2016 年 7 月 29 日，http：//www.moe.gov.cn/jyb_xwfb/xw_fbh/moe_2069/xwfbh_2016n/xwfb_160729/160729_sfcl/201607/t20160729_273300.html。

② 杨应崧、孔祥羽主编《构建学习型城市——上海社区学院巡礼》，上海交通大学出版社，2003，第 206 页。

③ 秦钠：《中日都市社区教育比较研究——以上海和大阪为例》，博士学位论文，上海大学，2006，第 118 页。

养现代社会需要的公民，破除了把德育当成教育唯一目标的传统，首次提出了全面发展，第一次强调了人的发展和人在教育中的地位，强调了人的主动性和自主性，体现了教育民主的精神及教育目标与社会实践的结合，这一切符合现代教育的核心特点，故这时所确立的社区教育目标，体现了现代教育的理念，是现代社区教育的目标，而教育目标的现代，是整个社区教育走向现代化的起点。

其次，社区教育目标从工具理性走向工具理性与价值理性的统一。不管是民国时期，还是新中国成立后的一段时期，社区教育目标都体现了工具理性的特点，如民国时期国统区的社区教育终极目标是实现民族独立，民权普遍，民生发展，中华振兴，对于促进社区和社会的发展起到了积极作用；革命根据地的社区教育目标有着强烈的革命性和实践性，对于传播马克思主义思想和党的方针政策，提高民众的文化、政治等方面的素质，使其摒弃封建思想和社会陋习，更好地参与根据地的政治文化生活，从而巩固中国共产党的领导，支持革命战争和社会解放，起到了很好的引领作用；新中国成立以来的社区教育目标总体上是以培养社会主义的建设人才为主，在这一目标的指引下，社区教育极大地提高了社区居民在政治、文化、职业技能等方面的素质，为我国各个时期的社会主义建设培养了大批人才，社区教育目标还与时俱进，与终身教育、社区治理等紧密结合，促进了终身教育和社区治理的发展。但这些教育目标的落脚点更多的是服务于社会，没有把人放到本体的地位，带有工具理性的色彩。而近些年提出的社区教育要以人为本、要服务社区居民的全面发展等理念，体现了社区教育的价值理性，说明社区教育目标从工具理性走向了与工具理性价值理性的统一，社区居民成为教育目标的主体。

最后，不但提出了各种社区教育的宏观目标，而且建立了比较详细的社区教育目标体系，把社区教育的各级目标细化以便于实际操作。

百年社区教育目标在发展历程中还存在一些问题。

第一，民国时期国统区所提的全面发展目标在当时的实践中其实是难以实现的。教育目标的实现要以当时社会各个方面的发展为基础，民国时期所提出的培养全面发展的新人的现代性目标，显然难以在当时实现：在政治上，政局不稳，政治腐败，民主平等还只停留在口头上，缺乏实现现代社区教育目标的政治基础；在经济上，只有少量的工厂企业，现代大工业生产极不发达，经济发展极为落后，缺乏实现现代社区教育目标的经济基础；在思想文化上，封建文化和思想意识根深蒂固，民主平等的思想只被少数知识分子所理解和接受，缺乏实现现代社区教育目标所需的文化土壤。

第二，新中国成立后，我国社区教育目标走了一些弯路，没有很好地处理时代要求与教育的相对独立性这一问题，对社区教育具有的相对独立性重视不够。

第三，尽管我们的社区教育目标正不断地走向以人为本，但在当前的社区教育实践中，人的本体地位、人的全面发展还没有受到应有的重视，甚至不少社区教育工作者还具有较为严重的社会本位的教育价值取向。

第二节　中国现代社区教育目标确立的依据

社区教育目标不是凭空产生的，其确立必须建立在科学合理的理论与实践基础上，我国当前社区教育目标确立的依据主要包括以下几个方面。

一　依据之一：以社区居民为本的教育价值取向

马克思认为，价值是从人们对待满足他的需要的外界物的关系中产生的。① 也就是说，价值反映着主客体的关系，是客体对主体需要的满足。教育价值有诸多表现形式，其中最主要的一对矛盾就是教育的个体价值和社会价值，如何看待教育价值问题就构成了教育价值观，而教育价值取向是教育价值观的核心，也是一切教育目标的逻辑起点。"教育价值取向是主体根据自身发展的需要对教育价值进行选择时所表现出来的一种倾向或意向。换言之，它指当同时存在若干种教育价值方案时，主体从自己的需要及利益出发，选择或倾向于某一种方案，从而在一定程度上满足自己对

---

① 《马克思恩格斯全集》第 19 卷，人民出版社，1965，第 406 页。

教育的需要。"① 黄济教授总结："纵观古今对于教育价值的论述，虽然众说纷纭，莫衷一是，但就其最基本方面而言，不外从社会需要来论述教育价值或从人的发展来论述教育价值，或者二者兼而有之。"② 社区教育领域也是如此，表现为在社区教育目标确立时，社会本位与个人本位的价值取向时而对立，时而融合。清朝末年以来，一方面，中华民族一直处于生死存亡的边缘，抗日战争爆发后，救亡图存成了整个国家的第一需求，这就使当时的社区教育价值取向不可避免地倾向于满足社会的需要，即要通过社区教育，促进社会发展，振兴中华。俞庆棠提出了确立社区教育目标的四点依据：要注意民众的生计、要依据社会的状况、要发扬民族的优点、要提倡娱乐。③ 许公鉴认为，社会教育目标确立的依据有三个方面：社会教育的性能、建国的需要、国家整个教育方案。④ 从以上可以看出，关于社区教育目标制定的依据，人们尽管也讲到了民众的生计问题，但认为最重要的依据还是社会的需要。因此，在20世纪上半叶，中国社区教育目标主要强调了要培养新民以振兴中华的思想。另一方面，中国当时深受国外先进教育思想的影响，民主、科学的思想日益深入人心，因此，社区教育目标又体现了提高人的文化、政治、生产、道德等各方面素质，培养德、智、体、美全面发展的新人的价值取向。在革命根据地建立及新中国成立后到改革开放前，以社会为本位的教育价值取向在社区教育目标中占据了主导地位，把社区教育定位为服务于革命战争和革命建设的工具，其中，特别强调社区教育要为政治服务。改革开放之初，社区教育的价值取向是以经济为本位，强调社区教育要为社会主义现代化建设服务。这些都体现了社会本位的教育价值取向，社区居民个体的发展需要没有得到应有的重视。随着以人为本的思想深入人心，整个教育界也更多地强调以人为本、以学生为本，社区教育价值取向逐渐从社会本位过渡到社会本位与个体本位相结合的状态，走向科学化。只不过，这时对于人的价值的关注，与民国时期更多地关注基本物质层面不同，此时的社区教育目标更多是对人的自我价值实现、身心愉悦、终身发展等精神层面的关注。这些取向不管是

---

① 王卫东：《关于教育价值问题的讨论》，《教育研究》1996年第4期。
② 黄济：《教育哲学通论》，山西教育出版社，1998，第420页。
③ 茅仲英、唐孝纯编《俞庆棠教育论著选》，人民教育出版社，1992，第39～40页。
④ 许公鉴：《中国社会教育新论》，中国文化服务社，1948，第25页。

2004 年教育部在发布的《关于推进社区教育工作的若干意见》中提出要促进社区居民整体素质和生活质量的提高，还是 2016 年《关于进一步推进社区教育发展的意见》中提出要以提高国民思想道德素质、科学文化素质、健康素质和职业技能为宗旨，服务人的全面发展等中都得了体现。

　　任何教育都应以人为本，把促进人的发展放在首位，这是教育的本质决定的，教育的本质就是要培养人，要促进人的发展，人是教育的出发点和目的地。雅斯贝尔斯讲过，"人的回归才是教育改革的真正条件"。① 民国时期，我国就提出了以学生为本的观点，五四运动后，"对于儿童本位教育亦努力提倡，遂靡然风行全国"。② 1919 年 10 月，第五届全国教育会联合会议决案《请废止教育宗旨宣布教育本义案》指出，"今后之教育应觉悟人应如何教，所谓儿童本位教育是也"。③ 1924 年，国民党第一次全国代表大会宣言，把"全力发展儿童本位之教育"作为对内政策之一。④ 自 2003 年党的十六届三中全会提出了科学发展观，其中以人为本是其核心内涵以来，学生在教育中的主体地位在今天已无可争辩。放眼世界教育，人的本体地位更是得到强调。联合国教科文组织在《教育——财富蕴藏其中》中指出："教育不仅仅是为了给经济界提供人才：它不是把人作为经济工具而是作为发展的目的加以对待的。""教育的基本作用，似乎比任何时候都更在于保证人人享有他们为充分发挥自己的才能和尽可能牢牢掌握自己的命运而需要的思想、判断、感情和想象方面的自由。"⑤ 这些表述充分体现了以人为本的精神。2015 年，联合国教科文组织在《反思教育：向"全球共同利益"的理念转变》的报告中指出，21 世纪教育的根本宗旨是要维护和增强个人在其他人和自然面前的尊严、能力和福祉，教育应该以人文主义为基础，要尊重生命和人格尊严、权利平等、社会正义、文化多样性、国际团结和为可持续的未来分担责任。⑥ 其间所讲到的教育应该以

① 〔德〕雅斯贝尔斯：《什么是教育》，邹进译，生活·读书·新知三联书店，1991，第 51 页。
② 陈景磐：《我国教育政策之回顾与前瞻》，《教育杂志》1948 年第 2 期。
③ 李桂林主编《中国现代教育史教学参考资料》，人民教育出版社，1987，第 514 页。
④ 陈景磐：《我国教育政策之回顾与前瞻》，《教育杂志》1948 年第 2 期。
⑤ 联合国教科文组织编《教育——财富蕴藏其中》，联合国教科文组织总部中文科译，教育科学出版社，1996，第 70、85 页。
⑥ 联合国教科文组织编《反思教育：向"全球共同利益"的理念转变》，联合国教科文组织中文科译，教育科学出版社，2017，第 1 页。

人文主义为基础，也就是指教育应把人的尊严、能力和福祉放到本体位置。对于社区教育而言，其同样应把社区居民放到本体位置，确立以全体社区居民为本位的教育价值取向，这在许多国家早已得到明确，如日本大阪的社区教育目标为：提高住民的修养，陶冶情操；继承和保护地域文化财产；保障住民的学习权利；创造美好的生活家园；促进学校、家庭、地域社会的连携。① 由此可以看出，居民素质的提升被放到了最重要的位置。

以社区居民为本位这一教育价值取向的含义主要有三层。

其一，社区教育要以社区内全体居民的发展为出发点。现代社区教育具有极强的民主性和开放性，它产生的一个重要原因在于要冲破传统社会的教育等级制，把受教育权限制在少数人群，从而使更多的人能接受教育，因此，在清朝末年开始了让更多的人能接受教育的民主化历程，学部"奏设简易识字学塾，欲以辅小学教育之不及，而期以无人不学为归"。② 民国时期，人们更是认识到扩大教育使更多的人得到发展的重要性。俞庆棠指出，"吾国大多数人民，对于个人与国家社会密切之关系，茫然懵然，以致不能为国家社会之健全分子；岂吾国人民天赋才智之不如其他民族乎？盖教育机关之阙如也！是以当今建设事业中之根本建设，莫如增添教育机会，增高教育效率，使教育精神，弥漫于全社会内，而凡学校教育所不能为者有以为之；并使教育力量显现于全民众之前，而凡学校教育所不能及者有以及之"。③ 当代社区教育更是强调了教育的全员性、全纳性，即社区教育要面向社区内所有居民，要让所有居民得到发展。1995 年在泰国召开的国际社区教育大会上，学者对社区教育达成了两点共识，其中之一即社区教育是以社区全体成员为对象的一种教育。④ 2016 年，教育部等九部门颁布的《关于进一步推进社区教育发展的意见》中强调要为社区内不同年龄层次、不同文化程度、不同收入水平的居民提供多样化的教育服

---

① 秦钠：《中日都市社区教育比较研究——以上海和大阪为例》，博士学位论文，上海大学，2006，第 118 页。

② 《章奏：学部奏遵拟简易识字学塾章程折》，《浙江教育官报》1910 年第 19 期。

③ 茅仲英、唐孝纯编《俞庆棠教育论著选》，人民教育出版社，1992，第 14 页。

④ 王北生、姬忠林主编《成人教育概论》，河南大学出版社，1999，第 205 页。

务，体现社区教育的普惠性，促进社会公平。① 因此，我们在确立社区教育目标时，要考虑到社区内的所有居民，特别是要对社区内的弱势群体，如农民工、残疾人等群体加以关注。

其二，社区教育要使社区内居民实现全面发展，最终提升社区居民的生命质量和价值。全面发展是马克思主义的重要教育理论，也是百年来人们一直追求的教育的终极目标，近代以来，大工业生产的兴起与发展，对人的全面发展提出了迫切要求，因为大工业生产会带来劳动的迅速变换、各种职业的更替与人员的全面流动，打破一个人一辈子只从事一种职业的传统，这就要求社会成员具有各方面能力，以适应职业的变换和不同劳动的需要。正如马克思主义人的全面发展学说指出的那样，大工业使以下方面成为生死攸关的问题："承认劳动的变换，从而承认工人尽可能多方面的发展是社会生产的普遍规律，并且使各种关系适应于这个规律的正常实现。""用那种把不同社会职能当作互相交替的活动方式的全面发展的人，来代替只是承担一种社会局部职能的局部个人。"② 与此同时，大工业生产的发展，也为人的全面发展提供了可能。按照马克思主义全面发展的观点，必要劳动时间的减少和自由时间的增多，使人们可以在这些自由时间中充分发挥自己各方面的兴趣爱好，是人的全面发展不可缺少的前提条件。今天，我国社区居民的自由时间大大增加，同时，社区教育在教育对象、教育内容及教育形式上以其包罗万象的特点，使任何居民都可以以多种形式选择任何内容进行学习，这有利于人的个性发展、人的全面发展的实现。

其三，社区教育要使社区内居民实现可持续发展。人的生命始终处于未完成状态，这就决定其具有可持续发展性，杜威"教育即生长"的实际含义也就是教育不间断地持续发展。社区教育就是要让所有社区居民在社区内接受教育，使居民不但能适应当前的社会生活，还能通过养成较好的学习习惯、掌握科学的学习方法、培养良好的思维品质、提高学习能力，使今天的学习成为其今后发展的基础，从而最大限度地完善自己的人生，

---

① 教育部等九部门《关于进一步推进社区教育发展的意见》，教育部网站，2016 年 7 月 29 日，http://www.moe.gov.cn/jyb_xwfb/xw_fbh/moe_2069/xwfbh_2016n/xwfb_160729/160729_sfcl/201607/t20160729_273300.html。

② 《马克思恩格斯全集》第 23 卷，人民出版社，1972，第 534～535 页。

使生命走向卓越，实现自己生命的价值。2002 年，我国教育部在《扫盲教育课程与教学改革指导意见（试行）》文件中强调扫盲教育不仅要让人识字，还要增强学习者的可持续发展能力。联合国教科文组织在《教育——财富蕴藏其中》一书中指出，教育要使终身培训"超越纯粹适应就业的范围，而将其列入作为人的持续协调发展条件加以设计的终身教育这一含义更广的概念之中"。①

需要注意的是，在教育价值取向中不能走向社会本位或个人本位的极端，二者结合起来的观点早已成为人们的共识，但一方面，我们不能因此把二者等同看待；另一方面，也不能把以人为本理解为以个人的发展为本，从而忽略教育的社会价值。也就是说，促进人的发展是一切教育，包括社区教育在内的本体功能，是首要功能，但我们不能因此走向个人主义的另一端，因为人是社会的人，人经过教育而得到发展要服务于社会，只有服务于社会，人生才有价值。正如顾明远所讲的那样，从生命发展的视角来说，教育的本质可以概括为提高生命的质量和提高生命的价值。对个体来说，提高生命的质量，就是使个体通过教育，提高生存能力，从而能够生活得有尊严和幸福；提高生命的价值，就是使个体通过教育，提高思想品德和才能，从而能够为社会、为他人做出有价值的贡献。② 这一表述很好地把教育的个体价值与社会价值结合起来了。

二　依据之二：时代精神

时代精神是一个社会在某一时期的精神主流与核心价值取向，它全面而深刻地影响着整个社会，社区教育目标的制定也不可避免地要体现该时代精神。百年来，中国从传统社会走向了现代社会，其间经历的每一个时期都有其独特的精神，由此各个时期的社区教育目标也具有了不同的特点。

1912~1949 年，这一时期中国社会最大的时代精神是革命与救亡。一

---

① 联合国教科文组织编《教育——财富蕴藏其中》，联合国教科文组织总部中文科译，教育科学出版社，1996，第70~71 页。

② 顾明远：《再论教育本质和教育价值观——纪念改革开放 40 周年》，《教育研究》2018 年第 5 期。

方面，自晚清开始，中国面临深重的"外忧"，数次遭到侵略，这就迫使整个社会寻找救亡图存的道路，救亡成为该时期的时代精神。另一方面，这一时期中国存在封建势力仍然很强大、国民素质低等种种"内患"，因此，这一时期也充满革命性：从社会制度上看，孙中山领导的辛亥革命结束了中国两千多年的封建君主专制，建立了中华民国，中国共产党领导的新民主主义革命推翻了蒋介石政权，建立了社会主义新中国；从教育上看，资产阶级的教育观对封建主义的教育思想和教育制度大加挞伐，新式教育制度开始建立。由上述两个方面可见，这一时期中国社会的最强音就是革命与救亡。受此影响，中国社区教育目标中处处体现了这一时代精神。表现为国统区强调社区教育的目标是培养新民，振兴中华，革命根据地的社区教育目标，则更为鲜明地体现了社区教育服务于革命战争的特点。

新中国成立后到改革开放前，这一时期中国社会最大的时代精神是社会主义建设。新中国成立后，百废待兴，进行社会主义建设是全国工作的重心，为此，需要大批有社会主义觉悟的有文化的建设人才，而此时我国有文化的人才极少，建设人才奇缺，社会主义建设这一时代精神的要求，会体现在社区教育目标中，表现为强调提高广大人民群众各方面的素质，为社会主义建设培养合格的人才。

20世纪70年代末期，现代化建设、以人为本及终身教育成为这个时代的主要精神。现代化建设首先成为改革开放时的最强音。此时包括社区教育在内的所有教育的培养目标都强调要培养社会主义现代化的建设人才。随着我国改革及民主政治的推进，人的意识、人的价值等问题越来越受到关注。以人为本的理念越来越成为人们的共识，2003年党的十六届三中全会提出了科学发展观，以人为本就是其核心内涵。以人为本的理念在社区教育目标中同样得到了鲜明的体现。如2016年教育部等九部门颁布的《关于进一步推进社区教育发展的意见》中提出的发展社区教育的基本原则的第一条就是坚持以人为本，强调社区教育要为居民的全面发展服务。与此同时，科技革命及知识经济社会的到来，引发了我国社会的一系列变化，使我国处于一个巨大的转型期，表现为由封闭向开放转变，由农业经济向工业经济进而向知识经济转变，由乡村社会向城镇社会转变，由管理向治理转变，由守旧、同一向变革、多元转变，知识陈旧率的加快提高和社会的剧烈变动，使人只有终身接受教育才能适应社会发展的要求。因此，20 世纪 90 年代中期以来，终身教育思想成为另一重要时代精神。1993 年，中共中央、国务院在颁发的《中国教育改革和发展纲要》中第一次引用了"终身教育"的概念。1995 年，《中华人民共和国教育法》规定要"建立和完善终身教育体系"，① 以法律的形式肯定了终身教育的地位。此后，2004 年教育部发布的《关于推进社区教育工作的若干意见》、2016 年教育部等九部门《关于进一步推进社区教育发展的意见》中，以及教育部职成司发布的历年《职业教育与成人教育工作要点》及《教育部工作要点》中，都强调要大力推进和创新社区教育，积极推进终身教育和终身学习，于是，终身教育成为社区教育的重要目标和理念。

回顾百年中国社区教育目标的变化历程，我们可以清晰地看到时代精神对其制定的影响，以及社区教育目标中体现的鲜明的时代精神，表明二者是不可分割的，即脱离当时社会的时代精神或完全不受时代精神影响的社区教育目标是不可想象，也是不可能存在的。需要注意的是，我们不能因此把时代精神作为确立社区教育目标的唯一依据，因为教育虽然与社会的政治、经济、文化等各方面紧密相连，要受社会的影响和制约，但它又有自身发展的规律，具有相对独立性，社区教育也是如此，完全以时代精神为依据来确定社区教育目标是有失偏颇的。此外，时代精神不一定就是合理的。如何处理好时代精神与社区教育目标的关系是我们在确立社区教育目标时必须解决的一个重要问题。一方面，我们应与时俱进，使确立的社区教育目标具有时代气息，以适应人与社会发展的需求；另一方面，我们必须同时辨别时代精神中哪些是先进的、哪些是不合理的，并按照社区教育自身的特点及发展规律制定恰当的教育目标。而判断时代精神是否具有先进性的标准就是看其是否体现了人类共同的需要和发展方向，是否有利于整个社会的进步和发展。比如，当前的现代化建设、以人为本、终身教育等时代精神就符合这些标准，是先进的，我们应顺应这些时代要求，结合社区教育的特点和规律来确立其目标。

---

① 《中华人民共和国教育法》，教育部网站，2021 年 7 月 30 日，http：//www.moe.gov.cn/jyb_sjzl/sjzl_zcfg/zcfg_jyfl/202107/t20210730_547843.html。

三　依据之三：党的教育方针

教育方针是"国家或政党在一定历史阶段规定的教育工作的总方向。一般包括对教育的性质、宗旨以及实现教育目的的基本途径等方面的原则性的规定"。① "在没有教育立法的时代，教育方针具有政治意义上的强制性和约束性；在教育法出台以后，教育方针表述是教育法的一个重要内容。"② 总体而言，教育方针规定了教育工作的根本性质、基本任务、培养目标，以及实现培养目标的途径等，体现了一个国家的政党或政府对整个教育工作的根本指导思想，规定了教育改革与发展的总方向，对一个国家各级各类教育的改革与发展乃至每一个教育工作者的教育实践活动的正确开展起着根本性或纲领性的指导和规范作用。社区教育目标的制定当然也要以教育方针为重要依据，这在我国社区教育目标的发展历程中鲜明地体现了出来。

在古代忠君尊孔的教育宗旨（相当于教育方针）下，社区教育的目标就只能是培养遵守封建道德的君子。民国初年提出的五育并举的教育宗旨，使社区教育目标转向了培养全面发展的新国民。1929 年国民党提出的三民主义的教育宗旨，使社区教育目标具有了三民主义色彩。革命根据地的教育方针，正如毛泽东在 1934 年所讲的那样，苏维埃文化教育的总方针是"在于以共产主义的精神来教育广大的劳动民众，在于使文化教育为革命战争与阶级斗争服务，在于使教育与劳动联系起来，在于使广大中国民众都成为享受文明幸福的人"，③ 在这一方针的指导下，当时根据地的社区教育目标体现出鲜明的革命性和人民性。新中国成立后，毛泽东在 1957 年提出，"我们的教育方针，应该使受教育者在德育、智育、体育几方面都得到发展，成为有社会主义觉悟的有文化的劳动者"。④ 1958 年 9 月，中共中央、国务院在《关于教育工作的指示》中，指出："党的教育工作方针，是教育为无产阶级的政治服务，教育与生产劳动相结合；为了实现这个方

---

① 辞海编辑委员会编纂《辞海》，上海辞书出版社，2010，第 913 页。
② 石中英：《关于贯彻落实教育方针问题的几点思考》，《中国教育学刊》2017 年第 10 期。
③ 李桂林主编《中国现代教育史教学参考资料》，人民教育出版社，1987，第 48 页。
④ 《毛泽东同志论教育工作》，人民教育出版社，1958，第 44 页。

针，教育工作必须由党来领导。"① 自此，党和国家正式确立了教育为无产阶级政治服务，与生产劳动相结合，使受教育者在德育、智育、体育等几个方面都得到发展，成为有社会主义觉悟的有文化的劳动者的教育方针，这一方针一直延续到改革开放前。这一教育方针深刻地影响到了当时各种教育目标的确立，社区教育目标同样体现出强调提高劳动者的各方面素质，为无产阶级政治服务，培养社会主义国家建设人才的特点。改革开放后，特别是20世纪90年代以来，我国教育方针发生了巨大变化。1995年颁布的《中华人民共和国教育法》指出，"教育必须为社会主义现代化建设服务，必须与生产劳动相结合，培养德、智、体等方面全面发展的社会主义事业的建设者和接班人"。② 2007年党的十七大报告提出："坚持育人为本、德育为先，实施素质教育，提高教育现代化水平，培养德智体美全面发展的社会主义建设者和接班人，办好人民满意的教育。"③ 2012年，党的十八大报告提出："坚持教育为社会主义现代化建设服务、为人民服务，把立德树人作为教育的根本任务，培养德智体美全面发展的社会主义建设者和接班人。"④ 2015年修订后的《中华人民共和国教育法》提出："教育必须为社会主义现代化建设服务、为人民服务，必须与生产劳动和社会实践相结合，培养德、智、体、美等方面全面发展的社会主义建设者和接班人。"⑤ 2017年，党的十九大报告提出，要"落实立德树人根本任务，发展素质教育，推进教育公平，培养德智体美全面发展的社会主义建设者和接班人"。⑥ 2021年4月29日，第十三届全国人民代表大会常务委员会第二十八次会议通过的《中华人民共和国教育法》修正案把教育方针

---

① 中共中央文献研究室编《建国以来重要文献选编》第11册，中央文献出版社，1995，第490页。
② 《中华人民共和国教育法》，教育部网站，2021年7月30日，http://www.moe.gov.cn/jyb_sjzl/sjzl_zcfg/zcfg_jyfl/202107/t20210730_547843.html。
③ 《新时代教育工作的根本方针》，教育部网站，2019年9月16日，http://www.moe.gov.cn/jyb_xwfb/moe_2082/zl_2019n/2019_zl69/201909/t20190916_399243.html。
④ 《新时代教育工作的根本方针》，教育部网站，2019年9月16日，http://www.moe.gov.cn/jyb_xwfb/moe_2082/zl_2019n/2019_zl69/201909/t20190916_399243.html。
⑤ 《新时代教育工作的根本方针》，教育部网站，2019年9月16日，http://www.moe.gov.cn/jyb_xwfb/moe_2082/zl_2019n/2019_zl69/201909/t20190916_399243.html。
⑥ 《习近平在中国共产党第十九次全国代表大会上的报告（全文）》，观察者网站，2017年10月27日，https://www.guancha.cn/politics/2017_10_27_432557_4.shtml。

表述为："教育必须为社会主义现代化建设服务、为人民服务，必须与生产劳动和社会实践相结合，培养德、智、体、美、劳全面发展的社会主义建设者和接班人。"① 这是对我国教育方针的最新规定。由此可见，我国教育方针不断走向完善，把为社会主义现代化建设服务、为人民服务和培养德、智、体、美、劳全面发展的社会主义建设者和接班人作为核心。正是在这些教育方针的指导下，我国社区教育目标在改革开放以来，逐渐转变成总体上是满足社区居民的需要，促进社区居民的全面发展，为建设学习型社会与推进社区治理服务。

我国当前社区教育目标的确立必须以新时期的教育方针为指导。

第一，五育并举的教育方针决定了社区教育要以培养德、智、体、美、劳全面发展的人为目标。个体的全面发展及其教育的组成部分，在我国经过了百年的争论，造成我国各个时期的有关社区教育目标的表述中，虽然包含全面发展的基本内容（如 1931 年国民党中央执行委员会在通过的《三民主义教育实施原则》中规定的社会教育目标包含提高民众知识水平、增进民众职业智能、训练民众四权、注意国民体育及公共娱乐等内容；2016 年教育部等九部门颁布的《关于进一步推进社区教育发展的意见》中提出，社区教育要以提高国民思想道德素质、科学文化素质、健康素质和职业技能为宗旨），但全面发展的教育目标并不明确，导致我国社区教育实践存在比较严重的忽视全面发展的问题。突出表现为在社区教育中只注重某一方面的目标，忽视作为一个人的其他方面的发展。如在进行社区职业培训时，把提升学员的职业知识、职业技能和能力作为唯一目标，对学员在道德品质、文化素质、审美修养等方面的提高不够重视。到今天，德、智、体、美、劳五育并举被正式确立为我国的教育方针，我们应明确地把其作为我国社区教育的总体目标，并以这个总体目标来统领下面的各级培养目标、课程目标、教学目标。同时，要处理好德育、智育、体育、美育、劳动教育几者的关系，要认识到这几者是相互交叉、相辅相成的有机整体，缺一不可，必须五育并举，把全面发展理念寓于社区教育的课程、教学、管理等各个环节。其中特别要注意的是，不能片面地理解

---

① 《全国人民代表大会常务委员会关于修改〈中华人民共和国教育法〉的决定》，中国政府网，2021 年 4 月 29 日，http://www.gov.cn/xinwen/2021-04/29/content_5603947.htm。

美育和劳动教育，即不能把美育片面地理解为带领居民写写画画，而要把美育放在审美、人文、人生、艺术、劳动等领域中来看待；不能把劳动教育片面地理解为参加体力劳动，而要把劳动教育放在整个社会实践活动中来看待，与现代经济和科学技术，以及居民的职业规划、劳动意识、劳动技能和能力等紧密结合，培养居民良好的劳动素养。

第二，教育方针中有关教育必须为社会主义现代化建设服务，培养社会主义建设者和接班人的规定，决定了社区教育必须把服务于社会主义现代化建设，培养社会主义建设者和接班人作为目标。如果说社区教育要培养德、智、体、美、劳全面发展的人体现了教育的本体功能，规定了社区教育培养的人才的基本规格的话，社区教育要培养社会主义建设者和接班人就体现了社区教育的社会功能，规定了培养的人才的性质及为谁培养的问题。一是要坚持社区教育目标的社会主义方向性。我国是中国共产党领导的社会主义国家，当然要培养拥护中国共产党的领导，认同社会主义制度，牢固树立"四个自信"，为中国特色社会主义建设事业努力学习和奋斗终身的社会主义建设者和接班人。习近平总书记在全国教育大会上提出了9个"坚持"，明确提出了要坚持社会主义办学方向，坚持社会主义道路，这也正是习近平新时代中国特色社会主义思想的核心要义。二是要为社会主义建设培养各种人才。对于社区儿童、青少年教育而言，社会教育应侧重于为社会主义建设培养接班人；对于青壮年及老年人而言，社区教育应侧重于培养社会主义建设者。我国社会主义建设处于一个前所未有的大发展时期，同时面临各种困难与挑战，社区教育以其开放性、全员性、全程性、全方位性的优势，能为社会主义建设培养大量各种层次的建设者和接班人。

第三，教育方针中教育必须为人民服务的规定，决定了社区教育要从社区居民的实际需要出发，把为居民服务、办居民满意的教育作为目标。"一切为了群众、一切依靠群众、从群众中来、到群众中去"的群众路线表明，人民群众是党的一切工作的出发点和归宿。党的十六大、十七大、十八大、十九大报告，2015年修订后的《中华人民共和国教育法》，以及习近平总书记2018年9月在全国教育大会上的讲话，都强调了我国教育要为人民服务，要办令人民满意的教育，体现了党领导下的教育的人民性。落实到社区教育领域，就是社区教育要为社区居民服务，办社区居民满意的教育。满意是指生理或心理上产生的某种缺失或不平衡得到满足的内心状态。① 也就是说，满意是和需要、利益等紧密相连的，是需要和利益得到满足而产生的体验。党的十九大报告明确指出，"新时代我国社会主要矛盾是人民日益增长的美好生活需要和不平衡不充分的发展之间的矛盾"，② 因此，应充分认识到当前我国社区教育发展不平衡不充分的现状，并把通过改革和完善自身以满足社区居民日益增长的教育需要作为确立社区教育目标的出发点。要满足社区居民日益增长的教育需要，就必须从社区和居民的具体实际出发，一是要满足社区所有居民的需要，特别要注意照顾社区内处于弱势地位的居民，充分体现教育公平的精神；二是要统筹兼顾社区居民的眼前利益和长远利益，提高教育质量，使其不但能适应当下的社会，还能实现可持续发展。

第四，教育方针中有关教育必须与生产劳动和社会实践相结合的规定，决定了社区教育实现其目标的途径。首先，要坚持社区教育与生产劳动相结合。教育与生产劳动相结合，是马克思主义教育理论中的重要观点，马克思认为"生产劳动同智育和体育相结合，它不仅是提高社会生产的一种方法，而且是造就全面发展的人的唯一方法"。③ 列宁也说："没有年轻一代的教育和生产劳动的结合，未来社会的理想是不能想象的：无论是脱离生产劳动的教学和教育，或是没有同时进行教学和教育的生产劳动，都不能达到现代技术水平和科学知识现状所要求的高度。"④ 教育正是在与生产劳动的结合中，培养了受教育者的劳动品质，磨砺了其意志，促进了其全面发展。同时，教育与生产劳动相结合是现代大工业生产对教育的要求，也是现代教育区别于古代教育的重要特点。这要求社区教育目标必须与大工业生产的要求紧密相连，使社区教育成为现代科学与现代大工业生产的联结点：一方面，要让社区居民掌握丰富的现代科学知识和熟练的生产技术；另一方面，要让社区居民成为能在生产劳动中创造新知识和新技术的人，推动生产不断进步。其次，要坚持社区教育与社会实践相结

---

① 章志光主编《心理学》，人民教育出版社，2002，第72~73页。
② 《习近平在中国共产党第十九次全国代表大会上的报告（全文）》，观察者网站，2017年10月27日，https：//www.guancha.cn/politics/2017_10_27_432557_4.shtml。
③ 〔德〕卡尔·马克思：《资本论》第1卷，人民出版社，2018，第557页。
④ 《列宁全集》第2卷，人民出版社，1984，第461页。

合。人类的活动是丰富多彩的，除了生产劳动外，还有其他如科学研究、社会组织与管理、公益活动、文化娱乐等多种社会实践活动。在我国的教育方针中，把实现全面发展培养目标的途径从单一的教育与生产劳动相结合扩展到与社会实践相结合，这是教育方针进步与科学化的体现。在社区教育中，我们同样应通过多种实践活动，不断培养社区居民的各种优良品质和各方面的素养，从而促进其全面发展。如通过参观抗战纪念馆，培养其爱国主义情怀；通过参与社区管理，培养其参与能力；通过科学实验，培养其严谨的品质和创造性解决问题的能力；通过文艺创造，唤起与培养其爱美、审美的意识与能力；等等。

四　依据之四：现代社区教育的本质特点

在制定社区教育目标时，除了要把以人为本的理念、时代精神、党的教育方针作为依据外（这也是所有教育目标制定的共同依据），还必须把社区教育本身的特点作为依据。现代社区教育是在社区进行的现代教育，育人性、社区性、大教育性与现代性是其最重要的本质特点。

1. 育人性特点

在 1995 年国际社区教育大会上，有关学者一致认为，社区教育是以社区全体成员为对象的一种教育。既然现代社区教育是一种教育，而教育又是一种培养人的活动，即育人性是一切教育活动的本质属性，社区教育当然也不例外。如果失去了育人性这一本质，也就不能称之为社区教育了。但社区教育的育人性特点与学校教育并不完全相同。其一，社区教育的育人性侧重于满足社区成员的多元化需求，以促进社区成员的素质提升和终身学习与发展。如职业教育侧重于提高社区成员的职业能力，培养当地社区需要的职业技术人才；学历教育侧重于提升社区成员的学历层次；休闲教育侧重于提升社区成员的生活质量；其他多种个性化教育侧重于发展社区成员的个性与潜力，促进社区成员全面发展；等等。其二，社区教育在实现育人功能的途径、组织形式、教学方式等方面与学校教育有着较大差别，比学校教育更加灵活多样，更注重非正规和非正式的学习。教育总是直接指向一定的受教育者个体，因此，在确立社区教育目标时，应更加注重从社区内各种群体的不同特点和需求出发，分别确立社区内各年龄群体、各职业群体、各文化层次群体的教育目标，还要把能采用的教育途径、组织形式、教育方法等综合考虑进去。

2. 社区性特点

虽然人们对社区的定义不统一，但社区的地域性特点是大家都认可的，也可以说，社区是指一定区域内的社会生活共同体。社区教育正是以社区为地域范围，以社区全体成员为对象进行的教育活动。当前，我国社区教育的管理主体是当地的社区教育委员会等相应机构，其办学经费大多来源于当地社区，办学机构（如社区学院或社区学校等）植根于社区，社区居民是学习的主体。因此，社区性是社区教育最重要的特点之一。有人通过对区域经济理论的发展过程与新经济增长理论和模型的分析，以及对北京市社区教育的个案剖析，发现教育与培训活动是经济增长系统中具有特别重要意义的内生变量，更是社区职业技术教育活动中不可忽视的重要因素，社区教育还与社会文化教育等相关。[①] 可见，社区教育对社区的经济与文化有着极大的促进作用。社区教育的社区性特点决定了各社区教育机构应从当地的文化、经济、习俗等出发，确立各具特色的社区教育目标，以促进社区在政治、经济、文化等方面的发展。

3. 大教育性特点

现代社会大工业生产和城市化的推进，使人口流动加快，岗位变动频繁，人们越来越感到要不断接受教育和进行终身学习，同时，生产力的发展使更多的人从繁重的劳动中解放出来，如何休闲成了越来越多的人关心的问题，而内容丰富、形式多样的社区教育刚好能较好地满足人们对教育的上述多元需求。此外，现代大工业生产要求教育必须与生产实践相结合，而来自生产和生活实际，把学校教育与社会生产紧密结合在一起的社区教育显然符合这一要求。总体来看，现代社区教育之所以能适应现代社会大工业生产，是因为其大教育性特点。现代社区教育的大教育性实际上是教育社会化与社会教育化的统一。所谓教育社会化，主要是指教育既摆脱传统孤立的和封闭的状态又增强其对社会的服务，教育既主动争取社会的支持和参与又自觉地接受社会的监督和评估。所谓社会教育化，意味着

---

① 马叔平、郑晓齐主编《论社区教育发展模式——适应北京地区经济发展的社区化教育模式研究》，高等教育出版社，2001，第 26~50 页。

不仅仅是教育部门，社会的所有部门在履行自己的专业职能的同时，也要履行自己的教育职能，积极参与教育活动，使多种多样的教育成为一个整合的体系。[①] 现代社区教育的这种大教育性主要表现为整合社区内一切教育资源，实现正规教育与非正规教育，学校教育与社会教育、家庭教育，普通教育与职业教育、成人教育等的沟通与融合；建立由各种社会力量代表组成的非官方管理机构，从而使社区全体成员共同拥有、共同参与、统筹管理、组织协调本社区的教育活动；教育内容与现代社会生活及社区发展的结合；等等。社区教育的大教育性特点决定了促进各种机构、组织、学校之间的沟通与融合，整合教育资源，应成为社区教育目标确立的重要依据。

4. 现代性特点

从目标上看，现代社区教育以促进社区所有居民的全面发展为目标；从制度上看，现代社区教育是现代大工业生产与现代民主政治二者结合的产物，建立了社区教育的民主管理体制和机制，社区所有居民都有参与社区教育的权利，而公民参与是民主政治的重要表现，也是教育民主与现代化的重要指针；从指导思想上看，社区教育以终身教育、以人为本、教育民主等现代教育思想为指导；从教育内容上看，社区教育的内容与现代社会和社区发展紧密地结合在一起，能比较及时地反映人们现代社会生活的需要；从教育方法上看，社区教育是利用现代信息技术开展的一种开放教育。上述几个方面，充分体现了现代社区教育具有的现代性特点，这一特点使我们在确立社区教育的目标时，必须考虑更加牢固地树立并深入贯彻以人为本、终身教育、教育民主等教育理念；进一步促进居民对社区教育的深度参与，建立更加民主的社区教育管理体制和机制，使广大居民成为社区教育的主体；促进社区教育课程与手段的改革，使社区教育内容与社区发展更紧密地结合起来，提高社区教育的信息化程度等问题。

第三节　现代社区教育的核心目标

人的自由而全面发展是人类社会发展的终极目标，要实现这一目标，

---

① 厉以贤：《社区教育的理念》，《教育研究》1999 年第 3 期。

必须经历漫长的过程和不同的阶段，而人的现代化正是人的全面发展过程中的一个阶段，其本质仍然是人的自由而全面发展，也就是说，培养现代人在本质上与马克思主义的全面发展理论是一致的。因此，在现阶段，我国社区教育的核心目标应是促进社区居民的现代化，培养全面发展的现代人，现代人应具有的基本素质规格包括主体性、现代公民道德、现代科学与人文素养、公共理性等。当然，这只是从一般意义上来讲的，而对社区教育中具体的课程、教学等方面，以及对社区内不同层次和群体的学员，应制定更具体的教育目标。

一　现代化与现代人

在英语等外国语言中，"现代"一词至少有两层含义：一层是作为时间尺度，它泛指中世纪结束以来一直延续到今天的一个"长时程"；另一层是作为价值尺度，它指区别于中世纪的新时代精神与特征。[①] 20世纪50年代以来，现代化这一概念被广泛使用。对于现代化的内涵，人们从经济学、政治学、社会学、心理学等不同角度进行了解读。在国外，涂尔干（E. Durkheim）提出从机械团结到有机团结，滕尼斯提出从共同体到社会，马克斯·韦伯提出从价值理性、实质理性到目的理性、形式理性，沃勒斯坦提出世界体系论，丹尼尔提出后工业社会理论，塞缪尔·亨廷顿概括了现代化进程的9种特征，即认为现代化是革命的过程、复杂的过程、系统的过程、全球的过程、长期的过程、有阶段的过程、同质化的过程、不可逆转的过程、进步的过程等。[②] 在国内，有人提出，广义而言，现代化作为一个世界性的历史过程，是指人类社会工业革命以来所经历的一场急剧变革，导致传统的农业社会向现代工业社会的全球性大转变，工业主义渗透经济、政治、文化、思想各个领域，引起相应深刻的变化；狭义而言，现代化是落后国家采取高效率的途径，通过有计划的经济技术改造和学习世界先进，带动广泛的社会改革，以迅速赶上先进工业国和适应现代世界环境的发展过程。[③] 有人指出，现代化特指"人类社会从传统的农业社会

① 罗荣渠：《现代化新论——世界与中国的现代化进程》，北京大学出版社，1993，第6页。
② 钱承旦主编《世界现代化历程》（总论卷），江苏人民出版社，2015，第15页。
③ 罗荣渠：《现代化新论——世界与中国的现代化进程》，北京大学出版社，1993，第17页。

向现代工业社会转型的历史过程"。① 还有人认为，现代化是指文化、社会、政治以及经济等四个现代化，即文化上的理性主义、科学主义、普遍主义；社会上的社会关系的理性化和社会组织的功能化、利益化，以及组织与个人关系中的个人主义特色；政治上的民主主义，以完全的三权分立为基础；经济上的理性资本主义和显著的产业进步。② 有人把学术界对现代化的各种界定大致归纳为四类：现代化是指在近代资本主义兴起后的特定国际关系格局下，经济上落后的国家通过大搞技术革命，在经济和技术上赶上世界先进水平的历史过程；现代化实质就是工业化，是经济落后国家实现工业化的进程；现代化是自科学革命以来人类急剧变动的过程的统称；现代化主要是一种心理态度、价值观和生活方式的改变过程。③ 在比较长的时期内，现代化被看作工业化、城市化的过程。但社会发展到今天，工业化和城市化显然不能涵盖现代化的更深刻的内涵，正如于尔根·哈贝马斯指出的那样："现代化概念涉及到一系列的过程，诸如：资本的积累和资源的利用；生产力的发展和劳动生产率的提高；政治权力的集中和民族认同的塑造；政治参与权、城市生活方式、正规学校教育的普及；价值和规范的世俗化；等等。"④ 因此，现代化应是一个社会在政治、经济、文化以及人的现代性方面的全方位的变化过程，现代化不仅是工业化和城市化的过程，更是人的思想、生活方式等不断走向现代化的过程。在经济上，由自然经济转变为工业经济、商品经济、市场经济；在政治上，由等级依附转变为公民自由平等，民主化、法治化成为现代社会管理的基本方式；在文化上，科学启蒙愚昧，技术成为工业社会的主导，理性成为工业文化的范式；在生态上，人与自然从混沌不分走向分离，以致走向天人对立和人类中心主义；在人的发展上，由"依赖性的人"转变为"独立性的人"，主体性不断张扬。⑤

---

① 马敏：《现代化的"中国道路"——中国现代化历史进程的若干思考》，《中国社会科学》2016年第9期。

② 于歌：《现代化的本质》，江西人民出版社，2009，第16页。

③ 罗荣渠：《现代化新论——世界与中国的现代化进程》，北京大学出版社，1993，第9～15页。

④ 〔德〕哈贝马斯：《现代性的哲学话语》，曹卫东译，译林出版社，2011，第2页。

⑤ 冯建军：《超越"现代性"的中国教育现代化：人的现代化视角》，《南京社会科学》2019年第9期。

人类社会经历了两次现代化历程：从农业社会向工业社会的转变、从工业社会向知识社会的转变。两次现代化历程的特征比较见表2-1。[1]

表2-1　两次现代化历程的特征比较

领域	第一次现代化	第二次现代化
政治领域	民主化、法治化、科层化、社会阶层流动	知识化、国际化、平权化、分散化
经济领域	工业化、专业化、集中化、技术自动化、管理科学化	知识化、全球化、网络化、技术智能化、管理人性化和知识化
社会领域	城市化、分层化、福利化、人口控制家庭小型化	知识化、社区化、网络化、创新化、家庭多样化
知识领域	知识科学化、普及初中等教育、信息传播	知识产业化、普及高等教育、知识生活化
文化领域	宗教世俗化、观念理性化、经济主义	文化多元化、文化产业化、自然主义

由表2-1可知，第一次现代化的主要特征有工业化、民主化、城市化、法治化、专业化、福利化、观念理性化、宗教世俗化等，第二次现代化的主要特征有全球化、网络化、知识化、创新化、文化多元化等。第一次现代化是对大自然的征服，第二次现代化则是对大自然的回归。20世纪，世界上有50多个国家和地区实现了第一次现代化，部分国家启动了第二次现代化；21世纪，人类将全面实现第二次现代化。[2] 我国的现代化历程属于后发外生型，再加之国家地域广大，经济发展不平衡，因此在现代化历程中，两次现代化进程的特点交错杂糅，在不少地区，两次现代化几乎是同时进行的。

在整个社会的现代化过程中，人的现代化是其中的关键和核心。现代人是与传统人相对立而存在的，相较于现代人，传统人具有墨守成规，害怕革新与变革，一元化思维习惯，不愿接受他人的不同意见，消极被动，缺乏主体意识，封闭孤立等特征。美国社会学家英克尔斯等把现代人的特点总结为12个方面：乐于接受新经验和新行为方式、准备接受社会的变革、承认并接受周围态度和意见的多样性、积极获取形成意见的事实与信

---

① 何传启：《第二次现代化的行动议程 公民意识现代化》，中国经济出版社，2000，第31页。

② 何传启：《第二次现代化的行动议程 公民意识现代化》，中国经济出版社，2000，总序。

息、面向现在与未来、有强烈的个人效能感、制定长期的计划、有较强的可依赖性或信任感、重视专门技术、乐于让自己的后代选择从事新的现代职业、彼此尊重、了解生产及过程。① 有人提出，人的现代化是每个人从"依赖性的人"转变为"独立性的人"，从"狭隘地域性的人"转变为"世界历史性的人"，从"消极适应的人"转变为"积极改造的人"，从"离群索居的人"转变为"广泛社会交往的人"，从"物的束缚的人"转变为"需要和能力全面发展的人"，从"片面异化的人"转变为"全面自由个性的人"等的过程。② 总之，人的现代化是人的思想观念、能力素质、行为方式、社会关系等方面由传统向现代的转变，是由片面发展的人转变为全面和谐发展的人，由消极被动的客体转变为社会生活的主体，由保守转变为创新，由封闭与一元化思维转变为公共理性的过程。现代人也指掌握了现代科学文化知识与技能，理解并遵从民主法治、权利义务、合作竞争等方面现代制度的全面和谐发展的人，是具有主体性和公共理性的人。

二　培养现代人是现代社会、社区居民及社区教育自身发展的要求

（一）　培养现代人是社会现代化的需要

一方面，人是推动社会实现现代化的唯一主体，要实现社会的现代化，首先就要求人自身实现现代化，成为一个现代人，因此，培养现代人应成为社区教育的目标。英克尔斯曾指出："人的现代化是国家现代化必不可少的因素。它并不是现代化过程结束后的副产品，而是现代化制度和经济赖以长期发展并取得成功的先决条件。"③ 舍勒也认为，现代化不仅是社会文化制度的转变和所有知识形态的转变，根本上是人本身的转变，是人的身体和精神的内在构造的转变；不仅是人的实际生存的转变，更是人

---

① 〔美〕阿列克斯·英克尔斯、戴维·H.史密斯：《从传统人到现代人——六个发展中国家中的个人变化》，顾昕译，中国人民大学出版社，1992，第25～30页。
② 张智：《人的现代化：内涵、动因、规律及经验——从历史唯物主义的视角看》，《理论探讨》2016年第2期。
③ 殷陆君编译《人的现代化——心理·思想·态度·行为》，四川人民出版社，1985，第8页。

的生存标尺的转变。① 也就是说，从表面上看，社会的现代化表现为工业化、城市化、民主化、法治化等，由经济发展的现代化、政治体制的现代化、文化形态与内容的现代化等方面构成，但这一切，都是由人创造的，人的现代化是实现社会现代化的前提条件，同时，人的现代化程度又影响着社会现代化的程度和速度。与所有的教育一样，服务于社会是社区教育的重要功能，这一功能同样是通过社区教育为社会培养其所需要的人才而实现的。因此，把培养现代人作为社区教育的目标，正是社会现代化的需要在社区教育社会功能中的反映。

另一方面，现代社区教育自身的特点也决定了其相比于学校教育，在培养现代人以满足社会现代化的需要上更具有优势。首先，从社区教育的产生上看，现代社区教育是现代大工业生产与现代民主政治二者结合的产物，具有鲜明的现代特征，其以终身教育、以人为本、教育民主等现代教育思想为指导，传授现代科学文化知识与技能，因此，现代社区教育与培养现代人以适应社会现代化需要之间具有天然的联系。其次，从社区教育的对象上看，现代社区教育具有的大教育性特点，改变了教育即学校的狭隘观念，把受教育的对象由学校扩大到了社区所有成员，而且成人是社区教育的主体。这些成人本身具有相当的社会经验，对于促进社会现代化能起到更加直接的推动作用。最后，从社区教育的内容上看，现代社区教育的内容与现代社会和社区发展紧密地结合在一起，比较及时地反映了现代社会生产和生活的需要，同样使社区教育所培养的人能更加直接地参与社会现代化建设，促进社会现代化的发展。

（二）　培养现代人是社区居民发展的需要

首先，培养现代人是社区居民适应现代社会发展的需要。在古代社会，在政治上表现为集权，在经济上表现为生产力水平低下，以自给自足的自然经济为主，大多使用手工工具，在文化上表现为教育资源被少数特权阶层垄断，在社会关系上表现为人身依附。因此，当时教育把维护集权统治，培养具有古典人文理念与知识素质的人才作为培养目标的主要内容，这体现和适应了古代社会对教育和人的要求。进入现代社会后，民主政治不断发展，科学技术和生产力得到极大发展，自给自足的自然经济转

---

① 刘小枫：《现代性社会理论绪论》，华东师范大学出版社，2018，第19页。

变为商品与市场经济，大工业、大机器取代了手工工具，文化教育走向民主化、平等化，社会关系逐渐转变。现代社会民主政治制度、市场经济体制的建立，都对人的主体性、理性化及其他综合素质提出了新要求，这就要求社区教育的培养目标转向培养能适应现代社会的现代人。"只有具有现代精神的现代人，只有具备21世纪核心素养的现代人，尤其是具备创新能力的现代人，才能成为真正的建设者和接班人，才能为建设富强民主文明和谐美丽的社会主义现代化强国做出积极贡献。"① 纵观世界社区教育发展历史，无不把培养现代人作为目标，以满足社会现代化的需要。如丹麦作为现代社区教育运动的发源地，其代表人物柯隆威在创办民众中学时，就把唤醒民族意识，提高文化素养，培养现代人作为目标。

其次，培养现代人是社区居民全面发展的需要。如上所述，现代人是指全面和谐发展的人，是具有主体性、创新性、公共理性的人，人的现代化的本质是一个使人实现自由而全面发展的过程。现代社会的发展，决定了传统社会中片面发展的人已不能适应现代社会的要求，这也是马克思提出全面发展理论的重要背景和原因，全面发展同样成为现代社区居民的共同需要。同时，人随着自我意识、主体意识的觉醒，不但被看作社会发展的前提条件，不再只为社会与他人而活，而且更多地被看作社会发展的目的，人类自身的发展被放到了首要位置，更加追求个性发展及自我价值的实现，追求德、智、体、美、劳全方位的发展，追求生命的完善。在当代中国，为满足社区居民全面发展的需要，社区教育理应把培养全面发展的现代人作为目标。

最后，培养现代人是社区居民实现可持续发展的需要。传统社会中职业的固定、知识的更新和社会变化的缓慢，使人们少年时所学的知识能为其终身所用且够用。但现代社会职业的不断变动改变了传统社会中人们对某种职业从一而终的现象，这就意味着人们要掌握多方面的知识与技能，即使人们一直从事某种职业，但知识的更新与社会变化的速度前所未有，没有人可以再如传统社会一样，在学校中受过的教育终身够用。这一切对人的可持续发展提出了新要求，而乐于接受新经验、新生活、新方式，乐于接受社会的改革与变化，乐于让自己及后代选择离开传统所尊敬的职

---

① 褚宏启：《教育现代化2.0的中国版本》，《教育研究》2018年第12期。

业，具有终身学习、开拓创新的精神等，正是现代人的重要特征。因此，把培养现代人作为社区教育目标是社区居民实现可持续发展的需要。

（三）　培养现代人是现代社区教育自身发展的需要

首先，培养现代人是社区教育与社会之间相互制约、相互影响的关系所决定的。社会政治、经济、文化等各方面的发展水平与情况，影响着教育目标的制定，反过来，任何教育目标都要反映当时社会的需求。一方面，在现代生产力和科学技术的发展、现代民主政治的推进，以及人的自我意识和自我发展需要增强等的影响和推动下，现代社区教育产生了，且这一教育的培养目标必须是培养现代人，否则，就称不上是现代社区教育，其培养的人不符合现代社会的要求，就不能满足现代社会发展的需要，这样的社区教育就会被现代社会所淘汰。另一方面，培养现代人的社区教育目标，是现代社会对社区教育提高劳动者素质，增强社会成员现代性的要求和客观反映。

其次，社区教育现代化与所有领域的现代化一样，都是一个现代性不断增强的过程，而培养现代人是社区教育现代性不断增强的核心因素。一方面，社区教育的现代性最终要服务于人的现代化这一目标。人是教育的原点，育人是教育的本体功能。所以，教育现代化必须回归育人的原点，即增强人的现代性。"人的现代化是教育现代化的核心。教育只有提升人的现代性，促进人的现代化，才真正实现了教育现代化。离开了人的现代化，单靠教育装备和手段的现代化，以现代化的外表遮蔽了现代性，只能是自欺欺人。"[①] 也就是说，教育现代化各个方面的出发点与归宿就是人的现代化。另一方面，社区教育现代性的增强要靠具有现代性的人来实现，没有人的现代化，现代社区教育的制度就难以建立起来，而且即使得以建立，也难以获得成功，正如英克尔斯曾指出的那样，"那些先进的制度要获得成功，取得预期的效果，必须依赖运用它们的人的现代人格、现代品质。无论哪个国家，只有它的人民从心理、态度和行为上，都能与各种现代形式的经济发展同步前进，相互配合，这个国家的现代化才真正能够得

---

① 冯建军：《超越"现代性"的中国教育现代化：人的现代化视角》，《南京社会科学》2019 年第 9 期。

以实现"。① 同样，没有人的现代化，社区教育不可能具有科学化、民主化、主体化等现代特征。因此，培养现代人是社区教育现代性不断增强的核心因素。

三　社区教育所培养的现代人的核心素养

（一）　核心素养的概念与成分构成

核心素养"是指统整的知识、能力及态度之素养，能积极地响应个人及社会的生活需求，使个人得以过着成功与负责任的社会生活，面对现在与未来的生活挑战"。② 核心素养是现代人能适应不断变动的现实生活，应对未来挑战，得以健全而充分发展的基础性和关键性素养。核心素养提出的本质是教育哲学的本体性回归，即由现代教育的知识本位的教育哲学观，回归基于人本位的教育本体论。③

21 世纪，联合国教科文组织、经济合作与发展组织（OECD）、欧盟等多个国际组织，以及美国等多个国家纷纷推出核心素养发展框架，强调核心素养在个人发展中的关键地位：联合国教科文组织在 2003 年出版了《开发宝藏：愿景与策略 2002—2007》一书，提出为适应社会不断的变迁，现代人必须具备"学会求知""学会做事""学会共处""学会自处""学会改变"等终身学习的核心素养。OECD 在 2005 年提出了一个包括"能自律自主地行动""能互动地使用工具""能在异质社群中进行互动"等三面向九项内涵的核心素养框架体系。美国配合 OECD 提出了沟通与信息处理、规划与管理、系统导向、社会素养与团队合作、公民素养、价值导向、自主行动者等 7 类核心素养。英国证书与课程署提出"核心素养"包括沟通能力、数字应用、信息技术、与他人合作、学习和业绩的自我提升、解决问题等。④ 2006 年，欧盟出台了《欧洲终身学习核心素养建议框

---

① 殷陆君编译《人的现代化——心理·思想·态度·行为》，四川人民出版社，1985，第 5~6 页。
② 蔡清田：《论核心素养的国际趋势与理论依据》，《东北师范大学学报》（哲学社会科学版）2018 年第 1 期。
③ 杨志成：《核心素养的本质追问与实践探析》，《教育研究》2017 年第 7 期。
④ 蔡清田：《论核心素养的国际趋势与理论依据》，《东北师范大学学报》（哲学社会科学版）2018 年第 1 期。

架 2006》，2018 年，在对这一框架进行修改的基础上，又出台了《欧洲终身学习核心素养建议框架 2018》，这两个框架的主体架构是一致的，都是从"知识""技能""态度"三个维度对核心素养进行定义，确定了 8 种欧洲公民需要掌握的核心素养。在 2018 年的核心素养框架中，这 8 种框架的表述是读写素养，多语素养，数学素养和科学、技术、工程素养，数字素养，个人、社会和学会学习素养，公民素养，创新创业素养，文化认识和表达素养。①

有人梳理了全球 29 个核心素养框架中的素养条目，得到两个范畴共18 项核心素养。其一，领域素养，包括语言素养、数学素养、科技素养、人文与社会素养、艺术素养、运动与健康素养、信息素养、环境素养、财商素养。其二，通用素养，包括批判性思维、创造性与问题解决、学会学习与终身学习、自我认识与自我调控、人生规划与幸福生活、沟通与合作、领导力、跨文化与国际理解、公民责任与社会参与。上述 18 项核心素养均得到了 29 个组织或经济体不同程度的关注。其中，沟通与合作、信息素养、创造性与问题解决、自我认识与自我调控、批判性思维、学会学习与终身学习、公民责任与社会参与这 7 个素养受到了各国际组织和经济体的高度重视。②

2016 年 9 月，中国教育部发布了《中国学生发展核心素养》，提出"学生发展核心素养，主要是指学生应具备的，能够适应终身发展和社会发展需要的必备品格和关键能力"。中国学生的核心素养以"全面发展的人"为核心，分为文化基础、自主发展、社会参与三个方面，综合表现为人文底蕴、科学精神、学会学习、健康生活、责任担当、实践创新六大素养，具体细化为 18 个基本要点。③

由以上可以看出，尽管世界各国、各组织提出的核心素养框架各有侧重，但主体性、现代公民道德、现代科学与人文素养、公共理性等因素为大家所公认。

---

① 常飒飒、王占仁：《欧盟核心素养发展的新动向及动因——基于对〈欧盟终身学习核心素养建议框架 2018〉的解读》，《比较教育研究》2019 年第 8 期。
② 师曼等：《21 世纪核心素养的框架及要素研究》，《华东师范大学学报》（教育科学版）2016 年第 3 期。
③ 《中国学生发展核心素养》，《中国教育学刊》2016 年第 10 期。

（二） 我国社区教育培养的现代人应具备的核心素养

我国社区教育要培养什么样的现代人，即社区教育所培养的人应具备哪些核心素养，应在充分考虑以下几个方面因素的基础上确立。其一，要借鉴国际社会的各方面经验。世界各种组织、各个国家及地区提出的核心素养框架尽管都有各自的具体针对性，但又具有普适性。如主体性、现代公民道德、现代科学与人文素养、公共理性等是几乎所有核心素养框架中都加以强调的，这些显然应被作为我国社区教育培养的现代人应具备的核心素养中的因素。其二，要从当代中国的国情出发来确定。各个国家和地区的核心素养的构成和侧重点都有一定的差异，这是各地不同的政治、经济、文化等具体情况决定的，也就是说，教育要培养的人的核心素养受当时当地具体情况的影响，社区教育也不例外。当前，为落实教育立德树人的根本任务，我们应更加强调培养居民良好的道德品质和社会责任感；为应对科技的飞速发展，我们应更加强调培养居民的创新能力；为加快我国国家治理和社会主义民主政治步伐，我们应更加强调培养居民的主体性及公共理性等。其三，要从社区教育的具体情况和特点出发。社区教育以成年人为主体，因此，在核心素养中除强调科学、人文基本素养外，更侧重于强调主体性、现代公民道德、现代科学与人文素养、公共理性。在确立了社区教育所培养的人应具备的核心素养的基本成分后，还要梳理这些素养之间的关系，建立一个素养之间的整体性图谱，这个图谱的最终指向是要培养全面发展的人。

我国社区教育要培养的现代人总体上是全面发展的人，应具备的核心素养包括主体性、现代公民道德、现代科学与人文素养、公共理性几个方面。

1. 主体性：人的现代化的本质特性

"教育使人成为人，成'人'不仅意味着要适应社会，使一个自然人转变成社会人，更意味着要从社会人转化为精神人，成为有人生追求、有反思和批判能力的精神主体。"[1] 主体性是人的现代化的本质特性，是现代人与传统人的根本区别所在。人类社会经历了从人的依赖关系到物的依赖关系，再到人的主体地位的确立的发展历程，即在自然经济时期，个人处

---

[1] 冯建军等：《教育哲学》，武汉大学出版社，2011，第52页。

于对他人人身的依附状态，并未成为主体，随着生产力的发展，人们开始逐渐摆脱这种人身依附关系，主体性得到了前所未有的发展，但社会生产的市场化和商品化造成了人的异化，使人出现了对物的依赖甚至被外物所制约的特点。社会发展的现代化要求社会成员真正确立主体地位，彻底摆脱对他人与对社会的依附，并能利用、支配和驾驭外部事物，实现全面发展和个性的自由发展。因此，人类社会的发展过程实质就是人的主体性不断得到发展和增强的过程。现代社会所要求的人的自主、参与、独立、批判、开拓、创新等特性，都是以主体性为基础发展起来的。我国经历了漫长的封建社会，对统治者及封建宗法制度的依赖，使"臣民""顺民"等意识根深蒂固，在很长时期内压抑了人的个性与主体意识的发展，表现为对君主及权威人物的严重依赖。改革开放以来，市场经济的发展，使人的主体性在得到一定程度发展的同时，存在比较严重的对人的依赖与对商品、金钱的依赖混合而存的现象，这种现象显然不能适应我国现代化的要求。自 20 世纪 80 年代以来，我国教育界掀起了声势浩大的主体性教育运动，主体性教育理念因此深入人心。我们通常所说的社区教育要回归生活，不是简单地回归居民学员的现实生活，不是简单地从居民的实际生活出发进行，而是要在社区教育中把培养人的主体性作为培养现代公民的重要内容，使其能摆脱各种旧传统、旧观念，摆脱各种人和物的因素的影响和制约，成为一个独立、自由、自主、自强的主体，从而创造和建构新生活。

"主体是相对于客体而言的，一般是指有健全意识、能够能动地进行认识与实践活动的人。"主体性是"人类在长期劳动、认识世界与改造世界和认识自我、改造自我的过程中发展起来的具有价值的、最能体现人类本质力量的特性"。[1] 是人在对象性活动中表现出来的改造、支配客体以及表现自身的能动性。如果说人性是区别于人与动物的特性，主体性则是人性中最核心的内容，是人性的更高层次和升华。主体性有多种表现形式，其核心内容包括自主性、主动性和创新性。因此，社区教育中的主体性教育内涵主要是指要培养居民具有以下三个方面的核心素养。

其一，自主性。自主性是人作为主体的根本属性，"是自己做自己的

---

[1] 王道俊、郭文安主编《主体教育论》，人民教育出版社，2005，第 51、73 页。

主人，自己行使自己的权利，支配自己的权利"。① 主体性本身是一个关系概念，即其表明的是人作为主体与外部世界之间的关系。在社区教育中，要培养居民对自身的主体地位、主体价值有清晰的认识，即要认识到在人与其所处的外部世界的关系中，人是主体，其他一切事物都是客体，人作为主体当然应居于自身主人的地位，应能自主、自由和独立地行使有关权利，掌控自己的生活，而不是盲从或顺从。还要使居民正确地认识自我，更好地科学地规划自己的人生，从而实现自主发展。所谓自主发展，重在强调能有效管理自己的学习和生活，认识和发现自我价值，发掘自身潜力，有效应对复杂多变的环境，成就出彩人生，成为有明确人生方向、有生活品质的人。②

其二，主动性。"所谓主动性就是指主体自觉主动地从事自己的活动，目的是为满足自己的需要。"③ 自主性是主动性的前提，主动性是自主性的进一步发展。也就是说，社区教育首先要让居民认识到自身的主体地位，树立主体意识，但有这一点还不够，还必须使居民把这一主体意识落到实处，即要使居民主动积极地对外界的各种信息与条件进行分析、综合与选择，确立自己的学习目标、生活目标、发展目标，选择合适的途径与方法，并将之付诸行动。不仅如此，还要使居民认识到自己作为一个公民应该履行的义务和承担的责任，增强社会责任感，积极参与社会与社区治理的各种活动，推动社会发展进步。促进居民在社区生活各个方面的融入和参与已成为西方现代社区教育的基本理念之一，④ 我们也应在社区教育中注意培养居民的主动性，促进居民对社区生活和社区治理的主动参与。

其三，创新性。创新性是主体性的外在表现，对于人自身的发展和国家的进步起着至关重要的作用。创新能力"是人的主体性的巅峰表现，是人的理性本质的最高体现"。⑤ 创新性意味着不墨守成规，充满创新意识，

---

① 和学新：《主体性的内涵、结构及其存在形态与主体性教育》，《西南师范大学学报》（人文社会科学版）2005年第1期。
② 《中国学生发展核心素养》，《中国教育学刊》2016年第10期。
③ 和学新：《主体性的内涵、结构及其存在形态与主体性教育》，《西南师范大学学报》（人文社会科学版）2005年第1期。
④ 张永：《西方现代社区教育理念及其启示》，《全球教育展望》2011年第12期。
⑤ 褚宏启：《教育现代化2.0的中国版本》，《教育研究》2018年第12期。

具有创新能力，并能通过创新的行为改造世界。① 首先，创新性是人的现代性的核心。英克尔斯提出的现代人应具有的 12 项基本特征中的不少方面都与人的创新意识和创新能力密切相关。在今天这个瞬息万变的信息时代，现代人更不能再如传统人一样在发展缓慢的社会中守祖宗成法，而必须不断更新自己的思想、技术、方法等，只有这样，才能在竞争中立于不败之地。其次，创新是一个国家是否具有竞争力的核心所在。一个国家的人民只有具有较强的创新精神和创新能力，才能不断推动理论和实践的创新，推进社会科技、社会制度的不断进步，也才能具有较强的竞争力。因此，在现代社区教育中，应把培养居民的创新性作为教育目标的一个核心素养要素。培养居民的创新性主要指培养居民的创新意识、创新思维与创新能力。创新意识是创新的前提，创新思维是创新的核心，创新能力则能够使创新变为现实。具体而言，在社区教育中，要注重培养居民个性的独立、自由的思想、批判精神、好奇心、想象力、发散思维、发现问题与解决问题的能力等。

总之，主体性是我国社区教育要培养的现代人的重要核心素养，包括主体意识与主体能力两个层次。"主体意识是指作为实践和认识主体的人对于自身的主体地位、主体能力和主体价值的一种自觉意识。是主体自觉能动性和创造性的观念表现。"② 在培养社区居民主体意识的基础上，还要培养社区居民的主体能力，包括科学规划自己的人生、参与社区治理、创造发明等各方面的能力，只有这样主体性才能真正得以实现。

2. 现代公民道德素养：对现代人"德"的要求

在整个人类社会的教育中，从古至今，无不重视对学生道德品质的培养，都把道德教育放在教育的首位。在古希腊，苏格拉底把道德教育作为教育的首要任务，认为教育首先要教人怎样做人，提出要培养学生道德知识、自制、守法等素养。亚里士多德认为，教育必须培养人的理性，使人恪守中道，超越动物，成为真正的人。夸美纽斯在德育中强调要培养学生智慧、勇敢、节制、公正等道德素养。赫尔巴特认为，道德是教育的最高

---

① 褚宏启：《推进教育现代化：如何从"表面"走向"本质"》，《人民教育》2017 年第 2 期。
② 卞桂平、邹颖佳：《从主体意识到公共意识：现代人价值思维之应然转换》，《理论导刊》2014 年第 6 期。

目的，教育的根本目的是使人养成内心自由、完善、仁慈、正义和公平等五种道德观念。① 在中国古代，孔子就把培养君子作为教育的目标，而君子首先要具备的就是良好的道德修养与品质。孔子在教育思想中，把"礼"和"仁"作为道德教育的核心内容，其要培养的人，是具有克己复礼、仁爱忠孝、知行统一素养的君子。孟子提出教育的目标是"明人伦"，即要使人们成为具有自觉遵从仁、义、礼、智、信素养的"大丈夫"。此后，这"五伦"被作为儒家教育的核心目标素养。朱熹不但再次强调了学校教育的目的在于"明人伦"，而且在《白鹿洞书院揭示》中，把这五个方面放在首位，认为这五个方面是"教之目"。新中国成立以来，在我国的教育方针中，德育被放在了首位，在改革开放的新时期，我国更是特别强调要立德树人，在党的十八大、十九大报告及习近平总书记的多次讲话中，都将立德树人作为教育的根本任务。2019 年，中共中央、国务院印发了《中国教育现代化 2035》，提出了推进教育现代化的八大基本理念，把"更加注重以德为先"放在首位，强调"全面落实立德树人根本任务"。② 2021 年出台的《关于进一步减轻义务教育阶段学生作业负担和校外培训负担的意见》，再次把立德树人作为了"双减"工作的指导思想。也就是说，一切教育工作的目标都是立德树人，社区教育也不应例外，在社区教育中，同样应重视对社区居民进行道德教育，但在现代社区教育中，道德教育被赋予了新的时代内涵，即要顺应时代需要，培养社区居民的现代公民道德素养。这一问题要从两个层次来理解。

其一，现代社区教育要培养的居民道德素养，应是现代社会中所有国家、所有公民都应具有的道德素养，如遵纪守法、遵守公德、诚实守约、理性包容、竞争合作、责任担当、文明礼貌、保护环境等，这是现代社会对于公民素养的基本要求，中国也不例外。

其二，我国当代社区教育要培养的公民道德素养，是要适应当前中国具体国情的现代公民道德素养。2001 年，中共中央颁布《公民道德建设实施纲要》，强调在加强社会主义法制建设、依法治国的同时，必须切实加强社会主义道德建设、以德治国，通过公民道德建设的不断深化和拓展，

---

① 吴式颖主编《外国教育史教程》，人民教育出版社，1999，第 320 页。
② 《中共中央、国务院印发〈中国教育现代化 2035〉》，教育部网站，2019 年 9 月 23 日，http://www.moe.gov.cn/jyb_xwfb/s6052/moe_838/201902/t20190223_370857.html。

逐步形成与发展社会主义市场经济相适应的社会主义道德体系。还具体列出了社会公德的主要内容是文明礼貌、助人为乐、爱护公物、保护环境、遵纪守法，职业道德的主要内容是爱岗敬业、诚实守信、办事公道、服务群众、奉献社会，家庭美德的主要内容是尊老爱幼、男女平等、夫妻和睦、勤俭持家、邻里团结。① 2012 年，党的十八大报告强调，要"倡导富强、民主、文明、和谐，倡导自由、平等、公正、法治，倡导爱国、敬业、诚信、友善，积极培育和践行社会主义核心价值观"。② 2019 年 10 月，中共中央、国务院印发《新时代公民道德建设实施纲要》，提出新时代公民道德建设的总体任务是"要以习近平新时代中国特色社会主义思想为指导，紧紧围绕进行伟大斗争、建设伟大工程、推进伟大事业、实现伟大梦想，着眼构筑中国精神、中国价值、中国力量，促进全体人民在理想信念、价值理念、道德观念上紧密团结在一起，在全民族牢固树立中国特色社会主义共同理想，在全社会大力弘扬社会主义核心价值观，积极倡导富强民主文明和谐、自由平等公正法治、爱国敬业诚信友善，全面推进社会公德、职业道德、家庭美德、个人品德建设，持续强化教育引导、实践养成、制度保障，不断提升公民道德素质，促进人的全面发展，培养和造就担当民族复兴大任的时代新人"。重点任务是筑牢理想信念之基、培育和践行社会主义核心价值观、传承中华传统美德、弘扬民族精神和时代精神。③ 这一规定把我国新时代公民道德内容提升到了一个新的高度，且使其更加完善。当前，我国社区教育要培养的公民道德素养首先就是要以习近平新时代中国特色社会主义思想为指导，培养居民具有中国特色社会主义理想与信念，具有爱国主义情怀，能弘扬中华民族优秀传统文化和民族精神，具有社会主义核心价值观中所包含的多方面素养。

3. 现代科学与人文素养：对现代人"智"的要求

这是从培养居民具有一定的文化基础的角度来谈的，也就是说，文化是人存在的根基和灵魂，因此，培养居民的现代科学素养与人文素养，也

---

① 《中共中央关于印发〈公民道德建设实施纲要〉的通知》，中国政府网，2001 年 9 月 20 日，http://www.gov.cn/gongbao/content/2001/content_61136.htm。

② 《中国共产党十八大报告（全文）》，宣讲家网，2012 年 11 月 18 日，http://www.71.cn/2012/1118/695063.shtml。

③ 《中共中央国务院印发新时代公民道德建设实施纲要》，党建网站，2019 年 10 月 28 日，http://dangjian.gmw.cn/2019-10/28/content_33269546.htm。

是这个核心素养图谱中的基础部分。"文化基础，重在强调能习得人文、科学等各领域的知识和技能，掌握和运用人类优秀智慧成果，涵养内在精神，追求真善美的统一，发展成为有宽厚文化基础、有更高精神追求的人。"①

首先，要培养居民一定的现代科学素养。科学技术是第一生产力，科学技术的发展使人类社会一步步从野蛮和愚昧走向了文明，也正是现代科学技术的飞速发展使生产力水平得到了极大的提升，推进整个人类社会从传统走向现代，推进人类社会的现代化。因此，一个国家、一个民族要实现现代化，其人民首先必须具备相应的现代科学技术知识与技能。这样，社区教育所培养的现代人也一定是掌握了现代科学技术知识与技能的人。其一，要让居民具有现代科学意识，并尽量运用科学的方式认识问题和指导自己的行为。其二，要让居民尽可能地掌握基本的现代科学技术知识与技能。这样才能使居民适应并促进现代社会的发展，也才能使其自身的全面发展成为可能。在现代科学素养中，要特别强调信息素养。信息社会的来临，要求每一个公民都必须具备相应的信息素养。但在社区居民中，不少人在这方面还比较欠缺，这主要是集中在年龄较大的居民群体中。与当前的儿童和青少年在学校中要接受专门的信息技术教育不同，这部分居民由于早就离开了学校，其早年所受的教育中没有信息技术这部分内容，再加上年龄较大，接受新事物的速度较慢，导致其不能很好地适应信息社会，造成其在与他人沟通交流、学习及其他社会生活上出现了种种问题。因此，社区教育把提升居民的信息素养，使居民掌握基本的信息知识与操作技能作为重要的培养目标，这成了现代社会的必然要求。

其次，要培养居民一定的人文素养。科学技术固然重要，但科学技术本身也只是推动社会发展及人类自身发展的工具，因此，社区教育不仅要使居民具有一定的现代科学素养，还必须培养居民具有相应的人文素养和人文精神，如果只是片面地强调科学，忽视人文，则会给整个社会及个人带来不良的影响，甚至灾难，这是一个早已在历史上就被证明了的结论：在古代社会，科学技术由于不发达，对于人类社会的影响力未得到彰显，因此，人类在早期的教育中，特别重视人文主义内容，而随着工业革命的

_____

① 《中国学生发展核心素养》，《中国教育学刊》2016 年第 10 期。

开始，机器大工业时代的到来，科学技术在人类社会发展中起到了前所未有的巨大作用，教育也因此从人文主义转向科学主义。但在科学主义的一路高歌猛进中，环境的恶化、人的异化等一系列问题出现了，于是人类社会经过重新审视，再次确立了人文主义的地位，教育要坚持科学与人文并重成为共识。因此，现代社区教育所培养的现代人，应具备求真的科学素养与求善、求美的人文素养。只有在社区教育中把培养居民的人文素养放到重要地位，才能使居民不但能掌握现代科学技术的知识、技能与方法，还能获得人格尊严和生命的充盈，同时，科学技术才能具有正确的发展方向，从而使人及社会都得到可持续发展。这些人文素养包括具有古今中外人文领域的基本知识，具有一定的人文情怀，即能认识到生命的重要性，能维护自己和他人的尊严、幸福等。还要具有一定的审美知识以及发现和欣赏美的意识和基本能力等。美育早已被写入我国的教育方针，但在实践中，对美的素养的培养长期没有得到应有的重视，因此，在人文素养的培养中，要特别注意提高居民的审美知识水平与审美能力。

4. 公共理性：人的社会关系的现代化

随着文艺复兴时期对人及其价值的"发现"，理性的旗帜逐渐升起，18 世纪的启蒙思想家更是把其所处的时代看作一个"理性的时代"，此后，人们普遍认为，理性是现代性的一个本质规定。西方一些思想家对理性主义进行了研究，韦伯是其代表人物，认为现代化就是"理性化"。理性"是人们对包括自身以及自身生活在内的所有事物的一种试图提升到普遍性高度的思维把握"。[①] 理性使人明确意识到行动的目的，自觉地对他所追求的具体目标进行价值比较，能够根据预计的后果权衡行动的必要性；根据目的选择手段，以用最小的代价获取最大的利益作为选择标准；在行动中能够严格遵守首尾一贯性，使一切行动合理而有序。[②] 很显然，理性能使人的主体性和主体地位得到强化，也因此成为现代人区别于传统人的重要指征。诚如有学者指出的那样，在这一过程中，人们用理性精神对抗宗教迷信，发展科学技术，设计理想制度，改造社会，征服自然，算计个人利益；用自由精神和主体性反抗宗教压迫和专制统治，追求人人平等和政

---

① 邹平林：《现时代的理性、自由与意义——黑格尔、马克思以及哈贝马斯的现代性思想研究》，江西人民出版社，2014，第 1 页。

② 郭永华：《内生追赶型中国教育现代化模式研究》，海南出版社，2009，第 36~37 页。

治民主，追求物质财富和尘世幸福，追求个性发展与自我实现。这些内在精神的外化，就表现为现代社会的外在有形特征，如市场经济、民主政治、科层制度、科技发展等。① 但是，这一过程中也出现了比较严重的重视技术理性而轻视价值理性的问题，即过分强调以技术手段来达成目标，过分强调个人的利益，忽略了确立这个目标的初衷，即忽略了对人性的关怀，特别是对他人的生命及一切公共利益的关怀，产生个人主义膨胀，人逐渐成为技术的附庸。因此，在社区教育的培养目标中，在强调理性这一现代素养的同时，我们要注意把技术理性与价值理性统一起来，以价值理性引领技术理性的发展，即要在进一步确立居民的主体地位及发展其主体性的同时，注重培养居民的公共理性。

　　人毫无疑问是目的，但这个"人"不是指某一个人，也不是指某一部分人，而是指所有人，因此，"人与人之间应该是互为目的的关系"。② 也就是说，在现代社会，人的现代化的一个很重要的表现就是人的社会关系的现代化，而人与人之间的互为目的、互为主体的主体间性关系，就是社会关系现代化应有的表现形式。这种主体间性关系不但意味着人与人之间是主体与主体的关系，而且意味着这些主体之间是相互联系、共生共存的，这种区别于传统社会中依赖群体与他人的特性，就是公共性，这种公共性要求现代公民必须具有一种超越个人主义及技术理性的公共理性。公共理性可以理解为是将个人理性扩大到公共生活中的理性。按照罗尔斯的理解，公共理性"是公民的理性，是那些共享平等公民身份的人的理性。他们的理性目标是公共善，此乃政治正义观念对社会之基本制度结构的要求所在，也是这些制度所服务的目标和目的所在"。③ 公共理性追求公共善的目标，决定了其具有价值理性指向，即在与他人进行主体间交往时，必须确立公共意识，坚持公平正义的原则，从而实现公共善。"所谓公共意识，是指独立自由的个体所具有的整体意识或整体观念。从实质来看，公共意识就是主体意识的内在升华。它意味着主体对超越自身以外的共同体

---

① 褚宏启：《教育现代化 2.0 的中国版本》，《教育研究》2018 年第 12 期。
② 冯建军：《超越"现代性"的中国教育现代化：人的现代化视角》，《南京社会科学》2019 年第 9 期。
③ 〔美〕约翰·罗尔斯：《政治自由主义》（增订版），万俊人译，译林出版社，2011，第196~197 页。

的内在认同，是主体自由的表征。"① 罗尔斯也曾指出："公民要成为具有理智的（reasonable）公民是在以下情景中发生的：他们互相视对方为世代社会合作体制中的自由与平等公民，愿意按照他们认为是最合理的（reasonable）政治正义概念彼此提供平等的合作条件；而且，假设其他公民也愿意接受那些条件，即便是在特殊情况下损失自身的利益，他们也同意根据那些条件去行动。"② 具体到社区教育中，其所培养的具有公共理性的居民所具有的特质是：居民主动积极地与社区、社会进行互动与交流，自觉地关心和参与一切有关的公共事务；将自身的利益与公共利益相联系，确立公共意识，确立维护公共利益就是维护自身利益的理念，为实现公共善而努力；在参与公共事务的过程中，遵守公共秩序和公共道德，遵守法律及规则制度，不为私利而损害公共利益或他人利益，不畏权威；等等。

综上所述，我国社区教育要培养的现代人总体上是全面发展的人，其核心素养由主体性、现代公民道德、现代科学与人文素养、公共理性等主要成分构成。其中，主体性是现代人的本质特性和首要特性，这一特性把现代人与传统人区别开来，离开了主体性，其他几个方面的素养也就失去了存在的根基和必要，这一特性也是马克思全面发展理论中的人的个性自由发展理论的具体体现；现代公民道德对人的主体性、文化素养、社会关系等起着方向性与规范性的作用；现代科学与人文素养是人走向现代化，充分发挥主体性作用的不可缺少的文化基础；公共理性在某种程度上对人的主体性和公民道德又起着完善的作用，使人从强调个人主体的理性与道德，走向群体的、公共的理性与道德。因此，上述各个方面相互联系、相互影响，构成我国社区教育所培养的现代人应具备的核心素养体系。

---

① 卞桂平、邹颖佳：《从主体意识到公共意识：现代人价值思维之应然转换》，《理论导刊》2014 年第 6 期。
② 〔美〕约翰·罗尔斯：《公共理性观念再探》，转引自哈佛燕京学社、三联书店主编《公共理性与现代学术》，生活·读书·新知三联书店，2000，第 6 页。

第三章

中国社区教育实施机构的发展

社区教育的实施机构主要指的是实施社区教育的具体机构，百年来，我国出现了多种多样的社区教育机构，在此，我们对其进行一个比较系统的梳理、总结与反思，并对我国当前社区教育办学机构的标准化建设、中国社区学院的性质与定位等问题进行较为深入的思考。

第一节　百年中国社区教育实施机构的发展

社区教育实施机构按照正规程度划分，可分为学校式和社会式两种。学校式社区教育机构包括在社区内创办的面向社区居民的通俗教育馆、半日学校、补习学校、平民学校、民众学校、冬学、夜校、业余学校、社区学院等，社会式社区教育机构包括阅报所、图书馆、体育馆、科学馆、博物馆、剧场等。学校式社区教育机构相对较为正规，以课堂教学的方式进行教育的实施，但与普通学校不可相提并论，除了在教育对象上是以成年人为主外，在培养目标、教学计划、课程设置、教材选用、上课时间安排、学习考核等方面与普通学校有很大的不同。总体来说，学校式社区教育机构主要侧重于基础性教育，课程内容较为浅显，教学具有较强的灵活性，对社区居民进行文化生活、社会风俗、职业知识、思想道德等方面的教育，以提高居民各方面的素质，培养新社会的公民。社会式社区教育机构主要是把社区教育的内容融合进社区的各种场所和活动中，当然也就不存在教学计划、课程等要素。社区教育实施机构按照功能划分，又可以大致分为两大类，一类是单一机构，如各种社区教育学校及图书馆、体育馆、识字处等；另一类是综合机构，主要有民众教育馆、乡村教育实验区等。我国古代也有少量的社区教育实施机构，最典型的就是社学，清末新政时期，创办了简易识字学塾、半日学校、传习所、宣讲所、补习学校、报馆、图书馆、博物馆、陈列馆等。中华民国成立后，社区教育实施机构得到了极大的发展，下面我们就对百年来社区教育实施机构的发展历程进行一个系统的梳理。

一 1912~1949 年的社区教育实施机构

（一） 发展概况

自 1912 年社会教育司成立以来，社区教育机构的数量迅速增加，种类多样。不少省先后设立了宣讲所、夜校、半日学校、平民学校、通俗教育学校、公众补习学校、简易识字学校、通俗教育讲演所、巡回讲演团、图书馆、巡回文库、博物馆等。据统计，1912~1918 年，设立了通俗教育会233 处，图书馆 107 所以上，通俗图书馆 286 所，阅报所 1825 所，巡回文库 259 组，博物馆 13 所，讲演所 1881 所，巡行讲演团 942 团，公共补习学校 82 所，简易识字学校 4067 所。[①] 按照当时报道教育部的资料，1912~1916 年及 1916~1918 年各省的通俗教育学校情况见表 3-1。

表 3-1　1912~1916 年及 1916~1918 年各省的通俗教育学校情况

单位：所

年份	公共补习学校	半日学校	简易识字学校
1912~1916	76	1198	4599
1916~1918	82	1740	4854

资料来源：朱有瓛主编《中国近代学制史料》第 3 辑（下），华东师范大学出版社，1992，第 730~735 页。

表 3-2 是 1920~1924 年北京市城郊公立通俗教育讲演所、公立阅书处、公立阅报所的情况。

表 3-2　1920~1924 年北京市城郊公立通俗教育讲演所、公立阅书处、
公立阅报所的情况

单位：所

类别	1920 年	1921 年	1922 年	1923 年	1924 年
公立通俗教育讲演所	4	4	19	19	19
公立阅书处	4	4	11	11	12
公立阅报所	4	4	13	13	13

资料来源：刘晓云主编《近代北京社会教育史料汇编》，河北科学技术出版社，2011，第147 页。

[①] 茅仲英、唐孝纯编《俞庆棠教育论著选》，人民教育出版社，1992，第 163 页。

表 3-3 是 1928~1931 年全国主要社区教育实施机构的数量情况。

表 3-3 1928~1931 年全国主要社区教育实施机构的数量情况

单位：所

类别	1928 年	1929 年	1930 年	1931 年
民众教育馆	185	386	645	900
民众学校	6708	28383	29702	31293
图书馆	896	1131	1273	1393
公共体育场	247	1139	1400	1302
阅报所	1402	9518	3949	14461
讲演所	551	2705	2308	2234
补习学校	78	5361	4155	3109
简易识字学校	—	28383	—	—
民教人员训练机关	—	—	97	493
民众识字处	74	2811	2838	3914
问字处及代笔处	86	7601	10609	13754
公共娱乐场	134	958	303	357
民众茶园	97	2419	1810	2121
其他社教机关	236	1820	2477	2944

资料来源：茅仲英、唐孝纯编《俞庆棠教育论著选》，人民教育出版社，1992，第 168 页。

表 3-4 是 1928~1934 年全国社区教育机构及其教职员与学生数量情况。

表 3-4 1928~1934 年全国社区教育机构及其教职员与学生数量情况

单位：所，人

年份	机构	教职员	学生
1928	10000	14000	210000
1930	70000	110000	1100000
1931	78000	131000	1250000
1932	80000	134000	1298000
1933	97591	153691	1496986
1934	98122	149957	1693930

注：1929 年数据暂缺。

资料来源：教育部社会教育司编《中华民国十九年度全国社会教育概况》，教育部社会教育司，1934，第 7~8 页；教育部社会教育司编《二十年度全国社会教育概况统计》，南京大陆印书馆，1934，第 4 页；教育部社会教育司编《二十一年度全国社会教育概况统计》，南京大陆印书馆，1934，第 7 页；教育部编《中华民国二十二年度全国社会教育统计》，商务印书馆，1936，说明第 1~3 页；教育部统计室编《中华民国二十三年度全国社会教育统计》，商务印书馆，1939，说明第 1~3 页。

教育部在《实施失学民众补习教育办法大纲》（1936）中规定，每年每县市应添设民众学校20~40所，每年至少办2期，每期为3~6个月，每期以举办2班为原则。[①] 教育部在1939年的相关文件中规定，"民众学校、民众教育馆为实施社会教育之主要机关"，其他如图书馆、博物馆、美术馆等为辅助。"民众学校应在每一保设立一所为原则，为社会教育系统之基层组织""各县应设立民众教育馆一所"，各省应依现行行政督察区划分若干民众教育辅导区，每区设立民众教育馆一所。[②] 总体而言，我国社区教育机构数量及其教职员与学生的数量在1936年前一直处于大幅度增加的状态，1937年抗战爆发后，除电化教育机构数量还在增加外，其余社区教育机构数量几乎都大量减少了，后来虽然有一定程度的恢复，但大多数难以达到战前的数量。表3-5是1928~1946年全国几种主要民众教育机构数量统计的情况。

表3-5　1928~1946年全国几种主要民众教育机构数量统计的情况

单位：所，处

年份	民众教育馆	图书馆	公共体育场	电化教育机构	民众学校	各种补习学校	总计
1928	185	896	247	40	6708	150	8226
1929	386	1131	1139	209	28388	5361	36614
1930	645	1273	1400	224	29302	4155	36999
1931	900	1393	1302	—	31293	3109	37997
1932	1003	1479	1278	—	34141	3014	40915
1933	1249	1634	1731	—	36929	2064	43607
1934	1249	1479	1732	—	38565	1266	44291
1935	1397	1576	2508	—	37226	1716	44423
1936	1509	1848	2865	89	67803	2342	76456
1937	828	1123	1090	165	63489	2096	68791
1938	774	1178	1296	159	52403	558	56368
1939	636	1003	1695	179	79550	613	83676

---

① 教育部社会教育司编《实施失学民众补习教育办法大纲》，商务印书馆，1936，第38~39页。

② 教育部社会教育司编《全国社会教育概况（中华民国二十九年度）》，南京京华印书馆，1940，第11页。

续表

年份	民众教育馆	图书馆	公共体育场	电化教育机构	民众学校	各种补习学校	总计
1940	909	892	925	1137	67621	466	71950
1941	995	1066	1350	858	40377	1995	46641
1942	1059	1135	1313	1270	38533	2840	46150
1943	1148	940	1498	805	36039	1094	41524
1944	1098	706	2029	819	27001	470	32123
1945	1269	704	1417	649	10995	916	15950
1946	1425	881	945	827	17000	1492	22570

资料来源：教育部教育年鉴编纂委员会编《第二次中国教育年鉴》，商务印书馆，1948，第1470 页。有个别数据与茅仲英、唐孝纯编《俞庆棠教育论著选》（人民教育出版社，1992）第168页中数据不完全吻合，如在茅仲英、唐孝纯的书中，1928 年的补习学校数为 78 所。

除了较为正规的民众学校、民众教育馆外，还设立了大量非正规的社区教育实施机构进行社会式教育以方便居民随时学习。如北洋政府时期，作为重要的社区教育机构之一的讲演所，是由清末宣讲所演变而来，面向大众，注重进行通俗化的讲演。又如，在家、商店、机关等内设立平民读书处和平民问字处，由家中、店中及机关中有文化的人帮助那些想要识字的人。

共产党领导的革命根据地也设立了大量的社区教育机构，以下是不同时期根据地社区教育机构的数量情况。

1932 年 8~9 月，江西省 14 县有夜学 3298 所，识字小组 19812 个，俱乐部 712 个，识字委员会 2744 个。[1]

1932 年，湘鄂西省及各县各乡都有识字班、俱乐部、讲演所、新剧团、工农夜校等。[2]

1933 年，江西兴国县共有 130 个识字运动委员会总会（平均每乡 1

[1]　皇甫束玉、宋荐戈、龚宁静编《中国革命根据地教育纪事 1927.8—1949.9》，教育科学出版社，1989，第 67 页。
[2]　皇甫束玉、宋荐戈、龚宁静编《中国革命根据地教育纪事 1927.8—1949.9》，教育科学出版社，1989，第 61 页。

个），560 个分会，3287 个识字小组（组员 22519 人）。①

1938 年初，陕甘宁边区有识字小组 9000 多个，组员在 2.9 万人以上，占边区人口总数的 6%，比入学儿童多 3 倍。②

1938 年上半年，陕甘宁边区有识字班 5834 个，半日学校 61 所，俱乐部 431 个。③

1939 年春，晋察冀边区北医区有识字班 2000 个以上。④

1940 年，陕甘宁边区有识字小组 3852 个，半日学校 202 所，夜校 548 所，冬学 673 所。⑤

1944 年 11 月后，陕甘宁边区共有读报识字组 3339 个，夜校、半日学校 230 所。⑥

1944 年，晋绥边区有冬学 1820 所，学习小组 72 个。⑦

1945 年，太行区 40 个县的冬学、民校达 1.5 万所，平均每个行政村有 2 所。太岳区的冬学、民校也增加到 5000 所以上。冀鲁豫边区仅聊城各县的冬学、识字班就有民校 1852 所、教学班 2105 个。⑧

1946 年 8 月，晋冀鲁豫区平均每一个行政村都有 1 所到 1 所半民众学校。⑨

1946 年 6 月，山东解放区有民校 23170 所，成人学习小组 44716 个，宣传棚 364 个，俱乐部 8217 个，民教馆 48 个，黑板报 18532 个，广播电台胶东 1645 个，农村剧团 9006 个，秧歌队 19593 个，读报组 19377 个，

---

① 皇甫束玉、宋荐戈、龚宁静编《中国革命根据地教育纪事 1927.8—1949.9》，教育科学出版社，1989，第 88 页。
② 董纯才主编《中国革命根据地教育史》第 2 卷，教育科学出版社，1991，第 313 页。
③ 皇甫束玉、宋荐戈、龚宁静编《中国革命根据地教育纪事 1927.8—1949.9》，教育科学出版社，1989，第 141 页。
④ 董纯才主编《中国革命根据地教育史》第 2 卷，教育科学出版社，1991，第 344 页。
⑤ 皇甫束玉、宋荐戈、龚宁静编《中国革命根据地教育纪事 1927.8—1949.9》，教育科学出版社，1989，第 202 页。
⑥ 董纯才主编《中国革命根据地教育史》第 2 卷，教育科学出版社，1991，第 282 页。
⑦ 皇甫束玉、宋荐戈、龚宁静编《中国革命根据地教育纪事 1927.8—1949.9》，教育科学出版社，1989，第 279 页。
⑧ 董纯才主编《中国革命根据地教育史》第 2 卷，教育科学出版社，1991，第 390 页。
⑨ 皇甫束玉、宋荐戈、龚宁静编《中国革命根据地教育纪事 1927.8—1949.9》，教育科学出版社，1989，第 327 页。

工农通讯员胶东 4811 个。①

1948 年，东北解放区有冬学 30762 所，工人夜校 96 所，民众学校 3435 所，识字班 82 个，补习班 11 个，民教馆 119 所，图书馆 39 所。②

1949 年 5 月，华北冬学共有 13204 个教学班，民校有 1117 个教学班。③

1949 年 9 月，据不完全统计，东北由文化馆办的夜校有 3432 所，工人夜校有 96 所。④

在土地革命战争时期，根据地的社区教育机构主要有以下几种：问字所；识字组，即按自然村把不识字或识字不多的群众分为一个或若干个识字小组进行学习；识字班，学习制度较正规，要求较严格；半日学校较识字班更为正规，有较为固定的时间和地点，学习内容也较多；夜校，是更为正规的学习组织；读报团，如 1931 年，闽西苏维埃政府发布了《关于组织读报团的通知》，要求各县区乡和机关、学校、军队、作坊，普遍建立读报团、读报班或读报小组；⑤ 俱乐部，1933 年，中华苏维埃共和国临时政府教育人民委员部发出《关于组建和健全俱乐部的组织和工作》的文件，强调俱乐部是广泛地进行文化教育工作的最主要机关之一；⑥ 工余学校，在鄂豫皖苏区，农民工余学校一般以乡为单位，每乡设立 1~3 所，大多由列宁小学主办，红安县各乡镇办的工余学校达 140 多所，商城县办工余学校 103 所，光山和英山县 110 所，工人工余学校也采取夜校形式；⑦ 工农讲演所，在抗战期间，陕甘宁边区 1939 年发布的《陕甘宁边区各县社会教育组织暂行条例》，规定社区教育的组织形式可暂分为识字组、识字班、夜校、半日学校、冬学、民众教育馆等 6 种。⑧ 在实践中，根据地最主要的社会教育组织形式有以下几种。识字组，陕甘宁边区每一个村庄

① 董纯才主编《中国革命根据地教育史》第 3 卷，教育科学出版社，1993，第 259 页。
② 董纯才主编《中国革命根据地教育史》第 3 卷，教育科学出版社，1993，第 28 页。
③ 董纯才主编《中国革命根据地教育史》第 3 卷，教育科学出版社，1993，第 141 页。
④ 董纯才主编《中国革命根据地教育史》第 3 卷，教育科学出版社，1993，第 176 页。
⑤ 董纯才主编《中国革命根据地教育史》第 1 卷，教育科学出版社，1991，第 239 页。
⑥ 董纯才主编《中国革命根据地教育史》第 1 卷，教育科学出版社，1991，第 148 页。
⑦ 董纯才主编《中国革命根据地教育史》第 1 卷，教育科学出版社，1991，第 148 页。
⑧ 皇甫束玉、宋荐戈、龚宁静编《中国革命根据地教育纪事 1927.8—1949.9》，教育科学出版社，1989，第 158 页。

巷角普遍地建立了这种组织，识字组以生活、工作接近的人为单位组织，小组编制灵活多样，人数不等，以 3~7 人为宜；冬学，多设在小学附近，有校长和专职教员，统一规定学习时间为 3 个月；民众教育馆，是县（市）级社教常设机构，兼有领导机关与实施机关的双重性质。解放战争时期，农村继续办冬学，城市的民众教育馆逐渐成为工人和市民教育的一种重要形式。民众教育馆或俱乐部每县大致都有一处。1949 年初，三大战役胜利后，民众教育馆改称人民文化馆，发展迅速，如华北人民政府成立前全区文化馆只有 48 所，不到一年就发展到 155 所。天津就有 11 所，另有分馆 3 所，北平也由 2 所增到 6 所。[①] 此外，各种剧团、秧歌队、茶园等也是各个时期革命根据地重要的社会式社区教育实施机构。

革命根据地的上述各种社区教育实施机构因地制宜，互相补充，充当社区教育的不同角色，起到了不同的作用。如工余学校是相对正式的一种社区教育实施机构，一般设在人口比较集中的村庄、城市、机关、部队等处，招收生产忙碌的成人文盲，其在一日或者数日内空闲时间来参加识字教育；冬学也是一种较为正规的社区教育机构，其主要任务是对边区广大农村失学青壮年进行短期的识字教育和补习教育；俱乐部、剧团、秧歌队等则利用民众休息的时间，在各种各样的场合，用各种娱乐形式，在不影响民众生产的情况下给民众以教育，一般在人口比较集中的各市镇乡村都有这种组织；民众图书馆通过举办农民图书馆、流动图书馆、农村读报组和黑板报等教育形式，促进扫盲工作的进行；民众教育馆既是社会教育的领导机关，又是实施机关。[②]

（二）　几种主要的社区教育实施机构

1. 民众教育馆

民众教育馆是由通俗教育馆演变而来的（在新中国成立后转变成了文化馆、图书馆等）。中华民国成立后，为推行社会教育，各省市纷纷设立通俗教育馆，1928 年，由通俗教育馆演变而来的民众教育馆模式开始在全国范围内推广。民众教育馆集社会式教育机构与学校式教育机构于一体，即民众教育馆既开展大量的社会式教育，也在其下设立民众学校等机构开

---

① 董纯才主编《中国革命根据地教育史》第 3 卷，教育科学出版社，1993，第 144 页。
② 谢飞：《抗战时期陕甘宁边区社会教育研究》，硕士学位论文，兰州大学，2010，第 47 页。

展学校式教育，是一种综合性的社区教育机构，也是民国时期进行社区教育的中心机构，对于推进社区教育做出了重大的贡献。表 3-6 是 1929~1936 年全国民众教育馆的数量及教职员数、经费的情况，这些民众教育馆绝大部分是县立的。

表 3-6　1929~1936 年全国民众教育馆的数量及教职员数、经费的情况

年份	民众教育馆（所）	教职员（人）	经费（元）
1929	386	1857	753793
1930	645	2994	1583166
1931	900	3820	1925227
1932	1008	4183	2338645
1933	1249	5407	2905244
1934	1149	5265	3146282
1935	1397	6263	3310618
1936	1612	7054	3364433

资料来源：教育部社会教育司编印《中国社会教育概况》，教育部社会教育司，1939，第 5 页；民众教育馆数与教育部教育年鉴编纂委员会编《第二次中国教育年鉴》，商务印书馆，1948，第 1470 页中的相关数据略有出入，如据后者，1936 年，全国民众教育馆数为 1509 所。

　　总体来看，民众教育馆数量在 1929~1936 年处于增长状态，1936 年的民众教育馆数量和经费都是 1929 年的 4 倍多，教职员数是 1929 年的 3.8 倍。1937 年，全国民众教育馆有 1539 所，教职员有 6805 人，经费有 3417360 元。[1] 受战争影响，除经费外，民众教育馆数和教职员数都有所下降。截至 1944 年，全国共有 1148 所民众教育馆。[2] 其中，以江苏省的民众教育馆最为有名，1928 年 8 月至 1929 年 7 月，全国民众教育馆有 185 所，而江苏民众教育馆有 84 所，占全国总数的一半以上，[3] 当然，这也反映了当时我国社区教育机构分布极不均衡的现状。

　　国民政府较为重视民众教育馆，颁布了一系列有关的政策法规。如教

---

　① 教育部社会教育司编《全国社会教育概况（中华民国二十九年度）》，南京京华印书馆，1940，第 57 页。

　② 杨才林：《"作新民"、"唤起民众"——民国社会教育研究》，博士学位论文，首都师范大学，2007，第 117 页。

　③ 教育部社会教育司暨总务司第二科编制《全国社会教育概况》，中华书局，1931，第 37 页。

育部于 1932 年公布了《民众教育馆暂行规程》，规定了民众教育馆的组织标准；1935 年的《修正民众教育馆暂行规程》规定了民众教育馆的举办、变更、停办、计划、管理等方面的内容；1939 年颁布的《民众教育馆规程》详细规定了民众教育馆的任务、设置标准、内容组织、人员任用、经费分配等，如规定"民众教育馆应遵照中华民国教育宗旨其实施方针与社会教育目标，实施各种社会教育事业，并辅导各该地社会教育之发展"，规定每省应按行政区划和地理条件等划分区域，每一区域设立民众教育馆，全省共应设 10 所以上，每一县市至少应设民众教育馆一所或两所以上（不过，各省大多限于经费，未能完全照此办理）；① 同年 5 月，教育部在颁布的《民众教育馆工作大纲》中规定了民众教育馆的施教准则、各级民众教育馆各部门的工作要项、工作实施及考核，还颁布了《民众教育馆辅导各地社会教育办法大纲》，规定各级民众教育馆辅导社会教育的职责等，这两个大纲的颁布，使全国的民众教育馆在工作的开展上有了统一的办法和步骤；1941 年，教育部制定《民众教育馆设备标准草案》；1943 年，教育部社会教育司公布《民众教育馆每月中心工作实施要点表》，1948 年对此进行了修正。同时，一些地方政府也制定了有关民众教育馆的相关政策。如江苏省在 1929~1934 年，制定了《江苏省各县县立通俗教育馆馆长任免及待遇暂行规程》《江苏省各县县立通俗教育馆馆员聘任及待遇暂行规程》《江苏省各县县立民众教育馆馆长任免及待遇暂行规程》《各县县立民众教育馆馆员聘任及待遇暂行规程》《江苏省各县县立农民教育馆馆长任免及待遇暂行规程》《江苏省各县县立农民教育馆馆员聘任及待遇暂行规程》《江苏省各县县立民众教育馆二十一年度最低标准工作》《江苏省各县民众教育区中心机关标准工作实施情形考查办法》等。这些政策法规有利于推动民众教育馆的建立和规范化发展。各民众教育馆内部也制定了一系列的管理规定，如安徽省立第一民众教育馆制定了《本馆民众学校训育标准》《本馆民众学校学生请假办法》《本馆民众学校学生上课规约》《本馆民众学校学生奖惩条例及办法》《本馆民众学校教学标准》。② 此外，民众教育馆的馆长选任带有官方色彩，以前的通俗教育馆馆长大多由政府委

---

① 教育部教育年鉴编纂委员会编《第二次中国教育年鉴》，商务印书馆，1948，第 1099 页。
② 《本馆民众学校教学标准》，《民教辅导》1935 年第 1 期。

派，后来的民众教育馆也沿用了这一做法。如江苏省政府教育厅督学刘季洪曾兼任江苏省立民众教育馆馆长，山东省教育厅督学董渭川曾任山东省立民众教育馆馆长，四川省教育厅厅长郭有守曾兼任四川省立民众教育馆馆长等。也可以说，民众教育馆基本是由官方主导的。

共产党领导的边区也兴办了一些民众教育馆，颁布了如《民众教育馆简则》（1939）、《陕甘宁边区民众教育馆组织规程》（1940）等的文件，对民众教育馆的任务、设立、内容、形式等进行了规定。

下面是几个较有代表性的民众教育馆。

江苏省立民众教育馆：由全国最早的江苏省立南京通俗教育馆演变而来，在政府及民众教育家俞庆棠等的共同推动下，该馆成效卓著，成为当时民众教育馆中的典范。据教育部督学1933年的视察报告，江苏省立民众教育馆占地35亩，有亭台园林，整洁安静，颇为壮观。馆长以下分设六部：总务、科学、图书、艺术、教导、研究。研究部设有实验区二处。设施有仪器、标本、机器、模型、图片、实物及钢琴、胡琴等乐器，有一些古籍及其他图书，课桌椅较为整齐。每月经费4667元，由江苏省拨付。创办的事业有70余种：科学方面注意生计与健康，如农事展览会、讲习会、养蜂研究会、理化研究会、蔬菜种植试验等；图书方面注意补习及公民展览，如定期巡回文库、流通书库、图书研究会等；教导部除在馆内设有民众学校外，还注意技术训练，如缝工训练班、藤工训练班、民众消费合作社、职业指导所等；艺术部注意休闲教育研究，如音乐研究会、国剧研究会、绘画研究会等；研究部除已出版民众读物数十种及定期刊物数种外，还注意二实验区的各项工作推广方法。[①]

无锡县立民众教育馆：创设于1916年9月，其信条是："我们深信民众教育，是建国的工具；教育民众，是建国的工作。我们深信民众教育，是民众应享的权利；教育民众，是我们应尽的义务。我们深信民众教育馆，是增进民智，促进民治，改进民生的中心。我们深信教育民众，必先组织民众，要组织民众，必先联络民众，要联络民众，必要接近民众。我们深信致力民众教育的人，必要有健全的体魄，缜密的思想，牺牲的精神，和确切的信仰。"该馆下设教导部、总务部、研究部，但馆舍狭窄，

---

① 教育部编《教育部督学视察南京市中小学及社会教育报告》，教育部，1933，第117页。

颇为拥挤，全年经费 2466 元。①

张家口市民众教育馆：这是一家解放区的民众教育馆，1948 年 11 月开馆。其办理的事项有：展览室，有各种动植物标本、农产品、矿物、工业品和根据地、新解放区的照片介绍，以及一些特殊的展览，如有关大汉奸罪行展览、工人生产展览、妇婴卫生展览等；俱乐部，除娱乐外，还经常举办各种讲座；阅览室，订有几十种报纸，有千余本通俗读物；黑板报；特约茶馆；群众学校儿童班；业余公学，其课文有国文、算术、簿记、珠算、政治常识，由学员自由选读，时间在晚上；业余美术班；配合区街工会和店员工会举办的店员夜校；鼓曲研究组。②

2. 民众学校

民众学校由简易学堂及平民学校演变而来，平民学校于 1928 年后改称民众学校，是民国时期社区教育的主要实施机构。1929 年，教育部公布《民众学校办法大纲》，规定了民众学校的宗旨、对象、设立主体等内容，规定"凡年在十二岁以上，五十岁以下之男女失学者，均应入民众学校"。民众学校由县市教育机关、私人、团体等设立，各县市党部至少要设立民众学校一所，还规定"民众学校以根据三民主义授与年长失学简易之知识技能，使适应社会生活为宗旨"。③ 1930 年的《县市党部设立民众学校课程设置》规定，民众学校的课程目标在于"使失学者能写信、读书、阅报""注重职业常识""养成健全国民"。④ 1934 年，教育部在颁布的《民众学校规程》中规定："民众学校由乡镇坊及各教育机关、民众团体、工厂、商店分别设立之。省市县政府、区公所及私人，均得设立民众学校。"民众学校的设立、变更与停办及计划、预算等，都要报教育行政主管机关核准备案。⑤ 在政府的大力推动下，各地纷纷开设了民众学校，民众学校数量及其学生数、教职员数、经费数都逐年增加（见表 3-7）。

① 无锡县立民众教育馆编《无锡县立民众教育馆概况报告》，无锡县立民众教育馆，1931，第 4、9 页。

② 雁星：《记张市民众教育馆》，转引自项柏仁等《社会教育的组织领导和方法》，新民主出版社，1949，第 17～25 页。

③ 范望湖：《民众教育 ABC》，ABC 丛书社，1929，第 129 页。

④ 中国第二历史档案馆《中华民国史档案资料汇编》第 5 辑第 1 编教育 2，江苏古籍出版社，1994，第 710 页。

⑤ 教育部社会教育司编《社会教育法令汇编》，商务印书馆，1936，第 35 页。

表 3-7　1929~1935 年全国民众学校、学生、教职员、经费数量统计的情况

年份	民众学校（所）	学生（人）	教职员（人）	经费（元）
1929	28383	887642	49045	1588862
1930	29702	944289	53045	1700491
1931	31293	1062161	65938	1976524
1932	34141	1109857	73566	2856716
1933	36929	1292673	80261	1975747
1934	38565	1353668	80821	1979172
1935	37226	1446254	73348	2055115

资料来源：教育部社会教育司编《中国社会教育概况》，教育部社会教育司，1939，第 1 页。其民众学校数与教育部教育年鉴编纂委员会编《第二次中国教育年鉴》（商务印书馆，1948）第 1470 页中的相关数据略有出入，如据后者，1929 年及 1930 年的民众学校数分别为 28388 所、29302 所。

教育部还编印并免费发放了各种民众学校课本，如公民、常识、管乐等各种教材，民众学校教学法课本、高级民众学校课本、业余教材，以及专供实施战时民众补习教育之用的民众学校课本乙种等。

以下是几种典型民众学校介绍。

江苏省立镇江中心民众学校：1931 年创办。其教育方针为：贯彻三民主义精神，实施民本位的教育；发展以民众学校为中心的教育事业；研究并实验民众学校教学法；辅导省会及各县民众学校；办理省会民众学校委托事项。学校机构组成有总务系、教导系和社会系，系下再设股。另设有各种委员会。该校第一届毕业生共 87 人，第二届毕业生共 51 人。1933 年 11 月，在校生有 166 人。学校有 280 种图书，包括社会科学、应用科学、自然科学、艺术、教育、文学、语文等种类。①

河南汲县香泉民众学校：1931 年 11 月创办，先办了 7 所，又增办了 4 所。其训练方针为启迪民智、鼓励民气、宽裕民生、培养民德，使人做新民，达到智、勇、富、仁。所开设的学科有农民千字课、精神陶练、珠算、注音符号、农村自卫训练、唱歌、常识、应用文、村政、合作事业、农村娱乐，而且这些课程是灵活的，并非固定的，只是止于实用。在各村所办的 11 所民众学校中，离香泉最近的 2 里，最远的 13 里；学生人数从

---

① 《江苏省立镇江中心民众学校概况》，江苏省立镇江中心民众学校，1933，第 2~3、28~29、32 页。

10 余人到 40 余人不等；学生平均年龄为 20 多岁；授课时间大多在晚饭后。每校各组织了一个林业合作社，共植树 25000 余棵，后又组织了息讼会，推进村民自治。①

3. 冬学

冬学是产生和发展于共产党领导的革命根据地的一种社区教育机构，我国北方冬季气候寒冷，农民有一段较长的农闲时间，就正好把这段时间利用起来开办学校，对农民进行教育，冬学也因此得名。冬学在抗日战争时期蓬勃发展，一直持续到新中国成立后的几年，成为农村社区教育的主要实施机构。1937 年，陕甘宁边区政府教育厅在发布的《关于冬学的通令》中提出，冬学是边区的经常学制之一，陕甘宁"全边区要办 500 个冬学，每个冬学学生从 20 人起码"。② 此后，边区各地纷纷成立了冬学委员会，完成了原定计划。1938 年，陕甘宁边区政府发出《关于冬学问题的通令》，再次肯定了冬学是普及教育、消灭文盲的重要办法之一，也是政治动员、军事动员的一种深入群众的力量。③ 1938 年冬，边委会发出"开展冬学运动"的号召。1939 年后，晋察冀、晋冀鲁豫、晋绥、山东、华中、华东等根据地也兴办了大量冬学，极大地普及了社区教育。

1939 年 1 月，陕甘宁边区已办冬学 606 所，1940 年有冬学 673 所。④

1939 年，冀中根据地 27 个县的冬学有 5188 所，1940 年，仅八专区 7 个县就有冬学 3213 所。⑤

《晋察冀日报》1942 年 11 月 3 日的社论这样概括晋察冀边区的冬学发展情况：晋察冀边区冬学自 1938 年第一次开展以来，年年都有新发展，几乎普及每一个村庄。如据 1939 年冀中 27 个县的统计，冬学由 2947 所增加到 5188 所，到 1940 年，仅八专区 7 个县就有冬学 3213 所。⑥

1943 年冬，鄂豫边区陂安南、安应、安麻三县在黄安境内共办有冬学

---

① 朱绍云编《河南汲县香泉民众学校报告》，河南村治学院同学会，1932，第 5~8、10~15、2~22、25 页。

② 中央教育科学研究所编《老解放区教育资料》（二·下），教育科学出版社，1986，第 2 页。

③ 皇甫束玉、宋荐戈、龚宁静编《中国革命根据地教育纪事 1927.8—1949.9》，教育科学出版社，1989，第 142 页。

④ 皇甫束玉、宋荐戈、龚宁静编《中国革命根据地教育纪事 1927.8—1949.9》，教育科学出版社，1989，第 148、202 页。

⑤ 董纯才主编《中国革命根据地教育史》第 2 卷，教育科学出版社，1991，第 370 页。

⑥ 董纯才主编《中国革命根据地教育史》第 2 卷，教育科学出版社，1991，第 213、370 页。

700 多所；鄂东的其他各县有冬学 2000 多所；天汉、京钟、安应一带的冬学不下 3000 所。[①]

1944 年，晋绥行署全区共开办冬学 1820 所。[②]

1944 年，山东革命根据地的胶东区共办冬学 9968 所。[③]

1948 年，东北解放区共办冬学 30762 所。[④]

革命根据地涌出了开办冬学的许多优秀典型，如西柞官庄冬学，认真贯彻了群众路线，全庄超过一半的人入了学，扫除了大量文盲，改善了当地风俗；刘家城卫生冬学，8 ~ 15 岁的女子以识字为主，卫生为辅，16 ~ 35 岁的女子则以卫生为主，识字为辅，年纪大些的女子则专讲卫生；环县新营湾冬学，坚持群众自愿参加的原则，采用等待、启发等各种方式，促进群众的自觉，使冬学得到了良好的发展。[⑤]

二　1949 ~ 1978 年的社区教育实施机构

新中国成立后，社区教育实施机构发生了较大的变化。在社会式社区教育机构方面，保留并进一步完善了原有的一些设施，如图书馆、体育馆等。在学校式社区教育机构方面，民国时期的民众学校逐渐被取消，延续了解放区的冬学并逐渐把其转化为民校。政府几乎每年都下发有关冬学的文件。1949 年 12 月，教育部发出《关于开展一九四九年冬学工作的指示》，认为冬学应在全国农村中普遍推行。1953 年 12 月，扫除文盲工作委员会与教育部联合下发了《关于 1953 年冬学工作的指示》，对教学内容、教法、政治教员与文化教员的来源、经费等问题进行了规定。自 1951 年 2 月教育部发出《关于冬学转为常年农民业余学校的指示》后，各地的冬学逐渐转为民校。此外，还在各地兴办了各种业余学校、补习学校等，其中，不少业余学校是由冬学发展而来的。这一时期的社区教育实施机构数量得到了极大的增加，虽然现在难以找到全国各种业余学校、补习学校、

①　董纯才主编《中国革命根据地教育史》第 2 卷，教育科学出版社，1991，第 581 页。

②　皇甫束玉、宋荐戈、龚宁静编《中国革命根据地教育纪事 1927.8—1949.9》，教育科学出版社，1989，第 279 页。

③　董纯才主编《中国革命根据地教育史》第 2 卷，教育科学出版社，1991，第 468 页。

④　董纯才主编《中国革命根据地教育史》第 3 卷，教育科学出版社，1993，第 28 页。

⑤　项柏仁等：《社会教育的组织领导和方法》，新民主出版社，1949，第 39 ~ 69 页。

冬学等总数量的统计，但从各类社区教育受教育者人数增加中，我们可大致推论这些社区教育实施机构数量大量增加。

表 3-8 是 1949~1953 年冬学和常年民校入学人数。

表 3-8　1949~1953 年冬学和常年民校入学人数

单位：万人

年份	冬学人数	常年民校人数
1949	1300	—
1950	2500	300
1951	3500	1100
1952	4885	2707
1953	1900	1200

资料来源：《中国教育年鉴》编辑部编《中国教育年鉴（1949—1981）》，中国大百科全书出版社，1984，第 603 页。

1952~1965 年，业余中学的毕业生数从 0.1 万人增加到 14 万人，业余小学的毕业生数从 3.5 万人增加到 44.6 万人。[①] 总体而言，"文革"前，通过业余学校学习达到业余小学毕业程度的共有 571.8 万人，达到业余初中毕业程度的有 40.5 万人。[②]

以下是各地社区教育实施机构蓬勃发展的部分数据统计情况。

1950 年，北京市共有农民夜校 135 所，冬学 884 个班，文化馆由 9 所发展为 13 所，书报阅览处由 7 处发展为 41 处。[③]

1950 年 6 月 10 日，湖南省临湘县全县已成立工农夜校 413 所。[④]

1955 年 2 月，《北京日报》报道，北京郊区大多数乡的冬学学员占全乡人数的 8%左右。到 1955 年底，北京市郊区有 135 个农业社办起了民校，

[①] 《中国教育年鉴》编辑部编《中国教育年鉴（1949—1981）》，中国大百科全书出版社，1984，第 576 页。

[②] 《中国教育年鉴》编辑部编《中国教育年鉴（1949—1981）》，中国大百科全书出版社，1984，第 596、1037 页。

[③] 欧阳璋主编《成人教育大事记（1949—1986 年）》，北京出版社，1987，第 22、110 页。

[④] 《努力提高工农政治文化水平 湖南临湘县各地小学附设工农夜校四百所》，《人民日报》1950 年 7 月 12 日，第 3 版。

有些乡的入学人数已达到应入学人数的 90% 以上。[①]

1956 年，山东省莘县村村有了农民业余学校；全县 50 个乡和 512 个村分别有了青年扫盲大队及青年扫盲分队；475 个村成立了记工学习班。到该年 4 月 5 日，全县应该参加扫盲学习的农民已经有 85.33% 进了农民业余学校。[②]

1957 年，四川省已经开办了 3400 多所农业技术业余夜校。[③]

1960 年，青海省海北藏族自治州门源回族自治县的苏吉滩公社，根据牧业区居住比较分散、生产流动性较强的特点，办起了 23 所各类业余学校。[④]

1963 年，湖北省东部山区的蕲春县创办了农民业余学校和业余学习班 2000 多个。[⑤]

各地的冬学、夜校、补习学校等多为集体所办，也有一些私人办的学校，如 1957 年 7 月，北京市立案的私立补习学校有 46 所，其中，文化补习学校有 25 所，技术补习学校有 21 所。[⑥]

1958 年 9 月，中共中央、国务院在发布的《关于教育工作的指示》中提出要多快好省地普及教育后，全国社区教育机构激增，各地成立了不少如红专大学、业余学校一类的社区教育机构，这些机构的创办主体有当地的居民、学校、集体、企业和政府。如 1958 年，河南省群众自办业余的半耕半读大学 17000 多所，商丘市在手工业和半机械工业最集中的企业路创办了一所技术大学，这条街的所有工人、工人家属和居民全部入学，学生白天劳动生产，晚上根据自己的业务性质学习技术。[⑦] 从全国来看，共办起业余中学、业余小学、红专大学、技术文化学校等 116 万余所。[⑧] 在教育"大跃进"的背景下，1958 年，全国业余学校数量比 1957 年增加了数

①　欧阳璋主编《成人教育大事记（1949—1986 年）》，北京出版社，1987，第 100、110～111 页。

②　《山东莘县村村有农民业余学校》，《人民日报》1956 年 4 月 10 日，第 3 版。

③　《农业技术业余夜校　四川省已有三千多所》，《人民日报》1957 年 1 月 10 日，第 3 版。

④　龚成华：《紧密结合生产　加速培养人才》，《人民日报》1960 年 8 月 11 日，第 4 版。

⑤　《蕲春近四万农民参加业余学校学习》，《人民日报》1963 年 3 月 23 日，第 2 版。

⑥　欧阳璋主编《成人教育大事记（1949—1986 年）》，北京出版社，1987，第 154 页。

⑦　《河南全民办业余大学入学人数达三百二十七万》，《人民日报》1958 年 8 月 16 日，第 6 版。

⑧　《文盲帽子摘掉了 业余教育紧跟上　全国各地采取多种办法巩固扫盲成果》，《人民日报》1958 年 12 月 24 日，第 6 版。

倍，社区教育机构数量的急剧膨胀不可避免地会造成管理混乱、师资和教学设备设施缺乏等问题，从而导致教育质量低下。20 世纪 60 年代初期，国家实行了整顿和调整的方针，社区教育机构发展回到了正轨。

"文革"开始后，以前的社区教育机构被撤销，不再设立专职干部，20 世纪 70 年代后，社区教育机构有所恢复，全国各地普遍办起了政治夜校、技术夜校、五七学校（大学）等。其中，五七学校（大学）多为短训班性质的学校，其学员由大队、公社、区公所层层推荐，经过严格政治审查，多为文化程度较高、政治思想觉悟高、劳动成绩优异的大队干部或回乡知青。这些由县、公社所办的五七学校（大学）本质上不是普通学校，而是具有今天社区学校（大学）性质的学校：学员均来自当地且是成人，社来社去（即学习结束后哪来哪去），没有严格的课程设置规定，其课程开设依据当时的政治形势及当地农业生产所需，与生产劳动密切结合，师资以当地兼职人员（工人和农民）为主，学习时间灵活，多为半工半读形式。据统计，1972~1976 年，五七学校（大学）的学生数分别是 11.79 万人、9.65 万人、12.10 万人、36.77 万人、98.87 万人。[1] 1976 年，全国有五七大学（包括共产主义劳动大学）7449 所（其中，地、市办仅 99 所，县办 1901 所，社队办 5405 所），五七学校 9550 所，多为短训班性质的学校。[2] 这也再次说明了当时的五七大学和五七学校实际上大多为具有社区教育性质的教育机构。技术夜校、政治夜校也与此相类似：一些技术夜校由当年的冬学转变而来，政治夜校则是"文革"时期出现的一种新的农民业余教育机构，不过技术夜校和政治夜校的文化层次总体更低一些，一般由当地公社和大队组织举办与领导，学员为当地农民，以短训为主，课程内容突出政治，也有一些基本的文化知识与生产知识，教学与生产实践紧密结合，教师从当地选拔，基本为兼职人员，经费一般为自筹。如 1970年，福建南安仑苍公社园美大队有 15 个生产队，办了 11 所政治夜校，90%以上的成年社员参加了学习。[3] 1972 年北京市通县有 11 个大队办起了

---

[1] 《中国教育年鉴》编辑部编《中国教育年鉴（1949—1981）》，中国大百科全书出版社，1984，第 1037 页。

[2] 毛礼锐、沈灌群主编《中国教育通史》第 6 卷，山东教育出版社，1989，第 277 页。

[3] 《贫下中农自办的政治夜校》，《人民日报》1970 年 9 月 25 日，第 3 版。

业余学校，社员中的大部分文盲和半文盲入了学。①

下面介绍两所典型的农民学校。

山西解虞县西张耿农业技术夜校：创办于 1954 年，该校建有校务委员会，夜校的日常工作由共青团支部具体管理，夜校的教师是就地选拔聘请的。夜校为生产大队培育了大批农业技术人才，许多青年和社员初步学会了"科学种田"，其中不少人成为管理果园和使用排灌机械的能手和技术员，一些原来识字不多的社员也提高了文化水平，在现有的青年中已经消灭了文盲。夜校在这一带还成了传播农业科学技术的中心，建校 10 年来，先后试验成功并且帮助当地大面积推广了 20 多项农业科学新技术，解决了当地生产上的许多关键性问题。②

山西万荣县青谷大队"五·七"农民业余大学：于 1973 年创办，主要招收返乡与插队的初高中毕业生和有生产经验的农民，开设了理论、文学、机电、农技、园艺 5 个专业，实行开门办学，教材主要由领导、教师、学员自选自编，教师主要由有实践经验的党团员、干部及学校教职员中思想觉悟高的人来担任。理论专业班的学员有半数读完了《共产党宣言》等马列著作和毛主席的 5 篇哲学著作，文学专业班的学员基本上学完了规定课程，农技、机电、园艺 3 个专业班的学员已经成为农业战线上的技术骨干。③

三　1978~2020 年的社区教育实施机构

"文革"结束后，除了图书馆等社会式社区教育机构开始走向正轨外，业余学校、农民文化技术学校、培训学校、补习学校等学校式社区教育机构也开始发展，其中大部分为当地政府所办，一部分为当地单位和机关所办，极个别的为个人所办。在这些社区教育机构中，以乡镇农民文化技术学校最为突出。20 世纪 80 年代初期，随着农村教育的改革，乡镇农民文

---

① 欧阳璋主编《成人教育大事记（1949—1986 年）》，北京出版社，1987，第 293 页。
② 田培植：《农村人民公社办好业余学校的一个范例 西张耿农业技术夜校源源出人才》，《人民日报》1964 年 8 月 3 日，第 1 版。
③ 《一所直接为三大革命服务的农民业余大学——万荣县青谷大队"五·七"农民业余大学调查报告》，《山西师院》1975 年第 2 期。

化技术学校逐渐兴起。教育部于 1982 年颁布了《县办农民技术学校暂行办法》，1987 年，国家教委等又颁发了《乡（镇）农民文化技术学校暂行规定》，将乡（镇）农民文化技术学校界定为"乡（镇）政府举办和管理的以文化技术教育为主体的综合性、多功能的农村成人教育基地"。[①] 乡（镇）农民文化技术学校在不同地区具有不同的功能：在发达地区，实行学历教育和非学历教育相结合；在中等发达地区，以实用技术培训为主；在欠发达地区，以帮助农民脱贫致富为主。城市也有一些如针对个体商户、待业青年的学校，其招收的学员是本社区的居民。这些社区教育机构在改革开放后得到了蓬勃发展。

1978 年和 1979 年上半年，西安市城区街道办事处先后办起了 29 所业余学校，设教学班 166 个。[②]

1979 年，昆明市 16 个街道办事处办起了 16 所业余夜校，共 158 个班。[③]

1981 年，广西玉林地区 1/4 的大队办起了农民业余学校。[④]

1985 年，我国已有 3500 多所县办农民学校，县、乡、村三级办学办班：乡（镇）举办农民文化技术学校、乡成人教育中心及成人综合学校，共 17000 多所（据 22 个省市统计），约有 50% 的村办了农民业余学校。1986 年底，全国有 29558 所乡（镇）农民文化技术学校。[⑤]

1990 年，全国有教育部门举办的县级成人教育培训中心 1605 所，乡（镇）农民文化技术学校 36960 所，村农民文化技术学校 41.8 万所。[⑥]

1991 年国家教委颁发《关于大力发展乡（镇）、村成人文化技术学校的意见》，乡（镇）成人文化技术学校得到进一步发展。

1991 年，辽宁、北京、江苏、广东等 10 多个省、区、市的乡（镇）

① 国家教育委员会成人教育司编《扫除文盲文献汇编（1949—1996）》，西南师范大学出版社，1997，第 344 页。
② 《适应待业青年升学和就业需要　西安市城区街道兴办业余学校 29 所》，《人民日报》1980 年 8 月 21 日，第 3 版。
③ 《昆明市各街道举办社会青年业余夜校》，《人民日报》1979 年 5 月 27 日，第 3 版。
④ 《玉林地区办起四百多所农民业余学校》，《人民日报》1981 年 8 月 15 日，第 2 版。
⑤ 《中国教育年鉴》编辑部编《中国教育年鉴（1985—1986）》，湖南教育出版社，1988，第 804、808 页。
⑥ 《中国教育年鉴》编辑部编《中国教育年鉴（1991）》，人民教育出版社，1992，第 266 页。

办学面达到 90% 以上，河北省乡（镇）小学面达到 100%。①

1993 年，全国已建立县成人教育培训中心 2125 所，乡（镇）农民文化技术学校 39112 所，村农民文化技术学校和教学点 64.14 万所（个）。②

1994 年，全国乡（镇）成人文化技术学校达 42532 所，③ 山东省 2400 多个乡（镇）已全部办起成人教育中心学校。④

1997 年，全国已建县农技培训学校 2823 所，乡（镇）成人文化技术学校 4.1 万所，村成人文化技术学校 39.7 万所，分别占乡（镇）和村总数的 89.9% 和 53.7%，许多省、区、市初步形成了县、乡（镇）、村三级农村成人教育网络，开展了各种教育培训活动。⑤

1998 年，全国农民技术培训学校共有 45.49 万所，其中县办农民文化技术学校 1645 所，乡（镇）办农民文化技术学校 4.28 万所，村办农民文化技术学校 41.05 万所，县办、乡（镇）办、村办农民文化技术学校的办学面分别达到 77%、94%、55%，农村劳动者的年培训率从 1988 年的 5.21% 提高到 1998 年的 17.92%。⑥

1999 年，全国农民成人文化技术学校已达 70.60 万所，乡（镇）和村的办学面分别达到 94% 和 64%。⑦

2001 年，我国县办、乡（镇）办、村办农民文化技术学校分别有 2593 所、44002 所、449843 所，有农民中学 2731 所，农民初等学校 134296 所。⑧

21 世纪以来，我国农村社区教育办学机构处于萎缩与发展并存的状态：一方面，农民技术学校数量减少；另一方面，当代社区教育机构数量增加。

---

① 《中国教育年鉴》编辑部编《中国教育年鉴（1992）》，人民教育出版社，1993，第 175 页。

② 《中国教育年鉴》编辑部编《中国教育年鉴（1994）》，人民教育出版社，1995，第 233 页。

③ 《国家教委关于印发〈示范性乡（镇）成人文化技术学校规程〉的通知》，教育部网站，2010 年 1 月 29 日，http://www.moe.gov.cn/s78/A07/zcs_left/zcywlm_crjypx/201001/t20100129_8943.html。

④ 《山东乡镇都有成人学校》，《人民日报》1994 年 2 月 21 日，第 1 版。

⑤ 刘立德、谢春风主编《新中国扫盲教育史纲》，安徽教育出版社，2006，第 193~194 页。

⑥ 张昭文：《关于乡镇成人学校的历史现状和发展的思考》，《中国农村教育》2014 年第 9 期。

⑦ 《中国教育年鉴》编辑部编《中国教育年鉴（2000）》，人民教育出版社，2000，第 160 页。

⑧ 《中国教育年鉴》编辑部编《中国教育年鉴（2002）》，人民教育出版社，2002，第 107~108 页。

2006 年，全国农民文化技术培训学校共 15.09 万所，其中县级学校 1426 所，乡（镇）级学校 2.21 万所，村级学校 12.4 万所；[①] 2012 年，全国共有农村成人文化技术学校 10 万所，其中县办成人学校 2280 所，乡（镇）办成人学校 1.64 万所，村办成人学校 7.82 万所；[②] 2019 年，农村成人文化技术培训学校共有 50042 所，总体数量进一步下降，其中，教育部门中的县办 2023 所、乡（镇）办 8764 所、村办 37244 所，其他部门办 1692 所，民办 319 所。[③] 不过，此时已初步形成了县、乡（镇）、村三级农民文化技术培训网络，大多数乡（镇）和村有了成人学校，如 2015 年，河南省设有乡（镇）和村成人文化技术学校的乡（镇）占 76.8%。[④]

当代社区教育产生之后，不少文化技术学校、乡（镇）成人学校合并进了社区学院、社区学校，实行"两块牌子，一套人马"，而还有不少的文化技术学校、乡（镇）成人学校仍然与社区学院、社区学校等并存，特别是在一些还没有建立当代社区教育机构的地区，它们仍在实际上承担着社区教育的责任。以乡（镇）成人文化技术学校为例，其是乡（镇）政府创办和管理的一种区域性的教育机构，具有社区性，学员来自当地，是为当地居民服务的，街道所办的成人学校也具有相同的性质，显然，其应归属于社区教育机构的范畴，还是实施社区教育的中坚力量。

1986 年，上海真如中学与地区工厂联合成立了"真如中学社会教育委员会"，我国当代社区教育开始起步。到 20 世纪 90 年代初期，一些地方如上海所有的街道和乡（镇）都开展了社区教育活动，开始形成区、街、学校三级社区教育组织。2007 年，上海市所有街道乡（镇）都有了社区学校，其在社区学校建设的实践中创造了多种模式，如区教育局为每个街镇划拨一所学校举办社区学校的普陀模式、街道自筹资金自建社区学校的金杨模式、街道依托一所中学举办社区学校的静安模式、街道利用教育系统

---

① 孙诚：《我国乡镇成人文化技术学校的发展现状与若干建议（上）》，《成人教育》2008 年第 10 期。

② 张昭文：《关于乡镇成人学校的历史现状和发展的思考》，《中国农村教育》2014 年第 9 期。

③ 中华人民共和国教育部发展规划司编《中国教育统计年鉴（2019）》，中国统计出版社，2020，第 126 页。

④ 张利纳：《新型城镇化背景下农村社区教育课程建设研究》，硕士学位论文，山西大学，2015，第 23 页。

外的教育资源举办社区学校的潍坊模式、街道整合社区教育资源举办社区学校的闸北模式、街道办事处统筹社会力量举办社区学校的田林模式、乡镇成人学校加挂社区学校牌子的农村模式等。

1994年11月，全国第一所社区学院——上海金山社区学院成立，此后，各地纷纷成立社区学院，其组建主要有以下5种模式。其一，以广播电视大学为核心，再整合其他类别学校共同组建而成。其二，以区域性职业教育中心为主，再整合其他类别学校建立的社区学院。其三，以成人高校组合而成的社区学院。其四，由当地政府出面通过教育资源整合、组织机构调整、注入一定的资金，重新挂牌成立的，在一定程度上独立的事业单位。其五，具有完全独立编制的社区学院。①

除上海之外，全国不少地方的社区教育办学机构纷纷成立。

2009年，广州城市职业学院加挂"广州社区学院"的牌子，同年，四川省在省级电大的基础上成立了成都社区大学。

2010年，全国社区教育实验区和示范区分别有区级社区教育中心204个和135个，街镇社区学校5551所和172所，居委会（村）教学点31399个和10999个。②

2013年，全国区级社区教育中心开设了180个培训班，举办讲座25230个；街镇乡社区学校开设了1744个培训班，举办讲座81602个；村居教学点开设了22097个培训班，举办讲座256447个。③

2015年，浙江省设立市、县社区教育机构共100所，实现了市、县两级社区教育机构的全覆盖。全省建立了街道（乡镇）级社区学校1332所，在村（居）建立社区学校15575所，覆盖率接近60%。④

2020年，成都市已形成以1所市级社区大学、21所市（区、县）级社区教育学院为主体，261所街道（乡镇）社区教育学校为骨干，3043个村（社区）教育工作站为基础的社区教育服务体系。

东部地区探索社区教育机构的重心进一步向下，向最基层延伸。如上

---

① 顾侯强：《社区教育概论》，中央广播电视大学出版社，2011，第85~87页。
② 杨志坚主编《中国社区教育发展报告（1985—2011年）》，中央广播电视大学出版社，2012，第29页。
③ 杨志坚主编《中国社区教育发展报告（2013—2014年）》，中央广播电视大学出版社，2015，第119页。
④ 周延军编著《新时代社区教育若干问题研究》，北京时代华文书局，2020，第79页。

海市在探索 4.5 级办学体系，在村（居）之外建立院落学习室、宅基课堂或市民体验学习基地；江苏省社会教育中心和市（区）开放大学、企业等合作，设立社区教育"学习苑"；沈阳市从 2017 年开始了建设"农村睦邻学习点"的探索。①

农村的不少地方还没有冠以社区教育这一名词，其事实上的社区教育机构以农村成人学校或农民文化技术学校为主，形成了县、乡（镇）、村三级网络教育体系。

下面介绍两所有代表性的社区学院。

上海市金山社区学院：全国第一所社区学院，该学院的宗旨是"立足社区，服务社区"，定位是最大限度地满足社区一切教育需求。在办学体制上，一是充分有效地利用一切资源，依托企业与社区，实行条块结合的改革机制。二是以精简高效为原则设置学院管理机构，实现由过去仅为石化系统职工培训服务的单一功能，向为金山整个社区社会经济发展及提高居民整体素质服务转变；完善以社区主要领导为董事长的董事会，院长领导下的院长办公室、教学管理部、学生服务部的管理机构，以及由上海社区教育研究中心实验基地、金山社区学院教育研究所和职业技能培训中心组成的管理研究教育培训网络系统；收入与办学效益挂钩。② 学院的在编教师主要承担基础课和专业课的教学任务，兼职教师主要来自高等院校的专业教师和大型企业生产第一线的工程技术人员，学院有完备的教育设施，开设了适需的专业，严格控制收费标准，重在素质培养。③

北京市朝阳社区学院：该学院是以北京市朝阳区职工大学为基础，整合朝阳区电大和师范学校组建起来的北京市第一家社区学院，以立足和服务社区为办学宗旨；办学方针是以社区为依托，以改革为主线，以教学为中心，以质量求生存，以特色求发展；办学方向是以科研为先导，拓展社区学院新的办学之路；教学模式有开放式、案例式、模块式、三维式、问题式、活动式、讨论式、分层式、双证式、训练式等；④ 人才培养模式具

① 周延军编著《新时代社区教育若干问题研究》，北京时代华文书局，2020，第 12 页。
② 《社区教育的奇葩——上海市金山社区学院》，《教育发展研究》1999 年第 5 期。
③ 杨应崧、孔祥羽主编《构建学习型城市——上海社区学院巡礼》，上海交通大学，2003，第 19～29 页。
④ 孙桂华：《社区学院实践探究》，北京航空航天大学出版社，2009，第 18～20、53～58 页。

有社区、成人、平民、开放等教育特色，强调培养"能力本位"的应用型人才。①

四　小结

百年来，我国社区教育实施机构得到了迅速发展，在一定程度上满足了居民的学习需求，为社会培养了大批人才，其在发展中呈现出以下特点。

第一，数量不断增加，种类多样，办学灵活。除图书馆、博物馆等社会式教育机构外，从民国时期的通俗学校、民众教育学校、讲演所、冬学到新中国成立后的各种业余学校、夜校，再到改革开放后的文化技术学校，以及当代社区学院、社区学校等机构，种类多样。在办学中，各机构能根据实际情况，灵活应对，对于社区教育的推行起到了至关重要的作用，对于扩大教育面，提升广大居民的各方面素质及促进社会、社区的发展起到了良好的作用。

第二，制定了相应的规则，保障了教育机构的顺利运行。除国家层面为社区教育机构的设置、运行等颁布了一系列的政策法规外，各地政府及社区教育机构也制定了相应的实施办法和章程，保障了其有序运行。如1924~1934年，无锡县制定了《无锡县平民学校章程》，河南省制定了《教育厅管理私立平民学校暂行规程》及《河南县立露天学校规程》，南京市公布了《南京市社会局管理私立补习学校章程》等。当代各地政府及社区教育机构更是出台了众多的规章制度，对社区教育机构的性质、指导思想、设置原则、经费、师资、设施、运行等进行了规定。如上海市于2001年出台了《上海市社区学校设置暂行规定》；上海市教育委员会、上海市精神文明建设委员会办公室于2007年下发了《关于推进本市社区学院建设的指导意见》；等等。

第三，各社区教育机构建立了相应的管理组织。如绥远社会教育所（1933年7月改为绥远省民众教育馆）设立所长1人，下设编辑部、讲演

---

① 邢贞良：《新时期朝阳社区学院服务社区教育的实践探索与思考》，转引自马金东主编《终身教育体系下社区教育实践研究》，高等教育出版社，2011，第13页。

部、戏剧部、事务部，各设主任 1 人，第一阅报所主任、第二阅报所主任、干事、编辑员、事务员各 1 人，讲演员 2 人。① 山西解虞县西张耿乡业余文化技术学校由党委书记、乡长、团委书记、乡文教主任、妇联主任、农业社主任、技术推广站站长、拖拉机站站长、中学教导主任和教师代表等人组成学校委员会，在校委会下设校长 1 人，副校长 4 人。在校教导处领导下成立了初中、高小、扫盲农业技术、政治课等教研组。在生产大队下设 23 个分校，分校设有分校委员会，把各分校划分为 5 个联络区，每区由校部的 1 位副校长或教导主任负责领导。② 上海市在当代社区教育中，在市、区（县）和街道（乡镇）三级分别成立了推进学习型社会建设指导委员会，负责社区教育、社区学校发展的规划、统筹、决策、指导、督察等工作。在上海社区学校，其内部一般成立了校务委员会，正副主任分别由街道（乡镇）领导担任，街道（乡镇）相关职能科室负责人和校长（常务副校长）任委员，下设校长办公室。③

第四，社区教育实施机构中存在一些问题。如对于民众教育馆，有人指出，"考其施教的成绩，实在太令人失望——几乎难找到一个合乎理想的"。表现为内容空虚残缺，一般县立民众教育馆较小，活动范围狭小，效率低，一无所长，不够辅导资格。其失败的原因在于：目标广泛；人力薄弱，根据 1937 年统计，全国民众教育馆教职员人数平均每馆 4.4 人，而一个县立民众教育馆，往往只有 2～3 人，其人员能力更不堪闻；经费不足；组织空虚；不合国情。④ 对于民众学校，其存在经费、招生留生的困难，集中在城市、教师兼任、课业用品免费等带来的弊病，导致办学结果招致各方不满，突出表现为退学率高。⑤ 冬学中存在村干部入冬学学习不够普遍和认真、冬学工作脱节、强迫命令、领导抓得不够紧等方面的问题。⑥ 当代社区教育机构中存在社区学院定位和地位不明、管理主体不清、

---

① 绥远省民众教育所编《绥远社会教育所一览》，绥远省民众教育所，1933，第 3～5 页。
② 张克忍：《一个学文化又学技术的业余学校》，《人民教育》1958 年第 4 期。
③ 金德琅：《终身教育体系中社区学校实体化建设的研究》，上海社会科学院出版社，2007，第 63～67 页。
④ 许公鉴：《民众教育馆制度改革的研讨》，《中华教育界》1947 年第 6 期复刊。
⑤ 杨才林：《"作新民"、"唤起民众"——民国社会教育研究》，博士学位论文，首都师范大学，2007，第 126～130 页。
⑥ 中央教育科学研究所编《老解放区教育资料》（二·下），教育科学出版社，1986，第 178～181 页。

对教育资源整合不够、居民参与不够等问题。此外，社区教育师资未专业化、课程资源较为缺乏、在城乡和地区间发展不平衡、教育质量没有统一标准等是百年来各社区教育机构共同的问题。下面，我们对其中的社区教育办学机构标准化及社区学院性质与定位两个问题进行专门的探讨，前者关系到我国社区教育均衡发展及教育公平的问题，后者关系到社区学院这一核心社区教育机构的发展方向问题，对这两个问题的探讨有特别重要的意义。

第二节　社区教育办学机构的标准化建设

百年来，中国社区教育实施机构中存在的一个突出问题是城乡之间、地区之间发展的不均衡，总体来看，城市地区、东部地区的社区教育机构不管是在数量上，还是在质量上都远高于农村地区和西部地区，解决这一问题的切入点是制定社区教育机构的基本标准，进行社区教育机构的标准化建设。

一　社区教育办学机构标准化内涵

桑德斯在 1972 年出版的《标准化的目的与原理》一书中提出标准化的七原理：标准化从本质上来看是社会有意识地努力达到简化的行为；标准化应该通过所有有关者的互相协作来推动工作，标准的制定必须建立在全体协商一致的基础上；出版了的标准如不实施，就没有任何价值；在制定标准时，最基本的活动是选择以及将其固定；标准要在规定的时间内复审和修订；在标准中规定产品性能或其他特性时必须规定进行试验的方法；关于国家标准以法律形式强制实施的必要性，应根据其标准的性质、社会化程度及社会上现行的法律和客观形势等各方面的情况，慎重地加以考虑。[①] 1991 年，国际标准化组织对"标准化"的定义是：为在一定范围内获得最佳秩序，对实际的或潜在的问题制定共同的和重复使用的规则的

---

① 舒辉编著《标准化理论与实务》，经济管理出版社，2000，第 36~38 页。

活动。① 由上可以看出，标准化有这样几层含义。首先，标准化的目的是在一定范围内获得最佳的秩序和共同效益。其次，标准化的核心是规则，即衡量的标准。再次，标准化是制定和实施标准的过程，也就是说，标准化不仅包括制定标准，还包括实施标准这样一个过程。最后，这些标准是共同遵守和可重复使用的。社区教育办学机构的标准化就是为了在国家或一定地区范围内获得社区教育办学最佳的秩序和效益，针对社区教育办学机构存在的问题制定各机构共同使用的衡量标准并把这一标准用于评估、衡量各社区教育办学机构，使所有社区教育办学机构都达到标准的过程。

标准化问题由来已久，秦始皇统一中国后，就对度量衡、文字、货币等进行了统一规定，这实际上就是标准化，极大地促进了国家管理的规范化及有序发展。随着机器大工业生产的发展，20世纪，国家规模的标准走向了世界规模。20世纪末期，随着全球化进程的加快，为使我国很好地与国际接轨，融入国际社会，国家开始实施标准化战略，1988年，我国通过了《中华人民共和国标准化法》（2017年对该法进行了修订），为国家治理的标准化提供了法律保障。2006年，国家标准化管理委员会发布了《标准化"十一五"发展规划纲要》，各行业部门发布了行业的标准化规划，各地方政府也发布了地方的标准化规划。标准化学校建设发端于义务教育领域。1990年初，兰州市较早地提出了建设标准化学校，1998年，教育部颁布《关于加强大中城市薄弱学校建设，办好义务教育阶段每一所学校的若干意见》，2005年，教育部颁布《关于进一步推进义务教育均衡发展的若干意见》，为标准化学校建设提供了政策基础。2010年发布的《国家中长期教育改革和发展规划纲要（2010—2020年）》和2012年的《国务院关于深入推进义务教育均衡发展的意见》中明确提出和强调了要推进义务教育学校标准化建设。2014年，教育部印发《义务教育学校管理标准（试行）》，提出了6大方面92条要求。不少地方也制定了相关政策并开展了标准化学校建设工作：浙江省于2003年制定了《浙江省九年制义务教育标准化学校评定标准（试行）》，2011年，在对该标准进行修订后，又重新颁布了《浙江省义务教育标准化学校基准标准》；湖北省武汉市于2006年制定了《市教育局关于推进我市公办初中标准化学校建设工作的意见》；

① 舒辉编著《标准化理论与实务》，经济管理出版社，2000，第11页。

河北省从 2005 年开始启动全省农村中小学标准化建设工作，颁布了《关于推进农村中小学标准化建设的实施意见》；2015 年，江苏省政府办公厅颁发了《江苏省义务教育学校办学标准（试行）》，制定了近 70 条标准，形成了一个较为全面的义务教育学校标准体系。与此同时，各地还建立了一些具体的指标体系对学校的标准化建设进行评估。

有人对义务教育领域内的标准化学校进行了界定，认为其是指"在义务教育领域内根据法律规定，确保全国基础教育大体拥有均衡的物资条件和师资队伍条件的规范化学校"。① 从中我们可以看出，标准化学校的核心是人、财、物等教育资源配置的均衡，同理，社区教育办学机构标准化建设主要应包括这样几个方面的标准化。首先，经费投入方面的标准化，主要体现为社区居民每年每人用于社区教育的专门经费达到基本的标准。其次，办学条件的标准化，包括生均校舍面积、仪器设备、生均图书占有量、学校环境等达到基本标准。最后，师资方面的标准化，包括教师的数量、学历、职称、年龄、学科结构及师生比等方面达到基本标准。社区教育办学机构标准化建设中制定统一参数和统一标准，不但有利于实现社区教育的均衡发展，而且有利于社区教育管理的规范化和科学化。最重要的是，各社区教育办学机构只有在人、财、物几个方面的资源配备达到了规定的标准，才能使教育质量有基本的保障。

二　百年来中国社区教育办学机构的标准化情况审视

（一）　百年来中国社区教育办学机构标准化发展概述

民国时期，我国出台了一些政策文件，对有关社区教育办学机构的师资、经费、办学条件等方面进行了规定，可视为对社区教育办学机构在上述几个方面标准的规定，个别地区较为认真地进行了社区教育办学机构的标准化建设工作。教育部等部门在《通俗教育讲演所规程》（1915）、《民众学校办法大纲》（1929）、《民众学校规程》（1934）、《通俗讲演员检定条例》（1931）、《通俗讲演员检定委员会组织通则》（1931）、《民众教育馆规程》（1939）、《民众教育馆工作大纲》（1939）、《社会教育机关工作

---

① 杨兆山、金金：《建设"标准化学校"搭建义务教育均衡发展的操作平台》，《东北师范大学学报》2005 年第 5 期。

人员检定规程》（1943）等文件中，对通俗教育讲演所、民众教育馆等社区教育办学机构的设置标准、任职资格、经费分配、考核等方面进行了规定。一些地方也出台了相应的规定，如上海市于1933年出台了《上海市立民众教育馆馆长任免及服务规则》。江苏省是推行社区教育办学机构标准化的典范：其于1929年颁布了《江苏省各县县立通俗教育馆馆长任免及待遇暂行规程》《江苏省各县县立通俗教育馆馆员聘任及待遇暂行规程》，于1932年颁布了《江苏省各县县立民众教育馆二十一年度最低标准工作》，较为详细地确定了民众教育馆的最低工作标准，还确定了标准工作考查办法。1933年，江苏省教育厅颁布了《江苏省各县民众教育区中心机关标准工作》，其所定标准更为细致，从而正式进入"标准工作"的施行阶段。① 1934年，江苏省又公布了《江苏省各县民众教育区中心机关标准工作实施情形考查办法》，以促进民众教育标准化工作的施行。但在这一时期，大多数地区没有出台本地区的社区教育办学机构标准，也并未认真执行国家制定的有关标准，以至于各地社区教育机构的发展水平相差甚大。1941年，教育部调查各省县市立民众教育馆分组情况，发现多不整齐，因此将各县立民众教育馆分为甲、乙、丙三级。②

新中国成立后，虽然也有少量关于社区教育办学机构师资、经费等的政策规定，但并未形成统一的标准，也就谈不上标准化建设。改革开放后，国家出台了一系列文件，对社区教育办学机构的师资、经费、设施等进行了规定，设定了基本的标准。如1987年，国家教委等在颁布的《乡（镇）农民文化技术学校暂行规定》中对乡（镇）农民文化技术学校的经费、人员、设备等进行了规定。1995年，国家教委颁布了《示范性乡（镇）成人文化技术学校规程》，对示范性乡（镇）成人文化技术学校在校舍建筑面积、设备设施、师资、经费、年培训人数等方面应达到的标准按经济发达地区、经济中等发达地区及经济欠发达地区分别进行了规定，这意味着开展全国性的社区教育办学机构标准化建设迈出了重要的一步。一些地方也制定了本地的社区教育机构办学标准及评选了本地的示范性乡

---

① 朱煜：《江苏民众教育馆研究（1928—1937）》，博士学位论文，苏州大学，2012，第62~63页。

② 教育部教育年鉴编纂委员会编《第二次中国教育年鉴》，商务印书馆，1948，第1099~1100页。

（镇）成人文化技术学校。如上海市在 2001 年出台了《上海市社区学校设置暂行规定》，对设置社区学校的基本条件、师资、场地、设备、资金等进行了相应的规定；2003 年，上海市嘉定区制定了《村居办学点设置标准》；2007 年，上海市制定了《上海市镇（乡）成人中等文化技术学校建设标准（试行稿）》。再如，武汉市将乡（镇、场）成人文化技术学校分为三类，村级农民文化技术学校分为两类，分别详细地规定了其办学条件、办学水平、办学效益的不同标准，作为评估等级的条件和实行管理的依据。① 但就全国范围来看，不少地区仍未出台本地区的社区教育办学机构标准，也并未认真执行国家制定的有关标准。以至于在各农村成人学校中，不少学校经费投入缺乏保障机制，教师编制落实不到位，教学条件普遍较差，缺乏必要的图书、计算机及网络设施和实习实训基地，对农民难以有效开展各种实用技术培训。② 一些乡（镇）虽然挂有成人文化技术学校的牌子，但基本没有人员，也未开展活动。2009 年，上海市普陀区教育局受中国成人教育协会社区教育专业委员会的委托，牵头开展了"社区教育机构三级网络标准化建设的研究"，对全国 266 所社区学校、100 所成人学校进行了调查，对社区学院、社区学校和村（居委）教学点标准化建设中的重要经验和问题进行了总结：一半以上的社区学院的校舍面积在 5000 平方米以下；地区师资差异极大，专职教师比例偏低，有些甚至没有专职教师；政府投入在 500 万元以上的社区学院相对集中在上海、北京等地。③

　　与此同时，编制了有关社区教育机构的评估指标体系。2009 年，上海市普陀区开展了市级招标实验项目"街镇社区学校（成人学校）标准化建设的实验"，拟定了社区学校标准化评估指标体系，并在全区 7 所社区学校进行了试点，评出了一批社区学校标准化建设优秀单位，出版了《社区教育机构标准化建设研究》一书。④ 2010 年，教育部颁布了《社区教育示范区评估标准（试行）》，包括一级指标 5 个，二级指标 16 个，三级指标

① 虎威：《武汉市教委印发乡（镇、场）、村成人文化技术学校评估试行意见》，《成才》1994 年第 6 期。

② 曹晔、刘晶：《关于河北省农村成人学校的调查与思考》，《河北科技师范学院学报》（社会科学版）2007 年第 2 期。

③ 李学红主编《社区教育机构标准化建设研究》，上海科学普及出版社，2010，第 7~11 页。

④ 《普陀区社区教育的实体化、标准化、特色化、社会化和优质化的发展历程》，豆丁网，2013 年 6 月 5 日，https://www.docin.com/p-662029185.html。

39 个。教育部职业与成人教育司于 2011 年、2012 年分两批组织了社区教育示范区的督查工作。2012 年，教育部颁布了参照《社区教育示范区评估标准（试行）》制定的《全国社区教育实验区评估标准（试行）》。此后，各地出台了一些本地的社区教育机构标准化建设文件，如《成都市规范化社区教育学校建设评估指标体系》（2016）、《温州市社区学校（学院、分校）标准化建设评估指标体系》（2013）、《上海市街（镇）社区学校标准化建设评估指标、体系（试行）》（2015）、《成都市示范社区教育工作站建设评估指标体系》（2019）等。这些都表明，我国社区教育办学机构标准化建设已被提上议事日程，进行标准化建设的地区范围大大扩大。但总体来看，标准化建设工作还主要局限在示范性的社区教育办学机构范围，没有开展全国性的社区教育办学机构标准化建设工作，特别是在占绝大多数的非示范性社区教育办学机构方面并没有形成较为系统的、较为详细的标准，或者即使国家有相关的一些基本规定，也未能得到很好的贯彻实施，导致各社区教育办学机构各行其是，办学水平参差不齐，差距较大。

（二）社区教育办学机构经费标准化情况

总体来看，虽然政府有一些对社区教育经费问题的规定，但对社区教育办学机构经费在数额、政府及社会与个人所应投入的比例上总体较为缺乏统一而具体的规定，即使在一定时期出台了统一的规定，在实践中也并未真正贯彻实行这些规定，这造成大多数地区社区教育办学机构经费未达到标准。

1928 年前，政府对于社区教育经费问题并无统一规定，各地社区教育办学机构经费投入也很少有记载。1928 年，国民政府明令规定社区教育经费在全部教育经费中应占 10%~20%，[①] 但在实践中真能照此执行并达到标准者并不多。同时，这一规定只是规定了社区教育总投入所占的比例，并未对各社区教育办学机构应有的具体经费进行规定，这就使各地社区教育办学机构的经费差别甚大。如松江民众教育馆 1933 年全年的教育经费为 5388 元，[②]

---

① 教育部社会教育司编《实施失学民众补习教育办法大纲》，商务印书馆，1936，第 235 页。
② 松江民众教育馆概况编辑委员会编《松江民众教育馆概况》，松江民众教育馆，1933，第 2 页。

安徽省立民众第二教育馆 1935 年每月经费平均为 1936 元。① 1933 年，南京市立首都实验民众教育馆的经费为每月 460 元，由教育部拨付，市政府支付房租；江苏省立民众教育馆每月经费达 4667 元，由江苏省拨付；南京市中心民众学校经费为每月 240 元，由市政府付给。② 在革命根据地，由于条件更为艰苦，就更说不上规定社区教育机构经费的统一标准了，在具体实践中也是各有多少。

新中国成立后，对于各社区教育机构具体应投入多少经费仍然没有具体的规定，基本采取当地集体或个人自筹，政府拨付极少专门款项的政策，至于当地集体和个人应筹集多少及政府应拨付多少，并没有统一的规定，这样，各地社区教育机构的经费就有较大的差别。

改革开放后，社区教育经费改为以政府投入为主，但仍然缺乏统一的经费投入标准，拨付给社区教育机构多少经费，取决于当地财政情况及领导的重视程度。东部沿海城市的社区教育机构经费总体充足一些，中、西部地区，特别是其农村地区的社区教育机构经费则较为缺乏。如河南省方城县独树镇成人学校的经费主要靠乡镇统筹，由于地方财政划块，资金短缺，所以拨给成人学校的经费寥寥无几。③ 2004 年教育部《关于推进社区教育工作的若干意见》中规定国家和省级社区教育实验区应按照社区常住人口人均不少于 1 元的标准，落实社区教育经费。④ 这只是规定了社区教育实验区的经费标准，对于占绝大多数的社区教育非实验区的经费标准却没有明确的规定，导致当代社区教育各办学机构的经费差别巨大。据有关单位 2009 年对上海、江苏、浙江、北京、成都、湖北、广东、辽宁、江西等省市 266 所社区学校、100 所成人学校的调查，2008 年，政府投入在 500 万元以上的社区学院主要集中在上海、江苏、浙江、北京等地，政府在社区学院投入最多的经费达 1194.99 万元，而有的社区学院完全没有政

---

① 安徽省立第二民众教育馆编《安徽省立第二民众教育馆概况》，安徽省立第二民众教育馆，1936，第 17 页。

② 教育部编《教育部督学视察南京市中小学及社会教育报告》，教育部，1933，第 117、124、128 页。

③ 李国宾：《乡镇成人学校存在的问题及对策》，《北京成人教育》1996 年第 9 期。

④ 教育部《关于推进社区教育工作的若干意见》，教育部网站，2008 年 4 月 25 日，http：//www.moe.gov.cn/srcsite/A07/zcs_cxsh/200412/t20041201_78909.html。

府投入。① 当前，在一些社区教育示范区，社区教育经费达到每人每年 20
多元，而在非社区教育示范区和非社区教育实验区，社区教育经费完全没
有保障。2016 年，教育部职成司委托中国成人教育协会、教育部社区教育
研究培训中心、成都社区大学等单位成立了"社区教育机构标准化建设研
究课题组"，选取全国 20 个省级、41 个地市级、232 个县（区）级、332
个乡镇（街道）级社区教育机构和 751 个村（居）级社区教育机构为考察
对象，发现，截至 2018 年底，37% 的县（区）社区学院、38% 的乡镇（街
道）社区学校和 37% 的村（居）学习点没有常规工作经费。②

（三）　设施标准化情况

百年来，政府虽然有一些对社区教育机构设施的规定，但缺乏统一而
具体的标准，造成各地社区教育机构设施差异极大。

民国初期，由于没有统一的标准，各社区教育机构设施差别较大，总
体上相对于省级机构，县市一级的社区教育机构设施更为简陋，当时大多
数县立民众教育馆较小，基本是礼堂、教室、办公室、书报室、陈列室等
各 1 间，设备不多。如无锡县立民众教育馆和南京市立首都实验民众教育
馆都存在场地狭窄拥挤的问题，③ 而江苏省立民众教育馆场地有 35 亩，亭
台园林，颇为壮观，还有标本、机器、模型、钢琴、古籍图书等设施。另
外，一些先进的教学设备，如电化教学设施，在少数发达地区及城市地区
的社区教育机构才有。1941 年，教育部制定了《民众教育馆设备标准草
案》，分场所、表簿、图书、仪器、标本及模型、电化教育用具、运动用
具、医药用具、娱乐用品、普通教具及办公用具、生活用具等项，还颁布
了《民众教育馆馆舍标准及修建办法要点》。这些政策规定了民众教育馆
设施的基本标准，对于促进其走向标准化有一定的意义，但在实践中难以
得到落实。根据地的社区教育机构设施一般都极为简单，也没有统一的要
求和规定。如陕甘宁边区冬学的创办有以下几种方式：村民自己创办、有
威望的人士或积极分子创办、识字组个别劝导创办、娃娃教员团结娃娃创

---

① 李学红主编《社区教育机构标准化建设研究》，上海科学普及出版社，2010，第 11 页。
② 周延军编著《新时代社区教育若干问题研究》，北京时代华文书局，2020，第 78 页。
③ 参见《无锡县立民众教育馆概况报告》，无锡县立民众教育馆，1931，第 9 页；教育部编
《教育部督学视察南京市中小学及社会教育报告》，教育部，1933，第 124 页。

办、干部热心帮助等，① 这些冬学有的甚至设在家中，几乎谈不上设施设备。新中国成立很长一段时间内，对于社区教育机构的设施同样没有统一的规定，各种社区教育机构有的依托学校的设施，有的则新建简陋的校舍。

改革开放后，国家开始重视社区教育机构设施的问题，如1987年国家教委等颁布的《乡（镇）农民文化技术学校暂行规定》规定乡（镇）农民文化技术学校要有固定的校舍、必要的教学设施和各种形式的实验、实习基地，② 不过，仍然没有具体的标准。1995年的《示范性乡（镇）成人文化技术学校规程》只对全国示范性乡（镇）成人文化技术学校的设施进行了规定。对于社区学院，除了对全国实验区和示范区有相应的具体规定外，对于一般的社区学院和社区学校设施并无统一的要求。这就导致我国社区教育机构在设施上差距很大，更不统一。据廖其发2002年的调查，我国农村成人文化技术学校办学条件较差，不少学校只有少量的录放机和电视机等简易电教设备，甚至一些乡镇政府卖掉了成人文化技术学校校舍，使这些学校处于消亡的边缘。③ 截至2005年底，河北省共有农村文化技术学校31771所，"六有"（有场地、有教室、有教师、有设备、有办公用品、有活动）学校16734所，许多乡镇成人文化技术学校只有办公室和校舍，缺乏必要的图书、计算机及网络设施和实习实训基地。④ 由此可以看出，有较为齐全的教学设施的村文化技术学校只占一半多一点。据有关单位2009年对上海、江苏等多个省市266所社区学校、100所成人学校的调查，在社区学院中，校舍建筑面积最大达5万平方米，有教室129个，实训场所40个，最小为800平方米，无教室及实训场所；1万平方米的大型社区学院场馆集中在上海、北京、江苏、浙江四地。成人学校校舍建筑面积最大达6300平方米，有教室30个，实训场所5个，最小只有80平方

---

① 东北行政委员会教育委员会编《冬学手册》，东北书店，1947，第1~15页。
② 《乡（镇）农民文化技术学校暂行规定》，第一财税网，1987年12月30日，https://www.tax.org.cn/displaw-law-11256230.html。
③ 廖其发主编《中国农村教育问题研究》，四川教育出版社，2006，第327页。
④ 曹晔、刘晶：《关于河北省农村成人学校的调查与思考》，《河北科技师范学院学报》（社会科学版）2007年第2期。

米，1 个教室，无实训场所。① 据教育部"社区教育机构标准化建设研究课题组"的调查，截至 2018 年底，32% 的县（区、市）级社区教育机构和 12% 的乡镇（街道）社区教育机构没有社区教育活动场地。村（居）学习点虽有独立或共用的场所，但是缺少比较高端的教学设备和数字化学习环境。②

（四） 师资标准化情况

清朝末年，清政府对社区教育师资标准的规定较少而且模糊，中华民国成立后，这一状况有所改变，在此后百年来的历史中，各个时期都有一些有关社区教育师资标准的规定，这些规定对于促进我国社区教育机构师资的标准化起到了积极的作用，但总体来看，这些规定并不系统和统一，甚至在一些时期内未有全国统一的标准。即使有了全国统一的标准，也并未得到完全的贯彻，导致各社区教育机构师资的数量和质量差异极大。

民国时期，教育部在其公布的《通俗教育讲演所规程》（1915）、《民众学校办法大纲》（1929）、《社会教育机关主任人员之任免办法》（1930）、《通俗讲演员条例》（1933）、《民众学校规程》（1934）、《民众教育馆规程》（1939）中，对社区教育机构师资人员的学历、资历等进行了规定。1943 年，教育部颁布了《社会教育机关工作人员检定规程》，规定各省市社区教育机关工作人员应受检定。江苏省是全国较早规定社区教育机构人员资质标准的省份，其在《江苏省各县民众学校校长教员任免及待遇暂行规程》中，规定各县民众学校、校长职员，以人格高尚、服膺党义、勤奋耐劳并合于下列资格之一者为合格：曾受民众教育训练得有证明书者；具有相当学历并对民众教育确有研究者；曾任教学职务一年以上对民众教育有研究者；各机关团体之职员或学校教员对民众教育有兴趣者。③ 这些规定对于确立社区教育师资标准有着重要的意义。不过，即使有了全国统一的标准，也只有少数地方去认真贯彻执行，导致绝大多数社区教育机构师资水平并不达标。如就学历、资历等条件审视，江苏各县民众教育馆馆

① 李学红主编《社区教育机构标准化建设研究》，上海科学普及出版社，2010，第 7、14 页。
② 周延军编著《新时代社区教育若干问题研究》，北京时代华文书局，2020，第 78 页。
③ 《章则：江苏省各县民众学校校长教员任免及待遇暂行规程》，《上海县教育月刊》1932年第 45 期。

长、馆员的聘用，大体都按照有关规定执行，在学历、资历条件上，民众教育馆馆员的素质总体尚好，[①] 民众教育专门训练毕业者江苏省最多，而很多省一个都没有。此时，根据地由于师资极为缺乏，因此只能制定一些较为粗放的政策，没有严格的条件限制，说不上统一标准。

新中国成立后，基本沿袭了战争年代对社区教育师资标准的规定，在较长的时期内对社区教育师资没有明确的统一的标准，使各地社区教育机构基本是随意地聘请当地有关人员。如在四川南充县红旗公社红专学校，党委、行政和共青团的干部是政治课教员，技术员、老工人、老农、老医师、先进工作者是技术课教员，文化课教员是聘请文化水平较高的干部、社员或职工担任。[②]

改革开放后，一些文件出台，规定了乡镇文化技术学校和社区教育工作者的资格问题。如1982年教育部印发的《县办农民技术学校暂行办法》，1995年国家教委印发的《示范性乡（镇）成人文化技术学校规程》，对这些学校专职教师的学历进行了规定。2002年，教育部在《关于进一步加强农村成人教育的若干意见》中指出，成人文化技术学校的教师必须具备教师资格，[③] 这是首次要求社区教育机构的教师具有教师资格。此后，《社区服务指南》（2006）、《社区教育工作者岗位基本要求》（2013）、《社区教育服务规范》（2020）等文件，对社区教育人员应具备的学历、资格证书、基本素质等进行了规定。尽管有了上述规定，但当代社区教育机构中的师资仍然距离标准化甚远。据有关单位2009年对上海、江苏等多省市266所社区学校、100所成人学校的调查，社区学院中的教师数最多者为300人，最少者只有7人，社区学院中拥有副高以上职称的教师最多者为62人，最少者只有1人。[④] 由此我们可以看出，由于没有关于社区教育机构师资数量和资格的统一要求，各个社区教育机构中的师资五花八门，严重不均。

各社区教育机构在经费、设施及师资方面的差异，会带来办学水平和

① 朱煜：《江苏民众教育馆研究（1928—1937）》，博士学位论文，苏州大学，2012，第51页。

② 王纯德：《开办各种学校 造就多样人才》，《人民日报》1958年12月9日，第6版。

③ 教育部《关于进一步加强农村成人教育的若干意见》，教育部网站，2002年11月21日，http://www.moe.gov.cn/srcsite/A07/zcs_cxsh/200211/t20021121_8929.html。

④ 李学红主编《社区教育机构标准化建设研究》，上海科学普及出版社，2010，第8页。

教育质量的差异。

三　推进中国社区教育办学机构的标准化建设

标准化作为一种管理方法已经深入人心，如前所述，标准化不仅包括制定标准，还包括实施标准这样一个过程，要推进我国社区教育办学机构的标准化建设，制定与实施标准同样是其最主要的环节。

（一）　制定科学化、系统化的标准

社区教育办学机构标准是按照一定程序共同制定出来的所有社区教育办学机构必须达到的水平，对于社区教育办学机构的发展起着导向性的作用，制定标准是进行社区教育办学机构标准化建设的前提。标准以规则、文件等技术规范的形式体现出来，但标准又必定具有内在的理论逻辑，这一理论逻辑包括科学化、系统化等方面。

1. 所制定的社区教育办学机构标准必须是科学的

所谓科学的标准，即要使标准能正确反映事物发展的内在规律。标准之所以能重复、能推广，就是因为其具有科学性，没有科学性的标准是经不起实践的反复检验的。因此，科学性是标准的灵魂。只有用科学的标准去要求、衡量、评估社区教育机构，才可能获得各社区教育办学机构之间的最佳秩序和整体效益，否则，这个标准化的后果就很可怕——会把所有的办学机构都引到不科学的发展道路上去。[1] 要使所制定的社区教育办学机构标准具有科学性，就要做好以下几个方面。

其一，处理好科学统筹与各地客观实际的关系。有关部门既要立足于全局，进行系统的设计，又要最大限度地考虑各地的实际情况，使制定的标准与各地的社会与经济发展相协调，只有可执行的标准体系才是具有生命力的标准体系。所制定的社区教育办学机构标准应具有一个合理的弹性区间：一方面，使经济欠发达地区的社区教育办学机构能达到标准的下限，成为标准学校；另一方面，使发达地区或原来社区教育发展基础较好的学校能达到标准的高位水平，有利于其走向卓越。

---

[1]　张新平、何晨玥：《软法治理视角下的义务教育学校标准化建设》，《教育研究》2017年第11期。

其二，处理好标准化与个性化的关系。标准的本质是统一，是一种统一规定，因此，要实现社区教育办学机构标准化首先就要使各社区教育办学机构在经费、设施、师资等方面达到统一的标准。但标准化学校建设中的标准是经费、设施、师资等方面办学条件的标准，而不是课程内容、教学模式和方法等方面的标准，也就是说，社区教育办学机构标准化不等于要使所有的社区教育办学机构一模一样、整齐划一，而是在总的基本标准下，充分发挥各个学校的主动性和创造性，使学校办出个性和特色，因为标准化建设的最终目的是实现各社区教育办学机构的内涵式发展与特色发展。因此，我们所制定的有关标准要把握一定的度，更多的是在硬件方面的规定，而不能在教育机构的风格、内容、模式等方面制定统一的标准。

其三，处理好稳定与动态的关系。一方面，标准一旦发布，就要保持应有的稳定性，不能朝令夕改；另一方面，任何标准都具有时效性，社区教育办学机构标准也不例外，我们应坚持实事求是的思想，及时根据新情况进行必要的调整，每隔几年进行修订。

其四，所制定的标准要力求具体。要对社区教育办学机构的经费、设施、师资等的具体数量进行规定，这样才便于真正贯彻落实与检查评估。2007年，上海市制定了《上海市镇（乡）成人中等文化技术学校建设标准（试行稿）》，其中分一级指标6个，二级指标18个，三级指标48个，其核心指标如下：镇（乡）成人学校必须是独立建制的法人事业单位，有"身份证"；独立校舍在1500平方米以上，成人学校自用房在1000平方米以上，有"房产证"；专职教师以户籍人中1.5∶10000配备，有"户口簿"。还要求成人学校有两个实习、实训场所，自我开发课程和自编教材，有一定量的办学规模，经费由政府投入并保障等。[①] 再如2009年的《上海市普陀区社区学校标准化建设评估指标体系》中有一级指标6个，二级指标26个，三级指标77个，其中规定经费纳入财政预算，街镇有专项经费投入，人均每年不少于2元，每年有经费审计报告；校舍建筑面积在2000平方米以上，教室面积在1000平方米以上，阶梯教室或大教室面积在80平方米以上，电教设备能满足正常教学要求，并规定了电脑及图书的数

---

① 李学红主编《社区教育机构标准化建设研究》，上海科学普及出版社，2010，第74页。

量；专职教师占本街镇户籍人口万分之 0.5，须具备大专及以上学历，一半以上须具备教师资格，中级以上职称达本区初级中学标准，兼职教师具有大专及以上学历或中级以上职称，兼课 2 年以上，有一支志愿者队伍。还对专兼职教师培训的时长进行了规定。此外，还规定了组织领导、管理、培训、成效等方面的问题。[①] 上述标准较为具体，基本做到了可操作，便于贯彻落实。

2. 制定社区教育机构标准是一项系统工程

一方面，社区教育办学机构标准的制定，需要社会的多元主体对社区教育办学机构标准达成共识，这也是实现教育治理的表现之一。首先，需要各级教育行政机关、各社区教育办学机构及其工作人员达成共识与协同行动，由教育部牵头制定社区教育办学机构的国家标准，由各省教育厅牵头制定各省的社区教育办学机构标准。其次，需要社会各方面，包括当地政府、社会组织和团体、居民等参与社区教育办学机构标准的制定。当前，我国标准化学校建设中标准的制定，其中一个比较大的问题就是参与制定的主体基本限于政府官员与专家两部分人，广大的社区基层教育工作者、受教育者及社会各界人士鲜少有参与权。但教育本身就是一种社会化的实践活动，按照杜威的观点，学校即社会，一切办学机构的标准制定都应让尽可能多的人参与进来，而且社区教育本质上是一种社会教育，更不应把社区教育办学机构标准的制定者局限于少数人，而应让社区居民广泛地参与。也就是说，社区教育办学机构标准的制定，既要反映政府的意志但又不能限于政府的意志，应是政府在充分吸收各方面意见的基础上，再组织有关专家讨论并形成标准。这也正是标准化概念中所强调的公众认同及共同性。最后，社区教育办学机构标准的制定，会牵涉地方的政治和经济的发展、财政投入制度、人事制度、教育改革与治理体系等诸多问题，是一个系统的工程，必须使制定的标准与地方的实际情况和需求相符合。

另一方面，所制定的社区教育办学机构标准体现为系统的体系。从宏观上看，在制定国家及地方有关标准体系的同时，应明确社区教育办学机构的网点布局。从微观上看，应制定社区教育办学机构中经费标准体系、

---

① 李学红主编《社区教育机构标准化建设研究》，上海科学普及出版社，2010，第 176~182 页。

设施标准体系、师资标准体系，以及教育质量标准体系（主要表现为对居民身心发展的促进程度，对促进社区发展所起到的作用等）。在经费标准体系中，应明确各级各类社区教育办学机构的经费数额，其中，明确政府与社会组织、学员学费在经费中所占的比例，而在政府投入数额中，又必须明确中央财政、省级财政、地方财政的投入比例。在学校设施标准体系中，应明确校舍面积、建筑面积，以及教室、办公室、训练室、图书、电教设备、教学仪器、体育器材、实验实训场地等基础设施的数量、面积等。在师资标准方面，应以一定区域内人口数量为基准，明确每个社区教育办学机构专、兼职人员的编制和数量，专、兼职人员的比例标准，教学与管理人员的入职资格标准，教师学历、职称、年龄等结构标准。

（二）　切实贯彻标准

制定标准只是进行标准化建设的前提，只有认真贯彻标准，才能使标准化建设真正落到实处。为此，应做好以下几个方面。

首先，加强相关的政策法规建设。一是要通过立法强调中央、省、市、县、街镇各级政府在社区教育标准化建设中的责任，而且责任应具体。二是要制定各项政策，明确社区教育办学机构标准化建设中的具体执行事项，使社区教育办学机构标准化建设有法可依、有规可循。如前所述，百年来，国家出台了一些有关社区教育办学机构标准的政策法规，但缺乏全国性的标准，当前更是缺乏国家层面的有关的法律法规，同时，历史上的有关政策法规大多失之于粗放，不具体，可操作性不强，难以起到切实的保障执行作用。三是在相关的政策法规中，应规定对不作为者给予相应的处罚。

其次，在思想上重视社区教育办学机构标准化建设，把其放到和义务学校标准化建设同样的位置上。中央政府要加强区域统筹，各级地方政府要将社区教育办学机构标准化建设纳入地方发展总体规划和考核范围，将标准化建设工作融入地方教育局和社区政府的日常工作，把责任落实到各级地方基层组织和社区教育机构，使社区教育办学机构标准化建设工作制度化和日常化，切实而灵活地贯彻有关标准。所谓切实，是指从国家及省级层面所制定的标准出发，统筹教育、财政、人力社保等相关行政部门，重点保障资金投入，确保硬件设施和师资队伍达标。其中，经费问题是一个关键的基础问题，要改变以区县政府为投入主体的现状，加大中央及省级财政的投入力度，特别是要重点扶持经济欠发达地区，可由国家拨出专门的资金，加大支持力度。所谓灵活，是要从实际情况出发，不搞"一刀切"，分区域渐进式地推进标准化建设工作，可先实行在省域内的标准化，不断总结经验教训，逐步推进，最终实现全国范围内的标准化。同时，对成人学校、老年大学等机构进行整合和升级改造，并注意利用地方文化，在达到基本标准的框架下凸显地方特色。

最后，重视对社区教育办学机构标准化建设的评估。标准化本质上就是标准实现的过程，评估就是衡量标准是否实现及实现程度怎样的工作。在全国范围内，我国对于社区教育实验区和示范区进行了一些关于其社区教育办学机构是否达标的评估工作，但对非实验区和非示范区的社区教育办学机构的评估工作还未广泛开展，而且大多数评估工作主要由当地教育部门组织，各社区教育机构管理人员组成评估小组，交叉进行，评估主体较为单一，社会和社区参与不足。要改变这种状况，各地应对当地非实验区和非示范区的社区教育办学机构开展评估工作，同时，鼓励更多的社区居民参与评估，把评估工作交给具有一定资质的第三方机构。此外，在评估中还要注意避免"操作主义"的现象。"操作主义"这一概念由物理学家布里奇曼在20世纪20年代末提出，布里奇曼认为操作是一种最原始的非分析的概念，可以观察到的事实，概念即一套操作。在社区教育办学机构标准化评估中，容易对"标准"一词产生机械化理解，即把"标准"解读为可操作的指标体系，由此在评价指标体系上片面强调可操作性。表现为为了通过评估而只注重社区教育办学机构的校舍面积、教学仪器设备数量、图书数量、教师数量及教师的高学历高职称比例等量化指标，片面强调数据达标，在某种程度上成了当地社区教育机构绩效考核过关的面子工程。与此同时，对于社区教育办学机构在促进居民及社区发展等方面起到的作用较为忽视。这样的标准化建设，虽然在一定程度上使社区教育办学机构的硬件设施得到改善，但容易出现同一化的问题，同时，这种运动式、表面化的评估，造成的结果就是，只在数据上达标，而不是在教育质量、办学水平上达标。

第三节 中国社区学院的性质与定位

我国社区学院的发展存在种种的问题与难题，其中一个最突出的问题就是社区学院的性质和定位不明，不能明确这一点，就不能明确我国社区学院的发展方向。下面，我们就对我国社区学院的性质与定位的有关问题进行分析。

一 中国社区学院是不是一种高等教育机构

这是学术界对于我国社区学院性质看法的一个主要分歧点，主要有以下几种观点。

其一，认为社区学院是一种高等教育机构，这是我国学术界大多数人的观点。如胡晓松等认为，社区学院是以实施高中后教育为己任的综合性地区高等教育办学实体，是社区高等文化教育中心。[1] 王昆认为，社区学院是由社区有关机构创办的，实施普通高等教育、成人高等教育和高等职业技术教育的综合性、地区性高等学校，应纳入高等教育管理序列。[2] 杨应崧认为，社区学院是具有社区特征的，集教育、社会、文化、休闲活动于一体的新型高等教育机构，是社区教育与高等教育互动结合的产物。[3] 刘春朝认为，社区学院是适应中国大陆社区体制改革和社区建设需要，以专科教育为主，集高等学历教育、职业教育、继续教育和社会文化生活教育于一体，发展高等职业教育、开展社区教育活动、完善社区成人教育网络，以构建终身教育、终身学习体系为目标，具有职业性、社区性和综合性的高等教育机构。[4] 有人把有关社区学院高等教育性质和定位的观点归纳成以下六种。第一，国外社区学院是指设立于社区的、由地方教育行政

① 胡晓松、贺宏志：《借鉴国外经验 试办社区学院》，《北京成人教育》1996 年第 7 期。
② 王昆：《关于试办社区学院的思考》，《成人教育》1994 年第 12 期。
③ 杨应崧：《论创建中国特色社区学院的几个焦点》，《教育发展研究》2000 年第 12 期。
④ 刘春朝：《终身学习视角下的我国社区学院发展研究》，博士学位论文，中国矿业大学，2013，第 28～29 页。

机构认可并接受其督导的，主要为所在社区成员提供高等教育、职业技术教育或社会性的文化生活教育等方面服务的教育、培训实体类短期大学的统称。第二，新型成人高等教育说。第三，高等职业教育为主说。第四，社区高等教育机构说，即认为社区学院是在董事会领导下学院自主办学、服务于社区发展需要的社区高等教育机构。第五，地方性职业技术学院说。第六，街道里弄大学说。[1]

其二，认为社区学院是一种社区教育实体机构。这是鉴于我国社区学院在现实中高等性不强的现状，一些人回避了社区学院是否具有高等性这一问题而提出的。如顾侠强认为，"社区学院是立足于相当层级的社区（一般指县、县级市、县级区或以上行政级别的社区），由省、自治区、直辖市教育行政部门正式批准、挂牌成立的，再由地方政府正式发文认可的，旨在提高全体社区居民工作能力、人文素质、生活质量，促进社区经济、社区治理、社区文化全面发展的，区域性较强的核心社区教育实体机构"。[2]

其三，认为对于社区学院性质应具体情况具体分析，不能一概而论。如厉以贤认为社区学院的性质一般有三类。第一类是社区教育中心性质的社区学院。主要是开设多种多样的、适合社区成员需要的课程，实施培训工作，开展丰富多样的社区教育活动。第二类是高等教育性质的社区学院。第三类是混合型的社区学院。这类社区学院综合了前两类社区学院的性质，既设有高等教育课程，又具有社区教育中心功能，开展各种培训工作和社区教育活动。[3] 还有一些人认为我国社区学院性质属于混合型，如李继星认为，"社区学院指的是设立于社区的、由地方教育行政机构认可并接受其督导的、主要为所在社区成员提供高等教育、职业技术教育或社会性的文化生活教育等方面服务的教育、培训实体"。[4]

要衡量一种教育机构是否是高等教育机构，首先就要弄清什么是高等教育。联合国教科文组织在1993年把高等教育界定为："高等教育包括由

①　李云水：《县办社区学院的理论与实践研究》，硕士学位论文，天津大学，2003，第6~7页。

②　顾侠强：《社区教育概论》，中央广播电视大学出版社，2011，第85页。

③　厉以贤主编《社区教育原理》，四川教育出版社，2003，第65~66页。

④　李继星：《我国社区学院建设刍议》，《高教探索》2002年第3期。

大学或国家核准为高等教育机构的其他高等学校实施的中学后层次的各种类型的学习、培训或研究型培训。"① 《中华人民共和国高等教育法》第二条明确规定："本法所称高等教育，是指在完成高级中等教育基础上实施的教育。"② 由此我们可以看出：第一，高等教育是由大学或国家认可的高等教育机构实施的教育；第二，高等教育是高中后教育，在办学层次上具有高等性；第三，高等教育是要培养高级专门人才。下面，我们就从上述三个方面来衡量和分析我国社区学院的性质。

首先，我国社区学院是否是国家认可的高等教育机构？《中华人民共和国高等教育法》第十八条规定："高等教育由高等学校和其他高等教育机构实施。"第六十八条规定："本法所称高等学校是指大学、独立设置的学院和高等专科学校，其中包括高等职业学校和成人高等学校。本法所称其他高等教育机构是指除高等学校和经批准承担研究生教育任务的科学研究机构以外的从事高等教育活动的组织。"第二十五条规定："设立其他高等教育机构的具体标准，由国务院授权的有关部门或者省、自治区、直辖市人民政府根据国务院规定的原则制定。"第二十九条规定："设立其他高等教育机构，由省、自治区、直辖市人民政府教育行政部门审批。"③ 根据这一法律规定，我国社区学院只在一定程度上属于高等学校，因为可能社区学院的其中一部分是由成人高等学校改建或合并而来的，或者是依托电大（开放大学）办学，成人高校和电大都属于《中华人民共和国高等教育法》规定的高等学校。如上海金山社区学院是在上海石化总厂职工大学基础上改建创办的，北京市朝阳社区学院是在原朝阳区职工大学基础上整合北京广播电视大学朝阳分校和朝阳师范学校而建立起来的。而依托电大办理社区学院的就更多了，如四川省各社区学院基本都是依托电大而办的。那么，社区学院是否属于"其他高等教育机构"呢？回答是大多数不属于。因为我国绝大多数社区学院的设立，并不需要按照《中华人民共和国高等教育法》所规定的具体标准来执行，也没有国家专门机构颁发的资质

① 戚万学主编《高等教育学》，山东大学出版社，2008，第 2 页。
② 《中华人民共和国高等教育法》，全国人民代表大会网站，2019 年 1 月 7 日，http：//www.npc.gov.cn/npc/c30834/201901/9df07167324c4a34bf6c44700fafa753.shtml。
③ 《中华人民共和国高等教育法》，全国人民代表大会网站，2019 年 1 月 7 日，http：//www.npc.gov.cn/npc/c30834/201901/9df07167324c4a34bf6c44700fafa753.shtml。

证书，如前面列举的北京市朝阳社区学院就不具备独立的法人资质。总之，从教育机构这个角度来看，社区学院只有部分组成成分属于国家认可的高等教育机构范畴。

其次，社区学院在办学层次上是否具有高等性？从古希腊开始到此后漫长的时期内，高等教育都具有活动方式的高层次性和活动内容的学术性的本质特征。[①] 我国明确把高等教育界定为高中后的教育。但从目前来看，我国社区学院大多数并不具备这一特征。表现为对入学的社区居民并无基本的学历或学力要求，事实上，大多数社区学院学员基础文化层次不高，不少人并未达到高中毕业水平。如有人在2019年对成都市五大主城区社区学院居民学员随机抽样的调查中发现，高中以下文化程度的占近1/4，[②] 远离省会城市的县域社区学院其学员的文化程度会更低一些。同时，在各社区学院大量进行的烘焙、唱歌、跳舞等休闲教育，其活动方式多不具有高层次性，活动内容也大多不具有学术性。此外，大多数社区学院不具有独立法人资质，更不具备颁发给学员高等教育学历和学位证书的资质。因此，除了少数与电大等联办的高等学历教育，以及高中后继续教育培训等形式外，大多数社区学院的实际办学层次不具有高等性。也正因如此，社区学院、社区大学的名称中尽管包含了"学院"和"大学"的名词，但在人们心中，社区学院、社区大学并不是高等教育机构，人们更多地把其视为中老年人休闲娱乐的场所。

最后，社区学院在其职能和培养目标上是否具有高等性？杨德广认为，"高等教育，是指对中等教育以上程度的人，以传授和研究各种科学、技术、艺术等有关学问为主要活动，以培养高级专门人才为主要目的，有一定专业方向的教育"。[③] 潘懋元指出："高等教育是高等专业教育，它的培养目标是各个领域、各个行业的高级专门人才。"[④]《中华人民共和国高等教育法》第五条也规定，"高等教育的任务是培养具有社会责任感、创

---

① 贾永堂：《高等教育本质的历史考察》，《辽宁高等教育研究》1995年第2期。
② 郑玉：《成都市社区居民公民意识培育研究——以成都市五城区社区学院为例》，硕士学位论文，四川师范大学，2019，第32页。
③ 杨德广主编《高等教育学概论》，华东师范大学出版社，2002，第3页。
④ 潘懋元：《高等教育：历史、现实与未来》，人民教育出版社，2004，第96页。

新精神和实践能力的高级专门人才"。① 因此，高等教育的培养目标毫无疑
问是培养高级专门人才。但我国社区学院的职能和培养目标显然可分为两
个部分。一是前述的高等学历教育，以及高中后继续教育培训等具有高等
性的部分，其培养目标是高级专门人才。如北京市朝阳社区学院是在朝阳
区职工大学、北京广播电视大学朝阳分校等的基础上建立起来的，因此，
其人才培养的总体目标是"立足区域，面向经济社会发展，以素质教育为
核心，以知识学习为基础，以能力培养为重点，为区域经济社会发展培养
有道德、有新知、有新能、综合素质较高的应用型人才"。② 二是完全不具
有高等性的部分，其职能和培养目标不是培养高级专门人才，而只是满足
居民的业余爱好需求，提升居民在各方面的素质和生命质量，促进其全面
发展。

由上可见，我国社区学院是一种具有部分高等性的教育机构，我们既
不能笼统地说社区学院是一种高等教育机构，又不能完全否定其具有的部
分高等性，社区学院是以高等性为主还是以非高等性为主，需要对具体的
社区学院进行具体的分析。

二　社区学院与其他教育机构的关系

社区学院与普通高校的区别是显而易见的，因此，在这里不做比较，
这里要比较的是一些与社区学院有较多相似之处的教育机构，如成人学
校、职业院校、广播电视大学（开放大学）等。

（一）　社区学院与成人学校

社区学院与成人学校都既是对学校教育的重要补充，又是终身教育的
重要组成部分，是社会经济、政治发展到一定程度的产物，是现代教育的
重要形式。在古代社会，由于生产力不发达，培养精英人才的学校教育就
能基本满足社会的需要，当时社会也没有教育民主化的诉求，因此，教育
基本被局限于学校，受教育对象主要是儿童少年。随着生产力的发展，大

---

① 《中华人民共和国高等教育法》，全国人民代表大会网站，2019 年 1 月 7 日，http：//
www. npc. gov. cn/npc/c30834/201901/9df07167324c4a34bf6c44700fafa753. shtml。

② 徐魁鸿：《中国社区学院运行机制研究》，厦门大学出版社，2015，第 225 页。

工业生产需要大量素质较高的工人，只靠学校教育显然不能满足社会对人才的需要，而且社会不断走向民主化，广大人民群众对教育的需求越来越多，于是冲破了把教育局限于学校和儿童少年的传统，成人学校兴起。此外，社区建设、小政府大社会的发展趋势，以及"单位人"向"社会人"的转化，都要求社区承担更多的职能，必须提供服务社区居民的教育，社区学院由此兴起。因此，从起源来看，社区学院与成人学校都是现代社会的产物，是现代教育的重要组成部分，其共同的目的是促进全体社会成员实现全面发展和个性发展。正如1972年联合国教科文组织国际教育发展委员会的报告书《学会生存》中对成人教育下的那个著名的定义："成人教育可能有多种定义。对于今天世界上许许多多成人来说，成人教育是代替他们失去的基础教育。对于那些只受过很不完全的教育的人们来说，成人教育是补充初等教育或职业教育。对于那些需要应付环境新要求的人们来说，成人教育是延长他们现有的教育。对于那些已受过高级训练的人来说，成人教育就给他们提供进一步的教育。成人教育也是发展每一个人个性的手段。上述这些方面，有的在这个国家比较重要，有的在另一个国家比较重要，但它们都是有效的。成人教育再不能只限于初级阶段了，也不能只限于对少数人的文化教育了。"[①] 这一定义实际上也适用于社区学院，社区学院也具有这一定义中的所有功能。同时，二者都是一种非正规教育，其主要教育对象都是成人。也正因为二者具有众多的相似性，一些社区学院就建立在成人学校的基础上，在实践中，即使还未对社区学院与成人学校合并，也应整合二者的教育资源，以实现双赢。

社区学院与成人学校虽然有着众多的相似之处，但又有着显著的区别。第一，社区学院具有社区性的特点，即社区学院是在社区内兴办的社会教育机构，要以社区为本位，其办学必须从本社区的实际情况和需求出发，办学的最终目的是促进社区及社区内所有人的发展，社区学院的管理主体、学习主体和办学经费都具有社区性。比如在办学经费上，社区学院的经费主要来自当地政府及当地社区与居民。而成人学校显然不具备社区性的特点：成人学校（如一些成人高校）不一定由当地社区创办，其办学

---

① 联合国教科文组织国际教育发展委员会编著《学会生存——教育世界的今天和明天》，华东师范大学比较教育研究所译，职工教育出版社，1989，第269页。

经费可能不来自当地社区政府，其服务对象不一定局限于当地社区，学习主体可能来自全国各地，管理主体也可能是中央及省级有关机构。第二，社区学院与成人学校的学生在年龄上具有差别。成人学校的学生是成人，而且主要是青壮年成人，而社区学院的学生是社区全体居民，不但有成人，还有儿童和青少年。第三，在教育内容上，成人学校以职业教育、学历教育等内容为主，而社区学院教育内容更加丰富多样，其中，在我国当前又以休闲教育内容为主。第四，各成人学校不一定具有地方特色，因为成人学校主要依靠政府计划和指令性办学，在办学模式、课程设置等方面具有极强的统一性，而我国社区学院更加强调社会的参与与开放，更具地方特色。

（二）　社区学院与职业院校

社区学院与职业院校最大的共同点在于二者都要进行职业培训，也有一些社区学院是以当地的职业教育机构为基础建立起来的。事实上，职业教育是社区学院的一个重要的功能，这是社会生产发展的需要决定的。我国对于各级各类职业人才的需要正在不断增长，而全日制的职业学校与高职院校数量和招生人数有限且其招生对象大多是应届初中或高中毕业生，这些学校虽然也有职后培训，但规模有限，不能很好地满足社会的需要。而社区学院能使本社区的居民及时接受职业培训，从而提升职业能力，满足社会和居民发展的需要。虽然我国社区学院当前对职业教育的开展程度不够，但职业教育应该成为其加强和努力的方向。由此可见，社区学院与职业院校在其职能和教育内容上有着很多的交叉点。

但社区学院与职业院校存在的区别是显而易见的。首先，职业学校和职业学院都是一种正规的学校教育机构，是具有独立法人资格的单位，国家把其纳入学校教育系统；而社区学院是一种非正规教育机构，属于社会教育领域，绝大多数社区学院并不具有独立法人资格，国家也并未把其纳入学校教育系统。其次，职业院校有严格的招生考试制度，其学籍、考试等方面的管理与普通学校相似，都较为严格；而社区学院没有入学考试制度，对社区中所有居民开放，大多没有严格的学籍、考试管理。再次，社区学院大多没有设置国家统一规定的课程，主要根据本社区发展的需要和居民的需求设置课程，学员来自当地社区，结业后也主要服务于社区，课程内容丰富多样，我国社区学院现阶段以休闲教育内容为主，学历教育内容较少；职业院校除国家统一规定的课程外，还主要根据市场需求设置课程，不一定局限于社区，学生来自各地，课程内容以职业教育和培训为主，也进行学历教育。最后，社区学院更加直接地体现了终身教育及学习化社会的现代教育理念，其主要任务是满足社区居民终身学习的需要，提高社区居民的综合素质，促进社区的发展；职业院校的主要任务是培养具有一定职业技术知识和较强技能的专门操作人才。

（三）　社区学院与电大

社区学院与电大的兴起植根于社会的现实需要，顺应了人的发展需要，以及教育自身发展的趋势，都是终身教育、终身学习的重要组成部分，都具有极强的开放性。而且我国不少社区学院是依托当地电大建立，或与电大是"两块牌子，一套人马"。之所以会出现这种情况，是因为电大在我国产生较早，1960年，我国创办了北京广播电视大学，1979年，教育部和中央广播事业局联合办起中央广播电视大学，各省市也相继办起电视大学。电大在办学过程中，积累了较丰富的教育资源与办学经验，我国社区学院在1994年才出现，其作为一个新事物，在教育资源和办学经验上都存在诸多的缺陷，而且社区学院大多不是独立法人，不具备学历教育的资格，这样，不少地方把电大作为社区学院的依托就是顺理成章的事了。因此，社区学院与电大的关系非常紧密，是一种你中有我、我中有你的关系。

但社区学院是一种社会化教育机构，不仅需要电大的参与甚至依托开放大学发展，还需要整合一切教育力量，如成人学校、职业学校、自学考试机构、高校的网络学院和继续教育机构以及社会的各种教育培训机构等，才能得到较好发展，因此，由电大一家来独立承担社区教育工作是不现实的，而且从本质上讲，社区学院与电大虽然有着紧密的联系，但又有着巨大的区别：社区学院是一种社会教育机构，强调社区性，办学层次和培养目标都不一定具有高等性，而开放大学是一种成人高等学校，其办学层次和培养目标具有高等性，其生源、经费、管理主体都不以社区为依归，不具有社区性的特点；开放大学形成了从中央到省、市、县的自上而下的各级系统体系，社区学院并没有中央级的社区学院，在不少地区的区、县还没有建立社区学院；开放大学有独立的法人资质，社区学院大多数没有；开放大学兼具学历与非学历教育功能，以学历教育为主，而社区学院在我国当前以非学历教育为主；开放大学在教学模式和手段上更强调远程性和对现代信息技术的应用，社区学院在教学模式和手段上更加多样。

（四）中国社区学院与美国社区学院

世界上不少国家建有社区学院，其中，美国的社区学院最为著名。中、美两国的社区学院都是现代教育的重要形式，是终身教育体系中的重要组成部分，都秉承教育民主的宗旨，办学形式灵活，对于满足人的教育需要，促进每个人的发展及社区的进步起着重要的作用。但美国的社区学院是一个集学历教育、职业教育、社区教育、转学教育、休闲教育等于一体的高等教育机构，我们不能把国内社区学院与之简单比附。

中国社区学院与美国社区学院的区别有以下几点。

第一，美国社区学院定位明确，毫无疑问，其是一种高等教育形式，是美国高等教育的重要组成部分；而我国社区学院是否具有高等性还有争议，国家还未把其列入高等教育的范畴。

第二，美国社区学院由管理委员会或董事会直接负责领导，在管理委员会和董事会中，其成员来源广泛多样；我国社区学院由社区教育委员会负责领导，但这一委员会的成员主要来源于当地政府各部门首脑，具有较为浓厚的行政色彩。

第三，国家经费投入悬殊。美国社区学院属于学校教育范畴，其教育经费主要来源于州及地方政府，且社区学院的经费纳入了教育预算中，有明确的保障；中国社区学院不属于学校教育范畴，其教育经费主要来源于当地政府，但无明确的保障，不少地方未把社区学院的经费纳入教育预算。

第四，美国社区学院具有大学转学教育这一独有的职能，打通了专科与本科、社区学院与普通本科院校贯通的通道；我国社区学院并不具备这项功能，社区学院的学分与普通高校之间不能互通，社区学院的毕业学员也不能升入普通高校。

第五，美国社区学院以课堂教学为主，有较严密的教学活动，不少学科实行学期、学年制；中国社区学院由于是一种社会教育机构，其教学方式多样，教学计划和组织相对较为松散。

第六，美国社区学院与社区的生产、市场等结合更加紧密，随时根据企业和社区的需要调整专业及课程，非常注重职业培训；中国社区学院与社区内的企业与市场结合还不够紧密，职业培训较为欠缺。

三　中国社区学院：一种区域性、综合性的现代社会教育机构

通过前面对我国社区学院在高等性问题上的探讨，及其与其他一些有紧密联系的教育机构的辨析后可以发现以下两点。一方面，我们不能把社区学院一概界定为一种职业培训机构或者休闲教育机构，因为一些社区学院具有高等教育性质，进行的是高中后教育。另一方面，我们不能把社区学院一律界定为高等教育机构，因为不少地方的社区学院确实不具有高等教育性质。比较准确的定位是：中国社区学院是一种具有区域性质的综合性、公共性的现代社会教育机构。

首先，社区学院是一种社区性的教育机构。社区学院是从社区出发，在社区内进行，为了社区而进行教育的机构，社区学院所具有的社区性，是其区别于普通学校、职业学校、成人学校及开放大学的首要之点。这种社区性体现在以下几个方面。其一，社区学院是在社区兴办的社会教育机构。社区教育的实质是在社区进行的社会教育，而社区学院就是在社区这一地域空间内进行社会教育的机构，社区学院这一教育机构之所以在其名称前冠上"社区"二字，也正因为其具有的社区性的特点。其二，社区学院以社区为本位，其目的是促进社区及社区内所有人的发展。社区学院是为促进社区发展和社区所有人全面发展而建立的教育机构，其当然应以社区为本位，从社区的需要出发办学。其三，社区学院的管理主体、学习主体和办学经费具有社区性。从社区学院的管理主体看，我国社区学院的主要管理机构是各地的社区教育委员会，其成员来源于本地区各部门人员。从社区学院的学习主体看，社区居民是学习的主体。从办学经费看，当地政府的拨款是社区学院经费最主要的来源。其四，社区学院办学从本社区的实际出发进行，具有社区特色。社区教育本是为了社区而进行的教育，而各个社区的情况千差万别，因此，各地社区学院办学无不从当地的文化、经济、习俗等出发进行，具有当地的特色。美国各社区学院都具有普通教育、职业教育、社区教育、补偿教育、转学教育等基本功能，但各社区学院在上述几个方面又各有侧重，在专业的开办和课程的设置上也各有

特色。我国也是如此，如北京市东城区社区学院依托北京大学的国学资源
及国子监、孔庙的文化资源优势开办的国子监大讲堂，成为社区教育中的
优秀品牌；成都市青羊社区教育学院为培风社区量身定做了"培风盖碗
茶"这一富有鲜明川西民俗特色的教育品牌等。

　　其次，社区学院是一种现代社会教育机构，具有大教育性和现代性的
特点。第一，社区学院具有大教育性的特点。现代社会大工业生产提出了
建立大教育体系的要求，社区学院正是应这一要求而建立的，其具有大教
育性的特征，是教育社会化与社会教育化的统一。社区学院的这种大教育
性具体表现为把学历教育与非学历教育，正规教育与非正规教育，学校教
育与社会教育、家庭教育，普通教育与职业教育、成人教育等相沟通与融
合，实现教育社会一体化，是终身教育、终身学习的重要形式；改变了单
一的全日制教育模式，方式灵活，全日制、半日制、周末班、寒暑假班，
面授、函授、远程教育，专题讲座、兴趣小组等各种活动不一；建立了来
自各种社会力量代表组成的管理机构，从而使社区全体成员共同拥有、共
同参与、统筹管理、组织协调本社区的教育活动；实现了教育与现代社会
生活及社区发展的紧密结合；实现了社区内一切教育资源的整合，突出表
现在社区学院教育资源与学校教育资源的双向开放与互动上。第二，社区
学院是一种现代教育形式，具有现代性的特点。其一，社区学院是现代大
工业生产与现代民主政治二者结合的产物，是一种现代社会才会产生的教
育形式，其所体现的教育与社会的一体化、居民的自主参与及建立社区学
院的民主管理体制和机制等大教育性、民主性等特点都是现代教育形式才
可能具有的。其二，社区学院以终身教育、以人为本、教育民主等现代教
育思想为指导，其目标是培养现代公民。其三，社区学院使社区居民的全
面发展进一步走向实践，变为现实。其四，社区学院的教育内容与现代社
会和社区发展，尤其是与社会生产劳动紧密地结合在一起，比较及时地反
映了人们现代社会生活的需要，而且与生产劳动相结合也正是现代教育的
核心特征之一。其五，社区学院是一种利用现代信息技术手段创办的开放
教育机构，既可以进行面对面的教育活动，也可以利用网络等现代媒介进
行远程教育。

　　再次，社区学院是一种与普通学校并列的社会教育机构。对于教育系
统的划分，可以按照不同的标准进行，影响较大的一种是来自日本的划分

方式，即把教育分为学校教育、家庭教育和社会教育三大部分，这实际上是按照教育对象的范围进行划分的。长期以来，我们都只注重学校教育系统，注重普通学校教育，忽视社会教育，虽然我国从 20 世纪开始兴起了现代社会教育，但人们一般也只是把其视为学校教育的补充。民国时期也发生过社会教育是应独立于学校教育之外还是应归属于学校教育系统之中的争论，到今天，社会教育不再作为学校教育的补充，而应是与学校教育并列的观念已经确立，但作为社会教育主要机构的社区学院应与普通学校并列的观念并未确立，表现为官方在相关的政策法规中并未把社区学院看作与普通学校同样重要的教育机构，实践中也未把社区学院与普通学校进行同样的规范管理；在民间，人们一般不把社区学院视为一种与普通学校具有一样地位的办学机构。但事实上，如果我们承认社会教育是与学校教育、家庭教育相并列的教育形式，社区学院与普通学校就应是相并列的教育机构。

最后，社区学院是一种综合性的社区教育机构。世界各国的社区教育机构无不是一种综合性的社区教育机构，其教育内容涉及各个方面，教育对象面向整个社区的居民，教育形式多种多样，涵盖全日制、半日制、正规教育与非正规教育。只不过各国社区教育机构在教育内容上各有侧重，比如，日本的公民馆和北欧的民众学校，都偏重于人文教育，美国社区学院则形成了全面的教育体系，我国的社区学院目前偏重于休闲方面的教育，同时各社区学院也有学历教育、职业教育等方面的内容。因此，社区学院是一个综合性的社区教育机构，也唯其具有综合性的特点，才可能满足社区居民多方面的教育需要。

总之，我国社区学院更多是一种立足于社区，服务社区，与学校并列，具有综合性特点的现代社会教育机构。至于其是否具有高等性，需要对具体的社区学院做出不同的判别，不能一概而论。

第四章

中国社区教育课程的变革

课程是指课业及其进程，其"既可以指一门学程，又可以指学校提供的所有学程"① "是对学校教育内容、标准和进程的总体安排和初步设计"②。课程问题一经提到社区教育的工作日程，就缩短了社区教育和正规学校教育的水平差距，并成为衡量社区教育是仅仅停留在外延发展水平上，还是进入了以课程为基本标志的内涵发展水平上的一个分界线。③ 由于课程的内容十分广泛，本章不可能一一述及，加之本书在其他两章有关于社区教育目标及教学（课程实施的核心）部分，本章就不再对社区教育课程目标与课程实施作重点回顾，而主要对百年来我国社区教育的课程设置及其内容进行梳理总结，并对有关的理论和实践问题进行理性思考。课程设置是指学校或其他机构安排的课程的整个范围和特征，它也可以指在既定的时间里，如一学年、一学期、四个月或一段时间里安排的那些课程。④ 本章中的社区教育课程设置主要是指社区教育课程科目的设置及其课时数量等课程组织与结构方面的特征。此外，教材是依据教学大纲、课程标准及实际需要编制的教学用书，是课程的最重要载体，体现了课程的主要内容，因此，我们在此对社区教育的教材一并进行研究。

第一节　百年中国社区教育课程的变革

一　1912～1949 年：社区教育开始有了正式的课程设置，课程内容及教材多样

中国古代社区教育正式机构极少，当然也就说不上课程设置。从其内

---

① 施良方：《课程理论——课程的基础、原理与问题》，教育科学出版社，1996，第 3 页。
② 刘要悟：《试析课程论与教学论的关系》，转引自徐继存、张广君主编《当代课程论文选》，山东教育出版社，2013，第 34 页。
③ 陈乃林：《社区教育特色课程建设的初步实践与思考》，《成才与就业》2009 年第 19 期。
④ 江山野主编译《简明国际教育百科全书　课程》，教育科学出版社，1991，第 132 页。

容看，基本是以儒家的道德教化为主，不管是明太祖和清顺治的六谕、康熙的《圣谕直解》、雍正的《圣谕广训》，还是嘉庆的《圣谕广训直解》等都体现了这一特点。晚清时，开始创办一些如简易识字学塾等具有社区教育性质的学校，课程主要以简易识字教育内容为主，1909 年，颁布了《简易识字学塾章程》及简易识字课本。各简易识字学塾在进行识字教育的同时，也兼授算术、健康、科学常识等方面的内容。中华民国建立后，大量的社区教育机构建立，社区教育的课程设置开始走上正轨，设立了正式的科目，其内容涉及识字扫盲、公民道德、职业生计、健康娱乐、科学常识等方面，还编印了大量的教材。

（一）　社区教育开始了有正式的课程设置，内容日益丰富多彩

1. 国统区的社区教育课程设置及内容情况

中华民国建立后，社区教育课程有了正式的科目设置，课程内容日益丰富并开始形成体系。1914 年，教育部在《半日学校规程》中规定：半日学校科目有修身、国文、算学、体操几门，并规定了各门课程的每周授课时数，半日学校修业期限为 3 年。[①] 以政府文件的形式规定半日学校这一社区教育机构的课程门类及课时数，使社区教育课程设置开始走上正轨。总体来看，在通俗教育时期的简易识字学塾中，其课程大多设置文字训练及公民训练二种。针对国民思想还停留在封建时代的现状，在通俗教育中，除进行识字教育外，还特别注重公民道德、健康卫生、科学常识等方面的内容，以传播和普及资产阶级的新思想。如 1913 年 2 月 12~14 日，北京先农坛的讲演内容有：国民权利义务、共和真理、公共卫生、爱国、劝学、国民道德、共和纪念、改良社会、合群、国民常识、共和国民精神、国家思想、自由平等真义等。[②] 再如，吉林通俗教育讲演所的讲演内容包括爱国、守法、常识等八大项。[③]

平民学校课程在通俗教育课程的文字训练和公民训练的基础上，强调了职业和生计方面的内容。各地平民学校开设的课程有所不同，但一般而

---

① 朱有瓛主编《中国近代学制史料》第 3 辑（下），华东师范大学出版社，1992，第 696~697 页。

② 刘晓云主编《近代北京社会教育史料汇编》，河北科学技术出版社，2011，第 29 页。

③ 朱一丹：《吉林通俗教育讲演所研究（1915—1931）》，博士学位论文，吉林大学，2016，第 64 页。

言，平民学校的初级课程具体开设识字、注音字母、唱歌、体操、游戏、周会、阅报、珠算、写信、记账及科学表演等科目，平民学校的高级课程具体开设平民读本、读本练习、公民须知、唱歌、体育、周会、科学表演、工业常识、商业常识、珠算等科目。① 在定县实验中，课程内容包括了几大方面。一是文艺教育，主要是识字及民间艺术等。二是生计教育，生计巡回学校的课程内容包括土壤肥料，各种作物的选种、改良及防虫，各种家禽、家畜的改良、选择，疾病预防及治疗，家庭记账，农场管理，农产市场，合作社，棉花编织等。三是公民教育，内容是历史上志士仁人的事迹。②

民众学校兴起初期所设置的课程仍然主要是文字、公民与生计三大方面以及少量的音乐、体育等方面的内容。如 1928 年，金山县民众学校课程设置有国语（包括识字、习字、缀法）、公民教育（包括公民及三民主义、唱歌、周会）、生计教育（包括算术、学识，其中，算术又包括笔算、珠算、单式簿记），并规定了第一学月每周的次数及时间。③ 江阴民众学校开设的课程有：周会、党义、国语、常识、珠算、习字、写信、记账、唱歌、游戏。各科在一学期中占的分钟数分别是周会 160 分钟，党义课 640 分钟，国语课 4800 分钟，常识课 640 分钟，珠算课 960 分钟，习字课 720 分钟，写信及记账、游戏课均为 480 分钟，唱歌课 240 分钟。表 4-1 展示了江阴民众学校标准日课程（第一二学月）。

表 4-1　江阴民众学校标准日课程（第一二学月）

时间	一	二	三	四	五	六
7：10~7：20	周会或游戏	党义	常识	唱歌	党义	常识
7：20~7：30	休息	休息	休息	休息	休息	休息
7：30~8：20	国语	国语	国语	国语	国语	国语
8：20~8：35	休息	休息	休息	休息	休息	休息
8：35~9：05	习字	珠算	习字	珠算	游戏	习字

资料来源：《江阴民众学校课程时间标准》，《江阴县教育局月刊》1928 年 7~8 期，第 69 页。

---

① 杨才林：《"作新民"、"唤起民众"——民国社会教育研究》，博士学位论文，首都师范大学，2007，第 124 页。

② 马秋帆、熊明安编《晏阳初教育论著选》，人民教育出版社，1993，第 87 页。

③ 《规程：民众学校课程及时间支配表》，《金山县教育月刊》1928 年第 11 期。

在民众教育时期，国民政府对社区教育机构的课程设置进行了一系列的规定。如 1929 年，教育部颁布《民众学校办法大纲》，规定民众学校的课程科目有"识字、三民主义、常识、珠算及笔算、乐歌。此外得兼授历史、地理、自然、卫生等浅近读物，并得酌量地方情形加设关于农业或工商等科目""民众学校修业期限至少为三个月，每星期至少授课十二小时"。① 俞庆棠提出，民众学校课程的编制不能再重蹈传统教育学校课程的覆辙，而必须因人、因事、因地、因时制宜。其一，识字和计算等基本能力的训练不能全靠活动，还须有几种简易的科目。其二，活动的编排，固然要根据预定的目标，但民众自发活动，更要多多利用。拟定了民众学校课程标准，后由教育部通令试用。② 1930 年，国民党中央第 120 次常会通过《县市党部设立民众学校办法大纲》，规定民众学校课程包括三民主义千字课、算术、习字、常识，"其他科目如历史地理自然卫生等，在三民主义千字课中均约略有之，但必要时，得酌量补充之""此处所谓常识，系专指公民常识（即教学生如何做人如何做国民如何做良好国民）与职业常识（即农工商等职业简要常识）而言""于总理经念周中授党歌国歌"。并规定每周各科目的时间分配。③ 1931 年，教育部颁布《中山民众学校课程标准》，分别规定了中山民众学校成人班、妇女班的国语、算术、自卫、劳作、音乐的课程标准。④ 1934 年，教育部颁布《民众学校规程》，规定民众学校课程包括国语（包括公民及常识）、算术、乐歌、体育。⑤ 1939 年，教育部颁布《修正民众学校规程》，规定民众学校学科，初级班为国语（包括公民及常识）、算术（包括珠算及笔算）、音乐、体育等，高级班为国语（包括公民及常识）、算术（包括珠算及笔算）、音乐、体育及有关职业科目，各科分量分配见表 4-2。1945 年 3 月，教育部颁布《补习学习规则》，规定初级普通补习学校课程设置有国语、算术、常识及社会自然等；中级普通补习学校课程设置有公民、国文、数学、自然科学（包括博物、生理卫生、化学物理）、历史、地理、外国文等；高级普通补习学校

① 《民众学校办法大纲》，《绍兴县公报》1929 年第 50 期。

② 茅仲英、唐孝纯编《俞庆棠教育论著选》，人民教育出版社，1992，第 201～203 页。

③ 《县市党部设立民众学校各项方案（附表）》，《中央周报》1931 年第 139 期。

④ 教育部特种教育委员会刊印《中山民众学校课程标准》，教育部特种教育委员会，1939，第 2～3 页。

⑤ 《民众学校规程》，《教育部公报》1934 年第 25～26 期。

课程设置有公民、国文、外国文、数学、生物、矿物、化学、物理、历史、地理等，同时，还对各级职业补习学校课程设置的其他问题进行了规定。①

表4-2　《修正民众学校规程》中规定的民众学校课程设置科目及其比例

单位：%

科目 等级	国语 （包括公民及常识）	算术 （包括珠算及笔算）	乐歌	体育	职业科目
初级	66	18	8	8	—
高级	50	12	8	8	22

资料来源：教育部：《修正民众学校规程》，《温师辅导通讯》1941年第1期，第26页。

　　民众教育时期的各项相关规定更为详细具体地明确了社区教育课程的科目、学时及所占比例、课程编排等问题，对各地社区教育课程设置起到了指导性作用，使社区教育课程设置逐步走向规范化，同时，课程内容更加全面，比如把"乐歌"和"体育"都正式列入了民众学校课程设置之中，表明人们对美育和体育的重视，有利于促进人的全面发展。当时，各地基本按照教育部颁布的标准执行，如北平市立民众学校设置的课程有：国语、三民主义千字课、珠算及笔算、常识、体育及乐歌。民众学校学生修业期限不少于4个月或多于6个月，其授课总时数不少于240个小时。高级班学生以修完规定课程为限，但不得少于4个月或多于1年。② 一些社区教育机构规定了各门课程的标准，如安徽省立第一民众教育馆在《本馆民众学校教学标准》中，分别规定了儿童班、成人班、浴工班、印工班及其所开设的每门课程的标准。其中，成人班开设国语、算术、常识、音乐、职业训练、精神讲话课程，国语的课程标准是："认识注音符号及日常文字之音义、短篇故事之阅读，简短缀法，临摹大小楷，写便条。"③

　　抗战时期，教育部颁布了一些有关战时的社区教育课程规定，如1938年8月，教育部颁布《战时民众补习教育实施要点》，规定教育内容分为

① 《法规：中央法规：补习学校规则教育部三十四年三月训令颁发》，《北平市政府公报》1946年第3期。

② 刘晓云主编《近代北京社会教育史料汇编》，河北科学技术出版社，2011，第189~190、295~296页。

③ 《本馆民众学校教学标准》，《民教辅导》1935年第1期。

以下两种。公民教育："注重民族意识之激发，抗战知能之培养与战时服务精神之发挥。"识字："注重日常应用文字之习练及应用知识之灌输。"①1939年，《中山民众学校课程标准》规定了中山民众学校成人班、妇女班开设国语、算术、自卫、劳作、音乐等课程，并分别规定了每门课的课程标准及课程时数等。以成人班为例，总计240课时：国语96课时，占40%；算术42课时，占18%；自卫60课时，占25%；劳作30课时，占13%；音乐12课时，占5%，并规定了各科的重点和注意事项。② 这些课程中都加入了抗战精神及其知识、能力的内容。

2. 革命根据地的社区教育课程设置及内容状况

在共产党领导的革命根据地，社区教育课程设置在初期较为粗糙，以识字、政治及军事课为主，如井冈山革命根据地社区教育课程包括政治、军事和文化几个方面。1924~1926年，右江流域隆安县平民夜学班的课程内容以思想教育为主，大部分结合农村实际进行阶级教育，兼授一些实用性的知识。③ 1934年，湘赣省苏教育部制定了《夜校办法大纲》，其课程设置包括识字、政治和科学常识等。④

抗日战争时期，各革命根据地社区教育机构相对成熟和正规，设置的课程更为多样，对各门课程所占比例做出具体的规定。同时，这一时期的课程特别强调有关抗战方面的内容。1937年，陕甘宁边区群众文化教育委员会起草的《关于群众的文化教育建设草案》规定各种补习教育要设置的课程有文字课程、政治课程、自然课程和社会课程，并分别规定了各门课程的最低及最高标准。⑤ 1938年，边区教育厅印发《社会教育概论》，阐述了社会教育中文字教育、政治教育、娱乐工作三项。⑥ 1941年，晋西北行署发出《关于冬学运动配合反"扫荡"战争的紧急指示信》，要求本年

① 《行政计划及法令：二、战时民众补习教育实施要点》，《国民教育指导月刊：江西地方教育》1941年第9期。
② 教育部特种教育委员会刊印《中山民众学校课程标准》，教育部特种教育委员会，1939，第2~3页。
③ 董纯才主编《中国革命根据地教育史》第1卷，教育科学出版社，1991，第204、298页。
④ 仪淑丽：《中央苏区的社会教育研究》，硕士学位论文，福建师范大学，2003，第13页。
⑤ 陕西师范大学教育研究所编《陕甘宁边区教育资料》（社会教育部分）上，教育科学出版社，1981，第4~5页。
⑥ 谭虎娃：《延安时期马克思主义大众化研究》，人民出版社，2014，第133页。

冬学运动的全过程必须贯彻锄奸教育及号召公民警约运动与参军内容。①
1943年，晋冀鲁豫边区政府教育厅颁布《晋冀鲁豫边区民众学校暂行规
程》，规定其民众学校的课程有：政治、常识、识字、算术。其课程比例
为：政治与识字共占55%，常识占15%，算术占30%。每年授课时间为
360小时，修业期限为4年。② 从上述有关规定可以看出，抗战时期的社区
教育课程中，文字、抗战、政治课程处在绝对主体地位，而生产、生活知
识处在从属地位。实践中也大致如此，如陕甘宁边区冬学开设的课程主要
有军事、国语和政治3门，这3门课程的课时占总课时的88%；③ 晋冀鲁
豫边区的冬学一般设政治、识字、常识、算术4门主课。政治、识字的课
时共占总课时的75%，常识占15%，算术占10%，全年上课260节。④ 抗
战后期，根据地社区教育课程中与群众生产生活密切相关的内容得到了一
定程度的重视。1942年，《陕甘宁边区政府教育厅关于一九四二年冬学的
指示》规定，冬学课程为新文字或汉字、卫生常识、珠算、时事、唱歌。
以新文字或汉字为主，其至少要占全课程2/5；以卫生常识、珠算、时事、
唱歌为辅，卫生常识和珠算各占全课程的1/5，时事、唱歌共占1/5。⑤
1944年，陕甘宁边区政府发出《关于各分区一九四四年普遍开办冬学的指
示》，规定冬学的课程内容主要是识字，"但在适当情形下，亦可用以传授
群众所迫切需要的珠算或农业手工技术，或简单的医药卫生常识"⑥。1944
年12月10日，《解放日报》发表题为《论普通教育中的学制与课程》的
文章，指出"无论干部教育或群众教育，战争与生产所直接需要的知识与
技能的教育应该重于其他的所谓一般文化教育""在群众学校中，一般地

① 皇甫束玉、宋荐戈、龚宁静编《中国革命根据地教育纪事 1927.8—1949.9》，教育科学出
版社，1989，第211页。

② 皇甫束玉、宋荐戈、龚宁静编《中国革命根据地教育纪事 1927.8—1949.9》，教育科学出
版社，1989，第247页。

③ 王玉珏：《抗战时期陕甘宁边区社会教育研究》，博士学位论文，西南交通大学，2013，
第49页。

④ 董纯才主编《中国革命根据地教育史》第2卷，教育科学出版社，1991，第407页。

⑤ 中央教育科学研究所编《老解放区教育资料》（二·下），教育科学出版社，1986，第
46页。

⑥ 中央教育科学研究所编《老解放区教育资料》（二·下），教育科学出版社，1986，第
48页。

除识字算术外，只要必要和可能，也应该教些关于战争或生产的技术课"①。与此同时，要注重以秧歌、戏剧等隐性课程方式对当地群众进行政治军事教育。

解放战争时期，各根据地社区教育机构课程设置更为注重因地制宜和时事政治教育，课程内容仍以政治、文化等为主。1945 年 10 月，晋察冀边区行政委员会发出《关于普遍深入开展冬学运动的指示》，指出当年冬学运动的任务就是普遍深入地进行时事教育。老解放区在冬学中应适当注重文化教育，新解放区在冬学中应以政治教育为主，但都必须把文化教育与政治教育联系起来。② 1946 年，晋察冀边区又发出《关于今年冬学运动方针任务的联合指示》，指出冬学运动的"中心内容是时事政治教育"，同时要根据当地情况"有步骤地普及文化教育"。1946 年，陕甘宁边区政府发出《今年冬学的指示信》，指出冬学的课程内容设置要识字与时事并重。1947 年，苏皖边区十一专署发出《关于开展夏学运动的指示》，指出"在夏学中以时事教育和民主教育为主，同时还要进行卫生教育、生产教育和识字明理的文化教育"③。从上述文件可见，在解放战争时期，无论是老解放区还是新解放区，都普遍地加强了时事政治教育，同时注重文化知识教育。在实践中也是如此，如晋绥行署冬学课程分为政治与文化两类，新解放区以政治课程为主（占 70%），文化课程为辅；老解放区以文化课程为主（占 60%），政治课程为辅。④

在革命根据地的社区教育中，如何处理好政治教育与识字教育、生产生活技能教育的关系，始终是其课程设置中的核心问题。一般来说，革命根据地处于初创时期，多是强调政治教育，随着巩固与发展，多是进行识字教育；革命根据地在斗争残酷的时期多强调政治教育，在相对稳定的时期多强调识字教育。例如，陕甘宁边区冬学无论是课程的安排，还是课本的内容，文化教育的内容更多一些，而晋察冀边区一直处于敌后残酷斗争环境中，其社区教育一直强调政治教育。当然，革命根据地的政治教育与

---

① 李桂林主编《中国现代教育史教学参考资料》，人民教育出版社，1987，第 84、87 页。
② 皇甫束玉、宋荐戈、龚安静编《中国革命根据地教育纪事 1927.8—1949.9》，教育科学出版社，1989，第 300 页。
③ 董纯才主编《中国革命根据地教育史》第 3 卷，教育科学出版社，1993，第 77~78 页。
④ 董纯才主编《中国革命根据地教育史》第 3 卷，教育科学出版社，1993，第 231 页。

文化教育不是分开的，政治教育中有文化教育，文化教育中也有政治教育。

（二）　社区教育教材的丰富多彩

教材主要包括课本（教科书）、讲义、各种读物等。

1. 国统区的社区教育教材

民国时期的社区教育教材总体从单一的识字课本走向综合性课本。

民国初年，社区教育教材缺乏，多用普通学校教材代替。1914 年，教育部在《半日学校规程》中规定：半日学校的教科书由校长就教育部审定图书内择用之，在此项图书未审定之前，适用初等小学教科书。[①] 此时，只有个别人编了少量识字课本。针对这一情况，晏阳初组织人收集了人们日常用语及街道、商店、招牌等名称，筛选其中的最常用字，于 1922 年出版了《平民千字课》教材，并在长沙、南京、杭州、武昌、烟台等地试用及多次修订。此后，人们以晏阳初的《平民千字课》教材为蓝本编写了多种平民识字教材，如《平民千字课本》（黎锦晖等编，1924）、《平民千字课》（朱经农等，1925）、《农民千字课》（傅葆琛，1927）、《市民千字课》（陈筑山等，1927）、《市民千字课》（中华平民教育促进会总会，1927~1928）、《三民主义千字课》（晓庄学校民众教育研究会，1928）、《三民主义教育民众千字课本》（魏冰心，1929）、《农民千字课》（中华平民教育促进会平民文学部，1931）、《民众千字课本》（盛朗西等，1933）、《老少通千字课》（陶行知，1934~1935）、《识字读本》（上海市教育局等，1935）等。

除识字教材外，晏阳初还分别组织编撰了更高级的综合性的《市民高级文艺课本》《农民高级文艺课本》《平民算法》《平民历史》《平民地理》《平民卫生》《平民书信》《平民千字贴》等。其他人也编写了一些综合性的课本及算术、卫生、音乐、生产等方面的专用课本，如《青年平民读本》（卓恺泽，1926）、《平民教育课本》（邹业鸿，1926）、《新时代民众学校卫生课本》（凌昌焕等，1929）、《党义识字常识混合编制民众读本》（甘导伯等，1929）、《妇女读本》（秦柳方等，1931）、《河南民众课本》（河南省政府教育厅编审委员会，1929）、《唱歌课本 新时代民众学校》

---

① 朱有瓛主编《中国近代学制史料》第 3 辑（下），华东师范大学出版社，1992，第 697 页。

（何元，1930）、《混合编制民众读本》（甘导伯等，1930）、《民众珠算课本》（奚汝梅，1932）、《民众学校适用初级算术课本》（姜贡璜等，1937）、《民众学校适用高级算术课本》（姜贡璜等，1937）、《抗敌教材》（孙怒潮，1939）等。

在晏阳初等教育家的推动下，1931 年，教育部组织编写了《三民主义千字课》。1937~1939 年，教育部编印了一些各种内容混合编制的社区教育教材，如：《民众学校课本》，共 4 册；《民众学校教师教学法》，共 4 册；《民众学校算术课本》，共 1 册；《民众学校算术课本教学法》，共 1 册；民众教育唱片，共 3 张；《高级民众学校课本》，共 4 册；《民众学校课本乙种》，共 2 册；《民众学校课本乙种教学法》，合订为 1 册；《民众学校唱歌教材》，共 1 册。[①] 上述课本采取了混合编制，以公民国语、常识、音乐等材料为一大单元。除以民族主义为中心目标外，所有现代生活常识、公民道德、自卫技能以及体格锻炼等，都有扼要的提示，生字约千字。[②] 不少省、自治区、直辖市也编写了本地的民众学校综合性读本，如时任贵州省主席吴鼎昌于 1939 年主持编印了《贵州省民众学校课本》。

各社区教育机构有选择性地使用当时的各种教材。例如，南京民众教育馆在 1930 年所用的教材，分党义、卫生、处事、自然、育儿、本馆六类编印，每字加注音符号，按日分发。再如，1933~1934 年，省立徐州民教馆附设民校的识字教材，成人班用的是商务印书馆编的《市民千字课》和《农民千字课》，妇女班用的是江苏省立教育学院编的《妇女读本》。[③]

除了供社区教育课堂使用的较为正式的课本（教科书）外，不管是民间，还是官方，都组织编印了一些通俗读物。1917 年，通俗教育研究会公布通俗教育讲演参考用图书书目，开列刊物 45 种，并审核河南等省年画 48 种。[④] 后来，教育部在其教科书编辑委员会下成立了民众读物编辑组，专门负责民众读物的整理、创作、审查与编辑。1931 年，教育部开始收集审查民间流行的读物，编印了《民国十六年来之民众教育刊物》。此后，

---

① 教育部社会教育司编《全国社会教育概况（中华民国二十九年度）》，南京京华印书馆，1940，第 35~36 页。

② 吴学信编著《社会教育史》，商务印书馆，1939，第 53~54 页。

③ 朱煜：《江苏民众教育馆研究（1928~1937）》，博士学位论文，苏州大学，2012，第 80~81 页。

④ 教育部教育年鉴编纂委员会编《第一次中国教育年鉴》，开明书店，1934，第 690~693 页。

开始了有计划的编审工作。其编辑原则注意在内容方面"须能引起民众奋发向上的情绪",在文字方面"以通俗简明的语体文为主,民众常用字为基础,非万不得已,不用不常见之字",一律要加新式的标点符号。此时,教育部编辑了3类读物:一是民众常识文库,包括党义、自然、修养、社会、应用5科;二是连环画,分科与民众常识文库相同;三是民众文艺。此外,为配合抗战,还增编了非常时期民众书籍。[①] 1936年,教育部成立了民众读物编审委员会。全面抗战以来到1939年,根据社会教育司所列出书目,教育部共印发民众丛书50种、民众文库(包括民众歌词、民众故事、民众小说、自修课本、连环画书)91种。[②] 1941年,教育部颁发了《教育部收集民众读物办法》。抗战胜利后,教育部组织编辑出版了"建国丛书""抗战史集"等读物。除教育部外,一些社会团体及个人也编印了大量的民众读物。仅晏阳初编辑的有关公民教育方面的读物就有《公民道德根本义》《公民道德纲目》《公民知识纲目》《国民生活上应改正之点》《中国伦理之根据》《公民课本》《公民图说》《三民主义讲稿》《农村家庭设计》《模范家庭调查表新设计》《农村自治研究设计》《公民讲演图说》等。[③] 甘豫源等人于1934年编印了《生活化农民读本》,杨效春同年编印了《乡农用书识字明理》。

2. 革命根据地的社区教育教材

在革命根据地,社区教育教材受到了政府的高度重视,从红军时代开始,中央政府就编写了统一的成人读本,而各地又根据当地的具体情况,编写了多种多样的教材。如赣南苏区的夜校,除采用中央教育部编写的成人读本作为教材外,又自编了《平民读本》《工农读本》《工农兵三字经》,还采用《红色中华》《青年实话》等报刊作为辅助教材。再如,湘鄂西苏区的省县都编有工农读本一类的书籍:省苏维埃政府编印了《千字课本》《成人课本》,许多县苏维埃政府也编印了文化课本,如监利的《工农三字经》、西联县的《工农兵读本》、沔阳的《平民读本》、枣阳的《识字课本》《成人课本》《妇女课本》等,各地编印的通俗成人课本有20种

---

① 钟灵秀编著《社会教育行政》,正中书局,1947,第104~105页。

② 教育部社会教育司编《全国社会教育概况(中华民国二十九年度)》,南京京华印书馆,1940,第45~51页。

③ 马秋帆、熊明安编《晏阳初教育论著选》,人民教育出版社,1993,第93页。

之多。①

　　在抗日战争和解放战争时期，同样既有由边区政府统一编写的社区教育教材，也有由各革命根据地自行组织编写的教材。在冬学运动初期，"一切课本都由教育部发给，根据当地的情况来决定采取那一种"。② 但这种"一刀切"的办法显然不能适应各地多样的具体情况，因此，社区教育教材仍然是统一教材与各地自编教材的结合。1944 年，晋察冀边区政府规定，关于冬学教材，边委会统一编印识字、反法西斯、生产及减租政策方面的课本，各县可编印补充时事、生产问题等地方性教材。③ 陕甘宁边区同样有对社区教育教材不追求统一的规定。这样，各革命根据地编写的教材就呈现出多种多样的特点。如陕甘宁边区教育厅编写了《看图识字》《儿童读本》《简单的写法》《政治读本》《新千字文》等教材，辛安亭编写了《抗日三字经》《实用四言常识》《新五言杂字》《日用杂字》《识字课本》《农村应用文》等教材，董纯才编写了《庄稼杂字》，④ 辛安亭编写的教材是抗战时期边区扫盲识字中用的时间最长、最受民众欢迎的课本。1943 年，晋察冀边区编有《民众学校识字课本》《反法西斯课本》《减租减息课本》《拥军优抗课本》《生产课本》等，各地区还根据特殊需要，编有《妇婴卫生》《巫婆害人精》《怎样种庄稼》《粮食战》《毁民沟》《除奸》等补充教材。⑤ 此外，教师和群众还根据自己的情况和身边所发生的事情自编教材。同时，各根据地之间的教材可通用。1938～1949 年，山西革命根据地社区教育使用的教材有四类：政治类，如《冬学政治教材》《冬学政治课本》《农民与共产党》《冬学时事读本》《冬学公民课本》；识字类，如《冬学识字课本》；补充类，如《冬学政治补充教材》《冬学拥军拥政补充教材》《冬学补充教材》《冬学时事补充教材》；妇女及工农专

① 董纯才主编《中国革命根据地教育史》第 1 卷，教育科学出版社，1991，第 349 页。

② 中央教育科学研究所编《老解放区教育资料》（二·下），教育科学出版社，1986，第 2 页。

③ 中央教育科学研究所编《老解放区教育资料》（二·下），教育科学出版社，1986，第 116 页。

④ 王玉珏：《抗战时期陕甘宁边区社会教育研究》，博士学位论文，西南交通大学，2013，第 19～20 页。

⑤ 毛礼锐、沈灌群主编《中国教育通史》第 5 卷，山东教育出版社，1988，第 230 页。

用类，如《妇女冬学教材》《工农读本》。①

总体而言，革命根据地的社区教育教材多种多样，中央政府、边区政府统一编写的课本与各社区教育机构自行编写的教材结合，其内容联系当时当地的政治、军事及居民生产生活实际，突出了识字、政治、军事等方面内容，力求通俗易懂。

综上，民国时期，社区教育第一次有了正式的课程设置，并从较为粗疏地只规定课程门类，转为规定每门课程的时间与课时，开始形成了课程系统。课程内容也日益走向丰富多样，还编写了大量的社区教育教材。但同时存在职业教育课程以及关于职业技术和生产知识等方面的教材不够多、不能满足居民需求的问题。

二　1949~1978 年：社区教育课程设置走向规范化，课程内容凸显政治性与生产性，编写了大量教材

（一）　社区教育的课程设置走向规范化，主要有政治、文化及技术方面的内容

新中国成立后，发布了一系列文件，对社区教育的课程设置进行了一些规定，主要强调了政治与文化课程，这也是新中国成立以来社区教育课程方面的一个突出特点。

1949 年 12 月，教育部发出《关于开展一九四九年冬学工作的指示》，提出冬学教育包括政治和文化两个方面。② 1950 年，中共中央发布《关于开展农民业余教育的指示》，对业余学校课程的主要内容及科目设置做出了规定，使新中国的社区教育课程建设开始走上规范化道路。该指示规定："农民业余教育一般地应以识字学文化为主，配合时事、政策教育和生产、卫生教育。"在农民业余学校中，初级班的课程为识字与算术两科，高级班的课程为国语、算术、常识三科。③ 1951 年，教育部发布《关于加

---

① 辛萌：《山西革命根据地社会教育研究》，博士学位论文，山西大学，2017，第 129~130 页。
② 国家教育委员会成人教育司编《扫除文盲文献汇编（1949—1996）》，西南师范大学出版社，1997，第 3 页。
③ 国家教育委员会成人教育司编《扫除文盲文献汇编（1949—1996）》，西南师范大学出版社，1997，第 293~294 页。

强今年冬学政治时事教育的指示》，规定全国各地的冬学均应普遍和深入
地对农民群众进行抗美援朝爱国主义教育，推进增产节约和爱国公约运
动，进行关于土地改革、民主改革、生产互助及《婚姻法》等方面的政策
教育。文化学习内容应尽可能地与政治教育相结合。1952 年，教育部下发
了《关于 1952 年冬学运动的通知》，强调冬学应广泛开展政治教育，其内
容有新中国成立 3 年来的伟大成就、抗美援朝的伟大胜利、中苏友好等。
1953 年，扫除文盲工作委员会与教育部联合下发了《关于 1953 年冬学工
作的指示》，规定冬学课程内容一般以政治教育为主，应特别注重关于国
家经济建设的总路线，国家对粮食的政策和继续发展互助合作，改进农业
技术、提高粮食产量三项。1954 年，教育部、青年团中央在《关于 1954
年冬学工作的指示》中指出，冬学必须认真进行政治教育，内容是宪法宣
传，学习农业互助合作政策、统购统销政策等。[1] 同年，教育部和扫盲工
作委员会下发《关于城市劳动人民业余文化教育工作的通知》，规定了城
市业余文化教育的内容、科目及其标准，并且依照城市的具体情况，使这
一课程标准比农村社区教育更高一些：规定扫盲班以识字为主，可根据学
员的要求酌情增加算术或珠算课程；高小班一般设语文、算术等科目。扫
盲班应达到城市劳动人民扫盲标准，阅读写作可分别参照工人、农民标
准；高小班以学完规定课程、考试及格为毕业标准。同时，在文化学习
时，必须进行政治教育，宣传国家各项政策。[2] 上述文件明确规定了农村
及城市社区业余学校的课程科目设置及内容、标准等，有利于促进社区教
育课程的规范发展。

随着社会主义建设的推进，除了继续重视政治课和文化课外，技术课
也成为社区教育课程的重要组成部分。1959 年，中共中央批转教育部《关
于进一步开展农村扫除文盲和业余教育工作的请示报告》，把农村业余学
校的课程内容分为政治、文化和技术三个方面。在政治课方面，主要是比
较系统地进行时事政策教育，还可以讲解一些有关哲学、党史、政治经济
学的常识。在文化课方面，农民业余初等学校主要设语文、算术两科。农

---

① 国家教育委员会成人教育司编《扫除文盲文献汇编（1949—1996）》，西南师范大学出版
　社，1997，第 25、28、43、301 页。
② 国家教育委员会成人教育司编《扫除文盲文献汇编（1949—1996）》，西南师范大学出版
　社，1997，第 39 页。

民业余中等学校的课程设置分为两类：一类课程要求较低，即除了学习语文、数学两科外，还可以根据需要，选学与生产有关的植物、动物、物理、化学等一两门科学知识；另一类课程要求较高，设置科目较多，学习条件较好的青年可以学习。在技术课方面，农民业余学校应结合生产进行一定的技术教育。① 1964 年，教育部在《关于农民业余初等学校课程设置和毕业考试标准问题的批复》中指出，农民业余初等学校一般设政治、文化、农业科学常识等课程，以学文化为主，并进行一些思想教育和农业科学常识教育。在文化课方面，设语文、算术两科。② 规定了每一门课程的毕业标准，如语文课，要求识字 2700 个左右；能看懂农村常用的各种便条、一般书信，阅读通俗政治、技术等书籍与文章；能写农村常用的各种便条、一般书信、简单的生产计划和情况报告。③ 这实际上也可以看成是社区教育课程的标准。

由上可见，新中国成立后，对社区教育课程设置及内容的规定日益走向规范和具体，其中，特别重视政治课程，生产技术类课程也受到了重视。在实践中，虽然各地的课程设置及内容有差异，但大多数都设立了语文、算术、常识、政治、技术等科目，且政治内容贯穿所有课程。如新中国成立之初，北京市第七区的成人夜校每星期上课 3 次，每次 2 小时，初级和中级是 2 堂国语、2 堂算术（或珠算）、1 堂政治常识、1 堂讨论；高级班国语、政治各 2 堂，算术（或珠算）、讨论各 1 堂；音乐娱乐插在两堂课中间或上课前。④ 山西解虞县西张耿乡业余文化技术学校 1954 年的课程情况是：初中班设有语文、算术、农业技术、史、地、理、化；高小班设有语文、算术、史、地、农业技术；扫盲班学习记工识字、农业技术。其中，政治、农业技术贯彻始终，语文、算术双科并进，初中班和高小班每周的文化课占 2/3，农业技术课占 1/3；扫盲班以学文化为重点，每周农

---

① 国家教育委员会成人教育司编《扫除文盲文献汇编（1949—1996）》，西南师范大学出版社，1997，第 99~100 页。

② 《中国教育年鉴》编辑部编《中国教育年鉴 2012》，人民教育出版社，2013，第 599 页。

③ 国家教育委员会成人教育司编《扫除文盲文献汇编（1949—1996）》，西南师范大学出版社，1997，第 422 页。

④ 《北京市第七区整顿成人夜校 吸收千余劳动市民参加 组织正规学习获得经验》，《人民日报》1950 年 1 月 7 日，第 3 版。

业技术课只上1次。① 在"教育大革命"期间兴办的各种业余学校所开设的课程除了注重政治内容外，还注意把课程与生产实际结合起来。如山西陵川县附城公社创办了十类业余红专学校，各校除政治课、文化课统一规定内容外，技术课可根据各个场（厂）的具体情况进行学习：农场红专学校主要钻研粮食栽培、防止病虫害、土壤、肥料等技术；工厂红专学校重点钻研工具改革、土木建筑、机械电气等技术；林业红专学校重点钻研植树嫁接、果木园艺等技术；养猪场、养羊场红专学校重点钻研畜牧技术。② 再如，在河南各地创办的业余大学中，政治、文化为每个学员的必修课，学员再各选一门到若干门技术课。③ 这些做法使职业技术成为社区教育的重要课程，符合社会及居民发展的需求，但在当时社区教育缺乏师资和条件设施简陋的情况下，这些"大跃进"式的课程显然不可能取得很好的效果。到20世纪60年代中期，各地社区教育课程呈现出两个突出的特点：一是更加重视政治教育；二是更加注重把社区教育课程内容与生产紧密结合起来。如四川旺苍县黄洋公社天池大队七所夜校的政治课除学习党的政策方针外，还坚持学习毛主席著作；数学课和另一部分文化课是根据本队生产的需要编选的；技术课的内容是农业科学知识和先进技术。④ 再如，山西解虞县西张耿乡技术夜校的课程与20世纪50年代相比，减少了文化课程，增加了政治和农业技术方面的课程。⑤

　　"文革"期间，各地社区教育在以政治课程为主的同时，设置了生产类的技术课及文艺课。政治类课程的主要内容是学习马列著作和毛主席著作。如上海市川沙县六里人民公社各政治夜校的学习内容是：初级班学习文化，选学马列著作和毛主席著作；中级班选学毛主席著作和马列著作的有关章节；理论班主要学习马列著作和毛主席著作。课程内容还密切结合"批修整风"和当前工作，着重讲党内两条路线斗争的历史；在年终分配

---

① 张克忍：《一个学文化又学技术的业余学校》，《人民教育》1958年第4期。

② 《业余教育紧跟农业技术改造形势的发展 附城公社开办十类业余学校 三个月内普及了初等教育培养了八百多名技术人员》，《人民日报》1960年2月24日，第4版。

③ 陈健：《河南全民办业余大学入学人数达三百二十七万》，《人民日报》1958年8月16日，第6版。

④ 《天池大队依靠贫下中农办业余学校》，《人民日报》1964年11月5日，第4版。

⑤ 田培植：《农村人民公社办好业余学校的一个范例 西张耿农业技术夜校源源出人才》，《人民日报》1964年8月4日，第1版。

中，各政治夜校组织学员学习了《哥达纲领批判》的部分章节。① 广西玉林县樟木公社党委在业余学校中开设了一门政治课，3 门专业技术课（农技、农机、卫生），3 个讲座（文艺、新闻、体育）。政治课内容有马列著作、毛主席著作及阶级教育等；专业技术课内容按照农事活动安排进行，还根据农业机械化的需要，讲授拖拉机、柴油机等各种农机具的使用和维修技术；讲座由学员自己选学。② 也有一些社区教育机构开设的课程门类较多，如湖北省蕲春县孙冲公社的农民业余大学，其课程和学习内容主要有：政治课，主要是学习马列著作和毛主席著作；科研课，以研究"麦—稻—稻"连作和棉花高产技术为主，结合学习机械、电工、卫生等知识；数学课，主要是学习工程的设计、测量和计算，结合学习一些会计知识；文艺课，主要是学习鲁迅作品和创作知识，开展群众性的创作演出活动。③

（二）　编写了大量教材

新中国成立之初，党和政府对社区教育教材问题高度重视，发布了一系列政策文件。针对刚刚解放、还没来得及编印社区教育统一教材的情况，教育部在 1949 年 12 月发布《关于开展一九四九年冬学工作的指示》，指出各地冬学政治教材以《共同纲领》为主，各省教育厅、市教育局或行政公署应指定专人，根据《共同纲领》的内容编印通俗的教学提纲，发给各县使用。识字课本或用现成的，或现编，由各省市自行决定。1954 年 7 月，教育部和扫盲工作委员会下发《关于城市劳动人民业余文化教育工作的通知》，规定劳动人民业余教育所用教材一般可采用职工课本。同年 10 月，教育部、青年团中央在《关于 1954 年冬学工作的指示》中明确规定，冬学中的识字教材可采用人民教育出版社 1954 年出版的《农民识字课本》，对原有的农民识字课本，可加以增删使用。④

针对在社区教育中虽已有了一些统编教材，但这些教材远不能满足现实需要的情况，1956 年，教育部和原文化部发布《关于 1956 年秋季前工

---

① 《队办政治夜校好——上海市川沙县六里人民公社政治夜校情况调查》，《人民日报》1973 年 6 月 17 日，第 1 版。

② 《培养又红又专的新型农民——广西玉林县樟木公社知识青年业余学校的调查》，《人民日报》1975 年 11 月 6 日，第 3 版。

③ 《湖北省蕲春县孙冲公社办起了农民业余大学》，《人民教育》1975 年第 7 期。

④ 国家教育委员会成人教育司编《扫除文盲文献汇编（1949—1996）》，西南师范大学出版社，1997，第 4、39、44 页。

农扫盲及业余小学教学用书问题的决定》，规定各地应积极筹备自编自印农民识字课本。同年，中共中央、国务院在颁布的《关于扫除文盲的决定》中规定了教材的编写分三步。第一步，学习本村本乡的常用词语，课本由从事指导合作化工作的干部指导当地知识分子自编，有二三百字。第二步，课本由县或专署组织当地知识分子编辑，请指导合作化工作的干部协助和指导，主要是按照本县、本专区的常见语言和事物编写，也只要几百字。第三步，主要是按照本省的常见事物和常用词语编写，有几百字，由各省教育厅编写。还规定各省、自治区、直辖市的教育厅（局）应该先指导一个合作社和一个县编出示范课本。1957 年，教育部下发《关于编写职工识字补充教材或识字课本的意见》，指出各地可自行编写识字补充教材，其内容可以包括本单位、本系统生产生活上最迫切需要的常用字。1960 年，中共中央批转教育部党组《关于农村扫盲、业余教育情况和今后工作方针任务的报告》指出，业余学校所用教材由各省、自治区、直辖市编写；县、公社结合当地生产需要和实际情况编写补充课本；教育部和有关业余部门准备拟定文化课和技术课的教学纲要，作为各地编写通用课本的参考。[①]

新中国成立后不久，教育部开始组织人员编印全国通用的社区教育识字课本，人民教育出版社于 1951 年出版了由教育部组织编写的《农民识字课本》，共 4 册；于 1952 年出版了教育部工农业余教育司编写的《农民速成识字课本》1 册和《农民速成识字阅读课本》上、下 2 册。1954 年，人民教育出版社又出版了《农民识字课本》，共 3 册，包含 1600 多个生字。同时，各省、自治区、直辖市都编写了工人、农民、市民、渔民等的《识字课本》及政治、生产等方面的课本。因此，这一时期我国的社区教育教材采取了全国统编与地方自编相结合的办法，后者占主要地位。如在新中国成立初期，徐勉一等编写了《识字课本》，共 6 册，由工人出版社1950 年出版，后来又反复印刷，影响较大。其他还有《民校识字课本》（许洁如，1950）、《民校生产知识教材》（山东省实业教育厅，1950）、《民校识字课本》（皇甫瑾等，1951）、《工农业余学校临时时事政治课本》

---

① 国家教育委员会成人教育司编《扫除文盲文献汇编（1949—1996）》，西南师范大学出版社，1997，第 76、116、416~417、420 页。

（东北人民政府教育部，1951）、《速成识字课本》（东北人民政府教育部，1952）、《农民速成识字课本》（东北行政委员会扫除文盲工作委员会，1954）、《农民政治课本》（中共湖南省委宣传部，1954）、《农民识字课本》（江苏省教育厅，1956）、《市民识字课本》（青海省教育厅，1956）、《工商业者识字课本》（甘肃省工商业联合会，1957）、《城市劳动人民识字课本》（武汉市工农业余教育局，1957）、《职工市民速成识字课本》（四川省教育厅，1958）、《市民识字课本》（天津市教育局等，1958）、《渔民识字课本》（王茂之，1958）、《昔阳县农民识字课本》（昔阳县文教局等，1958）、《职工识字课本》（北京市教育局工农教研室，1959）、《农民业余学校识字课本》（河北省教育厅，1964）等。

此外，不少基层社区教育机构还努力编写适合自身使用的教材。如四川南充县红旗公社在建立的多种红专学校中，都按照生产和工作的需要自编了教材。① 山西解虞县西张耿乡业余文化技术学校的做法是对普通中学教材内容加以精简，另补充一些农民所需要的知识。针对没有适合的现成的农业技术课本的情况，就组织教师自己编写。② 山东莒南县高家柳沟大队1956年编写了《记工识字课本》《单元识字课本》等教材；1958年编写了《扫盲识字课本》；1960年编写了《会计教材》《扫盲识字课本补充教材》；1968～1969年编写了《乡土教材》《乡土识字课本》。③

"文革"中，虽然社区教育事业受到破坏，但我国仍然编印了一些社区教育教材，如《识字课本》（新疆人民出版社，1969）、《农民识字课本》（华安县革命委员会政治组教育组，1972）、《农民识字课本》（北京市教育局教材编写组，1972）、《农民识字课本》（《农民识字课本》编写组，1973）、《识字课本》（新疆维吾尔自治区教育局，1973）、《识字课本》（甘肃省教育局，1975）、《农民识字课本》（凉山彝族自治州教育局等，1975）、《农民识字课本》（敦化县教育局，1975）等。一些社区教育机构也自己编写了教材，如湖北省蕲春县孙冲公社农民业余大学政治教材

---

① 王纯德：《开办各种学校　造就多样人才——四川南充红旗公社全面发展业余教育》，《人民日报》1958年12月9日，第6版。

② 张克忍：《一个学文化又学技术的业余学校》，《人民教育》1958年第4期。

③ 《按毛主席指示办好业余教育——山东莒南县高家柳沟大队的调查报告》，《人民日报》1971年6月22日，第2版。

选学马列著作和毛主席著作，科技方面则自编了《水稻、棉花高产种植》《改良土坡》《肥力的鉴定》《农村机电》等教材。[①]

综上，新中国成立后，一方面，国家出台了多个文件，对社区教育课程问题进行了一些具体的规定，使我国社区教育课程走向规范化有了基本的政策保证。这一时期，我国社区教育课程从以文化课程（主要是识字课程）和政治课程为主，逐渐转向同时注重生产技术课程，特别注重把课程与生产实际结合起来。同时，为克服教材缺乏的问题，国家、各级政府及各地社区教育机构都组织人员编写了以识字课本为主的社区教育教材。但这一时期课程设置的随意性较强，也较为粗糙，同时，社区教育教材总体供不应求，而且生产和职业技术方面的课本太少，也不配套。

三　1978～2020年：社区教育课程设置进一步规范化，课程内容得到极大丰富，教材开始形成体系

（一）　课程设置进一步规范化，内容前所未有的丰富

改革开放后，我国发生了巨大的变化，仅仅进行识字、算术等教育已不能满足社会和人的自身发展的需要，这就要求在社区教育课程设置上增加课程的种类，丰富课程的内容。1982年，原农牧渔业部发出《关于加强农民技术教育工作的通知》，强调要大力加强技术教育。1985年，国家教委在转发的《十二省市农民职业技术教育座谈会纪要》中谈道，乡镇农民文化技术学校应以职业技术教育为重点，以相应的文化教育为基础，以普及文化科学技术知识、培养技术人才和管理人才为目的。1992年，国家教委在颁发的《扫除文盲教育教学大纲》中规定，教学内容包括思想政治、文化教育、生产技术知识、生活常识四个方面。1995年，国家教委印发《示范性乡（镇）成人文化技术学校规程》，强调除了对农村居民进行职业技术教育外，还要"采取多种形式经常对学员进行时事政策教育、法制教育、思想道德教育、人口教育、开展丰富多彩的社会文化生活教育，提高农民的法制观念和思想道德水平，促进农村精神文明建设"。[②] 1999年的

---

① 《湖北省蕲春县孙冲公社办起了农民业余大学》，《人民教育》1975年第7期。
② 国家教育委员会成人教育司编《扫除文盲文献汇编（1949—1996）》，西南师范大学出版社，1997，第337、365、436～437、524页。

《面向 21 世纪教育振兴行动计划》再次强调扫盲工作要与实用技术培训相结合。这些都表明了在改革开放后，我国社区教育课程内容从简单的读写算扫盲走向以职业技术教育为重点，兼顾思想政治、文化、生活等多个方面，日益丰富。2004 年，教育部在《关于推进社区教育工作的若干意见》中对社区教育课程问题做了指导性规定，"要紧紧围绕社区建设的中心工作和社区居民的教育培训需求，确定相关的培训课程和教学内容，加强培训课程和教材的建设工作，拓展和丰富教育培训内容，增强培训的针对性和有效性"。① 2016 年，《教育部等九部门关于进一步推进社区教育发展的意见》强调要加强课程资源建设，国家组织编写一批社区教育通用型课程大纲，鼓励引导社区组织、社区居民和社会各界共同参与课程开发，推动课程建设规范化、特色化发展，促进课程设计与社区治理和服务实践有机融合。②

　　一些地方也出台了有关社区教育课程建设的文件，并制定了有关社区教育课程的指导大纲及课程建设标准。如 2007 年，上海市率先发布了社区教育课程体系，后又于 2016 年发布了新版的《上海社区教育课程分类体系》，将社区教育课程分为公民教育、文化素养、艺术修养、健康教育、实用技能、体育健身等 6 系列 45 类 369 种。2010 年，《上海社区教育课程指导性大纲》出版，2012 年，《上海市社区教育课程建设标准》发布。③ 2007 年，上海市长宁区制定了《长宁区社区教育课程建设管理办法（试行稿）》，从原则和模式、组织保障、经费投入、管理与指导、督导与评估等方面对社区教育课程建设工作提出了明确要求，还制定了《长宁区社区教育课程建设标准（试行稿）》。2012 年，成都市出台了《成都社区教育课程建设指导性纲要》，同年，北京市朝阳区出台了《朝阳区社区教育课程指导大纲》。2013 年，大连金州新区编制出版了《金州新区社区教育课程资源建设指导纲要》，将社区教育课程内容分为 8 个类别。2014 年，沈

---

① 教育部《关于推进社区教育工作的若干意见》，教育部网站，2008 年 4 月 25 日，http：//www.moe.gov.cn/srcsite/A07/zcs_cxsh/200412/t20041201_78909.html。

② 教育部等九部门《关于进一步推进社区教育发展的意见》，教育部网站，2016 年 7 月 29 日，http：//www.moe.gov.cn/jyb_xwfb/xw_fbh/moe_2069/xwfbh_2016n/xwfb_160729/160729_sfcl/201607/t20160729_273300.html。

③ 《社区教育的上海模式》，山东终身学习在线网站，2018 年 1 月 23 日，http：//www.sdlll.net/article_1114411.html。

阳市颁布了《沈阳市社区教育课程指导纲要》。2016 年，北京市东城区出版《北京市东城区社区教育课程大纲》，主要包括实用技能、休闲娱乐、家庭生活和市民修养等系列，每个系列又包括课程名称及简介、课程性质及对象、课程目标、课程内容等部分。同年，北京市出版了《北京市社区教育课程教学大纲》。这些社区教育课程建设标准及大纲虽然只在全国少数地区先行且还不够成熟，但为我国社区教育课程设置建立了可参考的标准，对社区教育课程的实施具有指导作用，对我国社区教育课程建设的规范化具有示范意义。

在国家及地方相关政策的指导下，我国社区教育课程内容不断丰富，以公民素养、生活休闲、文化艺术、职业技术、健康养生等为主，注重与居民的生产生活相联系。最近一些年，农村社区教育课程更多的以农业技术方面的内容为主，城市社区教育课程则更加突出休闲娱乐性。

杭州长征业余学校创始于 1980 年，开始只设工业会计、热处理、英语、日语 4 门课程，到 1983 年，设立了财经、机电、建筑、外语 4 个学科32 门课程。[①]

鄂东蕲春县张塝镇农民成人文化技术学校自开办以来到 1992 年，共设立种、植、养、加工等 26 个专业，开设了相应的课程。[②]

2006 年，上海浦东新区 19 个街道（镇）和闸北区 9 个街道（镇）开设的课程总数为 417 门，课程类型以"休闲娱乐类""计算机类""外语类"为主，占课程总数的 67%，个别街道甚至达到 90%。[③]

2006 年，上海市徐汇区社区学院建立了社区教育课程体系，开设 190余门课程，大致分为法政与教育类、文史与艺术类、科学与技术类、医疗与健康类、体育与健身类、职业培训类以及远程教育等综合类。[④]

上海市将已开发的社区教育课程分成六大系列，共 44 类。市民教育（6 类）：思政教育、法律教育、科普教育、国防教育、生命教育、家庭教育。艺术修养（11 类）：乐器、声乐、戏剧、曲艺、舞蹈、表演、书法篆

① 肖然：《在新长征的大道上前进——记杭州长征业余学校》，《职业教育研究》1983 年第5 期。

② 章序珍：《张塝镇成人学校办学成绩斐然》，《成人教育》1993 年第 1 期。

③ 杜君英：《社区教育课程现状分析》，《陕西师范大学继续教育学报》2006 年第 3 期。

④ 上海市徐汇区教育局编《创新文化引领社区教育管理体制发展的研究》，上海文化出版社，2013，第 118 页。

刻、绘画、工艺画、手工艺、建筑。文化素养（7 类）：文学欣赏、国学、民俗文化、地方介绍、历史、收藏鉴赏、礼仪礼节。健康养生（3 类）：健康生活、中医养生、心理健康。实用技能（12 类）：农作物栽培、畜牧养殖、水产养殖、语言学习、投资理财、信息技术、思维训练、艺术设计、摄影摄像、中西烹饪、维修养护、就业创业。体育健身（5 类）：棋牌技艺、拳操健身、球类运动、休闲体育、休闲旅游。①

2013 年，全国 63 个示范区、47 个实验区分别开设课程 5114 门、2982 门。②

河南省辉县乡镇级成人学校开设的课程主要有果树栽培、食用菌栽培、养殖、电焊、服装设计、刺绣等。③

云南省师宗县五龙壮族乡成人文化技术学校的课程设置因地区不同而不同。在山区，其课程设置的重点内容是农业生产知识、高产油菜技术、畜牧养殖技术、林业栽培技术、食用菌生产技术等；在槽区，其课程设置的重点内容是生态农业、水稻标准化生产技术、大田抛秧、无公害蔬菜标准化生产技术、冬早农业、林果业等；此外，课程内容还包括乡规民俗、移风易俗、孝老敬老、法规常识、农村劳动力转移技能等。④

2015～2017 年，北京丰台社区学院每年平均开设课程 44 门，分为艺术生活类、科学文化类和居家生活类三大类，并分为乐学书画、声乐舞蹈、乐器世界、艺体天地、手工天下、体验国学、传统文化、生活达人、玩转电脑、纵横管理等 10 个模块，开设有不同的 62 门相关课程。⑤

截至 2017 年底，重庆渝中学习网站上提供给市民学习的社区教育课程包括了公民素质、文化科学、生活休闲、品读经典、职业发展、电脑知识、微课程和特色课程 8 个系类 34 个小类 2525 门课程。其中，"文化科学

---

① 蔡廷伟、钱旭初、施苏苏：《社区教育课程开发现状与对策思考——以常州市为例》，《终身教育研究》2017 年第 6 期。

② 杨志坚主编《中国社区教育发展报告（1985—2011 年）》，中央广播电视大学出版社，2012，第 94 页。

③ 张利纳：《新型城镇化背景下农村社区教育课程建设研究》，硕士学位论文，山西大学，2015，第 20 页。

④ 张正沛、张云芳：《抓定位 重培训 为农民致富架金桥——五龙壮族乡成人文化技术学校工作纪事》，《中国农村教育》2016 年第 7～8 期。

⑤ 郭锋、娄斌、史奎宏：《北京市丰台社区学院 2015—2017 年社区教育课程建设研究报告》，《北京宣武红旗业余大学学报》2018 年第 4 期。

类"约占总课程数量的31.7%，"生活休闲类"约占总课程数量的30.9%。"公民素质类""品读经典类""职业发展类"3个系类的总和约占总课程数量的30.0%。"电脑知识类""微课程类""特色课程类"分别占不到2.0%。① 截至2018年，江苏省常州市已开发8期共700门社区教育课程。②

2019年，山东省在全省征集和遴选了200门社区教育优秀课程。③

与此同时，为进一步提高社区教育课程的质量，加强社区教育课程的地方特色建设，不少地方出台了本地区的社区教育特色课程评审标准，涌现了大批的社区教育特色课程。2008年，中国成人教育协会社区教育专业委员会制定了《全国社区教育特色课程评审指标及内涵》，2009年起开展了社区教育特色课程的评比和推广。推出了一系列"江浙文化""京派文化""齐鲁文化""岭南文化""关东文化""中原文化""巴蜀文化"等具有鲜明地域文化特色的社区教育品牌课程。一些地区的社区教育品牌课程，如北京市西城区的"手工工艺制作"、南京市建邺社区培训学院的"0~3岁散居婴幼儿亲子教育课程"、上海静安区的"网络与生活"、天津市河东区大直沽街道社区学校的"大直沽地域多媒体特色课程"、大连沙河口区星海湾街道社区学校的"青少年问题干预与辅导"、哈尔滨市南岗区荣市街道社区学校的"花卉文化"、鞍山铁东区新兴街道社区学校的"满秀初级教程"、苏州沧浪区南门街道的"阳台花卉"、克拉玛依社区教育办公室的"剪纸手工技法"等，在2009年社区教育特色课程的评比中得到表彰。④ 在2011年全国社区教育特色课程评奖中，上海市徐汇区华泾镇社区学校的"黄道婆——被更乌泾名天下"、四川省成都市武侯区社区学院的"话三国说蜀将"等获得了一等奖。

（二）　社区教育的教材丰富且开始形成系列

改革开放后，各省、自治区、直辖市都组织编写了一些识字课本，如

---

① 周业双：《城市社区教育课程开发研究——以重庆市渝中区为个案》，硕士学位论文，西南大学，2018，第19~20页。

② 施苏苏：《活动式社区教育课程：一种新型社区教育课程形态——基于常州的实践》，《云南开放大学学报》2018年第4期。

③ 周延军编著《新时代社区教育若干问题研究》，北京时代华文书局，2020，第15页。

④ 杨志坚主编《中国社区教育发展报告（1985—2011年）》，中央广播电视大学出版社，2012，第39页。

《识字课本》（山东省革委教育局工农教育处，1979）、《识字课本》（河南省教育厅工农教育处，1980）、《识字课本》（江西省教育厅工农教育处，1981）、《识字课本》（云南省教育委员会成人教育处，1990）、《藏文识字课本》（青海民族出版社，2003）等。编写识字课本是我国的老传统，但改革开放后，社会经济的发展要求社区教育不光要继续扫盲，而且需要开设其他方面的课程，特别是职业技术方面的课程，而此时我国这方面的教材极其缺乏。针对这一现状，1980年，教育部在印发的《五七大学座谈会纪要》中讲道：各农民技术学校的教材"可选用一些现成的，但须符合学校的培养目标和教学计划的要求"①。至于这个"现成的"如何选，则完全由各社区教育机构自己决定。1983年，原农牧渔业部教育司、教育部成人教育司联合召开了全国农民职业技术教育教材编者会议，明确了教材编写的指导思想和标注、内容与重点等。1984~1986年，四川省林业学校、各地农业机械局、华中农业大学、西南农业大学等编写出版了《全国统编农民职业技术教育教材》系列共53本，其内容包括种植、畜牧、水产、农业机械4个部分。1985年，辽宁省锦州畜牧兽医学校还编写出版了《东北三省统编农民职业技术教育教材》。国家教委等在1987年颁布的《乡（镇）农民文化技术学校暂行规定》中规定：关于乡（镇）农民文化技术学校教材，各地可结合实际需要，选用全国统编农民职业技术教育教材和其他教材，或自行编写本地适用的乡土教材。② 1989年，全国扫盲和扫盲后继续教育教材编写研讨会召开，评估了《扫盲后教材编写与制作指南》，审定了农村成人初等文化技术教育实用语文、实用算术、实用科技三科教学大纲，一些省、自治区、直辖市新编了扫盲教材。③ 此后，各省、自治区、直辖市教育部门相继编写和发行了扫盲与扫盲后继续教育读物及课本，其内容包括思想政治、文化知识、实用技术、家庭与社会生活等方面。教材的主要形式有：综合性扫盲教材、实用技术识字课本、妇女识字课本、汉语识字课本、少数民族识字课本、汉语拼音识字课本、看图识字

---

① 国家教育委员会成人教育司编《扫除文盲文献汇编（1949—1996）》，西南师范大学出版社，1997，第166页。

② 国家教育委员会成人教育司编《扫除文盲文献汇编（1949—1996）》，西南师范大学出版社，1997，第345页。

③ 刘立德、谢春风主编《新中国扫盲教育史纲》，安徽教育出版社，2006，第81页。

课本及其他技术手段制作的幻灯片、声像、识字卡片、图片、挂图、录音、录像、扫盲识字扑克、游戏及电视系列片等。1993 年，全国 30 个省、自治区、直辖市都有了统编扫盲教材，全国各地还编写了扫盲和扫盲后继续教育读物 150 余种及实用技术教育教材上千种。① 1991 年，全国人民代表大会颁布《国家教委关于大力发展乡（镇）、村农民文化技术学校的意见》，规定："乡（镇）、村农民文化技术学校的教材，以省、自治区、直辖市自编、自审、自用为主。"各地要根据教学要求，编写各种文化技术教材，也可以与地域条件相近的地区协作，编写通用性较强的教材。地（市、州），县，乡要组织编写针对性、实用性较强的乡土教材。② 1995 年，农业部等有关部委组织编写了《农民思想政治教育读本》和《农民实用技术教育读本》。

与此同时，各社区教育机构编写了大量的社区教育教材，如咸阳市秦都区的个体劳动者培训学校由各单位自编教材，印制成册，学员人手 1 本；③ 2005 年，深圳市宝安区社区教育中心编著了《宝安社区教育读本》；2007 年，上海市长宁区开展"校本教材"开发工作，全区 10 所社区学校均建立了校本教材体系；2012 年，杭州湾新区庵东社区教育中心编著了《庵东社区教育读本》；2018 年，王雪松主编了《中关村学院社区教育教材》……截至 2013 年，全国 63 个社区教育示范区共有教材 62363 本，47 个社区教育实验区共有教材 38481 本。④

在这一过程中，各地编写的社区教育教材开始形成系列，增强了社区教育教材的系统性。如浙江富阳市委宣传部及富阳社区学院于 2004 年编写了《市民礼仪读本》《市情教育读本》等社区教育系列丛书；2006 年，北京东城社区学院组织编写了《市民学电脑——开机就会》《北京迎奥运——市民说英语》《学法新途径——以案说法》《社区干部实用文体——写作读本》《与您说说心理话——社区居民心理健康科普读物》等社区教

---

① 刘立德、谢春风主编《新中国扫盲教育史纲》，安徽教育出版社，2006，第 139 页。
② 国家教育委员会成人教育司编《扫除文盲文献汇编（1949—1996）》，西南师范大学出版社，1997，第 360 页。
③ 中央统战部五局、全国工商联信息咨询培训部联合调查组：《咸阳市秦都区的个体劳动者培训学校》，《中国工商》1992 年第 7 期。
④ 杨志坚主编《中国社区教育发展报告（1985—2011 年）》，中央广播电视大学出版社，2012，第 94 页。

育系列丛书；2008 年，北京东城社区学院编写了《东城区市民奥运培训之奥运知识篇》《东城区市民奥运培训之文明礼仪篇》《东城区市民奥运培训之基础助残篇》《东城区市民奥运培训之健康卫生篇》《东城区市民奥运培训之英语和涉外礼仪篇》等奥运系列丛书；2007 年起，上海市精神文明建设委员会办公室及上海东方社区学校联合编写了《社区学校通用教材》系列，包括《医学常识》《健康养生》《旅游文化》《收藏文化》等；2015年，祝燕国主编了上海奉贤区"贤文化"社区教育系列读本，包括《百姓理财》《市民应用文常识》《白对虾养殖》《食用菌栽培》等；2016 年，山西省出版了一套新型职业农民培训教材，包括卫建礼编著的《梨树高效栽培技术》、贺东昌主编的《高效养猪技术》、畅晋钢主编的《栽桑养蚕实用技术》等；2016 年，沈阳市出版了如孙建国的《信用卡管理》、李昊的《社区工作办公自动化教程》、沈阳市教育研究院的《沈阳新市民手册》《社会主义核心价值市民读本》等系列教材；2017 年，北京市丰台区出版了张超的《民俗丰台》、王春梅的《乐游丰台》等系列教材；2018 年，长沙市出版了由长沙市社区教育工作领导小组组织编写的《锦绣沙坪》《金帝鸭高效养殖实用技术》等系列教材。

总体而言，改革开放以来，我国社区教育课程设置及内容和教材都比上一个阶段有了巨大的进步，表现为课程种类大量增多，课程内容的广度大大扩展，着力提升课程质量，建设富有特色的社区教育课程，不但有线下课程，还有线上课程，课程的管理日益规范，社区教育的教材种类日益丰富。但同时存在没有统一的社区教育课程开发机构、课程设置和内容不平衡、大多数地区没有统一的社区教育课程管理机构、缺乏统一的社区教育课程标准等问题。

四　小结

百年来，我国社区教育课程建设取得了极大的成就。

第一，课程设置从无到有且日益走向规范化。民国时期，我国社区教育第一次有了正式的课程设置，从较为粗疏地只规定课程门类转变为规定每门课程的课时，开始形成了社区教育课程系统。新中国成立后，党和政府出台了多个政策文件，对社区教育课程的科目设置、内容、标准及教材等提出了一些具体的规定，使我国社区教育课程有了走向规范化的基本政策保证。改革开放以来，社区教育课程管理日益规范。如上海市徐汇区建立了社区教育课程管理信息库，制定了社区教育课程申报、备案与审批制度，2006 年制定了《徐汇区社区教育优秀课程申报与评选实施意见（试行）》，明确了课程选拔的标准，有专门的评选程序，成立了优秀课程评审小组，形成了社区主题活动课程评价体系，组成了评价机构，设置了评价指标。[①] 此外，不少地方还出台了课程指导大纲和标准。

第二，课程内容和形式都越来越丰富多彩，从简单的识字与公民教育扩展到职业技术教育、休闲教育等方面，并走向特色课程建设。社区教育课程内容在不同时期又有所侧重。如在中华民国成立之初的通俗教育时期，社区教育课程内容除识字外，还侧重礼仪、健康、娱乐、科学常识等方面；在平民教育时期，社区教育课程内容开始注重职业与生计教育；在民众教育时期，社区教育课程内容更加广泛，包括识字、职业技能、国民道德、美育、体育等方面的内容；抗战时期，社区教育课程内容加强了抗战思想及技能方面的教育。在共产党领导的革命根据地，社区教育课程内容除了注重识字和科学常识外，还更加注重政治教育和革命战争教育。新中国成立后，我国社区教育课程特别重视政治课程，同时逐渐注重生产技术课程，特别注重把课程与生产实际结合起来，而且注重课程内容安排的循序渐进。改革开放后，特别是在我国当代社区教育产生后，其课程种类大量增多，课程内容的广度大大扩展，不再局限于政治教育、文化教育、技术教育等方面，而是涵盖了居民生产生活的各个方面。与此同时，各地都在着力提升课程质量，努力建设富有特色的社区教育课程体系，突破了传统的课程形式，不但有线下课程，还有线上课程，使居民的学习形式更为多样，学习也更为方便。

第三，在教材的编写和管理上取得了较好成绩，力图使教材的编写和管理建立在教育学和心理学规律之上。由最初的照搬普通学校教材到编写专门的社区教育教材，由编写单一的识字教材到编写内容丰富的教材，由民间编写到官方组织统一编写与民间编写相结合，由只有学生用的教材到

---

① 上海市徐汇区教育局编《创新文化引领社区教育管理体制发展的研究》，上海文化出版社，2013，第 118 页。

配套有教师用的参考书，形成了由国家教材、地方教材和校本教材组成的体系。社区教育教材体裁形式多样，如在江苏省立教育学院编的《实验民众读本》中包括小说、游记、日记、诗歌、演说、信札等。[①] 当代社区教育教材除了纸质课本形式外，还有电子教材、音像教材等。教材内容从居民的实际需要出发，如在姜贡瑇等编的《民众学校适用初级算术课本》中，选题完全从衣食住行、家庭经济、社会生活等出发，特别注重买卖、找钱、折扣等的练习，以适应生活需要。新中国成立后各地编写的《记工识字课本》，基本都是从居民在工作中的实际需要出发。在当代社区教育中，各地有关种植、养殖、电脑及智能手机的使用、旅游英语等方面的教材，同样是从当前居民的实际需要出发进行编写的。内容从易到难，并注重反复强化。如在晏阳初所编的《平民千字课》教材的第 1 册中，第 1 课是"手"，其课文内容为："一人二手，二人四手，三人六手，四人八手，五人十手。"[②] 这就是从最简单的字学起，并且反复强化。注意教材内容的形象性。如在沈百英编的《民众学校识字课本》中，第 1 册第 1 课为《做工读书》，文字内容为，"做工人要读书"，同时配了相应的插图。[③] 社区教育教材的编写从各行其是和杂乱无章走向了规范管理。如上海市徐汇区在 2006 年制定了《徐汇社区教育自编教材出版管理办法（试行）》，规定了社区教育教材编写的组织成员、出版计划、立项方式、编审出版原则等。从民国时期较为雷同的教材转变为各地体现地方特色的系列教材。

百年来，我国社区教育课程建设中存在的主要问题有以下几点。

第一，课程设置及内容有一定缺陷，不能很好地满足居民的需要。如民国时期特别强调识字方面的课程，这固然有道理，但在当时，维持生计才是大多数人的第一需要，而社区教育中有关职业与生计教育方面的课程内容还不够多，远不能满足居民的需求。再如，在通俗讲演中，欧美的国家制度、政治制度等内容离当时百姓的生活太远，不是居民感兴趣和能理解的。当代社区教育中则存在休闲类课程多、职业技术类课程少的问题，导致其课程对象主要集中在中老年人群体，而需要接受职业技术方面培训的青壮年群体的教育需求则难以得到满足。

---

① 江苏省立教育学院编《实验民众读本》（无图本），上海商务印书馆，1937，编辑说明。
② 晏阳初、傅若愚编《平民千字课》，青年会全国协会，1925，第 3 页。
③ 沈百英编《新时代民众学校识字课本》第 1 册，商务印书馆，1934，第 3~4 页。

第二，课程设置仍然不够规范和科学。百年来，我国一直没有统一的社区教育课程开发机构，也没有规范的课程开发流程，社区教育课程设置主要是按照国家的有关政策来决定，作为课程重要主体的社区居民则极少有机会参与和发表意见，课程设置随意性较强，也较为粗糙。当前，我国社区教育课程开发的主体是社区教育的管理者和一些专职兼职教师，缺少专业的课程开发人员，特别是缺少居民广泛而深入的参与。有人对河南省辉县乡镇级成人学校进行调查，发现其只是在上级领导的安排下为农民安排课程，没有真正从农民的需求角度开发课程。① 又如，在南京市江宁区禄口街道进行的《社区教育校本教材开发与应用的实验》项目研究中，只由街道文卫办、文体中心、综治办、宣传办、司法所等部门选派骨干参与研究。② 这种社区居民在课程开发和教材编写中的缺位，必定会导致所开设的课程和所编写的教材不能很好地满足居民及社区建设的需要。

第三，大多数地区没有统一的社区教育课程管理机构。一是各个社区教育机构各自为政，进行比较严重的低水平重复课程建设，高质量的精品课程和教材较少，课程地区特色不够突出。尽管当前各地在努力建设社区教育的特色课程，但真正有特色的课程还不够多，课程雷同现象较为突出。如上海浦东新区和闸北区的社区教育课程中，都有唱歌、戏曲、摄影、乐器、舞蹈、书法、绘画、插花、电脑入门、上网、英语口语、日语基础、英语初级等科目。③ 二是社区教育课程缺乏统一的标准。民国时期就有人指出，"各种社会教育包括的范围至广，对于各种教育的设施，尚未有一套现成适用的教材和课程标准"。④ 这个问题到今天也未完全解决，对课程的质量如何、能否满足居民的需要等，还没有建立有效的考评与督导机制，对学员在社区教育课程中遇到的问题、学习效果等关注较少。

第四，教材中存在问题。民国时期，社区教育教材以识字教材为主，有关职业技术和生产知识等方面的教材少，而且教材编写具有较强的随意性，没有形成专门的社区教育教材编写团队，也没有规范的编写流程。新

---

① 张利纳：《新型城镇化背景下农村社区教育课程建设研究》，硕士学位论文，山西大学，2015，第20页。

② 沈庆林：《开发与应用社区教育校本教材 提升新市民素养》，《中国农村教育》2020年第16期。

③ 杜君英：《社区教育课程现状分析》，《陕西师范大学继续教育学报》2006年第3期。

④ 许公鉴：《中国社会教育新论》，中国文化服务社，1948，第84页。

中国成立后，尽管当时各级政府和社区教育机构都组织编写了社区教育教材，但仍以识字课本为主，且所编写的识字课本并未形成一个体系。1959年，中共中央在批转的教育部《关于进一步开展农村扫除文盲和业余教育工作的请示报告》中指出，"现在的农民业余教育，还没有一套适用的教材，这个问题亟待解决"。① 此外，这一时期我国社区教育教材总体供不应求，正如教育部和原文化部在 1957 年《关于工农业余文化学校课本供应问题的联合通知》中所指出的那样，"几年来，对工农业余文化学校课本供应问题，一直是解决得不够好的"。② 当前，大多数地方社区的教育教材编写仍然存在随意性较强的问题。有人对上海市 5 所社区学校进行调查，发现社区学校并没有组建专门的教材开发机构，也没有专门的开发方案及相关的教材开发大纲。其教材开发的大致流程为：每个学年之初，社区学校内部进行沟通，确定内容，然后确定编什么样的教材及通过什么样的渠道编，如果自己的老师不行，就请一些专家和大学生来。初稿出来后，再让广告公司负责设计。这样，一本新的纸质教材就完成了，其前后策划的时间也很短。③ 同时，统编或各大区协作编写的通用教材不多，造成了资源的重复浪费。

第二节　社区教育课程的科学化

回顾和总结百年来中国社区教育课程发展的历史，是为了更好地构建当代中国的社区教育课程体系。我国社区教育课程之所以存在种种问题，是因为对有关社区教育课程的一些基本问题不清楚。其一，在认识论上，社区教育课程的普遍本质属性是什么？其与普通学校课程相比，有何特殊本质属性？其二，在知识论上，社区教育的课程知识具有什么样的特点及其应有哪些种类？其三，在方法论上，构建社区教育课程体系的原则和方

---

① 国家教育委员会成人教育司编《扫除文盲文献汇编（1949—1996）》，西南师范大学出版社，1997，第 100 页。

② 国家教育委员会成人教育司编《扫除文盲文献汇编（1949—1996）》，西南师范大学出版社，1997，第 148~149 页。

③ 游赛红：《社区教育教材开发的现状研究——以上海市五所社区学校为例》，硕士学位论文，华东师范大学，2015，第 51~54 页。

法是什么？这里我们拟从认识论出发分析社区教育课程的普遍本质属性及特殊本质属性，从知识论出发分析社区教育课程知识的特点及种类，从方法论出发探讨构建科学的社区教育课程体系的原则与方法。前两个方面是使社区教育课程走向科学化的逻辑起点和内在依据，主要解决有关社区教育课程"是什么"的问题，后一个方面是以前两个方面为基础提出来的，主要解决"怎么做"的问题。

一　认识论角度：社区教育课程既具有一般课程的普遍本质属性，又有其特点

弄清课程的本质是研究课程的逻辑起点，同样地，弄清社区教育课程的本质，也是使社区教育课程走向科学化的逻辑起点，但目前人们对社区教育课程的本质究竟是什么并不明确。笔者认为，社区教育课程是课程中的一种，有着所有课程共同的本质，但社区教育课程与其他教育形式的课程，特别是与学校教育课程相比，又有着自身的特点。

（一）社区教育课程具有一般课程的普遍本质属性

要明确社区教育课程的本质，首先就要弄清课程的本质。对于课程的本质是什么这一问题，人们提出了多种观点。《国际课程百科全书》对不同的课程定义进行了总结：课程是学校为了训练团体中儿童和青年的思维及行动方式而组织的一系列可能的经验；课程是在学校指导下学习者所获得的所有经验；课程是学校应提供给学生的教学内容及特定材料的总体计划；课程是一种方法论的探究；课程是学校的生活和计划；课程是一种学习计划；课程是在学校指导下形成的有计划和有指导的学习经验及预期的学习结果；课程基本上包括掌握母语并系统地学习语法、文学和写作、数学、科学、历史、外国语六大领域的训练学习；课程是关于人类经验的范围不断发展、可能的思维方式。[①] 施良方把课程的本质归纳成教学科目、有计划的教学活动、预期的学习结果、学习经验、社会文化的再生产、社会的改造6种。[②] 徐继存把有关课程本质的观点归纳成3种：教学科目说、

---

① 郝德永：《关于课程本质内涵的探讨》，《课程·教材·教法》1997年第8期。
② 施良方：《课程理论——课程的基础、原理和问题》，教育科学出版社，1996，第3～7页。

教学活动说、学习经验说。①

　　总体来讲，人们对课程本质的认识主要聚集在三个方面。其一，课程是知识体系，强调静态的知识及承载这些知识的学科，强调知识的逻辑性、系统性和先验性，学习者在其中居于被动地位。这是一种传统的课程观，这种观点忽视了学习者的主体地位，同时把课程局限于知识，忽视了德育、个性和能力等方面的内容。其二，课程是经验，强调学习者自身的经验和主体地位。这种课程本质观存在的最大问题是每一个学习者的经验并不一样，这将使课程计划和实施难以进行。其三，课程是活动，强调学习者的活动。把课程本质定义为活动，容易忽视间接经验，否定教师的主导作用。由此可见，上述几种观点都各有缺陷，任何一种只看见课程某一方面特性的观点都有失偏颇，而且把课程视为一种固定、静态的体系显然也是不符合辩证唯物主义的观点的。事实上，人们越来越趋向于将各种观点进行融合，把课程看成一个由课程目标、课程计划、课程结构、课程内容、课程实施、学习活动方式、课程评价等组成的不断发展的系统。社区教育课程是课程的一种形式，其同样是一个由上述环节构成的动态的系统，这也是社区教育课程的普遍本质属性。

　　首先，社区教育课程具有系统性，是社区教育课业及进程的总和。"课程作为一个完整的系统，仅从其某一方面或应然状态（目标、计划）或实然状态（活动、经验）来对它进行定义都是不科学的。"② 社区教育课程同样如此，它是在一定的培养目标指导下制定课程计划及各门课程的目标，确定课程结构和内容，然后以不同的教学与学习活动方式实施课程，最后对这些课程进行评价的一个系统。同时，社区教育课程的系统性还意味着社区教育各门课程不是毫不相干的，而是有着联系的有机体系，从知识与技能、过程与方法、情感态度价值观几个维度共同服务于社区教育的目标，促进社区居民各方面素质的提升和共同发展。

　　其次，社区教育课程具有动态性。事物总是处在发展变化中，课程也是一个处于发展中的系统，没有一劳永逸的课程系统，也没有永恒不变的课程系统，整个教育系统都必定要受到各种因素的影响而不断发生变化，

①　徐继存：《课程本质研究及其方法论思考》，《当代教育科学》2003 年第 14 期。
②　郑三元、庞丽娟：《论课程的本质》，《教育研究与实验》1999 年第 4 期。

作为教育系统中重要组成部分的课程也必定如此。对于影响课程的因素，学术界有着不同的看法。王策三认为，影响课程发展的外部因素有知识、社会要求与条件、学生三个方面，这三个方面对课程发展的影响是综合交错的，影响课程发展的内部因素包括课程的历史传统，教学论特别是课程论的观点，以及课程发展自身相对独立的规律。吕达倾向于把影响课程的因素归结为知识、儿童、社会三大要素，"无论忽略哪一个要素，或者偏重哪一个要素，都会使学校课程失去平衡，以致不能完整地全面地实现教育的培养目标"①。不管怎样，大多数人都认为课程是在社会、知识、学生等因素影响下构成的一个系统，在各种内外因素的共同作用下不断发展变化。社区教育课程同样如此，而社会和社区的政治生态、经济状况、文化传统，以及知识本身的状况都在不断发生变化。此外，由于社区教育的对象为社区内所有居民，这些居民学员的变动不管是在身份角色还是在学习需要上，都远比普通学校中的学生大，这些都导致了社区教育课程的结构、目标、内容、实施等会不断变化。同时，新时期的课程论早已摒弃了把课程局限于静态内容的观点，而是把课程视为在实施过程中，师生通过交流互动而不断产生新体验和观点，从而生成新的课程内容的过程。综上，社区教育课程由于与社会联系更加直接，其受到社会变动的影响比学校教育课程更直接和明显，也就更具动态性特征。

（二）　社区教育课程具有区别于普通学校课程的特殊本质属性

社区教育及社区学习的特点，决定了社区教育课程具有区别于普通学校课程的特殊本质属性。

社区教育具有区别于学校教育的特点。其一，社区教育是在一定区域内进行的教育，其办学主体和学员都主要来自当地社区，教育内容受当地社区影响较大；而学校教育的办学主体和学生不一定以当地社区为主，教育的主要内容也不来自当地社区。其二，社区教育是一种大教育，即社会教育与学校教育、正规教育与非正规教育、学历教育与非学历教育等相互融合，整合社会各方面教育资源的一种教育；学校教育则是单一的正规教育、学历教育。其三，社区教育的服务对象是社区所有居民，具有较强的公共性；学校教育的服务对象主要是在校学生，其公共性相对较弱。

---

① 徐继存、张广君主编《当代课程论文选》，山东教育出版社，2013，第27页。

社区教育中的学习具有区别于学校教育中的学习的特点。其一，社区教育中的学习是居民主动选择的结果，是一种自主学习，居民对是否参加社区学习、学什么、怎么学等都有完全的自主选择权；学校教育中学生对学习的选择余地相对较小，特别是义务教育阶段的学习，是国家法律规定进行的，以什么方式学习、学习何种内容也是按照国家和学校的规定进行。其二，社区教育中的学习是一种弹性学习，大多没有严格的年级和学制规定；学校教育中的学习则对年级划分和学制有着严格的规定。其三，社区教育中的学习更多是出于居民的实际需要，是一种现实实用性学习；而学校教育中的学习更多是为学生未来发展打基础的学习。其四，社区教育中的学习是一种开放学习，所有居民都有权利参与学习；而学校教育中的学习主体只能是部分社会成员。其五，社区教育中的学习时间以碎片化时间为主，居民学习的内容不一定要成体系；而学校教育中的学习是以系统的时间去学习系统的内容。

社区教育和社区学习的特点决定了社区教育课程具有与学校教育课程不同的特殊本质属性。

1. 课程对象的多样性

社区教育的课程对象是社区全体居民，这是由社区教育的公共性和大教育性、开放性决定的，而社区居民的年龄、职业、文化程度等千差万别，因此其对社区教育的课程需求也多种多样。学校教育不具有这样的大教育性和开放性，其课程面对的是年龄、文化程度等基本相同的在校生群体，他们对课程的需求也更趋一致。

2. 课程管理的自主性

课程管理的自主性表现为社区教育机构可以自主决定课程设置的门类和内容，可以自主开发课程、自主编写和选择所用的教材，几乎都是校本课程，这也就使各社区教育机构所开设的课程多种多样，有着较大的差异。学校课程设置的门类和主要内容则必须按照国家有关的规定进行，课程及教材都有着一定的统一规定，以国家课程（教材）和地方课程（教材）为主，校本课程（教材）处于辅助地位。

3. 课程目标由教育者和学习者共同确定

由于社区教育的课程学习，特别是学习某一门课程是居民自主选择的结果，因此，通过对该门社区教育课程的学习要达到什么样的目标，是由教育者和学习者共同确定的。而学校教育课程目标是教育者制定的，学生不能更改这一目标。

4. 课程结构的非学科性

社区教育的大教育性特点使其既有正规教育，又有非正规教育；既有学历教育，又有非学历教育。而且，社区学习具有碎片化等特点，除学历教育部分外，其他社区教育课程都不能以学科划分（而这恰恰是社区教育课程的主体），而要按照居民和社会发展的需求进行设置，大致可划分为文化类、职业技能类、生活服务类、休闲类等。学校教育课程则是按照学科来划分的。

5. 课程内容的非理论性、非系统性及动态性

社区教育课程虽然是一个完整的系统，但其内容本身并不强调理论性和系统性，而注重实用性，强调以适合社区居民具体的学习需要为出发点而组织课程内容。同时，由于社区教育与社会联系更加紧密，课程内容就更能及时地反映时代的要求和居民的需要，并因此具有更强的动态性。学校教育课程则非常强调学科内容的理论性和系统完整性，而且课程内容（特别是国家课程和教材）一旦确定下来，就具有相对的稳定性，变化相对较小。

6. 课程学习活动方式更加丰富和注重实践性

社区教育课程的学习方式除课堂讲授、讨论外，还更加注重参观、游学、比赛、展览、各种活动等实践性的学习方式。学校教育中最主要的学习方式是课堂讲授及讨论等，其他学习方式相对较少。

7. 课程资源以本土化社区学习资源为主

社区教育的社区性，决定了这一特定区域的政治、经济、人文、社会、地理等方面的资源都可以成为社区教育课程的重要来源，事实上，各社区教育机构所开设的课程中，不少都结合当地的资源，具有当地特色。学校的课程资源虽然也有部分来自社区，如在学生的一些综合实践性课程中，社区就是一个重要来源，但这显然不是学校课程资源的主体来源。

综上，社区教育课程本质上是一种由社区教育和社区学习特性决定的动态发展系统。其既具有一般课程的由课程目标、课程结构、课程内容、学习活动方式等组成的系统性、动态性，又体现出课程对象的多样性，课程管理的自主性，课程目标由教育者与学习者共同确定，课程结构的非学

科性，课程内容的非理论性、非系统性及动态性，课程学习活动方式更加丰富和注重实践性，课程资源以本土化社区学习资源为主等特点。总之，社区教育课程是一种更加注重以学习者为中心，更加强调社区居民的主体性和社区性的课程。对社区教育课程的本质有较为清晰的认识，为我们科学设置社区教育课程提供了必要的基础，即既要适应一般课程的规律，又要遵循社区教育的特殊本质属性。

二　知识论角度：现代知识论观照下社区教育课程知识的特点及种类

（一）　现代知识论观照下社区教育课程知识的特点

"知识与教育之间存在着密切的关系：知识既是教育的主要目标之一，又是教育的重要内容与载体。"[1] 同样，知识与课程也密不可分。一方面，课程是知识的重要载体，是知识传播的重要途径；另一方面，课程以知识为内容，没有知识，也就没有课程，知识的发展影响着课程的目标、结构和内容。一切课程都是建立在一定知识论基础上的，"无论我们怎样看待课程，它总是与知识的性质、知识的价值、知识的组织与传递方式有关"[2]。知识论来源于希腊语，主要探讨有关知识的性质、价值、组织与传递方式等问题。社区教育课程同样是建立在一定的知识论的基础上的，我们怎样理解有关知识的性质、价值、组织与传递方式等问题，就会有怎样的社区教育课程。

传统的知识一般被定义为"被证明为合理的真信念"，[3] 强调知识的公共性和普遍性，把知识视为一种独立于学习者的学习对象，实际上是一种客观主义知识观。近现代以来，不少人对传统知识论提出了置疑和批评，形成了现代知识论。迈克尔·波兰尼（M. Polanyi）提出了默会知识，认为要明确知识，就必须依赖对默会知识的理解和运用，强调了人的主体作用。迈克尔·吉本斯（M. Gibbons）等把传统的知识生产模式称为知识生产模式 1，把在知识生产模式 1 之外进行的转变称为知识生产模式 2，知识

---

①　石中英：《知识性质的转变与教育改革》，《清华大学教育研究》2001 年第 2 期。

②　施良方：《课程理论——课程的基础、原理与问题》，教育科学出版社，1996，第 59 页。

③　潘洪建：《致知与致思：课程改革的知识论透视》，山东教育出版社，2015，第 7 页。

生产模式 1 具有强调学术兴趣、学科性、同质等特点，而知识生产模式 2 具有强调应用情境、跨学科、异质性与组织多样性、承担了更多的社会责任和更具有反思性、涵盖范围更广的从业者、质量控制更加多维等特点。①西蒙斯（G. Siemens）提出了联通主义理论，认为"所有的知识都是信息""学习主要是一个网络形成的过程"，联通性知识网络具有多样性、自主性、交互性、开放性 4 种特性。传统的知识组织主要采用层级的结构，表现为静态、预先结构化、稳定、控制、边界、中心化、确定性等特点；现代的知识组织主要采用网络结构，表现为动态、理论上平等、连通、去中心化、适应、培育和促进、自然发生等特点。②

确实，现代社会，特别是互联网诞生之后，知识发生了巨大变化：知识结构由静态层级变为动态网络和生态，知识呈现由抽象变为具象，知识形态由硬变软，知识内容由整体变为碎片，知识生产由单纯依靠人类变为人机合作，③ 特别是在大数据时代，一元化的知识封闭体系受到了挑战。④按照前述知识的性质、知识的价值、知识的组织与传递方式维度，可以把现代知识论的主要观点总结如下。其一，从知识的性质看，由强调知识的客观性到强调学习者的主观体验与建构，强调知识的个体境域性；由强调知识的学科性、同质性到强调知识的跨学科性和异质性。其二，从知识的价值观看，从人文主义、科学主义价值观的二元对立到去中心化及满足学习者的需要。其三，从知识的组织结构和传递方式看，由静态、预先结构化、层级的知识形态和人与人之间的传递方式变成动态形成、网络、碎片化的知识形态和培育、人机合作的传递方式。

在现代知识论的观照下，我国社区教育课程知识体现出以下特点。

其一，课程知识的个体境域性。认识主体从认识对象那里所认识到的，不仅有认识对象的共同属性，还有由认识主体的主观经验所决定的个

---

① 〔英〕迈克尔·吉本斯等：《知识生产的新模式：当代社会科学与研究的动力学》，陈洪捷、沈文钦等译，北京大学出版社，2011，第 3~8 页。

② 〔加〕G. 西蒙斯：《网络时代的知识和学习——走向连通》，詹青龙译，华东师范大学出版社，2009，第 2、18~19、76 页。

③ 王竹立：《新知识观：重塑面向智能时代的教与学》，《华东师范大学学报》（教育科学版）2019 年第 5 期。

④ 刘璐、辛宝忠：《现代大学课程与教学的变革——基于大数据时代的知识观》，《中国电化教育》2017 年第 11 期。

别属性，具有独特性和个别性。① 社区教育的对象以社区内的成年居民为主，其人生阅历和主观经验都比少年儿童丰富且复杂得多，在社区教育课程中，学习者有着更强的主体性，社区教育课程学习的过程更加凸显了学习者的主观体验性与建构性，因此，社区教育课程知识也就更具个体境域性。

其二，课程知识的跨学科性和异质性。一方面，在我国社区教育课程中，除了少量学历教育课程知识具有学科性和同质性外，居民在职业技能、休闲娱乐等多方面的学习需求，大多集中在一些具体的问题上，这决定了他们并不需要按照学科来进行系统的学习，而只需要学习一些有针对性的具体内容，使课程知识呈现出跨学科性和异质性的特点。另一方面，在手工教育技术下，知识传播的范围小、速度慢，只能产生以学科性、同质性为特征的知识生产模式，而现代信息技术具有的高速传播、打破时空限制、信息共享、大容量、超链接、即时性等特征，使知识具有了广泛联通的可能，知识可以穿越多个学科、多个人群进行传播，这样就使社区教育课程知识的跨学科性和异质性成为可能。

其三，衡量课程知识价值的标准是满足居民学习需要的程度。在历史上，形式教育和实质教育是两种对立的课程知识价值取向，形式教育主张教育的目的在于发展学生的各种官能或理性，体现人类文化底蕴知识的人文方面的课程最有发展价值；以斯宾塞（Spencer）为代表的实质教育论者提出什么知识最有价值的问题，其教育目的是向学生传授与生活相关的知识，主张实质学科和实科课程最有价值。这种形式教育和实质教育的课程知识价值观的对立，在后来演变成了人文主义与科学主义的课程知识价值观的对立。而在现代知识论中，这种二元对立的课程知识价值观被以人为本的课程知识价值观所取代，这在社区教育课程中表现得尤其突出。如果说在学校教育中课程知识帮助学生为未来做准备的价值比较突出，人文和科学方面的课程知识内容都必不可少的话，社区教育中课程知识的价值则难以用统一的标准去衡量：对一些人来讲，可能人文方面的课程知识更有价值；对另一些人来讲，可能实用性强的课程知识更有价值。因此，衡量课程知识价值的大小的最高标准应该是满足居民学习需要的程度。

---

① 吕乃基：《科技知识论》，东南大学出版社，2009，第 2 页。

其四，课程知识组织结构和传递表现为动态形成、网络化、碎片化的形式。西蒙斯把知识分为硬知识与软知识，硬知识是经过专家证实，公众普遍接受的较为稳定的知识；软知识是一种还未变成硬知识的正在形成中的知识。[①] 相比较而言，学校教育课程中教科书上的那些系统化的知识基本都是硬知识，而社区教育课程没有统一的教科书，而且更加强调课程的实践性和生成性。也就是说，在社区教育课程中，那些具有实用性和情境性的，很大一部分还没有经过专家学者的整理，也没有形成系统化知识体系的软知识占有比在学校教育课程中更重要的地位，人们的各种实践性的认识和经验可以在网络上通过文字、音频、视频等多种形式快速而广泛地相互分享、学习和应用，打破了书本在教育教学中的垄断地位。同时，师生获得的知识样态就具有了碎片化特征。

既然社区教育课程的知识具有个体境域性、跨学科性和异质性，把满足居民学习需要作为衡量课程知识价值的标准，课程知识的组织结构和传递表现为动态形成、网络化、碎片化形式等特点，我们在构建社区教育课程体系时就不应追求课程知识的系统性与学科性，而应注重居民的具体学习需要，注重课程内容的实践性、生成性，以及个性和多样性。

（二）　现代知识论观照下社区教育课程知识的种类

对于知识的种类，学术界有着不同的观点。从学校教育的目的出发，赫斯特（Hirst）和彼德斯（Peters）将知识划分为形式逻辑和数学、自然科学、道德认知和判断、美学、哲学、宗教经验以及对己对他人心灵的认知 7 种形式。费尼克斯（Phenix）将知识划分为符号学、经验论、美学、心智研究、伦理学和福音学 6 个意义领域。布劳迪（Broudy）、史密斯（Smith）和伯内特（Burnet）则把知识划分为信息符号学、基础科学、发展研究和范例等范畴。[②] 皮连生把知识定义为个体与其环境相互作用后获得的信息及其组织，认为知识有广义和狭义两种，狭义的知识仅指陈述性知识；广义的知识包含三类知识，即陈述性知识、对外办事的程序性知识和对内调控的程序性知识。[③] 也就是说，广义的知识包含了技能。西蒙斯

---

① 〔加〕G. 西蒙斯：《网络时代的知识和学习——走向连通》，詹青龙译，华东师范大学出版社，2009，第 19 页。

② 洪成文：《现代教育知识论》，山西教育出版社，2003，第 46 页。

③ 皮连生主编《学与教的心理学》，华东师范大学出版社，1997，第 101 页。

认为，知识有两种：我们亲身知晓某个主题，或我们知道从何处找到相关信息，把知识分为"知道关于""知道如何做""知道成为""知道在哪里""知道怎样改变"几种类型（见表4-3）。

表4-3　知识的不同类型及主要内容

知识类型	主要内容
知道关于	新闻事件、领域基础、学科的引导性概念
知道如何做	驾驶汽车、编程等
知道成为	加入了人性因素的知识，即成为一名医生或心理学家，成为一个有伦理、有同情心、会关联、会感知的人
知道在哪里	便于找到所需的知识，如网络搜索、数据库等，知道谁会提供帮助
知道怎样改变	变换、调整、重组、符合现实、革新、关注深层次的事物、思考，知道为什么

资料来源：〔加〕G. 西蒙斯：《网络时代的知识和学习——走向连通》，詹青龙译，华东师范大学出版社，2009，第13、31页。

上述观点为我们探讨社区教育课程知识的种类提供了基础。由于社区教育课程与学校教育课程有较大区别，相对而言，皮连生和西蒙斯的观点，特别是后者的观点对社区教育课程知识应包括哪些种类的内容更有启示意义。首先，社区教育课程知识应包括陈述性知识，即西蒙斯所讲的"知道关于"方面的知识。尽管社区教育课程不以理论性为主，但一些基本的概念和观点还是必不可少的。其次，社区教育课程知识应包括程序性知识，即西蒙斯所讲的"知道如何做"方面的知识。各种技能方面的知识是其典型代表。再次，社区教育课程知识应包括有利于人性完善，如公民道德、个性发展、心灵涵养等方面的知识。最后，社区教育课程知识应包括方法论方面的知识，主要表现为学会学习及学会做事方面的知识，在联通主义理论看来，学习是一个知识网络形成的过程，连通比建构更重要。知道谁、知道哪里，比知道什么、知道怎样更重要，[①] 同时要有能具体参与改革社会的能力。

以上所述的社区教育课程知识种类，是从静态和绝对的视角去思考的，而社区教育课程知识的动态形成特点，决定了我们还应从动态和相对

---

① 王竹立：《新知识观：重塑面向智能时代的教与学》，《华东师范大学学报》（教育科学版）2019年第5期。

的视角去思考。从动态的视角看，"互联网目前可以提供的信息量大得惊人。目前的挑战是，如何教会学习者理解他们每天面临的纷繁芜杂的信息，鉴别可靠的来源，评估信息内容的可靠性和有效性，质疑信息的真实性和准确性，将这种新的知识与以往所学内容联系起来，以及根据已经掌握的信息来辨别信息的重要性"[1]。也就是说，知识是不断发展的，社区教育课程知识种类应在保持基本框架相对稳定的情况下，随着社会的变化而不断变化，做到静态与动态的有机结合。从相对的视角看，知识一方面"在于寻求真理——寻求客观上正确的说明性理论"[2]，从这个角度讲，社区教育课程知识种类具有绝对性；但另一方面知识本身"可以理解为个人和社会解读经验的方法。因此，可以将知识广泛地理解为通过学习获得的信息、理解、技能、价值观和态度"[3]。也就是说，知识具有主观性和相对性，是绝对性与相对性、客观性与主观性的统一。同时，在社区教育课程中，课程知识种类的确定不再由专家学者来决定，而是按照居民的需要进行分类，知识的具体内容则更是专家学者与社区居民在教育和学习中"众筹"与"生成"的成果，这从社区教育教材内容的确定及编写多来源于当地社区即可证明。

三　方法论角度：构建社区教育课程体系的原则与方法

（一）　确定科学的社区教育课程标准和目标

社区教育课程在本质上具有一般课程的由课程标准和目标、课程结构、课程内容、学习活动方式等组成的系统性特点，因此，要构建科学的社区教育课程体系，首先要确定科学的社区教育课程标准和目标，课程标准和目标在课程系统中处于重要的地位。在基础教育领域，每门课程都有国家制定的统一课程标准或者目标，并几经修订，社区教育课程同样应有全国统一的课程标准和目标，但当前我国各地的社区教育课程建设呈现各

---

①　联合国教科文组织编《反思教育：向"全球共同利益"的理念转变》，联合国教科文组织中文科译，教育科学出版社，2017，第41页。

②　〔英〕卡尔·波普尔：《通过知识获得解放　关于哲学历史与艺术的讲演和论文集》，范景中、陆丰川、李本正译，中国美术学院出版社，2014，第10页。

③　联合国教科文组织编《反思教育：向"全球共同利益"的理念转变》，联合国教科文组织中文科译，教育科学出版社，2017，第16页。

自为政的状态，还没有统一的课程标准和目标，这样就影响了社区教育课程建设水平的提高，也造成了资源的浪费。那么，我们以什么依据去确立科学的社区教育课程目标呢？拉尔夫·泰勒（R. Tyler）认为，对学生的研究、对当代社会生活的研究、学科专家的建议是确定课程标准和目标的最大源泉。[①] 施良方曾指出，学生、社会、学科这 3 个因素是交互起作用的，对任何单一因素的研究结果都不足以成为课程标准和目标的唯一来源。如果过于强调某一因素，就会走向极端。课程编制者在确定课程标准和目标时要注意克服两种倾向：一是任凭个人的点滴经历而认定课程目标应该是什么；二是对理想课程与现实情况之间的差距没有做出科学分析，便认定课程目标应该是什么。[②] 这虽然是在讲学校教育，但对于社区教育课程目标的确立也具有借鉴意义。

首先，同样要研究如何处理社区居民、社会社区和课程科目三者之间的关系，以及如何处理理想课程与现实情况之间的差距等问题。与所有课程标准和目标确立的出发点相同，社区教育课程目标的确立，仍然应以社区居民的发展为本，兼顾社会情况、社区的具体需要及课程内容本身的特点。同时，所确立的课程目标必须把理想与现实结合起来。其次，确立社区教育课程标准和目标，还必须从社区教育课程的本质特点出发。课程开发有两种著名的方法：工学方法与罗生门方法。工学方法是把学校视作工厂，把学生视作原料，把教学目标一步步分解，整个教学活动按这些教学目标进行，从教学过程中获得课程开发的反馈信息。罗生门方法虽然也有一个一般目标，但更加强调课程是作为一种创造性教育活动的集合的组织而加以开发的。[③] 社区教育课程对象的多样性，课程结构的非学科性，课程内容的非理论性、非系统性及动态性等本质属性，决定了社区教育课程标准和目标在确立时，更适用于罗生门方法，即可以分为以下几个层次：由教育部牵头制定基本的全国性的课程标准；由教育者制定每门课程的总体目标；在上述课程标准和目标的前提下，师生在课程实施的过程中，根

---

① 〔美〕拉尔夫·泰勒：《课程与教学的基本原理》，施良方译，人民教育出版社，1994，第 3~25 页。

② 施良方：《课程理念——课程的基础、原理与问题》，教育科学出版社，1996，第 102~103 页。

③ 钟启泉编著《现代课程论》，上海教育出版社，2006，第 363~365 页。

据具体情况再不断产生和确立新的具体的课程标准和目标。

（二）　优化社区教育课程结构

吕达指出，课程可分为整体结构与具体结构，整体结构是指各种内容、各种形态的课程的比例和相互关系；具体结构实际上是指学科结构，即各门课程内容如何兼顾知识、儿童和教材的编订。中小学课程结构是否实现了整体优化，衡量标准是看它是否做到了以下几个结合：德、智、体、美与劳动、技术、职业教育相结合，学术课程与技术课程相结合；学科类课程与活动类课程相结合；必修课程与选修课程相结合；显在课程与潜在课程相结合。上述几个方面不是要求面面俱到，而是要求动态平衡。[1]其中的一些观点对于优化社区教育课程结构也有一定的借鉴意义，主要表现在以下两个方面。

首先，分科课程与活动课程的有机结合。分科课程与活动课程是学校教育中的两种基本的课程类型，社区教育同样有这两大类课程，但以活动课程为主。活动课程是以学习者的动机和兴趣为基础、以学习者为中心的课程，具有课堂形式以社会为主、课程题材大多来源于当地社区、强调学员在课程学习中的主动探究和体验、课程实施模式多元化等特点，这与社区教育课程内容的非系统性和本土性、课程实施方式更注重主体性和实践性等特点较为吻合，决定了活动课程在社区教育课程中具有更重要的地位。但是，我们不能因此否定分科课程在社区教育课程中的地位，因为活动课程虽然具有注重学员生活实际与主动性的优点，但也有忽视教育中关键性的社会目标、不利于传授人类文化遗产的缺陷。同时，活动课程由于内容庞杂且缺乏内在连续性、系统性，无法给学生以系统的文化科学知识。[2]因此，应根据所开课程本身的特点及居民的需要去决定采用哪一种形式。同时，即使是在活动课程中，也要尽力使碎片化的课程内容形成一个体系。

其次，公民道德教育课程、文化课程、休闲课程、技术性课程等并重。当前，这几种课程是我国社区教育课程的核心，能否处理好这几种课程之间的关系，关系社区教育是否能收到预期的效果和是否能可持续发

---

① 吕达：《关于我国基础教育课程教材改革的思考》，转引自课程教材研究所编《课程改革整体论》，人民教育出版社，2003，第46~47页。

② 徐继存、张广君主编《当代课程论文选》，山东教育出版社，2013，第29页。

展。我们应根据各地的不同情况，确定各种课程所占的合理比例。而我国当前各地社区教育课程基本是以文化和休闲课程为主，有关职业技术教育、公民道德类的课程较少，这使社区教育课程结构处于失衡的状态。文化课程可以提高人的文化素养，休闲课程可以愉悦身心和提升生命的质量，这两类课程固然在社区教育中起着重要的作用，但职业技术教育直接关系居民的生存与工作，公民道德类课程关系培养合格公民的问题，这两类课程同样应在社区教育课程中占有重要地位。

（三） 选择合理的社区教育课程内容

在课程内容方面，人们主要从三种不同的取向出发去进行解释：课程内容即教材、课程内容即学习活动、课程内容即学习经验。这是人们对课程本质有不同看法而引起的。这三种取向各有所长，但又各有所短。应辩证地处理好它们的关系，在课程内容选择上坚持以下原则：注意课程内容的基础性、课程内容应贴近生活、课程内容要与学生和学校教育的特点相适应。[①] 上述观点是针对基础教育课程来讲的，但对于社区教育同样具有重要的启示意义。

首先，大多数社区教育课程内容应具有基础性，即社区教育课程内容应简明易懂，能为居民现实生活和工作所用。社区教育课程内容的基础性是由社区教育的特性决定的。社区教育是一种面向全体居民的普及性教育，这从百年来社区教育的种种形式如通俗教育、平民教育、民众教育、业余教育、扫盲教育等就可以明确地看出。既然是"通俗"的，那就一定是易懂的，是具有基础性的；同样，既然是"平民""民众""业余"的，那就注定了其大多具有基础性，至于扫盲教育，那就更是基础中的基础。因此，社区教育课程内容首先就应具有基础性。百年来对社区居民进行的社区教育课程内容选择实际上都遵循了这一原则，不管是识字教育，还是基本的公民道德教育、法治教育、文明教育、职业技能教育等都体现了这一点。如据晏阳初的描述，在平民教育第一期，实施 4 个月基本教育，所教的功课是 1000 个基础字。[②] 当然，在社区教育中，也有少量的高端培训和继续教育，这部分课程内容具有前沿性和高端性的特点，但这并不是社

---

① 施良方：《课程理念——课程的基础、原理与问题》，教育科学出版社，1996，第 106、111~114 页。

② 马秋帆、熊明安编《晏阳初教育论著选》，人民教育出版社，1993，第 2 页。

区教育课程内容的主流。

其次，社区教育课程内容应从居民的实际生活与工作需要出发进行选择。这也是百年来我国社区教育课程内容选择中的一个基本原则。在民国时期，"平民教育运动领导小组认为，新课程的首要特点是它要适用于中国民众的日常生活"①。孟宪承指出："不视民众所需要者而与之，奈本能投其所好何！"② 我国当前的社区教育课程内容选择较为注重从居民的需要出发，不少社区教育机构都以问卷等形式进行了调查，但所开设课程的内容仍然不能很好地满足居民的需要，表现为以下两种情况：最终筛选实施的课程有些并非居民所需，而不少适合居民学习需求的课程又没有被选上。据有人对常州市的调查：已开发的 600 门社区教育课程有超过 50% 的闲置率，主要是因为居民对一些课程的满意度不高。③ 还有人调查发现，在农村社区教育中，课程开设没有进行需求分类，针对性不强。④ 总体来看，我国社区教育课程内容大多集中在休闲娱乐、健康保健等方面，缺少职业技能培训方面的课程内容，这也导致了社区教育的对象被局限在中老年群体，特别是老年群体，青壮年难以找到适合自己学习的课程。要改变这一现状，首先要对社区居民的需要进行广泛而深入的调查，如有人通过对农村社区居民的调查发现，在"您希望农村社区开设的课程内容"选项中，选择农民工技能和农业技能培训、家庭教育、人际交往技能、公民素养、文化休闲和生活技能类课程者分别占 59.6%、9.31%、8.1%、7.4%、15.59%。⑤ 上述调查结果显然应作为该地区社区教育课程内容选择的重要依据。

最后，社区教育课程内容要与社区教育课程本质特点、知识特点及种类相适应。对于社区教育课程应包括哪些主要内容，人们提出了不同的观点，如有人提出，社区教育的课程内容包括文化科学知识、职业技术培

---

① 宋恩荣主编《晏阳初全集》第 1 卷，湖南教育出版社，1989，第 142 页。

② 孟宪承、朱秉国：《成年补习教育研究发端：在江苏省立民众教育院演说辞》，《民众教育》1929 年第 2 期。

③ 蔡廷伟、钱旭初、施苏苏：《社区教育课程开发现状与对策思考——以常州市为例》，《终身教育研究》2017 年第 6 期。

④ 张利纳：《新型城镇化背景下农村社区教育课程建设研究》，硕士学位论文，山西大学，2015，第 21 页。

⑤ 张利纳：《新型城镇化背景下农村社区教育课程建设研究》，硕士学位论文，山西大学，2015，第 21 页。

训、社会公民、家庭生活几方面。① 有人总结了我国几种主要的社区教育课程内容体系：陶行知的"活的书""真的书""动的书""用的书"4类书课程体系，包括健康生活类、劳动生活类、艺术生活类、社会生活改造类；黄云龙的"四类26门"课程体系；杜君英的核心课程和社区本位课程体系，核心课程指以学习者的需要以及社会生活的问题和领域为核心，谋求社区学习者、社区和课程三者之间的平衡，融合必要的学科知识形成的课程科目，社区本位课程指基于特定的社区情况及民情，由本社区内的教育专家、学者、教师及相关学习者共同编制、实施和评价的课程。② 一些人提出了"社区德育与公民素质教育""社区智育与职业技能教育""社区体育与健康养生教育""社区美育与艺术教育""地方特色文化"五大类课程内容。③ 还有人结合广东实际，制定了包含"七大系列22类、课程示例"的三级课程分类体系。④ 各地也提出和形成了社区教育课程的内容体系。如上海市学习型社会建设服务指导中心在其出台的《上海社区教育课程分类体系（2016版）》中，将上海社区教育课程划分为六大系列45类369门课程。上海市徐汇区提出了七大类25小类的社区教育课程体系；上海市浦东新区形成了三大类12小类的社区教育课程体系；南京市鼓楼区宁海路街道形成了十二大类的社区教育课程体系等。⑤ 如前所述，社区教育课程及其知识的特点，决定了社区教育的课程内容大多不需要以严密的学科体系及高深的理论形态出现，而应特别注重实践性与居民的参与及个体体验，注重方便居民用碎片化的时间进行学习，其内容应包括陈述性知识、程序性知识、方法论知识及人性完善知识等方面。我国当前社区教育课程内容的选择不管是在理论探讨上，还是在具体实践中，大多遵循了社区教育课程的有关本质特点及规律，都以非学科的专题性内容为主，注重居民实践。其中，德育与公民素质教育属于陈述性知识，实用技能、体育健身等属于程序性知识，文化艺术修养属于人性完善知识，但方法论

---

① 黄云龙主编《社区教育基础》，华东理工大学出版社，1994，第206~207页。
② 魏晨明：《社区教育概论》，青岛出版社，2009，第100~103页。
③ 钱旭初、蔡廷伟：《社区教育课程观与课程体系的构建——基于社区教育的文化特征》，《成人教育》2018年第8期。
④ 高明鸣：《广东省社区教育课程体系标准初探》，《管理观察》2020年第4期。
⑤ 赵升：《社区教育课程建设实践与思考》，《中学课程资源》2020年第5期。

知识还较为缺乏，即对于教会居民学会学习、学会做事等方面的知识内容较少。比如，在现代信息技术被广泛应用的今天，教会居民如何利用网上的学习资源比教给居民一两个具体的知识点更为重要，这也即西蒙斯强调的让学习者知道学习资源在哪里、怎样去查找，比知道什么、知道怎样更重要。再如，居民不仅应知道作为公民的权利和责任等陈述性知识，而且应该明了如何去参与社区治理、行使自己的权利和履行自己的责任等程序性知识及方法论知识。

（四）　规范社区教育课程开发和设置

当前，我国各社区教育课程开发和设置都不够规范，表现为缺乏专门的社区教育课程开发机构，社区教育课程设置和内容选择随意性较强。国内不少学者早已指出社区教育课程设置的不规范问题。[①] 尽管社区教育是一种以非正规教育为主的教育形式，但我们不能因此把包括课程设置在内的一切教育工作都理解为不正规和不规范的。美国社区学院取得较大的成功和其课程开发及设置的规范化分不开。下面，我们以美国加州 Norco 社区学院为例，来分析其课程设置的一般技术和方法：从该校由专任教师提出新专业（项目）的初步设想，到新专业及其相关课程被添加到学院的招生目录中，一共有 38 道程序，有专门的团队和规范的流程完成这一课程设置。首先，将职业技术类课程设置与国家技能标准对接。其次，以职业群分类为依据构建课程体系。加州在 2005 年基本构建了 15 类职业群课程体系，加州社区学院基本都以这 15 类职业群为基础框架去构建课程体系。最后，用 DACUM 分析法进行课程设置。DACUM，即 Developing A Curriculum，是通过职务分析或任务分析从而确定某一职业所要求具备的各种综合能力及相应专项技能的系统方法。这一方法目前仍然是社区学院课程设置中常用的一种基本方法。如在顶岗实习课程和企业培训课程中，社区学院经常会邀请合作企业的优秀员工或管理者一起分析、确定与描述某些职

---

① 参见桑宁霞主编《社区教育概论》，中国社会科学出版社，2002，第 79 页；王奇《朝阳社区学院社区教育课程开发实践研究》，转引自马金东主编《终身教育体系下社区教育实践研究》，高等教育出版社，2011，第 58~59 页；仲红俐《关于社区教育课程开发的思考》，《成人教育》2012 年第 10 期；马千帆《成都市社区学院课程开发研究》，硕士学位论文，四川师范大学，2016，第 41~50 页。

业岗位所需的能力，这更符合实际工作的需要，而且更具体、准确。① 总体来看，美国各社区学院都组建了由各方面人士组成的专门的课程开发机构和团队，这些机构和团队要定期召开会议，评估课程的情况并根据市场需求的变化不断调整课程的设置及内容。社区学院会邀请用人单位或是社会第三方机构对本学院的课程设置现状进行评估，并不断了解本学院毕业生的就业、工作等方面的情况。这些做法值得我们学习和借鉴。要规范我国社区教育的课程开发和设置，应从以下两方面着手。

首先，组建专门的社区教育课程开发团队。各社区学院应有专门的课程开发组织机构，这个组织机构由社区学院的教师、学员代表，以及课程论专家、社区居民代表、社区内各行业专家、企业代表等组成，并制定规范的课程开发流程，使课程在经过严格论证后实施，并在实施过程中和实施后进行观察评价。特别需要注意的是，社区居民应成为课程开发的主体，与社区教育机构管理人员一样享有课程规划、决策与管理的权力。课程开发组织机构要定期召开会议，及时了解课程的情况，并根据居民和市场的需要来调整课程设置及课程的内容与编排等。此外，可以考虑在区县一级建立社区教育课程开发中心，专门为所在地区的社区学院开发相关课程。

其次，制定严格的课程开发流程。泰勒为了课程编制与课程开发而明确表述的四个不可或缺的原理，是以编制和开发课程的进程中必须考虑的四个"问题"为基础的，即要求学生达到何种教育目标，准备何种教育经验去达到这些目标，这些教育性的经验如何加以有效地组织，我们如何判定这些目标达成与否。② 简单而言，泰勒的上述观点也是课程开发中最经典的四个步骤：确定目标、选择经验、组织经验、教育评价。社区居民、社区及所设课程门类是确立课程目标的主要依据，是在课程开发者相关的教育思想和学习思想的指导下形成的，也就是说，社区居民和社区的需要是课程目标确定的重要根据。因此，首先需要在社区内开展广泛的调查，以了解社区居民和社区发展的实际需要，进而确定社区教育的课程目标、

---

① 胡志伟：《美国社区学院课程设置理念及技术流程简析》，《职业技术教育》2016 年第 11 期。

② 徐继存、张广君主编《当代课程论文选》，山东教育出版社，2013，第 152 页。

课程内容，以及采取何种方式、方法去实施等问题。在课程开发中，我们也可采用 DACUM 分析法等多种方法，使社区教育课程开发与设置更能符合社区各行业、职业的需要。还要注意整合现有的课程资源及开发新的课程资源。同时，社区教育课程开发团队要组织社区学院师生、社区居民、社区内各单位和企业等定期对课程的实施及其结果进行评估，以不断改进课程开发和设置。课程评估的标准主要有：群众欢迎程度；系统化程度，即各门课程之间应有一定程度的逻辑关系；课程形式的多样化程度，即课程既有文本课程，又有活动课程，既有课堂讲授式课程，又有走出课堂的多样化学习，既有集体学习，又有小组学习、个体化学习；与社区建设的相关程度。①

（五）　科学编制教材

1. 确立现代教材观

与传统的教材观相对立，现代教材观特别强调以下两点。第一，以学生为本的教材观。传统的教材观把传播社会政治思想、传承历史文化作为其本体功能，在编制教材时表现为以服务社会为本。以学生为本的教材观是以人为本的现代教育理念在教材编制上的具体体现，其核心观点表现为：教材的本体功能和终极目标是促进学生的发展，教材的编制要从学生的特点和需要出发，社区教育教材的编写也必须坚持这一观点。第二，建构主义的教材观。不能把教材仅限于"教之材料"的范围，不能把教材视为静态、权威的知识的集合，而应把教材视为"学之材料"，强调教材的建构性和生成性。社区教育的受教育对象大多为成人，他们具有更强的主体意识和建构知识的能力。同时，社区教育课程知识的特点，决定了教材中的知识不仅应有硬知识，还应有大量由编写者和居民学习者在教学过程中共同构建的软知识；不仅应有一般的公共知识，还应有由个人构建的境域性知识；不仅应有陈述性的知识，还应有教会居民进行知识建构的方法论的知识。

2. 理论性与实践性的统一且特别注重实践性

社区教育课程内容强调满足居民的实际需要、更注重实践性的特点，决定了社区教育教材在有一定理论性的同时，应更加强调其实践性。在革

---

① 邵宏主编《社区教育新视野》，浙江人民出版社，2006，第 154～156 页。

命根据地，这一点做得特别好。如辛安亭根据《论持久战》编写了《抗日三字经》，这里抄录如下一段内容："毛主席 真英明 讲政治 论战争 想得到 说得通 句句话 有证明……"① 这样的教材内容既讲述了一定的道理，同时紧密结合了居民的生活实践，因此很受群众欢迎，收到了较好的效果。我们要继承这一优良传统，在教材编写中，把理论性与居民的具体生活和生产实践紧密结合起来，既激发居民对学习内容的兴趣，又使教材通俗易懂。

3. 公共性与特色性的统一

校本教材在社区教育教材中占有普通学校教材中所没有的地位，因此，百年来，各社区教育机构都组织人员编写了一些具有当地特色的校本教材，深受居民的欢迎，但光有校本教材显然是不够的，应在国家或省级层面开发一些具有普遍使用价值的社区教育公共教材，一方面，这可以避免教材的重复开发，节约资源；另一方面，由国家或省出面组织编写的社区教育公共教材，总体上质量更高。

4. 学科知识与学习者心理特点的统一

从历史上看，教材选择有五大准则（派别）：系统知识准则、历久尚存准则（即重视人类文化的保存与传递）、生活效用准则、兴趣需要准则、社会发展准则。② 晏阳初认为，编写平民学校教材必须要考虑两点：为何种年龄之人而编、为何种职业之人而编。③ 俞庆棠指出，编辑民众读本的原则有：应适合民众实际生活的需要；能唤起民族意识、自治精神，并能与现代生活相适应；应适合民众之心理。④ 其中，教学内容本身的知识结构和逻辑、学生的认知特点以及社会的需要是编制教材时必须考虑的基本因素，其中，前两者是最核心的因素，这也是当前大多数人都赞同的观点。在社区教育教材编制中，一方面要考虑所开课程知识的逻辑性与系统性，不能因为社区教育课程知识具有碎片化特点就否认其教材内容的逻辑性与系统性，应使社区教育各教材在内容与逻辑之间互相配合与呼应；另一方面要从居民的认知特点出发去进行编排。民国时期就有人指出，民校

①　董纯才主编《中国革命根据地教育史》第 2 卷，教育科学出版社，1991，第 218 页。
②　徐继存、张广君主编《当代课程论文选》，山东教育出版社，2013，第 156 页。
③　马秋帆、熊明安编《晏阳初教育论著选》，人民教育出版社，1993，第 16~17 页。
④　茅仲英、唐孝纯编《俞庆棠教育论著选》，人民教育出版社，1992，第 203 页。

教材的排列要从旧到新、由具体到抽象、从心理到论理、先主要的后次要的。[①] 这实际上就是从居民的一般认知特点出发而提出的。

此外，社区教育教材要根据社区教育的需要而不断更新和改变，不如普通学校教材稳定，同时，普通学校教材都要经过专门部门的严格审核后才能使用，而社区教育教材则没有专门部门进行审核，这也导致其规范性不强，质量参差不齐。因此，我们应加强社区教育教材的规范化和标准化建设，出台基本的教材编写、出版、质量等标准，把对社区教育教材的评估纳入社区教育质量评估体系。

第三节　社区教育课程开发中的居民参与

社区居民是社区教育的重要主体，当然也应是社区教育课程开发中的重要主体，但目前在我国社区教育课程开发中，居民参与远不够广泛，更不够深入。为此，我们应对以下几个基本问题进行进一步的思考和探索。第一，社区教育课程开发中居民参与的内涵是什么？是不是居民配合完成有关社区组织的调研或者居民选学了社区教育课程就算参与了社区教育的课程开发？这是思考社区教育课程开发中居民参与问题的前提。第二，社区居民参与社区教育课程开发的必要性在哪里？现状是什么？第三，社区居民参与社区教育课程开发的理论基础有哪些？第四，居民以怎样的身份介入社区教育课程开发过程？第五，社区教育课程开发中居民参与的机制怎样？为此，本节特别对上述几个问题进行较为系统的探讨。在这里，我们对"公民"与"居民"不加区分地通用。[②]

一　社区教育课程开发中居民参与的内涵

课程开发（Curriculum Development）相对广阔，人们常常从不同的视

---

① 邱冶新编《民众学校教材及教学法》，中华书局，1938，第16页。
② 从我国社会及学术研究的实际情况出发，本节中"居民"与"公民"两个词语通用，但实际上二者的含义有着一定区别：居民是指生活或居住在某一区域的人，没有国籍限制，即居民中不仅包括本国人，还包括外国人；而公民是指具有一个国家国籍的人。——编者注。

角对其进行审视：有人从课程开发的本质出发，指出课程开发是决定课程的过程及依据的各种理论取向；① 也有人从课程开发的目的出发，指出课程开发是使课程的功能更加适应文化、社会、科学与人际关系的需求的持续不断的决定课程、改进课程的过程和活动。② 还有人从课程开发内容范畴界定，认为课程开发既包括目标、内容、活动、评价等要素，也包括课程决策、影响课程决策因素相互间的交互作用、谈判、协商等。③ 总之，课程开发是指为满足一定的需要而确定相应的课程目标、课程内容、课程实施及课程评价的过程。

从表面看，我国社区居民已经参与了社区教育课程开发的一些环节中，因为很多社区教育机构都会对居民的学习需求进行调查并以此来确定开发的课程、采用多种多样的措施促进社区居民参与课程的实施，课程的评价也考虑了社区居民的意见。但是，这样的认识显然是肤浅而片面的，因为"参与"本身具有强烈的政治学意义，它是一种权力关系的体现。参与首先意味着"放权"与"赋权"，"是指决策活动中的参与"。④ 与此同时，参与还意味着责任分担与成果共享。因此，参与的基本内涵是共同决策、责任分担、权力与成果共享。"社区参与既是指政府及非政府组织介入社区发展的过程、方式和手段，更是指社区居民参加社区发展计划、项目等各类公共事务与公益活动的行为及其过程，体现了居民对社区发展之责任的分担和对社区发展之成果的分享。"⑤ 社区居民是社区参与的核心力量，社区教育中的各个环节，包括课程开发在内，都属于社区公共事务，因此，社区教育课程开发中的居民参与也是社区参与中的重要内容，其核心内涵是指社区居民作为与社区教育机构管理者平等的参与主体，与社区教育机构管理者一起介入社区教育课程开发的各个环节，共同决策、共同管理、共同分担社区教育课程开发的责任，并共同享有社区教育课程改革发展的成果。

具体而言，社区教育课程开发中居民参与的内涵包括了居民对社区教

---

① 张华：《课程与教学论》，上海教育出版社，2003，第 94 页。
② 钟启泉主编《课程与教学概论》，华东师范大学出版社，2004，第 85 页。
③ 李允主编《课程与教学论》，北京大学出版社，2015，第 89 页。
④ 〔美〕卡罗尔·佩特曼：《参与和民主理论》，陈尧译，上海人民出版社，2006，第 65 页。
⑤ 徐永祥：《社区发展论》，华东理工大学出版社，2003，第 227 页。

育课程开发参与的广度与深度两个维度。所谓参与的广度，是指社区居民参与社区教育课程开发人数的广泛程度。让尽可能多的社区居民了解并参与社区教育课程开发，是社区教育课程开发中居民参与的基础。有人曾指出："我们的制度之所以被称为民主制度，是因为权利不是掌握在少数人手中，而是掌握在全体人民手中。"① 可见，参与首先意味着能让尽可能多的人加入。因此，社区教育课程开发应该具有居民普遍参与的特点。但社区居民对社区教育课程开发的参与率高，并不一定就表明该社区居民对社区教育课程开发的参与度高。

　　为进一步分析这个问题，我们借用阿恩斯坦（S. Arnstein）提出的"公民参与阶梯理论"来进行考察。② 阿恩斯坦根据公民权力的实现程度将公民参与程度按依次上升方向分为三个层次八个梯级（见图4-1）。处于阶梯最下面的第一层次属于未参与层次，包括操纵与治疗两个梯级，该层次的目的并非使公民参与公共事务的计划与执行，而是使当权者能"教育"或"治愈""参与者"们。第二层次属于公民象征性参与的象征主义层次，依次包括通知、咨询和安抚三个梯级，在这一层次，公民有了知情权，管理者也会就某些事务向公民进行咨询，让其有一定的发言权，并对其进行一些劝解和安抚，也即是说，这一层次改变了上一层次信息单向流动的状况，管理者和公民之间开始出现了互动。但由于公民缺乏足够的权利，因此他们的意见和想法不一定能被当权者重视和采用。处于阶梯最高层的第三层次是公民真正参与的公民权利层次，包括依次上升的伙伴关系、代理权利与公民控制三个梯级。在这个层次，公民能够与决策者形成一种伙伴关系，通过协商交易、占据决策席位和完全的管理权力等参与决策与管理。

　　很显然，在公民行使权利的参与层次，其核心与精髓是居民作为主体与行政部门管理者形成平等伙伴关系，共同决策。佩特曼（C. Pateman）也认为，公民参与"是指决策活动中的参与"③。社区教育课程开发中的居民参与也是如此，社区居民对社区教育课程活动的参与率高不能说明

---

① 〔英〕戴维·赫尔德：《民主的模式》，燕继荣等译，中央编译出版社，2004，第19页。

② Sherry R. Arnstein, "A Ladder of Citizen Participation," *Journal of the American Institute of Planners* 4 (1969), p. 217.

③ 〔美〕卡罗尔·佩特曼：《参与和民主理论》，陈尧译，上海人民出版社，2006，第65页。

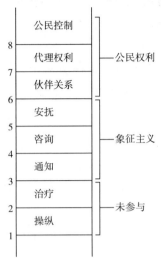

图 4-1　阿恩斯坦公民参与阶梯模型

其参与度一定高，因为其很可能还只处于第二层次，即处于被动的地位，对社区教育课程开发不具有多少影响力。因此，社区居民是否能参与社区教育课程开发整个过程的决策与管理才是更核心的内涵。总之，社区教育课程开发中的居民参与不但是指社区居民广泛参与社区课程学习，而更深刻的内涵是要摆脱传统的自上而下的行政管理模式，由居民自下而上、自主地参与社区教育课程开发，与社区教育机构管理者形成平等伙伴关系并有决策权和管理权。社区教育课程开发中的居民参与具体包括以下一些内容：社区居民参与社区教育课程开发的规划、课程开发机构的组建、学习需求调查、课程的确定、教材的选择、课程评价、是否改进课程等议题，核心是与社区教育机构管理人员共同决策。在社区教育课程开发过程中，居民与社区教育机构管理者等其他主体的地位是平等的。

二　社区教育课程开发中居民参与的必要性及现状

（一）　社区教育课程开发中居民参与的必要性

我国台湾学者黄光雄指出，"课程发展所关心的课程问题，主要是课程发展的历程应该涉及哪些单位、哪些人员，这些课程发展的单位与人员之间所代表的政治利益与教育价值为何"①，这些问题表明，课程发展与开发本质上是一个充满政治色彩的知识权力互动发展过程，具有政治性、社会性和协作性，即课程开发是一个各方人员相互作用的、权力协商的过程，是一种与人有关的社会事业，是社会各有关方面共同合作的事业。②

第一，居民参与社区教育课程开发是现代民主政治与教育民主的要求。公民对于社会事务的广泛而深入的参与是现代民主政治的要求。"参与"既然首先作为一个政治概念存在，其前提是要统治者放弃已有的中心权力，其实质是人民当家作主，因此，"参与"与"民主"这一概念紧密相连，民主实际上包含了参与的含义，没有参与就谈不上民主。正如科恩（C. Cohen）指出的那样，民主决定参与，他把民主的标准尺度定为民主的广度，即公民参与率；民主的深度即参与者是否充分；民主的范围，即全社会实际参与决定问题的多少、重要程度，以及在影响决定方面能起多大作用。③ 可以看出，衡量民主的标准实际上就是以参与的程度来确定的。党的十九大报告强调要发展社会主义协商民主，健全民主制度，体现了建设现代民主政治的要求。社区教育作为一种社会教育，是社会事务中的一种，居民广泛而深入地参与其中的各个环节当然也是现代社会政治的基本要求。不仅如此，居民参与社区教育课程开发也是教育民主的要求。教育民主的重要含义之一是受教育者与教育者和管理者建立民主平等的主体间性关系，社区教育课程开发中的居民参与要使社区内所有居民都作为与社区教育机构中的管理者及教师平等的主体，参与社区教育课程开发的各个环节中去，而这也正是社区教育本身具有的现代性、开放性与民主性特点的要求。由此可见，居民参与社区教育课程开发与现代教育民主的精神是完全符合的，是现代教育民主的要求。

第二，居民参与社区教育课程开发是维护社区居民受教育权的要求。卢梭（Rousseau）曾经提出人民主权论，主张人民不但拥有参加的权力，而且还拥有管理、决策国家和社会事务的权力。约翰·奈斯比特（J. Naisbitt）也提出，"凡生活受到某项决策影响的人，就应该参与那些决

---

①　黄光雄、蔡清田：《课程设计——理论与实际》，南京师范大学出版社，2005，第128页。

②　徐继存、张广君主编《当代课程论文选》，山东教育出版社，2013，第186页。

③　〔美〕科恩：《论民主》，聂崇信、朱秀贤译，商务印书馆，1988，第12～27页。

策的制订过程"①。我国《宪法》第二条明确规定："中华人民共和国的一切权力属于人民。"社区居民作为国家公民，当然享有公民最基本的权利。英国一些社会学家指出，公民权利由法律权利、政治权利和社会权利构成，社会权利代表了社会的成熟情况，认为"接受教育的权利是公民身份真正的社会权利之一"，"因为公民权利是为那些能读会写的、理智的、有知识的人而设计的"，因此，教育是公民自由的一个必要的先决条件。②《中华人民共和国教育法》第九条也明确规定："中华人民共和国公民有受教育的权利和义务。"这些都表明，社区居民接受与参与管理社区教育正是其作为国家公民应享有的法律赋予的基本权利。居民是公民权中社会权利的重要载体，如果社区教育中缺少了居民这个载体，则说明广大居民没有真正享受应有的社会权利。同时，只有居民真正参与了社区教育课程开发，社区教育机构开发的课程才能符合居民的需要，社区各层次、各群体的人都能参与课程学习，改变当前社区所开发的课程多针对中老年人、少有适合青壮年群体学习的需要，从而使青壮年群体的受教育权利在一定程度上被变相地剥夺的现状。

第三，居民参与社区教育课程开发是现代社区治理的要求。社区治理是人类社会发展的必然趋势，是现代社区管理的新理念。治理不同于政府统治：政府统治是一个权力自上而下的管理过程，而治理是上下互动的管理过程，其核心要求是调整政府与公民的关系，进一步放权，让更多的公民参与到公共事务中来，使公民与政府建立起合作伙伴的关系。"民众就是社区的所有者和主人，他们承担着社区治理的责任"③。而且社区治理的关键在于公民的参与，"公民参与越广泛，公众对决策的影响力就越大"④。社区教育是社区发展的一个组成部分，居民参与社区教育是现代社区治理的基本要求和应有之义。在现代社区治理理念下，社区教育必须改变传统

① 〔美〕约翰·奈斯比特：《大趋势——改变我们生活的十个新方向》，梅艳译，中国社会科学出版社，1984，第161页。

② 〔英〕T. H. 马歇尔、安东尼·吉登斯等著，郭忠华、刘训练编《公民身份与社会阶级》，江苏人民出版社，2007，第21页。

③ 〔美〕理查德·C. 博克斯：《公民治理：引领21世纪的美国社区》，孙柏瑛等译，中国人民大学出版社，2005，第4页。

④ 〔美〕约翰·克莱顿·托马斯：《公共决策中的公民参与：公共管理者新技能与新策略》，孙柏瑛等译，中国人民大学出版社，2005，第35页。

的自上而下的课程开发模式，让居民作为社区教育课程开发的主体全方位地参与进来。只有这样，所开发的社区教育课程才会真正被广大居民所认同和接受，才能激发居民参与社区教育课程学习的积极性。

第四，居民参与社区教育课程开发是社区教育课程的本质特点和要求。如前所述，社区教育课程除了具有一般课程具有的系统性和动态性属性外，还具有课程对象的多样性，课程管理的自主性，课程目标由教育者与学习者共同确定，课程知识的个体境域性，课程内容的实践性与生成性，课程资源以本土化社区学习资源为主，课程学习活动方式更加丰富和注重实践性等本质特点，这些本质特点决定了社区教育课程相较于学校教育课程而言，是一种更加注重以学习者为中心，学习过程更加凸显学习者的主观体验性与建构性，更加强调社区居民的主体性的课程，这也就决定了社区居民应成为社区教育课程开发的主体。

第五，居民参与社区教育课程开发是居民个人发展的要求。其一，居民参与社区教育课程开发是发展其主体性的需要。主体性的核心体现在主体意识与主体能力两方面，只有促进居民最大限度地参与社区教育课程开发，才会激发其主体意识，同时，居民在参与社区教育课程开发的过程中，其管理能力、合作能力、创新能力等主体能力都会得到不断提高。其二，居民参与社区教育课程开发有利于激发居民个体的潜能，促进其自我价值的实现。教育的最重要目的是使受教育者最大限度地发展自己的个性和潜能，不断走向卓越。居民参与社区教育课程开发正好能使其不断发现和发展自己的潜能，不断完善自我，实现自我价值，成为自己。其三，居民在参与社区教育课程开发的过程中，会获得自我价值感和社会归属感，从而提升其满足感与幸福感。

（二）　我国社区教育课程开发中居民参与的现状

正因为居民参与社区教育课程开发具有重要的意义，不少发达国家都很重视这一工作，居民在参与的广度和深度上都做得较好。如美国加利福尼亚州圣巴巴拉市设有社区教育与公民参与中心（Center for Community Education and Citizen Participation），该中心有一系列针对居民的培训、支持与赋权的项目，这些项目包括为社区边缘群体"增权赋能"、公民参与前沿问题、社区家庭教育以及居民对社区教育发展的建议等，所有项目都为居民提供参与决策的机会。① 也就是说，这些项目及其所开设的课程都有社区公民的参与。再如瑞典学习圈的创立者是大众组织，由一些非政府机构的学习协会对其进行管理，政府只负责政策法律、经费、质量监督评估等方面的宏观管理和支持工作，学习圈的课程设置由参与者自行决定，即只要这个话题适合参与者，他们就可以自由决定自己的会议主题；只要参与者有实际需要，即便是普通学校的课程也可以作为学习讨论的内容；只要参与者有时间、有意愿，利用整年的时间按照计划系统地研究探讨一个问题也无不妥之处。② 学习圈包括其课程设置在内的所有环节，都由居民自主参与和决定，而这正是它的精髓所在。我国也有少数地区在社区教育课程开发中，采用了瑞典学习圈的一些做法，居民成为课程开发的主体。如成都市龙泉驿区摒弃了传统的由社区教育机构预先设置课程科目，安排授课教师和时间、地点等传统做法，社区的各学习团队成为社区教育课程开发的主体，具体做法是由居民自发组织学习团队，自主决定学习内容、指导教师、学习进程、学习时间和学习方法，社区教育中心所起的作用是培育学习团队的领袖人物和骨干，孵化学习团队，对学习团队所需的师资、场地等给予支持及指导其学习的具体进行。与此对应，该区的社区教育教材也不再由社区教育机构组织人员编写，而是由学习团队把其学习成果汇编成册作为教材。不过，采用成都市龙泉驿区这种课程开发方式的地区还属个别，在不少地区社区教育课程开发中，社区居民在参与的广度和深度上都存在问题。

首先，居民参与的广度不够。表现为不少的社区教育课程的设置是由社区教育机构的管理人员和教师决定的，居民参与面不够广。虽然一些社区教育机构也对居民的学习需求进行了一些调查，但在实践中，填写调查问卷的大多数人是社区学院的学员（这些学员以老年人为主，且为家庭条件和身体尚好者），忽略了没有在社区学院上课的居民（这些人包括青壮年、家庭经济困难者甚至残疾者），而后者恰恰占了社区居民的大多数，这就使社区教育机构的课程设置是从小部分群体的需求出发的，以休闲养

---

①　William J. Cirone, Barbara Margerum, "Models of Citizen Involvement and Community Education, National Civic Review, "*National Civic Review* 76(1987), pp. 217-223.

②　陈建美：《瑞典学习圈运作模式及对我国社区学习圈的启示》，硕士学位论文，四川师范大学，2015，第26~27页。

生课程为主，而对于大多数青壮年居民需要的职业技能方面的课程，以及适合一些情况较特殊居民学习的课程的设置较少，不能满足所有居民的需求。

其次，居民在社区教育课程开发中参与的深度更存在问题。如全国社区教育示范基地江苏省常州市钟楼区在课程配送上，首先会在社区居民中进行课程需求调查，由社区居民选择需要学习的课程。平时有专门的学员代表负责课程需求的信息收集和反馈，上门或电话通知大家活动内容及时间。① 又如，四川达州开放大学在组织开展社区教育中，采取了"项目+志愿者+课程"的模式，即达州开放大学先对社区居民的需求进行调查，然后寻找相关的教师作为志愿者，最后再确定课程。再如，多数成都市社区学院进行课程开发大致有以下流程。首先，在参考东部地区一些社区学院的课程设置及对社区居民前期了解的基础上，由社区学院办公室编写要开设的课程科目。其次，由社区学院管理人员和教师对拟开设的课程科目进行选择并编写调查问卷。再次，向社区居民发放问卷，进行调查。最后，社区学院回收问卷，在综合考虑的基础上确定社区课程设置科目。上述地区社区教育课程的设置虽然也会对居民的学习需求进行调查社区，说明这些地区开始重视居民的需求，但这种调查还停留在向居民告知、征求意见等较为低级的阶段。还有的地方在进行问卷调查时，已经将课程科目编写好，居民只能在已有的课程科目中进行选择，难以表达自己的需求，这实际上是以供代需。这些都表明，在当前，我国社区居民还没有成为课程开发机构的成员，还没有真正参与规划社区教育课程、确定课程、选择教材、评价及改进课程等工作，也就是说，社区居民还没有成为社区教育课程的决策者与管理者。为促进社区教育课程开发中居民的参与，我们有必要对其参与的理论基础、角色定位及参与机制等进行进一步的探讨。

三　社区教育课程开发中居民参与的理论基础

第一，公共治理理论。公共治理理论是人们在反思"政府失灵"和

---

① 陈建美：《瑞典学习圈运作模式及对我国社区学习圈的启示》，硕士学位论文，四川师范大学，2015，第41页。

"市场失灵"的基础上提出的。尽管公共治理理论至今还没有形成一个严密、公认的理论体系，但其倡导的核心理念已经得到了人们的认可。与传统的"政府治理"或"市场治理"比较，主张公共治理的学者们认为其治理的主体是多元的。如俞可平指出，治理的主体除了政府外，还可以包括企业组织、社会组织、公民组织等。[①] 何翔舟等在回顾了公共治理理论发展历程的基础上，也认为公共治理的核心内涵在于多元主体共治。[②] 可见，公共治理可以被视为一个利益相关者共同采取行动的过程。为了避免单一主体主宰社区教育课程开发的弊端，其他利益相关主体必须参与其中。作为纳税者，社区居民是社区教育的投资者；作为学习者，社区居民是社区教育的消费者。因此，社区居民是天然的社区教育利益相关者，理应参与社区教育课程开发。另外，公共治理理论对治理过程中多元主体的参与方式也有所观照。一般认为，多元主体是通过协商、合作、伙伴关系等互动方式参与治理的。[③] 这就要求在社区教育课程开发的决策中，社区教育管理者、教师、课程专家等要与社区居民一同参与，正如联合国教科文组织所言："社区教育并不是仅仅指有关社区的教育，或为了社区发展的教育；它更重要的是社区的住民对教育拥有的决定权，以及为创造社区教育而负有的责任。"[④]

第二，多元文化主义理论。虽然多元文化主义教育政策在一些国家没有取得预期的成效，[⑤] 但作为分析教育现象的一种思路，多元文化主义理论的核心观点对思考社区教育课程开发中的居民参与仍然有所裨益。作为一种社会思潮，多元文化主义理论的核心内涵在于社会承认与平等，即"对不同民族、不同文化群体得到承认的要求给予充分肯定"[⑥]。社区中的文化无疑具有多元化的特点，如社区集中了不同年龄群体的文化或不同社

① 俞可平：《论国家治理现代化》，社会科学文献出版社，2015，第2页。

② 何翔舟、金潇：《公共治理理论的发展及其中国定位》，《学术月刊》2014年第8期。

③ 陈振明、张成福、周志忍：《公共管理理论创新三题》，《电子科技大学学报》（社会科学版）2011年第2期。

④ 〔日〕小林文人、〔日〕末本诚、吴遵民：《当代社区教育新视野——社区教育理论与实践的国际比较》，上海教育出版社，2003，第7页。

⑤ 姜亚洲、黄志成：《论多元文化主义的衰退及其教育意义》，《比较教育研究》2015年第5期。

⑥ 杨洪贵：《多元共存和谐共处——试论多元文化主义》，《新疆社会科学》（汉文版）2006年第3期。

会经济地位群体的文化，还有可能集中了不同民族、不同国家群体的文化等。从多元文化主义理论出发，社区教育应避免文化歧视，开展"多元文化教育"，设置"多元文化课程"。而课程开发就涉及文化的抉择、传递、反思、形成等，因此社区教育课程开发与多元文化主义理论有天然的联系。我国当前的社区教育课程开发中，"老年文化""女性文化"等占有主流地位，其他类型的文化始终没有受到重视，这样不但难以达到社区和谐的目标，反而更加容易导致不同文化群体的冲突。为了改变这一现象，社区教育课程开发需要考虑其他文化群体的意见，即应该为不同年龄、性别、职业、民族、收入及身体状况的社区居民提供参与社区教育课程开发的机会，尤其要重视为中年居民、男性居民、残疾人、低收入者等群体提供参与社区教育课程开发的机会。在多元文化主义理论视野下，开发符合不同文化群体利益的课程并不是社区教育课程开发中居民参与的唯一目的，社区教育课程开发中居民参与本身就是目的，因为在居民参与的过程中，他们不但有机会表达自己对社区教育课程的要求，也会通过讨论、协商、谈判等方式了解其他文化群体的抉择，并最终形成对多元文化的理解和尊重。

第三，解放教育学。自20世纪70年代以来，人们不断地对传统课程范式进行批判和解构，越来越多的人认为，课程应关注人的生活世界。巴西教育家弗莱雷（P. Freire）提出的"解放教育学"的课程观正是其中一种。他认为传统的教育是"储蓄式教育"（Banking Concept of Education），将学生视作没有主观意识的保管人而将其非人性化了，最终学生因不能养成"批判性思维"及掌握相应的知识而成为被压迫者。储蓄式教育的目的在于驯化而不是启发，因此"知识是那些自以为知识渊博的人赐予在他们看来一无所知的人的一种恩赐"[1]。既然如此，那么课程开发必定遵循一种"自上而下"的思路，如弗莱雷所言"传统教育的最大弊端是自上而下（不是自下而上）地编造其主题、语言和材料"[2]。弗莱雷提出了一种新的教育观"提问式教育"，认为教育的本质在于"对话"，且对话的双方是平等的关系，对话的内容是由学习者生活生成的，而不是编造的。弗莱雷认

---

[1]　〔巴西〕保罗·弗莱雷：《被压迫者教育学》，顾建新、赵友华、何曙荣译，华东师范大学出版社，2001，第25页。

[2]　黄志成主编《国际教育新思想新理念》，上海教育出版社，2009，第172页。

为，课程离不开师生的现实生活，他们在平等的对话中对世界进行的批判性思考就是课程的内容，因此课程是一个师生共同参与的过程。具体到课程开发，弗莱雷建议教育工作者团队要与当地人合作，从当地人的日常生活中取材，共同开发出能够反映当地人生活与想法的生成性主题课程，他提出的课程开发流程也无不体现着这一思想，比如教育工作者要深入社区观察当地人的生活状态，从当地社区发现主题、收集素材后还要回到社区与当地人讨论等。据此，社区教育课程开发应该为居民主动表达其意见创造空间。

四　社区教育课程开发中居民参与的角色定位

在社区教育课程开发中，除了社区教育管理人员、教师外，居民作为社区教育课程的学习主体，当然应是最重要的主体之一。居民在社区教育课程开发中的主体地位决定了其应具有什么样的角色。角色是"一定社会关系所决定的个体的特定地位、社会对个体的期待以及个体所扮演的行为模式的综合表现"[1]。具体而言，居民在社区教育课程开发中的角色主要有以下几种。

（一）　居民是具有主体性的"受教育者"

在传统的社区教育体系中，居民通常只被视为被动接受教育的"受教育者"，这反映了社会对学生身份的一般看法。如此，就只需要在社区教育课程开发的部分环节看到居民的影子，如社区教育工作者向居民调查学习需求、考虑居民的身心特点采取适当的教学策略、课程质量评价需要参考居民的意见等。尽管这些做法对于社区教育课程开发而言是重要且必要的，但"人的根本属性使受教育者具备了主体的能动性特征，使受教育者成为了具备主体性的客体"[2]，这个主体性表现为：一是居民能进行自我导向学习，即居民自行决定是否参与社区课程学习、参与什么样的课程学习、如何安排学习时间、以何种方式进行学习，并能在这一过程中随时监控自己的学习状况，不断评估和改进自己的学习等；二是居民要对社区教

---

① 奚从清：《角色论——个人与社会的互动》，浙江大学出版社，2010，第3页。
② 郭三娟、陈浩：《"受教育者"：历史考察与语义分析》，《当代教育科学》2015年第19期。

育课程开发不断建言献策，甚至做出决策。因此，居民在社区教育课程开发中是具有主体性的受教育者。

（二） 居民是社区教育课程开发管理中不可或缺的主体

居民可以针对社区教育课程开发履行计划、组织、领导、控制等职能。比如，美国华盛顿州社区与技术学院理事会（Washington State Board for Community and Technical Colleges）便针对居民参与社区教育课程开发管理进行了明确的规定。该理事会规定，社区学院的行政部门需要为每一项或每一组课程配备一个由当地居民组成的顾问委员会，该委员会主要负责对社区学院课程、开课所需雇员及设备预算、教学质量及学生就业情况进行检查并提出建议，也负责向社区学院传递相关的上级政策，协助社区学院开展一些诸如企业开放日等的教学活动。为了使其成员能够更好地履行上述职责，相关部门会提供一些培训和指导服务。① 在这样的情况下，居民就介入了课程开发的各个环节的管理。我国虽然在这方面做得还不够好，但一些地方也正在进行一些尝试和努力。如成都市青羊区社区学院在培育"市民自主学习群体"实验的过程中，将"具备一定的课程开发能力"作为评价市民自主学习群体的一个指标。② 强调了居民在课程开发中的主体性，为居民参与课程开发管理打下了基础。值得注意的是，在社区教育课程开发过程中，居民尽管是不可或缺的管理主体，却并不是唯一的，政府行政部门、社会团体与社会组织等是与居民平等的社区教育课程开发管理主体，同样不可或缺。

（三） 居民是社区教育课程实施的主体

课程实施一般指将编制好的课程付诸实践的过程。其中，居民扮演的角色至少有两种，其一是参与课堂学习的学生主体，其二是向其他居民讲述和传播文化与知识的教师主体。在一些地域文化、民俗文化课程开发的过程中，居民更有可能被赋予教师的身份并展开行动。比如，在台湾的一些社区中，表演与观赏戏剧被视为社区教育的一种重要方式。"火鸡祖母"

---

① The Washington State Board for Community and Technical Colleges：SBCTC Policy Manual. http：//www.sbctc.edu/colleges-staff/policies-rules/policy-manual/chapter-4.aspx#section-appendix-g.

② 《培育"市民自主学习群体"方式实践项目实验报告》，人人文库，2022年1月8日，https：//www.renrendoc.com/paper/182918534.html。

（Turkey Grandma）是曾流行于台湾的一部教育戏剧，感动了无数师生。该剧由教育专家根据一位老年居民的生活故事改编而成，通过让居民向学龄儿童演出这一剧目的方式帮助学龄儿童了解其祖父母及以前的社会景象。[①]将居民发展成社区教育课程实施的教师或者辅助课程实施的志愿者的做法屡见不鲜，在大多数地区都产生了令人满意的效果。上海市金山区廊下镇社区教育部门在保护与传承当地的"莲湘文化"的过程中，将在各种莲湘比赛中脱颖而出的居民吸收至村居的莲湘队中，这些居民既参与文化交流活动，又兼任社区学校的多种角色，如社区学校志愿者、兼职教师、村居学习点的负责人等，在村居学习点广泛开展"打莲湘"培训活动。最终，廊下镇在树立了一个特色文化品牌的同时，形成了一支懂文化、热心文化、善于经营文化的土生土长的人才队伍。[②]

五　社区教育课程开发中居民参与的机制

（一）　动力机制

长久以来，我国社区教育实行的是"自上而下"的行政推动模式，居民的角色是不主动的，居民中还形成了"上社区学校就是参加上级领导安排的活动"的看法。[③] 可见，在传统的社区教育课程开发中，居民参与的动力无疑来自基层政府的劝说与鼓励。如此，在社区教育课程开发中，居民自然只能在基层政府的要求下填写需求问卷、填写课程评价表等，没有别的能发挥其主体作用的空间。但行政推动只是社区教育课程开发中居民参与的外部条件，居民真正参与其中并发挥其主体性还有赖于其自身参与意愿与要求等内部因素。综合这两方面的因素，社区教育课程开发中的居民参与是以居民主观的参与意愿为基础的，政府的支持促使居民将意愿层面上的参与转化为现实中的参与。据此，一方面，我国社区教育相关行政部门应该转变对居民的角色定位、让渡课程开发权力，让居民的主体性在

[①]　Brian Findsen, Marvin Formosa, eds. , *International Perspectives on Older Adult Education* (Switzerland: Springer International Publishing, 2016), pp. 429~430.

[②]　黄健、庄俭主编《社区教育，我们这样做——上海终身教育案例》，华东师范大学出版社，2016，第157~158页。

[③]　秦钠：《立足民生：推进社区教育内涵建设》，《上海大学学报》（社会科学版）2012年第1期，第131~140页。

社区教育课程开发中得以发挥。居民不仅可以是"被教育者"，也可以而且应该扮演"决策者""管理者""监督者""行动者"等有主动权的角色。另一方面，居民要形成参与社区教育课程开发的愿望。美国华盛顿州社区与技术学院理事会就明确规定，课程开发顾问必须由自愿奉献其时间的居民组成。以往的研究大多将居民参与不足归结于居民缺乏公共精神、参与意识等。实际上，随着社会发展，居民的社区意识已经有所提升，居民能够意识到社区事务与自身利益息息相关，但可能由于"搭便车"的考虑，或认为课程开发早已被确定了，或没有相应的技能等，居民参与社区教育课程开发的愿望受到影响。

（二）　激励机制

激励机制的功能在于促进社区教育课程开发中居民参与行为的发生与维持。从行为主体的角度出发，社区教育课程开发中居民参与是居民的自主选择，而非课程开发的技术要求。那么，即便社区教育机构邀请居民参与课程开发，居民也可以选择不参与。大量社会调查数据显示，很多社区居民认为参与社区事务会给自己带来负担，即便是参与其中，有时也是迫不得已。[①]"理性经济人"假设认为，主体做出某项决策是出于对自身利益最大化的考虑。居民参与或不参与社区教育课程开发都是出于其对自身利益的考虑，"教育是一个利益冲突集中的领域，不同的人对教育有不同的利益追求，试图通过教育实现不同目的"[②]。对于社区教育管理者而言，要想方设法地促进居民做出"参与"社区教育课程开发的选择而避免其选择"不参与"。

首先，要实行目标激励，将社区教育课程开发与居民的个人目标结合起来。事实证明，当社区公共事务与社区居民自身利益紧密相连的时候，居民参与社区公共事务的热情更高，反之亦然。社区教育课程开发本身就是依照居民的学习需求进行的，而满足这种需求又是居民的个人目标，因此，社区教育课程开发本身就与居民的个人目标存在一定关联。具体而言，社区教育工作者可以深入各居民点，采取观察、访谈、问卷的三角互证方式了解居民真实的学习愿望，之后，邀请具有某种学习需求的居民参

---

① 付诚、王一：《公民参与社区治理的现实困境及对策》，《社会科学战线》2014年第11期。

② 劳凯声：《社会转型与教育的重新定位》，《教育研究》2002年第2期。

与相应的课程开发，比如为了达到开课人数要求，邀请居民进行课程营销，以"一传十、十传百"的方式发动更多的潜在学习对象参与课堂学习等。

其次，要利用好物质激励与精神激励对居民的参与行为进行强化。在物质激励方面，在对社区教育课程开发中居民参与的贡献进行评估的基础上，可以为那些表现良好的居民提供一定的物质奖励。然而，当前我国大多数地区政府对社区教育的投入还十分有限，全部依靠物质奖励激励社区教育课程开发中的居民参与是不现实的。因此，激励机制应该以精神激励为主，可以开展评选先进活动、设立"优秀居民奖"等。

（三）　保障机制

保障机制是保障社区教育课程开发中居民参与的保障体系，主要由以下四部分组成。

第一，完善社区教育课程开发中居民参与的保障制度。虽然在社区教育治理中强调居民参与已经不是一种新理念了，但这种理念转化为实践的道路却异常坎坷，也影响了社区教育课程开发中的居民参与，造成这种局面的一个重要原因就是居民参与社区教育没有制度化。我们可以采取先行先试的思路，那些社区教育较发达、居民参与意愿强的地区可以先制定有关社区教育课程开发中居民参与的制度，并开展一些试验以检验政策的效果，之后逐步推广。如美国华盛顿州的居民顾问团制度就被写入了该州社区与技术学院管理政策中。除了政策，还应制定有关社会教育、终身教育方面的法律，为社区教育课程开发中的居民参与提供最高制度保障。

第二，将居民个体化的参与行为组织起来，形成合力。居民通过社区民间组织参与社区教育课程开发的方式较居民个人参与的方式而言更具影响力，因为居民的个人目的可能被视为个别问题而不受重视，社区民间组织的目的更易被看作公众需要。公民参与社区教育课程开发应首先基于这一平台。社区教育部门可以先对辖区内社区民间组织进行分类，当需要开发某类课程时，邀请相应的组织参与开发或以购买服务的方式代为开发。如社区敬老志愿者协会开发敬老教育课程、社区烹饪爱好者协会开发烹饪课程等。还有些社区民间组织本身带有教育性质，就更可能参与社区教育课程开发。

第三，加大基层社区教育机构硬件设施建设力度与经费投入。居民参与社区教育课程开发需要一定的场地和设备支撑，而很多社区居民组织都没有多余的经费，要求居民投资又可能出现公共利益与个人利益冲突的局面。这方面的问题应由社区教育部门解决，如成都市青羊区和龙泉驿区社区教育部门在培育市民自主学习群体和学习团队的过程中就非常重视为这些群体和团队提供场地与资金支持。

第四，提供课程开发指导，保障社区教育课程开发中居民参与的持续性。尽管社区居民可能精通某项技能或对社区情况了如指掌，但他们通常对课程开发的知识了解甚少，社区教育部门需要组织教师对居民进行培训或者指派教师为自主开发课程的社区民间组织提供全程协助等，保证居民具备扮演"管理者""实施者""决策者"等角色的基本能力。当然，要为社区教育课程开发中的居民参与提供协助，又有赖于组建专业的社区教育工作者队伍。

（四）　监督评估机制

在社区教育课程开发中，目前的主要状况是居民参与不足，当尝试提供一定机会与条件吸引居民参与时，事情进展又可能与社区教育管理者的预设大相径庭。造成这一局面的主要原因就是缺乏避免"劣质的参与"的监督评估机制。

第一，要明确社区教育课程开发中居民参与的内容领域或边界。比如，不同类型课程的开发为居民提供不同的参与方式。生活兴趣类课程可以交由社区民间组织开发或成立居民课程开发小组；社团活动类课程多需要公共部门与居民合作策划；在开发一些体现国家意志的课程时，更多的是协助居民表达他们对教学方式、教学场地等的要求。又如，在社区教育课程开发中，各主体应该是相互联系而又各司其职的，居民不是唯一的"管理者"和"决策者"，政府部门、社区教育机构等应在其中起着主导作用。总之，不能把那些不适合居民完成的任务交给居民完成。

第二，社区教育部门要对整个课程开发进行监督与评估。居民并不是以实现公共利益为己任的公职人员，居民参与不免带有逐利、投机、短视等特点，居民可能会在参与社区教育课程开发中对公共利益有所损害。因此，居民做出的决策应该是初步的，必须经由社区教育部门按照一定标准进行审批后才能得以执行。比如，社区教育部门需要评估居民选择的教学方式能不能有效地传授知识和技能、居民选择的教学场地有没有行课的条件、居民参编的教材内容与结构是否合理、居民课程开发小组的领导或负责人是否具有相应的能力与品德等，还要对这些环节的评估结果进行公示。

第三，社区教育部门要认识并尽量规避社区教育课程开发中居民参与的风险。在社区教育课程开发中，即便居民的主观态度一直是积极参与、自愿奉献的，课程开发也可能因居民的参与能力、客观环境等发生变化而走向失败，社区教育部门应认识到这一点，而且应充分发挥指导与监督的作用，努力避免这种情况的出现。同时，一旦出现了这种课程开发失败的情况，社区教育部门应组织有关人员总结失败的原因，以提高课程开发的成功率及所开发课程的质量。

第五章

中国社区教育教学的历程
及发展方向与形式

教学是教与学活动过程的统一，从广义上讲，"教学是指教育者指导学习者所进行的一切有目的的学习活动"。从狭义上讲，"教学特指在学校中教师引导学生进行的一切学习活动"。① 社区教育中的教学是指在社区教育机构中教师引导居民学员进行学习的所有活动，主要是狭义层面的。教学包括教学目标、教学内容、教学原则、教学组织形式与方法、教学手段、教学评价等要素，由于在第四章中已分别对社区教育的课程内容进行了总结探讨，因此，这里我们就只对百年来我国社区教育的教学目标、教学组织形式、教学原则与教学方法、教学手段、教学评价几个方面的发展进行回顾总结，并在此基础上对社区教育教学从有效走向卓越这一发展方向，以及对话教学、项目式学习及混合式教学几种重要的教学形式进行较深入的探讨。

第一节　百年中国社区教育教学的历程

一　教学目标：逐步走向系统和全面

教学目标"是指教学活动主体事先确定的在具体教学活动中所要达到的教学结果和标准。它规定当教学活动结束时，学生在教师指导下其知识与技能、情感、态度和价值观等方面所取得的变化"。② 教学目标是教育目标的具体化，是一个由教学总目标、学校教学目标、课程目标及课时目标组成的系统。教学总目标是指通过教学，学生达到的最后结果，对学校教学目标、课程目标及课时目标具有指导作用。教学总目标包括实质性目标、发展性目标和教育性目标。实质性目标即通过教学使学生掌握一定的

---

① 李森：《现代教学论纲要》，人民教育出版社，2005，第 6 页。
② 李森：《现代教学论纲要》，人民教育出版社，2005，第 115 页。

知识和技能；发展性目标即通过教学使学生的体力和智力得到健康发展，在情感态度方面有所变化；教育性目标即通过教学使学生形成正确的世界观、人生观和价值观，形成健康的个性品质。学校教学目标是教学总目标在各级各类学校教学中的具体化。[①] 课程目标是指各门课程通过教学要达到的目标，是学校教学目标的具体化。课时目标则是指每一堂课通过教学要达到的目标，是各门课程目标的具体化。

对于教学目标应包括哪些部分的问题，学术界有不同的观点。如布卢姆（B. S. Bloom）在其教学目标分类理论中，将教学目标分为认知（包括知识的回忆、再认，以及理智能力和技能的形成等）、情感（包括兴趣、态度和价值观等方面的变化）和操作或动作技能三大部分。[②] 加涅（R. M. Gagne）把教学目标分为智力技能、言语信息、认知策略、运动技能与态度五个方面。[③] 巴班斯基把教学目标分为教养性目标（包括知识和技能）、教育性目标（通过政治及德育、美育、劳动教育及体育，让学生树立世界观和积极的生活态度）和发展性目标（发展学生的注意、记忆、思维、意志、情感等）。[④] 上述几个有代表性的教学目标分类，都不同程度地包含了教学的实质性目标、发展性目标及教育性目标。因此我们认为，在教学目标系统中，不论是教学总目标、学校教学目标、课程目标还是课时目标，从教学的教育性出发，各级目标都应包括实质性目标、发展性目标和教育性目标，就算是处于最末端的课时目标，也不应仅包括促进学生知识和技能增长的实质性目标，还应包括促进学生各方面发展进步，形成健康个性的发展性目标和教育性目标。下面，我们就以此为分析框架，对百年来我国社区教育教学目标问题进行回顾总结。

总的来看，百年来，我国社区教育教学目标由只有教学目标系统中的一个或两个部分，逐渐形成由教学总目标、社区教育机构教学目标、课程教学目标、课时教学目标组成的系统体系，这些目标所包含的内容也不断

---

① 李森：《现代教学论纲要》，人民教育出版社，2005，第117~118页。

② 〔美〕B. S. 布卢姆等编《教育目标分类学 第一分册 认知领域》，罗黎辉等译，华东师范大学出版社，1986，第8~9页。

③ 〔美〕罗伯特·M. 加涅：《学习的条件》，傅统先、陆有铨译，人民教育出版社，1985，第30~31页。

④ 〔苏〕巴班斯基：《教学教育过程最优化——方法论原理》，赵维贤译，人民教育出版社，1985，第6页。

具体和全面。

（一）　1912～1948 年社区教育教学目标

民国时期的社区教育教学目标主要集中在对社区教育机构教学目标及课程教学目标的表述上。

各社区教育机构大多规定了本校的教学目标，如无锡县立民众教育馆规定其教学目标为：根据三民主义的基本目标，施行公民生活的基本训练；解决自己生活里的问题；注意学生身心的健全；培养学生应用的能力；考查学生的生活环境和个性，并注意校外生活。[①] 再如，安徽省立第一民众教育馆规定的教学目标是：根据杜威教育即生活的原理，厉行生活教育运动，达到普及教育、扫除文盲的目的；注重知识与技能之运用，并多方增进其经验；利用课余时间，做种种公益活动，以养成互助合作的精神。[②] 1939 年 5 月，教育部颁布《民众教育馆工作大纲》，规定了民众教育馆总的施教目标是"养成健全公民，提高文化水准以改善人民生活、促进社会发展"。[③] 上述有关社区教育教学目标的规定，各有不同的侧重点，但总体而言，都努力兼顾了实质性目标、发展性目标和教育性目标。

一些社区教育机构具体规定了各门课程的教学目标，如长沙市立民众学校规定其国语课的教学目标是"使能阅读语体书报函件及本党各种标语宣言且能运用简单语句自由发表思想"，常识课的教学目标是"使能了解日常生活及公民应具有之常识"，乐歌课的教学目标是"使演唱各种简易之歌曲以发扬革命精神陶冶高尚德性"，等等。[④] 临海县民众学校规定了各种课程门类的教学目标，其中文字类课程目标共有 8 个方面，包括能识普通应用文字、能应用已识文字进而有自学能力、能阅读简易报纸及民众读物、能用注音符号拼音、能利用字典类参考书等。[⑤] 一些社区教育机构还规定了各种教育层次、各门具体课程的教学目标。如 1931 年教育部在颁布的《中山民众学校课程标准》中，分别规定了中山民众学校成人班、妇女

---

① 无锡县立民众教育馆编《无锡县立民众教育馆概况报告》，无锡县立民众教育馆，1931，第 17 页。
② 《本馆民众学校教学标准》，《民教辅导》1935 年第 1 期。
③ 教育部：《民众教育馆工作大纲》，《民教之友》1939 年第 3 期。
④ 《民众学校课程标准》，《长沙市政季刊》1920 年第 2 期。
⑤ 《临海县民众学校暂行教学纲要》，《临海教育》1932 年第 11 期。

班的国语、算术、自卫、劳作、音乐课程等各门课的标准。① 安徽省立第一民众教育馆规定了儿童班、成人班等的各科教学标准；如成人班中算术课的教学标准为"能计算日常帐目"，国语课的教学标准为能认与默出注音，能识写常见之字，能写便条与粗浅信件。② 1937 年制定的《江西农村服务区家政训练办法大纲》规定了家政讲习班中家务劳作科、家务管理科等各科的教学目标。③ 陕甘宁边区在 1937 年拟定的《关于群众的文化教育建设草案》中，规定了补习教育中文字、政治、社会、自然几门课的教学目标，如规定文字课的最低教学目标是能用汉字看标语口号、填写履历表及学习其他知识；最高教学目标是能用汉字写信和做报告。④ 总体而言，各门课程教学目标主要偏重于对实质性目标的规定。

（二）1949~1978 年社区教育教学目标

新中国成立后，社区教育在全国全面展开，不管是师资还是经费等都非常匮乏，此时大多地方停留在先把社区教育开展起来的阶段，难以对社区教育工作进行规范化管理，也更难以对社区教学的目标进行精细化管理，因此，社区教育教学中大多没有具体的教学计划和教学大纲，更没有形成具体的课程教学目标。如据 1950 年山西潞城县冬学委员会"冬学检查传授组"的检查结果："从县到村，没具体教学计划，只计划了讲些什么课，没有明确认识到要解决群众一些什么问题。"⑤ 1956 年教育部组织的视察组在《对东北三省工农业余教育工作的视察报告》中也讲道：由于教育部对业余中小学的教学计划没有统一规定，也没有适合业余学校的教学大纲，"教师不备课，随便上课的现象还相当普遍"。⑥ 既然没有明确规范的教学计划，教学要解决的问题不明确，教学较为随意，也就自然不会有明确的教学目标。1963 年，北京市教育局也指出，在职工业余教育教学

① 教育部颁《中山民众学校课程标准》，教育部特种教育委员会，1939，第 2~3 页。
② 《本馆民众学校教学标准》，《民教辅导》1935 年第 1 期。
③ 《家政讲习班课程科目及各科教学目标与时数之支配表》，《农村服务通讯》1937 年第 21 期。
④ 陕西师范大学教育研究所编《陕甘宁边区社会教育资料（社会教育部分）》上册，教育科学出版社，1981，第 4~5 页。
⑤ 《督促辅导各区村冬学，潞城派出检查传授组》，《人民日报》1950 年 1 月 12 日，第 3 版。
⑥ 国家教育委员会成人教育司编《扫除文盲文献汇编（1949—1996）》，西南师范大学出版社，1997，第 87 页。

中，各科基础知识和基本技能训练的规格要求不明确、不具体。①

这一时期的社区教育教学，很多时候是由政府或相关机构规定一个总的标准或目标，对于社区教育机构的教学目标、课程目标及课时目标则规定较少，而且这时的社区教育教学总目标大多强调社区教育教学的实质性目标。如 1950 年政务院颁发的《农民业余文化教育的指示》，规定农民业余初级班吸收文盲与半文盲入学，使其在 3 年内认识常用字 1000 个以上，并具有初步读写算能力。② 1953 年全国扫除文盲工作委员会规定了个人脱盲标准：干部和工人应能识 2000 个常用字，能阅读通俗书报，能写 200～300 字的应用短文；农民应能认识 1000 个常用字，大体上能阅读最通俗的书报，能写农村中常用的便条、收据等；城市劳动人民应能认识 1500 个常用字，阅读、写作方面可分别参照工人、农民标准。③ 1956 年中共中央、国务院在《关于扫除文盲的决定》中规定农民识字教育的要求是学完 3 种课程，大约认识 1500 个字，大体能看懂浅显通俗的报刊，记简单的账，写简单的便条，会做简单的珠算。④ 这些都可以看作社区识字教学的总目标。再如，1960 年国家文字改革委员会在《注音识字拼音教学大纲（初稿）》中规定，"在扫盲阶段，拼音教学的目的主要是为识字，不是为正音，因此对正音应当适当降低要求。在进入业余高小阶段之后，可以通过课文朗读等方式逐步提高对正音的要求，使学员逐步会听和会说普通话"。⑤ 各地也对注音扫盲教学目标做了一些相关的规定，如山西省万荣县王显公社确定注音扫盲写作教学中的主要任务（目标）是帮助学员打破写作神秘感，解除字词义束缚，树立写作信心。⑥

（三）1978～2020 年社区教育教学目标

改革开放以来，国家一切工作，包括社区教育教学在内，都在不断走

---

① 欧阳璋主编《成人教育大事记（1949—1986 年）》，北京出版社，1987，第 255 页。

② 《中国教育年鉴》编辑部编《中国教育年鉴（1949—1981）》，中国大百科全书出版社，1984，第 578 页。

③ 国家教育委员会成人教育司编《扫除文盲文献汇编（1949—1996）》，西南师范大学出版社，1997，第 26 页。

④ 《中国教育年鉴》编辑部编《中国教育年鉴（1949—1981）》，中国大百科全书出版社，1984，第 578 页。

⑤ 《注音识字拼音教学大纲（初稿）》，《文字改革》1960 年第 15 期。

⑥ 《万荣县王显公社注音扫盲教学经验总结》，《文字改革》1960 年第 4 期。

上正轨，这时，社区教育教学目标逐渐形成了一个由教学总目标、社区教育机构教学目标、课程教学目标及课时教学目标组成的系统体系，其内容不断走向全面，包括实质性、发展性和教育性三个方面的目标内容。如在教学总目标方面，1992 年国家教委在《关于试行〈扫除文盲教育教学大纲〉的通知》中规定，扫盲教学总的教学目标是："通过教学，使他们达到国家规定的个人脱盲标准，具有初步的识字、阅读、书写、计算能力。为进一步学习文化科学技术知识，积极参与社会生活，劳动致富创造条件；为提高民族素质，建立文明、健康的社会文化生活，促进社会主义物质文明和精神文明建设服务。"[①] 这就由 20 世纪 50～60 年代只强调教学的实质性目标走向了同时注重教学的发展性目标和教育性目标。

在社区教育机构的教学目标方面，随着社区教育教学管理的日益规范，教学目标也成了教学中不可缺少的重要环节，一些地方出台了本地社区教育机构的教学目标。如上海市《徐汇区社区学院社区教育任课教师教学任课管理办法》中就规定教学必须要有包含教学目的在内的完整的教学大纲。《徐汇区社区教育课程建设指导纲要》中对教学目的的规定是：社区学校的教学，除知识技能的传授以外，更多应让学员参与交往，通过交往获得精神上的愉悦，并提高生活品质；激发学员的参与热情，提高学习兴趣，从而增长知识和掌握技能。[②]

在社区教育课程教学目标方面，不管是国家层面，还是各社区教育机构，都出台了一些相关的规定。如 1992 年，国家教委拟订了《扫除文盲教育教学大纲》，农村成人初等文化技术教育《实用语文》《实用数学》《实用科技》的教学大纲，[③] 分别规定了每一学科的教学目标。如规定农村成人初等文化技术教育《实用语文》课的教学目标是："通过《实用语文》的教学，使学员能够正确理解和运用日常生活中基础的语言文字，具有相当于小学毕业程度的听、说、读、写能力，同时，开拓学员视野，开发学员的潜力，发展学员的思维能力，为全面提高学员的素质打下良

---

① 国家教育委员会成人教育司编《扫除文盲文献汇编（1949—1996）》，西南师范大学出版社，1997，第 435 页。
② 上海市徐汇区教育局编《创新文化引领社区教育管理体制发展的研究》，上海文化出版社，2013，第 118 页。
③ 《中国教育年鉴》编辑部编《中国教育年鉴（1992）》，人民教育出版社，1993，第 171 页。

好基础。"① 一些社区教育机构制定了有关教学管理方面的文件，对教学目标管理提出了要求。各社区学院一般都要求任课教师在新学期前拟定本学期的教学计划，其中就包括要拟定本门课程的教学目标。同时，课程教学目标内容也日趋全面，表现为每一具体的课程都有各自不同的教学目标，其内容不仅包括知识与技能，还包括情感、态度及人的发展等方面。如有的教师把社区教育课程"旅游英语口语"中"读懂登机牌"的教学目标定为：在情感上，要使学习者提高参与学习的主动性，形成相互交流、相互促进的学习氛围，提高学习兴趣，培养学习者互信互助、团结协作的精神；在知识与能力上，要使学习者能理解登机牌上关键词的词义，能听懂并朗读每一个关键词，能独立填写登机牌信息。② 再如，上海市奉贤区南桥镇社区学校课程"手机和生活"的教学目标为：使社区老年人了解智能手机的基本应用知识，获取手机娱乐、文化、教育、生活等方面的功能软件的操作技能，增强其熟练使用智能手机的信心，激发学习热情和自豪感，提高生活情趣。③

在社区教育的课时教学目标方面，大多数社区教育机构都要求任课教师不但要拟定本门课程的教学目标，而且要具体到每一个课时的教学目标，并把其纳入教学考核范围。如天津市和平区社区教育委员会 2004 年发布的《关于加强社区学校管理的意见》中规定，任课老师在开课前要制定课程教学进度计划，其主要内容就包括了本门课程总的教学目标和基本要求，还要认真写好本次课的教案或备课笔记，其基本内容之一就是本次课的教学目标。④

二　教学组织形式：在以班级授课制为主的同时综合运用多种形式

教学组织形式是"教师、学生的共同活动在人员、程序、时空关系上

① 国家教育委员会成人教育司编《扫除文盲文献汇编（1949—1996）》，西南师范大学出版社，1997，第 424 页。
② 樊星：《社区教育英语课程有效教学的探索：体验式教学模式与任务型教学方法》，《当代继续教育》2019 年第 2 期。
③ 郭金龙：《社区教育〈手机和生活〉课程设置与教学探索》，《中国农村教育》2019 年第 2 期上。
④ 史金豹、李金迎主编《社区教育回眸》，天津教育出版社，2008，第 59 页。

的组合形式"。① 包括个别教学、集体教学、小组教学、活动教学等多种形式。个别教学是古代学校的主要教学形式，教师对学生进行个别讲授；集体教学的最典型形式就是班级授课制；小组教学严格来说也是集体教学的一种变式，只是授课对象人数少一些；活动教学是学生在教师的引导下，充分发挥其主体性，积极参与教学活动的一种教学组织形式。采用合理的教学组织形式，有利于各教学要素的科学分布与搭配，提高教学的效率。总体而言，我国社区教育教学的组织形式是在以班级授课制为主的同时，灵活多样地采用多种教学组织形式。

（一）采取以班级授课制为主的教学组织形式

夸美纽斯（J. A. Comenius）在《大教学论》中一开始就指出，要"找出一种教学方法，使教员因此可以少教，但是学生可以多学"②。夸美纽斯发明了班级教学这种集中教学组织形式，其目的就是提高教学效率，即用最少的教育资源使更多的人接受教育，获取最好的教学效果。班级授课制由于其高效性而成为我国社区教育教学中一种最主要的教学形式。以下是黄炎培在《参观京津通俗教育记》中记述的民国初年一次通俗演讲的情形："其始听者三十余人……续续以至，最多时得五十人。"③ 又据有关山东通俗教育讲演会的记载，"会内午前附设半日学校，午后设立阅报所，晚间为讲演期，于客岁成立，每日听讲人士甚为踊跃，大有难容之势"。④ 1934 年 6 月，教育部颁布《民众学校规程》，规定了民众学校专科班和高级班的学习科目。⑤ 这也说明在民众学校中大多依照科目和学员的程度进行按班级划分的集中授课。在共产党领导的革命根据地也是如此。据毛泽东 1933 年在长冈乡的调查，该乡共有 9 个夜校，各校均分甲、乙、丙三个班，⑥ 也大体按照班级来进行教学。

新中国成立以来，我国社区教育教学组织形式总体上仍然以班级授课制为主。1950 年，中共中央在《关于开展农民业余教育的指示》中规定：

---

① 李森：《现代教学论纲要》，人民教育出版社，2005，第 200 页。

② 〔捷〕夸美纽斯：《大教学论》，傅任敢译，人民教育出版社，1984，第 2 页。

③ 朱有瓛主编《中国近代学制史料》第 3 辑（下），华东师范大学出版社，1992，第 703 页。

④ 罗检秋：《中国近代社会文化变迁录》第 3 卷，浙江人民出版社，1998，第 314 页。

⑤ 教育部社会教育司编《社会教育法令汇编》，商务印书馆，1936，第 37 页。

⑥ 李桂林主编《中国现代教育史教学参考资料》，人民教育出版社，1987，第 55 页。

农民业余学校分设初级班（组）与高级班（组）。[①] 1963 年，中共晋东南地委、晋东南专员公署规定其冬学的文化教育按文化程度分别编班学习。[②] 这些政策对社区教育按照文化程度高低进行分班教学做出了规定，在实践中，也大都是这样做的。如北京市第七区从 1949 年 10 月起，开始组织未参加各种组织的零散劳动市民学习，按文化程度分班，将学生分为高、中、初三级；[③] 到 1949 年底，北京市举办成人夜校 182 所，共分 423 个班；[④] 1958 年，山西解虞县西张耿乡业余文化技术学校共设有 23 个初中班，34 个高小班，65 个扫盲班；[⑤] 1960 年，上海南市区巡道街红旗里弄委员会设有预备班、初中班、高中班和老年人识字班；[⑥] 1974 年，天津市宝坻县小靳庄大队的夜校分成高、中、初 3 个班；[⑦] 西安市城区街道办事处先后在 1978 年和 1979 年上半年，办起了 29 所业余学校，设教学班 166 个，这些学校根据学生文化程度和实际需要编班。既有小学、中学和高考补习班，又有英语、日语、财会、缝纫、理发、机械等专业班；[⑧] 北京市延庆县到 2014 年，全县 15 个乡镇共开办了 228 个农民中专班，[⑨] ……当前各地建立的社区大学、社区学院、社区学校等教学机构中，学员们大多按照课程表的安排去参加集中授课，如在 2013 年 161 个全国社区教育实验区与示范区内，区级社区教育中心、街镇乡社区学校、村居教学点开设培训

① 国家教育委员会成人教育司编《扫除文盲文献汇编（1949—1996）》，西南师范大学出版社，1997，第 294 页。
② 吴家虎：《革命与教化：毛泽东时代乡村文化的一项微观研究》，博士学位论文，南开大学，2012，第 151 页。
③ 《北京市第七区整顿成人夜校 吸收千余劳动市民参加 组织正规学习获得经验》，《人民日报》1950 年 1 月 7 日，第 3 版。
④ 江夏：《广泛组织群众推行普及教育 首都创办成人夜校入学人数已达万五千余人》，《人民日报》1950 年 2 月 8 日，第 4 版。
⑤ 张克忍：《一个学文化又学技术的业余学校》，《人民教育》1958 年第 4 期。
⑥ 翁其荃等：《组织起来，走人民公社化道路——红旗里弄委员会调查报告》，《复旦学报》（社会科学版）1960 年第 6 期。
⑦ 《小靳庄的政治夜校》，《人民日报》1974 年 9 月 8 日，第 1 版。
⑧ 《适应待业青年升学和就业需要 西安市城区街道兴办业余学校 29 所》，《人民日报》1980 年 8 月 21 日，第 3 版。
⑨ 郑江霞：《村级成人学校现状分析及改进策略探究》，《北京宣武红旗业余大学学报》2014 年第 4 期。

班的数量分别为 180 个、1744 个、22097 个。[1] 只不过，现在社区学院或社区学校大多不再按照学员的文化程度去分班，而是按照课程的主题，如摄影、烹调、插花、国学、书法、电脑、外语、家政等进行分班，再在每一课程中分初级班、中级班、高级班等。

（二）　多种教学组织形式的综合运用

任何教学都不可能只依靠集体教学这一形式就能取得好的效果，社区学员之间的巨大差异以及社区教育课程自身的特点，更是决定了在教学中不可能只采用班级授课制这一单一的教学组织形式。民国时期，各平民学校大多在一些商店、机关等设立了平民问字处，方便不能参加平民学校正规班级的学习者去向这些商店、机关内识字的人请教，这实际上是一种个别教学形式。1939 年，教育部在颁布的《民众教育馆规程》中，把其工作方式分为教学、讲习、宣传、比赛、展览、指导、示范、表演 8 种方式，这 8 种方式，可单用，也可合用。[2] 这实际上强调了社区教育中的班级集中教学、个别教学、分组教学、导生制、活动式等各种教学组织形式的综合运用，这一点在实践中也体现得非常鲜明。如江苏的一些民众教育馆千字课就把个别教学和集体教学两种组织形式结合起来：1929 年 3 月起，江苏省立南京民教馆在小西门街试办流动千字课，教员从千字课本中逐日抽取课文，油印成活页千字课本，每日一张，挨户讲解；省立徐州民教馆也于 1933 年 7 月至 1935 年 6 月，在壩子街、下淀等施教区，开办流动教学班。[3] 其间既有个别教学，也有集体教学。

在革命根据地，面临更为艰苦的条件和更加匮乏的教育资源，人们在社区教育中更是创造性地灵活运用了各种教学组织形式。如苏区社区教育主要的教学方式有识字牌、问字所、识字组、识字班、半日学校、夜校等。[4] 识字牌与问字所可视为个别教学形式，识字组是小组教学形式，而识字班、半日学校、夜校等当然主要采用班级集中教学形式。在抗战时

---

① 杨志坚主编《中国社区教育发展报告（2013—2014 年）》，中央广播电视大学出版社，2015，第 119 页。

② 教育部社会教育司主编《民众教育馆》，正中书局，1941，第 87~89 页。

③ 朱煜：《江苏民众教育馆研究（1928—1937）》，博士学位论文，苏州大学，2012，第 81、83~84 页。

④ 董纯才主编《中国革命根据地教育史》第 1 卷，教育科学出版社，1991，第 239 页。

期，社区教育教学的组织形式更加多样，如山东抗日根据地采取了"敌来疏散，敌走集中"的识字小组，以及"小先生教学"等灵活多样的方式坚持教学。[①] 1938 年边区教育厅在颁布的《社会教育工作纲要》中指出，社会教育是一面生产一面学习，学习不妨碍生产的一种教育形式，[②] 强调社区教育教学形式要多样化，与生产形式融合起来。在实践中，根据地识字教育中的一个普遍做法是把生产组织或战斗组织与学习组织结合起来，即一个生产小组（或一个战斗小组）同时是一个学习小组，成员可以一边劳动（或战斗）一边学习。如晋察冀边区的"盂平白殿，仅离敌据点二里，游击小组就是学习小组，平时岗哨严密，一直把岗哨布置到敌人炮楼根……被放出的警戒仍需背生字和练习军事动作"。[③] 在陕甘宁、晋察冀、山东等地，结合生产组成了油坊学习组、纺织学习组、运输学习组、领字组、妇女识字组等。[④] 这种把学习组织形式与生产（战斗）组织形式密切结合的方法，可以更好地保证教学与实际结合，也可被视作一种活动式教学组织形式。1944 年陕甘宁边区冬学的教学组织形式有以下五种：分散经营又分散教学的形式；以分散经营为主的形式，包括轮流教学的分散形式、直接与生产组织结合的分散形式、为上学地点方便而采取的分散形式；以分时教学为主的形式，包括一揽子冬学、夜校、半日校；集中与分散互相变化的形式；集中的形式。[⑤] 在陕甘宁边区，识字组是其主要的社区教育教学组织形式，其间又大量采用了即知即传的"小先生教学"形式。[⑥] 解放战争时期，苏皖边区的做法是：农闲时采取班级形式，由教师集中讲授；农忙时采取分组教学、个别教学、导生制等方法。[⑦] 这些都充分体现了在革命根据地社区教育中对教学组织形式灵活多样的运用。

---

① 董纯才、张腾霄、皇甫束玉主编《中国革命根据地教育史》第 2 卷，教育科学出版社，1991，第 468 页。

② 陕西师范大学教育研究所编《陕甘宁边区社会教育资料（社会教育部分）》上册，教育科学出版社，1981，第 60 页。

③ 董纯才、张腾霄、皇甫束玉主编《中国革命根据地教育史》第 2 卷，教育科学出版社，1991，第 210~211 页。

④ 董纯才、张腾霄、皇甫束玉主编《中国革命根据地教育史》第 2 卷，教育科学出版社，1991，第 221 页。

⑤ 东北行政委员会教育委员会编《冬学手册》，东北书店，1947，第 15~26 页。

⑥ 董纯才、张腾霄、皇甫束玉主编《中国革命根据地教育史》第 2 卷，教育科学出版社，1991，第 313 页。

⑦ 董纯才主编《中国革命根据地教育史》第 3 卷，教育科学出版社，1993，第 142 页。

　　新中国成立后，社区教育教学继承了解放区的优良传统，把教学组织形式同生产组织形式相结合，采取班级教学、小组教学及活动教学等多种形式。据《北京日报》报道，1955 年，北京市南苑区民校在教学中采用了自学、包教包学、送字块、单编小组、单编班组和随民校班组一起学等多种形式。① 这一时期的社区扫盲教学组织形式主要有两种：一是教学组织和生产组织尽可能地结合起来，一般是以生产队、生产大队为单位组织班级教学，二是集中与分散相结合，对于不便集中到班级学习的人，采取小组学习的形式，如组织炕头学习小组、邻里学习小组、地头学习小组等。② 1954 年 7 月，教育部和扫盲工作委员会下发《关于城市劳动人民业余文化教育工作的通知》，规定教学组织形式应力求适合城市劳动人民生产和生活的特点，分别采取班级教学或小组教学等形式进行集中或分散的教学。③ 此外，在社区教育教学中，各种活动教学组织形式也被大量采用。如：1958 年，在河南省的民办业余大学里，师生都不脱离生产，他们晚上在教室里是教授和学生，白天在田间或在工厂是普通的劳动者。他们学到了科学原理，就带到田间和工厂去试验。④ 据《人民日报》1960 年报道，青海省门源回族自治县苏吉滩公社业余学校的教学不少是在生产活动中边干边学进行的。⑤ 这些都可以视作集中教学和活动式教学组织形式的结合。20 世纪 70 年代，我国社区教育更加强调活动教学形式。如吉林省前郭县五七大学在教学中把课堂设在三大革命第一线，采用现场教学、学以致用、流动教学等形式。⑥ 再如，乳山县五七学校的经验是：以典型任务带动教学，边干边学，学干结合，在实践中总结提高；直接把学生带到教学基地进行现场教学；在教学中服务，在服务中教学。⑦

　　20 世纪 80 年代中后期的社区扫盲教学，除采用班级教学、"小先生教学"等形式外，又摸索出一些新的形式。其按地理及人员流动特点，划片

---

① 欧阳璋主编《成人教育大事记（1949—1986 年）》，北京出版社，1987，第 103 页。
② 刘立德、谢春风主编《新中国扫盲教育史纲》，安徽教育出版社，2006，第 37 页。
③ 国家教育委员会成人教育司编《扫除文盲文献汇编（1949—1996）》，西南师范大学出版社，1997，第 40 页。
④ 陈健：《河南全民办业余大学　入学人数达三百二十七万》，《人民日报》1958 年 8 月 16 日，第 6 版。
⑤ 龚成华：《紧密结合生产　加速培养人材》，《人民日报》1960 年 8 月 11 日，第 4 版。
⑥ 《吉林省前郭县五七大学调查报告》，《人民教育》1974 年第 5 期。
⑦ 《面向农村开门办学——乳山县五七学校的经验》，《破与立》1975 年第 1 期。

组成教学区，设扫盲教学小组，各组巡回或定期集中教学，还有的实行包教：有在教师指导下由中小学生包教，有回乡知识青年包教，有子女包教父母，夫妻相互包教等。① 1991 年 6 月，国家教委颁布了《关于大力发展乡（镇）、村农民文化技术学校的意见》，规定乡（镇）、村农民文化技术学校要突破单一的课堂教学模式，把面授、现场实习、参观典型等形式有机地结合起来。② 2002 年，教育部在《关于进一步加强农村成人教育的若干意见》中再次强调，要把课堂教学、现场培训、远程教学等多种教学形式结合起来。③ 这一时期的社区教育教学，特别是农村地区的社区教育教学，都尽力在班级授课制的基础上，更多地运用小组教学、活动教学等教学组织形式。如湖北省汉川市丁集乡成人文化技术学校特别注重在实践活动中进行教学，使农民在湖塘进行成鱼立体套养、在岗地进行空中搭架挂葡萄、在地面套种药材、在地下开沟养鱼的实践中学技术。④ 在我国当代社区教育教学中，各社区教育机构根据不同的课程分别采用了不同的教学组织形式：在一些偏重基本理论的课程中，主要采用班级集中讲授的形式，在一些偏重休闲或应用的课程中，主要采用小组式、活动式等教学组织形式。总体来看，社区教育教学组织形式正趋于各种形式的合理组合，比如把传统的班级授课与活动教学相结合，把集体教学与个别教学相结合等。

以下是一个教师在社区老年人计算机教学中的做法，我们以此为例做一个简单的分析。

教学内容：理解计算机硬盘分区及文件夹的作用。学员：零基础的社区老年人。教师给这个教学单元设定的理解目标有三个。一是计算机为什么会存储那么多内容？二是利用什么方法可以实现照片在计算机里的存放？三是在计算机中如何管理成百上千张的照片？目标一的初始理解活动是采用头脑风暴的形式讨论以下问题："你喜欢照相吗？你照的照片大概有多少张？想找某一张照片是否好找？"教师、每个小组的学员之间互相

---

① 刘立德、谢春风主编《新中国扫盲教育史纲》，安徽教育出版社，2006，第 83 页。

② 《国家教委关于大力发展乡（镇）、村农民文化技术学校的意见》，律商网，1991 年 6 月 6 日，https：//hk. lexiscn. com/law/law-chinese-3-206005199105. html。

③ 教育部《关于进一步加强农村成人教育的若干意见》，中华人民共和国教育部网站，2002 年 11 月 21 日，http：//www. moe. gov. cn/srcsite/A07/zcs_cxsh/200211/t20021121_8929. html。

④ 余国平：《丁集成人学校瞄准乡情办学》，《人民日报》1997 年 5 月 8 日，第 5 版。

评价。目标二指导的探究活动是采用上机实践的方式让学员在计算机里面建立自己的文件夹用于存放照片，学员把照相机里不同分类的照片拷贝到以不同名称命名的文件夹下面。目标三的最终活动是学员展示如何利用文件夹对自己的大量照片进行合理的分类、存放与快速查找，并各自阐述自己利用计算机保存管理照片的心得。[1]

在上述教学中，教师既采用了传统的班级集中授课的教学组织形式，提出问题和本课时的目标，而在这其中，又将学员分成若干个小组，运用了小组教学形式，同时，学员们通过讨论和操作进行学习，还运用了活动式教学形式。

常州市 2016~2018 年的课程开发数据统计显示，该市每年总开发课程为 300 门，采用活动式教学组织形式的课程开发数量分别占当年总课程数的 14%、25% 和 25%。[2] 说明开设专门的活动类课程已被提上议事日程，这类课程当然主要以活动式教学组织形式进行。其他地方也同样重视活动式教学形式，如成都市在社区教育中打造了蒲江茶香游学、都江堰水文化等 10 条游学线路，采用了游学这种活动式教学组织形式，在 2018 年获得了全国"终身学习品牌项目"称号。不仅如此，随着互联网的发展，社区教育教学组织形式还打破了师生、生生面对面的形式，形成了线上与线下结合的混合式教学组织形式。

三　教学原则与教学方法：以学习者为本，方法灵活多样

教学原则是依据教学目标及教学规律所制定的教学工作的基本法则，对教学工作起到原则性的指导作用。教学原则介于教学规律与教学方法之间，即其比教学规律更具体，更具有实践品格；比教学方法更抽象，更具有理论品格。教学方法更强调的是教师和学生在教学过程中为实现教学目标而采用的具体程序与方式。百年来，在我国社区教育中，人们提出了多样的教学原则，总体上体现了以学习者为本的理念，同时强调教学与学习

---

① 李芳、何庆霞：《基于"为理解而教"教学模式的老年人计算机社区教育教学实践探索》，《教育现代化》2017 年第 34 期。

② 施苏苏：《关于活动式社区教育课程教学模式实践现状的分析与思考——基于常州市的调查研究》，《广州广播电视大学学报》2019 年第 1 期。

者的生活实际相结合，采用了多种多样的教学方法，具有鲜明的中国特色。

（一）　教学原则强调以学习者为本及理论联系实际

民国时期，不少社区教育机构都制定了自己的教学原则。如长沙市立《民众学校教学原则》提出：须以生徒为本位；注重学生实际生活之指导；提倡学生自动；注意引起学生兴味；利用学生经验；力求经济；利用环境；联络各项教材，融会贯通；注意学生训育；教师态度诚恳、语言清晰。① 上海民众教育馆在其制定的《常识课程纲目》中提出常识课的教学要则有：教学时间要短，次数不妨加多；教学间接经验，多做游记式的故事讲述；研究问题，要向学生收集；可实验的先实验，然后研究讨论。② 安徽省立第一民众教育馆在其制定的《本馆民众学校教学标准》中规定的教学原则是：根据杜威"教育即生活"的原理，厉行生活教育运动，达到普及教育扫除文盲的目的；注重知识与技能之运用，并多方增进其经验；利用课余时间，做种种有益公共的活动，以养成合作互助的精神，增进个人与人群、社会与国家间相互的福利。③ 在革命根据地，同样注重以学习者为本，从学生的具体情况出发。如晋冀鲁豫边区社区教育的根本点是注意适应成人的特点，政治教育着重摸清群众心思，以提高思想认识为原则。④ 在山西革命根据地的冬学教学中，注意调动学员学习积极性，以"教学做合一""做甚学甚教甚"为原则进行教学，结合根据地实际工作进行相关内容的讲授。⑤ 1943 年 11 月 27 日的《大众日报》上刊发了一篇名为《冬学应以生产为中心与时事教育结合》的文章，强调冬学的教师要务使教育教学切合实际，反映现实生活。⑥ 这些教学原则有的直接提出要"以生徒为本位"，有的则在各个方面都强调了要根据学生的实际情况进行教学，体现了以学习者为本的理念。

---

① 《民众学校教学原则》，《长沙市政季刊》1920 年第 2 期。
② 《民众学校：常识课程纲目（取材于民众教育论文集）》，《上海县教育月刊》1929 年第 24 期。
③ 《本馆民众学校教学标准》，《民教辅导》1935 年第 1 期。
④ 董纯才、张腾霄、皇甫束玉主编《中国革命根据地教育史》第 2 卷，教育科学出版社，1991，第 409 页。
⑤ 辛萌：《山西革命根据地社会教育研究》，博士学位论文，山西大学，2017，第 85 页。
⑥ 中央教育科学研究所编《老解放区教育资料》（二·下），教育科学出版社，1986，第 268 页。

新中国成立后，特别强调社区教育教学要从实际出发，坚持理论联系实际的原则。1956 年，中共中央、国务院在颁布的《关于扫除文盲的决定》中规定，识字教育必须贯彻联系实际、学以致用的原则。[①] 各社区教育机构也十分注重贯彻这一原则。如青海省门源回族自治县的苏吉滩公社业余学校在教学方面十分注意与生产相结合，畜牧兽医业余中学的技术课，大部分都是在生产现场讲授的，边干边学，学用结合，效果很好。[②] 1963 年 10 月，中共山西省委、山西省人民委员会强调冬学教育的原则是"结合生产，统一安排，因材施教，灵活多样"。山西阳城县润城公社河头大队在学习毛主席著作中的经验之一就是理论联系实际。1966 年 11 月，教育部在有关农村冬学、民校学习毛主席著作的通知中强调，要注意结合思想和实际来组织学习。1967 年 4 月，中共阳城县下发《关于学习毛主席著作的几项通知》，强调了要贯彻中央这一指示精神。[③] 这些文件和实际经验中都体现了理论联系实际的教学原则，指导着当时社区教育教学内容及方法的选择与应用。

1987 年国家教委等在颁布的《乡（镇）农民文化技术学校暂行规定》中规定：乡（镇）农民文化技术学校"教学要贯彻理论联系实际的原则，加强针对性和实用性，做到按需施教，学用一致，讲求实效"。[④] 1991 年，全国人民代表大会颁布《国家教委关于大力发展乡（镇）、村农民文化技术学校的意见》，规定乡（镇）村、农民文化技术学校的教学要坚持"实际、实用、实效"原则，把普及与提高结合起来。[⑤] 这说明在改革开放后，理论联系实际仍然是社区教育教学的重要原则。在当代社区教育教学中，除了这一原则外，还强调教学要以学员为主体。如北京朝阳社区学院确定了从成人学员的特点出发，"以学生为主体、以教师为主导"的施教原

① 国家教育委员会成人教育司编《扫除文盲文献汇编（1949—1996）》，西南师范大学出版社，1997，第 76 页。

② 龚成华：《紧密结合生产　加速培养人材》，《人民日报》1960 年 8 月 11 日，第 4 版。

③ 吴家虎：《革命与教化：毛泽东时代乡村文化的一项微观研究》，博士学位论文，南开大学，2012，第 149、231、300 页。

④ 《乡（镇）农民文化技术学校暂行规定》，第一财税网，1987 年 12 月 30 日，https：//www. tax. org. cn/displaw-law-11256230. html。

⑤ 《国家教委关于大力发展乡（镇）、村农民文化技术学校的意见》，律商网，1991 年 6 月 6 日，https：//hk. lexiscn. com/law/law-chinese-3-206005199105. html。

则。① 在这一总体教学原则的指导下，有教师在老年英语微信教学中，又总结了需要注意的两点：一是通过微信公众平台发送的学习资料要精心设计，短小精悍。二是内容一定要与日常生活口语相关，注意内容的情境化，学习的过程要由易到难。② 充分体现了以学生为主体，从学员的具体情况出发的精神。不过，社区教育机构明确规定其教学原则的并不多见。

由上可见，百年来，人们所提出的社区教育教学原则总体上十分注重从学习者的需要和实际生活出发，把教学与学习者的生产生活实际结合起来，注重理论联系实际。

（二）教学方法灵活多样

在上述教学原则的指导下，我国社区教育的教学方法呈现以下特点。

1. 教学方法的多样性

民国时期，教育部曾规定，民众学校教学法分五步：引起动机、生字学习、课文朗读、课文研究、应用练习。③ 在社区教育教学实践中，人们努力对教学法进行了探索。孟宪承认为民众学校的教学方法有其特殊性，应根据成人的心理特点，主要采用合作和讨论的教学方法，在他主持浙江省立民众教育实验时就采用过如谈话、讨论、开会、研究、游戏等多种教学方法。上海民众教育馆提出在其常识课教学中，应采用利用机会设计及事项教学两大方面的教学方法，而在每一方面的教学方法中又包含了数种具体的教学方法，如在事项教学中，包含了实地参观、实验、实习、教师讲述、观察等方法。④ 在革命根据地的社区教育教学实践中，教学方法更是多种多样，并富于创新。如瑞金县周屋识字班的教员每天带纸条教学生认字，纸条上的文字及数字有计划性和连贯性。如6月5日的纸条是"亲爱5/6"，6月6日是"的哥哥6/6"，6月7日是"自从7/6"，6月8日是"你上前线8/6"……在冬学中创造的教学法有："分合教学法"，即把一个字拆成几个字，先分别认再总合认，如合作社的"合"字拆成"人""一""口"三字，先认这三个字，最后再并为"合"字；"加笔划的教学

---

① 孙桂华：《社区学院实践探究》，北京航空航天大学出版社，2009，第31页。

② 林群：《朝阳社区学院老年英语微信教学实践研究》，《北京宣武红旗业余大学学报》2016年第4期。

③ 教育部编纂《民众学校课本教学法》第1册，新光印刷公司，1937，第3~4页。

④ 《常识课程纲目》，《上海教育月刊》1929年第24期。

法"，如先教"一"字，逐渐增加，再教"二、三、王、主、羊"字；"部首分类教学法"，先认识部首，再联系部首教有关的实用字。[①] 在晋冀鲁豫边区社区教育教学中常用的、比较有效的方法有讨论、对比、现身说法、以实例教育结合表扬批评等，这些都体现了教学方法的多样性。[②]

新中国成立后，扫除文盲工作委员会与教育部在联合下发的《关于1953年冬学工作的指示》中，规定在识字教学中，要依据具体情况，不同地方、不同教员、不同学员，采取不同的教法。[③] 在具体实践中，社区教育教学方法继承了革命根据地的优良传统，因地制宜，摸索出看图识字、见物识字、注音识字、部首归类识字、单元识字、祁建华速成识字、部首归类识字、四步教学、谜语猜字识字、顺口溜教学、分段教学等多种教学方法。在河南农村社区教育中，还出现了单体字加偏旁部首识字法、同音字教学法、速成算术教学法等教学方法。[④] 速成识字法是中国人民解放军西南军区某部文化教员祁建华创造的一种识字方法，1952年5月，教育部发出《关于各地开展"速成识字法"的教学实验工作的通知》，并确定河北省为速成识字法实验区。[⑤] 速成识字法首先是要学会注音符号和拼音，掌握识字的辅助工具；然后借助注音符号突击学单字，先求读与初步会讲；通过大读大讲，展开阅读、写字、写话活动，巩固所识的字，达到会读、会写、会用的目的。单元识字教学法是将识字课本划分为若干个单元，在每个单元的教学中，分为以下几个环节：认识和掌握生字；能够通读本单元的课文；复习（包括抄写、听写、练习）本单元课文的内容；在会读会写的基础上，逐步开始造句；会写简单的短文。[⑥]

改革开放后，各农民文化技术学校运用了如课堂讲授、校户联络、印

---

① 董纯才、张腾霄、皇甫束玉主编《中国革命根据地教育史》第2卷，教育科学出版社，1991，第232、221、227页。

② 董纯才、张腾霄、皇甫束玉主编《中国革命根据地教育史》第2卷，教育科学出版社，1991，第409~410页。

③ 国家教育委员会成人教育司编《扫除文盲文献汇编（1949—1996）》，西南师范大学出版社，1997，第30页。

④ 薄运玲：《试论建国后十七年河南农村的社会教育》，硕士学位论文，河南大学，2002，第24页。

⑤ 《中国教育年鉴》编辑部编《中国教育年鉴（1949—1981）》，中国大百科全书出版社，1984，第577页。

⑥ 詹凯：《建国初期四川的社会教育研究（1949—1956）》，硕士学位论文，西南交通大学，2014，第26页。

发资料、巡回宣传、实地辅导、科技咨询、操作演示、科技示范、现场"会诊"、空中广播、橱窗宣传、理论探讨等多种教学法。[①] 当代社区教育中的教学法更是多样化：导向传授式方法，包括"课堂研讨"法、"知识信息"过滤法、"量体裁衣"法；参与互动式方法，包括案例评点法、头脑风暴法、情境感知法；亲验式方法，包括职业模拟法、"异质互补"法、艺体教育法；多元聚合式方法，包括"双元制"教育法、"互联网络"教育法、"多维立体"教育法；[②] 等等。总之，在当代社区教育教学中，除了一些传统的教学方法外，发现式、探究式、任务式、角色扮演、游戏等教学法被更多地使用。如北京市西城区社区学校的教学法有讲授法、读书指导法、指导性训练、谈话咨询法、实习作业法、研究（研讨）法。[③] 再如，有人在社区教育中的英语教学上，使用了听力加强学习法，包括用英语歌曲学英语、观看视频短片学英语、听说结合法、先做单词讲解再做听力练习、图片或场景听力练习等；口语加强学习法，包括给话题练习口语表达、做表演练口语等方法。[④]

2. 注重从实际出发，选择和摸索具有中国特色的社区教育教学方法

首先，注意从当地具体情况及学员的实际出发，采用不同的教学方法。如无锡县立民众教育馆在教学中特别注意在开展讨论时尽量使学员说出自己的经验，互相交流。[⑤] 晏阳初在定县高头村指导人民组织自治所应行之事务，由村中办公人员共同讨论乡务进行事宜，平教会加以指导，并充实其活动之内容。有的农民训练班运用讨论式、参与式等教学方法进行教学。[⑥] 太行区武乡县树辛村冬学在 1944 年的民主运动中，让大家讨论谁有公民权，谁不应有公民权。[⑦] 这种把社区中需要解决的问题作为教学内容，让居民去讨论，提出解决的方案，使教学与学员的生产生活实际紧密

---

① 胡兴来：《乡村农民文化技术学校的几种教学方法》，《河北成人教育》1996 年第 6 期。

② 黄焕山、郑柱泉主编《社区教育概论》，武汉出版社，2005，第 145~170 页。

③ 陈乃林、张志坤主编《社区教育管理的理论与实务》，高等教育出版社，2009，第 205~206 页。

④ 郭燕：《浅谈在社区教育中的英语交际用语教学方法》，《当代教育实践与教学研究》2016 年第 9 期。

⑤ 《无锡县立民众教育馆概况报告》，无锡县立民众教育馆，1931，第 17 页。

⑥ 马秋帆、熊明安编《晏阳初教育论著选》，人民教育出版社，1993，第 92 页。

⑦ 董纯才、张腾霄、皇甫束玉主编《中国革命根据地教育史》第 2 卷，教育科学出版社，1991，第 409 页。

结合的教学方法，值得学习和借鉴。根据地的社区教育还特别注意把教学方法与学员生活中的实物紧密结合。据 1933 年毛泽东在兴国县长冈乡的调查：识字班的教法是随时、随地、随人数，字从"桌椅板凳猪牛鸡鸭"写起。① 不少根据地冬学在讨论公粮时，就认"公粮"两字和学习公粮计算法，或者在干活工具锹上贴"锹"字等。陕甘宁边区靖边一乡冬学从居民的实际出发，采用的教学方法有看图片识字、笔顺教法、教造句、耍棋认字、用实物教学或在黑板上绘图说明、以会意象形来启发学生等。② 其次，针对当时教育资源严重匮乏的具体情况，创造性地提出和应用导生传习制。晏阳初在定县实验中创立了这一教学方法，即由实验学校学生自设传习处 21 个，收学生 141 人，教读千字课。传习科目，不仅为文字工具，也兼及其他知能。③ 在根据地，总结出了著名的"老公教老婆，儿子教父亲，秘书教主席，识字的教不识字的，识字多的教识字少的"教学方法。④ 这本质上也是一种导生传习的教学方法。

新中国成立后，1953 年国家下发的《关于 1953 年冬学工作的指示》中规定识字教学要依据不同地方及不同学员的不同情况，采取不同的教法。在条件具备的地方，采取"分时突击、分段巩固"的速成识字法；在没有条件和条件不完全具备的地方可采取其他教法，包括每次识三五个字的方法等。⑤ 1954 年，教育部和扫盲工作委员会下发《关于城市劳动人民业余文化教育工作的通知》，规定城市劳动人民业余文化教育教学方法应遵循"速成的、联系实际的"方针，在有条件的地区，可采用边突击边巩固的分段教学方法，在没有条件的地区，仍然可采用通常教学方法进行教学，但应当逐渐加以改进，力求适合成年人的学习特点。⑥ 这两个文件一方面都强调要从实际出发选用社区教育教学方法，另一方面还专门讲到了要尽量采取分段的速成识字教学法。分段教学法是在借鉴速成识字基础上

① 李桂林主编《中国现代教育史教学参考资料》，人民教育出版社，1987，第 55~56 页。
② 项柏仁等：《社会教育的组织领导和方法》，新民主出版社，1949，第 109 页。
③ 马秋帆、熊明安编《晏阳初教育论著选》，人民教育出版社，1993，第 98 页。
④ 皇甫束玉、宋荐戈、龚守静《中国革命根据地教育纪事 1927.8—1949.9》，教育科学出版社，1989，第 53 页。
⑤ 国家教育委员会成人教育司编《扫除文盲文献汇编（1949—1996）》，西南师范大学出版社，1997，第 29 页。
⑥ 国家教育委员会成人教育司编《扫除文盲文献汇编（1949—1996）》，西南师范大学出版社，1997，第 40 页。

采取的一种教学方法，即将需要学习的生字分成几个部分，把大量突击的方法逐步改为分时突击、分段巩固，并将识字、阅读与写字适当结合。[1]当时同样著名的教学方法还有山西万荣县的注音识字法，即利用拼音字母识字，青年人一般在接受 15~20 小时，壮年人一般在接受 25~30 小时的拼音教学后，就可以学会汉语拼音方案，再经过 120~150 小时的阅读和写作教学，就可以识汉字 1500 个，达到扫盲的标准。[2] 这些教学方法，加上革命根据地时期的"分合教学法""加笔划的教学法""部首分类教学法"，以及新中国成立后的部首归类识字、单元识字、四步教学、顺口溜教学等，都是针对学习汉字而提出的，无不打上了独有的中国烙印。

改革开放后的社区教育继续探索具有中国特色的教学方法，如 1980 年中后期，河南省教委组织了"双拼注音识字"和"汉语拼音注音识字"试验，推动了社区扫盲教学方法的改革。[3] 上海市普陀社区针对居民不同的学习基础、能力及需求情况，分别采用"知识衔接"、"知识模块"、"知识交叉"、沙龙式、混合式等教学方法。[4] 再如，北京市西城区在计算机应用教学中，根据教学对象的年龄及学习能力特点创造性地采用"微课预习+面授教学+微课复习"和"传统面授+微课辅助"两组不同的教学方法。[5]此外，各地社区教育机构还在教学中根据居民的具体情况和实际需要广泛使用了参与式教学法、参观法、讨论法、对话教学法、现场教学法、角色扮演法、模拟法、游戏法、探究法等。如根据居民的学习兴趣及当地社区的实际情况，组织参观博物馆、科技馆等地，这种在社区教育中常见的活动就是使用了参观法；针对一些教学内容较难理解或较为枯燥的情况，为增强教学的直观性及生动性，教师在教学中大量运用 PPT，这使用的是演示法；针对农村社区教育中一些可操作性很强的课程内容，教师在田间地

---

[1] 王昊巍：《新中国成立初期上海工人扫盲教育研究（1950—1956）》，硕士学位论文，华东师范大学，2017，第 30 页。

[2] 国家教育委员会成人教育司编《扫除文盲文献汇编（1949—1996）》，西南师范大学出版社，1997，第 121 页。

[3] 刘立德、谢春风主编《新中国扫盲教育史纲》，安徽教育出版社，2006，第 81~82 页。

[4] 上海市学习型社会建设与终身教育促进委员会办公室、上海市学习型社会建设服务指导中心办公室编《实验与示范（三）——上海市社区教育实验工作总结》，上海人民出版社，2011，第 359~360 页。

[5] 唐桂文、宋铁真：《运用微课提升社区计算机应用基础教学有效性研究》，《北京宣武红旗业余大学学报》2018 年第 2 期。

头对学员进行指导则属于现场教学法；为使居民更能理解和体会法律的有关程序与知识，在模拟法庭中让居民分别扮演法官与律师等角色是使用了角色扮演法；等等。这些教学方法注意从居民的实际出发，不但具有鲜明的中国特色，还具有地域特色。

四 教学手段：不断走向现代化

从广义上讲，教学手段是指为达到教学目的而采取的措施，包括工具等物质层面及策略等精神层面措施的总和；从狭义上讲，教学手段仅指教学在物质层面的措施，包括工具、设施、设备等。本书所指的教学手段是狭义的教学手段。教学手段是教学的重要载体，对教学组织形式、教学方法、教学质量和效率等有着重要的影响。百年来，我国的社区教育教学手段不断走向现代化，与现代信息技术紧密结合在一起。传统教学手段主要有纸质书籍、黑板、粉笔、挂图、模型、标本等，现代化教学手段则包括最初的幻灯机、投影仪、收音机、电影放映机、播音机到后来的录音机、电视机、录像机、电子计算机，再到今天的互联网、各种人工智能设备、学习软件等。百年来，我国从民国时期开始突破传统教学手段而尝试使用现代化教学手段，其发展的总体趋势是：从只有少数地区使用少数电化教育手段到今天对现代信息技术手段的普遍使用；从民国时期使用简单的幻灯片、广播、电影等手段到最近十多年迅猛发展、功能强大的互联网及其众多的学习工具，如手机、电脑、各种学习软件等。

我国社区教育教学手段的现代化历程是从20世纪初期使用电化教学手段开始的，不少著名的教育家都致力于推广这些现代化教学手段。1917年，陶行知从美国留学归国，其在嘉兴进行千字课教学时使用了幻灯片，后来他又对幻灯教学进行了改良，并认为电影和播音是活动的教科书。晏阳初一直提倡幻灯教学，他在1923年嘉兴的识字运动中使用幻灯片也获得了成功。陈礼江在1935年任教育部社会教育司长时，大力推行电影和播音教育，并于1938年担任教育部电化教育委员会主任委员，他第一次使用了今天我们仍在使用的"电化教育"这一名词。一些社区教育机构也注重使用和推广幻灯、播音、电影等教学手段。如南京平民教育促进会在其创办的平民学校中推广幻灯教学。1933年，镇江民众教育馆成立"电影教育委员会"，设计了电化教学巡回施教车，这是我国社区教育史上的一大创举，该车集多种电化教育设备于一体，可以很方便地到各地去巡回教学。1935 年，镇江民众教育馆开办了"电化教学讲映场"，"电化教学"名词在我国由此产生。也即是说，教学中使用电教这一现代手段，在我国最先起源于社会教育。江苏省立教育学院每天平均播音 5 个多小时，分教育类、娱乐类、日用类。教育节目有讲解国文、国语、职业英语、民众文选等；娱乐节目有音乐、军乐、歌曲、平剧；日用节目有标准时刻报告、气象报告、其他消息报告，还答复无线电问题，举行谜语征答、科学问题征答活动。[1] 国民政府教育部还专门在社会教育司中设立了第三科管理电化教育，并于 20 世纪三四十年代先后颁布了包括《教育部民众教育巡回施教车施教办法》在内的十多项有关电化教育的文件。为培养电化教学师资，教育部还创办了专门的师资训练班，1946 年在国立社会教育院设立了电化教育系。

在根据地，由于经费、人才等的匮乏，其教学手段很多时候还处于原始状态，表现为最基本的教学设施和设备不足，如在陕甘宁边区，用大石块墙壁代替黑板，用白粘土、木炭代替粉笔，用沙盘、土盘代替纸笔，用砖头石块代替桌凳，用纸条抄写代替课本。[2] 在晋冀鲁豫边区和豫鄂边区，没有校舍课堂，师生就自己盖草屋；没有桌凳，就自己制作，或垒石头代替；没有黑板，就用门扇刷上灰墨代替；没有粉笔，就自己制造；没有纸张，就用沙盘练习写字；没有红蓝墨水，就采集有颜色的原料土法自制；没有笔，就将毛竹削尖制成蘸水笔。[3] 尽管条件非常艰苦，根据地也在尽力使用电化教育手段，1938 年成立了延安电影团，1940 年成立了延安新华广播电台。

在新中国成立后到改革开放前，我国在社区教育教学中也在尽力追求手段的现代化，主要表现为通过广播电台举办教学讲座、使用幻灯片。如在 20 世纪 50 年代初，四川多地文化馆通过放映幻灯片来宣传技术：1951

① 《本院三年来之电播教育的实施》，《教育与民众》1937 年第 9 期。
② 陕西师范大学教育研究所编《陕甘宁边区教育资料（社会教育部分）》上册，教育科学出版社，1981，第 18 页。
③ 姬忠林、刘卫东、张峨建：《中原革命根据地成人教育史略》，河南大学出版社，1990，第 271 页。

年，各县文化馆均有 2～3 部幻灯机，1953 年，各县文化馆拥有幻灯机十余部，各分设数十个放映点，积极普及科学知识，提高广大民众的生计能力，促进经济发展。例如，1955 年，资阳县访弘乡幻灯放映组，配合春耕放映《三大栽培技术》《泥水选种》等幻灯片。① 20 世纪 60 年代初，北京、上海、天津等中心城市创办了电视大学。但总体而言，这一时期我国社区教育在追求现代化教学手段方面的成效并不明显，现代化教学手段的使用不多。

　　随着改革开放和信息化时代的来临，我国社区教育教学手段的现代化也驶入了快车道。20 世纪 80 年代中后期，在扫盲教育中，开始广泛利用广播电视等远距离教学手段。1991 年，国家教委在颁发的《关于大力发展乡（镇）、村农民文化技术学校的意见》中进一步强调乡（镇）、村农民文化技术学校要充分利用广播、录音、录像和卫星电视教育等现代化教学手段。② 1995 年《中华人民共和国教育法》中指出，"国家鼓励学校及其他教育机构推广运用现代化教学手段"。2002 年，教育部在《关于进一步加强农村成人教育的若干意见》中再次强调要充分利用卫星电视、计算机网络、多媒体等现代化教学手段。③ 2004 年教育部在《关于推进社区教育工作的若干意见》中规定，要充分运用现代远程教育手段。④ 2006 年，教育部、中央电大在北京等 7 个城市进行了"数字化学习港"项目试点工作，此后，各地积极推行数字化学习社区建设。中国成人教育协会社区教育专业委员会 2009 年出台了《数字化学习社区建设基本标准》，于次年确定上海市徐汇区等 14 个区为"全国数字化学习先行区"，并召开了全国数字化学习社区建设推进会。2010 年，《国家中长期教育改革和发展规划纲要（2010—2020 年）》专门指出要"加强城乡社区教育机构和网络建设，

---

① 詹凯：《建国初期四川的社会教育研究（1949—1956）》，硕士学位论文，西南交通大学，2014，第 28 页。

② 《国家教委关于大力发展乡（镇）、村农民文化技术学校的意见》，律商网，1991 年 6 月 6 日，https://hk.lexiscn.com/law/law-chinese-3-206005199105.html。

③ 教育部《关于进一步加强农村成人教育的若干意见》，中华人民共和国教育部网站，2002 年 11 月 21 日，http://www.moe.gov.cn/srcsite/A07/zcs_cxsh/200211/t20021121_8929.html。

④ 教育部《关于推进社区教育工作的若干意见》，中华人民共和国教育部网站，2004 年 12 月 1 日，http://www.moe.gov.cn/srcsite/A07/zcs_cxsh/200412/t20041201_78909.html。

开发社区教育资源"。① 2016 年，教育部等九部门在《关于进一步推进社区教育发展的意见》中再次强调要推进社区教育信息化，建立覆盖城乡、开放便捷的社区数字化学习公共服务平台及体系，推进社区教育数字化学习资源的建设与共享，为居民提供线上线下多种形式的学习支持服务。②全国各地不同程度地建立了社区数字化学习网站。2011 年，"终身学习公共服务平台模式研究及示范应用"项目由中央广播电视大学牵头建立，建设了 15 个有代表性的城市终身学习平台，聚焦了一批资源；由北京大学牵头，103 所普通高校形成联盟，向社会免费开放了 1000 门网络教育精品课程和 1000 场视频讲座，并建设了标准化门户网站。③ 2012 年，我国社区教育可正常访问的网站有 99 个，到 2014 年，已正式使用并能有效打开的数字化社区学习网站达 190 个。如上海学习网于 2009 年 4 月正式开通，2014年新版上海学习网正式上线运行，至 2013 年底，网站注册用户超过 130 万人，在线课程达 15000 门，点击量突破 1.3 亿次。福建终身学习在线平台2013 年 9 月全新改版上线，增加了不少功能，在各市、县社区大学和学院搭建了 44 个分平台，为注册用户建立了终身学习账户。④ 据笔者从成都社区大学获取的资料，2018 年，"成都市终身学习教育资源库"和"成都市民终身学习公共服务平台"建成，形成"1 库 N 网"公共服务平台架构，并开设了手机客户端，市民可以注册登录学习。同时，一些新媒体如移动App、flash 互动教学程序也逐渐成为社区教学的手段。所有社区学院都进行了线上和线下相结合的教学，不少地方还开通了社区教育云课堂。

五　教学评价：从一般的视导和检查走向专门评价

评价是以一定标准为基础的价值评论和判断活动，教学评价是对教学

---

① 《国家中长期教育改革和发展规划纲要（2010—2020 年）》，中国政府网，2010 年 7 月 29日，http：//www.gov.cn/jrzg/2010-07/29/content_1667143.htm。

② 教育部等九部门《关于进一步推进社区教育发展的意见》，中华人民共和国教育部网站，2016 年 7 月 29 日，http：//www.moe.gov.cn/jyb_xwfb/xw_fbh/moe_2069/xwfbh_2016n/xwfb_160729/160729_sfcl/201607/t20160729_273300.html。

③ 《中国教育年鉴》编辑部编《中国教育年鉴（2012）》，人民教育出版社，2013，第 201 页。

④ 杨志坚主编《中国社区教育发展报告（2013—2014 年）》，中央广播电视大学出版社，2015，第 126~128、130~132 页。

过程中教师的教学行为和学生的学习行为及其效果进行价值判断的系统过程。① 教学评价对于评判和及时反馈教学的情况、促进教学改革、提高教学有效性起着重要作用。我国教学评价整体起步较晚，在民国时，还基本不用"教学评价"这一概念，对教学的评价主要通过教学视导或督学工作体现。对社区教育教学工作也是如此，这一情况几乎一直持续到21世纪初，最近十多年，才开始对社区教育教学进行专门的评价。

1909年，学部颁布了《视学官章程》，标志着我国开始建立教育督导制度。1913年，民国政府教育部颁布了《视学规程》，并于1918年又颁布了《省视学规程》《县视学规程》，后视学被改为督学。1931年，教育部颁布了《教育部督学规程》和《教育部督学办事细则》，开始建立社会教育视导制度，同时在中央、省、市分别设立了社会教育督导员。1938年，教育部颁布《各省市社会教育督导员暂行规程》，规定各省教育厅应设立社会教育督导员，其职责之一就是要考核本区的社会教育机构成绩，省、市社会教育督导员每学期内应"周遍视察区市内各社会教育机关至少一次"。视察完后，应撰写报告，列出需改进的方面，报请教育厅或社会教育局。② 1939年，教育部颁布《民众教育馆工作大纲》，要求各省教育行政机关要制定对民众教育机关的视察考核标准，以备视察考核，作为对各民教机关奖惩的依据。③《甘肃教育》（半月刊）1939年专门出版了教育视导要点专辑，其中的《社会教育视导要点》中列出了关于工作人员、工作进行、民众学校等的十大方面，以及72个二级指标和若干三级指标，其中一些是关于教学评价的指标，如在民众学校中，列有"课程是否符合规定""教学方法是否适合""能否把握学生学习兴趣""能否达到教学目的""有无成绩考查及记载""考查成绩的办法如何"等指标。④ 1945年，教育部颁布《教育视导试行标准》，其中对省、县的社会教育行政及省立、县立民众教育馆的视导标准进行了规定。一些地方也出台了相应的政策规定，如1931年临海县公布《临海县二十年度社会教育县督学视导方案》，其中规定，要对民众学校的教法等问题进行视导，视导后要根据视导结果

---

① 李森：《现代教学论纲要》，人民教育出版社，2005，第340页。
② 教育部：《各省市社会教育督导员暂行规程》，《民教之友》1939年第1期。
③ 教育部：《民众教育馆工作大纲》，《社教通讯（汉口）》1939年第7期。
④ 《社会教育视导要点》，《甘肃教育》（半月刊）1939年第6~7期。

加以批判并提出改进意见。① 1933 年，江苏省教育厅颁布《江苏省督学视察社会教育要点》，共 26 条，其中有关教学的规定有："对于识字教育，有何具体实施？""活动事业，是否切合民众实际之需要？"② 此外，一些学者提出了自己的观点。如刘百川提出，民众学校教学视导的标准，包括教科书的使用、教室的管理、上课前的准备、上课的态度、上课的问答、黑板的使用、秩序的维持、成绩的考查等方面各 5 条标准。③ 陈兆衡对民众教育的测量进行了研究，认为民众教育测量，除了"测验一般民众受了教育之后，在知识、技能、感情、行为各方面所发生的改变，到了如何程度为主"之外，还要测量各民教机关的成绩；提出了各项民众教育进度的计算公式及假定政治及公民教育进度计算法，④ 其中也包括对社区教育教学效果的测量和评价问题。在实践中，教育部"对于社教督导工作，异常重视"，除训练适当人才派往各地经常巡视外，还派出了督导员，分赴各省巡回视察。⑤ 在革命根据地，也逐步建立了检查与巡视制度。如晋察冀边区强调在对冬学进行视察时，要特别重视检查教学方式方法、教学进度、教育效果，听取群众的反映。⑥

　　新中国成立后，教育部发布了一系列有关冬学、扫盲等的文件，不少都涉及社区教育教学检查督促的问题。如 1952 年教育部颁布的《关于各地展开"速成识字法"的教学实验工作的通知》，要求各大行政区、各省市的文教部门做好检查与总结教学效果的工作。1959 年，中共中央转发共青团中央书记处《关于在农村青年中完成扫盲任务和加速开展业余文化学习的报告》，要求团组织经常组织有关业余文化学习的检查评比工作。⑦ 1953 年，扫除文盲工作委员会发布《关于扫盲标准、扫盲毕业考试等暂行办法的通知》，对农民、干部、工人的扫盲标准进行了规定，并规定了

---

① 《临海县二十年度社会教育县督学视导方案》，《临海教育》1932 年第 11 期。
② 江苏省教育厅：《江苏省督学视察社会教育要点》，《教育与民众》1933 年第 2 期。
③ 刘百川：《民众学校的教学视导》，《教育与民众》1935 年第 2 期。
④ 陈兆蘅：《民众教育效率和测量民众教育进度计算法》，《教育与民众》1932 年第 8 期。
⑤ 《全国社会教育概况（民国二十九年度）》，教育部社会教育司，1940，第 17 页。
⑥ 中央教育科学研究所编《老解放区教育资料》（二·下），教育科学出版社，1986，第113 页。
⑦ 国家教育委员会成人教育司编《扫除文盲文献汇编（1949—1996）》，西南师范大学出版社，1997，第 5、23、107 页。

扫盲毕业考试的内容。这实际上也可以看成对社区扫盲教学进行评估的标准。1956 年，教育部视察组对东北三省的业余教育工作进行了视察，其中包括对社区教育教学工作的检查评价。同时，各地也制定了相应的一些有关社区教育教学检查的政策，并进行了督导检查。如北京市文教局于 1951 年制定了《北京市职工业余学校教学检查暂行办法》，规定检查内容包括教学思想、教学计划、教学进度、教学方法、教学实际效果、作业和课外辅导等。检查方法采取听课、抽查教学笔记和作业、征求学员意见等方式。各校每学期至少进行一次全面教学检查。[①] 1954 年 4～7月，北京市教育局对 300 多个职工业余学校的教学班进行了教学质量检查，并在总结报告中指出了其中存在的问题及其原因。20 世纪 50 年代末期的山西解虞县西张耿乡业余文化技术学校，采取由副校长或教导主任负责督促检查其分校的教学工作的方式。[②]"文革"期间，我国的教育督导工作几乎处于停滞状态。

改革开放后，我国社区教育教学评价从一般检查督导逐步走向正式的评价评估。1990 年，国家教委印发《扫盲工作检查提纲》，其中对扫盲教学工作的检查包括教学是否与生产生活紧密结合，是否与农村实用技术培训和脱贫致富紧密结合，扫盲人员培训、脱盲考试是否严格按照国家有关要求进行等方面。同年年底的《国家教育委员会办公厅关于对九省、区扫盲工作开展检查的通知》规定检查的重点内容包括"采取有效措施，保证扫盲教学和脱盲考核验收质量的情况"。[③] 2000 年以后，随着教学评价工作的推进，社区教育的评价也被提上议事日程。2002 年，教育部发布《教育部社区教育评估指标体系（优秀级）》征求意见稿。2004 年教育部《关于推进社区教育工作的若干意见》规定，要有计划地开展对社区教育实验工作的检查评估工作，各省（区、市）也要对地方社区教育工作进行评估，并形成定期检查、评估和表彰奖励制度。[④] 2010 年教育部颁发《社区教育示范区评估标准（试行）》。2011～2012 年，教育部分两批组织了

①　欧阳璋主编《成人教育大事记（1949—1986 年）》，北京出版社，1987，第 36 页。

②　张克忍：《一个学文化又学技术的业余学校》，《人民教育》1958 年第 4 期。

③　国家教育委员会成人教育司编《扫除文盲文献汇编（1949—1996）》，西南师范大学出版社，1997，第 199、202 页。

④　教育部《关于推进社区教育工作的若干意见》，中华人民共和国教育部网站，2004 年 12月 1 日，http：//www.moe.gov.cn/srcsite/A07/zcs_cxsh/200412/t20041201_78909.html。

社区教育示范区的督查工作。2012 年，教育部颁布了《全国社区教育实验区评估标准（试行）》。2010 年，中国成人教育协会社区教育专业委员会发布了《全国创建数字化学习先行区评估标准》，给出了相应的指标框架和体系。2011 年，中国成人教育协会社区教育专业委员会发布《全国"十二五"推进数字化学习社区建设规划》，每年评选出一批数字化学习先行区。2010 年，评出了 8 个"全国数字化学习先行区"。2011 年，评出了 17个"全国数字化学习先行区"。2016 年教育部等九部门颁布的《关于进一步推进社区教育发展的意见》中再次强调要完善督查评价机制。各地社区教育机构也纷纷开展了对社区教育的评价工作。当然，这些都是对社区教育整体状况的评价，社区教学的评价只是其中的一部分。同时，也有一些地方开展了对社区教学的专门评价。如 2011~2012 年，上海普陀区展开了社区教学满意度测评，评估标准设定了 3 个一级指标、18 个二级指标、24个三级指标，其内容包括教学的理念、计划、课程、内容、形式、师资、环境、效果等方面。① 再如，江苏省社会教育规划课题"社区教育评估管理体系研究"课题组通过调研，建立了社区教育教学评估指标体系。② 这说明社区教育教学评价正在开始受到重视。

六　小结

百年来，我国社区教育教学工作逐步走向正轨，教学的各个环节不断走向规范化，水平不断提高，同时存在一些问题。

第一，社区教育教学目标从时有时无（如革命根据地时期及新中国成立后改革开放前的社区教育机构中，很多时候没有形成明确的教学目标，或者是没有规范的文字表述）到现在成为社区教育教学环节中一个不可缺少的组成部分，说明社区教育教学工作正逐步走向规范化与正轨；从较为粗糙，只规定教学的总目标或只有少量的关于各具体科目教学目标的规定，到逐渐形成由教学总目标、社区教育机构教学目标、课程教学目标、

---

① 刘夏亮、黄磊：《社区教育接受"小考"——上海市普陀区发布社区成员满意度指数》，《成才与就业》2012 年第 9 期。

② 张军：《社区教育教学质量评估指标的选取与分析》，《科学咨询（科技·管理）》2018年第 11 期。

课时教学目标组成的系统体系；目标所包含的内容也不断具体和全面，从只注重教学中的知识、技能等的实质性目标，到同时注重学员情感、态度、价值观的培养的发展性目标和教育性目标。存在的主要问题有：国家对当代社区教育教学计划和教学大纲等没有明确的规定，对于社区教育总的教学目标关注不够；一些社区教育机构对课程教学目标管理不到位；更注重教学的实质性目标，即注重通过教学使学员掌握一定的知识和技能，对通过教学使学员在各个方面有所进步，使其形成健康的个性品质，即发展性目标和教育性目标的重视程度不够。

第二，社区教育教学在以班级授课制为主的同时，灵活多样地采用了个别教学、集体教学、小组教学、活动教学等多种教学组织形式，活动教学形式的重要性日益凸显，各种教学组织形式趋于综合。班级授课制的采用，极大地提高了教学的效率，扩大了社区教育对象范围；多种教学组织形式的应用，在一定程度上适应了社区居民的现状，满足了社区居民的不同学习需要。存在的主要问题是对于班级授课制以外的其他教学组织形式的运用还不够多。据笔者对成都市主城区几所社区学院的调查，学员们普遍反映在教学中，教师主要还是采用班级授课与演示的教学形式，活动式等教学形式采用得较少。

第三，社区教育教学的原则与方法体现了以学习者为本及理论联系实际的理念，彰显了鲜明的中国特色。在社区教育教学中，注重从学员及当时当地的实际情况出发，创造性地采用"分合教学法""加笔划的教学法""部首分类教学法""速成识字法""注音识字法""部首归类识字法""单元识字法""四步教学法"等教学法，这些方法都是针对学习汉字而提出的，无不打上了独有的中国烙印。特别是革命根据地，在艰苦的条件下，灵活运用和发明了多种社区教育教学方法，这些方法成为我国社区教育教学发展史上的一大亮点。但在教学方法的探索中也存在一些问题，如对活动式、参与式、讨论式等方法的运用还不够。

第四，开启了社区教育教学手段的现代化航程，并不断走向现代化。百年来，社区教育教学手段发展的总体趋势是从只有少数地区使用少量电化教育手段，走向教学中普遍使用现代信息技术手段；从在社区教育教学中使用简单的幻灯片、广播、电影等手段，到最近十多年来大量使用互联网及手机、电脑、人工智能设备、多种学习软件等现代信息技术手段。但我国社区教育教学手段的现代化在较长时期内都停留在较小范围和较低水平：民国时期，由于技术和经济发展水平、人才等方面的限制，电教手段只在一些经济发达的中心城市有所运用，而广大的落后地区，特别是农村地区，则完全不知道电化教育为何物；新中国成立后到改革开放之前，我国社区教育教学中极少使用现代化教学手段。改革开放后，这一情况有了极大的变化，但相对世界发达国家而言，我国社区教育教学中使用现代化教学手段的程度仍然还不够高。据笔者对成都市主城区社区学院的调查，只有不到一半的学员认为教师会经常使用多媒体、互联网等现代化教学手段。我国大城市的社区教育教学情况尚且如此，其他农村地区社区教育教学手段的现代化水平就更是有差距了。

第五，教学评价开始受到重视，人们日益认识到社区教育教学环节的重要性，从对社区教育进行一般的视导和检查，到走向专门的社区教育教学评价，开始建立现代社区教育教学评价指标体系。但我国教学评价整体起步较晚，对教学情况主要通过督导、检查等进行。民国时期，教育视导采取三级制：教育部有督学4~6人，省有5~8人，县有2~3人，"以此极少数人，而苛令其在半载一年的时期内，视察所掌区内教育的各方面，势不免走马观花"，而且社区教育工作在当时被作为学校的附庸，不免要用评价学校教育的眼光来评判社会教育的得失。① 也就是说，这时连对社区教育的视导都是走马观花，就更谈不上对社区教育教学工作的专门评估了。此外，有些地方的社区教育连考试等工作都极不规范。如在河南陕县、山西长子县和陕西陇县、扶风县、清涧县的扫盲教育中，学员们反映"光给他教，不管考试"。② 最近十多年，开始对社区教育教学进行专门的评价，但总体而言还很不够，表现为：在国家层面还没有开展有关社区教育教学的专门评价工作，更没有建立专门的评价标准及指标体系；不少地方仍然以对整个社区教育的评价去替代教学评价；以上级组织的检查替代第三方机构的评价。

---

① 喻任声：《社会教育视导的先决问题》，《教育与民众》1935年第2期。

② 马云、张雨新：《口述视角下的五十年代中国农村扫盲教育——以河南、陕西、山西部分农村为例》，《唐都学刊》2007年第4期。

第二节　社区教育教学的理想追求——
从有效走向卓越

有效教学是一切优质教学的基础，总结百年来中国特色社区教育有效教学情况，对于进一步提高其教学的有效性有着重要意义，但我们不应满足于只处于这一基础层次，而应在提高社区教育教学有效性的基础上，使我国社区教育教学逐步走向卓越。

一　我国百年社区教育有效教学情况

对于什么是有效教学，人们有不同的理解，大多数人认为，"有效的教学活动是指教师遵循教学活动的客观规律，以尽可能少的时间、精力和物力投入，取得尽可能多的教学效果，从而实现特定的教学目标，满足社会和个人的教育价值需求而组织实施的活动"。[①] 有效教学的核心内涵包括效果、效益、效率三部分。教学效果是指受教学的影响所能显示出来的一切成果，强调的是学到了东西；教学效益是指教学及其结果与社会和人发展的需求是否吻合，以及吻合的程度如何（表现在社会效益和个人效益两个方面）；教学效率是指单位教学投入所获得的教学产出。[②] 研究有效教学的目的就是要避免教学的无效与低效，从而提高教学的有效性，实现教学效果、效益和效率的最大化。"有效教学"与"教学有效性"这两个概念紧密相连。"教学有效性"是"有效教学"的名词性表达形式，两者的含义并无大的区别，都是指教学过程中所获得的积极的预期效果。[③]

与所有教育一样，中国社区教育在百年来，一直致力于提高教学的有效性，如在民国时期，就有人提出，"民众学校的教学，成效要速，功能要大，教学的消耗要减少，要以最少的时间、金钱，努力求得最大的效

----

① 程红、张天宝：《论教学的有效性》，《上海教育科研》1999 年第 5 期。
② 余文森：《从有效教学走向卓越教学》，华东师范大学出版社，2015，第 1~3 页。
③ 孙亚玲：《课堂教学有效性标准研究》，博士学位论文，华东师范大学，2004，第 7 页。

果"。① 实践中，在提高社区教育教学有效性上也取得了显著的成绩，但其间也存在不少问题。教学包括教学目标、教学内容、教学组织形式、教学方法、教学评价等要素，因此我们要对社区教育教学有效性进行分析，应先对上述各教学环节的有效性进行分析，然后再对教学效果、效益、效率几个方面的总体有效性进行归纳总结。

（一）　社区教育教学各要素的有效性分析

1. 社区教育教学目标的有效性分析

百年来，中国的社区教育教学目标从粗阔走向规范全面，使社区教育教学有了一个总的方向和目标，对提高教学的有效性起到了不可或缺的作用。如在民国时期，各社区教育机构大多规定了教学的总目标和课程目标，使社区教育教学开始有了较为具体的方向；新中国成立后，社区教育中的识字教学正是以国家的扫盲标准为目标而开展的教学活动，扫除了大批文盲；当代社区教育的教学目标进一步走向具体和全面，使教学方向更加明确和科学，也更有利于提高其教学的有效性。但在相当长的一段时间内，我国社区教育教学中的教学目标，特别是课时目标都不够明确，即使到今天，仍有部分地方或部分教师并未对社区教育教学目标进行明确而规范的表述。教学目标的不明确，影响到了教学和学习的方向，极大地降低了教学有效性。如在 20 世纪 60 年代就有人发现注音识字方法成绩还不够好的原因之一是"教学的目的任务不够明确"。②

2. 社区教育教学内容的有效性分析

教学内容是教学的核心，对教学有效性有着极大的影响。一方面，百年来，中国社区教育教学内容总体具有较强的有效性。第一，努力以居民的实际需要为出发点，使教学内容具有较强的有效性。民国时期，以晏阳初为代表的一批社会教育家特别注重当地农民需要的选种、园艺、畜牧等农业生产知识。而在当前，各社区教育机构都开设了历史、文学、艺术、居家、旅游等方面的课程，符合社区居民的需要。如上海市闸北区 8 所社

---

① 邱冶新、朱佐庭：《民众学校教学法》，《民众教育通讯》1935 年第 3 期。

② 《广东教育》记者：《当前农村扫盲和业余教育必须抓好的几项工作》，《文字改革》1961 年第 3 期。

区学校的学员在"对教学内容感兴趣""教师能够选择有效的教学内容""课程内容安排与学员个人需求相符合"等方面的平均分值都较高。① 教学内容与居民的实际需要相符，才能激发居民的学习兴趣，使教学内容总体较为有效。第二，教学内容体现了时代精神，具有较强的有效性。据载，1919 年 3 月 17 日中午 12 时起到下午 3 时止，北京通俗教育演讲所在德胜门外清河镇的讲演会上，刘讲员讲至国民苟无道德心，其国必亡，朱讲员讲至家庭与学校有互相辅助之必要等切要处，听众鼓掌之声盈耳不绝。② 这些体现了资产阶级道德观及大教育观的时代精神的内容受到了居民的欢迎。改革开放后，有关市场经济、公民道德、公民权利与义务等方面的内容日益受到重视，近几年的社区教育教学内容中又增加了有关社区治理等方面的内容，体现了较强的时代精神。据对上海市闸北区 8 所社区学校的调查结果，居民学员认为其"课程内容能符合时代趋势及潮流"。③ 紧跟时代精神的教学内容，能满足社会及居民发展的需要，使教学内容具有较强的有效性。

另一方面，社区教育教学内容中仍然存在不符合居民的需要的问题。比如，在民国时期，一些地方的社区教育教学未把识字内容与居民的日常生活紧密联系起来，同时，居民特别关心的谋生或改善生计、农事合作、卫生防疫等方面的内容却显得不足，这就影响到了居民的学习积极性。在苏皖边区，一位姓张的老师在进行社区教育教学时，其教育内容是天下大事一大套，和群众的生活相距十万八千里，群众不容易接受，弄得群众没有兴趣，学员一天比一天少。④ 1950 年，东北有些县区冬学也存在教学内容不适合群众要求的问题。⑤ 这种远离当地居民生活需要的教学内容显然难以收到良好的教学效果。当代社区教育中，据笔者对成都市某区的调查，发现有近 40% 的学员认为社区教育教学内容与其生活或工作的相关度不够高，这势必会对教学内容的有效性造成一定的影响。

---

① 关珊珊：《社区教育教学满意度研究——基于上海市闸北区的调查研究》，硕士学位论文，华东师范大学，2014，第 36 页。
② 刘晓云：《近代北京社会教育史料汇编》，河北科学技术出版社，2011，第 139 页。
③ 关珊珊：《社区教育教学满意度研究——基于上海市闸北区的调查研究》，硕士学位论文，华东师范大学，2014，第 36 页。
④ 戴伯韬编《解放战争初期苏皖边区教育》，人民教育出版社，1982，第 44 页。
⑤ 《督促辅导各区村冬学，潞城派出检查传授组》，《人民日报》1950 年 1 月 12 日，第 3 版。

3. 社区教育教学组织形式和教学方法的有效性分析

百年来，我国社区教育教学组织形式和方法灵活多样，总体较为有效。首先，班级集中教学这一教学组织形式的广泛使用，对于充分利用我国尚不丰富的教学资源，用最少的教育投入获取最大的教育成效，扩大受教育面，提高教学效率，起到了很大的作用。其次，综合运用了分组教学、个别教学、活动式教学、游学等多种教学组织形式，对于满足个人及社会发展的不同需要，激发居民的学习兴趣，帮助居民克服学习中的困难，提高教学效果起到了极大的作用。如陕甘宁边区的识字组教学方式取得了良好的效果，华池县白马庙的石怀玉50天识了530个字，庆阳三十旦铺的黄润，经过学习，不但能读报纸，而且能编写水平颇高的新社火剧本。[1] 最后，注意从社区学员的特点出发选择适宜的教学方法，综合运用多种教学方法，提高了学员的学习兴趣与热情，促进了学员对所教授内容的快速掌握，提高了教学效率和效果，增强了教学的有效性。如祁建华的速成识字教学法使重庆纺织厂工人速成识字班在21天的脱产学习后，学员每人平均由原认识的400多字提高到了2021字；天津纺织工人速成识字班经23天的脱产学习，平均每人由原认识的521字提高到2108字。[2] 再如，广东中山县五桂山石鼓农场迅地下村妇女张惠兰使用注音识字法，4个月后能认识近2000个汉字，以及看工分、写信、读报等。[3] 下面，我们分享一个在当代社区教育教学中科学选用教学方法的案例。

在"旅游英语口语"课程教学中，教师先是采取单一的讲授法，但很快就使学习者感到疲倦，进而对英语学习失去兴趣。而后，教师改变了教学方法，采取了任务型教学法，即把每节课的教学目标分解为若干教学任务，动员、引导学习者或独立完成，或合作交流，有步骤地将任务"各个击破"。采用这一教学法后，学习者变得精神饱满，主动积极地寻找解决问题的途径，课堂氛围活跃，教学效果良好。[4]

---

① 董纯才、张腾霄、皇甫束玉主编《中国革命根据地教育史》第2卷，教育科学出版社，1991，第313~314页。

② 国家教育委员会成人教育司编《扫除文盲文献汇编（1949—1996）》，西南师范大学出版社，1997，第22页。

③ 《一个有文化的饲养员》，《文字改革》1961年第3期。

④ 樊星：《社区教育英语课程有效教学的探索：体验式教学模式与任务型教学方法》，《当代继续教育》2019年第2期。

　　在该案例中，作者针对"旅游英语口语"课程教学中的不同内容灵活地综合采用不同的教学方法，收到了良好的教学效果，其采用的教学方法显然是有效的。

　　但百年来的社区教育教学仍然以班级集中讲授为主，对其他教学组织形式和方法运用不够，影响了居民的学习积极性，存在教学组织形式与方法有效性不够强的问题。如在晋绥边区的宁武、吴家沟的冬学课堂上，教师单纯读报，并且照本宣读，群众觉得冬学课堂讲课失去了实际的意义，其情绪就逐渐消沉下去，最后不愿听讲了。[1] 1950 年，在山西省太谷县冬学，有的村干部以为只有集中起来，先生讲学生听才算上学，这使群众觉得上冬学成了一种负担。[2] 新中国成立后推行的速成识字法、注音识字法等，确实提高了识字教学的效率，但同时存在急躁冒进，夹生、回生，影响教学质量等问题。21 世纪初，我国农村成人文化技术学校的主要教学形式和方法是在生产时节召集农民在田间地头讲一点生产知识，在广播中宣传一些政策，这样单一的教学形式和方法难以引起农民的兴趣。[3] 我国当前的社区教育教学仍然以集中教学形式和教师的讲授式为主，这种形式与方法更加注重教师的中心地位，学员的参与度较低，不利于充分调动学员的积极性。在任何教学中，凡不能很好地激发居民学员学习积极性和兴趣者，都必定会对教学的效果、效益等产生较大的影响，从而影响教学的有效性。

4. 社区教育教学手段的有效性分析

　　民国时期教育家在社区教育中对现代化教学手段的应用，增强了教学的有效性。最近十多年来，互联网教学平台的开通和学习资源库的网络化，以及各种学习软件的智能化，更是极大地提高了社区教育教学的有效性。第一，各种现代化教学手段在教学中的运用，增强了教学的直观形象性，提高了社区教育教学的有效性。陈礼江指出，幻灯能"补标本之不及，而能令人认识形相"。[4] 晏阳初认为幻灯教学这种方式"教学生同时

① 董纯才、张腾霄、皇甫束玉主编《中国革命根据地教育史》第 2 卷，教育科学出版社，1991，第 226 页。

② 李杉、力发等：《太谷冬学发展迅速，进入巩固提高阶段》，《人民日报》1950 年 1 月 12 日，第 3 版。

③ 廖其发主编《中国农村教育问题研究》，四川教育出版社，2006，第 333 页。

④ 陈礼江编著《民众教育》，商务印书馆，1935，第 386 页。

看，同时听，同时念，同时写，精神专注，学习是很容易的"。①其在教学中使用幻灯片，取得了良好的效果。当前智能电子设备和网络资源等使社区教育教学更加形象化与智能化，教学和学习形式更加多样，学习者拥有更为丰富的教学资源并可反复学习，提高了社区教育教学的有效性。第二，现代化教学手段的推广，最大限度地把更多的教学资源供应给社区居民，突破了课堂教学的局限，扩大了教学对象范围，提高了社区教育教学的有效性。特别是当前的互联网教学平台使社区教育教学可以在任何地方、任何一种电子终端上进行，摆脱了教室的局限，有利于实现泛在学习，极大地扩大了教学对象范围。同时，互联网使知识具有了联通性，各社区教育机构设立和开发的多种适合当地居民学习的网站和网上教学程序，有利于社区教育教学资源和学习资源的共享，提高了学习资源的利用率。在新冠疫情期间，各地社区教育机构更是纷纷开展网络教学实践，提高了教学有效性。据笔者了解，成都市武侯区社区学院在 2020 年春由于新冠疫情的影响，建立了网上学习团队和组织，将文字、图片、动画等媒介资源融入教材、课件、视频等载体中开展网络教学，以增强学员对学习内容的理解。自武侯区市民网络课程开课以来，每周有近万人参与学习，90%以上的学员认为这种利用现代技术手段的教学很好，学习效率高，学习效果较好。

尽管我国在社区教育中通过使用现代化教学手段提高了教学的有效性，但同时应看到，还存在由于对现代化教学手段的运用不够而影响到更好地提高教学有效性的问题。在很长时期内，我国绝大多数地区的社区教育教学基本停留在纸笔加黑板的应用传统教学手段阶段。改革开放后，这一情况有了极大的变化，但社区数字化学习资源的数量、质量、形式等还不能很好地满足居民的学习需求。据调查，在上海市社区教育中，其数字化学习资源应用范围窄，针对性、适应性不强，居民对数字化学习资源的了解程度低，利用率不高，在应用数字化学习资源过程中遇到问题时，资源建设方提供的帮助也不够。②在上海市闸北区国画班或书法班上课时，

---

① 马秋帆、熊明安编《晏阳初教育论著选》，人民教育出版社，1993，第 2 页。
② 王峰：《社区教育数字化学习资源应用研究——基于上海市两个区的现状调查》，硕士学位论文，上海师范大学，2013，第 57~66 页。

由于学校未能提供投影等多媒体设备，导致老师无法将作画或写字的过程直接投影到大屏幕上，只能在教室前面的一张桌子上作画或写字，学员围在桌子周围看，但大多数不能挤到前面的学员无法看到老师作画或写字的过程。① 这种对现代技术手段使用不足的问题，显然会对教学的有效性产生消极影响。

5. 社区教育教学评价的有效性分析

一方面，我国百年来对社区教育教学进行的检查与评价，特别是当前一些地区已经建立了社区教育教学评价指标体系，并以此作为社区教育教学评价标准开展的教学评价工作，以及绝大多数社区教育机构开展的让居民参与的教学满意度评价工作，对于提高教学质量、促进我国社区教育教学工作的健康发展、提高教学的有效性起到了重要作用。另一方面，我国社区教育教学评价在有效性上还存在不少问题。首先，我国在很长时期内没有开展专门的社区教育教学评价，极不利于检视社区学院教学的情况，反省并改正其中存在的问题，从而提高社区教育教学的有效性。其次，现有社区教育教学评价多由上级行政管理部门组织进行，这实际上还是一种教学督导检查的思维模式。而督导检查与教学评价不完全相等：前者是由上级行政管理部门组织人对教学进行的一种行政监督，大多是定性的检查与督导；而教学评价是一种价值判断及鉴定工作，评价主体与客体之间不一定有上下级关系，评价往往侧重于量化分析。教学督导检查的方式实际上是一种"父评子"的方式，其评价结果的客观性不强，从而影响到社区教育教学有效性的提高。最后，尽管一些社区教育机构也经常让居民对教学进行评价，但评价结果对其教学改革的影响不大，这样的评价显然有效性较弱，并对居民学员参与教学评价产生了消极影响。如上海市闸北区多名学员反映，其所上的社区学校几乎每学期都要搞一次评价问卷调查，但经过几次调查之后发现，学员们反映的问题并没有得到解决，学员便觉得这种所谓的评价只是社区学校的"面子工程"，并没有实质性的效果，也就不想再配合这样的调查了。②

---

① 关珊珊：《社区教育教学满意度研究——基于上海市闸北区的调查研究》，硕士学位论文，华东师范大学，2014，第44页。
② 关珊珊：《社区教育教学满意度研究——基于上海市闸北区的调查研究》，硕士学位论文，华东师范大学，2014，第87页。

（二） 社区教育教学总体有效性分析

1. 社区教育教学效率得到了极大提高，但还存在问题

百年来，在我国社区教育中，由于教学目标较为适当，班级集中讲授、活动教学等多种教学组织形式、教学方法的灵活运用及尝试采用现代化教学手段，较充分地利用了教学资源，参加社区教育学习的人数迅速增长。如镇江民众教育馆采取"教育电影巡回施教"的方式，从1933年到1935年，讲映教育影片达272种，受教人数高达568000余人。[1] 同时，社区教育教学以更少的投入服务更多的居民，教学具有较高的效率。如在革命根据地，由于纸张、笔墨等基本教学资源的匮乏，就以沙地为纸进行学习，这使得投入少而产出高。1940年《新华日报》刊载的《晋察冀边区群众文化教育的新发展》一文讲道：在晋察冀边区，三四十岁的农夫们"趁休息之暇，差不多都会坐在树荫下，把细沙匀平，用手指在沙上练习，从冬学新学会的一些字'努……力……春……耕'，写一遍又一遍"。[2] 与此同时，社区教育教学效率还存在问题，主要表现为学员投入时间与产出之比还需进一步提升。据有人对成都市金牛区社区学院的调查，学习一堂内容中等难度课所花费时间"短"的学员仅占总调查人数的12.34%，这表明绝大多数学员掌握教师所教内容所花费的时间都比较长，教学效率还不够高。[3]

2. 社区教育教学效果良好，但还需进一步提高

一方面，社区教育教学效果良好。在社区教育教学中，由于尽量选择合适的教学内容，以及运用各种科学的教学原则与教学方法，并对教学进行了一些检查、督促与评估工作，教学效果得到了提高。如至1942年11月，晋绥边区兴县李家山冬学中，30个成年人中就有26个学会了珠算小九九，4个学会了除法，20个学会了记变工账，12个学会了开路条，12个

---

① 徐南平、李文宏：《镇江民众教育馆对我国早期电化教育的促进作用》，《电化教育研究》1996年第1期。

② 董纯才、张腾霄、皇甫束玉主编《中国革命根据地教育史》第2卷，教育科学出版社，1991，第368页。

③ 卢俊岑：《社区教育有效教学研究——以成都市金牛区社区学院为例》，硕士学位论文，四川师范大学，2020，第28页。

学会了认路条。① 到今天，居民们的学习积极性空前高涨，特别是各种休闲、娱乐等课程的开设，极大地激发了老年人的学习积极性。据有人对上海市闸北区的调查，"我在社区学校学到了很多知识或技能"的得分较高，② 表明社区教育教学的效果较好，居民学到了不少东西。另一方面，还需进一步提高社区教育教学效果。如在对成都市金牛区社区学院的调查中发现，大多数社区学员在每一次课程中能理解并掌握老师所讲的教学内容，但仍有近 1/3 的学员对老师所讲的教学内容理解和掌握不够，甚至有少量的学员表示"根本不理解"，因此，社区学院的教学效果有待进一步提高。③

3. 社区教育教学获得了较好的效益，但还有待进一步提高

一方面，我国社区教育教学在百年来取得了良好的社会效益和个人效益。从社会效益看，各个时期的社区教育教学都在一定程度上改善了当地经济，获得了较好的经济效益。同时，社区教育教学还带来了较大的政治效益，突出表现在使社区成员成为适应社会需要的公民方面。此外，通过社区教育教学，我国居民的文化素质普遍得到提高，符合社会发展进步的需要，突出表现在扫除文盲方面。从个人效益看，居民通过学习，掌握了自身需要的一些知识技能。如上海市奉贤区南桥镇社区学校"手机和生活"教学开展以来，老年学员智能手机操作的熟练度不断提高，掌握了智能手机的基本操作，以及微信使用、有声影集制作、网上购物、视频通话等技能，④ 这就使得老年人能更好地适应信息化时代的要求。上海市闸北区各社区学校学员在"我能将所学到的知识运用到生活中""现在我所掌握的知识/技能对我将来的学习有帮助""我在社区学校的学习有助于我的邻里关系和家庭关系"等方面都反映良好，⑤ 说明社区教育教学使学员获

---

① 董纯才、张腾霄、皇甫束玉主编《中国革命根据地教育史》第 2 卷，教育科学出版社，1991，第 213 页。

② 关珊珊：《社区教育教学满意度研究——基于上海市闸北区的调查研究》，硕士学位论文，华东师范大学，2014，第 38 页。

③ 卢俊岑：《社区教育有效教学研究——以成都市金牛区社区学院为例》，硕士学位论文，四川师范大学，2020，第 27 页。

④ 郭金龙：《社区教育〈手机和生活〉课程设置与教学探索》，《中国农村教育》2019 年第 2 期上。

⑤ 关珊珊：《社区教育教学满意度研究——基于上海市闸北区的调查研究》，硕士学位论文，华东师范大学，2014，第 38、41 页。

得了良好的个人效益。另一方面，社区教育教学效益还有待进一步提高。如同样是上海市闸北区的调查结果显示，"我在实现/或已经实现了原来的学习目标"一项的得分，是在学习成果各项得分中最低的，[①] 这表明总体看来，社区教育教学虽然使学员获得了良好的个人效益，但与居民事先设定的目标相比还有一定的距离。

总之，百年来，中国社区教育教学各环节总体较为有效，从而极大地提高了教学的有效性，但我国现代社区教育刚刚起步，在建立具有中国特色的社区教育有效教学体系方面仍然处于探索阶段，因而我国社区教育有效教学中还存在种种问题。

二　提高社区教育教学的有效性

有效教学是一切优质教学的基础，为提高社区教育教学的有效性，我们应进一步探究社区教育教学的以下问题。

（一）　提高教学目标的有效性

在社区教育教学中，不但要确立教学的总目标，还要确立课程目标与课时目标，为使所确立的教学目标更具有效性，在确立教学目标时应做到以下几点。

第一，要以社区全体居民为本，在全面发展的教育方针的指导下，从社区的实际情况、居民的基本情况和实际需要，以及课程自身的特点出发去确立教学目标。这几个方面作为确立社区教育教学目标的依据，缺一不可。

第二，所确立的教学目标应有利于学员的全面发展。布卢姆、加涅、巴班斯基等著名教育家教学目标分类的有关观点都表明，教学目标应涵盖知识与技能，过程与方法，情感、态度、价值观这一三维价值目标的内容，即所确立的教学目标应涵盖实质性目标、发展性目标和教育性目标的内容。

第三，社区学员应明了教学目标并参与教学目标的制定。作为教学对

---

① 　关珊珊：《社区教育教学满意度研究——基于上海市闸北区的调查研究》，硕士学位论文，华东师范大学，2014，第 38 页。

象的社区学员，首先应对教学的目标有基本的了解，因为只有让学员了解了教学的目标，才能以此目标去指导学习，确定他们应掌握的知识、技能和培养的情感、态度、价值观等。但教学目标又不应由教师事先完全给定，而应是师生双方经由探索和理解的途径生成或发现，"理解教学目标的过程，就是一个师生双方超越教学目标和重构个性化教学目标的过程"。① 因此，社区学员还应参与教学目标的制定，因为只有学员本身才最明白他们究竟需要从教学中获得什么和实现什么目标，任何撇开居民而由教师想当然地制定的教学目标都难免存在不符合居民需要，从而影响教学有效性的问题。而且社区学员参与教学目标的制定，也是教学民主化的要求。

第四，教学目标的表述要明确、清晰，具有可操作性。反之，如果教学目标表述不清晰、不明确，难以操作，也就难以发挥其应有的功效。

（二）　提高教学内容的有效性

在社区教育教学内容的选择方面，要特别注意正确处理好以下两对关系，从而提高教学的有效性。

首先，要处理好国家需要与居民个体需要的关系。教学内容的选择应以居民的需要为本，与居民的实际生活联系起来，让社会和国家的需要合理地融入居民需要之中。因此，各地应成立专门的社区教育课程开发机构，广泛吸取社会和居民的意见，形成更加科学合理的社区教育教学内容体系。因为只有被居民认为是有用的教学内容，才能激发其学习的兴趣，收到良好的教学效果，这一点已被我国百年来的社区教育教学实践及世界各国的社区教育教学实践所证实。因此，我们应把居民需要的教育内容，以及社区建设和社会中的一些热点问题作为教学的内容。

其次，要处理好知识的系统性与实用性的关系。社区教育教学内容注重实用性，其不一定按学科分类，更不一定形成系统的学科体系。但这并不是说社区教育教学内容就应该是碎片化的，社区教育教学内容应在注重实用性的同时，使学员所学的内容形成知识体系，做到知识系统性与实用性的统一，只有这样，其教学才会取得良好的效果和效益。因此，我们应建立包含道德教育、公民教育、文化教育、职业教育、艺术教育、休闲教

---

① 石中英：《教育哲学导论》，北京师范大学出版社，2004，第206页。

育、健康教育等，内容齐全的教学内容体系，以促进学员的全面、可持续发展。

（三）　提高教学组织形式与教学方法的有效性

社区教育教学组织形式和教学方法的选择，除了要以教学内容、学员的实际情况为依据外，还要特别注意社区教育教学本身具有的与学员的生活结合更加紧密、教学不一定有严格的组织形式、学员在学习中具有极大的自主性等特点。同时，由于社区教育中的学员在各方面差异较大，因此教学的组织形式必须更灵活，教学方法必须更多样。以晏阳初定县教学等为代表的实验，就非常注重在农民的各种活动中进行社区教育教学，而在革命根据地，社区教育则更是在政治宣传、生产建设、革命战争等活动中广泛进行，比如在生产劳动中学习文化，在各种讲座、讨论中进行政治教育，在娱乐和文化活动中进行道德教育等，都收到了良好的效果。随着社会的进步，人的需求更加多元化，应更注意创新教学组织形式与教学方法，更多地使用活动式、讨论式、参与式、探究式等教学组织形式和教学方法，凸显居民的主体地位，激发居民的参与意识，培养其参与能力。我国当前的一些地方，如上海和成都等地正在轰轰烈烈兴起的深受居民欢迎的社区游学，就是活动式教学的典型代表。只有有了合适的教学组织形式与教学方法，才能提高社区教育教学的有效性。

（四）　提高教学手段的有效性

广泛使用现代化教学手段是提高社区教育教学有效性的重要途径。如果说在民国时期的社区教育教学中，现代化教学手段的使用还受到当时落后的经济与科学技术的限制的话，今天科学技术的发展使得在社区教育教学中广泛使用现代化教学手段成为可能与必需，特别是在教育信息化时代，必须尽最大可能使用互联网。如既可采用网络集中讲授式教学（分为同步讲授与异步讲授），也可以采用网络环境下教师与学生人机交互的个别辅导式教学，还可以采用通过计算机虚拟空间，由包括教师及多个学习者在内的对教学内容进行讨论交流的协同学习式教学。同时，还要最大可能地利用各种电子设备终端，开发各种软件，建立各种资源库等。在这一过程中，有两个方面尤其要注意。一是要对社区教育教学中的老年群体进行有关现代信息技术方面的知识与技能教育，使其能更多地利用现代信息技术，实现任何人在任何时候、任何地方、采用任何工具进行任何自己需要的学习，即泛在学习。二是要加强农村地区社区教育的现代化建设，提高其软件、硬件水平和整个农村地区社区居民对现代化教学手段的掌握程度。

教育技术的现代化启动模式可归结为社会切入与组织推行两大方式，社会切入指教育技术作为一种手段是由教育之外的社会行为施加的，这些社会行为主要包括工业利益、商业压力和技术发展；组织推行指的是非政府组织及政府组织对教育技术在教育领域的推广，政府组织推行的主要方式有建立相关的机构及颁布相关的法规，非政府组织为一些学术组织，主要通过学术研讨推进教育技术的传播与发展。[①] 中国的教育技术现代化启动模式基本是单一模式，主要为组织推行模式，即先由非政府组织在社区教育领域推进教学手段现代化，继而由政府建立相关的机构与颁布有关的政策法规。从未来的发展看，我国在社区教育教学手段的现代化推进上，必定会走向"社会切入+组织推行"的复合模式，其中，应特别注意充分加强政府与非政府组织的合作。

（五）　提高教学评价的有效性

教学评价"是指依据一定的客观标准，以搜集相关信息为基础，运用科学的方法，对师生的教学活动及其效果进行价值判断的活动"。[②] 教学评价对于促进教师提高教学质量，从而提高教学的有效性具有重要作用。2020 年 6 月 30 日，中央全面深化改革委员会第十四次会议审议通过了《深化新时代教育评价改革总体方案》，指出"教育评价事关教育发展方向，要全面贯彻党的教育方针，坚持社会主义办学方向，落实立德树人根本任务，遵循教育规律，针对不同主体和不同学段、不同类型教育特点，改进结果评价，强化过程评价，探索增值评价，健全综合评价"。[③] 其中强调教育评价要贯彻党的教育方针，以立德树人等为基本指导思想，要针对不同的主体和学段，改进四个评价。针对社区教育教学的具体情况，要规范评价，提高评价的有效性，就应做好以下几点。

一是要充分认识到教学是整个社区教育的核心环节，改变重"办学"

---

①　张人杰主编《中外教育比较史纲》（现代卷），山东教育出版社，1997，第 321 页。

②　李森：《现代教学论纲要》，人民教育出版社，2005，第 342 页。

③　《中央深改委审议通过〈深化新时代教育评价改革总体方案〉》，中国教育在线网站，2020 年 7 月 1 日，https://www.eol.cn/news/yaowen/202007/t20200701_1736125.shtml。

水平评价，轻"培养"水平评价的现状，建立社区教育教学评估的制度体系。当前我国很多地区的社区教育教学评价还停留在对学校场所大小、设备设施等硬件方面的评价，对于教学水平、教学质量的评价重视不够，或者说还没有建立起针对社区教育教学水平的评估体系。这一状况必须得到改变，在注重办学水平评价的同时，也要注重对培养水平的评价。

二是要让教学评价的主体和机构多样化，由学员、教师、社区教育管理人员及社区居民等组成评价主体，同时引入社会组织机构对社区教育教学进行评价，改变当前评价主体单一的现状。

三是把结果性评价和过程性评价相统一。社区教育教学结果主要不以普通学校的考试分数形式体现，这就要求我们应更加注重学员通过学习后所取得的进步，即"增值"度，以此作为教学结果评价的主要依据。同时，要特别注重对教学过程的评价，以随时调整教学，提高教学的有效性。

四是注重综合评价，不但要注重评价社区教育教学对实质性目标的实现状况，而且要注重评价社区教育教学对发展性目标和教育性目标的实现状况，即不但要评价学员们通过教学对知识技能等的掌握情况，还要评价学员通过教学，在体力、智力、情感态度等方面的发展情况，以及学员在形成正确的世界观、人生观、价值观及健康的个性品质等方面的情况。

三　社区教育教学应从有效走向卓越

（一）　社区教育教学走向卓越的必要性

有效教学是一切优质教学的基础，但我们不应满足于处于这一基础层次，而应使社区教育教学走向更高层次，即要不断走向卓越。"卓"即高超、高远之意，"卓越"是指"优秀突出"，[①]　总之，卓越是超出一般、不同于众、非常优秀之意。卓越教学是一种教学理念和值得追求的永恒目标，"卓越教学不是一般意义上的有效、有收获、有进步、有提高，而是一种让学生有生成、有成长、有发展、有顿悟、有感悟、有生产（创新）、有价值、有意义、有尊严感和幸福感的教学"。"从有效教学走向卓越教

---

① 《辞海》编辑委员会编纂《辞海》，上海辞书出版社，2010，第 2535~2536 页。

学，不仅要让教学变得效果更好、应用更高，而且要让教学变得更有人性、更有意义、更有境界、更有内涵、更有品质、更有精神，使师生通过教学不断实现自我超越、自我发展、自我提升、自我完善，从而使人变得更有人性、更有意义、更有境界、更有内涵、更有品质、更有精神。"①

1. 社区教育教学走向卓越是弥补有效教学缺陷的需要

有效教学并非一种理想的教学状态，还是存在一些缺陷。首先，从有效教学的起源来看，其是为了应对教学效率不够高，难以满足工业化社会的要求而产生的，即产生于工业文明的背景之下，而工业文明极其注重生产效率，较为忽略人的发展。其次，实用主义与行为主义是有效教学的理论基础，而实用主义注重实用，较为忽略事物发展的价值观及方向等问题，行为主义则过分强调刺激对学习者的影响，忽略了人的主体性。有效教学的起源和理论基础决定了其强调的是学习者在掌握知识技能的效率、效果和效益等方面的最大化，其价值取向体现了鲜明的功利性和技术主义的色彩。这种过分注重工具理性而忽略价值理性的教学，往往导致人们只注重对教学内容、教学方式方法、教学手段等方面的探索，较少对教学的使命与意义、教学与学生的发展等问题进行深入的思考，较为忽略学生的尊严、情感、态度、责任、自我价值和创新精神，容易使师生双方都成为教与学的工具。对于社区教育教学而言，有效教学同样是一把双刃剑：其既有助于提高社区教育教学质量，但也容易导致以知识与技能为本位，以及教师对社区居民学员的控制取向和教学的技术主义路线，容易使有效教学异化为知识主义教学、灌输主义教学和技术主义教学三种形态。② 表现为教师为提高教学有效性所采取的种种方法、措施及形成的各种模式，使教学内容被局限于知识与技术，教学过程成为如工厂一样机械化的流程，教师成为学员学习的控制者，不利于学员自由而全面的发展。因此，在社区教育中，我们应树立卓越教学的理念，社区教育教学不但要教给居民学员知识与技能，而且要培养其应有的情感、态度与价值观，使其成为智慧主体，不断走向卓越。

---

① 余文森：《从有效教学走向卓越教学》，华东师范大学出版社，2015，第 52 页、前言第 1 页。

② 肖庆华：《有效教学的异化及其伦理视野》，《教育研究》2017 年第 11 期。

2. 社区教育教学走向卓越是追求更优质教学的需要

卓越既然是指超出一般、非同寻常的优秀，那么比之有效教学，卓越教学显然就是更优质的教学。朱永新在其"新教育实验"中提出了理想课堂的三重境界，第一重境界是要"落实有效教学的框架"，第二重境界是发掘知识这一伟大事物内在的魅力，第三重境界是知识、社会生活与师生生命的深刻共鸣。[①] 第一重境界显然属于有效教学境界，也可以被看作底线层次的境界，是任何教学都要达到的最基本要求。从第二重境界开始，就迈向了卓越教学。特别是第三重境界，更多的是与师生的生活和生命相连相融，可以被视为卓越教学境界。而卓越教学的基本理念是由以书本为教学对象的狭义教学走向以课程资源为教学对象的广义教学、由独白式教学走向对话式教学、由依赖性教学走向独立性教学、由知识性课堂走向生命性课堂，卓越教学奉行以人为本的质量观、全面的质量观、可持续发展的质量观，学生在健康、幸福、品行、学业、个性方面的发展是卓越教学最重要的五个目的。[②] 相比于学校教育教学，社区教育教学更应把追求卓越作为自己的最高目标，不断追求更优质的教学，实现社区教育的高质量发展：社区教育教学的内容除了来自教材外，更来自学员的日常生活与工作，拥有范围更广大的课程资源；由于社区教育对象主体是成人，其更具有独立性，教师也因此能更多采用对话式教学等方式，使学生充分发挥其独立性；社区教育对象更多的是社会化的人，应更加注重社会人的培养，转识成智，培养具有真、善、美智慧的主体，实现人的自由而全面的发展。

3. 社区教育教学走向卓越是时代发展的要求

当生产力发展水平还不够高，教育的普及程度较低，教育资源被社会上少数人占有，人的发展未受到重视，教学的外在目标占据主导地位时，就必然要更加重视教学的有效性，强调知识的学习，追求其效率及实用性、工具性。随着社会的发展，教育资源增多，扩大受教育面成为可能，同时人性的觉醒使人成了教育教学的出发点和目标，人的发展被放到了本体地位。由此，人们不再满足于教育教学的基本实用功能。正因如此，世

① 朱永新：《新教育实验　为中国教育探路》，中国人民大学出版社，2017，第67页。

② 余文森：《从有效教学走向卓越教学》，华东师范大学出版社，2015，第20~29页。

界不少国家和地区都开启了迈向卓越教学的航程。20 世纪中后期，中国台湾提出了"奖励大学教学卓越计划"；21 世纪以来，澳大利亚先后形成了以"有效教学"理念为核心的 ALTC 标准和以"优质教学"理念为核心的 AUTCAS 大学教学质量标准，从"有效教学"走向"优质教学"。① 2015 年和 2016 年，英国先后发布了《实现我们的潜能：教学卓越、社会流动和学生选择》绿皮书及《知识经济的成功：教学卓越、社会流动和学生选择》白皮书。我国从 2014 年开始实施"卓越教师培养计划"，培养"卓越教师"的目的是实现"卓越教学"。也就是说，教学走向卓越已成了世界性的潮流和时代的要求，社区教育教学当然不应例外。提高社区教育教学的有效性，对于利用好教学资源、充分发挥社区教育的作用而言非常重要，但随着教育资源的丰富，社区教育普及面的扩大，社区居民不再满足于能有机会学习，也不再只把学习当成一种工具，而是朝着希望通过学习丰富自己的生活、提升自己生命质量的方向发展，这就要求社区教育教学必须从有效走向卓越。

4. 社区教育教学的特性也决定了其应该走向卓越教学

首先，社区教育本质上是一种教化，《诗经》中提出要"美教化，移风俗"。《礼记》中也讲，"故礼之教化也微，其止邪也于未形"。教化的本义是政教风化、教育感化，也就是说，教化一词更偏向于完善人性、塑造心灵等方面。而卓越教学也特别关注人的德性、个性、情感、幸福等方面，关注生命的丰盈发展与自我超越，这样，教化生命就成了卓越教学的一个重要目的。由此可见，社区教育教学的教化特质决定了其更应该走向卓越。其次，社区教育教学的对象是全体社区居民，只有使社区教育教学走向卓越，才能更好地提高全体社会成员的基本素质，从而更好地促进社区和社会的发展。

（二）社区教育教学走向卓越的核心——培养智慧主体

1. 社区教育所追求的卓越教学与培养智慧主体具有高度的一致性

对于智慧，人们的理解多种多样，如罗素（B. Russell）认为，智慧与其说是指已经获得的知识，不如说是指求知的能力。② 洛克（J. Locke）认

---

① 李作章、张雷生：《从"有效教学"走向"优质教学"：澳大利亚大学教学质量标准的演进逻辑》，《大学教育科学》2020 年第 5 期。

② 〔英〕伯特兰·罗素：《教育与美好生活》，杨汉麟译，河北人民出版社，1999，第 45 页。

为，智慧"即一个人在世上处理其个人事务时精明强干，并富于远见。这是善良天性、心智专一和经验结合的产物"。① 印度的克里希那穆提（J. Krishnamurti）认为，"智慧，并非是指从事于表面上的适应，不是心智的培养或知识的获取，而是对生活方式的了解能力，对正确价值的知觉力"。② 我国学者靖国平认为，智慧是指向人的实践能力和实践本领的；智慧是指向人的明智的、良好的生存和生活方式的；智慧是指向人的主体性、价值性、自觉性、自由性等人的"类本质"特征的，智慧的道路是通向人的自由发展和人的解放的。③ 虽然人们对于智慧本质内涵的观点并不完全统一，但绝大多数人都认为智慧是智力因素与非智力因素的统一，是人的主体性、创造性、个性、批判性及实践能力等的综合体现。具体而言，智慧的要义有四：智慧具有知识性，即拥有对自然、社会、人生等方面问题的丰富知识；智慧是在融会贯通基础上的顿悟及自我超越，突出表现为问题解决与创新；智慧是美好的情感和价值观，是从容豁达的生活态度与方式；智慧的发展在本质上就是人的主体性的解放，是人的自由发展。对于社区教育教学而言，其所追求的卓越教学的核心同样是一种充满智慧的教学，因为卓越教学除关注知识与技能外，更加关注学习者在健康、幸福、品行、学业、个性等方面的全面发展，更加关注人的生命的觉醒与丰盈，更加关注自我超越以实现卓异不凡，这一切都指向人的智慧的培养，是要培养智慧主体，即要培养具有知识性、能够自我超越、具有美好的情感和价值观、实现人的自由而全面的发展几方面特征的主体，引导人从自在存在转变为自为存在，促进人的自由、自觉、自主发展，促进其智慧生成。社区教育教学走向卓越，就是要在更广大范围内、在更深入的层次上唤醒居民学员作为主体的自得意识，培养居民的智慧，因此卓越教学与培养智慧主体有着高度的一致性。

2. 社区教育教学走向卓越即要教给居民学员追求真、善、美的智慧

智慧本身是智力因素与非智力因素的统一，是真、善、美的统一，培养真、善、美人格统一的人是教育的最高境界，社区教育教学走向卓越，

① 〔美〕约翰·洛克：《教育漫话》，徐诚、杨汉麟译，河北人民出版社，1998，第125页。

② 〔印度〕克里希那穆提：《一生的学习》，张南星译，群言出版社，2004，第71页。

③ 靖国平：《教育的智慧性格——兼论当代知识教育的变革》，湖北教育出版社，2004，第55~56页。

其使命就是要促使受教育者形成真、善、美的智慧，使其走向自由而全面的发展的道路。

首先，要促使居民学员形成求真的智慧。真即指符合客观实际的真理，求真的智慧实际上就是追寻真理的智慧。真是善与美的前提，求真的智慧也是求善与求美智慧的基础。一方面，要在认识上求真，即要通过社区教育教学促使学员掌握有关个人、他人、自然及社会等方面的知识，透过现象探求本质，既能客观正确地认识外部世界，又能全面深入地认识和反思自己。另一方面，要在行动上求真，即要以实践为基础和标准，通过社区教育教学促使学员运用所学知识，培养起理性的认知能力及解决问题，特别是创造创新的能力。

其次，要使居民学员形成求善的智慧。即通过社区教育教学，使学员具有不断完善自己的道德和人格的智慧，确立正确的人生观和世界观，涵养积极向上的情感，拥有健全的人格和应有的公民素质。亚里士多德认为，"每种技艺与研究，同样地，每种实践与选择，都以某种善为目的"①。《大学》开篇就讲，"大学之道，在明明德，在亲民，在止于至善"，明确提出"至善"是教育的终极目标。事实上，拥有了知识和能力不一定就拥有了智慧，如果没有正确的价值观导航，那种精致的利己主义者，哪怕在专业领域里取得再辉煌的成就，也不能被称为有智慧的人。

最后，要使居民学员形成求美的智慧。即通过社区教育教学，促使学员培养起与社会、自然及自己的生命和谐相处的智慧。和谐是一切美好的基本特征，各种事物之间的和谐是一种最高最美的境界，但要达到这种境界显然是需要智慧的。一是要具有社会智慧，其核心是与他人相处的智慧；二是要具有与大自然和谐相处的智慧，即既能利用和改造自然，又有敬畏自然和保护自然的智慧；三是具有与自己生命和谐相处的智慧，掌握领悟生命和生活的艺术，拥有从容的人生。

3. 通过转识成智使社区教育教学走向卓越

怎样教给居民更多的智慧，进而使社区教育教学走向卓越是我们必须思考的一个问题。冯契提出了转识成智的观点，转识成智也可以看作社区教育教学教给学员智慧的总体思路。学员通过教学，掌握丰富的知识是使

① 〔古希腊〕亚里士多德：《尼各马可伦理学》，廖申白译，商务印书馆，2003，第3页。

其智慧产生的前提条件。智慧以知识为基础，有知识并不一定就有智慧，但没有知识就一定没有智慧，知识可以转化成智慧，智慧是对知识的融通与超越。而"转识成智是一种理性的直觉"。理性的直觉即领悟，它是通过理论思维领域中的豁然贯通，而体验到的无限、绝对的东西。但从知识到智慧的飞跃不是以物极必反的形式出现，而通常是保持着与知识经验的联系，在保持动态平衡中实现的转化。① 也就是说，转识成智实际上是"把外在、显性的知识转化为人内在、隐性的解决问题的立场、方法与观点"，② 即把知识转化为智慧，这也正是包括社区教育在内的所有教育的重要目的。

社区教育教学实现转识成智，需要教师外在的教育教学活动与社区学员内在的学习实践活动的共同努力，通过教与学的活动，使学员把书本上的、静态的知识转变成能在实践中灵活运用的知识，这样才可能让学员产生体验感和顿悟，并逐渐培养起解决问题与创造创新的能力，以及追求人格完善、人生圆满的智慧，从而完成转识成智。首先，要构建以追求培养智慧为目标的教学目标体系。与学校教育一样，社区教育教学中仍然存在较为严重的知识本位问题，这影响受教育者智慧的生成，因此，我们必须纠正其中的偏颇，回到转识成智的正确方向。其次，要构建智慧的课程体系。教学不仅要让居民学员理解和掌握知识的表层意义，而且要让学员明了蕴含在知识中的更深层意义，如知识代表的文化与历史意义、价值观与态度、有关生命的智慧，以及这些知识生成的背景和过程等。社区教育对象以成人为主体的特点也决定了受教育者更需要了解知识的深层意义，进一步走向成熟，加深自己生命的厚度。同时，还应把所教课程与其他课程联系起来。如在教授绘画、摄影、书法等艺术类课程中，把它们和文学、历史等课程联系起来，开阔学员的眼界，拓展他们的思维，通过更有广度的教学来拓宽学员生命的广度。再次，构建智慧的生活实践体系。智慧必须在生活实践中生成，把教学内容与学员的工作和生活实际联系起来，因为"只有在生活中学生才有切身体验，从而采撷和生发智慧"，③ 也只有通

---

① 冯契：《认识世界和认识自己》，上海人民出版社，2011，第 241 页。

② 李润洲：《转识成智：何以以及如何可能——基于杜威实用知识观的回答》，《国家教育行政学院学报》2017 年第 2 期。

③ 张旺：《人的类生命与素质教育》，《教育研究》2010 年第 8 期。

过实践，学员才能真正成为智慧活动的主体，情境化、灵活化地运用书本知识，逐步培养起求真、求善和求美的智慧。最后，建设智慧的教师队伍。学员的转识成智过程是在教师的指导下进行的，必须要有智慧的教师充分发挥其教育智慧，选择智慧的方式和途径，用自己的智慧去唤醒学员的智慧。同时，只有教师富有智慧，才能建立良好的师生关系，使整个教学更温馨、更快乐、更有温度。

第三节　几种重要的社区教育教学形式

在社区教育中，除了传统的讲授、演示等教学形式外，从社区教育本身的特点及信息技术的发展出发，我们还应重视一些新教学形式的应用。篇幅所限，这里我们主要讨论对话教学、项目式学习及混合式教学三种教学形式，这些既是最近一些年在教育界兴起的较新的教学形式，又特别适用于社区教育教学。

一　对话教学

巴西教育学家弗莱雷（P. Freire）在《被压迫者教育学》中早就指出，教学活动本质上是一种对话，是教学主体之间的一种创造性活动。[①] 社区教育教学作为教学的一种，当然也应把对话教学作为重要的教学形式。

（一）对话教学的内涵及特点

关于对话教学的内涵，学术界有多种观点，如郑金洲提出，对话教学是教学过程中的主体，借助有意义的交流，不断探讨和解决教学中生发的问题，以增进教学主体间的理解，提升师生教学生活质量思维的过程;[②] 张增田、靳玉乐认为，"对话教学是相对于传统'独白式'教学而言，是以'沟通性'的对话为其本质的教学"，"是在平等民主、尊重信任的氛围中，通过教师、学生、文本之间的相互对话，在师生经验共享中创生知识

---

① 〔巴西〕保罗·弗莱雷:《被压迫者教育学》，顾建新、赵友华、何曙荣译，华东师范大学出版社，2001，第38页。

② 郑金洲主编《新课程课堂教学探索系列:对话教学》，福建教育出版社，2005，第23页。

和教学意义，从而促进师生共同发展的教学形态。对话教学是一种尊重主体性、体现创造性、追求人性化的教学";[1] 朱德全等认为，"对话教学是将教学主体交互对话作为教学的表征与载体的一种教学活动"。[2] 总结学术界的有关观点，笔者认为，对话教学是教学过程中的各主体在平等民主、信任自由、谦逊有爱心的环境中，秉持着对话精神，通过互相倾听、提问、回应、反思的方式解决教学中生发的问题，促进教学生态性发展的教学形式。对话教学具有以下特点。

第一，强调教学主体间有意义的沟通、交流，通过对话激发与培养学生的对话精神与对话能力，致力于为学生提供满意的学习体验，实现师生的共同发展，提升教学生活质量以及完善生态教育教学，促进学生的全面发展。

第二，对话教学中的师生关系是一种尊重与信任、合作与对话、认可与欣赏的关系，[3] 强调教师与学生之间的互动性、互悦性，强调师生是平等的主体。

第三，教师在对话的基础上了解到学生的学习需求，从而开设丰富多样的课程，注重课程的实用性、动态性、开放性以及创新性。

第四，知识被赋予了新的含义，成为促进学生发展的手段，并且知识不再是教学的唯一焦点，对话教学更关注学生在获得知识过程中的情感体验，更关注学生的兴趣、精神以及生命的满足。[4]

第五，教学评价最终是为师生的共同发展，特别是学生的发展服务的，把学生放在对话教学评价的核心地位，同时强调评价主体的多元性以及评价方式的对话性。

（二）　社区教育中开展对话教学的必要性

自 20 世纪以来，哲学领域就出现了语言学转向，这意味着人类开始从哲学层面关注人的语言行为。笛卡尔以来的以主客二分为特征的主体性哲学延伸出了"我—它"的对话关系，压抑了人与人之间的主动性，是人与

---

① 张增田、靳玉乐：《论新课程背景下的对话教学》，《西南师范大学学报》（人文社会科学版）2004 年第 5 期。

② 朱德全、王梅：《对话教学的模式与策略探析》，《高等教育研究》2003 年第 2 期。

③ 于清文：《对话教学下师生关系的重建》，《科教导刊》（上旬刊）2016 年第 28 期。

④ 靳玉乐主编《对话教学》，四川教育出版社，2006，第 14 页。

自然、人与人之间关系不平等的根源，这必然会造成人类认识论的不科学。马丁·布伯（M. Buber）认为人的本质就是"我—你"的对话关系，对话的生命"是人们的相互关系"，[①] 这种关系是一种主体间性关系，突破了主客二分的主体性哲学。近年来，随着"对话"作为一种时代精神进入教育领域，全国中小学校几乎都大力提倡使用对话教学，而社区教育作为一种社会教育形式，具有一些区别于学校教育教学的特点，这些特点决定了在社区教育中更应开展对话教学。

第一，社区教育没有统一的教学大纲和教学计划，教学目标主要从学员的实际情况出发，视其接受的程度制定，具有较大弹性。目标过高，会挫伤学员学习的积极性；目标过低，又达不到应有的教育效果。因此，在社区教育教学中，教学目标应更加体现学员的意愿，其制定应与学员协商，这一让学员参与教学目标制定的过程，当然就需要师生之间展开对话交流。笔者在调研中发现，几乎所有社区教育教师在备课时都会思考教学目标能不能被学员接受的问题，而且都认为教学目标是灵活的，要根据学员的接受程度来调整。而这些做法也正好符合对话教学的特点，因为对话教学就是抱着"协商"的态度，采用交流、沟通的方式了解学员的学习情况，再据此不断地调整教学目标。

第二，社区教育教学过程更具有互动性。社区教育的教学对象比之普通学校学生，他们参与学习完全是出自自己的兴趣或需要，这就使他们更为积极地参与教学过程，同时，社区居民具有不同的社会、文化背景和认知结构与特征，这使得社区教育教学过程更成为一个互动的过程。[②] 这些因素都决定了在社区教育教学中采用对话教学的形式更加有利。

第三，社区教育教学不一定有严格的组织形式。和普通学校教育的教学以课堂教授形式为主不一样，社区教育教学除采用课堂教授形式外，各种非正规、非强制的形式，如各种各样的活动、专题、讲座、参观、访问等形式被更广泛地使用，这些教学组织形式更加强调主体间的互相沟通、交流，教师讲解的成分相对较少，师生对话的机会更多。

第四，社区教育教学各主体关系更为复杂，且去中心化倾向更明显。

---

① 〔德〕马丁·布伯：《人与人》，张见、韦海英译，作家出版社，1992，第 16 页。
② 黎勇、张亚丽：《社区教育教学过程的结构特征与教学原则》，《基础教育研究》2010 年第 17 期。

首先，社区教育教学中的主体关系远比普通学校教育教学中的复杂，这种复杂性主要体现在生生关系上。普通学校教育教学中的学生年龄、经历、生活经验大致相当，生生之间的关系相对来说较简单，而社区教育教学中学员年龄、文化层次等各不相同，导致学员间价值观、理念等相差甚大，如果他们之间缺乏有效的对话，就很容易产生冲突。其次，在普通学校教育中，由于学生的年龄较小，总体上属于相对不成熟的主体，因此，教师主体居于更重要的地位。而社区教育教学对象大多与教师一样，都是身心已成熟的个体，具有较强的主体意识和主体能力，这也决定了在社区教育教学中，师生关系更趋于去中心化和平等化，更有利于实行对话教学。

第五，社区教育教学影响的多中心化。在社区教育教学中，学习对象可以选择教学对象，也可以将自身的知识通过多中心的师生关系对他者施加影响。[1] 这种教学影响的多中心化在普通学校教育中虽然也存在，但远不如在社区教育教学中影响范围那么广，而产生多中心的教学影响的因素就是主体间的对话。

（三）　在社区教育中采用对话教学的策略

1. 明确对话教学的理念

理念是人们基于对某一可感事物的理性认识而形成的具有普遍意义的理想、信念和价值观念，可为实践的进行与发展提供方向。对话教学的基本理念就是教师要把学生当成与自己平等的主体，彼此在相互尊重的氛围中通过对话创生知识和教学的意义，从而促进师生共同发展。对话教学是意义生成的教学，回归生活的教学。[2] 在社区教育对话教学中，首先，应该以主体（教师和学员）的生命建构为着眼点，把教师和学员，特别是后者作为一个完整生命体的存在，努力使学员通过对话教学去建构新的生命，从而提升他们的生命质量。其次，在社区教育教学中，应把教师和学员都看成主体，师生之间通过交流、对话，形成民主平等的主体间性关系。最后，社区教师还应确立这样一种学习理念：知识的获得发生在与他人对话的过程中，学习也是通过与他人相互交流、对话而进行的。因此，应鼓励学员积极地参与对话，乐于交流，团结协作，促进新思想的产生。

---

[1]　黎勇、张亚丽：《社区教育教学过程的结构特征与教学原则》，《基础教育研究》2010年第17期。

[2]　靳玉乐主编《对话教学》，四川教育出版社，2006，第86~90页。

2. 创设有利于开展对话的教学环境

对话教学环境主要是指对话教学开展的场所、教学设施、组织形式和人际关系等，[①] 可分为硬环境和软环境两大类。相应地，社区教育对话教学环境的建设也需要从硬环境和软环境两个方面出发。

对话教学的硬环境是对话教学赖以进行的，有形的、客观存在的环境，社区教育对话教学硬环境的建设主要包括教室桌椅的摆放、班级规模、分组等主要方面。首先，社区学校教室桌椅最好呈圆形摆放。美国成人教育学专家布鲁克菲尔德（S. D. Brookfield）认为圆形在物理特征上表明了民主，小组成员能面对面地看着其他人，以示相互尊重和平等。[②] 为了使学员觉得他们所有的讨论、对话都同样受到了尊重，可以采取按圆形座位轮流发言的方式。其次，对话教学的班级规模应控制在 20~30 人。不少社区学校课程班级规模较小，学员人数一般是 20~30 人，有些课程的学员少于 20 人，这就恰好为对话教学的有效开展提供了条件。最后，为了使每个学员都能有对话的机会以及保证对话教学的效率，社区学校可以采用"异质"分组的方式将学员分成若干学习小组。所谓"异质"分组是指把学习能力、个性、生活工作经验及家庭背景等方面不同的几名学员分到一个对话学习小组，便于其彼此之间取长补短、相互学习，展开对话与交流。

对话教学的软环境主要指支持对话教学开展的人际关系，以及人际关系中渗透的心理氛围。[③] 由于"人是自由的，具有潜能。这一民众教育的基础理念贯穿并渗透于成人学习设计的每一个要素。当培训者的行为或培训设计与这一理念相冲突时，问题就会在学习者的身上反映出来，他们不愿意甚至抵制学习"。[④] 因此，在社区教育的对话教学中，教师要努力创设轻松、自由的教学氛围，使社区学员能比较容易地参与教学对话。为此，教师可以通过课前了解学员的学习期望、对学员一律使用敬称、肯定学员的发言、尊重学员的意见、对学员的学习及时做出反馈等在学员心中建立

---

① 靳玉乐主编《对话教学》，四川教育出版社，2006，第 174 页。

② 〔美〕Stephen D. Brookfield、Stephen Preskill：《讨论式教学法——实现民主课堂的方法与技巧》，罗静、褚保堂译，中国轻工业出版社，2002，第 89 页。

③ 靳玉乐主编《对话教学》，四川教育出版社，2006，第 176 页。

④ 〔美〕简·韦拉：《对话培训法——理论与实务》，马忠虎等译，教育科学出版社，2008，第 4 页。

对话安全感，取得他们的信任。如在成都市金牛区社区学院的旅游英语课中，针对一些老年学员不好意思张口说英语的状况，老师就不断给予其鼓励，采用多种办法减少学员的紧张，具体表现为老师对学员一律称"学长"，更多地使用"您""请""谢谢"等礼貌用语，让学员有一个受尊重及轻松自由的学习环境，从而大胆开口对话。

3. 根据课程类型选用不同的对话教学话题引入方法

第一，计算机与智能手机的运用、养生、摄影等问题解决类课程，可采用解决实际问题引入法引入对话教学的话题。解决实际问题引入法指把日常生活中需要解决的实际问题和教学内容联系起来，引出话题，鼓励学生进行探究性对话。[①] 如端午节前后，上海市某社区学校在计算机与智能手机运用的课堂中，老师将买粽子与教学内容联系起来，教学员如何运用智能手机在网上买粽子，引发了学员对网购这一话题的讨论。

第二，中国结的制作、手工制作丝网花、护肤与服装搭配、工艺剪纸等操作类课程可以采用演示实验引入法引入对话教学的话题。演示实验引入法是指在演示和实验的过程中，通过观察现象或了解结论，学生对现象或结论产生兴趣，从而产生进一步探究的欲望。[②] 这种方法可以由现象和结论引入对话教学的话题，也可在实验过程中引导学员发现问题，从而进入话题。

第三，传统文化等文化类课程可采用故事引入法引入对话教学的话题。即通过讲学员感兴趣的故事引入话题。如成都市金牛区社区学院在其传统文化课中，老师通过讲屈原投江的故事引入端午节的话题，激发学员参与对话学习的兴趣。

第四，旅游英语、普通话、美文朗诵、声乐等语言类课程可采用实际情景引入法引入对话教学的话题。实际情景引入法是指实际情景与语言练习相结合，通过情景练习引出对话。建构主义学习理论强调学习与真实情景应该具有关联性，这样既有利于调动学员对话的积极性，也有利于加深学员对知识的理解，解决生活中遇到的真实问题。如在成都市金牛区社区学院旅游英语课程中，老师将所讲的英语知识与超市实际购物相结合，让

---

① 靳玉乐主编《对话教学》，四川教育出版社，2006，第178页。
② 靳玉乐主编《对话教学》，四川教育出版社，2006，第178页。

学员扮演超市的相关角色进行对话，提高了学员学习的激情，并加深了对知识的巩固。

第五，公民教育类相关的课程可以采用社会热点问题引入法引出对话教学的话题。社会热点问题引入法是指把要引入的话题跟学生感兴趣的社会热点问题结合起来，通过讲解和探讨热点问题引入话题。[①] 利用一些社会热点案例来对学员进行公民道德教育，这既能激发学员的学习积极性，又能有效地提高教学效率。

4. 充分运用"小组活动"式的对话教学组织形式

学员在小组中通常会变得更活跃、更愿意对话，社区教育教师可将班上学员分成若干小组，在小组活动中进行对话教学，主要可从以下两方面入手。一是教师给每个学员指定具体而不同的对话角色，并通过角色互换开展对话。小组学员轮流扮演不同角色，推动沉默寡言的学员积极发言，帮助他们建立自信。在成都市金牛区社区学院旅游英语直升班中，教师将学员分为5个组，每组5个学员，每个学员分别担任顾客、导购、服务员、收银员等不同的角色，一轮对话练习结束后，学员间再互换角色，直到每个学员都扮演过不同的角色。反复几次练习后，学员惊奇地发现他们通过不同的方式对小组对话做出了贡献，从而极大地激发了每个学员参与对话的积极性。二是通过"智力拼图"的合作性分组方法组织社区教育对话教学，即将拼图的方法和理念与社区教学相关知识相结合。在教学开始时，教师和学员列出他们需要学习的问题清单，每个学员选择其中一个进行研究，成为这一问题领域的"专家"，然后再和其他"专家"合作研究。最后，通过赋予这些学员"专家"的责任，让他们彼此通过对话，帮助那些外行的学员也成为研究这一问题的"专家"。小组学员在进行对话时，教师应安静地在旁边倾听，因为任何"未经请求的"帮助都会中断这一困难与有效并存的对话学习过程，教师可以做的就是有针对性地回答学员提出的一些具体问题，或者是小组成员无法在规定的时间里完成任务时，教师再提出自己的看法和一些相关的意见。

---

① 靳玉乐主编《对话教学》，四川教育出版社，2006，第178页。

二　项目式学习

项目式学习早已成为世界各国学校教育中一种重要的教学形式，我国不管中小学，还是大学，也都十分重视这一点，但在社区教育中，项目式学习还没有引起人们足够的重视。在此，我们对项目式学习的内涵与理论基础、对社区教育的价值及在社区教育教学中如何使用这一教学形式进行探讨。

（一）　项目式学习概述

项目式学习的英文是"Project-Based Learning"，因此，项目式学习又简称"PBL"式学习，我们可以把其直译为"基于项目的学习"。"项目是由特定目标导向的一组任务，项目驱动目标，其本质是任务。"① 人们对于项目式学习进行了各种界定，有人把国内外学术界对项目式学习的界定归纳成三种：项目式学习是一种学习方式，是一种教学模式，也是课程设计的一种方式和更综合化的教育实践形态。② 我们主要把项目式学习视为一种教学形式，"是对复杂、真实问题的探究过程，也是精心设计项目作品、规划和实施项目任务的过程，在这个过程中，学生能够掌握所需的知识和技能"。③

项目式学习的主要理论来源和基础有两个方面：首先是皮亚杰（J. Piaget）的建构主义学习理论。皮亚杰认为，"认识不完全决定于认知者或所知的物体，而是决定于认知者和物体之间（有机体和环境之间）的交流或相互影响"。④ 也即是说，人们知识的获得不是靠单纯的灌输，而是一个学习者在原有的知识与经验基础上，主动理解和建构新知识的过程。以此为理论基础，项目式学习就是"一种建构性的教与学方式，教师将学生的学习任务项目化，指导学生基于真实情境而提出问题，并利用相关知识与信息资料开展研究、设计和实践操作，最终解决问题并展示和分享项

---

① 卢小花：《项目式学习的特征与实施路径》，《教育理论与实践》2020 年第 8 期。
② 杨明全：《核心素养时代的项目式学习：内涵重塑与价值重建》，《课程·教材·教法》2021 年第 2 期。
③ 〔美〕巴克教育研究所：《项目学习教师指南——21 世纪的中学教学法》，任伟译，教育科学出版社，2008，第 4 页。
④ 〔瑞士〕皮亚杰：《皮亚杰教育论著选》，卢濬选译，人民教育出版社，2015，第 1 页。

目成果"。① 其次是进步主义的教育理论。进步主义教育之父帕克（F. W. Parker）主张儿童是经验的中心，课程必须与社会实践活动紧密结合，必须注重培养学生的自我探索与发现精神。杜威（J. Dewey）进一步鲜明地提出了儿童中心、做中学等观点理论。杜威的学生克伯屈（W. Kilpatrick）提出了"设计教学法"，主张教师要从学生的实际生活环境出发去设计要解决的问题，学生则要在教师指导下自己去解决问题。项目式学习在一定程度上继承了设计教学法的合理"基因"，在世界范围内得到了广泛的认可和运用。②

项目式学习作为一种教学形式，具有驱动问题、情境探究、协作活动、脚手架支持、可行产品等要素及特点。③ 驱动问题是指由教师提出能引起学生兴趣的学习任务，并围绕这一学习任务，设计和布置一系列有逻辑联系、具体可操作的项目（子任务）；情境探究是指将抽象的知识、概念等还原到具体、真实的情境中，使学习者进行情境化的学习；协作活动是指使学生结成学习共同体，进行更多的社会交互，协作学习；脚手架支持即对学生的学习支持，是要"帮学生建构完成某项新任务所必需的知识和技能"，④ 包括教师对学生学习的指导、给学生提供学习资源及技术的支持等；可行产品指学生通过学习，最终获得的项目产品（如研究报告、各种作品、活动策划等形式的学习结果）。综合来看，项目式学习最大的特点就是打破书本与课堂教学的局限，以学习者为中心，重视学习者的主体性，强调学习者的主动探索与具体操作，强调学习的情境性、合作性、建构性与创造性。

（二）　在社区教育教学中使用项目式学习形式的必要性

有研究发现，"项目学习在提高学生学业成就方面等同于甚至略优于其他教学方法"，"更重要的是，有证据表明项目学习提高了学习的质量，

---

① 杨明全：《核心素养时代的项目式学习：内涵重塑与价值重建》，《课程·教材·教法》2021 年第 2 期。

② 杨明全：《核心素养时代的项目式学习：内涵重塑与价值重建》，《课程·教材·教法》2021 年第 2 期。

③ 单美贤、董艳、洪荣昭：《基于项目式学习的同伴在线协作学习活动设计与应用研究》，《黑龙江高教研究》2021 年第 1 期。

④ 〔美〕巴克教育研究所：《项目学习教师指南——21 世纪的中学教学法》，任伟译，教育科学出版社，2008，第 101 页。

通过让学生参与复杂的、新的问题解决过程，促进了学生高级认识能力的发展。项目学习还能够教授学生解决问题的复杂过程"。[1] 还有人指出，"项目式学习较之传统教学更为引人入胜，可以吸引年轻人到学校努力学习并坚持不懈。项目式教学也特别适合发展一系列未来的职业技能，例如问题解决、协作、批判性思维和沟通能力"。[2] 在社区教育教学中实行项目式学习，上述益处当然都存在，不仅如此，社区教育教学所具有的特征还使其更加适用于项目式学习。

第一，采用项目式学习是社区教育教学对象的特点决定的。社区教育教学对象大多是成年人，成年人具有的特点决定了在社区教育教学中更应广泛使用项目式学习。首先，社区学员作为相对成熟的主体是社区教育教学中广泛采用项目式学习的基础。社区学员在生理、心理各方面大多已成熟，认知思维、抽象思维以及创造性思维发展较为完善，较之于未成年人，其具有更强的主体意识与主体能力，并且有着丰富的生活经验和社会实践经验，这些都决定了他们更能成为学习的中心，并具有建构及创造新知识的基础，而强调学习者的中心地位，强调学习的建构性与创造性正是项目式学习的重要特点。其次，成人学习的特点决定了社区教育教学中应该广泛采用项目式学习。成人是以问题为中心进行学习的，而项目式学习本身就是从解决问题入手的，教学任务以问题的形式呈现。此外，成人学习者的学习动机更多地来自内部而不是外部的特点，[3] 也与项目式学习中强调学习者主动探索的特点相吻合。

第二，采用项目式学习是社区教育教学内容的特点决定的。社区教育教学内容独有的特点决定了在其教学中应更多地采用项目式学习。首先，社区教育教学内容主要以专题形式呈现，而项目式学习也正是以任务即主题或专题的形式进行。其次，社区教育教学内容更讲究从学员的生产和生活实际出发，具有贴近人们现实生活需求的实用性、实践性特征，符合项

---

① 〔美〕巴克教育研究所：《项目学习教师指南——21 世纪的中学教学法》，任伟译，教育科学出版社，2008，第 5 页。

② 〔美〕汤姆·范德·阿尔克（T·V·Ark）、莉迪亚·多宾斯（L·Dobyns）：《如何利用学校网络进行项目式学习和个性化学习》，吕璀璀、刘白玉译，中国青年出版社，2019，第68 页。

③ 〔美〕雪伦·B. 梅里安：《成人学习理论的新进展》，黄健等译，中国人民大学出版社，2006，第 7 页。

目式学习的情境性特点，使学员在真实的情境中学习解决实际的问题。最后，社区教育教学内容大多是通过学员的直接活动来实现的，学员动手操作的机会多，而操作恰恰是项目式学习的一个重要环节。

第三，采用项目式学习是培养社区学员主体性的需要。人的主体性是最能体现人类本质力量的特性，其核心内容包括自主性、主动性和创新性，而对人的主体性的提倡是项目式学习的本质特征。首先，项目式学习有利于培养居民的自主性。在项目式学习中，居民学员作为主体参与学习，根据教师提供的学习任务及自己的实际情况，自主确定学习计划及解决问题的办法，并在这一过程中通过元认知的监控，不断调整学习进度及策略，培养起较强的自主学习能力。其次，项目式学习有利于培养居民的主动性。项目式学习强调学习者主动探索的特点，有利于学员实现从被动接受到主动建构的转变，激发学员积极、主动的精神。最后，项目式学习有利于培养居民的创新性。在项目式学习中，居民学员不仅要接受教师所传授的知识，而且要进一步利用所学知识进行深度学习，去完成老师设定的"项目"，解决问题，并在这一过程中建构起新的知识体系甚至创造出新知识。

此外，社区教育教学目标在要求内容全面的同时，更加侧重情感目标，而在项目式学习中，师生之间与生生之间的协作学习与社会交互，使他们不仅进行言语上的交流，还进行思想及情感的碰撞，有利于实现发展其积极情感的目标。

（三）　社区教育教学中采用项目式学习的策略

在社区教育教学中，我们可以把项目式学习分为项目的规划、项目问题的设计、项目的实施及项目的评价几个环节。

1. 项目的规划

首先，确定项目的选题。巴克教育研究所提出了7条项目选题建议，其中4条是"调查当地社区""关注社区服务""从人们的日常工作中取材""把项目与当地的或国家重大事件联系起来"。[①] 同样，在社区教育项目式学习中，教师在确定选题时应该从社区与社会出发，从居民的日常生

---

① 〔美〕巴克教育研究所：《项目学习教师指南——21世纪的中学教学法》，任伟译，教育科学出版社，2008，第16页。

活和工作出发。

其次，确定学员通过项目式学习在知识、能力等方面分别应达到的目标。巴克教育研究所提出项目式学习在能力方面的目标包括沟通能力、科技应用能力、团队合作能力、设计能力、问题解决和批判性思考能力、任务管理和自我管理能力等几个方面。[①] 这些方面同样应成为社区教育项目式学习在能力方面的目标。

最后，明确项目的设计标准。有人提出项目式学习的标准包括真实性、学术严谨性、学以致用、积极的探索、评价的实际应用等方面。[②] 从这一观点出发，在项目规划中，我们应把以下几个方面作为项目的设计标准：项目要解决的问题是在社区居民生活中真实存在的；项目所要解决的核心问题及项目目标应该明确，符合社区教育教学的基本要求；学员能把所学的东西应用到解决问题上；学员明确要做什么及怎么做，能积极地开展探索活动；有评价项目成效的明确标准。

2. 项目问题的设计

项目问题的设计应遵照以下原则：要能激发学生的兴趣，问题是开放的，要能直指某个科目或主题的核心内容，问题有挑战性，问题可以是现实生活中的两难问题，与课程标准的内容应保持一致。[③] 在社区教育项目式学习中，除了设计问题必须围绕教学的目标进行外，还要遵循以下原则。

首先，项目问题必须能激发学员的兴趣。只有激发了学员的兴趣，才能促使其深度投入，而要激发学员的兴趣，所设计的问题就必须是大家普遍关心的实际问题，比如邻里矛盾、垃圾倾倒、违规建筑、住宅楼改造、噪声、污染、对孩子的教育等。在这一点上，不少国家和地区都做得很好，如台湾的社区大学就经常在教学中通过引入居民学员身边的社会热点问题来使其展开项目式学习，形成解决问题的报告。我国在20世纪上半叶的社区教育中，也有很成功的案例，如江苏黄巷村一卖菜村民无故被警察

---

① 〔美〕巴克教育研究所：《项目学习教师指南——21世纪的中学教学法》，任伟译，教育科学出版社，2008，第28~29页。

② 〔美〕巴克教育研究所：《项目学习教师指南——21世纪的中学教学法》，任伟译，教育科学出版社，2008，第39~40页。

③ 〔美〕巴克教育研究所：《项目学习教师指南——21世纪的中学教学法》，任伟译，教育科学出版社，2008，第46~47页。

殴打并被没收其菜，黄巷村乡村改进会召集村民讨论解决办法，最后共同拟了公文，推派代表到公安局交涉，后公安局将菜发还，并将该警察撤职。①

其次，项目问题要具有开放性和挑战性，不能用简单的"是"或"不是"作答，而要有一定难度，需要居民学员通过调查、收集资料及分析，然后提出自己的观点和得出自己的答案。如对于"什么样的父母是好父母"这样的问题，其答案显然就是开放性的。

最后，项目问题应体现某一主题的核心内容。如设计"人工智能怎样影响了我们的生活世界？"这一问题，学员就会先去了解有关人工智能的相关知识，然后了解和分析人工智能对我们生活各方面的影响并对此做出评价，还可以进一步提出针对人工智能带来的风险的防范措施等。

3. 项目的实施

首先，启动项目。教师可以通过带领社区学员听一场相关的讲座、组织某个活动等引发一个问题，吸引学员产生兴趣并参与到项目之中。

其次，组建项目小组。早就有人发现，"人们在一起学习的时候，往往情绪高涨地互相交换观点；但一旦独自完成一项学习任务，情绪便马上一落千丈"。② 这也再次印证了马克思"人的本质是一切社会关系的总和"观点。项目式学习更是离不开团队协作，"较之以教师为主导的学习，项目式学习要求学生独立或作为团队一员去管理一个多步骤的项目"。③ 对于有着较强自主能力的社区成人学员而言，选择小组合作学习的方式，能够更有效地进行项目式学习。因此，组建项目小组是非常重要的。其中特别值得关注的一个问题是，由于社区居民学员的水平参差不齐，甚至相差甚大，教师最好不要让学员自由组合，以避免有的组过强或过弱的现象，要特别注意"支持低水平技能的学生参与到具有挑战性的项目"，要通过"悉心的监控以及个人任务分配来缓解游手好闲的团队成员'免费搭便车'

---

① 茅仲英、唐孝纯编《俞庆棠教育论著选》，人民教育出版社，1992，第243页。
② 〔美〕简·韦拉：《对话培训法——理论与实务》，马忠虎等译，教育科学出版社，2008，第17页。
③ 〔美〕汤姆·范德·阿尔克（T·V·Ark）、莉迪亚·多宾斯（L·Dobyns）：《如何利用学校网络进行项目式学习和个性化学习》，吕璀璀、刘白玉译，中国青年出版社，2019，第68页。

的问题"。① 组建了较为合理的项目小组后，应以流程图等形式明确项目的实施阶段及每一阶段要完成的任务。

再次，正式运行项目。在项目运行期间，教师要对每一个小组的进展情况进行记录，并在班上公布。教师要当好社区居民学员的引领者和"脚手架"，在项目运行过程中及时给学员以指导，以及不断对项目运行情况进行过程性评价，同时，还要为社区居民学习者提供学习资源、帮助学习者进行自我监控和自我反思等。

最后，形成项目成果。项目成果应是一个完整的作品，包括研究论文、研究报告、项目建议书、模型设计等多种形式。

项目式学习成功的秘诀在于主观能动性的发挥。更信奉指南针而不是地图，让学生用创造力和自主性，自己探索未知道路。② 因此，在社区教育项目式学习中，充分发挥学员的主观能动性是学习取得良好成效的关键。

4. 项目的评价

社区教育项目式学习的最后一个环节是对学习者在项目式学习中的整体情况进行评价，而要进行这样一个整体性的评价，就要先对项目进行分类评价，包括知识内容的掌握、敬业精神、团队协作、项目陈述等，每一项都有评级。③ 评估时可让项目小组组织学员围绕上述问题进行讨论，对项目式学习中取得的成绩、存在的问题及如何改进等形成初步的认识并进行自我评级。然后，教师在班上对各小组项目学习情况进行通报，还可把学习成果通过展览及学习网站、微信群等相应平台与社区其他学员及公众分享，通过留言、投票等形式让更多的人对学习成果进行评价。针对一些特别出色的项目成果（比如研究报告促进了社区某方面的治理、设计出新颖的产品等）召开邀请其他社区居民、其他教师及相关人员参加的庆祝会，这是对项目式学习中取得突出成绩的学员的一种积极肯定，能增强其成就感，激发

---

① 〔美〕汤姆·范德·阿尔克（T·V·Ark）、莉迪亚·多宾斯（L·Dobyns）：《如何利用学校网络进行项目式学习和个性化学习》，吕璀璀、刘白玉译，中国青年出版社，2019，第69页。

② 〔美〕汤姆·范德·阿尔克（T.V.Ark）、莉迪亚·多宾斯（L·Dobyns）：《如何利用学校网络进行项目式学习和个性化学习》，吕璀璀、刘白玉译，中国青年出版社，2019，第82页。

③ 〔美〕巴克教育研究所：《项目学习教师指南——21世纪的中学教学法》，任伟译，教育科学出版社，2008，第69页。

这些学员及其他居民参与学习的动力，营造一种良好的学习、探究氛围。

需要注意的是，"不要认为项目学习无所不能。项目学习能带来很多好处，但它在教授学生基本技能方面并不充分"，① 因此，社区教育教师要从教学内容本身出发恰当地运用项目式教学法，不能"为项目而项目"，而且在进行项目式教学时，要先注意把有关的知识及核心概念等介绍给学生，为项目式学习打下必要的基础。

三　混合式教学

近年来，在线教学以其更广的教学对象、更高的教学效率、更低的教学成本、更灵活的教学安排等优点席卷全球，但其在教学的社会性、真实性、工具依赖性等方面也存在一些缺点，如何弥补在线教学的不足一直是人们关注的焦点。特别是在 2020 年新冠疫情全球大流行的情况下，暂时性关闭学校的防疫做法成为学校教育难以预料的挑战。这使人们进一步意识到，不仅需要灵活转换线上教学和线下教学，还需要在符合社交距离的学习环境中，安全地促进以学生为中心的协作学习。② 而有机融合线上教学和线下教学优势的混合式教学由此在诸多教学模式中脱颖而出。对于社区教育教学而言，有效运用混合式教学更是其可持续发展的必然选择。

（一）　混合式教学的内涵

有学者对国内外混合式教学研究的发展进行了梳理，发现自 20 世纪 90 年代末起，混合式教学的概念越来越清晰：在 2006 年之前的技术应用阶段里，人们对混合式教学的界定主要聚焦在其物理特性上，即将混合式教学界定为在线教学与面授的结合；从 2007 年开始，混合式教学定义逐渐清晰化，甚至规定了其中在线教学与面对面教学的比例；随着"互联网+"时代的到来，混合式教学的概念演变为基于移动通信设备、网络学习环境，与课堂讨论相结合的教学情景。③ 如有人提出，"混合式教学是指在适

---

① 〔美〕巴克教育研究所：《项目学习教师指南——21 世纪的中学教学法》，任伟译，教育科学出版社，2008，第 69 页。
② Eunhye(Grace)Ko et al. , "Enhancing Student-Centered Blended Teaching Competency: A South Korean Teacher PD Case Study," *Journal of Technology and Teacher Education* 29(2021), p. 195.
③ 冯晓英、王瑞雪、吴怡君：《国内外混合式教学研究现状述评——基于混合式教学的分析框架》，《远程教育杂志》2018 年第 3 期，第 13~14 页。

当的时间，通过应用适当的媒体技术，提供与适当的学习环境相契合的资源和活动，让适当的学生形成适当的能力，从而取得最优化教学效果的教学方式"①。还有人认为，"混合式教学是指教师在日常教学中既采用课堂面对面授课模式，又依托信息技术开展不同程度和形式的在线教学"②。

　　与混合式教学紧密相连的另一个概念是"混合式学习"。加里森（D. R. Garrison）和沃恩（N. D. Vaughan）对混合式学习的界说被广为认同，他们认为，"混合式学习就是面对面学习体验和在线学习体验经深思熟虑后的融合"③，具体而言，"在线学习活动与面对面学习活动的比例可能会有很大变化，但混合学习的特殊性在于其是面对面学习活动与在线学习活动得以整合的方式，其中，两者应该是相乘的而不是相加的关系"。④在当前国内外的研究中，人们大多不严格区分"混合式教学"与"混合式学习"，这两个概念常常被交换使用，比如，余胜泉、张其亮等众多研究者在相关研究中将混合式学习和混合式教学的概念直接等同，⑤ 还有人把混合式学习与混合式教学融合在一起，认为"混合学习（Blended Learning）是人们对网络学习（e-Learning）进行反思后出现在教育领域，尤其是教育技术领域中较为流行的一个术语，其主要思想是把面对面（Face-to-Face）教学和在线（Online）学习两种学习模式有机地整合，以达到降低成本、提高效益的一种教学方式"。⑥ 加里森和沃恩也将混合式学习视为"根本上改变教学的结构与方法的重新设计"。⑦ 实际上，混合式学习本身就不是一种天然的学习方式，而是对学习的一种设计方式，也即是说，混合式学习本身就内含了教学。比如，有人提出，"混合学习是一种以学习者为中心，基于一定的教学目标，把传统的面对面课堂教学与现代的网络学习有机地

① 李逢庆：《混合式教学的理论基础与教学设计》，《现代教育技术》2016年第9期。
② 郑静：《国内高校混合式教学现状调查与分析》，《黑龙江高教研究》2018年第12期。
③ D. Randy Garrison, Norman D. Vaughan, *Blended Learning in Higher Education: Framework, Principles, and Guideline* (San Francisco: John Wiley & Sons, Inc. , 2007), p. 5.
④ D. Randy Garrison, Norman D. Vaughan, *Blended Learning in Higher Education: Framework, Principles, and Guideline* (San Francisco: John Wiley & Sons, Inc. , 2007), p. 7.
⑤ 参见余胜泉、路秋丽、陈声健《网络环境下的混合式教学——一种新的教学模式》，《中国大学教学》2005年第10期；张其亮、王爱春《基于"翻转课堂"的新型混合式教学模式研究》，《现代教育技术》2014年第4期。
⑥ 李克东、赵建华：《混合学习的原理与应用模式》，《电化教育研究》2004年第7期。
⑦ D. Randy Garrison, Norman D. Vaughan, *Blended Learning in Higher Education: Framework, Principles, and Guideline* (San Francisco: John Wiley & Sons, Inc. , 2007), p. 5.

融合，实现学习目标最优化的教学模式"①。

综上，我们认为，从形式上看，混合式教学是一种线上教学与线下教学有机融合而形成新的教学（学习）方式。这种教学形式下的学习具有以下特点：部分学习活动在线进行，学习者可以控制学习的时间、地点、途径，也可以控制学习进度；部分学习活动在教师的监督下即在真正的教室中而不是在家中进行；结合个人在某一门课程中的学习状态，来获得一种综合性的学习体验；② 强调教师指导作用与学习者中心地位的有机统一。

（二） 在社区教育教学中运用混合式教学的必要性

混合式教学形式之所以能广泛地被各类教育教学所采用，是因为其有着单纯的线上教学或者单纯的线下教学所没有的优势，这种优势突出体现在混合式教学可以发掘学生潜力与提高其学习的自主性，以及提高教学效率两大方面。对于社区教育教学而言，其在这两方面的优势更为明显。有人发现，混合式教学在成人教育方面有多种优势，即满足个性化学习需要、提升学习者学习热情、提高学习者学习效率、激发学习者创新意识等。③ 而社区教育正是以成人为主要教学对象。

首先，混合式教学更有利于提高社区居民学员学习的自主性。有案例表明，教师在实施混合式教学中发现，一个平时从不参与课堂活动的学生，其网上的作业却显示他是班上数学最好的学生，并且其在受到教师表扬后开始更多地参与课堂讨论。④ 这虽然是有关学校教育的案例，但混合式学习中学习者处于中心地位的特点使其更加适用于以成人为主要对象的社区教育教学，这意味着学员们可以更好地根据自身学习的兴趣、基础及风格，选择最适合自己学习的方式、时间和进度等。这种弹性极大的教学方式给了成人学员最需要的自主学习空间，不仅有利于提升其学习的有效性，而且能提升其自主学习的意识及能力。有研究表明，在成人学员中使

---

① 孙曼丽：《国外大学混合学习教学模式述评》，《福建师范大学学报》（哲学社会科学版）2015 年第 3 期。

② 〔美〕莉兹·阿尼：《混合式教学：技术工具辅助教学实操手册》，孙明玉、刘夏青、刘白玉译，中国青年出版社，2017，第 16 页。

③ 郭心毅：《混合式教学在成人教育中的应用研究》，《成人教育》2016 年第 8 期。

④ 〔美〕莉兹·阿尼：《混合式教学：技术工具辅助教学实操手册》，孙明玉、刘夏青、刘白玉译，中国青年出版社，2017，第 16、20 页。

用混合式教学方式，能够促进学习者自主学习能力的提高。①

其次，混合式教学更有利于提高社区教育教学的效率，这已为众多的实践所证明。有研究发现，从 2016 年到 2018 年，美国采用混合式学习的 K-12 全日制学校录取人数增加了 16000 人。② 国内也有教师开展了基于 MOOC 和 SPOC 的混合式教学实践并发现，这种混合式教学可以帮助学生弥补课堂学习中未听懂的内容，使课堂学习更有效率和针对性。③ 对社区教育教学而言，其学员的学习时间更多是碎片化的，所接受的教师系统的课堂教学时间非常有限，混合式教学的优势因此凸显：在课堂上，教师给学员呈现学习任务和内容的主要框架，并对其中的一些难点问题进行专门讲解；在课堂外，学员可以利用自己的零碎时间学习教师呈现的内容，遇到困难时可以随时和老师、同学互动，这样一来大大节约了课堂教学时间。而且学员通过自己在网上查找资料、思考分析再提出解决问题的办法等一系列过程，学到的知识技能将掌握得更为牢固，提高了教学和学习的效率。如有人通过"开放英语"课程教学设计和教学实验发现，这种开放式、"线上+课堂"的学习互动，以及对碎片化学习时间的合理利用，都特别适合成人学习的需要。④ 再如，上海市长宁区近年来推出社区教育"云视课堂"，将线上和线下教学活动结合起来，电脑、手机、平板电脑等每个终端都可以成为学习的中心，教师也可以在任何一个终端授课，多个不同地点的学员可以通过账号认证实现在线终端的及时收看，并与教师实时互动，有效地实现了资源共享，提升了教学效率。⑤

（三）　社区教育中实施混合式教学的路径

1. 明确混合式教学理念

目前，我国一些社区教育机构在教学中明确提出了"混合式教学"或

---

① 梅明玉：《基于微信公众平台和微社区的混合式学习研究——以〈开放英语〉课程的设计与实践为例》，《河北广播电视大学学报》2017 年第 1 期。

② Alex Molnar et al. , *Virtual Schools in the US 2019* (Boulder: National Education Policy Center, 2019), p. 4.

③ 苏小红、赵玲玲、叶麟、张彦航：《基于 MOOC+SPOC 的混合式教学的探索与实践》，《中国大学教学》2015 年第 7 期。

④ 梅明玉：《基于微信公众平台和微社区的混合式学习研究——以〈开放英语〉课程的设计与实践为例》，《河北广播电视大学学报》2017 年第 1 期。

⑤ 宋亦芳：《社区教育多元学习方式互补性探索与思考》，《职教论坛》2018 年第 3 期。

"混合式学习"的理念，并进行了一些有关的探索。如：北海市广播电视大学明确提出了在社区教育教学中运用混合式教学模式，形成了"线上与线下+课堂与实训+学校与企业"相结合的教学模式。① 上海市青浦区社区教育开展了混合式学习的行动研究，开发了"线上微课+团队活动"混合式学习项目、"远程学习+课堂交流"混合式学习项目、"碎片化学习+移动端学习"混合式学习项目、"线上认知+线下体验"混合式学习项目。② 此外，一些地方政府也提出了要在社区教育中实施混合式教学，如《广东省教育厅关于大力发展社区教育推进学习型社会建设的意见》中提出，要"为居民提供线上线下混合式学习支持服务。"③

不过，从总体来看，能确立混合式教学理念的社区教育机构还只是少数，不少人还只关注混合式教学中的一个要素——在线教学，人们普遍认可在线教学对线下教学之不足所起到的弥补作用，但在线教学本身存在的缺陷还没有得到重视。因此，我们首先要明确混合式教学理念，要充分认识到，混合式教学不只是形式上的"线上教学+线下教学"，而是从学习者及教学内容的实际情况出发，进行的线上教学和线下教学、教师主导与学生主体有机融合的全新的教学形式，这种教学形式既是教育信息化发展的必然结果，又反映了教学形式发展的趋势，社区教育教学当然也必须顺应这种趋势。但同时我们要注意不能走向"技术至上"的极端，混合式教学"应把注意力放到提高教学以及最终促进学生的学习上面"，"技术是用来提高教育成果的，而不是作为教育目的的。"④ 也即是说，不能为了"混合"而"混合"。

2. 社区教育混合式教学的策略

有人在 Josh Bersin 提出的混合学习过程包含四个基本环节（识别与定义学习需求、根据学习者的特征编制学习计划和测量策略、根据实施混合

---

① 贺祖斌主编《2015 中国远程高等教育专题研究报告——社区教育发展》，广西人民出版社，2016，第150页。

② 上海终身教育研究院主编《中国终身教育研究》，上海交通大学出版社，2020，第137~142页。

③ 《深圳市教育局转发〈广东省教育厅关于大力发展社区教育推进学习型社会建设的意见〉的通知》，深圳市教育局网站，2016年5月4日，http://szeb.sz.gov.cn/home/xxgk/flzy/ghjh/fzgh2/content/post_2967226.html。

④ 〔美〕莉兹·阿尼：《混合式教学：技术工具辅助教学实操手册》，孙明玉、刘夏青、刘白玉译，中国青年出版社，2017，第38、45页。

学习的设施确定开发或选择学习内容、执行计划跟踪过程并对结果进行测量）观点的基础上，提出了混合式学习的八个步骤：确定混合学习目标、确定预期绩效、选择传递通道和媒体、学习设计、支持策略、计划实施的行动观察、学习评价、修订学习。[①] 在社区教育教学中，可把其简化为确定目标、指导实施、学习评价三个步骤。

首先，确定学习的目标。在这个环节，教师要思考学生需要什么，并且把他们的需要按优先级排好，明确学员想借用技术来解决的教学问题，[②]这就要求教师在课前对学员有较为充分的调查摸底，比如学员对于网络和各种电子终端的应用程度、学员家中是否有相应的设施、学员的兴趣爱好等。在此基础上，根据所要学习的内容明确学习任务。混合式教学模式有多种，其中较为适用于社区教育教学的是态度驱动模式，这种模式把传统的课堂学习和在线协作学习结合了起来，即先通过面对面方式把协作学习中的内容、属性和期望成果以及如何通过网络技术进行协作的有关事项向学习者交代，[③] 让学员在进行在线学习时能有明确的方向、边界，掌握基本的方法，然后学习者再开展在线学习。

其次，在指导实施阶段，教师应围绕教学目标，设计相应的模块化内容和问题，选用恰当的混合式教学方式，指导学员学会自主学习。如教师可通过微型课程、小组讨论、论坛等使学员学会如何沟通与合作，如何通过自主学习获取知识和解决问题。"如果教师能根据学生需求管理课程并逐渐有序地增加任务，混合式教学的效果会更好。"[④] 也就是说，混合式教学要求教师在适当的时间，通过线上与线下的方式向学生提供最适当的学习资源和教学建议，这显然对教师的要求更高了，特别是对于社区教育学员而言，他们的学习基础及对现代信息技术的应用程度都相差极大，教师在这一阶段更要从学员的实际出发，及时发现学员在学习中的问题并予以指导解决。

最后，改革学习评价。其一，从学习者满意度评价过渡到教学效果评价。我国大多数社区教育学院都以学习者满意度评价作为课程评价的主要

① 李克东、赵建华：《混合学习的原理与应用模式》，《电化教育研究》2004 年第 7 期。
② 〔美〕莉兹·阿尼：《混合式教学：技术工具辅助教学实操手册》，孙明玉、刘夏青、刘白玉译，中国青年出版社，2017，第 41 页。
③ 李克东、赵建华：《混合学习的原理与应用模式》，《电化教育研究》2004 年第 7 期。
④ 〔美〕莉兹·阿尼：《混合式教学：技术工具辅助教学实操手册》，孙明玉、刘夏青、刘白玉译，中国青年出版社，2017，第 211 页。

方式，但满意度不等于教学效果。教学效果反映的是在教学的影响下，学生的知识、技能、态度等诸方面所发生的变化，是教学目标的达成程度。在社区教育中的混合式教学效果评估中，同样应将混合式学习给师生带来的种种变化即教学目标的达成程度作为主要依据。其二，线上教学和线下教学的评估标准应该是互相呼应的，因为两者具有一致的教学目标。其三，在具体评估中，建议进行小组评价而不是个体评价。混合式学习是一种社会性的存在，主要表现在生生交互中。以小组为单位的评价能够促进学习者在其中扮演好各自的角色，增强学习效果。

3. 开发更高质量的社区教育教学资源

混合式学习的一个要件是充分的学习资源，特别是供学习者自主学习的在线学习资源，社区教育相关管理和实施机构要专门为混合式教学开发较为系统而优质的教学资源。开发在线学习资源是我国很多发达城市社区教育发展的重要举措，不少地区不但开发了可供居民在线学习的资源，而且搭建了专门的在线学习平台，但这些资源本身多是从单纯的在线学习而不是混合式教学的角度进行设计的，因此存在一些问题。如 2020 年 10 月，在上海市老年在线学习培训会上，学员们普遍认为目前的在线平台互动性差，不直观，缺乏现场感，导致其无法自主学习。[1] 因此，如何使线上教育资源与线下教育资源有机融合就成为一个值得思考的问题。一些地方也正在对这一问题进行探索与实践，如上海市海派文化体验基地一方面以传统课程为基础开发线下体验式课程，另一方面，依托信息平台开发并推广在线体验式课程，实现线下线上体验的融合，[2] 收到了较好的教学效果。社区教育混合式教学资源的来源有购买和自建两种方式，最经济的做法是实现各地区社区教育教学资源的共享。

除上述方面外，社区教育混合式教学能更加广泛地实施，还离不开开放的社区教育组织制度、较高的教学经费投入、协作性的教学文化以及普及化的 ICT 技术等。

---

① 宋亦芳：《社区在线学习空间的理论意蕴与实践逻辑》，《职教论坛》2021 年第 3 期。
② 宋亦芳：《场景化设计：社区数字化学习路径重构》，《职教论坛》2022 年第 3 期。

第六章

中国社区教育保障机制的流变
及科学化与专业化

社区教育要得到良好和可持续发展，就必须在政策、经费、师资等方面得到应有的保障，因此，本章拟在总结中国社区教育上述三个方面保障机制发展历程的基础上，进一步审视我国社区教育政策与经费的科学化及社区教育教师的专业化问题。

第一节　百年中国社区教育保障机制的流变

一　社区教育政策的发展历程

"教育政策是实现教育目的的公共方策之体系"①，作为党和政府为实现一定的教育目标而制定的行动准则，广义的教育政策也就包含了教育法律法规。百年来，中国出台了大量的社区教育政策，这些政策对社区教育的发展起到了巨大的推动和保障作用，其发展历程大致可分为 1912～1949年、1949～1978 年、1978～2020 年三个阶段。

（一）　1912～1949 年：社区教育政策体系的初步建立

清朝末年，学部发布了少量有关社区教育的政策。中华民国成立后，颁布了大量有关社区教育的政策，内容涉及社区教育的地位、宗旨、管理、办学机构、课程教材、经费、师资、电化教育、学校兼办社会教育等多个方面，初步形成了社区教育政策体系。

1. 国统区的社区教育政策发展情况

民国时期国统区的社区教育政策数量和种类众多，除了国民党中央发布的有关社区教育政策外，各省也纷纷发布了相应的政策，这里主要总结国民党中央发布的相关政策。

---

① 〔日〕筑波大学教育学研究会编《现代教育学基础》，钟启泉译，上海教育出版社，2003，第 199 页。

（1）规定了社区教育的法律地位及宗旨等

1915 年，教育部颁布了《通俗教育研究会章程》，规定通俗教育研究会的宗旨是"研究通俗教育事项，改良社会，普及教育"，[①] 还规定了该会掌管的事务、组成、经费等，使通俗教育问题第一次上升到了法律的高度，对中国通俗教育的发展产生了极大的影响。1919 年，教育部公布《全国教育计划书》，将社会教育提到了与普通教育同等重要的地位。此后，《训政时期民众训练方案》（1930）、《战时各级教育实施方案纲要》（1938）和《战时三年建设计划大纲》（1941）等多个文件，都对社区教育的宗旨、目的等加以明确。

（2）确立了社区教育行政管理机构及职责

1912 年的《教育部官制草案》规定，教育部下设立社会教育司，掌管通俗教育、讲演会、博物馆、图书馆、动植物园、美术馆、展览会等。[②] 1917 年，教育部颁布了《教育厅署组织大纲》，规定各省社会教育由省教育厅第二科管理，后又在县教育局设立社会教育课（股），使中国初步形成了社会教育行政管理体制。其后，还颁布了《社会教育机关主任人员之任免办法》（1930）、《民众教育委员会章程》（1933）、《省市县民众教育委员会组成要点》（1933）、《社会教育机关休假办法》（1934）、《修正教育部组织法》（1935）等政策法规，对社区教育行政机构的组成、职责等进行了规定。

（3）制定了众多关于社区教育办学机构的文件

教育部在《民众学校办法大纲》（1929）中，规定了民众学校的宗旨、对象、设立主体等内容。1932～1943 年，教育部颁布了《民众教育馆暂行规程》《修正民众教育馆暂行规程》《民众教育馆规程》《民众教育馆工作大纲》《民众教育馆工作实施办法》《民众教育馆设备标准草案》《民众教育馆每月中心工作实施要点表》等文件，规定了各级民众教育馆的组织架构、工作要项、施教范围、施教方法、施教准则、计划管理、设立设备及考核等。教育部在《半日学校规程》（1914）、《通俗教育讲演所规程》（1915）、《露天学校简章及规则》（1916）、《实施失学民众补习教育办法

---

① 教育部：《通俗教育研究会章程》，《教育公报》1915 年第 4 期。

② 教育部：《教育部官制草案》，《报选》1912 年第 3 期。

大纲》（1936）、《补习学校规程》（1943）、《补习学校法》（1944）等文件中，对各类社区教育办学机构的有关问题进行了规定。上述文件对社区教育办学机构的设立、对象、设备、运行等问题进行了规定，使社区教育办学逐步走向规范化。

（4）对社区教育的课程教材进行了规定

北洋政府时期的《半日学校规程》（1914），国民政府时期的《社会教育机关举行讲演须采用国耻材料》（1929）、《民众学校办法大纲》（1929）、《县市党部设立民众学校办法大纲》（1930）、《三民主义教育实施原则》（1931）、《中山民众学校课程标准》（1931）、《民众学校规程》（1934）、《战时民众补习教育实施要点》（1938）、《修正民众学校规程》（1939）、《补习学习规则》（1945）等文件对社区教育课程的主旨、科目、内容、标准、所开设时数及编排等进行了规定。此外，国民政府时期还发布了《民众学校常识教材要点》（1931）、《教育部收集民众读物办法》（1941）等文件，对社区教育的教材及民众读物的有关问题进行了规定。

（5）出台了有关社区电化教育的政策

这些政策对电化教育的组织、实施、人员训练、经费等进行了规定。主要有：1935 年发布了《全国中等学校及民众教育馆装设无线电收音机办法大纲》《民众教育馆利用播音教育须知》；1936 年发布了《教育部电化教育人员训练班章程》《各省市实施电影教育办法》《各省市实施播音教育办法》；1938 年颁布了《教育部民众教育巡回施教车施教办法》；1940 年颁布了《教育部电化教育委员会章程》，将电影教育委员会和播音教育委员会合并，成立电化教育委员会，同年，还颁布了《改进播音教育方法》；1943 年颁布了《电化教育巡回工作队组织通则》；1944 年颁布了《电化教育实施要点》，规定各民众教育馆、图书馆、科学馆等社会教育机构应实施电化教育，各地应把实施电化教育的经费列入年度预算。①

（6）规定了社区教育的经费及师资资格和待遇

首先，首次由政府发布了有关社区教育经费的政策，规定了其所应占的经费比例。1928 年和 1933 年分别发布《国民政府通饬自十八年度起社会教育经费在全教育费内应占百分之十至二十令》和《社会教育经费在新

---

① 教育部：《电化教育实施要点》，《电影与播音月刊》1946 年第 6~7 期。

增教育费内所占成数省市至少应为百分之三十县市应为百分之三十至五十》。其次，规定了社区教育的师资条件等。如 1931 年颁布的《通俗讲演员检定条例》规定了通俗讲演员可以申请检定的学历、经历等方面条件。1943 年颁布的《社会教育机关工作人员检定规程》规定了各社教机关主任指导员、干事检定的具体条件。最后，对社区教育工作人员的待遇进行了规定。如教育部在《社会教育机关服务人员养老金及恤金条例》（1940）、《省市县立社会教育机关工作人员待遇规程》（1942）等文件中，规定了社区教育机关服务人员养老金及抚恤金的条件、金额等。

（7）规定了学校要兼办社会教育

1938 年，教育部颁发《各级学校兼办社会教育令》，阐明了学校兼办社会教育的必要性，并分别规定了专科以上学校、中等学校、小学的服务范围。同年，颁布了《各级学校兼办社会教育办法》，具体规定了各级学校应进行的社会教育工作。1939 年，教育部出台了一系列如《各级学校社会教育推行委员会组织纲要》《各级学校兼办社会教育经费支给办法》《各级学校兼办社会教育暂行工作标准》《各省市县各级学校兼办社会教育考核办法》《社会教育机关协助各级学校兼办社会教育办法》等文件，内容涉及各级学校兼办社会教育的组织、经费、内容、形式、标准、考核等方面。

除上述几大类外，中华民国政府还颁布了其他一些有关社区教育的政策：在识字教育方面，有《训政时期民众识字运动计划大纲》《识字运动宣传计划大纲》《教育部注音符号推行委员会章程》《传习注音符号办法》《各省市县推行注音符号办法》《促进注音汉字推行办法》等；在补习教育方面，有《成年初步补习教育计划》《教育部修正补习教育推进委员会组织规程》等；在社区体育方面，有《国民体育法》《体育场规程》《体育场工作大纲》《体育场辅导各地社会体育办法大纲》等；在党化教育方面，有《取缔各种社会教育机关违背党义教育精神通则》《社会教育设施与党部联络办法》等；在督导方面，有《各省市社会教育督导员暂行规程》《社会教育视察要点》《教育视导试行标准》等。

2. 革命根据地的社区教育政策发展情况

革命根据地同样颁布了大量有关社区教育的政策，其发展大致可分为两次国内革命战争时期、全面抗战时期及解放战争时期三个阶段。

（1）两次国内革命战争时期的社区教育政策

这一时期的政策主要是对社区教育的内容、形式、管理等进行初步规定。主要有：1925 年，广东省及湖南省农民代表大会分别通过了《农村教育决议案》，提出了农民教育的内容和方式；1929 年，中共鄂东北特委通过了鄂东北苏区苏维埃《临时政纲》，规定要设立农村夜校，并对教材和教师问题进行了规定，同年，中共江西省委公布载有《全省第二次党代表大会的总结与精神》的赤字第 1 号《通告》，要求党在农村中应加紧对佃农和雇农党员的训练工作，紧接着，共青团中央发出《通告》，要求各地团组织要设法采取各种教育形式进行识字运动，扩大宣传教育工作;①1930 年，闽西苏维埃政府文化部形成了《目前文化工作总计划》，对学校参与扫盲运动工作做出规定，次年，又发布《关于组织读报团的通知》，明确了读报团的作用与任务；1932 年，鄂豫皖苏区文化教育委员会在《怎样组织工农讲演所》的文件中详细规定了工农讲演所的设立、人员、活动等事宜；1933 年，中华苏维埃共和国临时中央政府教育人民委员部发布《关于建立和健全俱乐部的组织和工作》《夜校办法大纲》，次年，发布了《消灭文盲协会章程》《消灭文盲协会组织纲要》《识字班办法》《夜学校及半日学校办法》。1934 年颁布的《教育行政纲要》中规定，社会教育由社会教育局和艺术局协同管理，各省、县、区也都设置专门的社会教育主管机构——社会教育科。②

（2）全面抗战时期的社区教育政策

这一时期的政策主要是对社区教育的内涵、意义、形式、内容、方法以及冬学等社区教育机构的有关问题进行较为详细的规定。

陕甘宁边区发布的社区教育政策主要有：1937 年，发布《关于群众的文化教育建设（草案）》《关于冬学的通令》《冬学须知》；1938 年，发布《社会教育工作纲要》，阐述了社会教育的内涵、重要性、社会教育与学校教育，以及怎样办社会教育等问题，同年，还发布《关于社会教育工作问题的指示信》及《关于开办社会教育干部训练班的通知》；1939 年，发布《陕甘宁边区各县社会教育组织暂行条例》，规定社区教育的 6 种组织形

---

① 皇甫束玉、宋荐戈、龚守静编《中国革命根据地教育纪事 1927.8—1949.9》，教育科学出版社，1989，第 16 页。

② 李桂林编《中国现代教育史教学参考资料》，人民教育出版社，1987，第 48~49 页。

式，同年，还颁布了《陕甘宁边区模范夜校、半日校暂行条例》《冬学教员奖励暂行办法》《民众教育馆简则》《关于消灭文盲及实施办法的通令》《陕甘宁边区各县社会教育组织暂行条例》；1940年，发布《民众教育馆组织规程》；1941年，发布《关于办理冬学的联合指示信》；1942年，发布《关于1942年冬学工作的指示》；1945年，发布《关于1945年冬学的指示信》。

晋察冀边区发布的社区教育政策主要有：1938年，发布《文化教育决议案》，规定要普遍地设立民众教育机关，同年，还发布《扫除文盲办法》《小先生制教育实施办法》；1939年，颁发《边区社会教育实施办法》，这是边区社会教育的一个纲领性文件，全面系统地阐述了边区社会教育的意义、对象、实施原则、组织形式、教学内容与教学方法；[①] 1942年，发布《本年度冬学运动教育实施大纲》，规定了冬学的课程比重、教学标准及一系列制度的建立等问题；1944年，发布《边委会关于开展冬学运动的指示》；1945年，发布《关于普遍深入开展冬学运动的指示》，分别规定了新老解放区办冬学的任务和侧重点。

其他根据地也发布了大量的社区教育文件，如1940年，山东根据地制定了《山东省战时国民教育实施方案》，对国民教育方针、实施原则、教学内容、师资、经费、行政管理等都做了具体规定；1941年，晋西北行署发出《关于冬学运动配合反"扫荡"战争的紧急指示信》；1943年，晋冀鲁豫边区政府教育厅颁布《民众学校暂行规程》；等等。

（3）解放战争时期的社区教育政策

这一时期的政策主要是对社区教育中冬学等形式的有关问题进行了规定，为解放战争及取得全国胜利做准备。

1946年，陕甘宁边区政府、晋绥行署、晋察冀边区、太行行署、东北行政委员会、山东省滨海行政公署、苏皖边区政府等分别发布《关于今年冬学的指示信》《普遍开展冬学运动的指示》《关于今年冬学运动方针任务的联合指示》《关于今年冬学的指示》《关于改造学校教育与开展冬学运动的指示》《关于民教馆工作指示》《国民教育实施法（草案）》；1947年，山东省政府及苏皖边区十一专署分别发布《群众教育工作纲要》《关于开

---

① 董纯才主编《中国革命根据地教育史》第2卷，教育科学出版社，1991，第368页。

展夏学运动的指示》；1948 年，华中行政办事处发布《关于冬季社会教育工作的指示》，[1] 同年，中共中央东北局、东北行政委员会发布《关于冬季群众教育的指示》；1949 年，中共中央东北局和东北行政委员会联合发布《关于加强工人群众政治文化教育工作的指示》，要求各地职工会要开展职工业余教育工作，城市教育局所属学校也要开办工人夜校，[2] 同年，苏北行署盐城专署发布《关于夏学运动的指示》；等等。

　　总之，在民国时期，中国颁布了较多的社区教育政策，内容涉及社区教育的多个方面，初步形成了社区教育的政策体系。但这时中国社区教育政策的制定还处于起步阶段，总体而言还处于较为粗线条的状态。

（二）　1949~1978 年：社区教育政策的探索发展

　　新中国成立后，党和政府继承了革命根据地的优良传统，继续高度重视社区教育。1949 年的《中国人民政治协商会议共同纲领》规定，要"加强劳动者的业余教育和在职干部教育"[3]。1950 年召开的第一次全国工农教育会议把工农教育问题列为国家教育的主要工作，提出了"全面扫除文盲"的口号。"文革"期间，有关社区教育的专门政策极少，因此，这一阶段发布的有关社区教育的政策主要集中在"文革"之前，主要内容集中在扫盲和业余教育方面。

1. 颁布了一些有关冬学的政策

　　这主要集中在新中国成立之初的几年：1949~1954 年，教育部发布了《关于开展一九四九年冬学工作的指示》《关于开展今年冬学工作的指示》《关于冬学转为常年农民业余学校的指示》《关于一九五二年冬学运动的通知》《关于一九五三年冬学工作的指示》《关于一九五四年冬学工作的指示》等文件，对于冬学的开办、管理、教材、师资、教法、经费等进行了规定。

2. 颁布了较多的关于扫盲教育的文件

　　1953 年，扫盲工作委员会颁发《关于扫盲标准、毕业考试等暂行办法

---

①　皇甫束玉、宋荐戈、龚守静编《中国革命根据地教育纪事 1927.8—1949.9》，教育科学出版社，1989，第 376 页。

②　皇甫束玉、宋荐戈、龚守静编《中国革命根据地教育纪事 1927.8—1949.9》，教育科学出版社，1989，第 385 页。

③　刘英杰主编《中国教育大事典 1949—1990》（上），浙江教育出版社，1993，第 1 页。

的通知》，规定了干部、工人、农民的扫盲标准。1956 年，中共中央、国务院颁布了《关于扫除文盲的决定》，指出扫盲教育是"我国文化上的一个大革命，也是国家进行社会主义建设中的一项极为重大的政治任务"①。此外，青年团中央、中共中央、国务院、教育部等分别在《关于在七年内扫除全国农村青年文盲的决定》（1955）、《关于扫除文盲工作的通知》（1957）、《关于在农村中继续扫除文盲和巩固发展业余教育的通知》（1959）、《关于在农村青年中完成扫盲任务和加速开展业余文化学习的报告》（1959）、《关于加强农村扫盲和业余教育工作领导和管理的通知》（1960）、《关于职工、农民中非文盲达到百分之几算是基本扫除文盲的问题》（1964）等文件中，对扫盲的意义、对象、内容、组织领导和开展等进行了规定。

3. 发布了大量关于业余教育的文件

教育部在 1951 年《关于冬学转为常年农民业余学校的指示》中，要求各地将冬学转为常年农民业余学校。② 1955 年，中共中央印发了《对教育部党组〈关于第一次全国农民业余文化教育会议的报告〉的批示》，对农民业余文化教育的发展提出了具体要求。1958 年，中共中央、国务院颁布《关于教育工作的指示》，指出要让成人教育与儿童教育并举，全日制学校与半工半读、业余学校并举。1974 年，国务院科教组颁布《关于一九七四年教育事业计划（草案）的通知》，指出要积极开展工农，特别是上山下乡知青的业余教育。③ 此外，1951～1965 年，中共中央、国务院、教育部及扫盲工作委员会还颁布了《关于开展农民业余教育的指示》《关于加强农民业余教育中抗美援朝时事教育的指示》《关于组织农民常年学习的通知》《关于城市劳动人民业余文化教育工作的通知》《关于一九五四年组织农民常年学习的通知》《关于加强农民业余文化教育的指示》《关于开展手工业生产合作社业余文化教育的联合通知》《关于建立业余教育委员会的通知》《关于农村业余教育工作的通知》《关于半农半读教育工作的指

---

① 国家教育委员会成人教育司编《扫除文盲文献汇编（1949—1996）》，西南师范大学出版社，1997，第 75 页。
② 国家教育委员会成人教育司编《扫除文盲文献汇编（1949—1996）》，西南师范大学出版社，1997，第 299 页。
③ 欧阳璋主编《成人教育大事记（1949—1986 年）》，北京出版社，1987，第 298 页。

示》等文件，要求各地广泛开展业余教育，并对业余教育的意义、任务、领导、师资、教学、经费等方面的问题进行了规定。

4. 发布了一些社区教育教材、课程、人员、工资等方面的专门文件

在教材及课程方面，教育部等发布了《一九五六年秋季前工农扫盲及业余小学教学用书问题的决定》（1956）、《关于工农业余文化学校课本供应问题的联合通知》（1957）等文件，对社区教育教材的来源、标准、供应等进行了规定。1964 年，教育部发布了《关于农民业余初等学校课程设置和毕业考试标准问题的批复》。

在师资方面，教育部等发布了《关于农民、城市劳动人民业余文化教育事业干部的设置原则及有关问题的通知》（1955）、《关于各级扫盲机构与同级教育行政部门合并后干部设置问题的通知》（1955）、《关于各级扫盲协会人员编制方案》（1956）等文件，对业余教育的人员设置问题进行了规定。

在工资与经费方面，教育部及高等教育部等下发了《关于工农业余学校教职员工工资标准问题的批复》（1952）、《关于全国农民、市民业余文化教育事业干部调整工资及福利待遇、办公费等事项的规定》（1954）、《关于职工业余教育经费问题的联合通知》（1956）、《关于修改职工业余教育经费比例问题的联合补充通知》（1957）、《关于职工业余教育教师假期时间和工资问题的复信》（1957）等文件，对社区教育教师的工资待遇及社区教育经费来源、开支范围等进行了规定，如在《关于职工业余教育经费问题的联合通知》中规定，把留在基层工会经费中的 75% 用于业余小学和业余中学方面。[①]

在这一时期，主要出台了扫盲及业余教育等方面的社区教育政策，极大地推动了上述两个方面教育的发展，但总体而言，政策的内容关注面较窄，对于电化教育、教育督导、课程、教材等方面关注极少，而且这些政策以法规形式出现的不多，使我国社区教育政策的法制化进程受到了较大影响。

（三）　1978~2020 年：社区教育政策的不断完善

改革开放后，党和政府发布了大量有关的政策法规，内容涉及社区教

---

① 欧阳璋主编《成人教育大事记（1949—1986 年）》，北京出版社，1987，第 113 页。

育的各个方面，使社区教育政策体系不断走向完善，大致有以下几类文件。

1. **继续颁布了大量有关扫盲教育的文件**

改革开放前期，针对一些地区文盲率依然较高的情况，我国继续制定和颁布了大量扫盲的政策，对扫盲的实施、课程与教学、检查评估等方面问题做出了规定。如1978年，国务院发布《关于扫除文盲的指示》，要求继续扫除工人农民中的文盲。[①] 又如，1988年，国务院颁布了《扫除文盲工作条例》，强调要积极办好乡镇、村文化技术学校，对扫盲的对象、标准、验收、经费、领导等方面做出了较为明确的规定。再如，1993年，中共中央、国务院印发了《中国教育改革和发展纲要》，提出要在20世纪末扫除青壮年文盲。[②] 此外，1990~2002年，国家教委（教育部）等印发了《关于建立扫盲领导机构联合开展扫盲工作的通知》《关于农村中小学参加扫盲工作的通知》《关于进一步保证扫盲考核验收工作质量的通知》《关于检查扫盲工作的通知》《关于进一步加强扫除文盲工作的意见》《关于试行〈扫除文盲教育教学大纲〉的通知》《关于试行农村成人初等文化技术教育〈实用语文〉、〈实用数学〉、〈实用科技〉三科教学大纲的通知》《县级基本扫除青壮年文盲单位检查评估办法（试行）》《关于在九十年代基本普及九年义务教育和基本扫除青壮年文盲的实施意见》《关于扫盲工作经费问题的通知》《关于农村成人学校和中小学参加扫盲工作的通知》《扫盲教育课程与教学改革指导意见（试行）》等文件，对扫盲的实施、课程与教学、经费、检查评估等方面问题做出了规定。此外，国家教委决定自1996年起在全国设立"中华扫盲奖"。[③]

2. **发布了大量有关农民职业技术培训的文件**

与上一时期业余教育中特别注重识字教育相比，这一时期更加注重职业技术培训方面的内容。如1982年，中共中央转发了《全国农村工作会议纪要》，提出要加强农民教育，提高科学文化水平，[④] 同年，国务院批转

---

① 《中国教育年鉴》编辑部编《中国教育年鉴（1949—1981）》，中国大百科全书出版社，1984，第577页。

② 国家教育委员会成人教育司编《扫除文盲文献汇编（1949—1996）》，西南师范大学出版社，1997，第245页。

③ 《中国教育年鉴》编辑部编《中国教育年鉴（1997）》，人民教育出版社，1997，第232页。

④ 欧阳璋主编《成人教育大事记（1949—1986年）》，北京出版社，1987，第389页。

《关于迅速加强农业技术培训工作的报告》，要求各级政府把农业技术培训工作广泛开展起来；1986 年，农牧渔业部下发《关于改革和加强农民职业技术教育和培训工作的通知》，对大力改革和加强农民职业技术教育和培训工作做出了明确部署；2004 年，教育部印发了《2003—2007 年教育振兴行动计划》，提出农村成人教育要以农民实用技术培训和农村实用人才培养为重点，充分发挥农村成人学校和培训机构的作用。此外，从改革开放到 21 世纪初，教育部、国务院等发布的有关文件主要有《关于"七五"期间加强农村青年实用技术培训工作的通知》《关于加强农村青年职业教育和成人教育的意见》《关于进一步加强农村成人教育工作的意见》《2003—2005 年新型农民科技培训行动计划》《2003—2010 年全国农民工培训规划》《国务院关于进一步加强农村教育工作的决定》《2003 年农村富余劳动力转移培训实施方案》《做好 2004 年农民培训工作的意见》《关于组织实施农村劳动力转移培训阳光工程的通知》《农业部"七大体系"建设——新型农民科技培训工程建设规划》，对农民及农民工教育培训中的指导思想、实施计划、师资队伍、领导管理等问题进行了规定。

3. 颁布了一系列有关农民技术学校的文件

1982 年，教育部印发了《县办农民技术学校暂行办法》，规定了农民技术学校的任务；1987 年，国家教委等颁布了《乡镇文化技术学校暂行规定》，明确了乡镇文化技术学校的性质、指导思想、作用等问题；1991 年，国家教委下发了《关于大力发展乡镇、村农民文化技术学校的意见》，对广泛开展农村成人教育，大力发展乡镇、村农民文化技术学校提出了具体的实施意见；1994 年，国务院下发《关于〈中国教育改革和发展纲要〉的实施意见》，要求到 2000 年，"全国多数乡和村都应办起能常年开展培训活动的农民文化技术学校"；1995 年，国家教委印发了《示范性乡镇成人文化技术学校规程》，要求按照经济发达地区、经济中等发达地区、经济欠发达地区分别对乡镇成人文化技术学校予以规范等。这些文件推动和规范了农民技术学校的开办与运行。

4. 颁布了大量当代社区教育政策

我国当代社区教育产生后，大量有关社区教育的专门政策出台，对我国当代社区教育各方面工作进行了较为系统的规定（见表 6-1）。

表 6-1　中国当代社区教育主要政策

年份	文件名	主要观点
1988	《关于改革和加强中小学德育工作的通知》	逐步建立社区教育委员会一类的社会组织
1993	《中国教育改革和发展纲要》	鼓励中小学同附近单位一起建立社区教育组织
1998	《面向 21 世纪教育振兴行动计划》	开展社区教育实验，建立和完善终身教育体系
2000	《关于在部分地区开展社区教育实验工作的通知》	提出了开展社区教育实验的目的和具体要求
2004	《2003—2007 年教育振兴行动计划》	推进社区教育，形成终身学习的公共资源平台
2004	教育部《关于推进社区教育工作的若干意见》	系统阐述了社区教育的指导思想、主要任务、体制机制、保障措施等
2007	《国务院批转教育部国家教育事业发展"十一五"规划纲要的通知》	整合各类教育资源，建设城乡社区学习中心
2007	教育部《关于加快发展社区教育的意见》	完善社区教育服务体系
2010	《国家中长期教育改革和发展规划纲要（2010—2020 年）》	广泛开展城乡社区教育
2012	《关于加快发展继续教育的若干意见》	完善区县、街镇、居村三级社区教育网络，加强社区教育实验区、示范区建设
2013	《社区教育工作者岗位基本要求》	规定了社区教育管理人员和专职教学人员的岗位职责和岗位要求
2014	《关于推进学习型城市建设的意见》	广泛开展城乡社区教育
2016	《关于进一步推进社区教育发展的意见》	规定了我国社区教育发展的指导思想、基本原则、目标、任务、体制机制及保障等
2020	《社区教育服务规范》	规定社区教育教师应具备的专业知识与能力

与此同时，不少省份相继出台了促进社区教育发展的地方性法规，如继 2005 年福建颁布《福建省终身教育促进条例》后，上海、河北等地相继出台了终身教育条例。2016 年和 2019 年，成都市与西安市分别出台了《成都市社区教育促进条例》和《西安市社区教育促进条例》。此外，各地还出台了不可胜数的政策，对社区教育管理机构、办学机构、创建学习型社区、教学、课程、师资、考核、校社合作、信息化等具体方面进行了规定。

总体来看，百年来，中国在社区教育政策的制定、完善和实施方面做出了极大的努力，出台了大量有关社区教育各方面的政策，特别是改革开放以来，我国社区教育政策的涉及面更广，内容更加具体，而且各级政府都颁布了与国家层面相配套的有关政策，使社区教育政策体系不断完善，形成了网络纵横的社区教育政策体系。这些社区教育政策对于推进和规范我国社区教育，保障社区教育的健康可持续发展起到了巨大的作用，当然，其中也存在一些问题。

二　社区教育经费的发展历程

经费是发展社区教育的必要条件与保障，因此，经费问题是社区教育发展中的一个重要问题。

（一）　1912~1949 年的社区教育经费

1. 国统区的社区教育经费总数有较大增加，但与中华民国政府教育部规定的比例标准还有相当距离

社区教育是在社区内进行的社会教育，社会教育概念大于社区教育，虽然社会教育经费不能与社区教育经费完全等同，但社区教育是社会教育开展的主要形式，因此，由当时社会教育经费情况也能大致看出该阶段社区教育经费的主要状况。中华民国成立后，社区教育虽然得到了较快的发展，但经费问题一直是一个困扰其发展的核心问题。在中华民国成立之后的 10 多年间，社区教育经费都是依靠各社区教育机构在民间募集。如北平市立民众学校"其为前步军统领衙门所创立者，多为募地方之捐款，其经费亦出于募集"①，直到 1928 年 10 月发布的《国民政府通饬自十八年度起社会教育经费在全教育费内应占百分之十至二十令》规定，社会教育经费应占到整个教育经费的 10%~20%，规定自 1929 年起实施,② 由此，社区教育发展开始有了经费保障。不过，各地执行教育部规定的力度不一，总体来看，各地社区教育经费总数有较大的增加，但与教育部规定的比例标准还有相当的距离。如 1928~1930 年，社会教育经费由 360 余万元增加到 1400 余万元，省社会教育经费已达明令标准者只有江苏、浙江、西康、湖南、福建、陕西六省。③ 1929~1930 年，教育部迭次重申前令，各省市须将社会教育经费筹额达到规定的标准，其后，各省市社会教育经费均有增加。以江苏为例，1927 年江苏社会教育经费为 16.8 万元，1930 年增至 50 万元左右；同时，县社会教育经费也有较大增加，1927 年全省 61 县合计总数只有 21 万元，1930 年约有 150 万元。1929 年浙江省社会教育经费约有 10 万元，1930 年增至 29 万元。④ 1912~1930 年北平各校所社会教育全年经费总数见表 6-2。

表 6-2　1912~1930 年北平各校所社会教育全年经费总数一览

单位：元

年份	全年经费总数
1912~1913	283320
1914~1917	360000
1918	361000
1919~1926	409560
1927	458940
1928	607605
1929~1930	885423

资料来源：刘晓云主编《近代北京社会教育史料汇编》，河北科学技术出版社，2011，第 172 页。

---

① 刘晓云主编《近代北京社会教育史料汇编》，河北科学技术出版社，2011，第 147 页。
② 教育部社会教育司：《实施失学民众补习教育办法大纲》，《江都教育》1936 年第 1 期。
③ 教育部社会教育司编《全国社会教育概况（中华民国十九年度）》，教育部社会教育司，1934，第 7~8 页。
④ 高践四：《三十五年来之中国之民众教育》，转引自庄俞、贺圣鼐编《最近三十五年之中国教育》，商务印书馆，1931，第 172 页。

到 1932 年，全国社会教育经费达 2000 余万元，[①]　其后，由于抗战的影响，社会教育经费大幅度下降，但在 1939 年，又增加至 11848436 元。[②]

尽管当时社区教育经费总额有了较大的增长，但在整个教育经费中的比例却没有提高，不少地区都未达到教育部规定的比例标准。据教育部 1929 年统计，能达 10%者，仅有汉口、天津两市，及西康、湖南两省；已达 10%以上者，仅有福建省与南京市，山西省不及 1%。[③]　1930~1931 年，教育经费总数及民众教育经费在整个教育经费中所占的比例见表 6-3。

表 6-3　1930~1931 年教育经费总数及民众教育经费情况

单位：元，%

年份	教育经费总数	民众教育经费	
		经费数	总数中之百分比
1930	182025998	14028490	8
1931	194265999	13440634	7

资料来源：茅仲英、唐孝纯编《俞庆棠教育论著选》，人民教育出版社，1992，第 188 页。

1932 年，北平市社会教育经费实支仅占全教育经费的 6.2%，与 10%~20%之规定，相差甚大。[④]　1939 年全国的社会教育经费只占整个教育经费的 6.5%。[⑤]　据教育部 1932 年统计，仅有江苏、浙江、青岛、福建、威海卫等五省市能达到标准，且无达到 20%以上者。[⑥]　1933 年，教育部发布《社会教育经费在新增教育费内所占成数省市至少应为百分之三十县市应为百分之三十至五十》。1941 年，国民党中央五届九中全会通过《宽筹社会教育经费加紧推进社会教育以加速完成抗战建国大业案》。此案送经中华民国国防最高委员会，交行政院，令教育部、财政部会商办理，提出：各省市社会教育经费，应切实增加，1942 年至少应达到全教育经费 20%~30%的标准；1942 年，中央应指拨社会教育经费至少 2000 万元，除由中央直接办理各种社会教育事业外，并以一部分分配补助各省市，以为

①　教育部社会教育司编《二十一年度全国社会教育概况统计》，大陆印书馆，1935，第 7 页。
②　教育部社会教育司编《社会教育概况》，教育部社会教育司，1942，附录。
③　蒋建白、吕海澜编著《中国社会教育行政》，商务印书馆，1937，第 122 页。
④　刘晓云主编《近代北京社会教育史料汇编》，河北科学技术出版社，2011，第 205 页。
⑤　教育部社会教育司编《社会教育概况》，教育部社会教育司，1942，附录。
⑥　教育部教育年鉴编纂委员会编《第二次中国教育年鉴》，商务印书馆，1948，第 1091 页。

扩充社会教育设施之用；社会教育经费，应有充分保障，不得任意挪用。①教育部等部门虽然三令五申，但收效不大。同时，各地社区教育经费差距巨大。1930～1931 年，民众教育经费最多者为威海卫（18.85%），次为江西（17.94%），再次为江苏（15.83%），最少者为察哈尔（2%）。②

这一时期，人们开始认识到政府应成为社区教育经费的支付主体，且把社区教育经费列入教育预算，开了一个很好的头，但在实际中由于多方面的原因相关政策规定没有完全得以落实，在社区教育实践中，经费缺口甚大，当时有人算过一笔账：假设每县设立一所民教馆、图书馆、博物馆、艺术馆、体育场等，全国年需经费一万九千多万元，③ 这显然远远大于当时实际的社教经费。经费的缺乏，势必会影响到社区教育机构的开办与设置、教育对象的扩大，以及教育设施、设备、教师待遇等，最后影响到社区教育的发展。

2. 革命根据地的社区教育经费筹集形式灵活多样

各根据地采取了有差别的社区教育经费政策，有的是政府与学员共同承担经费，有的由当地政府承担经费，有的则由学员承担经费。

在土地革命时期，社区教育经费由各级苏维埃政府教育行政管理部门负责尽力筹措。如闽西苏区确定将土地税的 20% 划归教育经费；湘鄂赣苏区万载县采取保留教育公田的办法来解决教育经费问题；闽西夜校公用的粉笔和灯油等经费，由主办团体或机关负责津贴，并由当地合作社和职工会的文化基金、贫农团和群众募捐各供给一部分，学员私人用的文具书籍以自备为原则，贫苦而不能自备者，由夜校供给。④ 1933 年，中华苏维埃共和国临时中央政府教育人民委员部颁布《夜校办法大纲》，指出夜校经费，新苏区由公家支付办公费，学生自备书籍、文具和灯火费；较老苏区一切经费由群众解决。⑤

全面抗战时期，根据地的社区教育经费主要来源于当地教育部门或地

---

① 教育部教育年鉴编纂委员会编《第二次中国教育年鉴》，商务印书馆，1948，第 1091 页。
② 茅仲英、唐孝纯编《俞庆棠教育论著选》，人民教育出版社，1992，第 188 页。
③ 许公鉴：《中国社会教育新论》，中国文化服务社，1948，第 83 页。
④ 董纯才主编《中国革命根据地教育史》第 1 卷，教育科学出版社，1991，第 81、238 页。
⑤ 皇甫束玉、宋荐戈、龚守静编《中国革命根据地教育纪事 1927.8—1949.9》，教育科学出版社，1989，第 79 页。

方政府及村，或由群众通过生产劳动自筹。1938 年 9 月，陕甘宁边区教育厅在《关于冬学问题》的通令中规定：冬学教员的粮食、菜钱，学校办公费，以发动群众负担为原则；教员津贴可在群众自愿负担的原则下发动群众担负，否则由教育厅发给；小学教员兼任冬学的，由教育厅发津贴费每月 1 元。① 同年 10 月，陕甘宁边区政府教育厅在《关于冬学经费问题的通令》中指出，冬学经费问题必须根据各县富裕贫穷的程度和不妨碍冬季工作的原则来解决：关中、陇东及延属分区部分县的冬学开支全数发动群众负担；三边分区及靖边县由边区政府教育厅负担；安定县由边区政府教育厅负担 3/5；甘泉、志丹两县由边区政府负担一半。晋绥行署在 1942 年制定的《今年办冬学的办法》中规定冬学的费用：教员尽义务，办公费每处发毛笔 1 支，墨 1 锭，铅笔 1 支，麻纸 100 张，煤炭每天 10 斤，灯油每天 1~2 两。课本学生自买。② 晋冀鲁豫根据地在 1943 年公布的边区《民众学校暂行规程》中规定："民众学校经费，由村款开支。"在实践中，有些村发动群众自己解决一部分，如借出桌凳，合伙打柴，自制黑板与粉笔等，少数地方也有公摊的，在冀鲁豫、冀南地区则给教师少量薪米，学员课本、文具均归自备。③

　　解放战争时期，晋察冀边区行政委员会于 1946 年提出了分级自筹的原则：民众学校经费，黑板报、文娱宣传费等，一般由村自筹；县立民教馆等社教经费由县筹；各省、行署区社教经费，由自己或行署筹；建立教育基金，对捐资兴学者，采取奖励政策。其他解放区社区教育经费也与此大体相似。晋绥行署冬学所用的纸张、文具、灯油等均由各村群众自行筹措。中原解放区冬学、春学的书本和报纸费、灯油费等由群众自己解决。如有困难，政府帮助解决。④ 解放战争后期，华北、东北等解放区在对教育经费开始实行统筹统支的同时，仍然强调发动群众解决社区教育经费问题。如 1947 年 10 月，东北行政委员会发出《关于冬学运动的指示》，明

---

① 董纯才主编《中国革命根据地教育史》第 2 卷，教育科学出版社，1991，第 315 页。
② 皇甫束玉、宋荐戈、龚守静编《中国革命根据地教育纪事 1927.8—1949.9》，教育科学出版社，1989，第 143、230 页。
③ 董纯才主编《中国革命根据地教育史》第 2 卷，教育科学出版社，1991，第 395 页。
④ 董纯才主编《中国革命根据地教育史》第 3 卷，教育科学出版社，1993，第 53、233、314 页。

确冬学"费用由群众商量解决"。[①] 1948 年，在西柞官庄冬学，群众捐助了 90 多斤灯油，解决了当年一冬冬学的灯油问题。1949 年春冬学开学时，妇女团、儿童团、青年团自愿把开荒生产所得的 1200 多元捐献作为冬学费用。[②]

革命根据地由于处于农村地区，经济更为落后，筹措社区教育经费更为困难，在这样艰苦的条件下，要开展社区教育，就必须根据当地的具体情况，采取灵活多样的经费政策。各革命根据地在这方面做得较好，大多采取了政府、集体和个人共同筹措经费的办法，并根据当地具体情况采取不同的措施，有的地方个人多出一些，有的地方政府多出一些，还有的地方通过生产劳动筹措经费。

（二）1949~1978 年的社区教育经费：主要由当地集体和个人自筹

新中国成立后，百废待兴，国家财政极为困难，学校教育经费严重不足，社区教育经费就更加匮乏，因此，在新中国成立后相当长的一段时间内，社区教育经费主要由当地集体和个人自筹，教师培训、奖励等方面费用则由政府支出。1950 年 12 月，教育部发布《关于开展农民业余教育的指示》，规定农民业余教育经费以依靠当地群众自行解决为主，必要时可由县教育经费下拨一定数额的经费，专作重点补助与奖励之用。[③]《关于一九五三年冬学工作的指示》规定，在冬学中，除教师训练和一定数量的奖励费由人民政府开支外，其他一切费用均以群众自筹为主，确有必要时，人民政府可酌情予以补助。[④] 1955 年的《关于加强农民业余文化教育的指示》提出，农民业余文化教育经费除少数专职人员的开销、业余教师训练费、主要乡干部离职学习的办公杂支以及一定的奖励费外，都应当由群众自筹。[⑤]

---

① 皇甫束玉、宋荐戈、龚守静编《中国革命根据地教育纪事 1927.8—1949.9》，教育科学出版社，1989，第 353 页。
② 顾膺：《西柞官庄冬学怎样贯彻群众路线》，转引自项柏仁等《社会教育的组织领导和方法》，新民主出版社，1949，第 43 页。
③ 国家教育委员会成人教育司编《扫除文盲文献汇编（1949—1996）》，西南师范大学出版社，1997，第 296 页。
④ 国家教育委员会成人教育司编《扫除文盲文献汇编（1949—1996）》，西南师范大学出版社，1997，第 30 页。
⑤ 《中国教育年鉴》编辑部编《中国教育年鉴（1949—1981）》，中国大百科全书出版社，1984，第 602 页。

在各地社区教育的具体实践中，其经费也大多是由当地集体或个人自筹的，政府只是进行一些必要的补贴。如在 1950 年春天，左权丈八村全体学员集体开了三亩荒，修了一亩麻地。秋天收下的谷和麻籽麻皮，除集体买下课本文具，解决了民校的开支外，还有剩余；教师教一天顶三分，三天顶一工，统由男学员还工。① 再如，在新中国成立初期的河南农村，社区教育经费由各民校学员组织生产或捐款解决；1957 年底到 1960 年，其社区教育经费主要由公社、大队、生产队等办学单位及群众自筹；1961～1966 年，本着谁上学、谁出钱的原则，由学员交纳社区教育学费解决经费问题，只有农民业余学校专职教师的工资由国家开支。②"文革"期间，各地举办的社区教育机构经费更是基本靠学员和集体自筹。

新中国成立后到改革开放前，社区教育经费基本延续了革命根据地投入的方式，主要由当地集体和个人采取多种灵活的方式自筹，政府进行少量的补贴。正是采取了这种方式，中国社区教育在国家经济极其困难的条件下才得以蓬勃发展。

（三）　1978～2020 年的社区教育经费：走向政府投入为主的多渠道投入

改革开放后，社区教育经费总体上改变了主要由群众自筹的状况，逐步走向以政府投入为主，各种力量筹集的多渠道方式。

20 世纪 80 年代中期以前，农民教育经费主要靠集体经济组织自筹和多渠道广开财源解决。③ 其后，不少地方采取了地方财政资助、勤工俭学自助、适当收缴学费及从农村教育事业费附加中提取一定比例等办法，多渠道筹措办学经费。④ 1987 年，国家教委等在颁布的《乡（镇）农民文化技术学校暂行规定》中规定："乡（镇）农民文化技术学校的办学经费，由乡（镇）从农村教育事业费附加中提取一定的比例和采用集体自筹、收

---

① 关守耀：《农民业余学校的典型 左权丈八村民校是怎样办好的》，《人民日报》1951 年 5 月 24 日，第 3 版。

② 薄运玲：《试论建国后十七年河南农村的社会教育》，硕士学位论文，河南大学，2002，第 30～39 页。

③ 《中国教育年鉴》编辑部编《中国教育年鉴（1982—1984）》，湖南教育出版社，1986，第 248～249 页。

④ 《中国教育年鉴》编辑部编《中国教育年鉴（1985—1986）》，湖南教育出版社，1988，第 809 页。

取学费、勤工俭学收入补贴等办法解决。为各业务部门举办的培训班，所需经费可由各业务部门提供。"1991 年《国家教委关于大力发展乡（镇）、村农民文化技术学校的意见》再次强调了这一精神。1995 年国家教委在印发的《示范性乡（镇）成人文化技术学校规程》中，正式规定乡镇成人文化技术学校办学经费由乡（镇）人民政府根据国家有关规定负责筹措，采取地方财政、集体投入、收取学杂费、教育部门奖励补助等多渠道筹集资金的办法解决。各地也出台了相应的文件，如湖北省政府印发了《湖北省乡镇成人文化技术学校管理办法》，规定学校可向参加经济效益明显的实用技术培训的学员收适当的学费；可以从农村教育附加费中提 3%~5% 用于办学；还可以通过兴办实体创收、鼓励社会捐资助学等方法多渠道筹集资金，办学经费不足的，由乡镇政府负责解决。① 对于扫盲，各地政府加大了经费投入力度。如云南省政府要求按每扫除一个文盲投入 100 元安排经费；江苏省规定，从 1992 年起，扫盲和农民教育经费从人均 0.1 元提高到 0.2~0.25 元，并规定从农村教育经费中拨 3% 用于扫盲和农村成人教育。② 在城市，社区教育主要靠学员的学费及当地政府进行一些补贴支持运转。如 1980 年，西安市城区街道兴办的业余学校的经费实行民办公助，主要来源是学费收入，不足部分由劳动服务站管理费补贴，莲湖区还从区地方财政经费中为各校拨了一定数量的办学经费。③ 1991 年 11 月举办的咸阳市秦都区个体劳动者培训学校，办学经费采取了自筹自助的方法，学员每期交纳学费 20 元，取之于学员、用之于学员。④

2004 年，教育部《关于推进社区教育工作的若干意见》首次明确提出要保障社区教育的经费投入，要充分发挥政府扶持和市场机制的双重作用，采取"政府拨一点，社会筹一点，单位出一点，个人拿一点"的办法，建立以政府投入为主，多渠道投入的社区教育经费保障机制。国家和省级社区教育实验区应按照社区常住人口人均不少于 1 元的标准，落实社区教育经费。2010 年，《国家中长期教育改革和发展规划纲要（2010—

---

① 后国权：《湖北省推出乡镇成人文化技术学校管理办法》，《成人教育》1996 年第 10 期。

② 刘立德、谢春风主编《新中国扫盲教育史纲》，安徽教育出版社，2006，第 170~171 页。

③ 《适应待业青年升学和就业需要 西安市城区街道兴办业余学校 29 所》，《人民日报》1980 年 8 月 21 日，第 3 版。

④ 中央统战部五局、全国工商联信息咨询培训部联合调查组：《咸阳市秦都区的个体劳动者培训学校》，《中国工商》1992 年第 7 期。

2020 年）》提出，非义务教育实行以政府投入为主、受教育者合理分担培养成本的投入机制。当年，中国社区教育实验区和示范区当地政府平均每人全年投入 2.68 元的社区教育经费，① 当地政府投入是社区教育经费的最主要来源。2016 年，教育部等九部门《关于进一步推进社区教育发展的意见》再次强调要拓宽社区教育的经费投入渠道，"建立健全政府投入、社会捐赠、学习者合理分担等多种渠道筹措经费的社区教育投入机制"。一些地方也对本地区的社区教育经费问题进行了规定，如 2003 年，天津市和平社区教育委员会下发了《关于社区教育专项经费使用管理办法》等文件。上述政策法规的制定，逐步确立了建立以政府投入为主，多渠道投入的社区教育经费保障机制的理念。一方面，确立的以政府投入为主的理念和政策，明确了政府在社区教育发展中的责任。另一方面，确立了社区教育的多元投入机制，有利于调动社会办学的积极性，整合多种教育资源，促进我国社区教育的发展。

综上，中国在民国时期颁布了有关社区教育经费的专门规定，由此，社区教育发展开始有了经费保障，社区教育经费投入有了较大的增长，但大多数地方没有达到中华民国教育部规定的标准。在革命根据地及新中国成立后，社区教育经费以个人负担、集体筹集为主，这一经费政策是从当时社会的具体情况出发制定的，树立了穷国办社区大教育的典范。改革开放后，总体上采取了以政府为主，各种力量集资的多渠道方式，这是社区教育经费投入上的一个巨大进步，意味着人们认识到了社区教育的公共性特征及政府作为公共部门主体在其中应承担的责任和义务。但我国当前社区教育经费投入还存在较为严重的问题。

三 社区教育师资的发展历程

教师是一切教育发展中不可缺少的要件，师资队伍的数量及质量影响着教育的发展。我们这里所指的社区教育师资，是指社区教育的教学人员及管理人员，重点是教学人员。百年来，中国各个时期都有一些有关社区

---

① 杨志坚主编《中国社区教育发展报告（1985—2011 年）》，中央广播电视大学出版社，2012，第 104 页。

教育师资的规定，但规定并不系统和统一。

（一） 1912~1949 年社区教育师资状况

1. 国统区社区教育师资状况

第一，首次较为详细地规定了社区教育师资的资格。

清朝末年，清政府对社区教育师资的规定较少而且模糊。如宣统元年（1909）发布的《学部奏遵拟简易识字学塾章程折》称，简易识字学塾"此项教员，科学亦不必求全，但使文理通顺，略具普通知识者即可取为师资"①。中华民国成立后，这一状况有所改变，教育部于 1915 年公布《通俗教育讲演所规程》，规定所长及讲演员须年在 25 岁以上，具有下列资格之一者，"讲演传习所或通俗教育研究所毕业者""曾任讲演一年以上著有成绩者""曾任小学校以上之教员或简易师范毕业者""教育会劝学所各职员""地方绅董夙有学望者"。"所长、讲演员由地方长官委充，详请该管最高级行政长官汇报教育部备案。"② 从这些规定中可以看出，这时我国开始对社区教育师资有了学历、资历等方面的要求。此后，中华民国教育部等颁布了一系列文件，规定了社区教育师资资格。

1929 年的《民众学校办法大纲》规定，民校师资得由各省及特别市设立专校培植之，但各县市小学以上教职员、社会教育机关职员、各教育团体职员、中等以上学校学生，对于民众教育有相当经验者，亦得充任。③

1931 年的《通俗讲演员检定条例》及《通俗讲演员检定委员会组织通则》（1933 年修订）规定，通俗讲演员及志愿参加者，"一律须受检定，其未经检定或检定不合格者，不得充任"。有下列之一者，可请求检定：在社会教育或民众教育人员训练机关毕业者；在师范学校或中等以上学校毕业者；具有相当学力并从事党务或社会教育一年以上者。检定项目包括党义、常识、演说。④

1934 年的《民众学校规程》规定，民众学校校长及教员"以有小学教员资格及曾受民众教育师资训练者充任之"⑤。

---

① 学部：《学部奏遵拟简易识字学塾章程折》，《教育杂志》1910 年第 1 期。
② 《通俗教育讲演所规程》，《江苏教育行政月报》1915 年第 10 期。
③ 《民众学校办法大纲》，《江宁县教育行政月刊》1929 年第 21 期。
④ 蒋建白、吕海澜编著《中国社会教育行政》，商务印书馆，1937，第 94 页。
⑤ 《民众学校规程》，《江都教育》1934 年第 1 期。

1943 年的《社会教育机关工作人员检定规程》规定，各省市社教机关工作人员应受检定，符合规定的条件者接受考试，合格者发给证书。但只对图书馆馆长、民众学校校长和教员、职业补习学校校长主任或教员的资格有具体的规定。[①] 对于其他种类的社区教育机构师资标准则无明确的规定。

一些省也出台了相应的文件。如江苏省于 1927 年底规定了各县通俗教育馆人员的资格，1929 年颁布了《各县县立通俗教育馆馆长任免及待遇暂行规程》及《通俗教育馆馆员聘任及待遇暂行规程》，1932 年公布了《各县县立民众教育馆馆长任免及待遇暂行规程》《各县县立民众教育馆馆员聘任及待遇暂行规程》。《江苏省各县民众学校校长教员任免及待遇暂行规程》中，规定了各县民众学校校长、职员的具体资格条件。[②]《上海市立民众教育馆馆长任免及服务规则》《北平市民众学校暂行规程》等中，也同样列出了民众教育馆馆长及民众学校师资的具体资格条件。[③]

第二，社区教育教师受过专业培训的不多。

在社区教育师资中，大多数为小学教师，受过专门社区教育培训者不多，且各社区教育机构师资的数量和质量差异极大。如据对 1916 年吉林省通俗教育讲演所的调查，吉林省讲演员履历基本符合教育部 1915 年 10 月颁布的《通俗教育讲演所规程》要求，大部分人受过中等程度教育，只有少数人接受过专业的通俗讲演培训。[④] 即使是当时师资水平最高的江苏省，受过社区教育方面专门训练的人也不多。据对江苏县立教育馆社区教育人员资格的调查，其主管人员只有 52% 受过专科的社区教育合格训练，38% 仅受过师范或普通中学以下教育；职员受过社区教育合格训练的只有 6%。[⑤] 其他地区的社区教育师资存在的问题就更多了。据黄裳的调查，全国民众学校教职员中受过师范教育者、中学毕业者、师范讲习所或检定合

① 赵冕：《社会教育行政》，商务印书馆，1938，第 176~177 页。
② 《江苏省各县民众学校校长教员任免及待遇暂行规程》，《上海县教育月刊》1932 年第 45 期。
③ 参见蒋建白、吕海澜编著《中国社会教育行政》，商务印书馆，1937，第 101 页；刘晓云主编《近代北京社会教育史料汇编》，河北科学技术出版社，2011，第 294 页。
④ 朱一丹：《吉林通俗教育讲演所研究（1915—1931）》，博士学位论文，吉林大学，2016，第 51 页。
⑤ 赵冕：《社会教育行政》，商务印书馆，1938，第 180~181 页。

格者、民教专门训练毕业者分别占比 29.1%、22.6%、11.1%、6.4%，而且地区差异很大。① 在这些被调查者中，曾担任小学教职员者、有社教经历者、曾任民校教职员者分别占比 57.49%、12.14%、3.3%。② 陈礼江认为，民众教育人员应具备广博的知识、纯熟的技能、强健的体格、牺牲的精神。根据上述条件去衡量，民众教育人员符合条件的"实属寥寥无几"。③

第三，社区教育师资数量远远不够。

在这一时期，我国现代社区教育刚刚起步，且当时整个国家经济和文化基础都很薄弱，社区教育师资缺乏，数量远远不够。据黄裳的调查，在 1928~1930 年，全国民众学校教职员由 8827 人增加至 53874 人，但按全国的文盲数算，社区教育仅专职教职员就需 135000 人。④ 根据 1937 年的统计，全国民众教育馆职员人数平均每馆 4.4 人，而一个县立民众教育馆，往往只有两三人。⑤ 又据钟灵秀估计，全国需要社教人员 177 万多人，而在 1936 年，社教人员只有 207818 人，截至 1941 年 6 月底，仅就 24 省市计，社教人员共有 151610 人。⑥ 由上可见，当时的社区教育师资总数离实际需要还相去甚远。尽管当时也在尽力开展社区教育师资的培训工作，但与所需比较，仍是"杯水车薪，无济于事"。⑦

第四，社区教育教师总体收入不高。

民国早期，社区教育行政人员的待遇比照文官等官俸，社区教育实施人员待遇则无统一规定，各地不一，有的比照区域内中小学教员之待遇定俸禄，⑧ 但社区教育教师待遇总体不高，其收入与中小学教师相比，显然低得多。

如 1923 年，广东小学教职员的月薪一般为 36 元，最高 125 元，1928 年，初小教职员月薪一般为 16~25 元，高小教职员为 20~30 元，中学教职

① 黄裳：《民众学校服务人员问题之研究》，《教育与民众》1935 年第 6 期。
② 周慧梅、吕霄霄：《近代中国社会教育师资的资格与检定制度分析——以民众学校为中心》，《教师教育研究》2012 年第 6 期。
③ 陈礼江编著《乡村教育及民众教育》，正中书局，1938，第 175~176 页。
④ 黄裳：《民众学校服务人员问题之研究》，《教育与民众》1935 年第 6 期。
⑤ 许公鉴：《民众教育馆制度改革的研讨》，《中华教育界》1947 年第 6 期复刊。
⑥ 钟灵秀：《改进今后社会教育应积极培养社会教育干部人员》，《社会教育季刊》（重庆）1943 年第 1 期。
⑦ 钟灵秀编著《社会教育行政》，正中书局，1947，第 201 页。
⑧ 蒋建白、吕海澜编著《中国社会教育行政》，商务印书馆，1937，第 112 页。

员月薪高于小学，省会城市广州更高一些。据调查，1928 年，广州 30 间小学教职员的平均工资为 44.58 元。[①] 1931 年，济南市第三实验小学和章丘龙溪小学教职员的工资，多数月薪 40 元，只 1 人 30 元。[②] 而据黄裳 1931 年对 21 省市 260 余县市民众学校教职员的调查，教职员最多的是义务性质的，占总数的 42.26%，其次为月薪 5 元以下的，占 14.67%，平均数为 4.6 元。[③] 1931 年，河北各县民众学校专任教师中工资最多与最少者分别为每月 15 元和 3 元，兼任中最多与最少者分别为每月 5.5 元和 0.5 元，有 18 县兼任教师无报酬。1932 年，山东县立教育馆职员月薪 0 元的有 4 人，6~10 元的有 12 人，11~15.9 元的有 93 人。1935 年，江苏县立教育馆中，月薪为 4 元的有 1 人，5~9 元的有 7 人，10~14 元的有 41 人。1939 年 10 月，由于抗战期间物价飞涨，教育部规定社教人员凡工资低于 20 元或 25 元的，每月增加 5 元。[④] 由于社区教育教师待遇较低，就不可避免地造成了本已缺乏的师资流失。当时就有人指出，"有许多平民学校教师，竟是毫无报酬……完全要人尽义务的事情，往往可暂而不可久"[⑤]。

第五，兴办了较多的社区教育师资培训机构。

民国初年，教育部开始设置一些培训社区教育师资的机构，如北京通俗教育讲演传习所、注音字母传习所、国语讲习科等。吉林省在中华民国成立初期成立了讲演练习所，专司讲员培训之职。讲演练习所课程设置侧重于讲演技巧和实践，与此相关的课程占总学时的 70%。总体而言，以短期培训为主要特征的讲员培养模式，其教学内容和形式尚属切合实际，但效果令人失望，基层讲演所建设滞后使多数返乡讲员无用武之地，只能另觅他职。[⑥]

1927 年后，社区教育师资培训工作得到了较大的发展，教育部及各省市都设立了一些培训社区教育师资的机构。1928 年，江苏省立教育学院成

① 何国华：《民国时期的教育》，广东人民出版社，1996，第 315~316 页。
② 王运明：《民国小学教师待遇初探》，《教学与管理》2011 年第 3 期。
③ 黄裳：《民众学校服务人员问题之研究》，《教育与民众》1935 年第 6 期。
④ 教育部社会教育司编《全国社会教育概况（民国二十九年度）》，教育部社会教育司，1940，第 128 页。
⑤ 顾旭侯等编《平民教育实施法》，商务印书馆，1925，第 21 页。
⑥ 朱一丹：《吉林通俗教育讲演所研究（1915—1931）》，博士学位论文，吉林大学，2016，第 114~118 页，第 120 页。

立，这是我国第一所培养社区教育人才的专门学校，到 1938 年，该院已毕业学生有 700 余人。① 1931 年，教育部训令各省市应筹设社会教育或民众教育人员之训练机关一所，或就该省市原有之教育学院或师范学校内，设立专系或专科，以培养此项专门人才。1933 年，中国社会教育第二届年会提出了培养社教师资的几种途径：各省市专设社会教育人才训练机关；各省市就省市立民众教育馆附带办理；大学设立社会教育学系；各省市于原有师范学校或乡村师范学校添设社会教育学程。② 1937 年，教育部又令各省市教育厅设立民众教育师资训练所，各省市保送社教工作人员及预备人员、民众教育师资训练所主任人员前往南京受训。此后，各省市都开始增设这种训练社区教育师资的机关。据 1938 年统计，全国社教人员训练机关已达 251 所。③ 社区教育人员长期训练机构主要有：江苏省立教育学院、河北省立民众教育实验学校、浙江省立民众教育实验学校、湖北省立教育学院、四川省立教育学院、山东乡村建设研究院、广西普及国民基础教育研究院、私立中国乡村建设育才学院、国立戏剧专科学校、国立音乐院、国立歌剧学校、国立社会教育学院等。此外，不少公私立大学、教育学院及中等师范学校等也设置了社会教育系或社会教育科以培养社会教育人才。社区教育人员短期训练机构主要有：中华平民教育促进会在河北定县创办的平民教育学院、江苏省立教育学院开办的社会教育暑期学校、福建省立民众教育馆设立的民众教育函授学校、江西设立的民众教育师资训练所及特种教育师资训练所、福建省设立的社会教育人员训练班、四川省开办的第三区各民众教育馆工作人员训练班和民众教育馆长训练班，以及教育部在 1935～1941 年开办的无线电收音指导员训练班、民众教育人员干部讲习班、社会教育督导员训练班、音乐教导人员训练班、各省市民众教育馆馆长训练班等。④

下面是两所社区教育师资培训学校概况。

汉口市立民众教育教师讲习所，该所学习时间为一年，前一学期注重教学研究，后一学期注重实验工作。课程设有党义、民众教育问题、民众

---

① 陈礼江编《乡村教育及民众教育》，正中书局，1938，第 176 页。
② 古梅：《民众教育新动向》，中华书局，1946，第 26 页。
③ 钟灵秀编著《社会教育行政》，正中书局，1947，第 191 页。
④ 钟灵秀编著《社会教育行政》，正中书局，1947，第 191～200 页。

教育实施法、群众心理、民众读物之研究等。报考资格：除对身体素质、对本职业的热爱等有所规定外，还规定年龄在 18 岁以上，30 岁以下，曾在旧制中等学校或师范学校毕业，领有毕业证书者。①

国立社会教育学院，1941 年成立，有 9 个系科。以社会教育行政学专业为例，学生除公共课外，还要学习教育史、比较教育、教育测量与统计、教育行政、成人学习心理、教育视导与调查、国民教育、农村教育、乡村建设、教育社会学、教育研究法、社教教材、社教实施法、民众学校、民众教育馆、补习教育、推广教育、教育哲学等课程。②

民国时期，第一次对社区教育师资资格进行了较为明确而具体的规定，同时，兴办了大量的社区教育师资培训机构，对于促进我国社区教育师资的专业化，提高社区教育教师的水平起到了积极的作用。但总体来看，由于种种原因，有关社区教育教师的资格标准在全国并未得到完全的贯彻，同时，社区教育师资不管是在数量上还是在质量上都还有极大的欠缺。此外，社区教育教师的收入水平和社会地位不高，导致了本就不足的师资大量流失。

2. 革命根据地的社区教育师资情况

第一，对社区教育师资资格进行了较为粗阔的规定。

在根据地也有一些有关社区教育教师资格的政策出台，但较为粗阔。如 1929 年，中共鄂东北特委在《鄂东北苏区苏维埃临时政纲》中规定，农村夜校教员须经区苏维埃文化委员会核准，并发给证书方为合格。③ 1937 年，陕甘宁边区在《关于冬学的通令》里规定，冬学教员的条件有：能读《新中华报》或看简单文件；思想观点正确，吃苦耐劳；善于领导群众，工作积极；身体强健。④ 1939 年，陕甘宁边区规定了不得任冬学教员的几种情况：因政治问题被洗刷的小学教员、参加迷信组织者、识字不到 1500

① 汉口市政府教育局编《市立民众教育教师讲习所报告》，汉口市政府教育局，1930，第 1~9 页。
② 国立社会教育学院编《国立社会教育学院概况》，国立社会教育学院，1948，第 1~2 页，第 17~18 页。
③ 皇甫束玉、宋荐戈、龚守静编《中国革命根据地教育纪事 1927.8—1949.9》，教育科学出版社，1989，第 17 页。
④ 中央教育科学研究所编《老解放区教育资料》（二·下），教育科学出版社，1986，第 3 页。

个者、思想过于陈腐者。① 晋察冀边区要求选聘的民校老师"要是积极负责，能胜任为群众所拥护的"，"有小学的村庄，宣讲班教师可由小学教师兼任，没有小学教师的可让有相当文化水平的村干部兼任"。②

第二，社区教育师资来源多样。

由于根据地有文化的人极少，社区教育师资极其缺乏，总体采取群众推荐、能者为师的做法，其来源主要有以下几种。一是当地小学教师及知识分子。二是采用即知即传的小先生制，使学员把自己学到的知识马上又传授给其他人。三是军队中有文化的官兵。四是以民教民。徐特立认为，识字最好的方法，就是2~5个同吃饭、同睡觉、同工作的人组成一个小组，让所有识字的人和不识字的人相互配合，让所有识字的教所有不识字的，让工作人员教工作人员，战斗员教战斗员，群众教群众，老公教老婆。③ 五是学校学生。如1930年闽西苏维埃政府文化部教育委员会决定，各乡识字所负责人由当地苏维埃政府分配比较识字的人担任。④ 毛泽东在1931年的《兴国调查》中记述，兴国每村的平民夜校中有一个教员，由村中稍识文字者担任。⑤ 山西革命根据地社教教师的来源主要有以下几方面：村长推荐、小学教员代聘、团体推荐、知识分子座谈会动员、民选在取得同意并接受培训后由政府下聘书，所有的冬学学员均为冬学助教。⑥ 晋察冀边区北岳区各县冬学师资来源主要有：机关工作人员、部队政工人员、中学部分高才生、村中的知识分子。⑦ 1949年7月，苏北行署盐城专署在《关于夏学运动的指示》中规定，区乡干部可教政治课，有生产经验的乡干或农民讲生产知识，小学教师和知识青年进行文化教育，农村中较好的

---

① 中央教育科学研究所编《老解放区教育资料》（二·下），教育科学出版社，1986，第37页。
② 中央教育科学研究所编《老解放区教育资料》（二·下），教育科学出版社，1986，第116、121页。
③ 湖南省长沙师范学校编《徐特立文集》，湖南人民出版社，1980，第56页。
④ 皇甫束玉、宋荐戈、龚守静编《中国革命根据地教育纪事1927.8—1949.9》，教育科学出版社，1989，第30页。
⑤ 皇甫束玉、宋荐戈、龚守静编《中国革命根据地教育纪事1927.8—1949.9》，教育科学出版社，1989，第40页。
⑥ 辛萌：《山西革命根据地社会教育研究》，博士学位论文，山西大学，2017，第116~118页，第122页。
⑦ 皇甫束玉、宋荐戈、龚守静编《中国革命根据地教育纪事1927.8—1949.9》，教育科学出版社，1989，第236页。

医生做卫生教师，税务干部可在市镇中教贸易货币。①

第三，社区教育教师大多为义务制。

由于经济极度紧张，根据地社区教育教师大多为义务制或有少量津贴，或在生产劳动或军勤方面适当加以折抵和照顾。如在晋绥行署，冬学教员都是义务职位，冬学开办期间，免除军勤。②在山西革命根据地，采取"按时记工"、以工变勤的办法来统计普通义务教员的工作。③

第四，对社区教育教师进行简易的岗前培训。

各根据地都对社区教育教师进行了一定的简易培训，如1931年，鄂豫皖边区规定，各县应设立教师训练班，训练新教师。④再如，在山东抗日根据地，每年冬学开始前，各县以区为单位集训群众教师，明确任务要求和讨论教育内容、教育方法。⑤又如，在山西革命根据地，义务教员上岗前须进行培训，1940年时，冀西、漳北、太南、一办、二办、太岳的义务教员受过培训者占教员总数的75.64%。师资训练班以县为单位进行，由县教育干部和优秀冬学教员共同负责组织培训，集训时间一般为半个月或20天。冬学教员回到本村后采用师傅带徒弟的办法，对其他的教员进行训练。⑥

革命根据地采取的各种社区教育师资队伍建设办法，最大限度地利用了当时当地的人力和财力资源，对促进根据地社区教育的发展起到了重要作用。

（二）　1949~1978年我国社区教育师资状况

1. 对于社区教育教师资格进行了较为粗略的规定，实行以民教民、能者为师的方针

新中国成立后，基本沿袭了根据地的做法，在较长的时期内对社区教育教师资格没有明确的统一标准，只有一些较为粗放的不多的规定，由于

---

① 董纯才主编《中国革命根据地教育史》第3卷，教育科学出版社，1993，第82~83页。
② 董纯才主编《中国革命根据地教育史》第3卷，教育科学出版社，1993，第233页。
③ 辛萌：《山西革命根据地社会教育研究》，博士学位论文，山西大学，2017，第123页。
④ 皇甫束玉、宋荐戈、龚守静编《中国革命根据地教育纪事1927.8—1949.9》，教育科学出版社，1989，第47页。
⑤ 董纯才主编《中国革命根据地教育史》第2卷，教育科学出版社，1991，第470页。
⑥ 辛萌：《山西革命根据地社会教育研究》，博士学位论文，山西大学，2017，第118、126页，第128~129页。

师资的匮乏，总体仍实行"以民教民、能者为师"的方针。[①]如1949年12月教育部在《关于开展一九四九年冬学工作的指示》中，要求各省市要有计划地组织一批冬学的师资，政府机关工作人员及中小学教师要尽可能地参加，还可选聘村中文化水平较高的人担任文化教师;[②]1950年的《关于开展农民业余教育的指示》规定，一般应实行以民教民的方针，动员一切识字的人做群众教师，必要时举办短期培训班，吸收失业知识分子，使之参加农民业余教育工作，乡村小学的教职员，应负责给群众教师以业务上的指导。[③]《关于一九五三年冬学工作的指示》规定，冬学政治教员由各县筹划安排，文化教员应主要由当地不脱离生产的业余教师担任;对已识了大约2000字的原来冬学和民校的学员，应培养他们成为冬学教员;对业余教员，不要要求过高。[④]

此时的社区教育师资除了当地小学教师外，还有党政干部、知识分子、小先生等，随意性强，教师文化程度较低。由于并没有这方面的全国性统计资料，因此，我们只能从当时的报道中看出大概情况。

在新中国成立初期，北京市业余教育的教师主要来源于群众，实行"以干教干""以工教工""以民教民"的方针，以兼任教师为主，专任教师为辅。[⑤]河北省涉县沿头村从毕业的扫盲学员和回乡知识青年中选拔人才充实农民业余学校教师队伍。[⑥]山东省莒南县高家柳沟大队从本地初中、高小毕业生中为业余学校选拔教师，还大力提倡能者为师与互教互学，形成了一支专职教师、业余教师和大量的辅导员、小先生相结合的教师队

① 《中国教育年鉴》编辑部编《中国教育年鉴（1949—1981）》，中国大百科全书出版社，1984，第579页。

② 国家教育委员会成人教育司编《扫除文盲文献汇编（1949—1996）》，西南师范大学出版社，1997，第5页。

③ 国家教育委员会成人教育司编《扫除文盲文献汇编（1949—1996）》，西南师范大学出版社，1997，第295页。

④ 国家教育委员会成人教育司编《扫除文盲文献汇编（1949—1996）》，西南师范大学出版社，1997，第30页。

⑤ 穆扬:《京市业余补习教育获经验　按行业办工人夜校　各区已设百余校学员达万名　打下业余补习学校基础》，《人民日报》1949年12月6日，第3版。

⑥ 教育部业余教育司、河北省教育厅调查组:《坚持办学十四年的涉县沿头村农民业余学校》，《人民教育》1965年第1期。

伍。① 湖北省蕲春县孙冲公社各大队就地选拔和聘请政治夜校教师，组织了由干部、老贫农和中小学教师参加的"三结合"讲师团。② 吉林省怀德县（今公主岭市）四道岗公社五七大学的教师主要由工人、贫下中农、革命技术人员担任。③ 这方面的报道不少，④ 此处不一一列举。

2. 社区教育教师不少是义务的或采取换工及少量误工补贴形式作为报酬

新中国成立后，社区教育教师中的群众教师多是义务的，少数教师以换工形式或发放少量的补贴体现其劳动报酬。国务院在 1955 年的《关于加强农民业余文化教育的指示》中提出，对于业余教师，可采取变工互助、减免勤务等办法，在生产和生活上给以适当的帮助。⑤ 新中国成立初期，北京市从事业余教育的群众教师大多是义务劳动；⑥ 河南省群众教师原则上是义务的，从业余教师中选拔配备到中心民校工作的，给予一定补贴，业余学校一般教师采用识工补助的办法由社队或学员负担；⑦ 山西省解虞县（今运城市）西张耿乡业余文化技术学校教师的工资由学员负担，给教师的报酬多少，是按定员、定额、定质、定量评给；⑧ 河北省涉县沿头村农民业余学校曾采用"师生变工"的办法，公社化以后，实行了误工

① 中国共产党山东省委员会、临沂地区革命委员会、莒南县革命委员会：《按毛主席指示办好业余教育——山东莒南县高家柳沟大队的调查报告》，《人民日报》1971 年 6 月 22 日，第 2 版。

② 《湖北省蕲春县孙冲公社办起了农民业余大学》，《人民教育》1975 年第 7 期。

③ 吉林省教育局怀德县教育局吉林师范大学联合调查组：《一所半工半读的社办五七大学——吉林省怀德县四道岗公社五七大学调查报告》，《吉林师大学报》1975 年第 3 期。

④ 参见皇甫瑾《冀晋两省解决冬学民校师资问题的实例》，《人民教育》1950 年第 2 期；张克忍《一个学文化又学技术的业余学校》，《人民教育》1958 年第 4 期；中共天津市委、中共宝坻县委调查组等《小靳庄的政治夜校》，《人民日报》1974 年 9 月 8 日，第 1 版；中共乳山县委报导组《面向农村 开门办学——乳山县五七学校的经验》，《破与立》1975 年第 1 期；吉林省教育局调查组、白城地区教育局调查组、前郭县教育局调查组《吉林省前郭五七大学调查报告》，《人民教育》1974 年第 5 期；《文化大队认真办好知识青年业余大学》，《人民日报》1976 年 8 月 12 日，第 4 版。

⑤ 《中国教育年鉴》编辑部编《中国教育年鉴（1949—1981）》，中国大百科全书出版社，1984，第 579 页。

⑥ 穆扬：《京市业余补习教育获经验 按行业办工人夜校 各区已设百余校学员达万名 打下业余补习学校基础》，《人民日报》1949 年 12 月 6 日，第 3 版。

⑦ 薄运玲：《试论建国后十七年河南农村的社会教育》，硕士学位论文，河南大学，2002，第 20、38 页。

⑧ 张克忍：《一个学文化又学技术的业余学校》，《人民教育》1958 年第 4 期。

记分补贴的方法。①

3. 社区教育师资的培训采取多种方式，以就地培训和边教边学为主

新中国成立后同样重视社区教育师资的培训工作，对此进行了一些规定。1950 年的《关于开展农民业余教育的指示》，要求各县人民政府采取定期集训、巡回传授、辅导集体备课、教学研讨、教学展览、组织观摩教学与典型报告等办法，提高群众教师的政治水平与教学能力。②《关于一九五四年冬学工作的指示》指出，在冬学开学前，要对业余教师进行以县为单位的短期训练，并规定了训练的主要内容；在冬学期间，也应经常地组织他们学习教学业务。③ 1959 年教育部党组在《关于进一步开展农村扫盲和业余教育工作的请示报告》中规定，农村扫盲和业余教育的师资应采取业余进修和短期脱产轮训等办法，除高等师范学校应将培养业余中等学校的师资列入计划外，有条件的地区还可以开办工农师范学校，专门训练成人教育的师资。④

在实践中，社区教育师资的培训方式多种多样，既有送到上一级机构去进行专门集中的培训，又有就地进行、边教边学的培训，后者是主体，培训形式多样。

北京市社区教育师资培训主要采用座谈会集体备课、举办师资训练班、举办专题报告等方式进行。⑤

冀晋两省创造和运用了"传习制度"，表现为以区或中心学区为重点，召集各村义务教员来传习；对下乡的县区干部（政治教员）每次回来开会时集中进行教学检查；以小学教师为骨干开展教学研究会或示范教学；分散的小村或山庄由学习小组组长和积极分子定期到主村传习或听课，回村

---

① 教育部业余教育司调查组、河北省教育厅调查组：《坚持办学十四年的涉县沿头村农民业余学校》，《人民教育》1965 年第 1 期。

② 国家教育委员会成人教育司编《扫除文盲文献汇编（1949—1996）》，西南师范大学出版社，1997，第 295 页。

③ 国家教育委员会成人教育司编《扫除文盲文献汇编（1949—1996）》，西南师范大学出版社，1997，第 45 页。

④ 国家教育委员会成人教育司编《扫除文盲文献汇编（1949—1996）》，西南师范大学出版社，1997，第 100 页。

⑤ 穆扬：《京市业余补习教育获经验　按行业办工人夜校　各区已设百余校学员达万名　打下业余补习学校基础》，《人民日报》1949 年 12 月 6 日，第 3 版。

后再教群众。①

山西省解虞县西张耿乡业余文化技术学校提高教师文化水平的办法有：让教师到县和乡集中学习；建立教研组，组织观摩教学；争取得到附近普通中小学的帮助。提高农业技术课教师技术水平的办法有：选送人到农业技术学校和县农技训练班去学习；先学后教，集中训练，边学边教；成立技术研究小组，建立教学实验地。②

新中国成立之初，河南省许多地方建立了社区教育教师培训的传授网、站，传授方式有直接传授与间接传授两种，有的地方还以乡或村为单位成立了教学研究小组及教学互助组。③

总之，在新中国成立后到改革开放前这一时期，社区教育教师资格的规定、待遇、培训等方面都继承了根据地的做法，如对社区教育教师资格只有一些较为粗放的不多的规定，动员一切社会力量解决社区教育师资问题，实行以民教民的政策，社区教育教师不少为义务教师，对教师的培训多在教学过程中进行等。这些政策与做法，适合当时的具体情况，对于保证社区教育教师的基本供给，促进社区教育的发展起到了巨大的作用。当然，对社区教育教师资格没有严格规定、教师待遇低、培训简单等缺陷，也不可避免地影响到社区教育师资质量。

（三） 1978～2020 年我国社区教育师资状况

1. 对于社区教育师资资格的规定逐步走向具体化和专业化

改革开放后，我国对社区教育师资资格的规定，总体趋势是从笼统走向具体，从非专业走向专业。1982 年的《县办农民技术学校暂行办法》规定，县办农民技术学校专职教师应是大专毕业或具有同等学力，并能胜任教学者。④ 1995 年的《示范性乡（镇）成人文化技术学校规程》指出，示范性乡（镇）成人文化技术学校专职教师中具有大专以上学历的应占 60%以上；兼职教师中的文化课教师至少要掌握两门以上实用技术，专业课教

---

① 皇甫瑾：《冀晋两省解决冬学民校师资问题的实例》，《人民教育》1950 年第 2 期。

② 张克忍：《一个学文化又学技术的业余学校》，《人民教育》1958 年第 4 期。

③ 薄运玲：《试论建国后十七年河南农村的社会教育》，硕士学位论文，河南大学，2002，第 19～20 页。

④ 国家教育委员会成人教育司编《扫除文盲文献汇编（1949—1996）》，西南师范大学出版社，1997，第 331 页。

师要具备多种技能，有较丰富的实践经验，能指导学员实习和科学实验。2002 年教育部在《关于进一步加强农村成人教育的若干意见》中指出，成人文化技术学校的教师必须具备教师资格，这是首次要求社区教育机构的教师具有教师资格，但此时还并未提及社区教育教师应具有的特殊资格。

2004 年，我国颁布的第九批国家职业标准正式认定社会工作者为我国的新职业。2004 年教育部《关于推进社区教育工作的若干意见》规定，要建立一支以专职人员为骨干，兼职人员和志愿者为主体的适应社区教育需要的管理队伍和师资队伍。这一规定明确了我国社区教育师资队伍由专职人员、兼职人员和志愿者组成，但没有对这几部分人的资格进行明确的规定。2006 年，国家质量监督检验检疫总局、国家标准化管理委员会发布了《社区服务指南》，对社区教育专职人员在思想品德、专业知识、基本能力、培训与证书情况等方面进行了较为具体的规定。① 2013 年，教育部职业教育与成人教育司发布了《社区教育工作者岗位基本要求》，这是教育部关于社区教育人员岗位要求的第一个专门文件，分别对社区教育管理人员及专职教学人员在学历、知识、技能、证书等方面进行了规定。2020 年9 月，国家市场监督管理总局、国家标准化管理委员会发布了《社区教育服务规范》，把社区教育教师统称为服务人员，包括教学人员和学习支持人员。教学人员应具备所教授社区教育服务项目的资格证书，或经过有资质的教育培训机构的专业培训，并对其品德、专业知识与专业能力进行了规定，还对学习支持人员的认识、能力等进行了规定。

2. 社区教育教师文化水平得到了极大提高

随着我国社会整体文化水平的提高和国家有关文件的出台，我国社区教育师资情况有了极大的改变，教师文化水平达到了从未有过的高度。如据路艳娇在 2007 年对黑龙江 80 所乡镇成人文化技术学校的调查，专兼职教师中，具有大专以上学历的分别占 80.36% 和 89.81%，具有中级以上职称的分别占 81.25% 和 69.91%。② 再如，成都市社区教育专职教师中大学本、专科学历者分别占 56%、33%，兼职教师中大学本、专科学历者分别

① 陈乃林、张志坤主编《社区教育管理的理论与实务》，高等教育出版社，2009，第 71 页。
② 路艳娇：《乡镇成人文化技术学校教师队伍现状调查》，《中国农业教育》2007 年第 2 期。

占 30%、35%。① 由此可见，社区教育教师学历大部分达到了大学或大专水平。

3. 社区教育师资在数量上还有着较大的欠缺

总体来看，社区教育教师数量还不够，生师比较高。如 1996 年，河南省方城县独树镇每所成人学校的专职教师有 1~3 名，兼职教师均在 10 人以下，按乡镇人口万分之三的比例配给，相差 1 倍或 1 倍以上。② 2007 年，黑龙江乡镇成人文化技术学校生师比在 25∶1 以下的学校占 29.5%，在 51∶1 以上的学校占 61.4%。③ 2010 年，110 个全国社区教育实验区和示范区生师比为 44.63∶1。④ 2017 年，上海市闵行区按乡镇常住人口万分之一的比例配备专职人员，各社区学校的专职人员总数应为 218.97 人，而实际只有 117 人。⑤ 据教育部课题组的调查，截至 2018 年底，县（市、区）级社区教育机构的社区教育工作者在 30 人以上的仅占 10%，5 人以下的占 42%，大部分机构的社区教育工作者在 10 人以下。乡镇（街道）社区教育机构有 5 人及以下社区教育工作者的占 73%，超过 50% 的村（居）社区教育机构仅有社区教育工作者 1~2 人。⑥

4. 教师待遇上改变了以义务为主或只有少许津贴的局面

改革开放后，国家出台了一系列有关社区教育教师待遇的文件，总体思想是给予社区教育教师（主要是指专职教师）在工资、福利、晋级等方面与同级普通学校教师同样的待遇。如 1982 年的《县办农民技术学校暂行办法》规定，县办农民技术学校经过批准配备的国家教职工，纳入教育事业编制。专职教师的职称，可参考中等专业学校的有关规定办理。⑦ 1987 年的《乡（镇）农民文化技术学校暂行规定》规定，乡（镇）农民

①　林洁：《成都市社区教育教师队伍建设研究》，硕士学位论文，四川师范大学，2017，第 14~15 页。

②　李国宾：《乡镇成人学校存在的问题及对策》，《北京成人教育》1996 年第 9 期。

③　路艳娇：《乡镇成人文化技术学校教师队伍现状调查》，《中国农业教育》2007 年第 2 期。

④　杨志坚主编《中国社区教育发展报告（1985—2011 年）》，中央广播电视大学出版社，2012，第 97~98 页。

⑤　李珺：《社区教育专职教师队伍建设的问题及对策研究——基于上海的调查分析》，《当代继续教育》2017 年第 6 期。

⑥　周延军编著《新时代社区教育若干问题研究》，北京时代华文书局，2020，第 77 页。

⑦　国家教育委员会成人教育司编《扫除文盲文献汇编（1949—1996）》，西南师范大学出版社，1997，第 331 页。

文化技术学校中的专职教师在职务聘任、晋级、调资、民转公、奖励和生活福利方面，要与同级普通学校教师的待遇相同；对兼职教师应给予合理报酬。1991 年的《国家教委关于大力发展乡（镇）、村农民文化技术学校的意见》，1995 年的《示范性乡（镇）成人文化技术学校规程》，以及2002 年教育部《关于进一步加强农村成人教育的若干意见》都做出了同样的规定。各地也出台了相应的政策。改革开放以来，首次在国家层面明确规定社区教育教师的待遇与普通同级学校教师待遇持平，虽然在实践中并没有完全做到这一点，但比之过去，已是一个巨大进步，改变了新中国成立以来长期形成的社区教育师资以义务为主或只有少许津贴的局面。

5. 教师培训成为常态

20 世纪 80 年代初，针对日益发展的社区教育的需要，中央和地方都出台了有关社区教育师资培训的文件，如 1983 年，北京市教育局发布《关于举办农民教育专职干部教师师资培训班的通知》，在海淀区四季青人民公社农民技校开办蔬菜专业师资培训班，学制为 14 个月，全脱产学习。[1] 1990 年，国家教委在相关文件中指出，各省（区、市）教育部门要制定扫盲人员培训计划，并把扫盲人员培训纳入各级教育部门干部教师的总体培训计划，每年至少对下一级的扫盲人员开展一次培训。[2] 2002 年，教育部在《关于进一步加强农村成人教育的若干意见》中强调，要加强成人文化技术学校的师资和校长的培养、培训工作。

在实践中，各地开办了大量的社区教育师资培训班，培训的途径和方式多种多样。如 1991 年 11 月和 1992 年 3 月，国家教委分别在成都及银川举办了"全国扫盲与农村成人教育人员培训班"。再如，路艳娇通过对黑龙江 2 市 8 县的调查，发现大部分乡镇成人文化技术学校都能有计划地选送中青年骨干教师进入大专院校进修学习，参加县举办的各类培训班、训练班。乡镇成人文化技术学校还经常性地组织教师以老带新、互教互学、集体备课、开展教学研究等活动，把教学工作与培训结合起来。[3] 又如，在成都市的社区学院中，专职教师都接受过培训，而且大多数专职教师每

① 欧阳璋主编《成人教育大事记（1949—1986 年）》，北京出版社，1987，第 434 页。
② 国家教育委员会成人教育司编《扫除文盲文献汇编（1949—1996）》，西南师范大学出版社，1997，第 164 页。
③ 路艳娇：《乡镇成人文化技术学校教师队伍现状调查》，《中国农业教育》2007 年第 2 期。

年至少接受 5 次以上的培训。教师接受教育培训的场所主要在自己的社区、教育学院和社区大学，还有少数教师在教师进修学校接受过培训。培训有专家讲座、座谈交流、社会实践、参观考察、团队训练等多种形式。[①] 2016 年开始，教育部职业教育与成人教育司连续举办年度社区教育、老年教育工作专题培训班，上海、北京、天津、四川、重庆等省市定期举办社区教育管理者和教师培训班、研修班，教育部社区教育研究中心、中国成人教育协会也针对社区教育发展中的重点和热点问题组织了多次研修活动。[②] 可见，对于社区教育师资的培训早已提上了议事日程，绝大部分教师都不同程度地接受过有关社区教育的培训，培训既可在本地进行，也可在外地进行，对于提高社区教育教师队伍水平，促进社区教育教师的专业化起到了重要作用。

当然，我国当代社区教育师资队伍建设在专业标准、准入制度、教育培训及待遇方面还存在不少问题，由于在本章第三节中要对这些问题进行专门阐述，这里就不重复阐述了。

综上，百年来，我国社区教育教师队伍建设取得了辉煌的成就：对于社区教育教师资格的规定逐步走向具体化和专业化，社区教育教师的数量不断增加，教师学历大幅度提高，社区教育教师的培训工作始终受到重视。当前存在的最大问题是社区教育教师还未成为专门的职业，在专业化建设上还任重道远。

第二节　社区教育政策的现实特点与科学化

一　什么是好的社区教育政策

好的社区教育政策首先必须是好的政策，然后必须是好的教育政策。那么，好的政策及好的教育政策的标准是什么？也就是说，要对我国现代

---

① 林洁：《成都市社区教育教师队伍建设研究》，硕士学位论文，四川师范大学，2017，第 27~28 页。

② 周延军编著《新时代社区教育若干问题研究》，北京时代华文书局，2020，第 13 页。

社区教育政策的演进历程进行较好的总结评价及前瞻，就必须明了"好的社区教育政策"的标准，而要明了"好的社区教育政策"的标准，首先就必须明确"好的政策"和"好的教育政策"的评价标准。

（一）什么是政策及好政策的标准

对于什么是政策，有多种多样的定义，美国学者古巴（E. G. Guba）曾将政策定义归纳为8种：政策是关于目的或目标的断言、是行政管理机构所做出的积累起来的长期有效的决议、是自主行为的向导、是一种解决问题或改良问题的策略、是一种被核准的行为、是一种行为规范、是政策系统的产品、是被当事人体验到的政策制定和政策实施系统的结果。[①] 我国学者大多强调政党及政府作为政策制定主体及政策的准则作用，"政策是国家机关、政党及其他政治团体在特定时期为实现一定社会政治、经济和文化的目标所采取的政治行为或规定的行为准则，它是系列谋略、法令、措施、办法、方法、条例等的总称"[②]。这也是笔者所赞同的观点。对于政策评价标准，人们有不同的观点：美国政治学家邓恩（W. N. Dunn）提出，政策评估标准包括效果、效率、充足、公平、回应、适宜几个方面；[③] 我国台湾学者林水波和张世贤提出政策规划的原则有公正、最终受益者是个人、最劣者受益最大、分配、连续、国民自主、紧急等；[④] 陈振明主张把有效、效率和公平作为评价公共政策的标准；[⑤] 徐晨认为，政策评估标准有生产力、效益、效率、公正及政策回应度等；[⑥] 陈庆云赞同把政策评价标准分为投入工作量、绩效、效率、充分性、公平性、适当性、执行力、社会发展总指标8个方面的观点；[⑦] 等等。以上基本囊括了学术界对政策评价标准的主要观点，评价标准主要集中在民主、公平、价值观、有效性、回应等方面。

（二）什么是教育政策及好的教育政策的标准

对于什么是教育政策，人们也有着不同的观点。大致有两类：一类是

---

① 张乐天主编《教育政策法规的理论与实践》，华东师范大学出版社，2002，第19页。
② 陈振明、黄强、骆沙舟主编《政策科学原理》，厦门大学出版社，1993，第18页。
③ 〔美〕威廉·N. 邓恩：《公共政策分析导论》，谢明等译，中国人民大学出版社，2002，第437页。
④ 林水波、张世贤：《公共政策》，五南图书出版公司，1987，第162~164页。
⑤ 陈振明主编《政策科学教程》，科学出版社，2015，第70页。
⑥ 徐晨编著《公共政策》，对外经济贸易大学出版社，2015，第151页。
⑦ 陈庆云：《公共政策分析》，中国经济出版社，1996，第257页。

把教育政策与其他一般政策等同，忽略了教育政策自身的特点。如美国教育政策专家彼得森（P. E. Peterson）曾提出："教育政策的制定与其他政策相比并没有更多的自由……并没有令人折服的理由根据说明教育政策有如此显著的特征和区别，以至于对它们的研究需要特殊的分析、特殊的概念，或者特殊的方法。"① 这种把教育政策完全等同于一般政策的观点显然有其缺陷，因此，更多的人赞同另一类观点，即把教育政策看成教育目标及其基础上制定的行动的依据、准则和支持，体现了某种价值选择。如日本学者认为，"教育政策是实现教育目的的公共方策之体系"②。叶澜认为，"政府或政党制定的有关教育的方针、政策，主要是某一历史时期国家或政党的总任务、总方针、总政策在教育领域内的具体体现"③。孙绵涛指出，教育政策作为一种行动依据和准则，是目标、原则、任务、方式、措施、步骤等多项内容的有机结合。"教育政策是一种有目的、有组织的动态发展过程，是政党、政府等政治实体在一定历史时期，为了实现一定的教育目标和任务而协调教育的内外关系所规定的行动依据和准则。"④ 这种观点较为准确和具体地对教育政策这一概念进行了界定。但不管是哪一种观点，可以肯定地说，教育政策是政策的一个分支，但又有其特殊性。"这种特殊性是由教育事业所具有的历史使命和本身发展的特殊规律所决定的。这就是，教育是一种培养人的活动，它在受到社会环境制约的同时，必须符合人的身心发展规律。"⑤ 体现在评价标准上，就更侧重于促进人的发展，满足人的教育需要等方面。

张乐天提出，评价教育政策的标准有：发展性标准，即看教育政策是否促进教育在质和量上的发展；效益标准，即政策执行之后所达成的政策结果对政策目标的实现程度；效率标准，其特别关注的是一项教育政策能否以较少的投入换取较高的产出；教育政策回应度，即指教育政策执行后满足政策目标群体需求的程度。⑥ 祁型雨认为，教育政策评价标准有三个

① 孙绵涛主编《教育政策学》，武汉工业大学出版社，1997，第3页。
② 〔日〕筑波大学教育学研究会编《现代教育学基础》，钟启泉译，上海教育出版社，2003，第199页。
③ 叶澜：《教育概论》，人民教育出版社，1999，第148页。
④ 孙绵涛主编《教育政策学》，武汉工业大学出版社，1997，第7~8页。
⑤ 孙绵涛主编《教育政策学》，武汉工业大学出版社，1997，第4页。
⑥ 张乐天主编《教育政策法规的理论与实践》，华东师范大学出版社，2002，第87~89页。

方面：教育政策价值存在的评价标准是质、量和尺度；评价教育政策的价值规范的标准是教育政策能否保证和促进教育的生存和发展；教育政策价值必然性的评价标准是教育政策能否促进人的全面、自由、和谐发展。[①]涂端午和魏巍认为，好的教育政策的判断标准有：回应社会发展需要，实现工具理性和价值理性相统一；体现话语民主；良好的权威结构；坚持基本价值导向；优良的控制结构；统筹兼顾；具有可操作性；促进教育公平。[②]综合学术界相关观点，笔者认为，好的教育政策应具有促进人与社会发展、效益与效率统一、回应人与社会的需要、良好价值观、民主与公平、可操作等特点。

（三）什么是社区教育政策及好的社区教育政策的标准

对社区教育政策进行专门界定的并不多，主要有：认为"社区教育政策是政府为了在一定时期内实现一定的教育目的而制定的关于社区教育事务的行动准则"[③]；认为"社区教育政策是公共权威部门基于一定目的在全社会范围内分配社区教育利益的活动。可以说，它是协调各种互相冲突的教育利益的活动，是负载各种利益者价值的文本，是政策'文本'与'过程'的统一"[④]；认为"社区教育政策是指中央和地方各级党政机关及相关部门为了实现一定时期内社区教育的目标和任务，对全国及区域内社区教育活动所制定的行动准则和规定"。[⑤]从以上可见，人们大多还是把社区教育政策看成党和政府所制定的有关社区教育的行动准则与规定，以及实施这一准则与规定的过程。

如前所述，好的政策评价的标准主要集中在民主、公平、价值观、有效性、回应等方面；人们普遍认为，好的教育政策具有促进人与社会发展、效益与效率统一、回应人与社会的需要、良好价值观、民主与公平、可操作等特点。好的社区教育政策显然应该达到上述标准，同时，社区教

---

① 祁型雨：《论教育政策的价值及其评价标准》，《教育科学》2003年第2期。

② 涂端午、魏巍：《什么是好的教育政策》，《教育研究》2014年第1期。

③ 朱鸿章：《社区教育政策与公民学习权保障的研究》，博士学位论文，华东师范大学，2012，第14页。

④ 侯怀银、尚瑞茜：《改革开放四十年来社区教育政策的回顾与展望》，《终身教育研究》2018年第3期。

⑤ 沈光辉、陈晓蔚：《我国社区教育政策的演进历程、文本分析和改进策略》，《中国远程教育》2019年第5期。

育政策虽然是教育政策的一个分支，但又有其特殊性。如何结合社区教育政策的特殊性去确立社区教育政策的衡量标准，目前学术界还没有人进行专门的研究。社区教育政策相较于一般的教育政策，其特殊性在于：政策对象的特殊性，即政策对象是全体社区居民；政策制定及实施的特殊性，即地方政府在对社区教育政策的制定及实施上具有较强的自主性；政策价值取向的特殊性，即要以促进全体社区居民的全面发展为价值取向；政策制定主体的特殊性，即在以政府为主导的同时，特别强调扩大政策中的民主，强调居民的广泛参与。

综合上述内容，笔者把衡量社区教育政策的标准分为形式、价值与实践三大层面，其中，又包括了六个小的方面，即从政策的形式到内容再到其实践效果。

形式层面包括社区教育政策体系健全度和政策制定的民主性两个方面。政策体系及其制定的过程和途径都是政策的外在形式，虽不涉及政策内容本身，但对政策的完善性、科学性和实效性有着极大的影响。社区教育政策体系的健全度有着全局性的影响，而社区教育政策制定的民主性标准，是由社区教育政策制定主体的特殊性，即强调扩大政策中的民主决定的。

价值层面，"教育政策的价值是教育政策的主体需要与客体属性之间，在教育政策的活动过程中产生的一种效用关系"①，包括政策的公平性（政策对有关的利益满足和分配是否公平）以及价值取向两个方面，是政策内容是否科学合理以及能否取得良好效果的核心。社区教育政策的对象是全体社区居民，政策应满足社区居民的需要，满足人的利益需要和分配公平也是所有政策的标准；价值取向是所有政策制定时不可回避的核心问题，促进全体居民的全面发展应是社区教育政策制定的逻辑起点，因此，二者应成为社区教育政策的衡量标准。

实践层面包括政策的有效性（政策的执行程度和实际效果）以及回应时代要求两个方面，是检验政策好坏的实践标准。比如，衡量政策的标准不仅要看其文本如何，还要看其政策得到了多大程度的实施及实施的效果怎样。以民国时期的各种督学文件为例，如果只看这些文件，那确实是数

---

① 孙绵涛：《专业化教育政策分析探讨》，《教育研究》2017 年第 12 期。

量不少，内容也很丰富，但在实施的过程中却存在陶行知先生批评过的只剩一纸空文的严重问题。

下面，我们就以上述六个小的方面为框架去分析我国百年来的社区教育政策。

二　百年来我国社区教育政策的特点

第一，社区教育政策逐步形成体系，但还有待健全和完善。

一方面，1912 年以来，我国出台了数量和种类众多的社区教育政策，且逐步形成体系。

民国时期颁发了大量的社区教育政策法规，还出版了两辑《社会教育法令汇编》。据《第二次中国教育年鉴》公布的 1927~1935 年社区教育政策法规情况："自民国十六年起至二十四年度止，关于社会教育法令，由教育部先后公布者，计民众教育三十九种，图书馆、博物馆十一种，通俗讲演四种，公共体育七种，电化教育十五种，特种教育八种，美化教育二种，共计八十余种。各种法规，至此灿然大备，办理社会教育之人，乃有所取法。"① 又据钟灵秀的总结："自民国十七年冬，大学院改为教育部以后，关于社会教育法规，截至三十三年止，先后颁布的，不下二百余种。大别分之，可有民众教育、图书教育、电化教育、国民体育、科学教育、艺术教育、家庭教育、文献古物、各级学校兼办社会教育、战时社会教育及其他十一类。"其中，关于民众补习教育及国民教育 18 种、民众图书馆 10 种、民众读物 6 种、民众教育委员会 2 种、国语注音符号及识字运动 10 种、劳工教育及补习教育 7 种、电化教育法令 10 种、播音教育 10 种、公共体育 9 种、通俗讲演 3 种、图书馆 14 种、博物馆 1 种、保存古物 9 种、保存文献 3 种、音乐 7 种、戏剧 6 种、美术展览 2 种、各级学校兼办社会教育法令 13 种、特种教育法令 7 种、家庭教育法令 6 种、战时社会教育法令 7 种、国历推行 4 种、农业推广 8 种、其他与社会教育有关的法令 9 种。② 中国共产党高度重视对根据地群众进行社区教育，制定了大量的相

---

① 教育部教育年鉴编纂委员会编《第二次中国教育年鉴》，商务印书馆，1948，第 1089 页。
② 钟灵秀编著《社会教育行政》，中正书局，1947，第 323~340 页。

关政策，对根据地社区教育的任务、内容、管理、师资、经费，实施的原则、形式、方法等进行了规定，其内容涉及社区教育的主要方面。如从1938年4月到1945年7月，陕甘宁、晋察冀、山东、盐阜和太岳等根据地发出的相关通令、指示、计划、实施方案、实施纲要、暂行规程等，约达190件。①

新中国成立后，颁布了更多有关社区教育的政策。1949~1996年，国家出台的仅扫盲方面的文件就达140个。同时，社区教育政策所涉及的内容范围也不断扩大，加大了扫盲教育、职工业余教育政策的建设力度，特别重视开展农村业余教育；1950~1995年，国家出台的关于农村业余教育和成人教育的专门文件就达20个。② 20世纪80年代中后期以来，国家和各级政府及有关机构都出台了大量社区教育的政策，以四川省成都市青羊区为例，1994~2015年，该区有关社区教育的文件就超过56个。③ 总之，从纵向看，民国时期以中央发布的社区教育政策为主，而当前各级地方政府及有关机构都颁布了各种社区教育政策，形成了纵向的体系；从横向看，所颁布的政策涉及管理、办学、师资、经费、课程、教材、教学、校社合作、评价等社区教育的各主要方面，比之民国时期得到了极大的丰富，形成了横向的体系。

另一方面，我国社区教育政策体系还不健全。

一是有以行政政策替代法律的倾向。新中国成立后的社区教育政策以"通知""指示""意见"等行政政策形式发布的较多，从目前看，只有成都和西安两个城市颁布了社区教育的地方性法规。

二是有关社区教育的立法层次较低，至今仍没有一部有关社区教育的专门法律。民国时有关社区教育的法规主要以"规章""章程""大纲""办法"等形式出现，总体层次较低。1942年，在教育部举行的社会教育工作检讨会议上通过了《社会教育法草案》，但这一草案一直未被公布。2010~2020年，教育部几乎在每年的工作要点中都把终身教育立法作为工

---

① 董纯才主编《中国革命根据地教育史》第2卷，教育科学出版社，1991，第88页。
② 参见国家教育委员会成人教育司编《扫除文盲文献汇编（1949—1996）》，西南师范大学出版社，1997。
③ 参见成都市青羊区社区教育委员会2015年印发的《成都市青羊区社区教育文件选编》，本文所得出的数字仅是其选编的文件数目。

作重点，但该法一直未见出台，至于社区教育方面的基本法律，则还未提上议事日程。

三是行政政策与法规的界限不够清晰。如在革命根据地发布的文件中，用了"政纲""行动纲领""决议案""工作纲要""建设草案""实施方案""实施办法""办法大纲""简则""组织规程""组织纲要""通知""决定""指示信""通令""条例"等各种名词，其中，除了"通知""指示信"等明确属于行政政策范畴，"通令""条例"等明确属于法规外，其他不少文件都让人难以明确其是属于行政政策还是法规范畴，这自然要影响到其效力的边界，而且影响到所颁布法规的规范性。

四是社区教育政策体系不够严密。表现为各部门和单位之间各自为政、政出多门，社区教育的有关政策散见于各部门，没有形成一个相互衔接和配合的严密体系，造成各部门在社区教育上的权责不明，同时，对社区教育教师没有专门政策，导致社区教育教师的任职资格、职称晋升、福利保障等不明确。

第二，政策制定越来越走向民主，但民众参与还不够。

民国时期社区教育政策的制定主体是政府，新中国成立以来，我国社区教育政策的制定主体有中央和各级党委、政府和人大，比之民国时期有了巨大的进步，尤其是20世纪90年代以来，"开始注意过程民主化与人员专业化的政策制定要求"①。也就是说，我国社区教育政策的制定过程中，越来越重视收集多方面的意见，注重吸纳专业人员的建议，使社区教育政策的制定不断走向民主。但从总体上看，当前制定政策的主体仍然较为单一。以下是成都市某区社区教育政策的制定流程：区社区学院办公室草拟社区教育政策→区教育局局长审阅→区委区政府分管领导审批→形成文件。其间，民众唯一可能参与的步骤是第一步，区社区学院尽管有时会征求居民的意见，但存在的问题是，居民处于被征求意见者的地位，说明其参与的程度较低，按照阿恩斯坦的公民参与阶梯理论，我国社区居民在社区教育政策制定中处于第二层次的咨询梯级，还未获得与政府同样的政策制定主体地位，也正因如此，其发表的意见和提出的建议不一定能被政策

---

① 孙绵涛等：《教育政策论——具有中国特色的社会主义教育政策研究》，华中师范大学出版社，2002，第61页。

制定主体所重视和采纳，这是一种自上而下的政策制定途径。美国公共政策专家萨巴蒂尔（P. A. Sabatier）把政策制定的途径分为自上而下与自下而上两种。自上而下途径具有效率高的优点，但同时其制定和执行效果欠佳。① 然而，我们不能一概否定自上而下途径，社区教育最顶层政策的制定，必须要进行顶层设计。

第三，政策制定的价值取向从工具理性走向价值理性。

价值取向影响社区教育政策的性质和方向，百年来，我国社区教育政策的价值取向逐步由工具理性走向价值理性。如在1934年教育部民众教育专家会议拟定的社会教育目标中，虽然也讲到了要培养人的问题，但落脚点却是实现三民主义，体现了以社会为本的工具主义价值取向。在革命根据地，同样体现了这一价值取向，都指出了社区教育要为战争、生产与土改服务，而中心是为争取解放战争的胜利。② 新中国成立以来，"我国教育政策的价值取向基本上是从属国家的教育政策和观点占主导地位"，表现"在价值观上为国家发展重于为教育发展"。③ 这从《中国人民政治协商会议共同纲领》（以下简称《共同纲领》）提出的要"加强劳动者的业余教育……以适应革命工作和国家建设工作的广泛需要"中可以看出，④ 此后制定的社区教育政策，大多体现了社会本位的工具主义价值取向。21世纪以来，我国社区教育政策的价值取向逐步由工具理性走向价值理性，与居民需求和发展联系起来，强调社区教育要以人为本，要为居民的全面发展服务，同时，还把人的发展与社区发展统一起来。如2004年教育部发布的《关于推进社区教育工作的若干意见》就提出，社区教育要适应社区建设和居民学习需求，促进社区居民整体素质和生活质量的提高，促进区域经济和社会的发展。

第四，社区教育政策日益走向公平，但对社区教育均衡发展的重视仍不够。

对教育公平的追求早已成了世界性的潮流，教育公平包括了受教育的

---

① 邓旭：《教育政策民意表达研究》，辽宁人民出版社，2015，第84页。

② 董纯才主编《中国革命根据地教育史》第3卷，教育科学出版社，1993，第75页。

③ 孙绵涛等：《教育政策论——具有中国特色的社会主义教育政策研究》，华中师范大学出版社，2002，第61页。

④ 欧阳璋主编《成人教育大事记（1949—1986年）》，北京出版社，1987，第6页。

机会公平、教育过程公平及教育结果公平几个方面。而罗尔斯还强调了对弱势者进行补偿的原则。以上述基本标准去审视我国的社区教育政策，发现两方面问题。

一方面，我国的社区教育政策在百年间不断走向公平。民国时期颁布的大量有关通俗教育、平民教育、民众教育等的教育政策，其中的共同之处就是要力图使教育从极少数人走向大多数人，体现了社区教育的机会公平。新中国成立后，在 1949 年的《共同纲领》中明确规定了新中国的文化教育是民族的、科学的、大众的文化教育，在 1954 年的《中华人民共和国宪法》中规定，"中华人民共和国公民有受教育的权利"[①]。这些体现着鲜明的教育公平思想的政策法规，也成了社区教育的根本指导思想。新中国成立后颁布的大量有关扫盲教育、业余教育等的政策，体现了使全体社会成员都有受教育机会的精神，社区教育的普及面大大提高。当代社区教育政策提出要广泛开展城乡社区教育，这同样贯彻了教育公平的思想，在这些政策指导下，我国当代社区教育正在更广的范围内轰轰烈烈地开展。而且在社区教育的有关政策中，还体现了向弱势群体倾斜的原则，如平民、文盲、农民都是社会中的弱势群体，而我国在百年间，有关这些群体的社区教育政策特别多。此外，百年来，我国还出台了一些保障社区教育过程和结果公平的政策，如 1943 年和 1945 年颁布了《视察社会教育要点》《教育视导试行标准》等文件。在革命根据地，各社区教育机构按照政策要求建立了相应的检查制度。例如，陕甘宁边区实行学区督导制，每个学区配备督学 1 人；[②] 晋察冀边区冬学建立了各级检查汇报制度。新中国成立以来也颁布了一些有关社区教育师资及质量标准等的政策。

另一方面，有关政策中仍然存在较为严重的对社区教育均衡发展重视不够的问题。首先，教育公平的理念在相关政策中还不够明确，导致我国社区教育的发展在城乡和地区间一直处于极不均衡的状态。其次，没有对公民接受社区教育机会均等进行强制性规定。如在当代社区教育中，尽管有关政策反复强调要广泛开展社区教育，但由于没有强制性的政策规定，

---

① 何东昌主编《中华人民共和国重要教育文献（1949—1975）》，海南出版社，1998，第
374 页。
② 董纯才主编《中国革命根据地教育史》第 2 卷，教育科学出版社，1991，第 93 页。

以至于不少地区至今未成立当代社区教育机构。再次，相关政策的重点主要在于实现社区教育机会的公平，对于社区教育的过程、结果等关注不够，表现为对经费、设施、师资等政策保障力度不大，导致社区教育发展水平在城乡之间、地区之间差别很大。最后，对欠发达地区较少有明确的经费、人才等方面的政策支持，而且教育部公布的历次全国社区教育实验区和示范区主要集中在东部地区和少量西部城市。

第五，反映了当时社会的要求，具有强烈的时代性。

民国以来所制定的社区教育政策都反映了当时社会的要求，具有时代性。如民国建立之初，针对当时大多数老百姓没有上学机会的现状，出台了通俗教育方面的一些政策法规；针对教育资源异常缺乏，不多的教育资源主要集中于学校的现状，出台了大量有关学校兼办社区教育的政策；针对抗战时期的特殊形势，在出台的有关政策中强调了社区教育要培养抗战人才；根据整个世界教育的发展趋势，出台了关于电化教育的政策。革命根据地在不同时期制定的社区教育政策内容和侧重点都有所不同：土地革命时期注重提高群众的阶级觉悟，使社区教育为革命战争服务；全面抗战时期注重提高群众的抗战意识与能力，使社区教育为抗日战争服务；解放战争时期则更加注重提高群众的新民主主义觉悟，使社区教育为解放战争服务。新中国成立后，针对当时文盲仍然众多的现状，出台了大量有关扫盲教育与业余教育的文件；针对社会主义建设的需要，在1954年的全国农民业余文化教育会议上提出，农民业余教育要"逐步地提高农民的文化水平，有效地为农业的社会主义改造和发展农业生产服务"①。改革开放后，现代化建设成了时代最强音，国家在发布的一系列文件中都强调了社区教育要加强对居民文化科学技术水平的培养。随着终身教育、以人为本及社区治理等思想的兴起，我国出台的各种政策中都体现了这些思想精神，如2016年，教育部等九部门在《关于进一步推进社区教育发展的意见》中提出，社区教育要促进全民终身学习，提高国民素质，充分发挥其在推动社会治理体系建设和服务人的全面发展等方面的作用。

在社区教育政策发展的各个时期，还注意根据当时的具体情况，对已

---

① 国家教育委员会成人教育司编《扫除文盲文献汇编（1949—1996）》，西南师范大学出版社，1997，第51页。

出台的文件不断进行修订，使其更完备和适应新形势的需要。如 1934 年公布了《民众学校规程》，1939 年对此进行了修正，公布《修正民众学校规程》。再如，1932 年颁布了《民众教育馆暂行规程》，1935 年对此进行了修正，颁布了《修正民众教育馆暂行规程》，1939 年再次修正颁布了《民众教育馆规程》，等等。

第六，对于推动和保障社区教育的发展取得了良好的效果，但其有效性还需进一步提高。

百年间的社区教育政策对于推动和保障我国社区教育发展起到了巨大的作用。

首先，首次明确了社区教育的地位和宗旨等问题，使社区教育在中国的发展获得了前所未有的重视，极大地推动了社区教育的发展。1912 年以后，兴办了大量的多种的社区教育机构，到今天，基本形成了社区大学—社区教育学院—社区教育学校（成人学校）—社区教育工作站的社区教育体系。

其次，有关社区教育组织机构方面的政策使我国首次建立了从中央到地方的社区教育管理机构。如民国时期形成了教育部社会教育司、省教育厅科、县教育局课（股）的行政管理体制。在革命根据地，社区教育组织机构方面的政策法规也促进其建立了从中央到地方的社区教育专门管理机构，抗日战争时期，各边区教育厅大多设有社会教育科，在乡村，也分别设有促进委员会或教育委员会、救亡室或民族革命室。

再次，对社区教育经费、课程内容、教材、师资、教学、督导等方面进行了不同程度的规定，规范了社区教育的正常进行。如在社区教育经费方面，1928 年民国政府发布有关社会教育经费所占比例的规定后，各地的社会教育经费都有所增加。当前，对全国社区教育实验区和示范区每人每年的经费投入标准分别不少于 1 元和 2 元的规定，保障了社区教育实验区和示范区的发展。

最后，推动我国社区教育取得了巨大的成就。如百年来的扫盲政策使我国到 2005 年时，全国青壮年文盲率控制在 4% 左右。[①] 当代社区教育更是在有关政策的指导下取得了极大的成效，极大地丰富了广大社区居民的

---

① 刘立德、谢春风主编《新中国扫盲教育史纲》，安徽教育出版社，2006，第 287 页。

生活，提高了居民的各方面素质，有力地促进了社会治理。

我国社区教育政策能在实践中取得较大的成就，其中一个重要的原因就在于颁布了一些具体且可操作性强的政策。以民国时期的社区教育政策为例，其在如下两方面进行了努力，以提高政策的具体有效性。其一，颁布的政策努力做到具体可操作。如在 1945 年颁布的《教育视导试行标准》中，对省、县的社会教育行政及省立、县立民众教育馆的视导标准进行了具体规定，省社会教育行政视导标准有：社会教育的行政机构，经费，人员任用、待遇、训练，计划，民众教育馆，图书馆，体育馆，科学馆，电化教育转导处，电影教育，播音教育，补习教育，学校办理社会教育，民众读物，艺术教育，社会教育视导等共 20 项。① 再如，1943 年晋冀鲁豫边区政府教育厅在颁布的《民众学校暂行规程》中具体规定了民众学校的学生的对象、学习形式、课程及各课程比例、修业期限等，民众学校学生一律不脱离生产，凡识字不满 1000 个，年龄在 15 岁以上之男女皆可入学；民众学校的课程有政治、常识、识字、算术，其课程比例为政治与识字配合上课，共占 55%，常识占 15%，算术占 30%；每年授课时间为 360 小时，修业期限为 4 年。② 其二，对于大的政策法规出台一些更加具体的配套性规定，使其更具可操作性。如在颁布《各级学校兼办社会教育令》后，又制定了各级学校兼办社会教育的组织机构、要点、经费、标准、考核等方面的文件。又如，在颁布《民众教育馆暂行规程》后，又陆续颁布了民众教育馆的工作大纲、设备标准、实施要点等文件。

在社区教育政策对于我国社区教育的发展起到了较好的促进与保障作用的同时，我们也应看到，社区教育政策在实效性上还存在问题，突出表现为一些社区教育政策没有得到很好的贯彻执行。如民国时期的高践四指出，各省、县应设立的图书馆数不及教育部规定的 20%，"通俗讲演所，照教育部规定……约计总数全国应有二万所以上。然而成立不过二千一百余所"③。当前我国不少的农村地区和西部欠发达地区，还没有建立当代社区教育组织机构。又如，民国时期，只有个别地方的社区教育经费在整个

---

① 　教育部督学室编印《教育视导试行标准》，教育部督学室，1945，第 145 页。

② 　皇甫束玉等、宋荐戈、龚守静编《中国革命根据地教育纪事 1927.8—1949.9》，教育科学出版社，1989，第 247 页。

③ 　高践四：《三十五年来中国之民众教育》，《教育与民众》1932 年第 3 期。

教育经费中的占比能达到教育部规定的标准，而当前我国不少相关文件中也规定了当地政府要从经费上支持社区教育的发展，但不少地方政府并未执行这一政策，未对社区教育拨付专款。影响社区教育政策有效性的因素是多种多样的，其中一个重要的因素就是政策本身存在问题。如民国时期一些政策只是规定了应这样做，而没有规定如果不这样做，会受到什么样的惩罚。再如当前的一些文件中对各级政府开展社区教育的基本职责进行了规定，但这些规定大多是原则性的，具体可操作性不强，大大影响了政策的有效性。此外，一些政策目标过高，使政策难以实现。如1956年颁布的《关于扫除文盲的决定》要求，在5年或者7年内基本上扫除文盲。①这一目标显然过高，当然就不可能实现。

三　社区教育政策的科学化

为进一步加强我国社区教育政策建设，应特别注意以下几个方面。

（一）进一步健全和完善社区教育政策体系

第一，要改变以行政政策替代法律法规的现状，加强社区教育的立法建设。我国社区教育立法工作之所以才刚起步，是因为受行政政策高于法律的错误认识的影响。事实上，行政政策是法律制定的依据，而法律一旦形成，又要影响行政政策，法律是最高的制度规范，具有最权威的约束力。教育法规议题的确定有三个条件：一是关系重大，影响广泛、深远的教育政策问题；二是经历时间考验的，稳定、成熟的教育政策问题；三是反映与符合教育改革发展潮流的重要的教育政策问题。②社区教育显然符合以上三个条件：社区教育关系着终身教育和学习型社会的建设问题，也关系着社会治理和社区治理的问题，是关系重大，影响广泛而深远的问题；我国社区教育政策在百年来，已获得了很大发展，日益走向成熟；促进社区教育发展，是现代教育的要求，反映了教育改革的发展潮流。因此，社区教育及其政策问题应成为法律议题，应出台大量有关社区教育的法规，同时，加强社区教育和终身教育方面的立法。放眼世界，不少国家

---

① 国家教育委员会成人教育司编《扫除文盲文献汇编（1949—1996）》，西南师范大学出版社，1997，第75页。

② 张乐天主编《教育政策法规的理论与实践》，华东师范大学出版社，2002，第52页。

早就出台了有关社区教育的法律，如日本在 1949~1951 年颁布了《社会教育法》《图书馆法》《博物馆法》，瑞典于 20 世纪 60 年代以来颁布了《市立成人教育法》《学习小组法》《民众中学法》等。

第二，使社区教育政策形成一个严密的系统体系。社区教育本身是一种需要多个单位、多个部门协同推进的教育，当前这种以教育部门为主体出台的政策，其他各个部门难以遵守和施行，或各个部门出台的有关社区教育的政策不相衔接、不成体系的现状，导致我国社区教育发展的不规范和不系统。为改变这种现象，首先，作为整个教育政策体系组成部分的社区教育政策应与教育的其他政策相互配合、相互促进。其次，应形成由社区教育的管理体制政策、师资政策、经费政策、评价政策等组成的政策体系。再次，教育部门与其他部门出台的相关政策法规应相互配合与衔接，形成一个严密的系统体系。最后，应形成中央与地方社区教育的政策系统，同时，对于社区教育的师资、经费等方面应出台专门的政策。

（二）政策制定更加民主化，让更多的民众参与

我国当前的利益群体多元，需求多样，制定社区教育政策的环境较为复杂，因此，在社区教育政策制定中应把自上而下与自下而上这两条途径有机地结合起来，双向沟通，互相补充。

一方面，要以党、人大、政府为社区教育政策制定的最重要主体。政策制定主体主要是指由谁制定政策的问题。在新中国成立很长一段时间内，我们普遍把中国共产党（具体表现为中央和各级地方党委）看成制定教育政策的主体，把教育政策看成党的教育政策。改革开放后，随着政治体制改革的深入，党政关系不断理顺和调整，制定教育政策的主体开始由党这一单一主体向主要由中央和地方党委、各级人民代表大会和各级政府（主要是各级教育行政管理部门）组成的多主体转化，这是符合我国传统和现实国情的，以党、人大、政府为社区教育政策制定的主体，使制定的社区教育政策更具权威性。

另一方面，要加强自下而上政策制定途径的应用，扩大社区教育的政策制定主体。霍夫（J. R. Hough）认为制定教育政策的主体包括官方的和非官方的两种。官方的主体有五类：政府层；教育部长、教育主管部门及其下属机构；负责考试、课程设置与发展等活动的其他教育机构；咨询机构；中介组织。这种宽泛的教育政策制定主体有利于建立完善的教育政策体制。但官方主体在制定教育政策时，通常以公共利益和维护政权为依归，不是沿着教育规律内在的逻辑而展开，容易造成教育政策科学性和客观性的缺失。咨询主体和执行主体在教育政策制定中则能弥补决策主体在知识和信息上的不足。① 而且教育政策本身具有公共性的特点，建立多元化参与的社区治理体系已成为世界潮流，民主思想深入人心，非官方的参与者是不可忽视的一部分政策制定主体，在各种政策运行过程中起着举足轻重的作用。② 社区教育是一种与社会联系最为紧密，教育对象差异最大，涉及部门和领域最多的教育形式，也因此是最复杂的教育形式，这就决定了社区教育政策的制定更不能只依靠党和政府，在制定社区教育政策时，应特别注意扩大政策制定主体，使一些非官方的组织（如学术团体、基金会、工会、大众传媒等）成为社区教育政策制定主体，使制定的社区教育政策更具科学性和客观性。

（三）加强社区教育政策公平性，促进社区教育均衡发展

美国学者伊斯顿（D. Easton）认为，"公共政策是对全社会的价值作有权威的分配"，③ 作为公共政策的教育政策是教育的权利和利益的具体体现，是对教育价值（教育权利和利益）进行的权威性分配。因此，教育政策制定者在制定教育政策时，是否能统筹兼顾各个集团的利益就非常重要了，"特别是在民主、平等等价值成为人类社会共同追求的目标的今天，教育政策能否保障某一集团的利益，而又不以牺牲其他集团的利益为代价，就成为当代政策研究亟待解决的一个重大问题"④。所有这一切，都指向教育权利和利益分配的公平性。同时，在大力推动义务教育均衡发展的今天，社区教育也同样应实现在地区之间和城乡之间的均衡发展，而要实现这一均衡发展，加强政策公平性是先决条件。因此，在制定社区教育政策时应把公平性放在首位，对社区教育的开展及经费、师资等方面的分配作明确规定，并体现对欠发达地区的倾斜，从而保障公民在接受社会教育的机会、过程和结果方面的公平。对于教育公平的价值理念，有两点得到

---

① 孙绵涛等：《教育政策论——具有中国特色的社会主义教育政策研究》，华中师范大学出版社，2002，第30页。

② 吴立明主编《公共政策分析》，厦门大学出版社，2006，第61页。

③ 张金马主编《政策科学导论》，中国人民大学出版社，1992，第17~18页。

④ 孙绵涛等：《教育政策论——具有中国特色的社会主义教育政策研究》，华中师范大学出版社，2002，第19页。

了人们的一致认可：每一个受教育者都获得平等的待遇及对弱势群体进行补偿。我们应该从这样的价值取向出发来加强社区教育政策的公平性。首先，要出台相应的政策，保证在所有的地区都建立社区教育机构，让城市与农村、东部与西部的每一个地区的居民具有同样的接受社区教育的机会。同时，要出台社区教育机构标准化建设方面的政策，保证社区教育过程和结果方面的公平。其次，对欠发达地区的社区教育发展进行补偿，总体原则是要加大中央对中西部地区的支持力度。公共资源从富裕地区流向贫困地区的原则已被广泛接受，是公平原则的重要体现。

（四）坚持以人为本的价值取向

马克思认为，价值是"从人们对待满足他的需要的外界物的关系中产生的"[①]。也就是说，价值反映着主客体的关系，是客体对主体需要的满足。教育价值取向反映了一定的教育价值观，影响着教育价值的实现。任何政策的制定都是在一定价值观的支配下进行的，反过来，任何政策又都体现了一定的价值取向。"教育政策的价值具有客观的层级结构，从政治的价值、社会的价值、教育的价值到人的价值体现出由低到高的等级秩序。教育的价值是基本的，人的价值是非派生的，这并不取决于对它们如何加以解释，或它们能够得到某种解释，而在于它们在整个价值系列中的地位和作用。"[②] 工具理性注重的是事物的外在工具性，价值理性注重的是事物本身的价值。社区教育作为教育的一种，其本体功能应是培养人，即人的价值，这也是其根本的价值所在。从社区教育的本体功能出发，社区教育的价值取向应是以人的发展为本。当然，这二者本应是统一的：只有社区的每一个成员都得到了良好的发展，社区才能得到健康的发展，即社区教育工具性功能的发挥，是以其本体功能的实现为基础的。我们在制定社区教育政策时，应彻底破除以社会为本，只强调社区教育外在功能的工具主义价值取向，确立以人为本的价值观，即在社区教育政策制定中要以全体公民的特点和需求为出发点，以促进社会全体公民的全面、个性、主动和可持续发展为目标，同时，克服把社会与人对立的二元价值观，把为社会发展与为人发展相统一，即把外在价值与内在价值、工具价值与理性

---

① 《马克思恩格斯全集》第 19 卷，人民出版社，1965，第 406 页。

② 孙绵涛等：《教育政策论——具有中国特色的社会主义教育政策研究》，华中师范大学出版社，2002，第 49 页。

价值相统一。

（五）提高社区教育政策的有效性

政策能否顺利实施主要受以下几个方面因素影响：具有毫不含糊又恰如其分的政策目标，有有的放矢又顾及细节的执行策略，执行机构有令出如山的能力，有民众拥护和支持的社会环境，政策的推行有经济作保障。①根据我国当前的情况，我们首先应特别注意前面两个因素，即社区教育政策本身的科学性问题。一是要加强政策内容和目标等的科学性。所有政策都具有明确的目的，社区教育政策也不例外，社区教育政策的目标应明确清晰，同时，社区教育政策的内容和目标要符合我国国情，符合当前的条件。二是要使政策规定更加具体而便于操作。首先，颁布的社区教育政策法规内容应较为详细，具有较强的可操作性。国外一些著名的法案，如美国的《国防教育法》（1958）、《职业教育法》（1963）等中就直接规定了相关的拨款数额。我们应借鉴这些经验，在制定社区教育经费方面的政策时，应明确规定社区教育经费占整个教育经费的比例以及地方政府应拨付的经费数目，对于不作为或未达到标准者应有相应的处罚措施。其次，对大的政策法规应出台一些配套的、更加具体的规定，使其更具可操作性。最后，对已出台的文件不断进行修订，使其更完备和适应新形势的需要。

（六）从社区教育的特点出发，回应有利于社会进步的要求

所有的教育政策都具有稳定性与发展性相统一的特点。一方面，教育政策应是相对稳定的，不能朝令夕改和变化过于频繁，否则，就会让人无所适从，甚至让人对政策的权威性产生怀疑，从而影响到对政策的信任和执行。另一方面，教育政策具有发展性的特点。首先，教育是社会的一个组成部分，其只是具有相对独立性，但必定要受到社会政治、经济、文化等各方面的影响，而社会在上述方面总是不断变化的，因此，教育及其政策也必定随着社会的发展而发展变化。其次，教育自身的方针、目的、方法、内容、手段等也在不断发展变化，这也决定了教育政策必须随着这些变化而变化，具有时效性的特点。同样，社区教育政策在具有相对稳定性的同时，更具有发展性，其政策内容必然要回应时代的要求，体现时代的

---

① 孙绵涛等：《教育政策论——具有中国特色的社会主义教育政策研究》，华中师范大学出版社，2002，第55～56页。

精神，这在百年来我国社区教育政策发展历程中已经得到了鲜明的体现。但同时，我们应注意不能把时代精神作为制定社区教育政策的唯一依据，因为时代精神只是当时社会的主流精神，但这一主流精神不一定就是科学合理的，比如"文革"中"左"倾政治至上的时代精神就不具有科学性和合理性，而且即使时代精神是科学的，社区教育也还有自己的特点。如让更多的人接受教育是时代的要求，但当前还不能出台如义务教育一样的进行免费社区教育的政策。因此，社区教育政策的制定，应立足社区教育自身的特点，以适应社会进步要求的原则进行。

第三节 建立科学合理的社区教育经费保障机制

经费问题是发展教育的核心问题，经费的充裕程度，直接影响到社区教育机构的设施设备、图书资料、师资等方面。我国教育领域的改革基本上都属于"供给型"改革，[1] 在社区教育中，"供给型"改革的一个重要方面就是经费来源的改革。其中，有这样几个重要的问题需要我们进一步思考：其一，社区教育经费的投入主体有哪些；其二，我国当前社区教育经费投入中存在哪些问题；其三，怎样建立以政府为主体，多渠道投入的社区教育经费保障机制。

一 社区教育经费投入的主体分析

20 世纪 50 年代，美国经济学家萨缪尔森（P. A. Samuelson）提出了公共产品理论，按照产品是否具有竞争性与排他性把产品分为公共产品、准公共产品及私人产品。一般认为，具有完全竞争性和排他性的私人产品或服务，应由市场提供，成本应由消费者负担。不具有竞争性和排他性的公共产品或服务，应由政府提供，成本应由财政负担。而作为准公共产品和服务则应由政府和市场共同提供，成本应由财政和消费者共担。社区教育

---

[1] 庞丽娟、杨小敏：《关于教育供给侧结构性改革的思考和建议》，《国家教育行政学院学报》2016 年第 10 期。

产品公共属性和私人属性兼有，是一种准公共产品。社区教育所具有的公共属性决定了政府应是社区教育经费投入的最重要主体，"提供包括教育服务在内的公共服务是市场经济中政府和财政的基本职能"①；其所具有的私人属性决定了政府不应是社区教育经费投入的唯一主体，而应是包括个人、团体、组织等在内的多元主体，同时，改革开放后城乡居民收入的增加，使企业和居民也有能力负担一定的教育成本。

（一）政府是社区教育经费投入的最重要主体

我国古代直至中华民国成立之后的十多年，社区教育经费都主要来自民间；1928 年中华民国政府发布《国民政府通饬自十八年度起社会教育经费在全教育费内应占百分之十至二十令》后，社区教育经费被列入教育预算，政府开始成为社区教育经费的投入主体；中华人民共和国成立后，由于当时的特殊情况，社区教育经费主要由当地集体和个人自筹；改革开放后，社区教育经费走向了以政府投入为主的多渠道投入的科学发展道路。在漫长的时期内政府没能成为社区教育经费的投入主体，其中一个最重要的原因就在于政府没有认识到社区教育具有的公共性质。

公共性"具有开放、平等与社群的特性，通过特定共同体成员理性、自觉的交互主体性行为与结构性活动而得以存在"②。"教育公共性指的是教育涉及社会公众、公共经费以及社会资源的使用，影响社会成员共同的必要利益，其共同消费和利用的可能性开放给全体成员，其结果为全体社会成员得以共享的性质。"③ 教育的公共性决定了其生产的产品是一种重要的公共产品，其公共性在公立学校身上体现得特别鲜明：以机会均等观念为基础对所有公民平等开放；公共教育的目的基于对平等的公民的尊重，对民族情感和共同生活的维护，对社会公共秩序的追求，对人类文化与共同价值的认同以及对教育质量与效益的严正承诺；由国家或公众依靠公共经费设立，并按照某种民主体制而为国家或公众所监管。④ 社区教育机构大多数是由政府设立的公立教育机构，具有上述公立学校所具有的公共

---

① 王善迈、赵婧：《教育经费投入体制的改革与展望——纪念改革开放 40 周年》，《教育研究》2018 年第 8 期。

② 袁祖社：《"公共性"的价值信念及其文化理想》，《中国人民大学学报》2007 年第 1 期。

③ 余雅风：《教育立法必须以教育的公共性为价值基础》，《北京师范大学学报》（社会科学版）2005 年第 1 期。

④ 康永久：《公立学校的公共性问题》，《教育理论与实践》2006 年第 13 期。

性。有学者提出，社区学院的公共性表现在其是否能在课程的规划上，超越（而不是违背）以个人私利为出发点的学习需求，将个人的学习成长与社会整体发展做有机的联结，以及社区学院是否能前瞻社会的发展需求、扶持弱势，扮演引领进步改革的基础力量。因此，对公共性的坚持，必然不会把社区学院当成营利场所，也不会把学员当成消费者；社区学院积极关心社会参与社区，最能体现对于公共性的坚持。① 综合上面的观点，社区教育具有的公共性表现为以下几点。其一，教育价值取向及教育目的的公共性，即社区教育以实现全体社会成员的全面发展，以实现教育公平、实现社区及社会公共利益的最大化为教育价值取向与教育目的，体现了鲜明的公共性。其二，教育机会的公共性，表现为社区教育向社区居民开放，所有社区居民都有平等地接受社区教育的机会。其三，教育资源的公共性，即社区内所有的教育资源，包括各级各类学校、机关、企事业单位、图书馆、博物馆等都应向社区教育开放，成为社区教育的资源。其四，教育经费的公共性，即社区教育经费，特别是公立社区教育机构的经费主要来源于国家财政税收这一公共经费。其五，教育管理主体的公共性，表现为由政府机构、社区居民及社会组织等共同构成了社区教育的管理主体。其六，教育结果的公共性，社区教育除了给社区居民个人发展带来影响外，还促进社区政治、经济、文化等方面的发展，使所有社区居民受益。政府本身就是负责公共产品生产的特殊部门，而社区教育从总体上看属于公共产品的范畴，为发展社区教育提供经费支持是政府不可推卸的责任，因此，政府应该成为支付社区教育经费的主体。

（二）社区教育经费投入主体应多元化

社区教育产品除了具有公共性外，还有一部分产品具有私人性，如部分教育或培训具有竞争性和排他性，未交学费者就不能享受社区教育机构所提供的教育服务，这一属性决定了政府不应是社区教育经费投入的唯一主体，我们必须思考社区教育成本的分担问题。社区教育经费的多元主体投入，实际上就是要对社区教育经费进行成本分担。成本分担这个概念是由美国经济学家约翰斯通（D. B. Johnstone）于 20 世纪 80 年代中期针对高

---

① 王本壮主编《社区终身学习体系的政策、理论与实务》，师大书苑有限公司，2007，第 137 页。

等教育提出的，"它是指至少将部分高等教育成本由政府（纳税人）转移给家长和（或）学生"①。约翰斯通遵循"谁受益，谁承担"的指导思想，认为政府、学生、社会等都是受益者，都应分担高等教育的成本。总体看来，支持高等教育成本分担的理由主要有如下两点：第一，高等教育成本曲线上升很快，政府用税收投入高等教育的经费增长很难赶得上高等教育成本上升速度，或者说几乎不可能；第二，即使政府愿意也能够大幅增加税收，但实际上在世界各国，急需财政投入的公共项目排成了长龙，因此，每年大幅度增加高等教育财政经费投入是不可能的。同时，大多数经济学家认为，成本分担实际上比免费高等教育更有利于实现公平。世界各地的免费高等教育至少更多地为中层和中上阶层学生所享受，而大多数国家支持免费高等教育的税收却是按比例收取或累退税。② 约翰斯通这一最初针对高等教育提出的理论问世不久即成为世界各国制定各级各类教育经费投入政策的重要理论依据。从这个理论出发，社区教育除了政府这一经费投入主体外，也应进行成本分担，其主要理由同样有以下几点。

其一，解决社区教育经费紧缺的问题。社区教育在我国迅猛发展，其教育教学设施及师资的增加、更新与培养，都使其成本急速上升，超过了政府财政收入增长的速度，这样政府就很难独自承担社区教育的经费。

其二，我国急需财政投入的如养老、医疗、义务教育等方面的公共项目众多，政府无财力独自承担社区教育经费。

其三，从受益方来看，社区教育为政府培养其所需要的人才，同时，对政府方针政策的宣传及政府治理的配合，都决定了政府是社区教育的受益者，应成为社区教育经费的投入主体；学员个人在社区教育中增长了知识和技能，完善了人格与品行，增强了社会适应力，其不管在经济效益还是社会效益方面都有不小的收益，因此，其也应成为社区教育经费的投入主体；社区教育能为社会各团体、各组织、各部门提供继续教育与培训，同时，社区教育所营造的良好社会氛围，所传承和创新的社区文化，都能使社会各团体、各组织、各部门从中获益，因此，它们同样应是社区教育

---

① 〔美〕布鲁斯·约翰斯通、帕玛拉·马库齐：《高等教育财政：国际视野中的成本分担》，沈红、李红桃、孙涛译，华中科技大学出版社，2014，第19页。

② 〔美〕布鲁斯·约翰斯通、帕玛拉·马库齐：《高等教育财政：国际视野中的成本分担》，沈红、李红桃、孙涛译，华中科技大学出版社，2014，第24～25页。

经费的投入主体之一。

其四，从公平方面看，虽然社区教育的对象是全体社区居民，但在具体实践中，还有很大一部分居民并未参加社区教育，如果政府承担所有的社区教育经费（政府投入的资金是通过税收获得的），就意味着承担社区教育费用的是社区所有纳税人，而公共财富又只是转移支付给了其中的一部分人，这显然是不公平的。

其五，从效率方面看，由于要自己出一部分学费，居民学员在入学时会比较相似的社区机构，从而选择最好的一家，这样，就对社区教育机构的办学效率提出了更高的要求，有利于促进社区教育的高质量发展。

二 我国当前社区教育经费投入存在的问题

我国当前社区教育经费投入存在较多的问题，其中最突出的问题有两大方面。

（一）政府在履行社区教育经费投入主体的职责中存在问题

1. 社区教育经费投入的政策法规不完善甚至欠缺

我国尽管在颁布的一些文件中涉及了社区教育经费投入问题，但并没有相关的法律规定，在行政政策层面，也还很不完善，突出表现在以下方面。

首先，没有社区教育经费财政投入的全国统一规定和标准。虽然我国规定全国社区教育实验区和省级实验区应按照常住人口每年人均不低于 1 元的标准设立，在 2010 年教育部印发的《社区教育示范区评估标准（试行）》中又提出县（市、区）财政"按常住人口每年人均不低于 2 元的标准设立社区教育专项培训经费"。一些地区也出台了相关的政策，如 2005 年《温州市社区教育工作实施意见》规定，社区教育经费列入县（市、区）政府经常性财政开支，每年至少不低于人均 1 元。① 但这些标准一方面与其他教育，如义务教育、高等教育等的生均经费标准相比，显然非常低；另一方面这只是针对全国社区教育的实验区和示范区而言。同时，只有少数地区出台了有关社区教育经费的规定，对于广大的非实验区和示范

---

① 胡珍薇、黄曼殊、鲁文：《社区教育经费保障机制研究》，《行政事业资产与财务》2015
年第 30 期。

区，则没有明确的政策规定，这就导致全国还有不少地区因为没有专门的财政拨款而难以开展社区教育。

其次，由上述《社区教育示范区评估标准（试行）》可以看出，县（市、区）财政是社区教育经费投入的主体，但在分税制下，我国大多数县域的财力还不足，特别是一些经济欠发达地区，难以保障社区教育的经费投入。"如果一项分配政策的财政责任由基层政府承担，则基层政府可能会因财政困难而无法有效执行政策，即使基层政府的财政较为充裕，也会因为地方政府'向上负责'的权责体制而降低分配政策的补贴水平。"①

最后，对社区教育经费投入的有关政策不明。2004年教育部《关于推进社区教育工作的若干意见》和2016年教育部等九部门《关于进一步推进社区教育发展的意见》中，都只是原则性地规定了社区教育的经费投入机制，没有具体明确各级政府应投入的经费比例，更没有规定对投入少或不投入者应有什么样的处罚。比如，2004年的《教育部关于推进社区教育工作的若干意见》规定："采取'政府拨一点，社会筹一点，单位出一点，个人拿一点'的办法，建立以政府投入为主，多渠道投入的社区教育经费保障机制。"但这一规定并不具体，如"政府拨一点"中的"一点"应占整个社区教育经费的多少。同时，"政府拨一点"中的"政府"是指哪一级政府，中央、省、市、县、乡镇各级政府在其中各应承担多大的责任。而在义务教育领域，就有着较为明确的政策及各级政府的支出责任：多数省份明确给出了省级与市县级政府的分担比例，依据不同市县的发展差异，给出了不同的分担比例；中央财政对不同档省份的公用经费和"一补"项目的分担比例不同，对中部和西部地区分担比重较大，地方分担部分多数省份由省级财政承担主要支出责任；中央财政差异分担校舍安全保障机制项目支出，向西部和中部地区倾斜，地方分担部分多数省份省级财政承担农村校舍安全保障机制项目支出主要责任，市县级财政承担城市校舍安全保障机制项目支出责任。②

① 魏姝：《府际关系视角下的政策执行——对N市农业补贴政策执行的实证研究》，《南京农业大学学报》（社会科学版）2012年第3期。
② 胡咏梅、元静：《"十四五"期间完善义务教育经费保障机制研究》，《教育与经济》2021年第1期。

2. 大多数地区的社区教育经费未被列入财政预算

教育部财务司及国家统计局社会科技和文化产业统计司编发的《中国教育经费统计年鉴》中，只列出了高等学校、中等职业学校、中学、小学、特殊教育、幼儿园、教育行政单位、教育事业单位等的教育经费，没有把社区教育经费作为单独一项列出。这样，就影响到大多数地区的各级政府未把社区教育经费纳入财政预算和进行单列。2014年一项针对全国各个实验区和示范区的社区教育经费调查发现，无论是区一级的财政支出明细表格还是教育局的财政支出明细表格，均无"社区教育经费"支出项目，表明社区教育经费没有被列入经常性财政开支。① 这说明政府总体上还没有充分认识到社区教育的重要性，没有对社区教育给予必要的重视，没有使社区教育获得应有的地位，导致其经费不能从制度上得到保障，地方政府是否拨付社区教育经费或者拨付多少，主要取决于当地领导的重视程度，随意性较强。

3. 社区教育财政实际拨款规模不足

在社区教育实践中，其获得的财政拨款总体较少，甚至有的地区根本没有社区教育的专门拨款，导致当代社区教育在这些地区难以起步。据笔者调研，重庆市渝西某区社区教育长期归属电大管理，但由于当地政府并未对社区教育拨付专款，因此，在电大经费本身有限的情况下，社区教育工作也就长期被搁置，直到最近一二年，重庆市规定各县（区）必须建立社区教育机构，该区才正式设立了当代社区教育机构。官华、杨钋通过全国各社区教育实验区（示范区）所在的区政府、财政局网站公布的年度决算报告及表格，或者区教育局网站公布的局年度决算报告及表格，逐个查询了2014年的教育经费支出情况后发现：从社区教育经费占教育总支出的比例来看，最高值仅为8.4%，最低值则仅为0.01%，平均值仅为1.3%；从数量来看，在156个区中，占比低于0.1%的共11个，占比在0.1%~0.5%的最多，共56个，占比在0.5%~1%的共32个，占比在1%~5%的共47个，占比在5%~9%的仅10个。也就是说，低于5%的共146个，约占样本总数的94%。这表明，社区教育经费投入不足问题比较严重。而在

---

① 官华、杨钋：《社区教育经费投入不足的公共产品属性特征分析》，《成人教育》2019年第3期。

可搜索到完整区一级财政关于普通教育、职业教育、教育总支出的 66 个区教育经费数据中，社区教育经费的最高值、平均值、中位值均低于普通教育、职业教育，并且差距较大（见表 6-4）。① 而且所调查对象均为全国社区教育实验区和示范区，其他非实验区与非示范区财政性经费投入就更低了。

表 6-4　2014 年全国社区教育实验区与示范区经费与普通教育、职业教育经费比较

单位：万元

经费值项目	社区教育	普通教育	职业教育	教育总支出
最高值	16000	675618	16940	834087.2
平均值	244.7	116515.8	7785.4	99026.5
中位值	316.6	62268	4171.3	87000
最低值	14.85	253.4	0	5180.7

资料来源：官华、杨钋《社区教育经费投入不足的公共产品属性特征分析》，《成人教育》2019 年第 3 期。

江蕾在 2007 年就发现，在财政性教育经费中，除义务教育和高等教育外，社区教育只在剩下的 5% 中占一小部分。② 而到 2014 年，这一情况并未发生变化。《2014 年全国教育经费执行情况统计公告》显示，国家教育财政投入约有 50% 用于义务教育，45% 用于高等教育，而社区教育经费仍然只占剩下的 5% 的小部分。《成都市教育局 2016 年部门决算编制说明》数据显示，2016 年成都市级教育财政支出共 201483.2 万元，而社区教育相关经费并未单独列出，应归属于"其他教育支出"类，共 198.5 万元，远未达到"每年每人 1 元"的标准。③

农村和边远地区的社区教育经费财政投入问题更是令人堪忧。我国农村成人教育经费虽然在不断增加，但占教育总经费的比例也只有 0.05% 左右。④ 2016～2018 年，在湘鄂川黔四省西部偏远、生态脆弱及少数民族聚

---

① 官华、杨钋：《社区教育经费投入不足的公共产品属性特征分析》，《成人教育》2019 年第 3 期。

② 江蕾：《中国大都市中心城区社区教育经费管理研究》，硕士学位论文，华东师范大学，2007，第 20 页。

③ 管翔：《社区教育经费居民捐赠筹集行为影响因素的实证分析——以成都市为例》，硕士学位论文，西南交通大学，2018，第 2、10 页。

④ 郭静、朱小蔓：《发展中国家农村成人教育面临的挑战与发展趋势》，《教育研究》2011年第 5 期。

居的四个自治州（湘西土家族苗族自治州、恩施土家族苗族自治州、凉山彝族自治州和黔东南苗族侗族自治州）的州本级财政拨款支出数据中，成人教育在三类教育经费投入总量中的占比不足4%，最高占比3.66%，最低占比0.94%，而在这不足4%的财政性教育经费中针对社区教育的投入能有多少可想而知。比如，2016~2018年湘西土家族苗族自治州州本级每年划拨12万元到当地电大用于社区教育，在三类教育经费投入总量中占比不足6‰，在不足4%的成人教育经费投入总量中的占比不到2%。2018年，该州州府所在地吉首市常住人口人均社区教育经费不到0.5元。此外，该州不少县的成人教育、广播电视教育有成人本专科学历教育经费支出，但无社区教育经费支出，归口教育的县级财政拨款中社区教育支出为零。[①]

（二）社区教育经费多元主体投入的体制还没很好地建立

从整个教育经费看，2012~2019年，财政性教育经费的占比都在80%左右，捐赠收入平均占0.2%，社会投入严重不足，而且捐赠收入的占比自20世纪90年代中期的接近10%逐年下降且长期趋近于零。[②]社区教育也有类似之处，同样表现为社会投入严重不足，即社会组织、团体及个人的捐赠、集资等所占份额极少，社区教育经费多元主体投入的体制在我国还没完全建立。而社区教育产品所具有的部分私人性质决定了不能单靠政府投入，而且任何政府都没有能力独自承担社区教育的所有经费，这也是社区教育经费不足的重要原因。根据对2002~2008年我国社区学院经费来源的调查，经费中来自社会捐赠所占比例一直都极低，徘徊在0.1%~0.3%，而民办高校举办者的投入则总体大幅度下降，学费和杂费收入占的比例较高（见表6-5）。[③]

2006年对北京市西城区、天津市河西区、青岛市四方区、南京市玄武区、上海市闸北区、杭州市下城区、厦门市思明区、深圳市宝安区8个大都市中心城区的调查，同样发现社区教育经费的筹措途径比较单一，社会捐资、企业投资共占11%，学费收入所占比例较少，区级财政拨款占了总

① 彭芳、金娟：《西部民族地区社区教育经费投入现状研究——基于公共财政视角》，《继续教育研究》2021年第10期。

② 庞丽娟、杨小敏：《高质量教育体系建设的经费投入保障思考与建议》，《国家教育行政学院学报》2021年第8期。

③ 张军果：《中美社区教育经费来源比较与启示》，《继续教育》2012年第2期。

表 6-5　2002～2008 年中国社区学院经费来源及所占比例

单位：%

年份	国家财政教育经费	民办学校举办者的投入	社会捐赠经费	学费和杂费	其他教育收入
2002	42.6	7.4	0.3	32.6	17.1
2003	36.8	11.9	0.1	32.2	19
2004	37.7	12.5	0.1	31.8	17.9
2005	41.4	3.2	0.1	35.5	19.8
2006	43.3	2.7	0.1	48.3	5.6
2007	46.9	0.4	0.2	45.5	7
2008	51.4	0.1	0.2	42.7	5.6

资料来源：张军果《中美社区教育经费来源比较与启示》，《继续教育》2012 年第 2 期。

经费的 80% 左右（据笔者分析，这可能是因为调查对象大都市中心城区的政府财力较为雄厚，也更加重视社区教育，因此对社区教育的财政投入远高于全国平均水平）。2006 年 8 个大都市的某一中心城区部分街道、乡镇社区教育日常经费来源分布见表 6-6。[①]

表 6-6　2006 年 8 个大都市某一中心城区部分街道、乡镇社区教育日常经费来源分布

单位：%

经费来源	天目西	北站	宝山	芷江西	共和新
财政拨款	80	85	74	82	80
社会投资	18	8	15	6	8
学费收入	2	7	11	12	12

资料来源：江蕾《中国大都市中心城区社区教育经费管理研究》，硕士学位论文，华东师范大学，2007，第 23 页。

有研究发现，上海市长宁区的社区教育经费投入基本上是政府唱独角戏，缺乏调动各方投入的机制，尤其缺乏民间资金的积极参与。[②] 而在一些欠发达地区，如湘西土家族苗族自治州社区教育经费并没有实现政府投

---

① 江蕾：《中国大都市中心城区社区教育经费管理研究》，硕士学位论文，华东师范大学，2007，第 22～23 页。

② 宋亦芳：《社区教育政府经费的使用效益研究——以上海市长宁区为例》，《中国职业技术教育》2013 年第 3 期。

入、社会捐赠、学习者合理分担的投入机制，既没有接收到社会捐赠，也没有收取学习者的学费，仅靠单一的政府投入。①

三　建立以政府为主多渠道投入的社区教育经费投入机制

一切教育要发展，都离不开经费的支持，改革社区教育经费投入体制，使其能真正满足我国社区教育发展的需要，是我们必须思考的重要问题。2016 年，教育部等九部门在《关于进一步推进社区教育发展的意见》中强调要"建立健全政府投入、社会捐赠、学习者合理分担等多种渠道筹措经费的社区教育投入机制"。这也是我国社区教育经费投入改革的方向。

（一）政府应更好地承担作为社区教育经费投入主体的责任

在发达国家，社区教育不管采取的是哪一种模式，它们最大的共同点在于政府承担了大部分的经费。如瑞典设有专门的农村大学，这些成人教育机构大部分是公立的，大部分由政府立法拨付经费，其中，行政费、人事费全部由政府承担，教材费由政府承担 75%，受教者承担 25%。成人教育经费的预算由中央政府成人教育部门规划与编制，然后补助地方使用，因此经费相当充足。② 英国的《农民培训局法》、美国的《莫雷尔法》等则通过赠地形式支持地方实施农民教育。在 2012～2013 年的美国公立社区学院经费中，政府公共资金投入的比例为 74.15%（州政府占比 30.9%，联邦政府占比 23.76%，地方政府占比为 19.49%），学杂费占 17.03%，附属企业投入占 3.51%，投资捐赠及其他占 5.3%。③ 上述国家的做法也为我们提供了有益的启示，世界各国的实践业已证明："建设与发展社区教育必须得到国家公权力或地方政府强有力的财政支持及投入。"④ 政府应切实承担社区教育资金投入主体的责任，"从制度上保障政府教育经费投入，

---

① 彭芳、金娟：《西部民族地区社区教育经费投入现状研究——基于公共财政视角》，《继续教育研究》2021 年第 10 期。
② 张雅晶：《台湾社区教育概述》，中国社会出版社，2005，第 332 页。
③ 冯映辉：《美国社区学院多元化教育经费投入研究》，硕士学位论文，郑州大学，2016，第 22～23 页。
④ 吴遵民、陈玉明：《电大转型社区教育何以可能》，《开放教育研究》2015 年第 3 期。

可概括为'定标准、定责任、入预算'"①。为此，我们应采取以下措施。

1. 各级政府要加强对社区教育的认识

不少政府部门的管理者还对社区教育的性质和重要性认识不清，这是其不重视社区教育，不愿拨付更多经费给社区教育的深层原因，特别是一旦遇上财政上的困难，社区教育就总是最先被"牺牲"掉。如据笔者对成都市某区的调研，该区财政在 2020 年用于社区家庭教育的专项拨款是 100万元，由于第 31 届世界大学生夏季运动会原定于 2022 年在成都召开，需要大量的资金用于比赛场馆的修建等，2021 年该区的社区家庭教育专项拨款被压缩到了 60 万元。为避免出现这种现象，首先，各级政府要认识到社区教育是一种重要的公益性教育，政府是提供公共产品的机构，发展社区教育是政府义不容辞的责任。其次，要充分认识到社区教育在提高居民的整体素质、促进全体社会成员的全面发展、促进社区建设及社区治理，以及建设学习型社会、构建服务全民学习的终身教育体系中的重要作用，从而把社区教育放到与普通中小学教育、职业教育、高等教育一样重要的地位，主动成为社区教育经费投入的主体。

2. 政府应制定社区教育经费财政投入的全国统一标准和规定，把社区教育经费列入财政预算

首先，要制定全国社区教育财政经费投入的统一标准。在制定这一标准时，一是要从社区教育发展的实际需求出发，同时要兼顾各地的财政承受能力，避免标准过高或过低。可按照经济发达程度制定各地社区教育经费投入的不同标准，同时，对于欠发达地区，加大中央财政支持力度。二是有一定的动态性。对于所制定的社区教育经费投入标准应根据经济发展情况进行及时的调整。三是制定各级政府社区教育经费投入情况的奖惩政策，把其与各级政府官员的业绩考核相挂钩。四是要规定把社区教育经费列入财政预算，改变当前这种在教育部和各级政府网站上难以找到社区教育经费收支情况的现状。要做好以上几项工作，不但要出台相关政策，还要加强立法工作。一是在《中华人民共和国教育法》中明确中央及地方各级政府在进行财政预算时，要为终身教育、终身学习提供经费保障，逐步

① 王善迈、赵婧：《教育经费投入体制的改革与展望——纪念改革开放 40 周年》，《教育研究》2018 年第 8 期。

提高对终身教育、终身学习的经费投入比例。二是要出台《终身教育法》或《社会教育法》，在其中更加明确地规定政府应成为社区教育经费投入的主体。

3. 明确各级政府社区教育经费投入的具体比例

哈耶克（F. A. Hayek）曾指出："欲使责任有效，责任就必须是明确且有限度的。"[①] 按照教育服务的公共属性，需要有更加明确和清晰的成本分担机制，特别是强化非基本公共教育的成本分担以提供经费投入的保障。[②]明确这一成本分担机制的基础是各级政府事权和支出责任的明确。《中华人民共和国教育法》（2021 年修订）规定："国务院教育行政部门主管全国教育工作，统筹规划、协调管理全国的教育事业。县级以上地方各级人民政府教育行政部门主管本行政区域内的教育工作。县级以上各级人民政府其他有关部门在各自的职责范围内，负责有关的教育工作。""各级人民政府的教育经费支出，按照事权和财权相统一的原则，在财政预算中单独列项。"长期以来，我国地方政府特别是县（区）一级政府承担了教育大部分的投入责任，但地方政府特别是一些欠发达地区的地方政府的财力严重不足，而中央政府承担的教育支出责任相对较小。在社区教育中，同样是以县（区）级政府作为经费投入主体，而一些县（区）本身经济不发达，财政紧张，这也是不少地区当代社区教育尚未起步的重要原因。我们应改变这一不合理的现象，重新审视中央和各级政府在发展社区教育中的事权与责任，进一步明确中央和各级政府各自管理的教育事务及应承担的财政投入责任。总体而言，中央政府要把各省份按照经济发展水平进行分档，把解决欠发达省份的社区教育经费问题作为中央财政转移支付的重点，改变当前主要由县（区）级政府作为社区教育经费投入主体的现状，建立中央和地方各级政府按恰当比例共同承担，以省级为主的经费投入体制。

（二）增加社区教育经费的社会投入

改革开放以来，"我国教育经费投入制度的改革可概括为从政府单一

① 〔英〕弗里德利希·冯·哈耶克：《自由秩序原理》（上），邓正来译，生活·读书·新知三联书店，1997，第 99 页。

② 庞丽娟、杨小敏：《高质量教育体系建设的经费投入保障思考与建议》，《国家教育行政学院学报》2021 年第 8 期。

投入到以政府投入为主多渠道投入"①。这是所有教育经费投入的发展方向，社区教育也不例外。除了学员的学费，社区教育经费的社会投入还包括各机关、企事业单位、社会组织、团体、个人等的捐赠及社会力量办学等。这里，我们主要讨论有关社会组织、团体及个人的捐赠问题。我国在一些政策和法律中有对社会和个人捐赠经费助学的鼓励性规定，如在《中共中央关于教育体制改革的决定》（1985）、《中华人民共和国义务教育法》（1986）、《关于社会力量办学的若干暂行规定》（1987）、《面向21世纪教育振兴行动计划》（1998）、《中华人民共和国民办教育促进法》（2002）、《中华人民共和国教育法》（1995～2021年各修正案）等中都能找到相关的规定："国家鼓励境内、境外社会组织和个人捐资助学。""国家财政性教育经费、社会组织和个人对教育的捐赠，必须用于教育，不得挪用、克扣。"② 此外，还颁布了《中华人民共和国个人所得税法》《中华人民共和国企业所得税法》《中华人民共和国公益事业捐赠法》《财政部　国家税务局关于教育税收政策的通知》等，就个人和企业在公益事业捐赠方面的税收优惠进行了规定。2016年教育部等九部门在《关于进一步推进社区教育发展的意见》中规定，要"鼓励社会资本通过兴办实体、资助项目、赞助活动、提供设施、设立社区教育基金等方式支持社区教育发展。鼓励自然人、法人或其他组织捐助社区教育或举办社区教育机构，并依法享受有关政策优惠"。我们应以这些政策和法律为依据，对增加我国社区教育经费的社会投入做进一步的思考，总体上是要进一步创新社区教育经费的投入方式，在坚持政府投入主体的前提下，将社区教育经费投入中的部分领域交给社会和市场决定，从而更好地使公共产品的需求与供给之间保持动态平衡。为此，应建立系统的促进社区教育经费社会投入的机制，而在其中，最为重要的是要激发组织与个人投入社区教育经费的动机和积极性。

社会捐赠是一种公益行为，激发人们投资、捐赠社区教育的动机，一个最重要的基本问题就是要激发组织、团体与个人的捐赠动机。人们从各

---

① 王善迈、赵婧：《教育经费投入体制的改革与展望——纪念改革开放40周年》，《教育研究》2018年第8期。

② 《中华人民共和国教育法》，中华人民共和国教育部网站，2021年7月30日，http://www.moe.gov.cn/jyb_sjzl/sjzl_zcfg/zcfg_jyfl/202107/t20210730_547843.html。

个角度探讨了捐赠者的行为动机：斯密（A. Smith）"道德人"理论揭示了捐赠人的利他主义倾向；曼科（O. Mancur）的"经济人"观点揭示了捐赠人的功利主义倾向；普林西（R. A. Prince）等人的"社会人"理论揭示了捐赠行为的社会交换本质以及捐赠人的物质性动机和精神性动机；罗根（D. Logan）的"慈善投资论"揭示了企业家个体捐赠对自身社会声誉和企业竞争力的投资动机；盖尔（T. Gail）的"情怀论"解释了校友捐赠的感恩与相互认同情结。① Erick Schokkaert 把慈善捐赠动机主要划分为三种情况：利己动机，又包括物质上的利己和社会美誉两个方面；互惠动机；纯粹利他和同情。② 笔者认为，这种划分简洁而较为客观，能基本概括捐赠动机的类型，国内一些有关学校捐赠动机的研究结果也表明了这一点。如郑琼鸽对国内高校社会捐赠的动机进行了研究，发现个人捐赠给高校行为的动机主要有四大类：获得社会认同感、给予的自由、社会改良主义、校友情怀。企业捐赠行为的动机主要有：回报母校和回报社会、合作伙伴、扩大社会影响力、推动企业文化建设。③ 在这些动机中，获得社会认同感、给予的自由、提高社会影响力、推动企业文化建设等属于利己的动机；社会改良主义、回报母校和回报社会等属于利他动机；合作伙伴等属于互惠动机。那么，社区教育经费捐赠中，同样应涵盖这几种动机类型。不过，据管翔对居民社区教育经费捐赠动机的研究，捐赠筹资行为产生正向影响的动机按影响程度从高到低依次为：兴趣爱好动机（对于课程的喜好程度）、纯粹利他动机（渴望筹资成功而获得的教育产品间接产生利他行为）、遵从社会规范动机（保持集体行动的一致性）、提高个人声誉动机与"温情"效应动机（更多关注一起学习和交流的过程，自我心理激励）。④ 其中，兴趣爱好、遵从社会规范、提高个人声誉与"温情"效应属于利己动机，渴望筹资成功而获得的教育产品间接产生利他行为属于利他动机，但没有明显体现出互惠的动机，而按照交换理论，互惠是使行为或关系可

① 林成华、周文忠：《美国私人高等教育捐赠的动机模型、影响要素与发展特点》，《重庆高教研究》2018 年第 6 期。

② 王辉：《从经济人视角看慈善捐赠的动机》，《当代经济研究》2011 年第 11 期。

③ 郑琼鸽：《试析国内高校社会捐赠的动机和激励措施》，《高等工程教育研究》2008 年第 3 期。

④ 管翔：《社区教育经费居民捐赠筹集行为影响因素的实证分析——以成都市为例》，硕士学位论文，西南交通大学，2018，第 51~52 页。

持续的最重要影响因素。我们应重视社区教育经费投入动机的研究，从利己、利他及互惠几个角度出发，激发社区社会组织、团体及居民个人投资社区教育的动机。

此外，我们还要特别去研究有哪些因素影响或阻止了人们投资社区教育的动机。陈莹和武志伟发现，自愿捐助实验中被试普遍存在一定水平的自愿捐助行为，这在很大程度上说明存在私人提供公共品的可能性，为我们在公共品投资领域引入私人投资提供了理论上的支持；友谊认同对被试的自愿捐助水平存在显著的正向影响，说明在一个相互熟识的群体中会鼓励人们进行更高水平的自愿捐助行为；舆论机制、内部惩罚机制和税收机制因素在分组和总体数据的结果中均对被试捐助水平显示显著的正向影响，说明引入外部机制可以有效提升人们的自愿捐助水平。[1] 该研究从正面揭示了捐赠动机的影响因素，美国有学者从反面进行研究，发现人们不捐赠或终止捐赠主要是由于以下因素：缺钱、对机构缺乏信任、机构滥用捐赠资金、不同意机构主张或缺乏共同信仰、机构筹款策略或筹款人员纠缠、捐赠给其他组织、不知道和其他混杂原因。[2] 也就是说，对机构的信任、舆论氛围、友谊认同、资金管理等都是影响人们公益事业投入动机的重要因素。为此，我们应采取多方面的策略激励社会对社区教育经费的投入。

第一，进一步完善与社会公益产品投资相关的法律法规和政策规定，为社会进行社区教育资金投入提供更好的法律支持。一些发达国家为社会公益产品投入或捐赠制定了相应的配套政策和措施，比如，美国按照不同的用途制定了不同的捐赠配套资金措施，配套资金记在捐赠者名下。我国也应在《中华人民共和国企业所得税法实施条例》《中华人民共和国公益事业捐赠法》等法律条例中，加大对社会公益投入税收减免、以奖促贷等的力度，激发各社会团体与个人投入社区教育经费的动机。

第二，加强宣传，营造良好的社区教育投入氛围。当前在不少社区教育开展得不错的地区，居民对社区教育活动的参与率也不够高，对于社区教育有什么样的作用和功能，居民和社区内的各单位、团体和组织也大多

---

① 陈莹、武志伟：《公共品私人供给的影响因素研究》，《统计与决策》2017 年第 2 期。

② 林成华、周文忠：《美国私人高等教育捐赠的动机模型、影响要素与发展特点》，《重庆高教研究》2018 年第 6 期。

不清楚，这样，当然也就谈不上让他们主动向社区教育机构捐赠。捐赠的道德心理基础是乐善好施，这也是我国一直以来都非常重视的传统美德，地方政府有关部门特别是教育局和社区大学（学院、学校）等部门和机构要抓住这一点，加强宣传，努力使社区内各社会团体、公私营企业、各个群体更多地参与社区教育工作，认识到社区教育与自己息息相关，支持社区教育发展是有利于社区发展的大善事，从而调动他们资助社区教育的积极性，为建立健全多元化社区教育经费投入机制打下必要的基础。在具体的宣传中，一是要充分发掘历史习俗、典范人物等道德资源；二是要借助多种手段，采用多种方式，营造公益捐赠的氛围，利用人们普遍具有的从众心理，让愿意投资社区教育的组织与个人去带动越来越多的组织与个人；三是要讲究宣传的艺术，要详细说明捐款目的、意义、具体用途等。

第三，根据实际情况采取各种具体的激励措施。如山东省济南市平阴县孝直村的做法是：村民做了好事，村里就将这些人的事迹在广播或电视上播放，给予一定的奖励，还专门投资兴建了一座"正义厅"，把村里出现的有关先进事迹以实物、照片、文字等形式予以宣传颂扬。如果村里公共设施是利用捐款修建的，一定会在建筑物旁立碑，刻上捐款者姓名。[①] 在激发人们投资捐赠社区教育动机中也可以采取类似的做法，如以捐赠者的名字命名社区学院或学校的某个建筑、授予捐赠者名誉导师称号等。

第四，社区教育机构要不断提升自身的质量，开设居民和各团体需要和喜爱的课程，提高学习者在社区教育中的获得感，这样才能真正使广大居民和社会组织感受到社区教育的价值，从而激发其投入社区教育资金的积极性。

第五，加强对社区教育经费的管理。建立由社区居民参与的社区教育经费管理监督机制，定期公开财务的收支信息，使社区教育经费透明、阳光，并通过第三方评估这些社会投入经费对社区、居民及社区教育本身发展产生的影响。

---

① 李芹：《慈善捐赠的社区促进机制——基于一个村庄捐赠活动的考察》，《学习与实践》2007 年第 3 期。

第四节　社区教育教师专业化的学理探索

1966 年，联合国教科文组织与国际劳工组织在巴黎会议上通过的《关于教师地位的建议》提出，应当把教师职业作为专门职业来看待。教师要经过严格训练且持续不断地学习研究，才能获得并保持专业知识和技能。①从此，世界各国启动了教师专业化进程。最近几十年，教师专业化在世界范围内得到了极大的发展。社区教育要获得高质量发展，同样需要专业化的教师队伍。近年来，出现了大量研究教师专业化的成果，但有关社区教育教师专业化的研究不多也不深入，对于其中的一些基本问题，如社区教育教师是否是一个专业性职业及其是否应从普通学校教师职业中分离出来进行专业化、我国社区教育教师专业化的现状及路径等，研究还很不够。这里所说的社区教育教师主要是指在社区大学、社区学院等社区教育机构中面向社区居民开展教学和管理工作的教师，由专职教师和兼职教师两大部分人群构成。

一　社区教育教师是一种专业性职业，应从普通学校教师职业中分离出来

在讨论社区教育教师专业化之前，必须弄清楚的两个问题是：社区教育教师是不是与其他教师一样的专业性职业？如果是，其又有无必要从普通学校教师系列中分离出来进行专业化？这两个问题是探讨社区教育教师专业化的逻辑起点，在此基础上，才能明确社区教育教师的专业内涵究竟是什么。

（一）社区教育教师具备专业性职业应有的基本特征

人们对"专业"的内涵有不同的表达。如桑德斯（A. M. C. Saunders）认为，专业是指一群人在从事一种需要专门技术之职业，这种职业需要特殊的智力来培养和完成，其目的在于提供专门性的社会服务；1948 年，美国教育协会提出了包括拥有一套专门化的知识体系、需要长时间的专门训

---

①　刘兴富、刘芳主编《教师专业化发展的理论与实践》，光明日报出版社，2010，第 2 页。

练、建立自身的专业标准、置服务于个人利益之上等专业的八条标准。① 有日本学者提出，所谓专门职业，是指"通过特殊的教育或训练掌握了业经证实的认识（科学或高深的知识），具有一定的基础理论的特殊技能，从而按照来自非特定的大多数公民自发表达出来的每个委托者的具体要求，从事具体的服务工作，借以为全社会利益效力的职业"②。刘兴富和刘芳认为，"专业"也称"专业性职业"，"是指一群人经过专业教育和训练、具有较高深和独特的专门知识与技术，并按照一定专业标准进行专门化的活动，从而解决人生和社会问题，促进社会进步并获得相应报酬、待遇和社会地位的专门职业"③。专业性职业应具备两个基本条件：专业的科学知识体系且需要经过专门的训练；这种职业为社会提供至关重要和卓有成效的服务。一种职业要被认可为专业，应该具备三个方面的基本特征：具有不可或缺的社会功能、具有完善的专业理论和成熟的专业技能、具有高度的专业自主权和权威的专业组织。④ 尽管上述观点在表述方式和侧重点上有所差异，但具有专门的知识体系和专业技能、需接受较长时间的专门训练、具有重要的社会功能等是人们共同赞同的专业即专业性职业的核心内涵。从上述几方面去衡量，社区教育教师是一种专业性的职业，具备专业性职业应具有的基本特征，即以下几点。

1. 社区教育教师职业要求教师具备有关的专门知识和专业技能

一般认为，作为教师，应该掌握这样一些知识：所教学科的本体性知识、教育学和心理学等条件性知识、有关教育教学方法等实践性知识以及社会人文自然等通识性知识。同时，教师还应掌握教学组织与领导、处理师生关系等专业技能。作为教师中的一种，社区教育教师同样要具备上述知识和专业技能。2006 年，国家质量监督检验检疫总局、国家标准化管理委员会发布了《社区服务指南》，提出社区教育专职人员应较好掌握社区教育专业及其相关知识，包括社区理论、社区教育学、社区教育管理学、教育社会学、社会心理学等知识；具有较强的社区教育基本能力，包括教

---

① 教育部师范教育司编《教师专业化的理论与实践》，人民教育出版社，2001，第 13~15 页。
② 〔日〕筑波大学教育学研究会编《现代教育学基础》，钟启泉译，上海教育出版社，2003，第 451~452 页。
③ 刘兴富、刘芳主编《教师专业化的理论与实践》，光明日报出版社，2010，第 5 页。
④ 教育部师范教育司编《教师专业化的理论与实践》，人民教育出版社，2001，第 15~17 页。

育教学组织、社会调查研究、课程开发、社会沟通与协调、语言文字表达等方面的能力。① 教育部在 2013 年发布的《社区教育工作者岗位基本要求》中规定，专职教学人员要"具备一定的社区教育专业理论知识，并掌握一至两门适合社区培训的专业理论、知识和技能，掌握现代化教育教学手段"。2020 年 9 月，国家市场监督管理总局、国家标准化管理委员会发布了《社区教育服务规范》，再次规定了社区教育教学人员应具备的基本素质、专业知识与专业能力。

2. 社区教育教师需要接受较长时间的专门训练并具有一定的专业标准

为了掌握有关社区教育的专门知识和专业技能，人们必须在教育机构接受较长时间的专门教育和训练。如美国对于社区教育工作建立了一套从本科到博士的完整教育体系，社区教育教师都接受过长期的专门训练，具有社会工作专业学士以上学位，且大部分具有社会工作专业硕士学位。我国也正在加强这方面的工作，在一些大学设立了社区教育方面的硕士和博士学位点。同时，不少国家对社区教育教师资格都有着明确的规定，我国在 2006 年的《社区服务指南》中，规定社区教育专职人员需经过有资质的教育培训机构的岗位培训，持有上岗资格证书，或相当的专业证书。② 2020 年发布的《社区教育服务规范》再次明确了这一精神。教育部在《社区教育工作者岗位基本要求》中也规定：社区教育专职教学人员应具有大学专科（含）以上学历（或相当学力），社区教育中心（社区学院）专职教学人员应具有大学本科（含）以上学历，持有相应的教师资格证书。

3. 社区教育教师职业具有重要的社会功能

社区教育在提高居民的素质，促进居民的全面、和谐和可持续发展，推进社区乃至整个社会的发展，推进社区治理，建设学习型社会中所起的重要作用早已为世界所公认，也正因如此，社区教育在第二次世界大战后，在世界各国得到了高度重视，我国当代社区教育也在 20 世纪 80 年代中期诞生并日益发展壮大。教师在一切教育中都是不可或缺的重要主体，在社区教育中，高质量的、专业化的教师队伍同样是提高社区教育质量的

前提和保证。由此可见，社区教育教师能为公民的全面发展和社会进步提供卓有成效的服务，其职业具有重要的、不可或缺的社会功能。

（二）社区教育教师应从普通学校教师职业中分离出来

之所以要把社区教育教师从普通学校教师职业中分离出来进行专业化，是因为社区教育教师具有特殊的职业角色，使其除了要具备普通学校教师应具备的一般知识与技能外，还要具备特殊的知识与技能。

1. 社区教育教师具有区别于普通学校教师的职业角色

职业角色是指在社会分工基础上形成的人们在某一具体工作中所应扮演的角色及完成社会所期待的行为。我国教师应有的职业角色主要体现在《中华人民共和国教师法》对教师的权利和义务的相关规定中。总体而言，教师的职业角色主要有文化知识的传播者，即教学者、教学管理者、学生全面发展的引领者、教学研究者等。对于社区教育教师的职业角色，惠中、徐雄伟提出，社区教育专职教师的角色是组织管理者、教学工作者和行动研究者的三位一体。[①] 张连民和卫喆认为，社区教育教师要扮演好社区教育课程的开发者、教学任务的设计者和完成者、知识的传授者、文化的引领者、活动的组织者、信息和政策的传播者等角色。[②]

2013 年，教育部在《社区教育工作者岗位基本要求》中规定，社区专职教学人员的岗位职责有贯彻落实党和国家的教育方针、政策法规，宣传、普及社区教育知识，承担社区教育日常教学工作，参与社区教育教学改革、社区教育调查研究及课程资源的开发，对社区教育志愿人员和学习团队进行业务指导与管理，开展社区教育教学理论研究等。《上海市社区教育专职教师专业技术职务评聘工作规定（试行）解读报告》明确规定："社区教育专职教师是党的方针政策的传播者，社区教育、学习活动的组织者，社区教育、学习资源的管理者，中国特色社区教育的研究者，社区居民学习的指导者，学习型社区创建工作的推进者，中国现代民族精神的塑造者。"[③]虽然一些文章和文件中只对社区教育专职教

---

① 惠中、徐雄伟：《社区教育专职教师专业素养研究》，《教育发展研究》2013 年第 23 期。

② 张连民、卫喆：《城市社区教育教师队伍能力建设探析》，《继续教育研究》2012 年第 7 期。

③ 杨秀彤：《上海市社区教育专职教师专业素养提升研究》，硕士学位论文，上海师范大学，2013，第 9 页。

师的角色进行了描述和规定，但其实，社区教育兼职教师也同样要承担这些角色。

从上述文件的规定及学术界的相关观点中可以看出，社区教育教师在具有普通学校教师职业角色的同时，又有自身特殊的职业角色，即更加强调对社区教育工作的管理，包括对社区教育资源的开发与管理、对终身教育有关政策和知识的宣传、对社区教育工作者的培训等，这是由社区教育本身具有的特点决定的。社区教育是一种在社区内进行的社会教育，其教育对象多样，涉及的部门和单位多元，教育形式开放灵活，因此，社区教育教师必须突破普通学校教师以教学为主的职业角色限制，而兼具管理者、开发者、组织者、培训者、宣传者、教材编写者的综合性职业角色。据杨秀彤对上海市社区教育专职教师的调查，工作内容为"管理"或"以管理为主"的社区专职教师占比接近54%，"以教学为主兼管理工作"的占比是10%，可见管理工作在社区专职教师工作中的占比很大；此外，他们还承担着实验项目研究、课程开发等辅导、服务方面的工作。[①]

总之，相比于普通学校教师，社区教育教师具有更多重的职业角色，其不但有着普通学校教师教育者的身份，还具有社会工作者的角色。因此，不能用普通学校教师职业去替代社区教育教师职业，而应把社区教育教师职业专业化。许多国家十分重视推进社区教育工作者专业化，如爱尔兰向各地区派遣专职社区教育管理人员，制定相应培训和支持计划；新西兰国家第三级教育中心为社区教育工作者提供大量的学习资源，发布了《确定社区学习的优势——对发展共同理解》等研究报告，对推进社区教育工作者的专业化做了较为深入的思考。[②]

2. 社区教育教师具有区别于普通学校教师的知识技能

"某种职业是否可能成为专业，取决于能否从其基本职能中，分析和综合出特有的知识与技术。"[③] 相比于普通学校教师，社区教育教师与社区各方面联系更多，面对的对象更复杂，担任的职业角色更多，这一切都决

---

① 杨秀彤：《上海市社区教育专职教师专业素养提升研究》，硕士学位论文，上海师范大学教育学院，2013，第15～17页。

② 惠中、徐雄伟：《社区教育专职教师专业素养研究》，《教育发展研究》2013年第23期。

③ 陈桂生：《"教师专业化"面面观》，《全球教育展望》2017年第1期。

定了其需具备区别于普通学校教师的专业知识与技能。

首先，社区教育教师除应具备所有教师都应具有的一般知识外，还需具备一些特别的知识。在通识性知识方面，除了一般的人文、社科、自然科学等方面知识外，社区教育教师还需要特别了解本社区的历史、文化、民俗及社会学、社区治理等方面的知识。由于社区教育是在社区范围内、以社区为出发点的教育，而且社区教育的学员都是本社区的居民，因此，社区教育教师就必须了解有关本社区的一切知识。同时，社区教育是社会学和教育学的交叉领域，社区教育教师还承担着重要的管理职责，这些都要求社区教育教师了解社会学、社区治理、社区传播、社区组织、社区服务等社区工作方面的知识。叶忠海曾在社区工作者专业化的内涵中提出构筑蛛网式三层知识结构，其外围层就包括了本社区的历史、地理、文化等本土知识。① 在条件性知识方面，社区教育教师除了要掌握一般的教育学和心理学原理外，还要特别了解各年龄段群体、各种职业群体的心理及教育方面的知识；由于社区教育以短期培训的形式为主，因此，教师还必须掌握社区培训的专业理论；社区教育本质上是一种社会教育，因此，教师还必须了解社会心理学等方面的知识；社区教育是终身教育的重要组成部分，教师还必须了解终身教育、终身学习等方面的知识。在实践性知识方面，由于社区教育对象是社区内所有居民，其文化程度、兴趣爱好、理解能力等有着较大的区别，因此，社区教育教师除了要掌握一般的教育教学方法等方面的知识外，还要了解多种人群的教学组织、教学方法等方面的知识；由于社区教育教师兼着社区教育管理者的角色，因此，还要求其具备课程开发、教材编写、组织宣传等方面的知识。

其次，社区教育教师在专业能力上除应具备一般的教学能力和管理能力外，还应具有多样特殊的能力。如社区教育没有统一的教学大纲和课程大纲，教师必须更具教学设计能力和课程开发能力；没有统一的教材，教师应更具自主研发能力；学员参加社区学习完全出于自愿，要求教师具有更强的教学组织能力及更高超的教学方法与艺术；社区学员以成人为主，其更看重实际操作和问题解决，要求教师必须具有更强的实际动手能力；社区教育具有强烈的社会性特点，要求教师必须具有与社会上各单位、各

① 叶忠海：《社区教育学基础》，上海大学出版社，2000，第 126~127 页。

组织、各团体及个人的沟通能力、协调能力；等等。岳燕通过对上海市普陀区的调查发现，对于社区学校教师而言，除了需要具备教学能力，还需要具备组织、管理、沟通能力，课程管理、组织社区教育活动几乎成了社区教育教师的首选技能需求，这两项技能需求比例相加高达63%。①

由上述分析可见，社区教育教师应是一个专业性职业，其专业内涵包括两个层面：其一，社区教育教师具有普通学校教育教师这一专业性职业的基本特征；其二，在此基础上，社区教育教师具有区别于普通学校教师的职业特征，包括独特的职业角色、知识技能、社会功能等。因此，社区教育教师应从普通学校教师职业中分离出来，成为一个专门的职业，进行专业化建设。

二　我国当前社区教育教师专业化程度审视

专业化是"指一个普通的职业群体在一定时期内，逐渐符合专业标准、成为专门职业并获得相应的专业地位的过程"②。人们对于教师专业化有着不同的界定，如何茜、孙美花认为，教师专业化从本质上讲，强调的是教师个体成长和专业发展的历程，体现为三个层次：一是指教师个体的专业水平从基础到提高的过程；二是指教师群体的专业水平普遍提高的过程；三是指教师职业的专业地位在社会中的确立和认识的过程。③卢乃桂、叶菊艳认为，教师专业化有两层含义：一是教师群体努力去满足成熟的专业所拥有的各种特征，特别是制度上的特征；二是教师群体努力提升专业知识和技能，即提升教师的"专业性"。④教师专业化可以理解为教师这一职业逐渐符合成熟专业所拥有的标准，成为专门职业并获得相应专业地位的过程，其实质是教师职业的专业化。相应地，社区教育教师专业化是指社区教育教师这一职业符合社区教育教师专业标准，成为专门职业并获得相应专业地位的过程，其实质是社区教育教师职业的专业化。可从以

① 岳燕：《赋权增能：社区教育专职教师可持续专业化途径》，《教育学术月刊》2014年第9期。
② 教育部师范教育司编《教师专业化的理论与实践》，人民教育出版社，2001，第25页。
③ 何茜、孙美花：《教师专业化视野下的教师教育改革》，《西南大学学报》（社会科学版）2008年第4期。
④ 卢乃桂、叶菊艳：《英、法教师专业化历程的解读及其启示》，《比较教育研究》2010年第2期。

下几方面去衡量社区教育教师专业化程度。一是是否建立了专业资格标准和准入制度，这是衡量社区教育教师专业化的最基本标准。二是是否建立了专门教育和训练体系，这是社区教育教师这一职业群体逐渐符合专业标准的保障。三是社区教育教师职业的专业地位是否在社会上得到确认，主要表现为国家对社区教育教师专业地位的确认，以及社区教育教师在工资福利和职位晋升等方面的待遇。此外，还要看是否具有严密的专业组织。总体来看，我国社区教育教师专业化程度还远远不够。

第一，没有真正建立社区教育教师的专业资格标准和准入制度。

尽管我国对社区教育教师的专业资格标准有一些规定，如在《社区服务指南》、《社区教育服务规范》和《社区教育工作者岗位基本要求》中，提出社区教育教学人员在上岗前必须接受培训，必须具有相应的证书；上海市在2011年颁布的《上海市终身教育促进条例》中规定"从事终身教育的兼职教师，应当具有与终身教育有关的工作经验或者相应的专业技术资格"；等等，但仍未真正建立社区教育教师的专业资格标准和准入制度。首先，社区教育教师并未被列入国家颁布的教师资格分类，也就谈不上资格和准入标准。国务院在1995年颁布的《教师资格条例》中，把教师资格从幼儿教师到高等学校教师共分为七类，但社区教育教师未能列入其中。2000年，教育部颁布了《〈教师资格条例〉实施办法》，开始实施上述七大类教师资格制度，但由于社区教育教师并未被列入国家颁布的教师资格分类，也就无法出台有关社区教育教师必须持社区（社会）教育专业证书上岗的规定。我国中小学、高等学校等教育机构教师都有专门的资格证书，但社区教育教师没有。我国当前社区教育专职教师主要来源于中小学，只具备中小学的教师资格证，而对兼职教师则更是基本没有建立专业资格标准和准入制度，这使各社区教育机构在聘用兼职教师时具有较强的随意性，导致不少兼职教师既无教师资格证，又无相关的专门证书。如在成都市，半数从事社区教育的教师只有普通教育教师资格证书和技能/技术等级证书，部分专兼职教师没有任何教育或是培训方面的从业资格证书。[1]

---

[1] 林洁：《成都市社区教育教师队伍建设研究》，硕士学位论文，四川师范大学，2017，第20页。

第二，未建立专门的社区教师教育和训练体系。

当前，我国越来越重视对社区教育教师的培训，各地开办了大量的社区教育师资培训班，但总体而言，我国还没有建立专门的社区教育师资培养职前教育体系和完善的职后培养体系。首先，没有建立本科—硕士—博士的社区教育教师人才培养体系。当前我国只有少数大学在其硕士和博士学位点中设立了社区教育的研究方向，培养的有关社区教育的硕士和博士专门人才还不多，远远不能满足我国蓬勃发展的社区教育对接受过长期专业化训练的大量师资的要求。如在宁波市所有社区教育工作者中，毕业于社会工作及相关专业的只占3.93%。① 其次，社区教育教师的职后培训存在不少问题。一是培训的随意性。对于中小学教师的培训，各级政府制定了详细的政策，并实行了国培计划，培训有着比较强的计划性和规范性。而社区教育教师的职后培训主要由各社区教育机构决定，其计划性和规范性程度较低。如上海市松江区教育局只有中小学的教师培训实施方案，没有社区学院（学校）教师培训的指导方针和政策，导致社区教育教师培训具有较强的随意性。② 二是培训的时间和机会不够，培训的效果也不尽如人意。总体上看，社区教育教师接受培训的机会不如普通中小学教师多，极少有兼职教师能被纳入培训计划，这个问题在农村表现得特别明显。据石颖对广西农村社区教育教师的调查，64%的教师只零散参加过社区教育相关的进修或培训，36%的教师表示并未参与过培训；农村社区教育教师队伍中部分转岗教师或临时兼职教师几乎没有受过专门的培训，且普遍反映教师培训内容、方式单一，忽略实践环节，使得教师培训缺乏针对性，效果不尽如人意。③

第三，社区教育教师的专业地位未得到确认。

我国在2004年颁布的第九批国家职业标准中，正式认定社会工作者为我国的新职业。同年，教育部在《关于推进社区教育工作的若干意见》中指出，"要努力解决社区教育师资的待遇问题，在职务、职称、工资和进

---

① 李梦真：《社区教育工作者生存状态研究——以宁波市为例》，硕士学位论文，宁波大学，2019，第31页。

② 朱亚勤：《松江区社区学院（学校）教师能力提升研究》，硕士学位论文，华东政法大学，2018，第35页。

③ 石颖：《广西农村社区教育教师队伍建设研究——以桂林市为例》，硕士学位论文，广西师范大学，2016，第29～30页。

修等方面应与其他教育工作者一视同仁"。2016 年，教育部等九部门在
《关于进一步推进社区教育发展的意见》中强调，省级人社、教育行政部
门要共同制定社区教育专职教师职称（职务）评聘办法。这些规定对于社
区教育教师专业地位的确立起到一定的推动作用，但相关规定较为粗略，
执行度不够高，且社区教育教师并没有被列入国家颁布的教师资格分类，
导致其身份不明，社会地位与待遇总体比同时期的中小学教师低，在职称
评定上处境尴尬。首先，社区教育教师的福利待遇大部分比不上同级的普
通学校教师。如在成都市主城区的几所社区学院中，只有 15% 的专职教师
和 24% 的兼职教师认为自己的福利待遇比非社区教育教师要好，45% 的专
职教师和 40% 的兼职教师认为自己的福利待遇不如非社区教育教师。[①] 再
如，宁波市约半数社区教育工作者达不到该市在岗职工的平均收入水平。[②]
其次，社区教育教师的职称评聘困难（这一问题主要是针对专职教师而
言，兼职教师更谈不上评职称）。在不少地方，社区教育教师并没有专门
的职称评聘通道，不少社区教育专职教师本身是从中小学调岗或借调过来
的，他们只能参与原单位职称评聘，而原单位显然不愿意把职称指标用在
这些已调走的人身上。虽然一些地方给予了社区教育机构中部分人职称评
审的资格，如上海市在 2011 年颁布的《上海市终身教育促进条例》中规
定，"社区学院、社区学校专职教师的职务评聘，可以在教师职务系列中
增加设置相应的学科组，参照国家教师职务评聘的相关制度执行"。但这
一规定在实际执行中只适用于来自普教系统且拥有初中以上教师资格证书
的在编教师，对于来自非普教系统或来自小学的社区教育教师则仍然难以
晋升职称。再如，2014 年发布的《宁波市终身教育促进条例》规定："政
府有关部门应当根据终身教育机构的性质，将从事终身教育工作的专职教
师专业技术资格评审列入相关系列职称评审。"但由于政府对社区学院下
放的编制少之又少，没有足够的名额评职称，因此，在宁波市被调查的
483 位社区教育工作者中，选择"晋升空间不大"或者"没有"的占

---

① 林洁：《成都市社区教育教师队伍建设研究》，硕士学位论文，四川师范大学，2017，第
25 页。
② 李梦真：《社区教育工作者生存状态研究——以宁波市为例》，硕士学位论文，宁波大学，
2019，第 42 页。

40.2%，① 职称评聘难、薪酬低直接影响社区教育教师的社会地位。

此外，我国社区教育教师还没有建立严密的专业组织。我国建立了全国社区教育青年协作组织，这是社区教育实验区中青年专家和实践者开展理论与实践研究的民间组织，但这样的社区教育教师专业组织极为稀少。②

上述存在的问题，表明我国社区教育教师作为一种专业还未成熟，特别是没有严格的资格规定、准入制度，以及未形成专门的社区教育教师职前和职后教育体系，导致社区教育教师群体的专业化发展存在众多的问题，③ 突出表现为较为缺乏专业情感，能将社区教育工作升华为热爱的事业的专职教师只有34%；只有约半数的教师学习过社区有关理论、社区教育学、社区心理学等知识；不少社区教师认为自己在教学技能与沟通能力等方面存在问题。④

三　社区教育教师专业化的路径

教师专业化的必要性和重要性已为世界各国所认识，欧盟委员会在2012年发布的《反思教育：为更好的社会经济结果而投资》报告中提出，要确保教师职业的地位、明确教师作为专业人员的共识、提升教师职业的待遇、严格教师选拔及准入标准等。⑤ 为推进我国社区教育教师的专业化，应特别注重做好以下几个方面工作。

---

① 李梦真：《社区教育工作者生存状态研究——以宁波市为例》，硕士学位论文，宁波大学，2019，第40页
② 南红伟：《我国社区教育工作者专业化发展研究》，硕士学位论文，曲阜师范大学，2010，第23页。
③ 参见王永川《社区教育工作者专业素养的缺失与对策研究——以重庆市S区为个案》，硕士学位论文，西南大学，2010；南红伟《我国社区教育工作者专业化发展研究》，硕士学位论文，曲阜师范大学，2010；魏国良《上海市社区学校教师队伍建设的研究》，硕士学位论文，上海师范大学，2010；郭振超《职业依附与认同冲突——上海社区教育专职教师职业认同的叙事研究》，硕士学位论文，华东师范大学，2011；林洁《成都市社区教育教师队伍建设研究》，硕士学位论文，四川师范大学，2017；李梦真《社区教育工作者生存状态研究——以宁波市为例》，硕士学位论文，宁波大学，2019；等等。
④ 林洁：《成都市社区教育教师队伍建设研究》，硕士学位论文，四川师范大学，2017，第18~23页。
⑤ 覃丽君、陈时见：《欧盟教师教育政策及其发展走向》，《比较教育研究》2013年第12期。

（一）充分认识社区教育教师的专业价值，确立社区教育教师职业的专业地位

充分认识和肯定社区教育教师职业的专业价值是确定社区教育教师职业专业地位的基础。任何专业都有其价值，教师职业的专业价值可分为内在价值与外在价值，"教师的内在价值意指教师利用自身知识、技能等满足学生发展的现实需要，而教师的外在价值意指教师满足社会发展需要"①。社区教育教师职业除了一般教师具有的培育人的内在价值外，还有其特殊价值。人是社会的本体，所有的价值归根结底都要以人的价值为落脚点，教育中的以人为本也就是要促进所有人的发展，社区教育的开放性和全员性特征决定了社区教育教师职业的特殊内在价值是促进社区所有居民的发展，特别强调居民终身教育及学习意识的养成与能力的培养，提升其生活和生命的质量。在外在价值上，社区教育教师职业具有直接参与及推动社区的治理与发展，建设学习型社区的特殊价值。由上可见，社区教育教师职业对于满足社区及其居民的发展需要具有不可替代的特殊价值。因此，我们应在明确社区教育教师专业价值的基础上，确定其专业地位。

首先，应在国家的相关法律法规和政策中把社区教育教师的专业价值和专业地位放到与普通学校教师同等的位置上，把社区教育教师作为一个独立的类别纳入《教师资格条例》，明确社区教育教师也是一种专业职业。其次，切实保障社区教育教师的权利。"教师专业地位的实质意义就是拥有专业人员的权利和义务。而衡量教师专业的地位高低的标准就是一系列的教师权利和义务的保障和落实的程度。"② 其中，社区教育教师权利的重要体现就是其在薪酬、专业发展机会和空间上与公务员待遇或者说与普通学校教师待遇处于同一水平。百年来，各发达国家如法国、日本、韩国等都出台了相应的法律，规定了教师待遇与公务员等同。我国在《中华人民共和国教师法》中也规定了教师的平均工资不低于公务员的平均工资，这一规定同样应成为社区教育教师权利的法律保障。除薪酬外，还应出台相应的制度，保证社区教育教师在职后培训、职称评聘等方面与普通学校教师有着同样的机会。

---

① 赵佳丽、罗生全：《教师专业发展的价值论纲》，《教育理论与实践》2016 年第 4 期。
② 郑淮：《论确保教师的专业地位》，《现代教育论丛》2000 年第 4 期。

（二）制定有关社区教育教师的专业标准，建立准入制度

普通学校教师专业标准及教师准入制度的建立工作早已在世界各国开展，我国普通教育领域也建立了教师的专业标准和准入制度，用于进行教师资格认定工作。教育部于 1995 年和 2000 年发布了《教师资格条例》及《〈教师资格条例〉实施办法》，2001 年我国教师资格认证制度进入实施阶段，到 2004 年底，全国完成首轮教师资格认定工作。[1] 2009 年，教育部出台了《关于进一步做好中小学教师补充工作的通知》，强调要"严格实施教师资格制度，确保持证上岗"。2012 年，教育部颁布了《幼儿园教师专业标准（试行）》、《小学教师专业标准（试行）》和《中学教师专业标准（试行）》。到 2018 年，全国绝大多数省份都纳入了全国性的教师资格统考。目前，我国已在普通学校中全面实施了教师资格制度。为促进社区教育教师的专业化，我们应从以下两方面入手。

首先，建立社区教育教师标准及准入制度。一个职业是否成熟、是否专业化，有无专业标准和准入制度是重要的标志。教师专业标准及准入制度的制定和确立，把教师职业与普通职业区分开，同样，只有制定和确立社区教育教师专业标准及准入制度，才能把社区教育教师职业与普通学校教育教师职业区分开。因此，应把社区教育教师作为一个独立的类别纳入《教师资格条例》，为社区教育教师颁发专门的资格证书，这是建立社区教育教师专业标准和准入制度的前提。对于社区教育专业标准及准入制度的建立，各国做法有所不同，在美国，社区教育教师专业标准及入职资格由各州自行决定，但不少社区学院要求其教师具有相关的教师证。一般而言，各社区学院专兼职教师聘用的基本标准是：大多要求获得硕士学位，同时，要求其必须获得相关的职业资格证书。对一些特殊的职业系科可以降低学历文凭要求，但应聘者必须具有本专业的实际工作经验以及相应的职业资格证书。如加利福尼亚州社区学院规定，对大部分学科尤其是专业理论课、公共基础课以及一些通识性较强的课程，一般要求应聘教师必须具有该学科的硕士学位或具有该学科的学士学位和相关学科的硕士学位。[2]

---

[1]　陈尚琼、余仁胜：《我国中小学教师资格考试制度的回顾与展望》，《课程·教材·教法》2015 年第 4 期。

[2]　吴昌圣：《加利福尼亚州社区学院教师聘用的特点》，《中国职业技术教育》2006 年第 29 期。

圣路易斯社区学院对教师实行分类聘任，助教、讲师等在学位、相关工作经验等方面聘任的基本标准各不相同。① 我国社区学院与美国社区学院有着较大的区别，当然不能照搬美国的做法，但社区教育教师入职必须有一定的标准，具备一定的资格，我们可借鉴圣路易斯社区学院的做法，分别制定专职教师和兼职教师的标准，使标准各有侧重，对于兼职教师，在相关的理论知识和理论素养方面可适当降低要求，应更侧重于要求其有专业经验和专业证书，然后进行分类聘任。

其次，对社区教育教师颁发不同类别和不同层次的资格证书。针对社区教育课程不以学科为分类标准、涉及的领域众多、社区教育教师包括专兼职两个部分等具体情况，教育部可出台一个社区教育教师应达到的基本标准，然后组织不同的考试，对社区教育教师颁发不同类别和不同层次的资格证书。这一点在普通学校教师资格中早已是事实。如美国有多达几百种的选择性教师证书计划，这些计划是由各州倡导和规划用以吸引并指导非教育专业大学毕业生或有相关经验但没有正规教师证书的人成为教师所采取的各种措施。韩国在 1978 年颁布的《教师资格审定法》中规定，中小学教师资格种类在资格等级上分为预备教师、二级正教师、一级正教师，在资格内容上分为中小学各科目教师、图书管理员、技术教师、保健教师、营养教师；日本的教师资格一般也分为一级教谕、二级教谕等。② 瑞典将中小学教师教育证书分为艺术教育证书、手工教育证书、生涯咨询证书、家政教育证书等。我国社区教育教师资格证书也可采用多级多类的划分方式，即把社区教育教师资格证书在纵向上分为初级、中级、高级等层级，在横向上分为社区手工教育、社区艺术教育、社区园艺教育、社区烹饪教育等多种类证书，以利于社区教育专职和兼职教师根据自己的情况申请相应的证书。

（三）建立完善的、高质量的社区教育教师职前和职后培养体系

2000 年以后我国正式引入教师教育的概念，明确提出了推进教师专业化发展的任务，把建立开放的教师教育体系、改革教师教育课程以及走向

---

① 李汉学、倪奥华：《美国社区学院教师分类管理制度——源自美国圣路易斯社区学院的经验》，《高教发展与评估》2019 年第 1 期。

② 肖甦主编《转型与提升　教师教育的改革与发展》，山东教育出版社，2015，第 257、347 页。

专业发展的教师继续教育确立为我国教师教育改革与发展的方向。[①] 我们在建立社区教师教育体系时同样应秉承这一精神。

1. 建立规范而完善的社区教师教育体系，采取职前教育与职后继续教育两条路并进的方式

2007 年南非发布《南非教师教育和发展国家政策框架》，确立了南非教师职前专业教育和教师继续专业发展的两条路径。[②] 这对我国社区教师教育有着启发意义。首先，建立社区教师教育职前培养体系。我国形成了本、硕、博的普通学校教师教育培养体系，这同样应是社区教育教师培养的方向。为此，应在本科阶段增设社区教育专业，加强社区教育专业硕士及博士人才的培养，为社区教育机构输送优质教师和管理人员。其次，由于社区教育教师面向社区全体居民，而且其不但是教育者，还是社会工作者，社区教育教师应具备的组织协调能力和人际沟通能力不仅要通过学科专业化路径实现，更需要通过经验积累获得，须更看重工作场所学习，[③]为此，各社区教育机构应建立有计划的、规范的社区教育教师职后培训机制，把其作为评估社区教育的重要指标。2010 年，我国针对中小学教师实施了"国培计划"，截至 2016 年 11 月 30 日，中央财政投入"国培计划"资金 107 亿元，培训中小学教师 1006 万人，其中农村教师占比 95.2%，这些举措对促进在职教师的专业发展起到了重要作用。[④] 国家应像实施"国培计划"一样，从中央到地方拨出专款，实施专门针对社区教育教师的培养计划，并特别注意政策向欠发达地区和农村地区倾斜，同时要注意加强对兼职教师的培训。

2. 提高社区教师教育培养质量

首先，制定社区教师教育课程标准。教师教育课程标准是教育机构制定课程方案、科学安排课程结构、确立课程目标、进行教学评价的依据，也是教师进行课程开发、开展教学的依据，对于社区教师教育的规范化、

① 刘兴富、刘芳：《教师专业化发展的理论与实践》，光明日报出版社，2010，第 4 页。
② 肖甦主编《转型与提升 教师教育的改革与发展》，山东教育出版社，2015，第 13 页。
③ 岳燕：《赋权增能：社区教育专职教师可持续专业化途径》，《教育学术月刊》2014 年第 9 期。
④ 黄友初：《改革开放 40 年来我国教师专业化的回顾与展望》，《课程·教材·教法》2018 年第 11 期。

提高社区教师教育质量具有重要意义。2011 年，教育部颁布了《教师教育课程标准（试行）》，其主要对象是幼儿园、小学和中学教师。加强社区教师教育课程建设，制定社区教师教育课程标准，是实现社区教育教师专业化的核心环节。为此，国家应制定《社区教师教育课程标准》，制定这一标准时，一方面，可参照《教师教育课程标准（试行）》中的一些内容和做法，如其中提出的"育人为本""实践取向""终身学习"等理念，把教师教育课程标准分为职前教师教育课程目标与课程设置、在职教师教育课程设置框架的做法就值得借鉴；另一方面，课程标准的制定要从社区教育及其课程的特性出发，突出社区教育课程的特点。在《社区教师教育课程标准》的制定中要特别注意两点。一是要设置较多的具体课程。教育学、普通心理学等是我国师范教育中的基础教育课程，该类课程侧重于对一般原理的阐述，实际可操作性和针对性不强，在社区教师教育中，应设置更加具体的如"社区教育课程设计""社区教育教学法"等课程作为选修课，并制定相应的标准。二是体现理论与实践的结合。美国学者舍恩（D. Schon）提出了反思实践取向思想，并对学校知识和其所称的"技术理性"进行了批判，我国在当前的社区教师教育中必须重视这种学校知识和技术理性的传授，因为这是我国社区教育教师特别欠缺的。当然，我们也不能只强调学校知识与技术理性，在制定《社区教师教育课程标准》时，要注重知识与实践、技术与艺术的结合。

其次，采取灵活多样的职后培养模式，提高培训质量。美国社区学院教师职后培养的形式多样，既有课程培训、研讨班、现场实践、教师评估计划，也有教师指导制、同行互助制等。表现为为新任教师的培养制定详细的专业发展计划，包括新任教师手册、导师指导制、专题研讨班、培训计划等。美国社区学院教师每年参加校外各种学术会议和研究讨论班的人数约占教师总数的 40%。[1] 对于兼职教师，以讲座、会议等形式展开实践教学活动；采用多元化的教学评估方式；教学考核以同事间的互相评估为主，通过小组竞赛、"专兼结合"等形式对兼职教师的教学能力进行考察。[2] 我国各地社区教育机构也对社区教师的职后教育进行了大量探索。

---

[1]　柴琦：《美国社区学院教师专业发展的制度创新及其启示》，《成人教育》2013 年第 12 期。

[2]　赵先魁：《美国社区学院兼职教师管理经验的借鉴与启示》，《职教通讯》2020 年第 5 期。

如山东省社区教育教师培训采取了分级培训模式。第一级培训由专家培训骨干教师，培训地点设在省会城市或单列市。第二级培训由骨干教师培训主讲教师，培训地点设在各地市，同时，专家要到培训现场指导骨干教师的培训。第三级培训由主讲教师培训学科教师（主要由兼职教师和志愿者组成），培训地点设在基层社区教育中心，同时，骨干教师要到培训现场指导主讲教师的培训。① 再如，慈溪市在社区教育专职教师专业素养培养的实践中总结了"四环一体"的专业素养提升模式，其核心是通过"调研、培训、比赛、反思"四个环节，多角度、多方位、多形式地开展社区教育专职教师专业素养提升实践。② 我们应从各地的具体实践情况出发，进一步探索社区教师职后教育的模式，其中，应特别注意利用现代信息技术，建立类似欧盟"夸美纽斯基础教育在职教师流动计划""伊拉斯谟高等教育在职教师流动计划"等的教师专业发展平台，在网络平台上构建社区教育教师的虚拟社区，教师在这些虚拟社区中可进行在职学习和接受相关培训。同时，要注意把兼职教师纳入培养体系，使其与专职教师接受同样的培训。

（四）建立社区教育教师专业组织体系

各国都很重视教师专业组织的建立，美国的霍尔姆斯小组曾提出，要为教师建立能与教育专家及同行经常沟通的联系网。③ 建立严密而具有权威性的专业组织，是任何一个专业走向成熟和进一步发展的要求，也正因如此，发达国家都建立了有关社区教育教师的各种协会、学术研究团体等专业组织，我国也应建立一些类似的社区教育教师专业组织。首先，建立社区教育教师专业组织，有利于明确和提升社区教育教师的专业地位。当前我国社区教育教师的专业地位还未确立，一些全国性、权威性的专业组织可以代表社区教育教师向政府建言献策，敦促政府尽快通过立法、政策制定等明确社区教育教师的专业地位。同时，社区教育教师专业组织还可以通过宣传、研究等提升社区教育教师的专业地位，扩大其社会影响力。

---

① 杨雪红：《社区教育分层式教师培训模式研究》，《山东广播电视大学学报》2019年第1期。

② 华池君：《社区教育专职教师"四环一体"专业素养提升模式实践研究——以慈溪市为例》，《宁波广播电视大学学报》2018年第2期。

③ 肖甦主编《转型与提升　教师教育的改革与发展》，山东教育出版社，2015，第254页。

其次，建立社区教育教师专业组织，有利于保证社区教育教师专业的较高水准。社区教育教师专业组织成员由该领域的相关专家组成，其当然应是社区教育教师队伍建设最有资格的规范制定者和评判者，诸如制定社区教育教师的专业标准、确定准入资格、对社区教师教育质量及社区教育教师队伍进行评定，对保障社区教育教师的专业水准起着重要的作用。最后，建立社区教育教师协会、联合会、联盟等专业组织，可以通过发行专业刊物、召开专业会议、发起专业论坛等，传播有关社区教育的新理念、新知识和新技能，促进社区教育教师之间的交流与合作，共享信息与经验，实现共同进步。

第七章

中国学校与社区关系的变迁
及校社合作与校社共同体

在古代社会，只有少数人能接受学校教育，而且当时教育主要不是为了实用，知识中心、书本中心导致学校与社区长期处于隔离的状态。工业革命的爆发、生产力水平的提高以及民主政治的推进，要求教育必须走出学校校门，与社区紧密联系，扩大教育对象范围，欧洲新教育运动与美国进步主义教育运动都推动了学校与社区的融合。清末时，我国一些地方也开始在其自治章程中将中小学堂列为社区教育的实施机构之一。1909 年 11 月，学部公布了《简易识字学塾章程》，规定简易识字学堂教师由小学堂教员兼任。[1] 1911 年修订此项章程，规定经费比较充裕的小学堂都应附设此学塾。[2] 此时，一些地方开办的简易识字学校、半日学堂等借用了当地中小学校校舍，中小学校教师担任了这些社区教育机构的教师。如在吉林省，"于师范学堂之侧设立半日半夜学堂，令各教员值日，指授以贫不能学及年长失学者，入之藉谋善及教育云"。[3] 但当时所办的社区教育机构总量不多，而且学校能服务于社区的还是少数，因此学校与社区仍然在总体上处于隔离的状态。真正大规模地打破这一状态的时间是中华民国成立以后，本章拟对百年来中国社区与学校的关系发展历程进行考察、梳理、总结，并对学校与社区合作的动力因素、内在逻辑及路径选择，对构建学校与社区教育共同体等问题进行较为深入的研究。

第一节　百年中国校社关系的变迁

百年来，中国的校社关系经历了从学校单向服务于社区到学校与社区不断沟通与合作并走向一体化的发展过程，这一过程大致可以划分为以下几个阶段：1912~1949 年，以学校兼办社区教育为主，学校单向服务于社

---

① 学部：《奏定简易识字学塾章程》，《浙江教育官报》1910 年第 20 期。
② 学部：《奏改订简易识字学塾章程折》，《浙江教育官报》1911 年第 61 期。
③ 唐彬源：《清末半日学堂研究》，硕士学位论文，上海社会科学院，2017，第 28 页。

区；1949~1978 年，曲折发展中的校社合作尝试；1978~2020 年，校社合作回归正轨并走向深入。在这一发展历程中，虽然经历了不少曲折，但也取得了优异的成绩。系统地回顾和总结我国百年来校社合作的历史与经验教训，对于进一步整合教育资源，推动我国的校社合作、建立校社共同体、建设学习型社会具有重要意义。

一　1912~1949 年：以学校兼办社区教育为主的校社关系

随着以杜威为代表的美国实用主义教育思想对我国影响的日益增大，传统教育中的书本中心、课堂中心受到批判，教育民主思想开始深入人心，而且当时我国国民素质普遍不高，迫切需要冲破把教育局限在学校中的状况，加强学校与社会的联系。由于此时我国的教育资源非常匮乏，主要集中于学校，因此，在这一时期，校社关系主要是学校服务于社区，表现为学校兼办社会教育。由于社区教育是在社区范围内进行的社会教育，当时所说的"学校兼办社会教育"，其实主要就是在当地兼办社区教育。总体情况体现在以下几方面。

（一）颁布了一系列学校兼办社会教育的政策

一些省份首先颁布了相关的政策，如江苏省在 1930 年颁布的《学校附设民众学校办法大纲》中规定，省内的各类学校都应附设民众学校；福建省在 1932 年颁布的《福建省民众学校施行细则》中规定，"民众学校得附设于各教育机关，各行政机关及各公私立团体，或单独设立之"；[①] 广东省在 1932 年颁布的《广东省三年施政计划》中规定，在施政计划的第一年，"全省中等学校应每校附设民众学校一所，借用学校设备，师资则聘请原校教员或就学生中择优任用"。[②]

在这些法规和各地学校兼办社会教育实践的推动下，1938 年，教育部颁发了《各级学校兼办社会教育令》，批评学校"高其门墙，严其门禁，自许以清高，而与社会绝缘"，并由此规定："专科以上学校，应尽其才力至少为数省或一省服务。中等学校应尽其才力为数县或为一县服务。小学

---

① 教育部教育年鉴编纂委员会编《第一次中国教育年鉴》，开明书店，1934，第 211 页。
② 广东省政府秘书处编《广东省三年施政计划说明书》，广东省政府秘书处，1933，第 25 页。

应尽其才力为镇乡或一乡服务。"① 同时，还颁布了《各级学校兼办社会教育办法》，具体规定了大、中、小学等各级学校应兼办的社会教育工作。如规定大学各学院及专科以上学校应完成学术讲座、暑期学校、函授学校、民众识字教育、民众读物编辑、职业补习教育、农业推广、合作指导、民众法律顾问、地方自治指导、电影及播音科学技术传习、防空防毒科学知能传习、救护训练、公共卫生指导、地方水利及土木工程指导等所列 17 项社会教育工作中的两项以上。还规定各学校举办的社会教育所用经费在学校的经费内支出，要有组织和年度计划以及年度总结，并均需报上级教育行政主管部门，学校办理社会教育的工作要纳入考核。② 此后，教育部又颁发了一系列文件，对学校兼办社会教育的组织机构、具体办法、经费、工作标准及考核等方面分别做了规定。

在组织机构上，1939 年，教育部颁布《各级学校社会教育推行委员会组织纲要》，规定 "各级学校均应在校内成立社会教育推行委员会，主持推进，并规划办理社会教育事宜"，并规定了社教推委会的职责；③ 同年，颁布了《各县市社会教育推行委员会组织纲要》，规定各县市政府或教育局都要设立社会教育推行委员会，并同样规定了这一推行委员会中的委员、常务委员、职员的聘用及职责，以及推行委员会的会期；等等。这些规定，使学校兼办社会教育在组织上有了基本的保障。

在学校兼办社会教育的具体办法上，1939 年，教育部在颁发的《师范学院、教育学院、师范学校及民众教育馆辅导中等以下学校兼办社会教育办法》中规定，师范学院、教育学院、师范学校及民众教育馆 "须以本办法之规定，分别辅导中等以上学校兼办社会教育"，并分别规定了上述各种学校在学术研究、疑难解答、教材介绍、人员训练等方面的任务；在《社会教育机关协助各级学校兼办社会教育办法》中规定，各省市教育行政机关，应指定各社会教育机关的协助区域，以确定对象，并规定了各社会教育机关协助学校兼办社会教育的具体事项，如应办理民众学校及家庭

---

① 教育部社会教育司编《各级学校兼办社会教育重要法令》，教育部社会教育司，1939，第 1~2 页。

② 教育部社会教育司编《各级学校兼办社会教育重要法令》，教育部社会教育司，1939，第 4~7 页。

③ 《各级学校社会教育推行委员会组织纲要》，《民教之友》1939 年第 7 期。

教育班、利用已有设备和技术巡回到各学校兼办的民众学校以辅助其教学、介绍并借用给各学校教具、联络各学校兼办社会教育负责人研究社会教育的具体问题;① 在《中心及国民学校办理社会教育要点》中指出，中心学校办理社会教育以乡镇为施教范围，国民学校办理社会教育以保为施教范围，都以改善民众生活为主旨;② 在《教育部二十八年暑期分区举办中等学校兼办社会教育干部人员讲习讨论会办法》中规定，由各省教育厅选派中等学校社会教育推行委员会人员参加中等学校兼办社会教育干部人员讲习讨论会，每区学员 60 名，学习 20 天;③ 在《各级学校兼办社会教育经费支给办法》中规定，各级学校应把兼办社会教育经费纳入编制预算;此外，还颁发了《各省市县办理中小学教员兼办社会教育讲习会要点》《各级学校学生战时后方服务办理社会教育要点》等文件。

在学校兼办社会教育的工作标准及考核上，1939 年，教育部颁布《各级学校兼办社会教育暂行工作标准》，规定了小学、初级中学、高级中学、大学、师范学校、职业学校等兼办社会教育的内容、形式、班次等方面的标准。同年，颁布《各省市县各级学校兼办社会教育考核办法》，规定了各省市县主管教育行政机关要对各级学校兼办社会教育的计划、呈报、进行、辅导协助及训练等几个方面进行考核，要派人员视察，每年考核一次。④

此后，各省也纷纷颁布相应的学校兼办社会教育的有关文件，如四川省教育厅 1940 年印发《中心学校国民学校社会教育实施纲要》，规定了中心学校和国民学校实施社会教育的目标、方针、组织、活动类别、工作方式、实施要点、历程、社会教育人员的修养等。如在活动类别中，规定了政治方面 5 类、文化方面 11 类、经济方面 5 类、军事方面 7 类；在工作方式中，有保民大会及乡镇民大会、时事座谈会、巡回施教、漫画展览、壁报、歌咏、戏剧等；在实施要点中，规定要适合时令环境的需要、从直接对民众有利的方面做起、使社会教育与学校教育打成一片、运用种种文艺

---

① 教育部社会教育司编《民众教育馆》，正中书局，1941，第 131~134 页。
② 刘百川：《国民学校办理社会教育概论》，商务印书馆，1948，第 38 页。
③ 教育部社会教育司编《各级学校兼办社会教育重要法令》，教育部社会教育司，1939，第 18~19 页。
④ 教育部社会教育司编《各级学校兼办社会教育重要法令》，教育部社会教育司，1939，第 30 页。

方式等①，并举例说明成都省立实验小学 1939 年两个学期，以及寒暑假的社会教育的历程安排。

革命根据地也发布了一些有关学校兼办社会教育的政策法令。例如，1931 年，闽西苏维埃政府批准《闽西各县区文委联席会议决议案》，要求有初级小学的村庄都要办夜学；1931 年，召开鄂豫皖区赤色教师学生代表大会，会上通过的《决议案》中要求各县教师除担负学校教育外，还要自动地热心教授读报班、识字班、讲学所等；1938 年，陕甘宁边区政府教育厅发出《关于社会教育工作问题的指示信》，要求各县第三科发动和依靠学校教师、学生等的力量开展、督促、检查和指导社会教育工作；1948年，华中行政办事处发出《关于冬季社会教育工作的指示》，要求各地各级学校教师，在不影响学校教育的原则下，每周抽出一定时间，发展社会教育；1949 年，中共中央东北局和东北行政委员会联合发出《关于加强工人群众政治文化教育工作的指示》，要求各城市教育局所属学校要利用其教员、教室大量开办工人夜校，进行扫除文盲运动。②

上述政策和法令的颁布，标志着我国学校兼办社会教育开始走向制度化，学校开始成为社会教育的中心，对于消除学校与社会的隔阂、促进校社交流与合作起到了积极作用。

（二）学校兼办社区教育的实践探索

20 世纪初期，一些学校为当地的简易识字学校、半日学堂等提供了校舍和师资。1919 年，北京大学成立了北京大学平民教育讲演团，北京高等师范学校成立了平民教育社，开展了对平民的讲演等社区教育活动，后者还创办了《平民教育》杂志。同时，蔡元培还在北京大学开办了平民夜校，开创了高等学校开办夜校的先河，此后，不少高等院校纷纷效仿。其他大学，如清华大学、南开大学、燕京大学等，成立了负责大学和社会教育工作联系的华北农村建设协进会。1927 年，陶行知创办了晓庄师范学校，带领学生在课余时间为附近农民讲故事，教他们识字、阅报等。此外，教育部也召开了一些有关的研讨会。如 1931 年暑期，举办了为期三周

---

① 四川省国民教育委员会编著《中心学校国民学校社会教育实施纲要》，四川省政府教育厅，1940，第 3~13 页。

② 皇甫束玉、宋荐戈、龚守静编《中国革命根据地教育纪事 1927.8—1949.9》，教育科学出版社，1989，第 46、47、139、376、385 页。

的中等学校干部人员兼办社会教育讲习研讨会，召集社教人员共 59 名，不少省开始办理中小学教员兼办社会教育讲习会。① 1930 年，大夏大学率先在教育学院内设立了社会教育系，为社会教育培养专门人才。该校还于 1934 年创立了大夏民众教育实验区，用于开展社区教育实验。广西在 1933 年的普及国民基础教育运动中，也注重将学校教育与社区教育合并办理。1935 年，江苏镇江大港乡村教育实验区内乡镇学校通过成人班、流动教育及教学团、讲故事、改良私塾、壁报、妇女团、自卫队、农场、合作社、卫生所等多种形式办理社会教育。②

教育部在 1939 年颁布了一系列学校兼办社会教育的政策法规后，推动了全国各级各类学校兼办社区教育的工作，正如当时有人讲的那样，"自通令以后，各级学校多已遵照进行，并分别通报办理情形和推行计划"。③ 具体情况如下。

首先，成立了相应的管理机构。一些学校设立了社会教育推行委员会，如 1938 年 6 月，西北联大成立了由著名教育家李蒸领衔的社会教育推行委员会，其成员为各学院院长、教务主任、总务主任等；国立师范学院于 1939 年底成立了由主任干事、干事、助理干事等组成的社会教育推行委员会；到 1940 年，全国大部分专科以上学校都成立了社会教育推行委员会，中小学及县市社会教育推行委员会也纷纷在成立组织中。④

其次，出台了有关学校办理社区教育的计划、大纲，规定了办理社区教育的具体内容。如国立中山大学在 1940 年出台了该校兼办社会教育工作的大纲，规定了兼办社会教育的区域、各学院的职责、辅导中等学校兼办社会教育、学生办社会教育的职责及考核、教师必须参加等方面内容；成都师范附属小学 1939 年出台了兼办社会教育计划等。⑤

最后，开展了形式多样、内容丰富的社区教育活动。如国立师范学院

---

① 教育部社会教育司编《全国社会教育概况（民国二十九年度）》，南京京华印书馆，1940，第 119 页。

② 刘百川：《国民学校办理社会教育概论》，商务印书馆，1948，第 77～80 页。

③ 钟灵秀：《社会教育行政》，正中书局，1947，第 105 页。

④ 教育部社会教育司编《全国社会教育概况（民国二十九年度）》，南京京华印书馆，1940，第 117～118 页。

⑤ 教育部社会教育司编《学校兼办社会教育》，教育部社会教育司，1940，第 32～35、55～60 页。

设立了农事补习场、豆腐制造所、畜牧场、粉条工厂、贩卖部、农业场、合作社，备有图书 3000 多本、报纸 10 种，以及各种体育设施，还每周定期举行演讲，印发简报，并备有文艺器具，还有咨询、职业指导、组织民众剧团定期公演等活动。① 西北联大的师生对附近农民开展了以文化教育、政治与实业教育、军事教育、技术教育、生活教育为主要内容的教育活动，其教育形式有暑期培训团队、下乡宣传队、防空防毒讲习班、家事讲习班、农民小报等。②

但这时学校兼办社区教育的还是少数，主要是学校自身也存在一些困难。例如，学校教师人数少、待遇低，无心再去办社会教育，且一般教师未受过办理社会教育方面的训练，办起来难以得心应手；学校经费少、设备差，学校本身不够用；民众时间少、需求不够、观念错误、交通不便；现实的社会与社会教育目标相差太远，社会干部人员缺乏；缺乏适当的教材及切实有效的方法、没有适当的考查办法、社会教育的对象不确定等。③

在革命根据地，由于条件更为艰苦，教育资源更为缺乏，因此，不少社区教育机构就附设在小学里，以利用小学的场地、设施和师资。例如，在山东抗日根据地，小学教师是社区教育教师队伍中的核心力量，平时就由小学教师负责组织备课和辅导教学。④ 在晋绥行署，小学教员大多兼冬学教员，冬学工作做得好坏，是检查小学教员工作的标准之一。在中原解放区，其冬学和春学的教师，多数地方由小学教师兼任。⑤ 根据地学校开展了丰富多彩的社区教育活动。山西革命根据地的做法有以下几点。一是学校与冬学运动结合。例如，左权县模范小学学生利用课余闲暇时间教授家长冬学识字课所授文字，涿鹿六区界牌樑村中心小学负责办夜校、办识字班、做黑板报、做识字牌等。小学教员一般都承担了冬学委员会的相关工作，如在冬学工作开展之前帮助进行调查，参与冬学的教学工作，并帮助建立各种制度、对义务教员进行培训、帮助冬学委员会和义务教员总结冬学运动等。二是学校教育与生产内容相结合。表现为学校教授学生生产

①　《本院社会教育事业概况（民国二十九年）》，《国立师范学院旬刊》1940 年第 7 期。

②　庞莎莎：《西北联大社会教育研究》，硕士学位论文，西北大学，2014，第 26~28 页。

③　刘百川：《国民学校办理社会教育概论》，商务印书馆，1948，第 63~66 页。

④　董纯才主编《中国革命根据地教育史》第 2 卷，教育科学出版社，1991，第 470 页。

⑤　董纯才主编《中国革命根据地教育史》第 3 卷，教育科学出版社，1993，第 233、314 页。

知识，编写生产宣传教材，利用庙会、集镇、展览馆、戏场等场所进行宣传活动，组织剧团、民教馆、鼓词盲宣队等深入乡村进行大生产运动的宣传等。三是配合农村娱乐活动的开展。表现为组织教员从本地实际出发，编排娱乐节目，投入民众娱乐中。① 在赣南苏区，学校定期邀请工会、贫农团、合作社、女工农妇代表会、消灭文盲协会等群众团体的代表召开联席会议，每月召开一次学生家长会议，学校还办夜校和识字班，经常组织宣传队、读报队、文艺队到群众中去宣传，参加站岗放哨、慰劳红军家属、义务劳动等社会活动，帮助乡村苏维埃政府开展文化活动等。②

二　1949~1978 年：曲折发展中的校社合作尝试

新中国成立后，面对 80%国民俱为文盲，而且教育资源极其贫乏的现状，在党和政府发布的有关业余教育、冬学、扫盲等的文件与法规中，不少都规定了学校要参与社区教育，各大、中、小学也都积极地按照这些指示，为社区教育提供了大量的人力、物力方面的支持。同时，校社双方都积极加强联系与合作，这在"教育大革命"与"文革"期间达到了高潮。但"教育大革命"与"文革"期间校社合作的尝试在很大程度上不是从教育规律出发进行的，因此经过了曲折的历程。

（一）颁布了大量的相关政策

在新中国成立之初的几年间，国家颁布的有关校社合作的政策主要仍是偏向于要求学校服务于社区。比如，1949 年的《关于开展今年冬学工作的指示》规定，"学校放假后，一切中小学教师都有尽可能参加冬学工作的责任"；1950 年的《关于开展职工业余教育的指示》规定，"凡在工厂、企业附近的学校，都应尽可能设立职工业余教育普通班，协助附近工厂、企业的工会组织，开展职工识字运动"；1950 年的《关于开展农民业余教育的指示》规定，"乡村小学教职员，应负责给群众教师以业务上的指导"，学校有"协助开展当地农民业余教育，以及在可能条件下帮助农民业余学校解决房屋设备的义务"；1951 年的《职工业余教育暂行实施办

---

① 辛萌：《山西革命根据地社会教育研究》，博士学位论文，山西大学，2017，第 110~113 页。

② 董纯才主编《中国革命根据地教育史》第 1 卷，教育科学出版社，1991，第 225 页。

法》中要求，"各级学校应尽可能附设职工业余学校"；1956 年的《关于扫除文盲的决定》中规定，"各级学校的教师在扫除文盲的工作中应该担负起辅导业余教师进行教学的任务"；① 1962 年的《关于农村业余教育工作的通知》中提出，各级教育行政部门要同其他部门密切协作，共同做好业余学校工作；② 1965 年的《关于今冬明春开展农村业余教育工作的几点意见》中要求，农村全日制学校"应当积极协助办好农村业余学校"。③ 其间，1956 年 9 月，北京市教育局、北京市工农业余教育局联合发出《关于业余学校使用中、小学校舍设备问题的联合通知》，规定全市市立中小学的校舍在课余时间应当最大限度地满足业余学校教学的需要，一律在所在中小学悬挂业余学校校牌，各小学的实验仪器和教具，在业余学校上课时间内应提供给业余学校教师使用，中小学在业余学校教师上课时，应提供教员休息室，其后，教育部把这一通知全文转发全国。④

在坚持学校服务于社区教育的同时，为突破苏联教育的影响，改变当时学校教育与社会和社区较为隔阂的状况，建设具有中国特色的教育体系，1958 年 9 月，中共中央、国务院发布《关于教育工作的指示》，提出了"教育为无产阶级政治服务，教育与生产劳动相结合"的教育方针，并指出："今后的方向，是学校办工厂和农场，工厂和农业合作社办学校。"1960 年 5 月，中共中央批转《浙江大专院校三万多师生下厂参加技术革命效果很好》和《上海九百多科技人员下厂参加技术革命大有收获》两个材料，批示指出："学校、研究机关和工厂相结合，学生、研究人员和工人相结合，教育工作、研究工作和生产相结合，好处很大，不仅促进了技术革命，也促进了文化革命和思想革命。""这种三结合，所有的高等学校、中等专业学校和科学研究机关都可以推行，并且作为一项经常的制度。"⑤ 如果说，在新中国成立之初几年里，所发布的有关政策主要是站在社区的

---

① 国家教育委员会成人教育司编《扫除文盲文献汇编（1949—1996）》，西南师范大学出版社，1997，第 5、6、295、20、497、77 页。
② 刘立德、谢春风主编《新中国扫盲教育史纲》，安徽教育出版社，2006，第 67 页。
③ 国家教育委员会成人教育司编《扫除文盲文献汇编（1949—1996）》，西南师范大学出版社，1997，第 319 页。
④ 欧阳璋主编《成人教育大事记（1949—1986 年）》，北京出版社，1987，第 138 页。
⑤ 刘英杰主编《中国教育大事典 1949—1990》（上），浙江教育出版社，1993，第 19～20 页。

角度要求学校支援社区的话，那么从 1958 年开始，同时也站在学校的角度要求学校从社区中进行学习，学校与社区要结合起来。

（二）校社合作尝试的曲折历程

新中国成立之初，各级学校都积极参与了社区教育、社区建设等活动，不少地方利用中小学的师资、校地和设备，开办夜校和业余学校，对当地居民开展扫盲等业余教育。例如，1950 年 4 月，北京师范大学"有二百五十多同学在本市九区和七区办工人、店员、妇女、成人等夜校六所，学生有九百八十四人，共分三十四班"。[①] 再如，吉林省的伍村小学在新中国成立后成了乡村文化传播的中心阵地，以学校教师为主要力量的乡村"文化人"，对全体村民进行了以"冬学"为主要形式的扫盲教育，乡村学校的教师不仅承担着儿童的学校教育，还承载着面向全村成员的社会教育。[②] 1957 年，北京大学、清华大学等高等院校派出 1200 多名教职人员和学生，到南苑、昌平等 6 个区的农村住一个半月到两个月，参加这些地区的社会主义大辩论，帮助农民通过大辩论提高觉悟。[③] 1958 年 6 月，北京宣武区创办了宣武红旗夜大学（现红旗业余大学），这实际上是一所社区性的业余学校，北京师专、师大附中的领导干部负责领导其师范学院工作，各院系师资主要请大学和中学的教师义务兼职解决。[④] 1956 年教育部视察组的《对东北三省工农业余教育工作的视察报告》中指出，普通中小学对各类业余学校给予了不少支持：旅大市有 12 所普通中学附设了职工业余中学，吉林市女中也附设了职工夜校；沈阳第四中学与化工厂、第四十中学与机床厂都签订了互助合作合同；普通中学派出教师支援工厂业余中学，工厂借给普通中学各种教学实习用的机器设备，并允许学校到工厂实习参观等；机床厂将 3 台车床和许多工具借给第四十中学。由于普通中、小学支援了业余学校，各类业余学校解决了教师、教室等问题，这对开展

---

① 《师大同学举办夜校 工人妇女儿童一千八百余人入学》，《人民日报》1950 年 4 月 17 日，第3 版。

② 江涛：《人类学视野中的乡村教化（1949—2014）——以伍村为个案》，博士学位论文，东北师范大学，2015，第 125 页。

③ 《北京高等学校将有一千二百多人 参加农村社会主义大辩论》，《人民日报》1957 年 8月 25 日，第 4 版。

④ 欧阳璋主编《成人教育大事记（1949—1986 年）》，北京出版社，1987，第 207 页。

业余教育起了很大作用。① 由此可见，虽然在新中国成立后的几年中，还是以学校服务于社区为主，但已开始出现了社区反哺学校的势头。

"文革"期间，校社关系区别于以前任何一个阶段的一个突出特点是校社的全面融合，甚至学校全面社会化，以及社会及社区对学校各方面事务的全面参与，社会和社区对学校工作进行了全面参与，一些地方还实行了学校教师与当地农民交流的制度。各级学校也开展了轰轰烈烈的开门办学运动，边学习、边实践。②

三　1978～2020 年：校社合作回归正轨并走向深入

改革开放后，我国校社合作关系开始回归正轨，并逐步走向深入，学校和社区的关系从学校单向服务于社区到社区服务于学校，再到校社合作，并向校社一体化迈进。

（一）颁布了大量有关校社合作的政策与法规

改革开放后，我国颁布了大量有关校社合作的政策法规，其中，最主要的还是关于学校服务于社会和社区的政策法规。这些政策和法规为促进社区与学校的交流互动提供了良好的平台。

首先，颁布了大量学校支持社区扫盲的文件。如 1978 年国务院在《关于扫除文盲的指示》中指出，"要建立一支由知识青年、中小学师生等参加的群众性的扫盲大军"。1980 年 12 月，教育部在印发的《全国农民教育座谈会纪要》中指出，农村全日制学校在师资及校舍等方面要积极支持和密切配合农民教育工作，"有条件的地方，全日制中小学也可以举办夜校"。1981 年 2 月，中共中央、国务院在《关于加强职工教育工作的决定》中指出，要"发挥大、中、小学、技校的力量"，"要提倡厂校挂钩，联合办学"，"普通高等院校和中等专业学校都应当承担一定的在职培训任务"。1988 年 2 月，国务院发布《扫除文盲工作条例》，规定"当地普通学校、文化馆（站）等有关方面均应积极承担扫除文盲的教学工作"。1990 年 6

---

① 国家教育委员会成人教育司编《扫除文盲文献汇编（1949—1996）》，西南师范大学出版社，1997，第 86 页。

② 《朝阳农学院访问报告》，《人民教育》1974 年第 12 期。

月，国家教委专门发布《关于农村中小学参加扫盲工作的通知》，要求"各级教育部门要积极动员农村中小学教师和小学高年级以上的学生利用暑假、寒假和课余时间积极参加当地的扫盲工作"。"农村中小学要利用已有的校舍设备，积极兴办扫盲班或开办农民学校，做到'一校多用'"，"农村中小学师生要把参与扫盲作为重要的社会义务，把堵盲和扫盲作为农村中小学工作内容"。"要根据师生的实际情况，开展多种形式的扫盲宣传、调查、教学、辅导、读书读报等扫盲和扫盲后文化教育活动"。同时，国家教委等在印发的《扫盲教育宣传要点》中指出，农村中小学"要切实做到'日校办夜校，一长管两校'"。[1] 1991 年 10 月，国家教委发出《关于进一步扫除文盲工作的意见》，要求各级教育部门乃至农村小学校长、教师和文盲学员个人层层签订承包合同，具体负责扫盲教学及管理、质量评估检查等。[2] 1994 年 11 月，国家教委发布《关于利用冬季农闲时期积极开展扫盲工作的通知》，要求"农村中小学要把 15 岁以下未入学和辍学而未达到脱盲标准的少年登记造册，由农村小学组织其参加各种形式的学习，使其达到脱盲标准。把杜绝本村新生文盲作为村小学的办学任务之一，作为学校评估、评选先进的重要条件"。1996 年 2 月，国家教委发布《关于农村成人学校和中小学参加扫盲工作的通知》，要求农村中小学要把扫盲工作当成一项职责和重要任务。"学校要摸清所在地的文盲情况，把有学习能力的文盲都确定包教的教师，明确脱盲期限，把扫盲任务落实到人。""各地要制订有关的政策，支持和鼓励农村中小学参加扫盲工作，建立检查、表彰奖励、督导评估制度，对工作突出的学校和教师给予表彰奖励。"同年 8 月，国家教委在印发的《"中华扫盲奖"评选奖励办法》中规定，农村中小学及其他学校评选的基本条件包括把扫盲工作列入学校工作计划，计入教师工作量，落实了责任制；充分利用教育资源，积极开展扫盲工作等四条。[3]

其次，颁布了不少学校教育资源向社区开放的政策。2004 年，教育部

---

① 国家教育委员会成人教育司编《扫除文盲文献汇编（1949—1996）》，西南师范大学出版社，1997，第 130、327、136、137、149、167、185 页。

② 刘立德、谢春风主编《新中国扫盲教育史纲》，安徽教育出版社，2006，第 132 页。

③ 国家教育委员会成人教育司编《扫除文盲文献汇编（1949—1996）》，西南师范大学出版社，1997，第 259、269～273、274～275、400 页。

发布《关于推进社区教育工作的若干意见》，要求各类学校要有组织、有计划地向社区开放，积极开展多种形式的社区教育培训活动，要依托社区内普通中小学和各类职业学校面向居民提供教育培训服务，使其成为开展社区教育的重要力量。① 2016 年，教育部等九部门联合印发《关于进一步推进社区教育发展的意见》，再次强调要开放共享学校资源、统筹共享社区资源、充分利用社会资源，服务社区居民学习。② 2017 年，教育部、国家体育总局联合印发《关于推进学校体育场馆向社会开放的实施意见》，对学校体育场馆的开放时间、开放对象、收费标准、安保机制等做出了规定，要求公办学校积极创造条件向社会开放体育场馆，鼓励民办学校向社会开放体育场馆。③ 除中央的相关政策外，各地也出台了相应的校社合作政策。如 1999 年，成都市决定，全市中小学校、幼儿园、职业中学的教育资源向社会开放。上海市浦东新区 2005 年制定了《关于浦东新区中小学校资源进一步向社区开放的若干意见》，天津市和平区社区教育委员会2004 年制定了《关于进一步开放社区教育资源的意见》。2018 年，天津市政府办公厅印发《关于推进我市学校体育场馆向社会开放的实施方案》，规定在 2018 年，符合开放条件的公办中小学校体育场馆要全部开放。④

　　在这一时期，学校单向服务于社会的政策开始有了改变是在 1988 年，中共中央发布《关于改革和加强中小学德育工作的通知》，明确规定了社会和社区支持学校的责任："要采取多种方式加强学校和社会的联系。城市的区或街道可通过试点，逐步建立社区（社会）教育委员会一类的社会组织，以组织、协调社会各界支持、关心学校工作，优化社会教育环境。"⑤ 1993 年，中共中央、国务院颁发《中国教育改革与发展纲要》，再次提出要"支持和鼓励中小学同附近的企业事业单位、街道或村民委员会

---

① 教育部《关于推进社区教育工作的若干意见》，中华人民共和国教育部网站，2008 年 4 月 25 日，http：//www. moe. gov. cn/srcsite/A07/zcs_cxsh/200412/t20041201_78909. html。

② 教育部等九部门《关于进一步推进社区教育发展的意见》，中华人民共和国教育部网站，2016 年 7 月 29 日，http：//www. moe. gov. cn/jyb_xwfb/xw_fbh/moe_2069/xwfbh_2016n/xwfb_160729/160729_sfcl/201607/t20160729_273300. html。

③ 张烁：《教育部、国家体育总局：推进学校体育场馆向社会开放》，《人民日报》2017 年 3 月 10 日，第 21 版。

④ 龚相娟：《天津学校体育场馆向社会开放》，《人民日报》2018 年 8 月 21 日，第 13 版。

⑤ 《中共中央关于改革和加强中小学德育工作的通知》，北大法宝网站，1988 年 12 月 25 日，http：//gdlawyer. chinalawinfo. com/fulltext_form. aspx？Db = chl&Gid = 9fe37d62a7dbc242bdfb。

建立社区教育组织……探索出符合中小学特点的教育与社会结合的形式"。① 1995 年，《中华人民共和国教育法》颁布，规定要"建立和完善终身教育体系"，鼓励社会各团体及个人与学校进行多种形式的合作。② 2001 年 5 月，国务院发布《关于基础教育改革与发展的决定》，提出"学校要加强和社区的沟通与合作……营造有利于青少年学生健康成长的社区环境"。③ 同月，国务院发布《中国儿童发展纲要（2001—2010 年）》，也明确提出"发挥学校、家庭、社会各自的教育优势，充分利用社会资源形成教育合力，促进学校教育、家庭教育、社会教育的一体化"。④ 2002 年，党的十六大报告提出"构建终身教育体系"，"形成全民学习、终身学习的学习型社会"。2012 年，教育部发布《关于建立中小学幼儿园家长委员会的指导意见》，指出要在各中小学及幼儿园建立家长委员会，以推进现代学校制度建设，家长委员会的职责有：参与学校管理、参与教育工作、沟通学校与家庭等。⑤ 此后，各省市、各学校发布的有关家委会的文件多不胜数。由上可见，此时我国的校社合作政策已从单一的学校服务于社会与社区，走向了校社双向沟通与合作。

（二）校社合作的实践探索

在这一时期，校社合作包括从学校服务于社区到社区服务于学校，再到学校与社区的双向沟通与合作三个阶段。

第一个阶段：在改革开放之初，校社关系主要表现为学校服务于社区。

改革开放之初，由于教育资源的缺乏，我国仍然主要表现为教育资源相对集中的学校支援社区。在城市，一些学校为待业青年进行学习服务，

---

① 《中国教育改革和发展纲要》，豆丁网，2011 年 12 月 22 日，http://www.docin.com/p-312680293.html。
② 《中华人民共和国教育法》，中华人民共和国教育部网站，2021 年 7 月 30 日，http://www.moe.gov.cn/jyb_sjzl/sjzl_zcfg/zcfg_jyfl/202107/t20210730_547843.html。
③ 《国务院关于基础教育改革与发展的决定》，广东省人民政府网站，2019 年 12 月 8 日，http://www.gd.gov.cn/zwgk/wjk/zcfgk/content/post_2713283.html。
④ 《中国儿童发展纲要（2001—2010 年）》，国务院妇女儿童工作委员会网站，2017 年 4 月 5 日，http://www.nwccw.gov.cn/2017-04/05/content_149164_6.htm。
⑤ 教育部《关于建立中小学幼儿园家长委员会的指导意见》，中华人民共和国教育部网站，2012 年 2 月 17 日，http://www.moe.gov.cn/srcsite/A06/s7053/201202/t20120217_170639.html。

如从 1980 年 1 月，北京市工农教育办公室召开组织待业青年学习现场会，其中北京市 26 中学及其他 2 个单位介绍了组织待业青年参加职业教育和文化学习的经验，中共中央研究室派人进行了调查并写出了调查报告。① 在农村，则是根据中央有关文件的规定，主要表现为学校大力支持当地的扫盲工作。如从 1980 年下半年开始，安徽省农村全日制小学开办少年儿童扫盲班。1981 年全省全日制小学办的少年扫盲班有 8000 多个，学员有 24 万人，占扫盲和业余学习总人数的 46%；1982 年，安徽全省全日制小学办的少年扫盲班有 2 万个，学员有 58 万人，占扫盲和业余学习总人数的 80%。② 当然，这一时期也有一些校社合作的实践，突出表现在 20 世纪 80 年代开始的农村教育综合改革中，由于此时实行普、职、成"三教统筹"，就需要农、科、教的通力合作，不少地方采取了"农业部门出题目、科技部门立项目、教育部门育人才"的方式。通过这些项目，把学校与社区结合在一起。

第二个阶段，20 世纪 80 年代中期到 1993 年，校社关系主要表现为社区服务于学校。

由于学校在发展中遇到了校外环境不利于学校德育、学校资金缺乏等问题，因此，一些地方纷纷开始寻找社区支持学校的途径。如 1984 年，天津市委、市政府决定，从改善农村办学条件开始，号召全社会支持教育。1985 年，上海吴泾地区成立了社会支教基金会。1986 年，上海真如中学与地区工厂联合成立了"真如中学社会教育委员会"，标志着我国当代社区教育的产生，但这一组织成立的初衷却是让社区支援学校发展。其他地区也为社区支援学校进行了努力，如 1988 年，广西为解决中小学校危房问题，向社会筹集资金 1.1 亿元。其中，陆川县把准备建县委办公楼的 26 万元全部改用抢修学校危房；梧州市政府领导成员立下"军令状"：2 年不解决中小学校危房问题，自动离职；全区各级领导干部带头捐资，不少个人捐资百元以上，教育部门、机关单位、厂矿企业、个体户等都积极捐资。③

---

① 欧阳璋主编《成人教育大事记（1949—1986 年）》，北京出版社，1987，第 344 页。

② 国家教育委员会成人教育司编《扫除文盲文献汇编（1949—1996）》，西南师范大学出版社，1997，第 141 页。

③ 郑盛丰：《广西三个月社会筹资亿元　学校两年内可望清除危房》，《人民日报》1988 年 7 月 4 日，第 3 版。

这些实践，都决定了此时我国校社融合的最初出发点是为中小学生健康成长创造良好的社会环境，实际上主要是进行校外德育和为学校提供经费支持。中共中央在 1988 年颁布的《关于改革和加强中小学德育工作的通知》，使这种实践上升到了政策层面。此后，更多的地方开始了社区支持学校的实践。

第三个阶段：1993 年以后，校社关系主要表现为学校与社区的双向沟通与合作。

随着终身教育思潮的产生和发展，终身学习思想在世界范围内也日益深入人心。在 1993 年北京召开的全国社区教育研讨会上，厉以贤提出了我国学校教育和社区双向参与、双向互动，推进终身教育、迈向学习社会的社区教育新观念。由此，我国校社关系开始走向教育社会化与社会教育化的新阶段。

一方面，学校仍然担负着支援社会与社区发展的任务。首先，学校仍然发挥着传统的为社会与社区提供人力支持和智力支持的作用。一些学校开展了对市民的教育培训，如成都市金花镇马家河小学每年都对外来务工人员进行素质培训，内容涉及法制教育、家庭教育、社会主义核心价值观学习等各方面。各社区学院依托高校开展多样的教育活动，如成都市武侯区社区学院依托区域内的四川音乐学院，开展各种艺术教育活动；锦江区社区学院依托区域内的四川师范大学法学院，开展法治教育活动。其次，学校开始全面向社区开放。以前学校向社区开放主要限于在晚上或寒、暑假期间社区可借用其教室，而此时除教室外，学校校园、图书馆、体育场等资源与设备设施，也开始向社区开放。2006 年 8 月 6 日，上海召开全国学校体育场馆向社会开放试点区工作会议，湖北省武汉市，北京市东城区、海淀区等成为第一批"全国学校体育场馆向社会开放试点区"。[1] 2010年，成都市青羊区教育局向 49 名中小学校长发放了"社区教育工作站站长"聘书，使青羊区 64.5%的社区享受到学校的优质教育资源。

另一方面，学校与社会开始建立双向的合作关系。20 世纪 90 年代中期，北京市学校与社区通过以下方式进行合作：由区县或乡镇、街道办事处党政领导牵头，把学校、社会相结合的工作纳入地方党政工作议程；由

---

① 　王霞光：《学校体育场馆向社会开放提速》，《人民日报》2006 年 8 月 7 日，第 12 版。

学校牵头，建立家长学校或成立"三结合"教育委员会；以厂矿、企事业等单位出面联络地区内有关单位成立支教委员会或教育工作协调委员会。①

湖北省荆州市沙市区于 1997 年启动了"社区教育与学校素质教育实验"，对"社区教育与学校素质教育实验"热点问题进行了问卷调查；增设街道办事处教育科，选派学校优秀干部任科长，负责协调学校与街道的关系；开发社区德育资源、实践基地资源、校外师资资源、教材资源；实现学校与社区的互参互管、互帮互助、互建互派，如办家长学校，学校帮助街道建成居民学校，建立校董事会（企事业单位领导参加校董事会）、社会人士充当学校辅导员等；社区力量参与评价学校教育成果，如学校和社区共同制定《学生素质评价手册》，家长协会参与学校管理、由社区教育委员会成员和区政府教育督导室组成督导评估小组，对学校素质教育情况进行督导评估等。②

到 2008 年，上海浦东新区所有公办学校都与街镇签订了"资源共享协议"。

福建省宁德市 157 所中小学加挂社区学校的牌子，辽宁省半数以上高校向社区开放操场、体育馆、教室、计算机多媒体设备、图书馆和文化艺术馆，武汉市江岸区 2018 年 5 月启动了"社区教育—学校教育统筹机制"。③

广东省深圳市龙岗区布吉街道着力推动社区与辖区学校高度协作。在学校方面，深入开展"万千教师进社区（家庭）"活动；向社区有序开放体育场地、多功能教室、图书馆、大礼堂等活动场所；免费推出社区文化大讲堂、篮球训练营、攀岩活动、图书阅览等教学培训活动。在社区方面，组织老年大学"五老"讲师团走进学校开展青少年爱国主义宣讲活动；举办"城市反恐·你我同行"防范宣传进校园系列活动；开展校园禁毒宣传系列活动；联合社区消防站开展消防知识"大手拉小手"宣传培训活动；开办"法在校园之校园霸凌"普法讲座；通过家长、学校、交警中

---

① 高枫耘等：《学校与社会相结合促进学校德育一体化的调查报告》，转引自北京市人民政府文教办公室编著《北京社区教育》，改革出版社，1996，第 375~377 页。
② 李亚平、刘存佑：《新世纪的教育趋势：学校—社区互动育人》，转引自厉以贤主编《社区教育的理论与实验》，四川教育出版社，2000，第 166~176 页。
③ 周延军编著《新时代社区教育若干问题研究》，北京时代华文书局，2020，第 14 页。

队、辖区派出所四方协同共治，开展校园周边道路交通和治安秩序管理工作，保障师生安全出行。[①]

其中比较突出的是各学校都成立了家长委员会，家长参与学校工作。据笔者对成都市相关情况的调查：成都市各中小学都建立了班级—年级—学校三级家委会，家委会参与学校的管理及各种活动。如四川大学附属实验小学分校设立了兼职副校长，由家长自愿申请，每周一位家长参与学校一日活动，全面参与学校管理监督；设立家长大讲堂，家长自主轮流到校上课；开放学生课堂和考场，引入家长监督；家长参与学校安全护卫管理。

四　小结

百年来，我国校社关系走过了从彼此隔离到打破学校的围墙，从学校支持社区到社区支持学校再到校社合作并走向一体化的历程，对于发展社区教育和学校教育，提高国民素质，促进社会和社区的发展起到了重要的作用。

第一，各个时期都出台了众多有关校社关系的政策法令，规定学校要兼办和大力支持社区教育，并开始建立有关校社合作的领导管理机制、奖励激励机制等，第一次在中国历史上改变了校社之间长期以来的分隔状态。马克思早就提出教育要与现代大工业生产相结合，杜威提出学校即社会，这些都表明，学校与社会和社区的沟通合作及一体化发展是现代教育的要求，此时打破学校围墙，加强校社联系，也正是我国教育迈入现代化的表现之一。新中国成立后，进行了更为普遍和深入的校社合作的种种尝试，如要求师生更多地参与社会实践活动，把教学与政治学习、科学技术、生产实践结合起来，从社区中聘请兼职教师等做法符合现代教育要与社区一体化的发展趋势。同时，在校社合作的尝试中，学校开展了勤工俭学等各种活动，促进了教育与社区的联系，开辟了我国教育改革的新途径。

---

① 《布吉探索"社校融合治理"聚焦解决民生关切问题》，搜狐网，2019 年 10 月 31 日，https://www.sohu.com/a/350754007_222892。

第二，改革开放后，校社关系从学校资源向社区的单向输出，逐渐走向双向沟通合作与校社一体化发展，一个教育社会化、社会教育化的服务全民终身学习的教育体系正在形成。而且这时的合作不同于"文革"时期，此时的学校与社区既界限清晰，又进行双向沟通合作，这种合作是真正出于教育内部及社会与社区发展的需要，极大地促进了学校与社区的一体化发展，促进了资源的整合与共享，符合现代教育的发展需要，有利于建立学习化社会，也促进了学校自身的改革和发展。

第三，校社合作的手段不断现代化，突破了教室、教学设施等实体教育资源方面沟通合作的局限，在现代信息技术环境下走向实体与虚拟、线上与线下混合的沟通合作。如各中小学通过各级家委会 QQ 群和微信群，通过官方微博、微信、网站，通过发放校刊、工作简报等，将传统媒体和新媒体相结合，促进家校沟通；各地社区学院也努力与高等院校、科研单位、国家机关等建立联盟协作关系，实现网上学习资源的共享；等等。

第四，校社合作，对于充分整合和利用教育资源，扩大社区民众受教育面，提高国民素质及促进社会的建设都做出了较大的贡献。如在 1929 年至 1934 年 5 年间，广州市内小学附设的民众学校"招收儿童共有 2.6 万多人，毕业 1.8 万多人"。[①] 1939 年，据大部分省区学校向教育部的呈报，其办理的民众学校平均每校每年扫除的文盲数在 250 万人以上，抗敌宣传受教人数达千万人。[②] 又如，国立师范学院设立成人班 3 个，共 126 人；青年班 2 个，共 95 人；妇女班 1 个，共 38 人；儿童班 11 个，共 486 人。[③] 新中国成立后，在北京师范大学举办的成人夜校里，有些文盲妇女经过三四个月的学习，可以认识 300~500 字；有人已能写文章。思想上的进步尤其显著，区里每次召开群众大会，夜校的妇女全部很高兴地去参加并自动当纠察，还常常上台讲话。有些学生已加入了共产党或青年团，还有的担任了公安小组长。[④] 在 1958 年开始的"教育大革命"中，清华大学完成了密云水库和北京历史博物馆的工程设计工作，中央工艺美术学院参加了首

---

① 何国华：《民国时期的教育》，广东人民出版社，1996，第 249 页。
② 教育部社会教育司编《全国社会教育概况（民国二十九年度）》，南京京华印书馆，1940，第 120~121 页。
③ 《本院社会教育事业概况（民国二十九年）》，《国立师范学院旬刊》1940 年第 7 期。
④ 《师大同学举办夜校　工人妇女儿童一千八百余人入学》，《人民日报》1950 年 4 月 17 日，第 3 版。

都十大工程的美术设计工作，北京大学与有关单位联合研制成功了人工合成胰岛素等。① 改革开放后的校社合作，不但极大地提高了广大居民的综合素质，而且社区也为学校的校外教育、实践实习等方面提供了大量的帮助，促进了学校教育的发展。

但百年来，我国校社关系中还存在种种问题。

首先，在很长一段时期内，主要是学校服务于社区，学校向社区教育资源单向输出，社区处于劣势地位，对学校的影响较小，甚至对学校有着较强的依附性。按照交换理论，这种不对等资源交换的合作必定会极大地影响到学校的积极性。据1944年统计结果，各级学校兼办社会教育者不到2万所，而我国大中小学校总数约30万所，兼办社会教育的尚不到1/10。② 当前我国的校社合作仍然以学校服务于社区为主，而仅凭学校的责任感难以推动和维持校社合作。

其次，对于校社合作，建立校社共同体的认识不足，同时，我国有关校社合作的制度化，特别是法制化的程度还很不够，在很多地方都没有建立起校社合作的机构和管理制度，更谈不上建立校社合作的长效机制，这些问题都严重地影响到了校社的沟通与合作（详见本章第三节的相关内容）。

最后，在1958年开始的"教育大革命"中，特别是在"文革"时期，尝试把学校与社区进行全面融合，尽管这种校社一体化发展的大方向是正确的，也取得了一些成绩，但这一尝试主要不是出于社区与学校本身的需要，同时，学校与社会的界限被模糊。

第二节　学校与社区合作的动力因素、
内在逻辑及路径选择

在终身教育和建设学习化社会背景下，学校与社区互动合作，是沟通、整合社区教育资源的需要，也是我国学校和社区发展的需要。学校与

---

① 《中国教育年鉴》编辑部编《中国教育年鉴（1949—1981）》，中国大百科全书出版社，1984，第81页。

② 钟灵秀编著《社会教育行政》，正中书局，1947，第350页。

社区的合作是多方面的，我们这里主要是指学校与社区教育机构的合作。合作是"指个人或群体之间为达到某一确定目标，彼此通过协调作用而形成的联合行动"。[①] 学校与社区的合作就是学校与社区之间为了达到某一目标而进行的相互协作行动。学校与社区合作的动力、内在逻辑及路径是校社合作的核心，我们在此逐一进行探讨。

一　校社合作的动力因素

仅仅因为学校存在于社区是不能自然形成校社合作关系的，推动双方进行合作的动力因素有内、外两个方面。其中，最核心的动力是校社双方要有合作的动机，而形成这种合作动机的前提就是校社双方的资源能互补，即对方有己方强烈需要却又缺乏的资源，按照心理学的原理，当需要达到一定强度，而且又有需要对象出现的时候，就形成了动机，成为行为出现的直接动力。学校与社区的合作也正是在内外因素的共同推动下，使校社双方形成了合作的动机。

（一）推动校社合作的内在动力

1. 校社合作是社会、社区及居民发展的需要

首先，校社合作是社区发展的需要。党的十九届四中全会指出，要提高党的执政水平和治国能力，发展社会主义民主政治，构建职责明确、依法行政的政府治理体系，推动经济高质量发展，发展社会主义先进文化，构建服务全民终身学习的教育体系，坚持和完善共建共治共享的社会治理制度，建设社会治理共同体。[②] 这也是我国社会建设和社区治理的奋斗目标，而要实现上述目标，就需要培养大量的人才。如要提高党的执政水平和治国能力，就需要党的各级领导干部不断更新理念，提高其自身修养及执政与治国能力；要发展社会主义民主政治，构建科学的治理体系，建立共建共治共享的社会治理制度，不但要提高各级管理人员的相关能力，更要提高广大人民群众的文化水平和主体能力，增强民主法制意识和主体意识，使他们能主动积极地参与到社会治理中去，只有这样，才能使他们和

---

① 辞海编辑委员会编纂《辞海》，上海辞书出版社，2010，第715页。
② 《（受权发布）中国共产党第十九届中央委员会第四次全体会议公报》，新华网，2019年10月31日，http://www.xinhuanet.com/politics/2019-10/31/c_1125178024.htm。

政府一道，真正成为社会治理的主体。而这些目标的达成，都离不开社区教育，而在社区中，显然没有那么丰富的教育资源能支撑完成上述各方面的重大任务，特别是要构建服务全民终身学习的教育体系，就更不可能只依靠社会或社区就可以完成。因此，整合学校教育资源，进行校社合作是社会及社区发展的需要。

其次，校社合作是所有社区居民发展的需要。党的十九大报告指出，"中国特色社会主义进入新时代，我国社会主要矛盾已经转化为人民日益增长的美好生活需要和不平衡不充分的发展之间的矛盾"。[1] 这一矛盾的主要方面是"人民日益增长的美好生活需要"，矛盾的次要方面是"不平衡不充分的发展"，要解决好这一矛盾，关键在于实现平衡与充分的发展。"构建服务全民终身学习的教育体系"，也正是针对当前我国教育中发展不平衡、不充分的现状提出来的，其目的是满足社会全体成员终身学习的需要。当前，各社区中一个突出的矛盾就是社区居民日益增长的学习需求与当地社区有限的学习资源之间的矛盾。矛盾是事物发展的内在推动力，这一矛盾成为推动社区寻求与学校合作的最大内在动力。

由上可见，不管是社会、社区还是居民要想实现发展，都需要为社区居民提供更多、更充分的教育供给，即为其提供更多的教育机会、更丰富的学习资源、更优质的师资等。学校作为教育资源相对集中的地方，正好可以为社区提供这些资源。台湾有学者在对学校教育工作者进行了大量调查后，发现社区中的各级学校可扮演的角色，按得票高低顺序，首先是提供教育训练及理念宣导推动的机构；其次是提供设备、场所及人力资源与社区共享；最后是结合社区内其他资源机构的整合角色。[2] 这些看法是有一定道理的。

学校主要能为社区教育提供如下资源。

首先，学校能为社区居民的学习提供物质条件，如场地、图书、各种运动设施等。作为专门的教育机构，学校教育设施显然是社区所有机构组织中最齐全的，而这些设施并不是24小时被使用，学校可在其闲置时，如晚上、周末、寒暑假、节假日等提供给社区使用。

---

① 《习近平在中国共产党第十九次全国代表大会上的报告【2】》，人民网，2017年10月28日，http://cpc.people.com.cn/n1/2017/1028/c64094-29613660-2.html。
② 王政彦：《终生学习社区合作网络的发展》，五南图书出版公司，2002，第260页。

其次，学校能为社区教育提供大量的人力资源与学习资源。当今社会教师虽然不再是知识的垄断者，但作为专门的教育工作者，他们在社区中仍然是掌握较多科学文化知识的人，因此，各级学校能为社区教育提供优秀的师资。同时，各级学校都不同程度地拥有大量的教育资源，这些教育资源在社区中可能恰恰是必需而又欠缺的。我国当前社区教育中的主要教育内容是休闲娱乐，但在一些城市，特别是大城市，社区教育者的文化层次普遍提高，许多人愿意把钱投到高端培训中，更有不少的青壮年人需要接受职业教育与培训，这些都对社区教育机构的课程设置提出了新的要求，但我国社区教育机构目前还很难有相应的师资、课程资源等去满足社区居民多元的学习需求，严重影响到居民对社区教育的参与率与参与面。社区教育机构功能的单一，已成为其发展的瓶颈，要突破这一瓶颈，就需要与地方各级学校合作，利用其丰富的学习资源及强大的师资库。

再次，学校能在社区中起到宣传、传播先进文化，提高社区居民整体素质的作用。学校是文化教育的主阵地，教育的基本功能之一就是传承、传播文化。20世纪二三十年代，晏阳初、梁漱溟等一批教育家在农村进行了大量的教育实验活动，如晏阳初所推行的文艺教育、生计教育、卫生教育以及公民教育这"四大教育"中，核心是提高农民文化水平；梁漱溟认为，中国的问题在于严重的文化失调，他在乡农教育实验中，把宣传优秀传统文化作为最重要的教育内容。他们的共同之处在于：在改造乡村、传播先进文化的过程中，都把学校作为最主要的阵地，把教师视为最中心的人物。因此，学校在提高社区居民文化素质、繁荣社区文化上责无旁贷。

最后，学校教育教学的方法、手段等能为社区教育提供借鉴。社区教育是教育中的一种，虽然有其特殊性，但同样也要遵循教育的普遍规律，学校教育作为一种正规教育，其在教育教学的方法、手段等方面有着丰富的理论研究和实践经验，这些都能为提高社区教育质量提供有益的借鉴。

2. 校社合作是学校发展的需要

按照社会交换理论，交换不仅仅是市场中才会出现的行为，所有的人类行为都是交换，交换是人与人之间交互的本质，社会交换类似商品交换，商品交换的宗旨是获取最大的利润，在社会心理和社会行为方面的交换也一样，其背后的普遍动机是对利益的追求，是为了相互的需要。因此，"互惠主义"是在许多社会交换过程中起作用的一个重要特征。如果交换的结果只产生很小的，甚至为零的利润，这种交换就难以继续下去。正如西鲍特与凯利（J. Thibaut and H. Kelley）所指出的那样，人们彼此接近时，双方都感到得大于失，这种交往行为和关系便会保持下去。如果一方感到得不偿失，则这种接近行为和关系就难以持续。亚当斯（J. S. Adams）与沃尔特（E. Walster）也认为，人们如果发现自己的收益与投入之比与对方两者之比大致相同，则会认为实现了公平分配，心理上就比较平衡，交往也会继续；如果发现自己两者之比低于对方，则会产生抱怨或愤怒等消极情绪，并会减少投入或中断交往。① 社会交换理论不仅可以用来解释人与人之间的关系，也可以用来解释组织与组织之间的关系。②

　　校社合作在某种程度上也是一种资源交换的过程，以此满足彼此的需要，实现互惠。校社双方要拥有基本对等的教育资源，方才有交换和合作的基础。当前学校与社区之间的关系之所以较为疏离，就是因为人们大多认为社区没有能与学校相对等的交换资源，在学校对社区的开放中，资源的输出只会是单向的，失大于得，因此，不少学校不愿意与社区建立互动合作关系。可问题在于，社区真的没有可以与学校对等交换的教育资源吗？如果是这样，为什么发达国家能在学校与社区之间建立起紧密而良好的联系？因此，我们有必要对社区满足学校发展需要这一问题进行分析，从而解决校社合作中学校方面的动力问题。学校是社区的组成部分，社区对学校的发展有着极大的影响作用，学校要实现优质发展和可持续发展，离不开社区的支持，特别是在现代社会，教育与社会相结合，与生产劳动和科学技术相结合，已成为现代教育的基本特征。杜威提出的"教育即生活""学校即社会"观点，把学校与社会紧密联系起来，并把之与以课堂和书本为中心的传统教育区别开来。总之，学校所在社区的政治、经济发展状况，社区的文化历史、社会风俗等都深刻地影响着学校教育的培养目标、教育内容等各个方面。学校与社区的合作，是学校发展的需要。

　　首先，社区为学校的发展提供必要的经济支持。学校教育是一种公共事业，其办学经费来源于每一个社区居民，而且一个地区的经济发展水

---

① 　章志光主编《社会心理学》，人民教育出版社，2008，第37~38页。
② 　风笑天、陈万柏主编《社会学》，华中师范大学出版社，1994，第163页。

平，也深刻地影响着当地的教育投入，影响着学校教育的发展。在这个问题上，美国人有着清晰的认识，并因此认为管理学校的实际权力应属于民众，因为社区居民是学校的股东，他们通过缴纳税金资助学校，他们的红利是自己和子女享受正规教育，同时，通过社会获得间接收益——因为艺术、科学、工业、农业各领域人口的文化素养都有了提高。① 从这个论述中，我们可以比较清楚地看到学校与社区的资源交换关系。而且除正常的纳税外，社区内的企业、个人、党政团体等还可能在学校经费困难时向其提供资助，因此，学校教育离不开社区对其提供的经费支持。

其次，社区能为学校教育提供良好的社会环境与必要的校外德育。社区不仅仅是中小学教育的现实环境，而且是中小学教育的社会主体。社区作为社会共同体的地域形式，具有社会及其文化的相对独立性，成为中小学教育公益性的独立主体。② 任何学校都处于一定的社区之中，学生都是生活在一定社区中的人，校外的各种社会生活、社会风气、价值观念、周边环境、家长素质等都对学生的成长起着巨大的影响作用。社区是学校德育实施的大环境，我国当代社区教育在 20 世纪 80 年代兴起的初衷也正是社区支持学校德育。长期以来，我国非常重视把社区教育、学校教育及家庭教育三位一体地看，强调三种教育的相互配合。中小学中各级家长委员会对学校教育工作的参与，也正是社区对学校教育工作的参与及合作。

再次，社区能为学校课程的开发与实施提供丰富的资源。社区中蕴含着大量的富有当地特色的文化及历史资源，如民俗、名人、文献、古迹、建筑、自然环境等，这些资源可以作为学校校本课程的主要内容，使学生增长知识，更加了解和热爱家乡。此外，社区能为学校教育提供实习实践的基地。英美等发达国家无不重视学生的社会实践活动，小学生以社区为研究对象进行深入调查并形成调查报告的情形非常普遍。我国现在也越来越强调学生的社会实践活动，研学课程已成为学校重要的实践活动课程，社区自然成了学校实践活动课程开展的最方便资源的提供者。例如，上海市市西中学的教学实践活动很大程度上来自社区居委会帮助，如派学生去居委会当"见习主任"等，都得到社区居委会的大力支持，作为回报，该

① 〔美〕唐·倍根、唐纳德·R. 格莱叶：《学校与社区关系》，周海涛主译，重庆大学出版社，2003，第 13 页。

② 邢永富：《中小学教育社区公益性之辩》，《中国教育学刊》2011 年第 9 期。

校在双休日无偿提供学校教学场所，支持创办静安寺街道社区学校，实现了学校与社区教育的双赢。①

最后，社区教育能为创新学校教育提供借鉴。社区教育的开放性理念，可以促使学校从封闭走向开放，以及与社会生活相融合；在社区教育中非常强调教育的全民性，这实际上是教育公平理念的体现，学校教育也应贯彻这一理念；社区教育形式及途径的多样化对改革学校教育教学形式、途径及方法具有借鉴意义；在社区教育的具体实施中特别注重以学习者为中心，充分发挥学习者的主体作用，而这恰恰是我国长期以来学校教育存在的重大缺陷之一，社区教育的这一特点尤其值得学校教育学习和借鉴。此外，对于高等院校而言，校社合作使其从社会和社区获得了重要的教学和科研基地，是大学人才培养和科学研究的需要，同时，在合作过程中也使高校更加了解社会的需要，从而增加新的专业，是完善高等院校专业设置的需要。

3. 校社合作是构建服务全民终身学习教育体系的目标及价值共识的需要

功能主义理论认为，社会是由许多不同的部分构成的一个相对稳定和持久的结构，社会结构中的每一个部分都对社会的整体生存发挥着各自的功能，社会因为价值的共识而整合。② 社会作为一个大的系统，其中的每个部分都必须整合起来以维持这个系统的稳定，否则，社会就会出现不和谐，而这个整合的前提条件是有共同目标和价值共识。学校与社区是社会这个大系统中的两个子系统，都在社会大系统的健康运行中发挥着各自的作用，彼此不能替代。而且按照系统论的观点，学校与社区这两个子系统必定是相互联系和彼此合作的，这也是社会大系统保持和谐稳定的需要。学校与社区都是终身教育的重要组成部分，促进人的终身学习，构建服务全民终身学习的教育体系，是其共同的目标与价值共识，这种目标与价值共识便因此成为它们互动合作的深层次基础。

4. 学习资源本身的价值是校社学习资源共享的原动力

首先，学习资源的形成和开发本身就意味着人力、物力和财力的投入需要一定的成本，而且这些资源可能会带来一定的经济效益，因此，学习

---

① 秦钠：《中日都市社区教育比较研究——以上海和大阪为例》，博士学位论文，上海大学，2006，第 57 页。

② 马和民主编《新编教育社会学》，华东师范大学出版社，2009，第 27 页。

资源具有经济价值。据此，一方面，校社双方中不具有某项资源的一方，可以通过合作实现资源共享，从而避免资源的重复开发，降低开发学习资源的成本；另一方面，校社双方中拥有某项资源的一方，可以通过合作，采取"有偿共享"的方式为对方提供自己的资源而获得一些经济利益。也就是说，校社双方在合作中都会降低学习资源开发的成本或者增加一定的收益。需要指出的是，虽然教育资源具有经济价值，但是谋取大量经济利益不应是校社学习资源共享的主要目标，"有偿共享"并不是唯一的方式。其次，学习资源具有社会价值，这是由其准公共产品的属性决定的。学习资源的社会价值最终表现为满足所有学生及居民的学习需要，并推动我国学校教育及社会、社区的发展。而这一切都是以资源的充分利用为前提的。因此，学习资源具有的社会价值也要求校社这两大资源主体通过资源共享的方式实现效益的最大化。

（二）推动校社合作的外在动力

在校社合作中，资源共享是其核心，在此，我们主要从校社资源共享的角度来进行阐释。

1. 政府驱动

交换的宗旨是要获取最大的利润，其背后的普遍动机是对利益的追求，为了满足相互的需要而进行的交换与合作固然是推动学校与社区进行合作的最大内在动力，但从"理性经济人"假设出发，如果单纯地依靠各组织间的交换、博弈等资源共享方式，校社合作中的资源共享就不一定都具有经济合理性，还可能导致一切从利益出发，对于一些教育资源分配不均衡的地区，难以实现资源的合理分配和共享，因此，在校社合作中，还必须依靠政府，政府的权力驱动就成为推动校社学习资源共享的主要外在动力。政府驱动表现为颁布政策、确立规则、搭建平台、监督评估等。如政府可以通过政策去激励校社学习资源共享。国内外教育资源共享的成功经验表明，政府对资源共享主体的激励政策具有积极作用，如美国联邦政府制定了《开放教材下的学习机会法案》，并对共享过程中的经费资助项目有明确的规定。政府为校社学习资源共享提供的政策引导和经费补贴可以规范资源共享，降低资源共享主体的成本，激发资源内容与技术方面的创新，提高共享热情，增加共享收益，从而推动校社资源共享进一步发展。

2. 市场驱动

从经济学的角度看，人们希望获得某种资源的原因是该资源具有一定的使用价值，因此，市场机制对于校社合作中的资源共享具有明显的驱动作用。首先，市场供求信息推动资源共享的发生。当教育资源需求主体学校或社区发现市场上没有其所需的资源或者获取资源的代价太大后，学校或社区就会放弃从市场获取资源而转向通过资源共享的形式获取资源，这就是资源共享需求，然后学校或社区对自身资源进行评估，如果认为共享的收益大于损耗，校社之间的资源共享就发生了。其次，市场竞争也会推动校社教育资源共享。当市场竞争较为激烈时，学校或社区作为教育资源的主体为了维持其竞争地位，就会开始思考如何降低教育资源的成本，于是，二者就会通过组织间的活动和共享来降低生产、交易成本。

3. 文化驱动

首先，社会文化传统对校社合作中的学习资源共享具有影响与推动作用。我国自古就有"投我以木瓜，报之以琼瑶"的说法，从社会交换理论对于"共享"的解释看，这正是一种"付出—回报"的交换关系，可见"共享"的文化在我国历史长河中源远流长。这种"共享"的社会文化对各主体有一定的驱动作用，表现为在校社学习资源共享中发扬共享风格，无偿提供、慷慨捐赠等。其次，榜样文化对校社学习资源共享有一定的推动作用。当某一资源主体学校或社区因拥有较多的资源或者掌握了某种关键技术时，便会在相应行业中占据至高的地位，从而获得可观的利益。如果占有绝对优势的资源主体学校或社区愿意将其资源用于"共享"，那么依据榜样文化效应，其他学校或社区也会效仿其做法在这一方面进行一些改变。

二　校社合作的内在逻辑

校社合作的内在逻辑包括两个方面：一方面是学校教育、社区建设与知识本身具有公共性；另一方面是学习资源具有互通性。

（一）学校教育、社区建设与知识本身具有公共性

人的本质是一切社会关系的总和，人类社会生活的一个基本特征就是公共性，这一特征在当代这个全球化及构建人类命运共同体的社会中表现得更为

鲜明。学术界有多种关于公共性的定义，如哈贝马斯提出，"公共性本身表现为一个独立的领域，即公共领域，它和私人领域是相对立的。有些时候，公共领域说到底就是公众舆论领域，它和公共权力机关直接相抗衡"。① 有学者认为，公共性是"在社会发展过程中，与人们的公共生活和公共需要密切相关的一种共同活动和精神特质；它发生在一定的公共领域之中，可为共同体成员提供公共物品，满足成员的共同需要，维护公共利益，实现共同目标"。②

首先，社区建设具有公共性。作为社区建设核心的社区治理首先是一种公共服务与公共利益的实现活动，即要进行社区公共事务管理及提供公共产品，其最终目标是实现善治，即要满足社区内成员的多种需要，实现社区内公共利益的最大化。由此可见，公共性是社区建设的本质内涵和重要目标，社区建设"其要津乃填充、实现社区的公共性"。③ 既然社区建设具有公共性特征，那么社区所拥有的教育资源就应向学校开放，使作为社区公共领域重要组成部分的学校也从中受益，并反过来促进社区治理，实现善治的共同目标。

其次，学校教育同样具有公共性。教育的公共性不是人为赋予的、主观思维的结果，而是人类教育发展中历史地展现出来的，教育的公共性主要表现为教育作为一种公共领域的现实存在，是公共性在教育领域的具体说明与应用，是教育在特定领域对公共性的反映。④ 同样，学校教育也具有公共性的属性，其是通过向社会成员提供教育这一公共物品，满足成员对教育的共同需要，维护社会成员的共同教育利益，实现所有人全面发展的目标。学校教育的公共性体现在多个方面：从资金来源看，各国的学校教育都主要由政府投资，具有鲜明的公共性特点，这在我国尤其突出，因为我国是以公立学校为主；从教育对象看，我国已基本实现了九年义务教育，高中与大学的入学率也在不断提高，已实现了高等教育普及化，公立学校占了一大半的生源；从学习费用看，除了小学和初中免除全部费用

---

① 〔德〕哈贝马斯：《公共领域的结构转型》，曹卫东等译，学林出版社，1999，第 2 页。
② 林聚任、张欣欣、赵海红：《当今共享发展背景下社会公共性建设研究——以胶东地区为例》，《山东社会科学》2019 年第 8 期。
③ 庞绍堂：《论社区建设中的公共性》，《南京社会科学》2009 年第 5 期。
④ 张茂聪：《教育公共性的意蕴和诉求》，《山东师范大学学报》（人文社会科学版）2010 年第 3 期。

外，高中及大学（公立性质）甚至研究生所需的学习费用，其中不少都由国家财政补贴，体现了教育的公共性；从产品属性看，学校教育培养的是促进社会和社区发展的人，也具有公共性。总体而言，学校教育在义务教育阶段的产品属性具有公共性，在非义务教育阶段的产品属性也具有准公共性。因此，学校教育应秉持公正的理念，排斥任何团体或个人的特殊化，平等面向所有社会成员，以全体人民的福祉为指向，[①] 其师资、课程、教学、校园文化等教育资源都应向社会公众开放。

最后，知识也具有公共性的属性。从语言哲学出发，知识的公共性来源于语言的公共性。"反私人语言论者"维特根斯坦（L. J. J. Wittgenstein）认为，"一个人只有学会了说话，他才能说某种东西。谁要想说些什么就必须掌握一种语言"。虽然思想因存于个体而具有私人性是不可否认的事实，但是从语言哲学的角度来看，语言是一个社会事实，公共性就是其基本特征。[②] 这样，知识就通过语言传达而具有了公共性。从社会建构主义的角度来看，知识的基础是语言知识、约定与规则，语言是一种社会建构，知识的客观性应被理解为社会性等假设。[③] 从经济学的角度来看，知识的公共性来源于知识的非排他性，即一人掌握了某种知识并不会阻碍其他人掌握这种知识。虽然现实中存在表现为专利形态的"知识资本"，但是公共知识确实广泛地存在于社会各领域。知识的公共性表明知识是面向所有人开放的，任何人都能够学习，而不为权威所垄断和控制，同时，知识的公共性具有巨大的外部效益，人人都去学习知识，既可以提升个人素质，又有利于社会的发展与进步。因此，知识的公共性决定了公共知识应该是共享的。

既然学校教育、社区建设与知识本身都具有公共性，那么，教育资源当然就应该朝有利于教育普及和知识的公共传播的方向发展，校社教育资源共享，实现校社合作。

---

① 张茂聪：《教育公共性的意蕴和诉求》，《山东师范大学学报》（人文社会科学版）2010年第3期。

② 黄正华：《维特根斯坦的反私人语言论证》，《福建师范大学学报》（哲学社会科学版）2006年第5期。

③ 钟启泉、高文、赵中建主编《多维视角下的教育理论与思潮》，教育科学出版社，2004，第118页。

（二）学习资源具有互通性

学校与社区各自所用的教育资源，可以通过多种方式实现互通。如学校与社区可通过人才交流、师资流动等实现人力资源的互通；可以通过建立教育实体、经济联盟等实现财力互通；可以通过场馆共享、设施共用等实现物力互通。其中，随着信息化时代的到来，数字化学习资源的互通在当前表现得尤其突出，我们就以此为例，对学校与社区教育资源共享的内在逻辑进行分析。数字化学习资源都是经过数字化处理的多媒体材料，在结构模式上具有相似性，都具有内容广泛、检索方便、网络共享等特点，可以实现范围更广、路径更便捷的互通。教育数字化学习资源的互通，指的是资源技术的互通和资源开发的互通两个方面。首先，从资源技术的角度来看，学校及社区的教育数字化学习资源具有互通的可能。有人发现，只要同时满足"资源是自包含的"与"资源是可寻址的"两个条件的数字化学习资源就具有共享的可能，当然，要将这一可能转变为现实，还需要讨论资源互通的技术标准，如可以建立数字化学习数据的元数据标准、数字化学习资源的元数据收割标准、认证服务标准。以此为基础，在遵循一定的数字化学习资源共享层次和步骤后，数字化学习资源便能实现互通，从而在技术层面实现共享。[①] 我国基础教育领域、高等教育领域已在这一方面进行了较为成功的实践，教育部已经发布了一系列教育资源共享的技术标准。同理，只要我们确定了各级学校与社区教育数字化资源共享的技术标准，就可以实现学校与社区学习资源的互通与共享。其次，从资源开发的角度来看，学校与社区教育数字化学习资源也具有互通的可能。以课程开发为例，一方面，学校教育课程中为学生开发的一些数字化学习资源，如职业规划、艺术教育、公民教育及其他一些学科性的课程，包括各级学校所开发的继续教育培训课程，都可能为社区居民所需；另一方面，社区教育机构所开发的各种如职业教育、休闲养生、文化艺术等课程，也可能为学校师生所需。由上可见，学校与社区的课程具有功能上的共通性，即满足不同学校及社区的共同需求，是可以实现互通的，校社合作具有内在的必要性与可能性。

---

① 赵厚福、祝智庭、吴永和：《数字化学习资源共享的技术标准分析》，《现代教育技术》2010 年第 6 期。

三　校社合作的路径选择

在校社合作中应坚持以下几条基本的原则。首先，要坚持民主平等的原则。当前在我国校社合作中仍然是学校在资源的占有上处于优势地位，社区在合作中处于相对劣势地位，人们把主要注意力放在学校教育上，民主平等的原则即是指要改变以学校为中心的观念，构建学校及社区的主体间性关系。这种主体间性关系的基本内涵有两层：校社双方是两个民主平等的主体；校社之间是民主平等的互动合作关系。其次，要坚持互补互助、共生共赢的原则。如前所述，校社双方各有所长、各有所短，在二者的互动合作中，只有坚持互补互助的原则，取长补短，才能各取所需，实现共生共赢，这也是校社合作的重要目标。为此，必须整合学校和社区中的教育资源，改变校社各自为政、教育资源重复开发的现状，对对方实现课程、师资、设施、管理等全方位的开放，实现资源共享及成果共享，共同推进人的全面发展与社区的发展，推进学习型社会的建设。最后，要坚持立足本地、特色创新的原则。国外的校社合作经验固然可以为我们所借鉴，但绝不能照搬，因为每一所学校及其所在地区的情况都相差甚大，因此，校社合作应根据实际情况而定，突出地方特色。此外，要实施一系列创新举措，打通校社之间的联系，建立各种新型的互动合作关系，使二者都具有新的发展动力和发展空间。学校和社区应在这些基本原则的指导下，采取多种方法进行合作。

（一）教学合作

这是一种主要通过教学的路径进行合作的方式，其主要形式包括两类。一类是从广义上看，其是指校社双方互相派出师资到对方机构担任兼职教师及负责讲学，同时，学校或社区相关人员可联合起来，对相关的教学计划及教学中的问题进行讨论、研究等教研活动。另一类是从狭义上看，专指服务学习。服务学习是20世纪80年代在美国兴起的把大学的课程学习与社区服务紧密结合起来的一种课程实施方式，也是美国大学与社区教学合作的一种主要形式。具体做法是将学生的社区服务列为必修课或选修课，并赋予其一定的学分。我国大学中与之有相似之处的做法是规定学生必须进行实习，并也赋予这种实习一定的学分。但这种做法与服务学习有着很大的区别：我国大学里学生的实习主要是从学校的教学任务出发，很少考虑社区的需求且对学生实习管理较为松散，实习效果参差不齐。而在服务学习中，既要考虑社区的需求，更要严格把握课程的标准。服务学习虽然在美国是在大学与社区之间进行，但实际上也适用于各级学校与社区。具体而言，在服务学习中，各级学校首先要修订培养方案及教学计划，筛选合适的课程，在高等院校中，可把服务学习列为专门的必修课，或选修课或将服务学习作为课程的一部分，在中小学则可将服务学习作为教学与课程中的一部分，采取对参与了服务学习的学生赋予一定平时成绩（在高等院校则可赋予一定的学分）等方式，使学生在服务社区中进行课程学习。教师要选择合适的课程内容来作为服务学习内容，帮助学生确立服务学习的目标，制定学习计划，使学生的服务学习内容与所需学习课程相吻合，并通过课堂讨论、日常交流、论文报告等方式全程监控和指导，最终进行一定的考核，使学生既掌握了应有的理论知识，又提升了实践能力、增强了社会责任感。

（二）培训合作

指校社双方共同对有关人员进行培训，这类培训大多由学校主导进行，可由学校举办专题讲座、培训班；也可针对社区的需要建立联合办学点，如针对社区青年女子高端培训的需要，与社区教育机构共同建立女子学院，针对社区学历教育需要建立自学考试联合办学点等；还可采用主题模块形式，如对当前社区教育中最急需的师资、管理人员、志愿者、科研人员等几大模块，以视频等方式向社区提供系统的课堂教学与学习资源。当然，也可以是社区相关机构开办一些培训班或派出人员在学校举办讲座等，如司法部门在学校开办法治讲座，消防部门在学校开办消防讲座，社区中的一些教育机构针对学校举办社会工作志愿者培训班、家政班、护理班等。校社双方进行的培训合作在职业学校及普通高等学校中还可表现为学校与一些企、事业单位签订人才培养合同，进行订单式的培训合作，即学校按照社区企、事业单位对人才规格的要求，培训其所需要的专门人才，这是一种量身定制的人才培训模式。培训型合作特别要求校社双方要互通有无，了解彼此所需，然后共同制定培训计划和项目。

（三）研究合作

是指校社双方在科研方面的合作。这种合作有两种模式。一种是传统的校社双方就某一课题进行合作研究，以学校人员为主，其中又有多种形式，最常见的一种即是被我们通称为"横向课题"的模式，即社区以社会购买的方式邀请学校有关人员帮助其对某一问题进行研究，或者学校研究人员在研究过程中需要社区相关人员的加入或配合进行调查研究等。如广大中小学在教学改革、课程改革等课题的研究中，就时常需要当地社区的加入或配合，以完成开发校本课程、充分利用当地教学资源等课题。除了这种最传统的模式外，另一种校社研究合作模式是要突破传统的观念与做法，确立新的学术观和新的研究方法。在传统的研究中，我们所强调的理论联系实际，大多数停留在因为理论研究所需才去社区进行一定的调研的水平上，这是一种以学科知识和理论知识为中心与出发点的研究方式，顶多做到"通过社区进行"，而没有做到为解决社区中存在的现实问题而"与社区一起共同进行"。1996年，美国教育家博耶（E. L. Boyer）提出了"参与的学术"这一概念，我们所应确立的新的学术观和新的研究方法就是"参与的学术"和"以社区为基础的参与研究"。我们把传统研究与以社区为基础的参与研究的主要区别归纳如下（见表7-1）。

表7-1　传统研究与以社区为基础的参与研究的区别

项目研究方法	传统研究方法	以社区为基础的参与研究方法
研究者	大学教师	大学教师与社区相关人员组成的研究团队
研究目标	在学科知识上有所创新和突破，强调学术性与理论性	在对学科知识的理解和公共社会问题的解决上都要有所突破，同时强调理论性与实践性
研究过程	从确定研究主题、设计研究方案、选择研究方法，到研究的具体进行及结果分析等，都由大学教师独立进行	大学教师与社区合作伙伴共同确定研究主题、设计研究方案、选择研究方法、实施具体研究和进行结果分析
研究结果	通常以论文、著作等形式呈现，并向学术受众传播研究结果	不但要以论文、著作等形式呈现，并向学术受众传播研究结果，而且还要向社区成员和政策制定者推广研究结果，为实践活动提供有益的指导

资料来源：张泽平：《论大学和社区的合作》，硕士学位论文，山西大学，2013，第31~37页。

"参与"的基本内涵是共同决策，责任分担，权力与成果共享，"参与的学术"观和"社区为基础的参与研究"方法正是体现了这一精神，这也是现代教育民主的要求。在这种新的学术观和新的研究方法之下，校社双方的相关人员针对学校教育和社会治理、社区建设中需要解决的一些重要问题组成研究团队，共同确定研究的方向、具体内容、路径、进程等，并共同进行具体研究，其研究成果不但要以论文、著作等形式呈现，在理论上有所创新和突破，更要能真正解决学校教育和社区治理、社区建设中的实际问题，具有实践推广价值。例如，针对一些远离中心城市、经济欠发达地区发展社区教育较为困难的情况，学校研究人员与社区的有关机构人员组成科研团队，共同探索如何利用自身特点，创建该地区社区教育发展的模式，并把这一研究成果推向我国的欠发达地区。再如，针对如何培养居民自主学习群体问题，学校研究人员可与社区教育机构人员组成科研团队，运用教育共同体理论、自主学习理论、学习圈等相关理论，从社区本身的情况出发，构建社区自主学习群体良好的运行模式和机制，提高其学习的效果与质量，并为其他地区社区教育教学改革提供借鉴。总之，以社区为基础的参与研究，既要考虑学校研究人员自己的学术研究特长及需要，还要与社区的实际需要相结合；来自学校及社区的研究人员都是研究的主体，二者是平等合作的伙伴关系，共同进行研究；研究成果既要有一定的学术性，又要能解决学校及社区的实际问题。

（四）服务合作

主要指通过双方提供的一些服务性活动来实现校社双方的合作。如各级各类学校向社区居民提供一定的教育服务；学校师生可以作为志愿者对社区居民进行各种宣传、咨询等服务活动；可对一些有关居民个人和社区建设的地方性法规、政策的制定与修改发表意见和建议，或者直接参与这些法规与政策的制定和修改；可对一些社区教育的发展规划与方向提供建议等。社会及社区中的各个单位、团体等，同样可以派出相关人员宣传有关社会治理、社区建设的相关知识，介绍有关的活动情况，对学校的课程设置、学生培养、教学改革等提出建议，同时，还可以参与学校办学质量水平的评估。美国在这方面做得较好，也取得了突出的成绩。以下是几所美国著名大学在社区服务方面的一些具体项目。

哥伦比亚大学的社区服务项目：免费录取那些没有完成高中学业或未

能通过普通教育水平考试（GED）的年轻人完成高中学业或准备 GED 考试；尽力为已经取得高中文凭或通过了 GED 考试的年轻人提供技能培训、实习及工读机会等；提供关于职业空缺的信息和就业指导服务；为 5~13岁的儿童提供各种运动指导；每年通过"哥伦比亚继续教育旁听项目"提供约 50 门课程；为 25 名 6~12 岁的孩子提供运动夏令营奖学金；为老年人提供口腔免费检查与转诊治疗服务；提供法律援助；为学前儿童提供移动牙医中心服务；为 65 岁以上、注册了两门旁听课程的学生提供奖学金；校园资源面向当地学者免费开放等。①

波士顿大学的社区服务项目：为 12 岁以下的儿童提供作业辅导、组织活动等服务；教师带着学生利用春假或冬假在全国各地提供志愿服务；通过一系列方式促进公民参与社区建设、社会正义和人权等方面的活动；让大一新生接受 1 天的新生教育和 3 天的社区志愿服务；与社区内的老龄组织和残疾人组织合作开展活动；志愿者到各式各样的学校和社区中心开展简易的科学实验；让大学生与 6~12 岁的儿童结对，共同出席大型公共活动；安排志愿者与当地一些敏感机构（如艾滋病医院等）合作，提供社区服务。②

芝加哥大学的社区服务项目：通过每周讨论、与社区领导开会和社区探索等活动，增强居民社会正义的意识；让学生与当地一些组织合作收集社区数据进行经验性学习；通过服务日、服务竞赛等进行直接服务；学生通过实习，为公共和社会服务部门做贡献；成立一些关于社区事务的学生团体举行讨论等活动。③

反过来，美国的社区也为学校提供了多种服务，主要有：家长走进课堂，经常邀请家长到孩子所在的班级听课，家长到学校给教师当助教，辅导学生做作业等；社区参与学校的管理和运作，家长和社区代表参与美国的学校管理委员会，管理学校的运作，学校在发展项目和一些重大问题的决策上听取社区的意见；社区的组织到学校举办活动，如地面搜救组织每

---

① Columbia University Office of Government and Community Affairs, Community Newsletter Spring, http：//gca. columbia. edu/files/gca/content/Community%20Newsletter%20Spring%202016. pdf.

② Boston University Community Service Center, Programs, Projects, and Events, http：//www. bu. edu/csc/community-service-center-programs.

③ Chicago Universirty Community Service Center, Programs, https：//ucsc. uchicago. edu/page/programs.

年都要到学校给各年级的学生介绍他们的工作，传授安全野营、野外救护等常识；社区成功人士到学校做演讲，帮学生规划自己未来的职业方向；社区给予学校物质上的支持；社区成立多种社团组织关怀青少年的成长。①

　　美国学校与社区的互动为我们提供了有益的启示。我国应进一步加强校社服务合作，除了要进一步开放校社双方的资源，丰富服务合作的项目的种类外，还要特别注意合作的深度，如社区在学校规划、决策、管理、教学、评价等方面的深度参与，学校在社区治理方面的深度参与，改变当前合作还停留在只是轰轰烈烈地搞一些比较浅层次活动的层面上。

　　上面我们列出了学校与社区合作的四大路径，在具体实践中，校社合作可以有多种模式。如在 20 世纪 90 年代中期，北京市学校与社区合作的模式有：由区县或乡镇、街道办事处党政领导牵头，把学校、社会相结合的工作纳入地方党政工作议程；由学校牵头，建立学校、社会和家庭的三结合教育委员会；以厂矿、企事业等单位出面联络地区内有关单位成立支教委员会或教育工作协调委员会。② 再如，成都市青羊区教委在 2000 年总结了其以学校为主体、以家庭为基础、以辖区为依托的三结合教育模式。③我国由于幅员辽阔，民族众多，存在多种文化样态，更由于各地经济、文化发展不平衡，学校发展水平及特点各异，因此，在校社合作中，应从当地的具体情况出发，采用适合自身的合作模式。

第三节　校社关系的最高境界：构建学校
与社区教育共同体

　　加强学校与社区的合作固然是必要的，但这只是构建学校与社区教育共同体的基本阶段，绝不是校社关系的最高境界。随着建设服务全民终身学习教育体系的推进，越来越要求学校与社区能够融为一体，进行更加广

---

① 汤新华：《美国学校与社区的互动及其启示》《广西师范大学学报》（哲学社会科学版）2008 年第 5 期。

② 高枫耘等：《学校与社会相结合促进学校德育一体化的调查报告》，转引自北京市人民政府文教办公室编著《北京社区教育》，改革出版社，1996，第 375~377 页。

③ 刘淑兰：《学校与社区的互动》，四川教育出版社，2003，第 207~220 页。

泛而深入的合作。也即是说，加强校社合作是构建学校与社区教育共同体的基础与必要途径，校社关系的最高境界应是建立学校与社区教育共同体。

一　共同体及学校与社区教育共同体

传统社会共同体的代表人物滕尼斯认为，"关系本身即结合，或者被理解为现实的和有机的生命——这就是共同体的本质"。[①] 滕尼斯把共同体划分成地域共同体、血缘共同体与精神共同体三种类型，强调血缘性、地缘性及在此基础上形成的共同精神，强调共同体成员之间的高度相似性及实践行为的一致性。现代工业社会共同体的代表人物涂尔干把社会组织结构分为机械团结与有机团结两种状态，其所指的机械团结实质上就是滕尼斯提出的传统共同体形式，而有机团结指其组成有不同要素和不同的方式相互协调、相互隶属、共同结合，工业社会中的异质性共同体就是通过制度化的管理而形成了有机团结。[②] 但在工业化时代，不少共同体是"用人为设计的、强加的监控规则"来维系，[③] 这种基于利益的契约共同体主要关注的是自身的利益，其存在固然有其必要性，但容易带来自私及因精神无所归属而引发的焦虑等问题，最终影响共同体的可持续发展。因此，后现代共同体的代表人物鲍曼（Z. Bauman）提出，"共同体总是好东西"，因为共同体是一个温暖舒适的场所，在共同体中，我们能够相互依靠对方。[④] 由上可见，尽管人们对共同体这一概念并无统一的界定，但都认为共同体的核心是通过互动合作而形成的一种关系，这种关系是人与人之间的一种相互依存、和谐共生的关系。

共生理论认为，共生系统由共生单元、共生模式、共生环境等要素组

① 〔德〕斐迪南·滕尼斯：《共同体与社会——纯粹社会学的基本概念》，林荣远译，商务印书馆，1999，第52页。

② 〔法〕埃米尔·涂尔干：《社会分工论》，渠东译，生活·读书·新知三联书店，2000，第142页。

③ 赵健：《学习共同体——关于学习的社会文化分析》，华东师范大学出版社，2006，第24页。

④ 〔英〕齐格蒙特·鲍曼：《共同体：在一个不确定的世界中寻找安全》，欧阳景根译，江苏人民出版社，2003，序第2~3页。

成，共同体中的各主体即是共生单元，共生模式是指共同体各主体间的互动合作实践方式，共生环境由共同体各主体间要遵守的规则与制度等组成，而统领整个共生系统的则是共同的精神取向。共同体作为共生系统，也主要应包括以下三个层面。第一，精神层面。所有的共同体都含有"归属"的意味，除非成员都体验到一种归属感、对他人的信赖和安全感，否则共同体不会出现。① 也就是说，精神上的目标与归属是共同体不可缺少的一个层面。也正因如此，滕尼斯和鲍曼都强调了共同体中的共同精神。第二，制度层面。随着信息化、全球化的发展，传统的同质性共同体逐渐被现代社会的异质性共同体所替代，这些异质性共同体要想健康地发展，就必须有共同遵守的规则，即制度。涂尔干强调了制度在异质性共同体中的作用，当代教育管理学家萨乔万尼（T. J. Sergiovanni）也用社会盟约来隐喻共同体内各成员之间的社会联结性质，② 而盟约实际上也就是一种制度。因此，制度是共同体得以健康运行的不可或缺的一个重要层面。第三，实践层面。共同体形成的最终落脚点是实践，即共同体各成员的互动合作活动。没有实践，就不可能有真正的共同体。在上述三个层面中，精神共同体意味着各成员之间具有共同的目标与精神归属，是共同体存在的前提与发展的方向；制度共同体要求共同体各成员依规而行，是共同体健康运行的保障；实践共同体则是最终达成共同体目标的关键。三者紧密联系，缺一不可。

教育共同体同样是由精神、制度和实践三个层面组成的一种共生关系，人们对教育共同体的界定也体现了这一点。如有人提出，"教育共同体是基于一致的教育信仰，为了共同的教育目标，在培养人的社会实践活动中形成的有责任感的个体联合"。③ 其中，"基于一致的教育信仰，为了共同的教育目标"体现在精神层面，"在培养人的社会实践活动中"体现在实践层面，"有责任感"体现在制度层面。再如，有人认为，教育共同体的内涵特征有：以共同的精神信仰、一致的教育目标为支撑；规则、制度的维系是教育共同体运行的必要条件；以开放共享、自治为特征。④ 在

---

① 郑葳、李芒：《学习共同体及其生成》，《全球教育展望》2007年第4期。
② 赵健：《学习共同体的建构》，上海教育出版社，2008，第4页。
③ 林上洪：《"教育共同体"刍议》，《教育学术月刊》2009年第10期。
④ 刘阳：《论教育共同体的内涵与构建原则》，《外国中小学教育》2014年第10期。

这一定义中，"共同的精神信仰、一致的教育目标"是指其精神层面，"规则、制度的维系"是指其制度层面，"开放共享、自治"则更多的是指其实践层面。也就是说，教育共同体是一个拥有共同的意识、价值取向与目标，共同遵守一定规则，互动合作，资源和利益共享，实现多赢的共生整体。具体到学校与社区教育共同体上，其包含了以下三重意蕴。一是精神层面的共同体：学校与社区有明确的共同体意识、共同的价值取向、共同向善的目标和归属感。二是制度层面的共同体：学校与社区共同遵守有关二者互动合作的规则、制度。其中，国家的相关法律、政策等是外在制度，学校与社区之间自发制定的各种合作规则是内在自生制度，二者缺一不可。三是实践层面的共同体：学校与社区在教育实践中紧密联系，双向合作，资源与利益共享。

二　建立学校与社区教育共同体的必要性

要在加强学校与社区合作的基础上提出构建学校与社区教育共同体，理由主要有两个。

第一，校社共同体有着校社合作所不具备的特点和优势。

一方面，校社合作是学校与社区为了达到一定的目标而进行的联合行动，联合的最大基础是利益，是资源的交换，因此，校社合作本身就意味着学校与社区是"两家人"，学校与社区都没有把对方看成是一体的，而是站在各自的立场上思考问题，带有一定的功利性，这种合作是工业化时代的产物，是共同体的低级阶段。这样，学校与社区的合作就可能指向各自的利益，特别是各自当下的利益，较少考虑共同的精神追求和目标，也较少为对方的发展考虑。同时，由于校社合作注重各自的利益，也就意味着学校与社区既然可以因获取利益而合作，当然也可以因为资源交换不平等所以双方所获利益不均而弱化合作的动力，导致不合作或中止合作。也即是说，仅凭校社双方的这种基本基于各自利益的关系并不能确保校社双方的合作能稳定而可持续地进行下去。另一方面，学校与社区教育共同体建立在世界是普遍联系的整体这一原理的基础上，把自己的发展与对方的发展视为一体，使双方的思维模式从零和游戏走向合作共赢，从关注狭隘的个体当前利益转向关注整体的长远利益，这个整体的长远利益是校社双方共同的利益，突出地表现为学校与社区的共同发展。这样，也使校社双方能对各自发展前途具有的共生关系达成共识，形成共同的认知和追求，二者的互动与合作不再仅限于当下的利益，而是指向未来的利益。校社共同体当然并不能完全消除校社双方在交往互动中获利的绝对差异，但共同体本身具有的共生共赢性决定了学校和社区的每一方都成为对方发展不可或缺的一部分，这就使学校与社区之间能保持稳定的互动合作关系，从而实现共同发展。当然，我们应该看到，合作是建立学校与社区教育共同体的核心与必要途径。只有校社双方进行深度而广泛的合作，才能不断形成和增强共同体意识，确立共同的发展目标，同时，在合作中制定的种种制度及各种合作实践，都使学校与社区日益成为你中有我、我中有你、不可分割的教育共同体。因此，加强校社合作是建立校社共同体的基础与必要途径，而构建校社共同体是校社合作的最高境界与归宿。

第二，学校与社区彼此依赖的共生关系决定了二者必须结成共同体。

共生关系本是一个生物学术语，指的是两种生物互惠互利地生存在一起，缺此失彼都不能生存的一种种间关系，又叫互利共生。如今，人们将生物间的"共生关系"拓展运用到了政治、经济、文化等社会领域并取得了大量研究成果。对于社区而言，拥有更多的资源当然能促进其得到更加良好的发展，但每个社区都有自己的短板，即在资源上都存在不同程度的缺陷。资源依赖理论认为，"没有一个组织是自给自足的，所有组织的存在都有赖于与其所处的更大体系的关系"。① 斯格特（W. R. Scott）也认为，从开放系统的视角看，"组织是与参与者之间不断变化的关系相互联系、相互依赖的活动体系；该体系植根于其运行的环境之中，既依赖于与环境之间的交换，同时又由环境建构"。② 学校及社区中的各个机构和团体，都是一种组织，它们都不能自给自足，而必须在资源上相互依赖。以社区教育为例，没有一所社区学院能掌握其自身发展需要的全部资源，尤其在科技飞速发展、知识更新加快、职业变动频繁、人们生活和需求日益多元的现代社会，这一点体现得尤其明显，因此，社区教育机构必须从外部、从其他组织那里获取资源。正如有人指出的那样，由于社区教育机构个体办

---

① 〔美〕W. 理查德·斯格特：《组织理论》，黄洋等译，华夏出版社，2002，第20页。
② 〔美〕W. 理查德·斯格特：《组织理论》，黄洋等译，华夏出版社，2002，第26页。

学能力不足，各地区社区教育基本条件差异较大，因而需要抱团取暖。①
这正说明了社区教育在资源上存在缺陷，从而需要与包括学校在内的组织
建立一种彼此依赖的共生关系。在社区发展的其他方面，同样可能在人力
资源、物力资源，特别是智力资源等方面存在不足，需要依赖学校的相关
资源，与之建立共生关系。学校的发展同样如此，学校都处在一定的社区
之中，学校与社区之间形成了互相依赖的共生关系，这种关系为校社教育
资源共享提供了无限可能。当然，一般的联系和交往还不能构成相互依
赖，"当交往产生需要有关各方付出代价的相互影响时（这些影响并不必然
是对等的），相互依赖便出现了"。② 同样，简单的合作还不能使学校与社
区之间形成相互依赖的共同体关系，而必须是校社双方在合作中产生了足
够大的影响，使双方谁也离不开谁，才可能建立共同体关系。总之，共生
关系实质上反映的是共生单元间的物质、能量、信息关系，是物质、能
量、信息的产生、交换、配置的过程，③ 意味着学校与社区双方必须成为
共同体，分享同类资源、互补异类资源，从而实现共同发展。

三　我国学校与社区教育共同体的发展审视

在古代社会，我国学校与社区总体上处于分离状态，其合作都极少，
更谈不上形成教育共同体，这一现象直到 20 世纪以后才得到了较大的改
变。其发展分为以下三个阶段。

（一）　20 世纪上半叶：学校与社区教育共同体思想的萌芽

20 世纪初期，我国面临着国民素质普遍低下、教育资源异常匮乏的问
题，这就迫切需要改变把教育局限在学校中的现状，加强学校与社区的联
系，学校与社区教育共同体思想由此萌芽，但此时无论是在精神层面，还
是在制度层面及实践层面，都与形成教育共同体相去甚远，且在这一阶
段，学校兼办社会教育（实际上主要就是在当地社区兼办社会教育），即
是以学校向社区单向输出教育资源为主，尚且说不上学校与社区的合作，

---

① 汪国新：《社区教育共同体建设与运行》，《中国成人教育》2012 年第 1 期。
② 〔美〕罗伯特·基欧汉、约瑟夫·奈：《权力与相互依赖》，门洪华译，北京大学出版社，
2002，第 10 页。
③ 袁纯清：《共生理论——兼论小型经济》，经济科学出版社，1998，第 5 页。

更谈不上形成教育共同体，因为任何一个合作与共同体中各主体之间的交流与付出都必定是双向的。

1. 学校与社区教育共同体思想开始萌芽，但远未上升到精神共同体的高度

一些人，主要是教育家意识到学校应该与社区加强联系，其中少数人开始认识到学校与社区应是一个整体，有了学校与社区教育共同体思想的萌芽。如廖世承认为，"关了门办学，不能称为'学校'，只能称为'修道院'……我们要把全国修道院的门打开了，变成民众的学校"。① 这是从加强学校开放的角度提出来的，是形成校社共同体的思想基础，但还没有把学校与社区视为一个整体。陈礼江提出，中国社会教育的任务之一就是协助中小学校训练青少年儿童，② 把帮助学校教育发展纳入了社会教育的范畴。梁漱溟认为，"学校教育社会教育不可分""学校应为地方社会之中心，教员应以社会之指导者自认"。③ 雷沛鸿提出学校教育与社会教育合流的主张："公所、学校同在一处办公，得共同使用公役及设备。公所对学校应运用行政力量，积极助其进行教育事业。公所推行政务须动用多数人力时，学校应协助办理。"④ 这些观点向着校社共同体的思想更进了一步。还有人明确提出社会教育与学校教育应是一体，"学校非但是儿童教育地方，亦是民众教育所在；社会教育机关亦当视为民众与儿童共享共有的地方"，"今后社会教育和学校教育的动向，非朝'一体'的途径上不可"。⑤由上可见，在这一时期，我国校社共同体思想开始萌芽。但这样的观点不多，且并未提出学校与社区的共同目标究竟是什么，因此，也说不上形成了学校与社区的精神层面的共同体。事实上，在这一时期，大多数人还未把二者视为一个共同体。如晏阳初曾在 1927 年指出，社会教育"和学校系统内的教育事业只有间接的关系"。⑥ 绝大多数学校的教师和管理者，只是按照当时政府的有关规定在当地社区进行学校兼办社会教育的工作；作为从事社区教育的有关工作人员，更是未形成帮助当地学校教育发展的观

---

① 廖世承：《师范教育与抗战建国：第一次纪念周与学生讲话》，《国师季刊》1939 年第1 期。
② 陈礼江编著《社会教育的意义及其事业》，正中书局，1937，第 15 页。
③ 马秋帆编《梁漱溟教育论著选》，人民教育出版社，1994，第 100、112 页。
④ 陈友松主编《雷沛鸿教育论著选》，人民教育出版社，1992，第 195 页。
⑤ 石：《社会教育与学校教育一体论》，《新江苏教育》1939 年第 4 期。
⑥ 马秋帆、熊明安编《晏阳初教育论著选》，人民教育出版社，1993，第 25 页。

念。也就是说，学校与当地社区并没有意识到彼此应该形成一个教育共同体。因此，在这一时期，学校与社区之间在精神上总体是有隔膜的，谈不上形成精神层面的共同体。不仅如此，甚至大多数人还只看到了两者的竞争性，将两者割裂开来。①

2. 学校走向社区开始制度化，但未形成制度层面的共同体

如前文所述，这一时期，不论是国民政府还是革命根据地政府，都出台了一系列政策与法令，明确规定学校必须兼办社会教育，并对相关的组织机构、具体办法、经费、工作标准及考核等进行了规定，使学校服务社区有了可以遵守的规则，使学校向社区开放开始形成制度。但此时主要是由政府颁布一些政策和法令，建立一些外在的制度，其主要内容是学校服务社区的教育，但极少有社区服务学校的规定。同时，学校与社区之间几乎没有形成有关双方合作的制度规范，即缺少内在的自生的制度。因此，学校与社区在此时还没有形成制度层面的共同体。

3. 学校开展了一些服务社区的教育实践活动，但没有形成实践层面的共同体

在这一时期，各学校在当地开展了形式多样、内容丰富的教育活动，如为当地的各种社区教育机构提供校舍和师资、在当地社区开展讲演活动和创办平民夜校，以及通过办成人班与画壁报、讲故事、提供咨询、职业指导、设立农场等多种形式办理社区教育。特别是在革命根据地，学校与社区之间形成了更为紧密的关系。同时，也有少量地方，如广西将学校教育与社会教育合并办理，还有孟宪承在1936年主持北夏普及民众教育实验区工作时，与县教育局合办中心民众学校及合设强迫识字教育实验区等。②但从总体来看，此时大多是学校向社区单向输出教育资源，社区对学校有着较强的依附性，二者在教育实践上还说不上是合作的关系。而且这种学校与社区不对等的资源输出的关系，极大地影响了学校的积极性，导致只有少数学校开展了兼办社区教育工作。同时，在实践中，社区也只是消极被动地配合学校的工作。因此，在这一时期，学校与社区之间未形成双向

---

① 熊文渊、王建军：《民国时期学校教育与社会教育关系的动态考察》，《华东师范大学学报》（教育科学版）2013年第2期。

② 郭三娟、陈浩：《近代中国大学开展社会教育实验的个案历史考察》，《教育评论》2016年第8期。

合作、资源与利益共享的实践层面的教育共同体。

（二） 1949～1978 年：构建学校与社区教育共同体的尝试

新中国成立后，对构建学校与社区教育共同体进行了大量的尝试，校社双方都积极加强联系与合作，取得了突出的成绩，但在这一时期，我国学校与社区教育共同体的构建也走过了曲折的道路。

1. 学校和社区双方出现了合作意识，但仍未达到形成精神层面共同体的高度

这一时期，极少有校社双方关系的探讨，不过，我们可以从国家颁布的有关校社互动合作的政策法规中，看到其体现了从学校单向服务于社区到学校与社区融合为一体的走向。一些学校也较为重视对当地社区的教育提供帮助，如有人在谈及河北省涉县各地农村的民校时提到，"小学教育工作者在思想上重视了成人教育，予民校以可能的协助"。[①] 同时，校社双方开展的大量合作实践也说明它们有了加强合作的意识。但此时学校和社区大部分还是停留在机械执行上级命令的阶段，还未把对方与自己视为一个整体，在当时介绍社会教育和学校教育的文章中都基本没有提及校社双方应是一体的观点。

2. 学校与社区一体走向制度化，但仍未形成制度层面的共同体

国家发布的大量相关文件中，都强调了学校要协助办好当地的业余教育，要求学校服务于当地社会教育，同时，也要求学校从社会中学习，学校与社会要结合起来。"文革"期间，国家对于社区全方位参与学校工作，以及学校开门办学，与社区走向全方位融合的强调达到了顶点。一些学校与社区制定了相应的互动合作制度，如前文提到的山西省阳城县阳城公社等制定了让中小学教师轮流下队劳动锻炼，同时让贫下中农进校当教师的对流制度。可见，这一时期的外在制度是从由学校单向服务于社区走向学校与社区融为一体，从内在自生制度来看，学校与社区之间的教育合作也开始形成一定的规则，在学校与社区制度共同体的形成上迈出了重要的一步，比之上一个阶段有了巨大的进步。但此时学校和社区合作及教育一体化制度的建立主要不是出于学校和社区本身的需要，且大多数学校与社区

---

① 杨玉峰、段崇山、张云青：《各级领导干部重视农民教育 涉县各村普遍建立民校》，《人民日报》1950 年 6 月 14 日，第 3 版。

之间的合作也并未制定相应的规则，因此，二者之间还没有真正形成制度层面的教育共同体。

3. 进行了大量构建学校与社区教育共同体的尝试，但没有形成真正现代意义上的实践层面的共同体

在这一时期，打破了前一阶段学校单向服务于社区的状况，学校与社区在教育上开始了较为广泛的合作，双方在合作中共同参与，紧密联系。表现为各级学校都积极参与了社区业余教育的活动，成了当地扫盲教育的主阵地，同时，社区也开始主动与学校建立实践联系。可以说，在这一时期，学校与社区的联系前所未有地紧密起来，开始成为一个实践的整体，在实践层面的校社教育共同体方面迈出了重要的一步，校社双方的教育资源得到整合，取得了不少成效。但这种实践层面的校社共同体还不是真正现代意义上的，表现为学校与社区之间的团结，还只是政策指令下的机械团结，而不是出自校社双方内部需要的有机团结。

（三）改革开放以来：学校与社区教育共同体的真正起步

改革开放后，特别是在建设终身教育体系和学习型社会的背景下，我国学校与社区开始真正走上现代教育共同体的道路，但其间还存在一些问题。

1. 学校与社区双方开始形成精神层面的共同体，但还未完全确立

在终身教育和终身学习浪潮的推动下，人们开始意识到，要实现建设学习化社会的共同目标，学校与社区必须形成教育共同体，这一点在1993年以后体现得特别明显，突出表现为在1993年全国社区教育研讨会上，由厉以贤教授提出，并最终得以确立的学校与社区双向互动，社会教育化、教育社会化的新观念。还有人提出了学校与社区要结为"生命共同体"的观点。① 在实践中，学校逐渐认识到其提高教育质量离不开社区的支持，社区也强烈感受到社区教育的发展需要学校为其提供更多的教育资源，这样，社区与学校在认识到各自所有的优势和缺陷后，有了融为一体、取长补短的需求，这是二者开始形成精神层面共同体的表现。也正因如此，才有越来越多的学校与社区开展合作。不过，这种合作意识还不清晰，在很

---

① 田静：《从隔离走向融合：学校与社区的关系与变革探析》，《继续教育研究》2010年第3期。

多学校和社区没有完全确立起来，表现为学校的中心意识仍然根深蒂固，把社区当成学校教育的补充，教育行政部门和学校对社区教育认识模糊，缺乏大教育观念，[①]　大多数教师对学校与社区合作目的认识不够明确，社区居民的认识则较为混乱，大部分教师和管理者对于学校和社区在合作中的角色定位不清。[②]　社区也对学校较为疏离，与学校各行其是，还没有把对方当成彼此依赖、共荣共生的伙伴。总之，学校与社区的互动仍然是行政力量安排的内容多，学校与社区居民缺乏真正的沟通和对彼此需求的理解。[③]　校社合作意识的不清晰，当然就影响到学校与社区精神层面共同体的形成。而且即使有了需要与对方合作的意识，也更多的是出于功利，还未达到具有共同的归属感的精神共同体的境界，造成了学校与社区互动形式化、表层化、非制度化和功利化。正如一位中学校长所讲的那样，一些学校对与社区的互动并无实质的认识与热情。[④]

2. 学校与社区正在形成真正的制度共同体，但制度化程度还不够

从外部制度看，国家不但颁布了学校服务于社区与社区服务于学校的相关政策，而且明确规定了学校与社区之间要相互合作及一体化，意味着有关的外部制度正在走向完善。从内部制度看，各大、中、小学都把学生参加社会实践活动列入了教育管理计划之中，一些学校与社区之间出于自身的需要建立了制度化联系，表现为签订合作协议、建立联盟协作关系、实现学习资源共享、共同育人等。不少地方出台了关于校社合作的相关文件，建立了相应的工作制度。以家委会与学校的沟通为例，据笔者对成都市的调查，各级家委会都制定了相应的制度和章程。如据笔者调查，成都市金花镇马家河小学制定了《家委会章程》《家委会工作制度》《新市民培训方案》《家长进出学校管理制度》等；成都市西北中学制定了《家长委员会工作制度》《家委会考核细则》《家长联系制度》《家委会经费保障

---

① 何铁彪：《关于呼和浩特市社区教育与中小学教育协调发展的思考》，硕士学位论文，内蒙古师范大学，2004，第9页。

② 孙璐：《学校与社区合作伙伴关系的建构研究》，硕士学位论文，福建师范大学，2011，第25页。

③ 邓璐：《区域性学校与社区合作问题研究——以上海市浦东新区为例》，硕士学位论文，华东师范大学，2007，第60页。

④ 陈红梅：《教育共同体视域下学校与社区互动的研究——基于现代学校制度建设的思考》，华中科技大学出版社，2015，第8、10页。

制度》等各种工作制度，并把家委会的工作纳入学校德育工作目标责任进行考核。这些变化在校社教育制度层面共同体的构建中都是前所未有的，说明当前我国学校与社区开始真正形成制度层面的教育共同体。但在这一过程中，校社合作制度化的程度还很不够。首先，我国在校社合作的法律法规及政策保障上还存在严重的欠缺，特别是缺乏具有强制力和可操作性的法律法规与政策。政府只是从宏观上提倡学校与社区的合作，难以真正落实。其次，大多数学校还没有建立起与社区互动的相应机构和管理制度，[①] 社区也是这样。

3. 学校与社区开始形成现代意义上的在实践层面上的教育共同体，但合作还不够深入

20 世纪 90 年代中期后，我国学校与社区有了越来越多的合作，学校与社区在实践层面上的教育共同体开始形成。这时的校社共同体在实践层面上的形成不只是要执行上级的有关政策，更主要是真正出于教育内部及社区发展的需要，学校与社区之间的联系前所未有的紧密，而且学校与社区都作为平等的主体参与，相互合作、取长补短，以现代科学技术为结合点，实现了校社双方联动，促进了学校与社区自身的改革和发展，符合我国教育与生产劳动及社会实践相结合的教育方针。因此，我们完全可以说，改革开放后，我国学校与社区开始形成现代意义上的在实践层面上的教育共同体，但在这一过程中仍然存在较多问题。首先，大多数地方的学校和社区都没有把对方的发展纳入自己的发展规划，把加强学校与社区的联系作为考评学校与社区工作一个方面的地方还是少数。其次，大多数学校与社区没有建立共同发展的联盟或相应的管理机构或体制。这就使校社联动无计划性，只进行一些时断时续的合作，突出表现为了完成某一任务而开展合作，任务完成后合作就结束。

综上，20 世纪以来，我国学校与社区从分离走向沟通合作到初步形成教育共同体：从学校与社区两个在精神上毫不相干的组织开始走向具有共同目标的精神共同体；政策与法规从单一规定学校教育服务于社区走向规定校社在教育上的双向合作与一体化发展，校社合作从外部指令性制度走

---

① 陈红梅、田媛陈：《影响学校与社区互动的因素分析——基于湖北省武汉市的调查》，《中国教育学刊》2012 年第 7 期。

向内在自生制度；在实践层面，从学校教育单向服务社区走向校社联动。但在校社共同体的构建中不论是在精神层面，还是在制度层面、实践层面，都还存在不少问题，因此，我们必须对构建学校与社区教育共同体进行进一步的思考。

四　我国学校与社区教育共同体的构建前瞻

总体而言，我国校社共同体构建的机制是：学校与社区在一体化的理念下，明确共同的目标，然后在国家相关政策法规的指导下，制定双方都应遵守的制度和规定，最后在共同目标的指引下，在制度的规范保障下，双方互动合作，促进学校与社区教育共同发展。这一共同体构建的模式是多种多样的，如刘淑兰提出了社区主导、学校主导、学校与社区共建三种学校与社区互动的模式。[①] 但不论采用哪种模式，要构建和完善学校与社区教育共同体，都应从精神、制度及实践三个层面去进行。

（一）从精神层面构建学校与社区教育共同体

随着后工业时代的到来，人们开始重新重视滕尼斯共同体理论中的精神共同体的观点，并从滕尼斯提出的基于地域和血缘而形成的精神共同体走向了基于共同价值和共同目标而形成的精神共同体。总之，人们越来越把关注的目光投向共同体的精神层面，正如鲍曼多次赞美现代共同体带给人精神上的温暖舒适及相互依靠，虽然其构建的共同体理论有较为浓厚的理想主义色彩，但也体现了现代人在心灵上的追求。学校与社区教育共同体的构建，首先就要从精神层面去进行，即要有共同体意识、共同的价值取向及向善的目标。

首先，要唤起学校与社区的共同体意识。学校与社区要充分认识到彼此是相互依赖、共生共荣的。其一，要确立超越原有学校或社区身份的集体认同。霍布斯（T. Hobbes）把内化划分为三个等级，认为只有在第三等级中，行为体才会把自我作为他者的一部分，把他者的利益定义为自我利益的一部分。[②] 学校与社区都要超越局限于学校或社区的身份，而认同自

---

① 刘淑兰：《学校与社区的互动》，四川教育出版社，2003，第82~89页。

② 〔美〕亚历山大·温特：《国际政治的社会理论》，秦亚青译，上海人民出版社，2014，第267页。

己是校社共同体中一员这一新身份，即要认识到学校与社区本身就是一体的，学校必定存在于一个具体的社区中，学校的一切，包括所有的教师和学生都必定深深地嵌入社区之中，正如联合国教科文组织所讲到的那样，"学校首先应被看作是一个社会机构"，[①] 而且是一个存在于社区中的社会机构，社区的一切都影响着学校的发展。与此同时，还要认识到学校能通过传播知识、培养人才，推动社区的发展。因此，学校与社区必须成为一个教育共同体。其二，要认识到只有学校与社区形成教育共同体，才能整合教育资源，实现共同发展。我国当前的学校与社区发展都在不同程度上面临教育资源缺乏或不足的问题。构建学校与社区教育共同体，能集聚和整合更多的教育资源，改变学校及社区发展中教育资源不足的现状。

其次，确立学校与社区的共同价值导向。教育主体之间的教育价值冲突是诸多教育问题产生的两个主要原因之一，因此，建立在公共利益基础上的教育价值共识是解决教育问题的思想基础。[②] 共同体是公共价值与个体价值得以实现的必要前提，且公共价值相较于个体价值具有本源上的优先性。[③] 这种公共价值正是建立在公共利益基础上的价值共识。当然，我们所要构建的学校与社区教育共同体，不是滕尼斯所说的那种原始的同质化共同体，也不是涂尔干所讲的那种机械化实体，而是一种异质化共同体，这种共同体不否认共同体中每个成员所秉持的价值取向，但又有着共同的价值导向，是要以整个社会的公共利益为基础，但又兼顾校社双方的利益，这种公共的价值导向即要以全体社会成员为本。学校不管怎么发展，其根本的价值取向都要以学生为本，而社区的一切建设，其根本价值取向同样是要以社区居民为本，二者具有以人为本的共同价值导向。但当前学校和社区之间在价值取向上还存在隔阂，即学校只以自己的学生为本，社区则只以学校教育之外的居民为本，还没有确立"以全体社会成员为本"的价值取向。因此，学校与社区要破除思想上的障碍，把学生和居民都纳入全体社会成员的范畴中，增强对以全体社会成员为本这一共同价

①　联合国教科文组织编《教育——财富蕴藏其中》，联合国教科文组织总部中文科译，教育科学出版社，1996，第 200 页。

②　马和民、周益斌：《走向对话与支持的教育共同体》，《南京社会科学》2010 年第 3 期。

③　任少波、范宁宇：《道德教育共同体：学校道德教育的公共性建构》，《教育研究》2021 年第 5 期。

值取向的认同。

最后，要有共同的向善的目标。目标是行动的动力和方向，学校与社区虽然各有不同的奋斗目标，但促进社区成员的全面发展，建设服务终身学习的教育体系应是校社的共同目标。"共同体意味着某些'善'，反映了人们关于某些规范维度的理解，寄托着他们关于美好生活的一种设想。"①这也是古典政治共同体的最初含义。教育共同体区别于其他共同体之处在于其不只是满足双方利益的共同体，还更是一个道德共同体，是要促进和引导社区和社会中的每一个人去追求善及完善自身，这是由教育的本质所决定的。因此，促进社区内每一个人的全面发展，以及建设人人、时时、处处可学的终身学习和教育体系，是马克思主义全面发展理论及教育民主理念在中国的现实体现，这种有利于所有人及整个社会发展的目标显然是善的，应成为校社共同体追求的目标。

（二）从制度层面构建学校与社区教育共同体

制度是指"要求大家共同遵守的办事规程或行动准则"，②用于规范和约束人们的行为。在传统的人情社会中，人们主要靠道德去约束双方，而进入现代契约社会后，则主要靠制度去约束。按照鲍曼的说法，在现代社会，"惟一可以想象出来的秩序，是用理性权力设计出来并通过日常的监视和管理来加以维系的秩序"。③鲍曼所说的秩序，本质上就是制度的核心体现，而制度总是以规则、准则等表现出来。哈耶克把人类的行为分成两种来进行规范：一是凭借指示和指令的外部权威来建立秩序，即人造秩序；二是间接地以自发自愿的方式进行，各种主体都服从共同承认的制度，即自生自发秩序。④制度不管是外部的还是自生的，都在维持现代社会秩序中不可或缺。如前所述，在学校与社区制度层面的教育共同体的构建中，国家的相关法律、政策等是构建校社共同体的外部制度（即哈耶克所说的规范人类行为的第一种情况），学校与社区之间自发制定的各种规则是构建校社共同体的内在自生制度（即哈耶克所说的规范人类行为的第

---

① 李义天主编《共同体与政治团结》，社会科学文献出版社，2011，第13页。
② 辞海编辑委员会编纂《辞海》，上海辞书出版社，2010，第2454页。
③ 〔英〕齐格蒙特·鲍曼：《共同体：在一个不确定的世界中寻找安全》，欧阳景根译，江苏人民出版社，2003，第44页。
④ 江必新、王红霞：《国家治理现代化与制度构建》，中国法制出版社，2016，第47页。

二种情况），二者缺一不可。据此，我们应着力做好以下两方面工作。

首先，要完善有关校社共同体的政策与法规。其中，法律制度是最具正规性和权威性的制度，在校社共同体制度层面的构建中有着最为核心的地位。世界不少国家和地区都非常重视有关校社合作的法律制度的建立。如美国在《不让一个孩子掉队》的文件中，规定了公立学校有对社区提供服务的义务，在《高等教育再授权法案》《国家和社区服务法案》《全国与社区服务法案》等法案中，都把大学与社区的合作作为考核大学的一个重要方面；日本在《社会教育法》中，规定了社会教育与学校教育的关系，在《终身学习振兴法》中，强调了学校与社教机构之间要资源共享；中国台湾在《教育改革总咨议报告书》中要求学校更多地参与社区教育。[①]我国应加强校社合作的法制化建设，要在相关的政策和法律法规中明确学校与社区的教育共同体关系以及双方应有的权利、义务等内容，把构建校社共同体上升到法律的层面，为构建校社共同体提供外部的制度保障。

其次，建立和完善学校与社区间进行合作的制度规范。校社双方在合作中必须建立一定的制度，规定双方的权利、义务与必须遵守的行为规范，从而更好地调整校社之间的利益关系，减少不必要的矛盾。如果说国家层面的政策与法规为校社共同体的形成提供了一个大的环境，从外部去强制学校与社区共同遵守这些规定的话，那么学校与社区共同制定与遵守相关的合作制度，则完全是出于学校与社区共同的需要，是内在的更具生命力的制度，使学校与社区的合作交流能有计划地、系统地、规范地进行。

好的制度具有合理、有效、廉价、开放等方面的特点，[②]按照这一标准，校社共同体中的制度应以有利于实现学校及社区的互利互惠为出发点，能够有效地解决校社合作中存在的种种问题，以最少的投入使双方获得最大的效益，让广大的学校师生及社区居民参与制度的确立。其中需要特别注意的是制度的有效性问题，我国在相关的一些政策和法规中也规定了学校与社区的教育合作问题，但效果不尽如人意，学校与社区的隔阂仍然较为严重，其中一个重要的原因在于这些政策和法规的规定不具体，对

①　王政彦：《终生学习社区合作网络的发展》，五南图书出版公司，2002，第77页。

②　江必新、王红霞：《国家治理现代化与制度构建》，中国法制出版社，2016，第51~58页。

于学校与社区教育合作的必要性、怎样合作等问题缺少明确具体的规定，导致可操作性不够强。这些问题是我们以后应特别注意避免的。

（三）从实践层面构建学校与社区教育共同体

莱夫等认为，"一个实践共同体包括了一系列个体共享的、相互明确的实践和信念以及对长时间追求共同利益的理解"。① 学校与社区教育共同体在实践层面是指为了学校与社区共同关心的教育利益和信念而紧密合作，实现教育资源与利益共享的实践群体。如前所述，不能把从实践层面去构建学校与社区教育共同体简单等同于校社合作，而是意味着学校与社区走向了一体，双方基于公共利益，有着共同的立场。但学校与社区教育共同体在实践层面又不是一个空洞的词语，其构建必须通过学校与社区密切的交流与合作去实现，也可以说，校社合作是从实践层面构建校社共同体的先决条件。因此，我们应从以下两个层次去构建校社共同体。首先，加强学校与社区的交流与合作，资源共享，这是从实践层面去构建学校与社区教育共同体的初级阶段。这个问题前面已有较多的相关阐述，此处不再赘述。其次，学校与社区在最大程度上消除彼此之间的隔阂，建立实践共同体关系，实现一体化发展，这是校社合作的高级阶段。为此，要做好以下几点。

第一，校社双方都要把对方的发展纳入自己的工作范围。世界发达国家的各级学校几乎都把服务社区教育当成了学校工作的一个组成部分，开展多样的社区教育服务，成为考核学校的一个重要标准。同时，社区也同样把参与和促进学校工作纳入社区规划。也就是说，校社共同体的最高境界是学校与社区在发展中都把对方的发展当成自己发展的一部分，在学校和社区的发展计划中，都把对方作为一个重要的组成部分列入。如学校把社区列为德育、社会实践教育等的重要基地，把社区内企业列为实践实训基地，社区把学校作为企业职工和党政干部等的人才培养基地等都是校社共同体的具体体现。评价一个地区的教育水平，我们通常只评价该地区学校的教育水平，事实上，"教育必须被放在学校—社区的大环境中来评价，

---

① 〔美〕J. 莱夫等：《情境学习：合法的边缘性参与》，王文静译，华东师范大学出版社，2004，译者序第 4 页。

必须把教师、学生、管理者、辅助人员、家长及其他居民联系在一起看待"。① 也即是说，应该站在校社一体化立场去制定考评的标准和机制。在美国，发展学校与社区之间的关系以及制定具体的目标与开展活动已成了所有管理人员的责任，并且在考评时有详细的考核指标体系。② 我们必须树立大教育观，学校与社区共同制定校社共同体建设的详细考核标准，建立健全校社共同体建设的考评机制。

第二，建立校社联盟的管理体制。学校与社区之间并不存在隶属关系，要使二者成为共建、共享、共生的教育共同体，并保持这一共同体的良好运转，就必须改变目前在大多数地方仍严重存在的多头管理，实际上却没有主管机构和部门，导致校社合作工作一盘散沙的现状，因此，在学校与社区之间建立学区教育管理委员会、社区教育委员会一类的管理机构是至关重要的。如日本在每一社区有市政府层次的特别委员会负责整个活动的规划，在每个学校则组成"社区学校委员会"。③ 美国各高校大多设有主管这方面事务的专门机构，如哥伦比亚大学有政府与社区事务办公室，哈佛大学有联邦关系办公室，耶鲁大学有公共事务办公室，波士顿大学和芝加哥大学都设有社区服务中心，加州大学伯克利分校设有社区关系办公室，麻省理工学院设有政府与社区关系办公室。全美已有 500 多所大学校长签署了《高等教育的社会责任校长宣言》，承诺将履行高等教育服务社会的义务。④ 上海的真如中学于 1986 年成立了我国第一个社会教育委员会后，各地建立了一些类似的机构组织，在这种管理机构中，既有社区教育力量，又有学校教育力量，还有教育行政部门及家庭教育力量，这一管理机构主要负责校社合作的目标导向、制定策略、组织实施、课程开发、综合调节、评估激励等工作。随着信息化时代的到来，校社双方更需要有这样的管理体制去统一规划，统筹整合学校与社区的教育资源，共同开发学习资源，建立校社共享的教育资源服务中心，共享课程、教学、师资等网

① 〔美〕唐·倍根、唐纳德·R. 格莱叶：《学校与社区关系》，周海涛主译，重庆大学出版社，2003，第 10 页。
② 〔美〕唐·倍根、唐纳德·R. 格莱叶：《学校与社区关系》，周海涛主译，重庆大学出版社，2003，第 52 页。
③ 王政彦：《终生学习社区合作网络的发展》，五南图书出版公司，2002，第 119 页。
④ 段继业：《大学与社区》，《南京晓庄学院学报》2014 年第 3 期。

络学习资源，并通过学习群等信息交流平台，为学生及居民提供学习支持服务。学校与社区还可结成一些联盟及共同举办一些实体，对这些联盟和实体进行共同管理。以大学与社区的合作为例，我国当代一些大学，特别是一些大学的继续教育机构与社区的合作取得了突出的成绩，如常州市成立了社区教育高校（高职校）联盟，上海市杨浦区内的14所高校和多所科研院所、科技园区实行了"三区融合、联动发展"策略，大连市沙河口区与大连理工大学等大学合作开展社区教育，浙江大学成人教育学院与有关县市联合创办"浙江大学莫干山学院"与"浙江大学东方学院"等社区教育机构，湖北大学继续教育学院与武汉市街道办事处联合创办湖北大学社区教育学院，南京晓庄学院与南京市建邺区联合举办"建邺社区发展学院"，等等。

第三，以合作的项目为抓手，在完成项目任务的驱动下，明确各自的责任和利益，通过对项目的规划和推进，推进学校与社区教育共同体的构建。但这种方式存在校社双方的联结不充分、合作不完全、合作的可持续性不强等问题，因此，学校与社区还要努力使双方的合作走向全面与深入，从点的结合走向面的融合，从短期的合作走向一体化发展。

综上所述，我国学校与社区教育共同体的构建走过了曲折的历程，到今天构建学校与社区教育共同体更是大势所趋。但学校与社区教育共同体的构建，不是要抹杀学校与社区的差异，而是必须承认并尊重共同体中学校与社区各自独特的存在价值，取长补短，融合共生，最终使学校与社区的教育都能在更高的水平上实现各自有特色的发展。事实上，现代共同体是人们在追求自由与归属二者的张力中发展出来的，"反映了人类对无法两全的自由与确定性的价值追求"。① 具体到学校与社区教育共同体上，一方面，学校与社区要实现一体化发展；另一方面，学校与社区在这一过程中要保持和更好地发展自己的特色。

---

① 胡寅寅：《现代性语境下的共同体悖论——鲍曼共同体理论研究》，《学理论》2014年第7期。

第八章

百年中国社区教育理论研究历程
及方向前瞻与范式转换

百年来，我国社区教育研究取得了辉煌的成绩，对于推动社区教育的发展起到了巨大的作用，但同时，研究中还存在不少的问题。本章对百年来中国社区教育理论研究历程进行较为全面的回顾，梳理其中具有代表性的思想观点，对研究中取得的成绩与存在的问题进行总结、反思与评价，并对社区教育的研究方向、研究范式等进行深入的思考，以期能对于更好地指导社区教育实践，把我国社区教育理论研究推向更高层次有所裨益。

第一节　百年中国社区教育理论研究历程

一　研究概况

民国初年，我国开始了对有关社区教育的研究，取得了较为丰富的研究成果。新中国成立后，尽管社区教育活动在实践中不断开展，但由于社会教育管理机构在 1951 年被撤销，社会教育失去了独立的地位，于是一直到 20 世纪 80 年代初，都极少有关于社区教育方面的理论研究，只有一些散见于报刊的关于社区教育实践活动的报道。因此，百年来有关我国社区教育的理论研究，实际上主要集中在民国时期和 20 世纪 80 年代以后。

（一）民国时期的主要成果

1913 年商务印书馆等出版了谢荫昌所著的《社会教育》，此书可视为我国最早的社会教育专著。据笔者的不完全统计，1912~1949 年，以社会教育、通俗教育、平民教育、民众教育、民众教育馆、夜校、通俗讲演所为题名的专著有近千本，其中，有关社会教育和民众教育方面的专著最多。

以通俗教育为题名的专著主要有通俗教育研究会于 1916~1919 年出版的《通俗教育研究会第一次报告书》《通俗教育研究会第二次报告书》

《通俗教育研究会第三次报告书》《通俗教育研究会第四次报告书》等。

以平民教育、平民学校为题名的专著主要有：《北京平民教育之现状》（邝震鸣，1923），《平民学校教师指南》（侯曜，1923），《平民教育实施法》（顾旭候等，1925），《平民学校管理法》（殷祖赫，1927），《平民学校教学法》（赖成镶，1927），《城市平民学校视导法》（张哲农，1928），汤茂如1928年出版的《城市平民教育大纲》《平民教育运动史略》《平民教育运动术》，《平民教育概论》（晏阳初，1928），《定县牛村的平民教育》（吴雨农，1929），《平民教育宗旨目的和最后的使命》（中华平民教育促进会，1930），《乡村平民教育的理论与实际》（傅葆琛，1931），《定县平民教育视察记》（姜书阁，1932），《定县平民教育测验统计报告》（中华平民教育促进会教育心理研究委员会，1935），等等。

以民众教育、民众学校、民众教育馆为题名的专著主要有：1929年的《民众教育论文集》（中央大学区立民众教育院第一届同学会）、《民众教育概论纲目》（汤茂如）、《民众教育概要》（殷芷沅）、《民众教育ABC》（范望湖）；1930年的《民众教育新论》（江苏省立教育学院研究实验部）、《乡村民众教育问题的研究》（江苏省立教育学院研究实验部）、《民众教育名著提要》（江苏省立民众教育院等）；1931年的《民众教育讲演辑要》（李燕）、《新中华民众教育》（甘豫源）、《民众学校设施法》（朱智贤）；1932年的《民众教育概论》（尹全智）、《民众教育研究与评论》（傅葆琛）、《民众学校课程研究》（蒋希益）；1933年的《乡村民众教育之实施》（甘豫源）、《民众教育》（孟宪承）、《民众教育》（秦柳方等）、《民众教育》（商致中）、《民众教育概论》（朱秉国）；1934年的《民众教育实施法》（许公鉴）、《民众教育行政》（童暄樵）、《民众教育》（高践四）、《民众教育通论》（庄泽宣、徐锡龄）、《民众学校招生法》（杨一勋）；1935年的《民众教育纲要》（赵步霞）、《民众教育》（俞庆棠）、《师范学校民众教育》（俞庆棠）、《民众教育》（陈礼江）、《民众学校训育实施法》（邱冶新）、《识字运动民众学校经营的理论与实际》（马宗荣）；1936年的《民众教育的理论基础》（王衍孔）、《民众教育研究》（朱佐廷）、《民众学校实施法》（苑国贤）；1937年的《民众教育之理论与实际》（邰爽秋等）、《欧洲民众教育概观》（董渭川）、《抗战时期的民众教育》（段辅尧）、《民众教育实施法》（杨佩文）、《民众学校经营论》（周莹）；1938年的《战时民众教育实施法》（应占先）、《民众学校教学法纲要》（王景琛）、《民众学校教材及教学法》（邱冶新）；1939 年的《识字运动民众学校经营的理论与实际》（马宗荣）；1940 年的《民众教育实施法》（陈绍林）；1941 年的《民众学校教学法》（邱冶新）；1943 年的《民众教育》（陈礼江）；1944 年的《民众教育之理论与实施》（严寅）；1946 年的《民众教育新动向》（古楳）；1947 年的《民众教育馆》（彭大铨）；1948 年的《民众教育》（赵冕）、《民众学校》（翁同轼）、《民众教育馆》（沈吕默）；等等。

以社会教育为题名的专著主要有：1913 年的《社会教育》（谢荫昌）；1916 年的《调查日本社会教育纪要》（唐碧）；1917 年的《社会教育》（余寄）；1922 年的《社会与教育》（陶孟和）；1925 年的《社会教育与个性教育》（常道直等）、《社会教育概说》（马宗荣）；1926 年的《社会教育设施法》（孙逸园）；1929 年的《社会教育通论》（张志澄）；1933 年的《比较社会教育》（马宗荣）；1934 年的《现代社会教育泛论》（马宗荣）；1936 年的《社会教育事业十讲》（马宗荣）；1937 年的《社会教育的意义及其事业》（陈礼江）、《各国社会教育事业》（陈友松）、《非常时期之社会教育》（杜元载）、《社会教育纲要》（马宗荣）、《中国社会教育行政》（蒋建白等）；1938 年的《社会教育论丛》（吴学信）、《中国社会教育行政》（赵冕）；1939 年的《社会教育史》（吴学信）；1940 年的《小学怎样兼办社会教育》（吴鼎）、《社会教育之改进》（陈礼江）、《社会教育纲要》（郁祖庆）；1941 年的《大时代社会教育新论》（马宗荣）、《社会教育大纲》（钟灵秀）、《学校兼办社会教育》（彭大铨等）；1942 年的《社会教育原理与社会教育事业》（马宗荣等）、《社会教育入门》（马宗荣等）、《中国社会教育概述》（吴学信）；1947 年的《社会教育行政》（钟灵秀）、《比较社会教育》（吴学信）；1948 年的《中国社会教育新论》（许公鉴）、《国民学校办理社会教育概论》（刘百川）；1949 年的《社会教育的组织领导和方法》（项柏仁等）；等等。

除了专著外，还有一些社会教育方面的期刊，刊登了大量关于社区教育的论文，最早以"社会教育"为题名发表的文章是《教育》杂志 1906 年第 2 期中蓝公武的《社会教育论》。社会教育方面的期刊主要有：《社会教育年刊》《社会教育季刊》《国立社会教育学院院刊》《社会教育辅导》《社会教育月刊》《华北社会教育协进会会刊》《通俗教育馆季刊》以及包括几十种各省、市的民众教育馆编辑的相关刊物。这些期刊既有关于当时各地推行社区教育实际情况的报道，也有理论性的文章。1912~1949 年，在晚清及民国期刊全文数据库中，以社会教育、通俗教育、平民教育、民众教育、民众教育馆、夜校、通俗讲演所等为题名的文章有 3 万多篇，剔除其中的报道、法令、通讯等，也应有近万篇。

民国时期的有关研究，主要集中在社会教育、通俗教育、平民教育、民众教育等概念的内涵，不仅涉及社会教育的功能、课程与教学、学校与社会等方面，还涉及社会教育的师资、管理、视导、招生、研究等方面。

（二）改革开放后的主要成果

20 世纪 80 年代，国内学术界一些人对国外，主要是美国和加拿大的社区教育，特别是社区学院进行了介绍。1986 年中国当代社区教育产生以来，国内学术界不仅继续研究国外的社区教育，还对中国的社区教育进行了大量的研究，近年来有关社区教育的研究成果数量更是呈现迅猛增长的势头。20 世纪 80 年代以来，在中国期刊全文数据库中，以社区教育、社区学院、社区学校、社区大学为题目的报刊论文共计万余篇，其中博士学位论文 20 余篇，硕士学位论文千余篇。以社区教育为题名的著作有数百部，主要有：《美国社区学院》（毛澹然，1989），《上海社区教育的实践和认识》（袁采，1989），《社区教育新探》（叶立安，1991），《社区教育概论》（黄利群，1992），《社区教育基础》（黄云龙，1994），《社区教育探索》（郭天成、周金彩，1994），《加拿大社区学院》（曾子达，1994），《社区教育简明教程》（叶立安，1998），《社区教育管理与评价》（黄云龙等，2000），《社区教育学基础》（叶忠海，2000），《社区教育的理论与实验》（厉以贤，2000），《社区教育概论》（桑宁霞，2002），《当代社区教育新视野——社区教育理论与实践的国际比较》，（吴遵民等，2003），《社区教育原理》（厉以贤，2003），《学校与社区的互动》（刘淑兰，2003），《农村社区教育概论》（景民，2005），《社区教育概论》（黄焕山等，2005），《21 世纪初中国社区教育发展研究》（叶忠海，2006），《现代社区教育理论与实验研究》（陈乃林，2006），《社区教育新视野》（邵宏，2006），《终身教育体系中社区学校实体化建设的研究》（金德琅，2007），《社区教育管理的理论与实务》（陈乃林等，2009），《城市社区教育资源开发与整合》（方轮等，2009），《社区教育概论》（魏晨明，2009），《学习型社会建设中的社区教育发展研究》（陈乃林等，2010），《社区教育机构标准化建设研究》（李学红，2010），《社区德育论》（刘平秀，2011），《社区教育概论》（顾侠强，2011）《全民教育理念下的农村社区学习中心》（杜越等，2011），《数字化学习社区：信息时代社区教育发展的方向》（张琪等，2013），《社区数字化学习支持服务体系研究》（宋亦芳，2016），《社区教育内涵发展论》（张永，2018），《中国社区教育发展报告2015—2017》（教育部社区教育研究培训中心，2019），《新时代社区教育若干问题研究》（周延军，2020），等等。中央广播电视大学出版社于2012年、2013年、2015年出版了由杨志坚主编的《中国社区教育发展报告（1985—2011年）》《中国社区教育发展报告（2012年）》《中国社区教育发展报告（2013—2014年）》三部著作。此外，还有一些不以社区教育为题名，如关于乡镇成人学校、社会教育等方面的著作，具体数量难以统计。

2000年以来，我国研究社区教育的主要博士学位论文有：《中国农村社区教育研究》（刘洋，2003），《中日都市社区教育比较研究——以上海和大阪为例》（秦钠，2006），《美国大学与社区合作伙伴关系研究及启示——杨浦"三区联动"发展战略的思考》（官远发，2007），《中国社区老年教育研究》（王英，2009），《美国社区学院课程变革与发展研究》（周志群，2010），《终身学习视角下的我国社区学院发展研究》（刘春朝，2013），《社区教育政策与公民学习权保障的研究》（朱鸿章，2012），《我国社区教育管理的问题与对策研究》（李佳萍，2014），《我国城市社区教育协同治理研究》（刘宗锦，2017），等等。

改革开放以来，我国对社区教育的研究主要集中在以下几大方面：社区教育本质内涵、功能、产生等基本问题；社区教育体制；社区学院；社区教育课程、教学、师资与信息化；开发社区教育资源，建设学习化社区；农村社区教育；改革发展中国社区教育；等等。1986年，我国当代社区教育产生，此后，我国开始在研究中使用"社区教育"的概念，社区教育在我国正式成为一个研究领域，研究的指导思想越来越凸显了以人为本和终身教育的理念，研究的范围随着时代的发展而扩大。

百年来，我国社区教育的研究取得了不小的进步。民国时期有关社区教育的成果非常丰富，为我国教育研究开拓了一个新的领域，构建了我国社区教育研究的基本框架，涌现了一批专门的研究人员，但在理论上还较为粗糙，在内容上还较为简单和不完备。20 世纪 80 年代以来，我国有关社区教育的研究总体上是沿着民国时期奠定的基本框架进行的，但又拓展和深入了研究的内容，研究人员队伍不断壮大，而且多项社区教育课题成为国家级及省级课题，进行了有组织的团队研究。

二 1912～1949 年社区教育研究概述

这一时期，除研究社会教育贯穿始终外，1912～1918 年，人们主要研究通俗教育问题，1919～1927 年，人们主要研究平民教育问题，1928 年后，人们主要研究民众教育问题。当然，这里面会有交叉，比如 1928 年后，仍然有人研究平民教育问题。相对而言，对通俗教育的研究少一些。当时一大批教育家和学者不但身体力行地进行有关社区教育的实践工作，而且进行了大量的理论研究，开创了我国一个新的学术研究领域，其研究内容主要包括社区教育内涵、目的与功能、实施途径与形式、课程、教学、师资等方面。

（一）有关社区教育的几个主要概念的研究

1. 对社会教育概念的研究

人们对于社会教育的概念有多种理解，马宗荣在 1925 年指出："甚么叫做社会教育呢？今日尚未能下一确定的定义。"[①] 十年后他又讲："社会教育的界说如何，学者间尚未有一致的结论。"[②] 对于社会教育的概念，人们主要提出了三类观点，即把所有的教育纳入了社会教育的范畴、认为社会教育是指在学校教育和家庭教育之外的由社会教育机构实施的教育、认为社会教育的内涵有广义和狭义之分（见本书绪论部分）。此外，还有一些人从不同的角度阐述了自己的看法：认为社会教育的要义在于沟通社会与教育的关系、冀求"教育社会化"与"社会教育化"的实现、使教育成为社会自有的设施、促成社会本位教育的实现、用教育的力量促进新政治及新经济和新文化的建设；[③] 认为"国家公共团体或私人，为谋全民的知

---

① 马宗荣：《社会教育概说》，中华学艺社，1925，第 1 页。
② 马宗荣：《现代社会教育泛论》，世界书局，1934，第 5 页。
③ 林宗礼：《社会教育的真义：社会教育意义的新诠释》，《社友通讯》1935 年第 5 期。

能与生活向上发展，设有多式多样的机关与设施，供给社会全民，在其实际生活场中，而得自由的广为扩充其文化的享受，使影响及于社会全体的作用，叫做社会教育"。其特点有全民的、毕生学习的、充实人生的、多式多样制的、利用余暇的、改善社会全体的。① 总体来看，大多数人认为，社会教育是家庭教育、学校教育以外一切教育活动的通称，具有对象的全体性和时间的终身性。

2. 对通俗教育概念的研究

马宗荣等认为，"通俗"二字"系以教育程度的浅易而得名，包含有简易、人人都能了解的意思"。通俗教育的目的是"专以不识字，或粗识字的人而给与粗浅的知识及技能为要务"。② 其强调了其受教育对象主要是文化水平较低的下层民众，同时包含教育内容及场所的简易性之意。有人把通俗教育概念拆开进行阐述，"教是教导，育是养育"，"俗是世俗""通是通行"，"通俗教育是要启导国民，改良社会"。③ 其强调了通俗教育的通行易懂性。也有人提出，通俗教育与学校教育相比，不同之处在于无组织性，通俗教育是对社会中多数民众进行的，④ 不但强调了教育对象的广泛性，而且强调了教育不具备严密的组织性的特点。

3. 对平民教育概念的研究

作为平民教育的代表人物，晏阳初认为，平民教育是以所有已过学龄时期而又需要学习者为对象的教育。"平民教育乃全民众之教育"。平民教育不等于欧美的成人补习教育，因为后者是为已受过国家义务教育而未受过较高的专门教育的成人而设；平民教育不能代替义务教育，但能补助义务教育；平民教育不只是千字课；平民教育不等于社会教育，社会教育是平民教育事业的一部分；平民教育不是贫民教育；平民教育不是阶级教育。⑤ 一些人强调了平民教育的平民性，认为平民教育是由少数的贵族，而向多数的平民的教育，是使平民咸受教育洗礼的教育。⑥ 平民教育是

---

① 马宗荣、蓝淑华：《社会教育原理与社会教育事业》，文通书局，1942，第1~2页。
② 马宗荣、黄雪章编著《中国成人教育问题》（上），商务印书馆，1937，第49页。
③ 吉林讲稿：《释通俗教育》，《讲演汇编》1919年第41期。
④ 卢寿籛：《通俗教育论》，《中华教育界》1916年第6期。
⑤ 马秋帆、熊明安编《晏阳初教育论著选》，人民教育出版社，1993，第9页，第20~28页。
⑥ 陈硕安：《再论平民教育》，《通俗旬报》1923年第7期。

"提高平民地位，使他有参与国事的能力的教育；是改变平民的生活状况，使他们在社会上得以各尽所能，各得所值的教育"。① 平民教育"是民众的，普遍的，平等的，自由的"教育，② 帮助一般的平民获得平等的机会和服务，使他具有自由、平等、博爱的精神。③

4. 对民众教育概念的研究

一些人从不同角度笼统地对民众教育下了定义，如认为"民众教育是民众的教育，民众自己办的教育，为民众的最高利益而办的教育。"④ 民众教育具有全民的、终身的、整个人生的特质。⑤ 一些人从广义和狭义两个角度阐述了民众教育的含义。如俞庆棠主要从受教育对象去阐述：狭义的民众教育将受众限定为年长的失学者，广义的民众教育则认为全体社会成员都可成为施教对象。大部分学者倾向于后者，即认为"民众教育是失学的儿童，青年，成人的基础教育，也是已受基础教育的儿童青年成人的继续教育和进修"。⑥ 还有人主要从受教育的阶段和内容去阐述，如李蒸认为，"广义的民众教育，就是教育，就是继续不断的全民教育；狭义的民众教育，就是失学民众所应受的基础教育或称基础补充教育，及全体公民所应受之公民训练"。⑦

由上可见，对于社区教育的有关概念，人们的观点并不统一。学科发展的不成熟固然是一个重要的影响因素，但实际上，即使是在较为成熟的学科中，也大量存在对同一概念有多种界定的现象，而且可能永远无法有一个大家公认的界定。概念的多样，从某种角度上说明了该领域学术研究的繁荣，同时，从不同的角度去解读一些基本概念，有助于我们更全面和深入地理解这些概念。

此外，还有人介绍了日本、德国等一些学者关于社会教育概念的界定，如杜元载介绍了日本松村松盛和宇之介对社会教育概念的界定。⑧ 一

---

① 罗瑶：《平民教育概论》，《晨报副刊》1927 年第 65 期。
② 杨廷铨：《平民教育的发生》，《新教育评论》1927 年第 7 期。
③ 丁一盛：《平民教育与职业教育》，《平民教育》1923 年第 18~19 期。
④ 董宝良主编《陶行知教育论著选》，人民教育出版社，1991，第 542 页。
⑤ 董渭川：《民众教育之意义与范围的讨论：民众教育是什么?》，《教育与民众》1933 年第 1 期。
⑥ 俞庆棠编著《师范学校民众教育》，正中书局，1946，第 3 页。
⑦ 李蒸：《民众教育讲演辑要》，文化学社，1931，第 3 页。
⑧ 杜元载：《非常时期之社会教育》，上海中华书局，1937，第 3 页。

些人对于社会教育与其他相关概念进行了比较。如陈礼江在《社会教育的意义与事业》一书中，对社会教育与通俗教育、补习教育、扩充教育、成人教育、平民教育、民众教育进行了比较，认为社会教育是正式学校系统以外的教育的总称，而其他几个概念只是正式学校系统以外着重某一点的教育的称谓。[①] 杨佩文也在其著作中对民众教育与平民教育、成人教育、社会教育、通俗教育、扩充教育、识字教育、补习教育等概念进行了比较。[②] 这些概念的比较，有助于厘清各个概念之间的关系，更深入和准确地理解各个概念的内涵与外延。

（二）社区教育作用、目标与任务的研究

1. 有关通俗教育作用和目标的研究

不少人高度肯定了通俗教育的作用，认为"凡欲求教育之全般活动者，不可不知通俗教育之利不亚于学校教育""假如想早日完成建设的目的，通俗教育不仅（应）提倡，并且须立刻普遍发展"。[③] 人们大多对通俗教育抱着提高民众的知识水平和基本素质，改造社会的期望。如朱智贤认为通俗讲演活动的目标是增加民众生活常识、激发民众爱国热忱、培植合理的人生观、改变社会陋习、救济失学民众。[④] 俞雍衡将讲演活动的目的概括为"灌输民众以各种人生重要智识"。[⑤] 吴世昌认为，"所谓通俗教育，不仅是指扫除文盲，民众识字运动一类的事……更彻底的是要改造一般民众的思想，情操，生活习惯等等，使他们能够得做现代国民"。通俗教育的最大作用和首要目标在于教化民众已成共识。[⑥]

2. 有关平民教育作用和目标的研究

人们普遍认为，平民教育对于社会和个人都有着重要作用，平民教育的目标是唤起民众，做新人，养成有知识、有生产力、有公共心的整个人，从而促进国家和社会的发展。也就是说，人们在强调平民教育对个人发展的价值的同时，把平民教育的落脚点放到了促进社会和国家发展上。晏阳初对这一问题进行了反复的论述，认为"我们如想挽救全国不安的景

---

① 陈礼江编著《社会教育的意义与事业》，正中书局，1937，第3~10页。
② 杨佩文编著《民众教育实施法》，商务印书馆，1937，第7~13页。
③ 瀛洲：《建设与通俗教育》，《广西青年》1933年第15期。
④ 朱智贤：《通俗讲演设施法》，山东省立民众教育出版部，1932，第11~13页。
⑤ 俞雍衡：《通俗讲演》，浙江省立图书馆，1931，第4~5页。
⑥ 吴世昌：《论通俗教育》，《大众知识（北平）》1937年第10期。

象，除了设法把平民教育推行全国之外，绝无第二个好方法"。"社会上如果一天没有承认平民教育的重要，不把平民教育作为立国的生命，立世的生命，社会就不平一天。"平民教育是要"唤起民众"，养成有知识、有生产力、有公共心的整个人；养成健全的社会分子，发展社会事业；养成建设国家的国民，提升国家的国际地位。① 除晏阳初外，还有不少人对此进行了阐述。也有一些人的观点有所不同，更倾向于以平民为本的理念。如认为"平民教育的目的，是以增进民众的知识能力为本，使人人都成为健全的个人"；② 平民教育是以平民主义的社会为目的，以发展各个人的个性为旨归；③平民教育是使已过学龄的儿童或是年长失学的成人，能够认识他日常生活所必需的字，了解他自己在人类社会的地位，使其获得生存竞争的门径；④ 等等。还有人分别阐述了平民教育的个人价值、家庭价值、社会价值和政治价值。⑤

3. 有关民众教育作用和目标的研究

学术界对于这一问题的研究较多，其主流观点是强调民众教育在促进社会进步和国家建设中的重要作用。如俞庆棠强调了民众教育在改进教育、实行国家经济计划等中的重要作用，提出民众教育的目标和任务是造就健全的公民，认为"欲求学校教育之普及，正首赖乎民众教育之提倡与推行也"。在宣传国家经济计划、促使民众努力从事有效率的劳动、使民众知道自己肩负的使命、改善生产的方法和工具、共同提高政治道德及科学艺术水平等方面，都需要民众教育。"民众教育是训练民众获得生活的常识，造就健全的公民，这是它的唯一的使命"。提出了确定民众教育目标的4条标准，即要注意民众的生计、依据社会的状况、发扬民族的优点、提倡娱乐。总之，民众教育的目的在于"运用民众教育的力量，达到改造社会复兴民族的希望"。⑥ 雷沛鸿指出，"努力谋现代教育的改造，及相助

① 马秋帆、熊明安编《晏阳初教育论著选》，人民教育出版社，1993，第1、253、122页。
② 李敏：《我的平民教育观》，《平民教育》1923年第68～69期。
③ 彭基相：《论平民教育》，《京报副刊》1925年第96期。
④ 纪沧海：《平民运动与救国运动》，《新教育评论》1926年第2期。
⑤ 周德之：《平民教育的客观价值》，《新教育评论》1927年第12期。
⑥ 茅仲英、唐孝纯编《俞庆棠教育论著选》，人民教育出版社，1992，第14、30、39～40、106、224、306页。

建设未来新社会秩序，就是民众教育所负的使命"。① 高阳提出，民众教育使一般成年男女民众都有继续受教育的机会，"因此做人做事都能进步，争权夺利，作奸犯科的事才可以减少，国治与世界大同亦可有希望"。② 孟宪承认为，民众教育的目的在于培养民众的生产与组织的力量，并以这些力量改善自己的生活，使整个民族光大自己的生命。③ 杨佩文指出，民众教育是时代的需要，是基于民族生存、民众政权、民众生活之要求。④ 古楳提出，"民众教育的任务是在改善劳苦民众的生活""期望造成中华民族团结有力的份子，建设自由平等的社会，这是现阶段民众教育应定的目标"。⑤

此外，还有一些人从不同的角度对这一问题进行了探讨。如陈礼江强调"中国目前民众教育的任务，重心在于失学民众的基础教育，并不在于把大学教育大众化"。⑥ 一些人尝试建立民众教育目标体系，如李蒸把民众教育目标分为知识技能、个人身体道德和社会国家三个方面，共包括20项细目。甘豫源则根据人生活动来定目标，把民众教育目标按健康教育、生计教育、家事教育、政治教育、言语文字教育、社会交际教育、休闲教育等分类，共定了57项小目标。⑦

4. 有关社会教育作用、目标和任务的研究

人们对于社会教育的作用、目标等的表述多样，侧重点有所不同，但都肯定和强调了社会教育在普及教育、教化民众、提高民众素质，以及在国家政治、经济和文化建设中的地位和作用，认为社会教育的任务是推进社会及个人的发展，其中，主要强调了社会教育的社会功能。

陈礼江认为，中国社会教育的任务是协助中小学校训练青少年儿童、给予失学成年民众补习国民基础教育、给予已受教育的人们继续教育的

---

① 陈友松主编《雷沛鸿教育论著选》，人民教育出版社，1992，第21页。

② 田晓明主编《高阳教育文选》，苏州大学出版社，2012，第103页。

③ 孟宪承等：《乡村建设具体方案之讨论》，《教育与民众》1934年第1期。

④ 杨佩文编著《民众教育实施法》，商务印书馆，1937，第2~4页。

⑤ 古楳：《民众教育新动向》，中华书局，1946，第10~12页。

⑥ 陈礼江编著《社会教育的意义及其事业》，正中书局，1937，第14页。

⑦ 张蓉：《中国近代民众教育思潮的研究》，博士学位论文，华东师范大学，2001，第53页。

机会。①

杜元载提出，中国社会教育的目标是"训练全国失学民众，以国家观念，民族精神，强健体格，及公民知能而达到国际地位的平等"，并对上述4个方面的知能分别提出了20条、10条、10条、20条具体目标。②

俞庆棠指出，"社会教育既建筑于民众生活之上，就应具推进社会的力量"。③其目的是"以社会全体民众为对象，以谋任何人都有进步的机会"。④

陶行知认为，社会教育是要"开发人矿、开发人之创造力"。"社会大学之道，是要为人民造幸福。一切的学问，都要努力向着人民的幸福瞄准。"⑤

蔡元培认为，社会教育促进教育普及，"必有极广之社会教育，而后无人无时不可以受教育，乃可谓教育普及"。⑥

马宗荣认为，"社会教育的目的，不以直接开发个人为主旨，是在普遍增高一般社会民众的教育程度，使社会进步上，发展上，受良好的影响"。⑦"是以从教化全民使其知能与生活向上入手，而达到改进社会文化为目的的教育。"⑧

钟灵秀认为，社会教育的使命是巩固社会基础、发展社会文化、补助学校教育、充实国家力量、复兴中华民族、改造整个社会。⑨

曹俊凯提出社会教育的"三全"教育思想，即"全民教育""全生教育""全人教育"，⑩这既包含了教育的内容，又包含了教育事业的发展目标。全民教育体现了教育民主的思想，全生教育体现了终身教育的思想，全人教育则体现了全面发展的思想。

还有人认为，社会教育须首先负起建国工作的伟大任务，给予一切人

---

① 陈礼江编著《社会教育的意义及其事业》，正中书局，1937，第15页。

② 杜元载：《非常时期之社会教育》，上海中华书局，1937，第22~27页。

③ 茅仲英、唐孝纯编《俞庆棠教育论著选》，人民教育出版社，1992，第102页。

④ 俞庆棠：《民众社会教育谈》，《民众教育月刊》1931年第3期。

⑤ 董宝良主编《陶行知教育论著选》，人民教育出版社，1991，第604、630页。

⑥ 蔡元培：《蔡子民先生言行录》，山东人民出版社，1998，第11页。

⑦ 马宗荣：《社会教育概说》，商务印书馆，1933，第4页。

⑧ 马宗荣、蓝淑华：《社会教育原理与社会教育事业》，文通书局，1942，第5页。

⑨ 钟灵秀编著《社会教育大纲》，中央训练委员会内政部，1941，第4~7页。

⑩ 曹俊凯：《对于社会教育之我见》，《社会教育辅导》1944年第3期。

民建设国家的知识技能，并分别阐述了社会教育在政治和文化方面应培养的国民素质。①

（三）社区教育实施的研究

1. 主张社区教育的实施要以民众为本位，真正把教育融入社区建设中

人们一致主张，社区教育要以社区及社区居民为本，把社区教育与社区的经济、生活等各个方面的实际结合起来，使社区教育与社区的发展合成一个整体，从而使社区教育促进社区发展。

首先，主张社区教育的实施要以民众为本位。"民众自身感觉的需要，就是民众教育的出发点"，②"以民众为本位的教育，才是真正的民教精神的表现！"③ 晏阳初提出，平民教育的原则包括了全民的、以平民需要为标准的、适合平民生活状况的、根据本国国情和人民心理的等方面。④ 陈鹤琴认为，心理学和社会学是平民教育的根据，据此，平民教育的实施应做到：贫富贵贱之教育机会必须均等、教育机会不宜以男女为分别、教育机会应视智愚而定、照个人的兴趣才能获得均等教育机会、教育机会须视老幼而支配。⑤ 这些原则的核心是平民教育要以居民为本位，从居民的实际情况出发。其次，要把社区教育融入社区建设中。晏阳初提出，"要在农民生活里去探索问题。运用文艺教育、生计教育、卫生教育与公民教育的工作，以完成农民所需要的教育与农村的基本建设"。其介绍定县以村为单位的教育建设事项有改进小学、设传习处、设公民服务训练班、设幼童园、置报时钟，⑥ 这些都体现了把社区教育融入社区建设中的理念。高阳认为，民众教育一是须就民众实地生活需要，二是须就自然形势的区域，三是须由小而大、由下而上。⑦

这种以民众为本位，真正把教育融入社区建设中的思想观点与做法，宋恩荣曾给予高度评价，认为"乡村改造运动中的教育，出发点不是现成

① 陈石珍：《社会教育新铨——为社会教育扩大运动作》，《国民教育辅导月刊（镇江）》1947 年第 11～12 期。

② 孟宪承：《成年生活的需要与教育》，《教育与民众》1929 年第 5 期。

③ 陈礼江编著《民众教育》，商务印书馆，1935，第 415 页。

④ 马秋帆、熊明安编《晏阳初教育论著选》，人民教育出版社，1993，第 39 页。

⑤ 陈鹤琴：《什么叫做平民教育》，《广益杂志》1920 年第 9 期。

⑥ 马秋帆、熊明安编《晏阳初教育论著选》，人民教育出版社，1993，第 44、146～147 页。

⑦ 秦柳方、武葆邨编著《民众教育》，世界书局，1933，第 184 页。

的学校制度，而是社会的现状与问题；注重的不是课堂书本知识的传授，而是实际建设力量的开发和训练……对于突破就教育而论教育和就教育而办教育的传统观念与做法，也是很有学术价值的"。①

2. 认为社区教育的实施应发动社会共同努力

大家一致认为，对于社区教育的举办和实施，应发动社会共同努力，正如有人指出的："平民教育是民众的，普遍的，不是少数人的努力的产物。"② "单凭一个小小的民教机关的人才和经费去办那无限大的事业，真像螳臂挡车！"③ 民众教育的组织"应集合教育、建设、民政各行政机关，和学校以及其他教育、建设的团体"，④ 应该最大限度地利用和发挥美术馆、博物院、展览会、科学器械陈列所等社会公共教育设施的效用。⑤ 总之，社会教育的普及，必须让社会一切机构团体都负起责任，使一切机关团体教育化。⑥ 高阳提出，"运用团体力量，解决社会问题，是民众教育的目的，亦就是民众教育的方法"。⑦ 这种认为社区教育的实施应是社会共同努力的观点符合社区教育的实际，因为社区教育本质是一种区域社会教育，需要整合社区中的一切教育力量和资源。今天我们仍然应坚持这一观点。

3. 主张采用灵活多样的社区教育实施途径与方式

人们基于当时中国社区教育的实际情况，提出了灵活多样的社区教育实施途径与方式，特别是其中提出的学校式和社会式两种方式，较好地体现了社区教育的特点。

杨而墨认为，实施通俗教育的方式有宣讲、分送印刷品、演小奇术、弹唱与说书。⑧

晏阳初主张采用学校教育、家庭教育和社会教育三种方法，平民教育

① 宋恩荣：《序言》，《晏阳初全集》第1卷，湖南教育出版社，1989，第20页。
② 李敏：《我的平民教育观》，《平民教育》1923年第68~69期。
③ 陈礼江编著《民众教育》，商务印书馆，1935，第408页。
④ 孟宪承：《成年补习教育问题》，《教育与民众》1929年第4期。
⑤ 中国蔡元培研究会《蔡元培全集》第2卷，浙江教育出版社，1997，第502页。
⑥ 陈石珍：《社会教育新铨——为社会教育扩大运动作》，《国民教育辅导月刊（镇江）》1947年第11~12期。
⑦ 田晓明主编《高阳教育文选》，苏州大学出版社，2012，第338页。
⑧ 杨而墨：《通俗教育之方便法门》，《南汇县教育会月刊》1916年第8期。

共分识字教育、公民教育和生计教育三步。[①]

俞庆棠认为，民众教育的实施方法不限于教育机关或学校，[②] 但同时强调，应通过设立大量民众学校的方式来实施社会教育，因为"实施民教，仍需有一种控制的环境，一种基本的组织"。[③]

陶行知主张平民教育可以采取平民学校、平民读书处、平民问字处三种形式进行，可用"招牌当课本；树枝当笔；脉搏当马表；日光当做灯"。[④]

傅葆琛认为，"社会教育具有学校式和社会式两种实施方式"。学校式的实施，必须有学校的形式和方法，社会式的实施，则无一定的形式和方法。[⑤]

马宗荣认为，社会教育的方法与学校教育不同，其不是强制的，是要求民众自发的来受教育；不是机械的，要养成民众自学自习的风气；不宜专门化，要通俗化、常识化；不必拘定空间与时间及仪式。[⑥]

张哲农认为，平民教育工作可分为识字教育与继续教育两步，平民教育的方式有三种：在普通方面，有平民补充读物、平民阅报室、平民读书团、平民校友会；在学校方面，有高级平民学校、平民奖励金；在生计方面，在乡村有农家改进社、农事表示场，在城市有平民银行、平民工厂、平民商店。[⑦]

梁宪玉把社会教育的施教方式总结为语言方式、文字方式、表演方式、接触方式几种。[⑧]

（四）社区教育课程内容的研究

人们所提出的社区教育课程内容，包括了文化、职业、娱乐、卫生、公民等多方面，体现了中国民众的基本需要，搭建了我国社区教育课程内

---

① 马秋帆、熊明安编《晏阳初教育论著选》，人民教育出版社，1993，第28页。

② 俞庆棠编著《师范学校民众教育》，正中书局，1946，第3页。

③ 茅仲英、唐孝纯编《俞庆棠教育论著选》，人民教育出版社，1992，第191页。

④ 董宝良主编《陶行知教育论著选》，人民教育出版社，1991，第147~148、605页。

⑤ 陈侠、傅启群编《傅葆琛教育论著选》，人民教育出版社，1994，第378页。

⑥ 马宗荣：《社会教育概说》，商务印书馆，1933，第4页。

⑦ 张哲农：《平民教育运动与平民的生活》，《新教育评论》1926年第2期。

⑧ 梁宪玉：《我对社会教育的认识：写在社会教育，扩大运动周以前》，《民众教育》1947年第4期。

容的框架，特别是晏阳初所提出的文艺教育、生计教育、卫生教育、公民教育四大教育内容，对于我国社区教育课程内容产生了极大的影响。

晏阳初针对中国存在的愚、穷、弱、私几大问题，主张在社区教育中推行四大教育，即"以文艺教育救愚，以生计教育救穷，以卫生教育救弱，以公民教育救私。这四大教育为实际上大多数民众所必需的教育"①。

孟宪承认为，识字教学只是民众教育的一个起点，② 还应"同时办许多范围或大或小，期间或长或短的'民众职业补习学校'"。③ 对于娱乐教育，他提出，"在施行娱乐时间内，可以观察民众的好恶，及其趣尚，再施行教育而改善之"。④ 此外，他还认为在民众教育中应进行公民教育。⑤

张哲农认为，"平民教育不单是初级平民学校的平民千字课的教育，凡关于技能的，经济的，政治的教育，以及增进平民修养的设施，如道德，卫生，娱乐等都包罗在内"。⑥

陈礼江认为，与普通教育相比，社会教育的内容更丰富，"可分为语文、生计、公民、健康、家事、技术等各种……它的内容简直包括人生全部的活动"。⑦

还有人具体列出了社会教育的课程内容，包括语文、健康、公民、社交、休闲、科学、品格、家事、艺术、职业等方面。⑧

值得一提的是，当时就有人提出，"民众教育主要项目须确定，民众教育课程却不宜确定，而宜因人、因事、因地、因时制宜而施教"。⑨ 这强调了社区教育课程设置及内容的灵活性，符合社区教育课程的特点。

（五）社区教育教学的研究

对于社区教育教学，人们进行了一些探讨，朱佐庭与邱冶新还出版了《民众学校教学方法》（长沙商务印书馆，1941）一书。

---

① 马秋帆、熊明安编《晏阳初教育论著选》，人民教育出版社，1993，第4、25页。
② 孟宪承：《识字教学的两个问题》，《教育与民众》1930年第10期。
③ 孟宪承：《成年生活的需要与教育》，《教育与民众》1929年第5期。
④ 孟宪承：《民众需要的是什么教育》，《民众教育月刊》1929年第1期。
⑤ 孟宪承：《教育与民治》，《申报：教育与人生周刊》1924年10月6日。
⑥ 张哲农：《平民教育运动与平民的生活》，《新教育评论》1926年第2期。
⑦ 陈礼江编著《社会教育的意义及其事业》，正中书局，1937，第21页。
⑧ 梁宪玉：《我对社会教育的认识：写在社会教育，扩大运动周以前》，《民众教育》1947年第4期。
⑨ 田晓明主编《高阳教育文选》，苏州大学出版社，2012，第347页。

1. 对教学目标的简单探讨

少数人对社区教育机构的教学目标发表了一些看法。一些人强调了社区教育教学的实质性目标，如有人认为，民众学校的教学目的，"是要在最短期间，使一般民众能得到很重要的简易知识，改良一般民众的生活技能"。① 有人认为，民众学校的教学目标，不仅要予民众以知识技能，同时必须注意到使之如何运用其知识技能，以自谋地方的建设。② 还有人笼统地指出，"民众学校教学的目的乃在改善民众的生活"。③

2. 所提教学原则强调从学生的心理出发

孟宪承认为，民众学校的成人教学适用于教育心理学的一般原则，但他特别强调引起动机，"应当引起动机，而后施教，才有效力而经济"。④ 同时，在识字教学中，他强调要反复练习。"我们要有耳听的练习，口说的练习，眼看的练习，手写的练习，耳听兼口说的练习，耳听兼眼看的练习，手写兼口说的练习。"⑤ 其强调引起学生的学习动机和反复练习都是教育心理中的重要原理，引起学习动机是激发学生学习积极性的前提，反复练习则有助于巩固学习成果，而且多种感官同时参加学习活动，能提高教学效率。

陈礼江特别强调教学的直观性，认为实物标本"最能令人认识事物之真相，而有确切的印象"，挂图照片幻灯能"补标本之不及，而能令人认识形相"，图表能表现标本、模型及图画不能表现之处，模型"可令人对于每一事物有透切的了解与深刻的印象"。此外，他还认为民众教育教学应遵循经济实用、知行结合、因材施教、简单明了、活学活用、人格感化等原则。⑥

俞庆棠提出，民众学校的教学原则有：适应个性；重在改善整个生活；使民众能自动、自学、自教；学习的方法应是直接的；利用旧有的经验；引起民众向学之兴味；使民众在文字上、生活上感到成功和满足；教师必须先预定教案；教学要能唤起民众内心之觉悟，教师不但要为民众所

---

① 徐如钊：《民众学校的教学问题》，《中国出版月刊》1936年第4期。
② 邱冶新、朱佐庭：《民众学校教学法》，《民众教育通讯》1935年第3期。
③ 赵廷为：《民众学校的教学信条》，《社友通讯》1932年第6期。
④ 孟宪承：《民众需要的是什么教育》，《民众教育月刊》1929年第1期。
⑤ 孟宪承：《识字教学的两个问题》，《教育与民众》1930年第10期。
⑥ 陈礼江编著《民众教育》，商务印书馆，1935，第386~387、412~413页。

了解，还要为学生所爱戴。①

刘苇仙提出，民众学校有生活、兴趣、经济、自动、社会、统觉等方面的教学原则。②

李耀春认为，民众学校教学原则有：顺应学生心理的发展和个性的差异；用学生有关的旧经验去解释；引起学习兴趣和动机；力求教学的经济和作业的均衡；各科充分联络应用；诊断教学成绩；使受教者感到成功和满足；指导自学方法；预定课程纲要；教训兼施；注重民众本位；循序渐进；注意复习。③

上述教学原则虽然也讲到了社会的原则、经济的原则等，但大多数教学原则是从学生的需要、动机、感知觉与记忆等方面的规律出发提出的，力图把教学原则建立在学习心理学与教育心理学的基础之上，反映了人的学习规律，有助于提高教学和学习效率。

3. 总结了各种教学法

人们提出了种类繁多的社区教育教学法，体现了社区教育教学的特色，并对各种教学法进行了详细的阐述，具有可操作性，一些人还对教学法进行了分类总结。这些观点不仅对于我国当时的社区教育教学具有指导意义，而且对于我们今天的社区教育教学具有重要的借鉴价值，主要观点有以下几个方面。

赖成骧提出，平民学校教学法的种类有单班教学法、挂图教学法、幻灯教学法、复式教学法、分团教学法，其还专门阐述了千字课教学法。④

朱智贤认为，民众学校的教学法以学生分，有儿童教学法、成人教学法、妇女教学法、混合教学法；以学校分，有单班教学法、复式教学法、分团教学法；以方式分，有露天教学法、循环教学法、流动教学法、星期教学法；以教具分，有挂图教学法、幻灯教学法；以教材分，有各科教学法。其详细讨论了识字、三民主义、常识、珠算或笔算、乐歌的教学法。⑤

---

① 茅仲英、唐孝纯编《俞庆棠教育论著选》，人民教育出版社，1992，第 206 页。
② 刘苇仙：《民众学校教学的原则》，《河北省立民众教育实验学校周刊》1933 年第 24 期。
③ 李耀春：《民众学校教学问题的讨论》，《社会教育月刊》1934 年第 4~5 期。
④ 赖成骧：《城市平民学校教学法》，《教育杂志》1927 年第 10 期。
⑤ 朱智贤：《民众学校的教学法》，《山东民众教育月刊》1931 年第 3 期。

陈礼江提出人格感化的教学法："所谓人格感化者，就是用人对人的一种精神教导。教者要以自己的行为为示范，以自己的品格作则，开诚相见，默化潜移，不需强迫和直告，使对方从教者的人格的暗示，生诚挚的敬崇。"①

李耀春提出，民众学校教师应注意的教学技术有：教学时间要支配适宜；讲述时言语要明晰，有生气；教学前有联络应用；练习多变化；能注意学习时间的经济与学习效率的提高；发问时要面向全体学生，题目不空泛；问答时指名务须普遍；能随机应变；不重述学生答语；讨论结束时能归纳各问题；等等。②

徐如钊分别对民众学校的国语、算术、音乐、体育几个方面的教学提出了注意事项。在国语教学方面，对于注音符号教学、读书教学、作文教学、写字教学分别提出了 7 个、10 个、7 个、16 个注意事项；在算术教学方面，对于珠算教学和笔算教学分别提出了 6 个和 12 个注意事项；在音乐教学方面，提出了 6 个注意事项；在体育教学方面，提出了 7 个注意事项。③

杨佩文提出，民众学校的教学法，应以"社会化的教学做"为根据，其原则是要有真实事业，由易而难，善于利用偶发事项，教室内之教学与教室外之教学应尽量联络。这一教学法包括五种过程：共同动机、共同决定目的、共同计划、共同实行、共同批评。④

冯业焜认为，社会教育的施教法有：学校式的施教法，包括讲述法、启发法、自学辅导法、设计法、复级法；社会式的施教法，包括直观法、语言宣传法、文字宣传法、比赛法、代替法；风化式的施教法，包括模仿法、警惕法、传习法。其分别阐述了三大类施教法教学的要点，并强调应因人、因时、因地、因事的不同而选择施教方法。⑤

此外，邱冶新等提出，民众学校教学具有不同于普通学校教学的特质，主要表现为教学时间的特别、学生的差异、教学旨趣的特异几个方

---

① 陈礼江编著《民众教育》，商务印书馆，1935，第 413 页。

② 李耀春：《民众学校教学问题的讨论》，《社会教育月刊》1934 年第 4~5 期。

③ 徐如钊：《民众学校的教学问题》，《中国出版月刊》1936 年第 4 期。

④ 杨佩文编著《民众教育实施法》，商务印书馆，1937，第 301~304 页。

⑤ 冯业焜：《社会教育方法论》，《社会教育辅导》1945 年第 4 期。

面。其还从民众学校的历史及特点、学生特性、师资现状、教学本身等方面分析了研究民众学校教学法的必要性。① 社区教育教学法之所以不同于普通学校教学法，正是因为社区教育教学有着区别于普通学校教学的特质，对这一特质进行研究是真正能使社区教育教学法走向深入，不混淆于一般教学法研究的前提。因此，邱冶新等的观点是非常重要的。

（六）社区教育师资的研究

社区教育工作者对于当时的中国而言，是一个全新的职业。庄泽宣指出，办通俗教育，首先要造就一般人才，譬如讲演员、指导员、书报编辑员、图书管理员等。② 不少人对于社区教育教师的使命、来源、地位、要求、现状、培养等进行了多方面的探索。

1. 社区教育教师的使命

"民众教育者，将藉各种教育方法，使人人皆成为社会的能员，且随时世之变迁以增进其能力者也。"③

2. 社区教育教师的来源

晏阳初认为，平民学校师资最好由小学教师兼任，并介绍了物色教师的方法。④ 还有一些人也提出了类似的观点。⑤ 陶行知提出了著名的小先生制，并主张让广大人民群众成为教师："我所见到的最能干的民众教师，来自广大人民群众，来自农民、工人、工匠及商店学徒。"⑥ 马宗荣等认为，"只要有一点可以传送他人的知识与技能……均可做社会教育的教育者"。⑦

3. 社区教育教师处于辅助指导者的地位

要使学员自动，民众教育服务人员须"自处于辅助指导地位，使民众勿再如以前之听命于人"，而能事事自动的由做而学。⑧ "办理民众教育者并非代替民众做事，应以民众为主体，引起民众自己的觉醒，并培养其自

---

① 邱冶新、朱佐庭：《民众学校教学法》，《民众教育通讯》1935年第3期。

② 庄泽宣：《中国通俗教育谈》，《留美学生季报》1919年第3期。

③ 《教育与民众》发刊辞，《教育与民众》1929年第1期。

④ 马秋帆、熊明安编《晏阳初教育论著选》，人民教育出版社，1993，第10页。

⑤ 参见顾旭侯《平民教育实施法》，商务印书馆，1925，第16页；孟宪铃：《平民学校教师的招请及资格》，《基督教育》1928年第10期。

⑥ 董宝良主编《陶行知教育论著选》，人民教育出版社，1991，第617页。

⑦ 马宗荣、蓝淑华：《社会教育原理与社会教育事业》，文通书局，1942，第4页。

⑧ 田晓明主编《高阳教育文选》，苏州大学出版社，2012，第343页。

动的精神和能力，使能自动的来做。"① 这与当时中国教育界强调以学生为主体，强调学生自动的教育精神是一致的，同时，这一点在今天强调居民参与，建立民主平等的师生关系的潮流下，仍未过时。

4. 教育者要与民众打成一片

晏阳初强调，"我们欲'化农民'，我们须先'农民化'"。② 李蒸认为，民众教育教师除了要具备民众教育行政人员所需要的知识能力及道德品行外，"还要深切了解各项事业及社会环境民众心理，并能接近民众，有吃苦耐劳的精神"。③

钟灵秀对当时我国社会教育人员进行了较为系统的研究。他把社会教育人员分为行政人员和实施人员两类，总结了我国社会教育人员需求的数量及我国社会教育人员培养的情形，分别提出应负责培养社会教育高级干部人员、中层干部及在职人员进修的具体单位和方法，认为培养师资的办法有：在各级学校有关教育类的课程中加入社会教育部分；国立和省立师范学院（学校）把社会教育列为必修课；各种教育训练班增添社会教育科目。④

（七）对学校兼办社会教育的研究

首先，不少人指出，学校兼办社会教育是必要且可能的。马宗荣指出，学校兼办社会教育是广泛推广社会教育的万全之策，可充分利用学校的设施及人员；能符合地方需要，而且办事便利；可把学校的研究成果通俗化社会化进而向民众普及，使民众学以致用。⑤ 一些人阐述了小学为什么应兼办社会教育及其可能性。⑥ 曹刍阐述了中等学校兼办社会教育的必要性。⑦

① 俞庆棠编著《民众教育》，正中书局，1935，第 184 页。
② 宋恩荣主编《晏阳初全集》第 1 卷，湖南教育出版社，1989，第 221 页。
③ 李蒸：《民众教育概论》，《教育与民众》1931 年第 2 期。
④ 钟灵秀：《改进今后社会教育应积极培养社会教育干部人员》，《社会教育季刊（重庆）》1943 年第 1 期。
⑤ 马宗荣：《大时代社会教育新论》，文通书局，1941，第 316~317 页。
⑥ 参见陈礼江编著《乡村教育及民众教育》，正中书局，1938，第 67 页；马客谈《小学兼办社会教育的方法》，转引自教育部社会教育司编印《战时社会教育》，正中书局，1939，第 28~29 页。
⑦ 曹刍：《中等学校兼办社会教育的方法》，转引自教育部社会教育司编印《战时社会教育》，正中书局，1939，第 8~10 页。

其次，对学校兼办社会教育的原则、管理、形式、方法等进行了阐述。王镜铭提出大学推行民众教育的原则："大学教育与农村合一"及"政教相结合"。① 李蒸列举了大学兼办社会教育各种形式，还阐述了办理的具体办法。② 这时出版的一些专著，对学校兼办社会教育的各个方面进行了比较全面的阐述。如吴鼎编的《小学怎样兼办社会教育》（商务印书馆，1940）中阐述了小学兼办社会教育的必要性、目的、原则、步骤、组织、设备等，并引证了美国和苏联的做法；陆廷珏编著的《中心国民学校办理社会教育纲要》（教育部，1943）一书中阐述了中心学校在文化、政治、经济、自卫几个方面的社会教育工作；教育部社会教育司编的《战时社会教育》（正中书局，1939）一书中，专门有《中等学校兼办社会教育的方法》《小学兼办社会教育的方法》《大学兼办社会教育的方法》的文章，对各级学校兼办社会教育的方法进行了阐述。

除上述研究外，人们还对国外社区教育、中国社区教育的现状，社区教育实验，社区教育的管理与经费及政策，等等进行了探讨。

三　1978~2020年社区教育研究概述

改革开放以来，特别是当代社区教育产生以后，学术界对社区教育进行了大量研究。根据我国社会形势、国家相关政策、社区教育等的发展变化及我国社区教育研究本身的发展情况，我国当代社区教育研究大致可分为以下三个阶段。第一个阶段：酝酿和起步阶段（1978~1992年）。这一阶段的主要特点是：研究成果数量少，研究人员不多；主要是介绍国外社区学院的情况及对社区教育的一些基本理论和实践问题进行少量的探讨，此时还没有把社区教育作为终身教育中的一个重要组成部分，研究的出发点主要是社会支持学校。第二个阶段：探索发展阶段（1993~1998年）。这一阶段有关社区教育的研究成果数量有所增加；注重研究教育的社会化与社会的教育化；研究开始走向专业化，成立了专门的研究组织机构；研究的范围与内容大大扩大与完善。第三个阶段：繁荣深化阶段（1999年

---

① 王镜铭：《战时大学推行民众教育意见》，《西北联大校刊》1939年第15期，第27页。
② 李蒸：《大学兼办社会教育的方法》，转引自教育部社会教育司编印《战时社会教育》，正中书局，1939，第3~6页。

后）。这一时期，关于社区教育的专门学术著作、期刊论文及博士、硕士学位论文大量涌现；所研究的内容覆盖了社区教育的最主要领域；研究思想中明确体现了终身教育和建设学习化社会思想；研究队伍进一步壮大和专业化；研究的理论不断加深。

（一）社区教育内涵、本质及产生的研究

1. 社区教育内涵和本质的研究

人们对于社区教育的内涵和本质提出了多种观点，主要有以下几个。

（1）从认为社区教育是一种服务于学校教育的补充教育形式到认为社区教育是教育社会化和社会教育化的辩证统一

在我国当代社区教育产生之初，大多数人把社区教育视为一种服务于学校教育的补充教育形式，即校外教育形式。1993 年 10 月在北京召开了全国社区教育研讨会，与会代表一致认为，社区教育是教育社会化和社会教育化的辩证统一，是学校教育同校外教育、正式教育与非正式教育、普通教育与各种专业职业教育的统一体，是与现代社会生产生活融为一体的教育。[1] 因此，社区教育的基本内涵是教育社会一体化，[2] 其实质在于沟通教育与社区的联系，实现教育社会化、社会教育化。[3]

（2）是侧重于把社区教育视为一种对社区成员身心发展施加影响的活动还是侧重于把社区教育视为一种促进社区发展的社会活动之争

绝大多数人赞成前者，认为社区教育是"为满足社区民众的学习需要而提供的有组织的教育服务。"[4] 但也有人认为，社区教育是侧重于满足社区发展需要、促进社区各项事业发展的各种教育活动和过程的总和。[5] 这种观点具有比较明显的社会本位论色彩。

（3）社区教育是否是社区所进行的各种教育的统称之争

一种观点认为，社区教育是一种大教育，是社区所进行的各种教育的

① 傅松涛：《全国社区教育研讨会综述》，《教育研究》1994 年第 1 期。
② 张云间、张秀岩、王晓明：《关于社区教育若干基本问题的思考》，《教育研究》1995 年第 5 期。
③ 桑宁霞主编《社区教育概论》，中国社会科学出版社，2002，第 12 页。
④ 秦钠：《中日都市社区教育比较研究——以上海和大阪为例》，博士学位论文，上海大学，2006，第 12 页。
⑤ 王焱：《也谈社区教育的本质》，《教育理论与实践》2000 年第 2 期。

统称，① 社区教育中的教育概念是大教育概念，对象是社区的全体成员。② 另一种观点认为，社区教育"是与学校教育、家庭教育并列的社会教育"。③ 其并不是社区与教育的简单相加。④

（4）社区教育是自下而上还是自上而下的教育活动之争

有人认为，社区教育是由地区居民自发产生的，由政府提倡并与地区基层组织共同推动的自下而上的群众性教育活动。⑤ 与之相反的观点认为，"社区教育是基于社区发展及社区成员对终身学习的需求，由政府引导并与地区基层组织共同推动的自上而下的内容广泛的全民性教育活动"。⑥

（5）对社区教育的本质是否是社区性问题看法的分歧

一些人认为，社区教育在实质上，"是把地缘环境以及环境中的具体社会关系结构当作影响和教化个体的主体"，⑦ 强调社区教育中的地缘环境因素其实就是强调社区性因素。有人则认为社区教育的实质是社区生活、社会发展与教育的有机结合，"社区性"并不是社区教育特殊矛盾性的本质方面。⑧

（6）较为综合性的表述

更多的人力图比较全面地揭示社区教育的内涵和本质，如：叶忠海认为社区教育的实质是以社区发展为本和以社区人力开发为本，社区发展本位和社区人力开发本位的辩证统一是现代社区教育的本质；⑨ 杨晨等认为，社区教育的本质是教育、特性是社区，其实质是教育服务向社区的延伸；⑩ 陈乃林等认为，"社区教育是在一定的地域范围内，以社区为主体，面向

---

① 厉以贤：《论社区教育的视角与体制》，《教育研究》1995 年第 8 期。

② 厉以贤：《社区教育的理念》，《教育研究》1999 年第 3 期。

③ 顾东辉：《"社区教育"的概念架构》，《广西民族学院学报》（哲学社会科学版）2003 年第 4 期。

④ 魏晨明：《社区教育概论》，青岛出版社，2009，第 32 页。

⑤ 吴遵民：《关于对我国社区教育本质特征的若干研究和思考——试从国际比较的视野出发》，《华东师范大学学报》（教育科学版）2003 年第 3 期。

⑥ 于志晶等：《吉林省社区教育发展模式研究》，吉林大学出版社，2008，第 6 页。

⑦ 项葵：《社区教育的界定、体制意义及其学科地位》，转引自袁采主编《上海社区教育的实践和认识》，上海社会科学院出版社，1989，第 154 页。

⑧ 黄云龙：《关于社区教育本质的思考》，《教育研究》1999 年第 7 期。

⑨ 叶忠海：《社区教育学基础》，上海大学出版社，2000，第 25~26 页。

⑩ 杨晨、李娟：《我国社区教育"全能化"现象研究》，《教育发展研究》2008 年第 11 期。

社区全体民众开展的各种教育活动和过程的集合体";① 等等。

2. 我国当代社区教育产生的探讨

其一，认为我国当代社区教育主要产生于学校教育改革和发展的需要，这种观点主要集中在 20 世纪 80 年代末期到 90 年代前期。厉以贤认为，我国社区教育的出现，是出于自身的需要：首先是学校青少年的德育需要社会支持，其次是教育经费短缺。② 还有人认为，发展社区教育是实行教育先行战略的需要，是教育自身改革的需要，是实行社会多渠道集资办学、改革教育滞后被动局面的需要，是教育体制改革深入发展的需要，③是高等教育大众化及克服我国教育体制中存在的弊端的需要。④

其二，20 世纪 90 年代中期后，大多数人认为我国当代社区教育的产生是政治、经济等多种社会因素综合作用的结果。有人对我国当代社区教育产生的基本因素进行了较为详细的阐述：社区教育是构建学习型社会的最佳物质载体与组织形态；经济体制的改革使人们由"单位人"逐步变化为"社会人"；区域经济的发展为社区教育奠定了必不可少的人文基础；政府提出了有关社区教育的一系列方针、政策、法规与举措；社区教育体现了全民教育、终身教育的思想；社区教育是唤起民众民主与科学意识的最佳的物质平台与最有力的思想武器。⑤ 此外，还有人认为，私营从业人员、在岗失业人员、老年人口、进城农民不断增多，而对于上述群体的管理、教育、培训和服务，是"单位体制"无能为力的，社区教育就应运而生，同时，学习化社会的建立需要发展社区教育。⑥

其三，认为 20 世纪 80 年代中国社区教育的复兴，是教育自身合乎规律地发展的表现，是一种"历史性的复归"。⑦

---

① 陈乃林、张志坤主编《社区教育管理的理论与实务》，高等教育出版社，2009，第 13 页。

② 厉以贤：《社区教育、社区发展、教育体制改革》，《教育研究》1994 年第 1 期。

③ 顾树栋：《关于社区教育理论与实践的几点思考》，转引自袁采主编《上海社区教育的实践和认识》，上海社会科学院出版社，1989，第 169~172 页。

④ 马叔平、郑晓齐主编《论社区教育发展模式——适应北京地区经济发展的社区化教育模式研究》，高等教育出版社，2001，第 85 页。

⑤ 顾侠强：《社区教育概论》，中央广播电视大学出版社，2011，第 99~104 页。

⑥ 于利红、隗洪祥：《21 世纪的教育超市——社区教育》，《中国成人教育》2002 年第 4 期。

⑦ 鲁洁主编《教育社会学》，人民教育出版社，2001，第 335~338 页。

（二）社区教育特点与功能的研究

1. 社区教育特点的研究

我国学术界关于社区教育的特点有多种表述：认为社区教育具有以社区的全体成员为对象、与社区发展相结合、社区内各种教育因素协调互动、带有社区自身特征等特点；[①] 认为社区教育具有大教育性、群众性、开放性和民间性、地缘性、多维性、整体协调性特点；[②] 认为社区教育具有社区特色性、全员全程全方位教育统一于社区之中、各种教育力量与资源形成教育合力、社区所有成员广泛参与的特点；[③] 认为社区性是社区教育的本源性特征，教育性是其本质性特征，人本性是其基因性特征，适度正规性是其制度性特征；[④] 认为中国社区教育的本质特征有两个方面：自下而上性、自发性和自主性；[⑤] 等等。

2. 社区教育功能的研究

（1）社区教育促进教育改革发展功能的研究

认为开展社区教育有利于加强青少年教育，为学校开展社会实践活动提供基地；有利于优化校外文化生活环境；有利于及时反馈教育质量信息；[⑥] 有利于动员全社会支持、参与教育；[⑦] 有利于促进教育结构优化，改变片面追求升学率的现象；[⑧] 有利于促进基础教育、高等教育、成人教育改革，推动终身教育体系的构建；[⑨] 等等。

（2）社区教育促进社区发展功能的研究

认为社区教育使社区各方面力量把教育的发展真正当成与社区的利益密切相关的事业而置于重要的地位；促进社区生产力的发展，推进人的发

---

① 厉以贤：《论社区教育的视角与体制》，《教育研究》1995 年第 8 期。
② 王北生、姬忠林主编《成人教育概论》，河南大学出版社，1999，第 206~207 页。
③ 叶忠海：《社区教育学基础》，上海大学出版社，2000，第 28~29 页。
④ 陈乃林、赵瑶珍：《关于社区教育基本特征的反思与再认识》，《职教论坛》2015 年第 15 期，第 60~66 页。
⑤ 〔日〕小林文人、〔日〕末本诚、吴遵民：《当代社区教育新视野——社区教育理论与实践的国际比较》，上海教育出版社，2003，第 15~16 页。
⑥ 何全刚：《发展社区教育 推进教育改革》，转引自袁采主编《上海社区教育的实践和认识》，上海社会科学院出版社，1989，第 2 页。
⑦ 谢丽娟：《上海的社区教育》，《人民教育》1992 年第 6 期。
⑧ 黄利群主编《社区教育概论》，沈阳出版社，1992，第 99~121 页。
⑨ 张振助：《社区教育与教育综合改革》，转引自厉以贤主编《社区教育的理论与实验》，四川教育出版社，2000，第 367~370 页。

展和社区发展的和谐统一；促进社区精神文明建设；促进经济、科技、教育一体化体制的建立。① 一些人通过对区域经济理论的发展过程和新经济增长理论及模型的分析发现，教育与培训活动是经济增长系统中具有特别重要意义的内生变量。② 同时，发展社区教育是建立知识经济社会的必备条件，是构建学习化社会的根本动力。社区教育促进了教育市场发展，改变了社区居民的旧经济观念，为市场经济发展提供各类人才，加快了社区市场化。③ 近年来，一些人对社区教育促进社区治理的功能进行了探讨。如：有人认为，社区教育与社区治理之间存在逻辑上的服务关系，对社区治理具有积极的推动作用；④ 有人指出，社区教育的社区治理功能是社区教育发展的必然趋势和社区治理现实的迫切要求；⑤ 一些人把社区教育促进社区治理的功能分为显性和隐性两个层面，并分别进行了阐述；⑥ 一些人把学术界有关在社区治理视角下社区教育功能的观点归纳成把社区教育作为行政管理的延伸、专业发展的渠道、社区自治的载体三种，提出在常态环境下，社区教育大致有组织协调、文化建设和融合发展三大功能；⑦等等。

（3）社区教育促进社区成员终身学习及发展功能的研究

认为社区教育是提高社区成员素质的重要途径，有利于提高社区成员生活质量，满足社区成员教育需求。⑧

（4）社区教育促进教育公平作用的研究

认为社区教育把教育延伸、拓展到社会基层，强化了我国教育体系中

① 张云间、张秀岩、王晓明：《关于社区教育若干基本问题的思考》，《教育研究》1995 年第 5 期。

② 马叔平、郑晓齐：《论社区教育发展模式——适应北京地区经济发展的社区化教育模式研究》，高等教育出版社，2001，第 26~50 页。

③ 石场、卓思廉、汪志广：《社区教育与学习型社区》，中国社会出版社，2005，第 107~115、160~161 页。

④ 杨智：《农村社区教育的社区治理及运行机理探析》，《河北师范大学学报》（教育科学版）2017 年第 5 期。

⑤ 张瑾：《社区教育的社区治理功能透析》，《山西农业大学学报》（社会科学版）2017 年第 6 期。

⑥ 李宜芯、李盛聪、李瑞雪：《社区教育促进社区治理：意义、问题及路径》，《职教论坛》2018 年第 3 期。

⑦ 吴遵民、蒋贵友：《公共危机背景下社区教育功能再思考——基于社区治理的视角》，《教育研究》2020 年第 10 期。

⑧ 厉以贤：《社区教育原理》，四川教育出版社，2003，第 39~45 页。

的薄弱环节；最大限度地保证了社会居民平等享有教育资源；社区教育形式和内容的多样性是对教育补偿作用在一定程度上的保证；对年龄阶段划分引起的教育资源享有的差异，以及对时空环境限制造成的教育资源获得不足的社会成员都具有补偿作用。①

（三）社区教育体制的研究

该部分主要对社区教育的管理体制、评价体制、政策法规保障体制进行了研究，其中以对社区教育管理体制的研究最多，出版了一些相关的专著及博士论文。

1. 社区教育管理体制的研究

（1）政府在社区教育管理中的职能的研究

人们认为，政府介入社区教育具有必要性和合理性，是使社区教育在中国高起点、大范围内发展的快捷形式，同时，社区教育作为一种社会公共活动需要政府的介入、行政的支持。但政府要有科学合理地介入社区教育的方式和内容。② 政府介入社区教育的具体行为可以分解为政策指导、法规规定、舆论宣传、经费援助、检查评估、会议推动、下达计划任务等要素。③

（2）对社区教育管理组织和模式的研究

认为社区教育管理组织是一个立体交错的社会单元，带有民间协作、自治联谊性质。④ 社区教育管理组织主要由目标、机构、规范、人员、财物、时空、信息7个要素构成。⑤ 有人总结了我国社区教育管理中的经验管理、行政管理和科学管理3种基本行为模式，分别对封闭式和开放式两类社区教育管理组织机构进行了较为深入的分析。⑥ 还有人总结了我国社

---

① 高博：《社区教育在促进教育公平中的作用与局限》，硕士学位论文，陕西师范大学，2009，第35～40页。

② 范传伟、黄云龙：《政府介入社区教育论》，《上海教育科研》1996年第9期。

③ 黄云龙、范传伟：《社区教育发展中政府行为的调查与研究报告》，《上海师范大学学报》（教育版）1999年第10期。

④ 严督：《教育管理的一种新型模式——社区教育组织管理功能剖视》，《中国教育学刊》1993年第3期。

⑤ 黄云龙主编《社区教育基础》，华东理工大学出版社，1994，第123～124页。

⑥ 黄云龙等：《社区教育管理与评价》，上海大学出版社，2000，第26～29页。

区教育实验区的一些社区教育管理模式。^① 人们普遍认为，我国社区教育委员会的性质属于官民结合的半行政行为的社区教育管理中介服务组织。

（3）社区教育管理体制存在问题的研究

认为我国社区教育管理体制中存在的主要问题有：政府的"越位"和"缺位"问题，越位问题集中表现在"以政代社"，将社会组织看作政府的下属单位，并且直接干预这些组织的权利和行为；缺位现象主要体现在政府对社会组织的指导培育、政策支持和资助性投入还不到位；^② 行政力量推动构建起来的社区教育委员会等组织形式，基本上都是"官民结合，以官为主"的结构模式；^③ 社区教育管理机构不够健全，管理职责分工不清；^④ 社区教育在终身教育体系中的地位失衡，未成为独立的教育板块。^⑤

（4）改革我国社区教育管理体制的研究

20世纪90年代中期，人们大多强调了政府在社区教育管理中的地位和作用，主张建立政府主要负责人牵头，各部门参加的社区教育委员会或其他相应的组织。^⑥ 20世纪末期，不少人开始对行政化的社区教育管理体制进行反思，主张应逐渐过渡到以社会力量为主，政府宏观指导的模式，实现由非专业化的"学校—行政型"向专业化的"社区—社会型"转变。^⑦ 最近几年，一些人开始从治理理念的视角去探讨改革社区教育管理体制问题，提出构建政府、市场和社会三维框架下的多中心治理模式：社区教育治理主体的多中心，包括政府部门、教育培训组织、居民委员会、非政府组织、私营部门、居民群众等；社区教育治理秩序的多中心，即建立扁平化的权力结构，从行政命令式的"垂直管理"改为资源共享、优势

① 陈乃林、张志坤主编《社区教育管理的理论与实务》，高等教育出版社，2009，第47~50页。

② 李荟：《政府在社区教育中的公共服务职能研究》，硕士学位论文，浙江工业大学，2012，第21~24页。

③ 黄云龙主编《社区教育基础》，华东理工大学出版社，1994，第98页。

④ 上海市徐汇区社区教育委员会办公室：《社区教育管理体制与运行机制研究》，转引自陈乃林、刘建同主编《学习型社会建设中的社区教育发展研究》，高等教育出版社，2010，第40~41页。

⑤ 汪国新主编《中国社区教育30年名家访谈》，浙江科学技术出版社，2010，第247页。

⑥ 张云间、张秀岩、王晓明：《关于社区教育若干基本问题的思考》，《教育研究》1995年第5期。

⑦ 宣兆凯：《学校社会工作理念与21世纪中国社区教育发展》，《北京师范大学学报》（人文社会科学版）2001年第2期。

互补的"交叉管理"；社区教育治理方式的多中心，即多样化的管理手段。① 还有人在比较中美两国社区教育管理体制的基础上，提出了优化改进社区教育管理体制的建议。②

2. 社区教育评价体制的研究

（1）社区教育评价形式的研究

人们提出了社区教育评价的几种主要形式，重点对结果评价与过程评价这两种模式进行了探讨。如：黄云龙等把社区教育评价分成三种形式，即自我评价、组织评价、社会评价，认为社区教育评价是过程评价和结果评价的统一；③ 顾侠强把社区教育评价分为三种类型：除了结果性评价与过程性评价外，还有预期性评价。④

（2）社区教育评价内容和方法的研究

一些人建立了社区教育评价指标体系，⑤ 提出了多种社区教育评价方法。如黄云龙等认为，社区教育评价除了运用教育评价的一般方法外，还有社区教育价值分析法、统计分析法、模糊评价法；⑥ 陈乃林等提出，常用的社区教育评价方法有评等量化法、投入产出量化法、直觉判断模糊量化法、对照评鉴法等。此外，还提出了编制社区教育评价指标体系时要坚持的原则。⑦

（3）我国社区教育评价的现状与对策的研究

黄焕山等认为，我国逐步形成了比较完善的社区教育评价体系，基本建立起有中国特色的社区教育评价制度，但也存在用相对单一性的社区教

① 陈龙根、胡央波：《多中心治理：我国社区教育发展的路径选择》，《中国成人教育》2012年第13期。

② 路长明、陈成：《中美社区教育管理体制比较研究——基于"结构—功能主义"的理论分析框架》，《成人教育》2020年第12期。

③ 黄云龙等：《社区教育管理与评价》，上海大学出版社，2000，第204～213、221～225页。

④ 顾侠强：《社区教育概论》，中央广播电视大学出版社，2011，第314页。

⑤ 参见桑宁霞主编《社区教育概论》，中国社会科学出版社，2002，第169～172页；黄焕山、郑柱泉《社区教育概论》，武汉出版社，2005，第196～197页；张群、胡立智、乔时玲《社区教育评估指标体系内容研究》，《中国成人教育》2007年第20期；余善云《社区教育五维一体化评价体系研究》，《天津电大学报》2012年第4期；黄云龙、史悦秀《关于建构发展性社区教育评价模式的设想》，《教育发展研究》2006年第24期。

⑥ 黄云龙等：《社区教育管理与评价》，上海大学出版社，2000，第234～250、252页。

⑦ 陈乃林、张志坤主编《社区教育管理的理论与实务》，高等教育出版社，2009，第309～310页。

育督导评估取代多样化的社区教育评价、对社区教育总体目标的关注不够、评价主体单一化等问题。① 还有人指出，当前我国社区教育的评价中存在评估范围宽泛、以定性要求为主、过程性评价缺失、基本概念混淆、部分标准难以企及或者可操作性差等问题。② 人们更多的是对我国社区教育评价的改革发展进行了探讨，认为应突出社区教育评价的针对性、有效性与评价标准、方法的多元化；③ 处理好事实判断与价值判断、评价主体与评价客体、过程评价与结果评价、定性分析与定量分析等方面的关系；④ 社区教育评价指标体系要依据以下几方面来制定：社区教育目标、相关的政策和规定、相关的科学理论、获得的实践积累经验、评价对象和条件；⑤ 改变以政府评价为主的现状，推行社区教育的社会评价；⑥ 构建以政府为评估主体的总结性评价和以社区教育课程为核心的形成性评价相结合的评价体系；⑦ 等等。

3. 社区教育政策法规保障体制的研究

（1）我国当代社区教育政策的发展历程研究

人们对此进行了不同的阶段划分。如：周嘉方以具体政策文本出台为标志，把我国社区教育政策历史划分为政策起步、探索和确立三个阶段；⑧ 侯怀银等把改革开放以来我国社区教育政策发展分为起步、探索、发展与完善阶段，并分析了其取得的进展与演变逻辑。⑨

（2）我国当代社区教育政策法规的问题与对策研究

认为我国社区教育政策法规中存在不少问题，如：尚未在国家层面制

---

① 黄焕山、郑柱泉主编《社区教育概论》，武汉出版社，2005，第113~114页。
② 吴进：《国家治理现代化视阈下社区教育评价的反思与重构》，《成人教育》2020年第11期。
③ 厉以贤：《社区教育原理》，四川教育出版社，2003，第223~234页。
④ 黄云龙、史悦秀：《关于建构发展性社区教育评价模式的设想》，《教育发展研究》2006年第24期。
⑤ 郜鑫：《社区教育评价指标体系研究——以上海市天平街道为例》，硕士学位论文，上海师范大学，2014，第29页。
⑥ 王国光、宋亦芳：《社区教育社会评价问题探析》，《教育发展研究》2014年第Z1期。
⑦ 吴进：《国家治理现代化视阈下社区教育评价的反思与重构》，《成人教育》2020年第11期。
⑧ 周嘉方：《〈我国推进社区教育实验进程的政策研究〉结题报告》，《湖北大学成人教育学院学报》2010年第1期。
⑨ 侯怀银、尚瑞茜：《改革开放四十年来社区教育政策的回顾与展望》，《终身教育研究》2018年第3期。

定终身教育法，以及相关法规和政策的缺失，在很大程度上影响社区教育的健康发展；[①] 没有确立以终身教育思想为指导的社区大教育观、社区教育政策行政主导色彩浓厚、社区教育政策尚未形成体系；[②] 等等。提出要以《教育法》为基础，健全和完善社区教育法，以教育社会化、社会教育化为核心，确立社区教育整体效益观，注意可实践性和可操作性相结合；[③]不断完善社区教育政策体系，包括使社区教育政策目标明确化、载体规范化、主体公众化；社区教育政策价值取向应注重整体性与局域性并存、稳定性与可变性兼顾，[④] 注重多元化；社区教育政策的内容应体系化；社区教育政策的保障措施应完善化；等等。[⑤]

（四）社区学院的研究

1. 社区学院概念及性质的研究

对于什么是社区学院，其具有什么性质，学术界有不同的看法，主要观点有：认为社区学院是一种高等教育机构；认为社区学院是一种社区教育实体机构；认为对社区学院性质的确定应具体情况具体分析，不能一概而论；等等。其主要分歧点在于社区学院是否是一种高等教育机构（详见第三章第三节中的有关内容）。

2. 创办社区学院的必要性研究

人们一致认为，社区学院的产生是我国社会各方面发展的需要。如有人认为，城市化进程对应用型、职业型、复合型人才的需要越来越多，而传统的高等教育不可能满足这些需求，要求大力发展社区学院；创办农村社区学院可以帮助农村中没有机会和能力到外地高校求学的学生接受高等教育，培养一大批推动农村社会经济发展的生力军；知识经济时代终身教育体系的构建要求大力发展社区学院；社区学院具有其他教育形式无法替代的教育服务功能。[⑥] 还有学者指出，我国发展社区学院是建设学习型社

---

① 吴遵民：《我国当代社区教育的历史回顾与展望》，《远程教育杂志》2011 年第 3 期。

② 朱鸿章：《社区教育政策与公民学习权保障的研究》，博士学位论文，华东师范大学，2012，第 53~56 页。

③ 桑宁霞主编《社区教育概论》，中国社会科学出版社，2002，第 150~156 页。

④ 张艳：《我国社区教育政策及其价值取向探究》，硕士学位论文，华东师范大学，2010，第 25 页。

⑤ 侯怀银、尚瑞茜：《改革开放四十年来社区教育政策的回顾与展望》，《终身教育研究》2018 年第 3 期。

⑥ 严晓鹏：《大力发展社区学院 扩大教育服务功能》，《中国高教研究》2004 年第 5 期。

会、全面实现小康社会的需要；是构建和谐社会、建设社会主义新农村的需要；是整合教育资源，构建终身教育体系的需要。①

3. 我国社区学院现行模式与形式的研究

我国社区学院的组建形式有多种，学术界对此进行了归纳，如：把我国社区学院的组建形式归纳为归并式、联合式、网络式、统筹式。②

认为我国社区学院根据投资主体可以划分为由地方财政拨款建设、非政府主导、民办免费三种模式。以社区学院的建立来源依托来划分，可分为五种模式，即依托电大成立的社区大学、由职业大学和业余大学转变而来的社区大学、民办公助模式、政府与民间联办模式、民办免费模式，我国发展比较普遍的是第一种和第二种。③

认为我国社区学院主要有以下五种模式：以广播电视大学为核心，再整合其他类别学校组建而成；以区域性职业教育中心为主，再整合其他类别学校建立而成；以成人高校组合而成；由当地政府出面通过教育资源整合、组织机构调整、注入一定的资金，重新挂牌成立；具有完全独立编制的社区学院。④

认为目前我国县级社区学院基本分为以县级电大为龙头或以县级成人学校为基础建立的辐射乡镇村的社区教育综合立体网两种类型。⑤

4. 我国社区学院现状及改革发展的研究

认为我国社区学院存在功能定位模糊、法定身份缺失、管理体制不清、办学经费不足、师资严重缺乏、理论研究滞后、评价体系缺失，⑥以及轻视职业类社区高等教育、以学生为本和为社区提供教育服务的观念尚未建立起来、没有充分利用社区资源、⑦教育对象范围狭窄、教育内容空泛、形式单调等问题。⑧提出课程设置应着眼于社区的经济发展实际；为不同的人群提供可选择的学习机会；开创办学社会化的新局面；以本地区

① 刘尧：《中国县级社区学院发展研究》，江苏大学出版社，2009，第141~142页。
② 李云水：《县办社区学院的理论与实践研究》，硕士学位论文，天津大学，2003，第9页。
③ 楼建丽：《浙江省 XCQ 社区学院实践研究》，硕士学位论文，华东师范大学，2008，第25~27页。
④ 顾侠强：《社区教育概论》，中央广播电视大学出版社，2011，第85~87页。
⑤ 刘尧：《中国县级社区学院发展研究》，江苏大学出版社，2009，第116页。
⑥ 刘春朝、李建春：《我国社区学院发展机制研究》，《华东经济管理》2014年第3期。
⑦ 刘尧：《中国县级社区学院发展研究》，江苏大学出版社，2009，第145~146页。
⑧ 刘志忠：《我国社区学院社区性的缺席与在场对策》，《教育发展研究》2013年第23期。

居民的利益和社区发展的需要为出发点；① 坚持实施高职高专学历教育；进行体制、机制和投资三位一体的改革；实现宽进严出和全方位的对外合作办学；实现完全学分和弹性学制，建立以课程为核心的教学体系、教学模式和与之相配套的管理模式；广泛应用现代信息技术和远程教育技术；根据中国特色尽快制定社区学院设置规定，理顺多种关系；② 实行董事会领导下的院长负责制；健全社区学院保障体制；提高社区学院教育质量。③

（五） 社区教育课程、教学、师资的研究

1. 社区教育课程与教学的研究

人们对社区教育课程的特点、原则、内容、现状及改革等问题进行了研究，认为社区教育课程与学校教育课程相比，其特殊性在于地域性、多样性、非学科、自主性等方面。④ 社区教育课程的根本原则是要立足社区、以人为本，核心原则是要结合居民需要与社区实际、统一发展观与学习观、平衡分层分群与多种多样、兼容自主开发与动态生成。⑤ 有人总结了我国几种主要的社区教育课程内容体系：陶行知的"活的书""真的书""动的书""用的书"四类书课程体系；黄云龙的"四类26门"课程体系；杜君英的核心课程和社区本位课程体系。⑥ 认为我国社区教育课程存在没有专门的课程开发团队、课程开发流程不规范、课程目标不够明确、课程受众与内容比较单一、课程实施过程中存在种种问题、没有科学规范的课程评价体系等问题。⑦ 提出应科学规划社区教育课程体系、规范课程开发的流程、建立专门的课程开发机构、配备专职的开发人员、加大社区教育课程开发的支持和投入力度等对策。⑧

---

① 楼一峰：《探索社区办学路子 建立终身教育体系》，《开放教育研究》1997年第3期。
② 杨应崧、孔祥羽：《构建学习型城市——上海社区学院巡礼》，上海交通大学，2003，第13~16页。
③ 王志强：《我国社区学院发展中的问题及对策研究》，硕士学位论文，首都师范大学，2008，第34~49页。
④ 汪国新主编《中国社区教育30年名家访谈》，浙江科学技术出版社，2010，第87~88页。
⑤ 赵华：《论社区教育课程的性质定位——基于上海市社区学校课程建设的现状调查》，硕士学位论文，华东师范大学，2014，第83~85页。
⑥ 魏晨明：《社区教育概论》，青岛出版社，2009，第100~103页。
⑦ 马千帆：《成都市社区学院课程开发研究》，硕士学位论文，四川师范大学，2016，第41~50页。
⑧ 王奇：《朝阳社区学院社区教育课程开发实践研究》，转引自马金东主编《终身教育体系下社区教育实践研究》，高等教育出版社，2011，第59~61页。

　　在教学方面，认为社区教育教学与学校教育教学有较大的区别。社区教育教学过程的结构特征为教学影响的多中心化、教学过程的泛组织化、主体关系的扁平化结构。[①] 人们还提出了各种教学模式与教学原则，如叶忠海提出社区成人教学的理论模型和实践模式，并分别阐述了理论模式的取向与结构层面以及实践模式的种类。[②] 张少刚提出了"社区教育 i-实验教学模式"；教学原则遵循目标导向、问题导向的做中学；教学组织方式强调自主学习、专家指导、家人同事朋友协同助学，网络分享个性化的作品及学习成果。[③] 黄云龙提出，在社区教育中，教学应遵循自主、实用、互动和个性化原则。[④] 黎勇等以社会学习理论与后现代主义的相关观点为研究的理论基础，提出社区教育的教学原则应为：教学目标与内容的适切性原则；教学手段的艺术性原则，认为赫尔巴特的形式阶段教学、杜威的五环节教学等传统教学理论和方法已不能适应社区教育教学的发展实践，艺术性原则成为社区教育选择教学手段的主要原则；教学组织的灵活性原则。[⑤] 还有人提出社区老年教育教学模式的创新应体现在"横向+纵向"的多样性教学和层次性教学模式、"四级联动"网络教学模式、"线上+线下"多元教学模式、"项目式"教学模式等方面。[⑥]

2. 社区教育工作者专业化研究

　　认为我国社区教育工作者存在专业知能体系薄弱、专业道德概念浅薄、专业发展意识欠缺、专业自治能力不足等问题。[⑦] 有人分别对我国社区专兼职教师及志愿者在数量、年龄结构、区域配置、职业能力、职业培训等方面存在的问题进行了总结。[⑧] 黄健比较系统地总结了上海市社区教

① 黎勇、张亚丽：《社区教育教学过程的结构特征与教学原则》，《基础教育研究》2010 年第 17 期。

② 叶忠海：《社区教育学基础》，上海大学出版社，2000，第 88~91 页。

③ 张少刚：《i-实验：社区教育模式创新》，《现代远程教育研究》2012 年第 3 期。

④ 黄云龙主编《社区教育基础》，华东理工大学出版社，1994，第 216 页。

⑤ 黎勇、张亚丽：《社区教育教学过程的结构特征与教学原则》，《基础教育研究》2010 年第 17 期。

⑥ 刘丽、周雅露：《新时代开放大学社区老年教育课程教学模式探析》，《江西广播电视大学学报》2019 年第 2 期。

⑦ 南红伟：《我国社区教育工作者专业化发展研究》，硕士学位论文，曲阜师范大学，2010，第 21~24 页。

⑧ 魏国良：《上海市社区学校教师队伍建设的研究》，硕士学位论文，上海师范大学，2010，第 19~43 页。

育专职教师队伍专业化建设中的问题：总量不足、年龄结构趋于老化、学历偏低、新人较多；专业知识和专业教育途径匮乏；专业伦理和专业技术职务标准的同一性缺失；专业特许保护措施缺位。① 有人提出了社区教育专职教师胜任素质模型，这一素质模型由专业胜任素质、个性心理胜任素质以及职业品质胜任素质三个维度构成。② 还有人从知识、能力和品质三个维度提出社区教育专职教师所需具备的专业素养结构。③ 有人认为，在宏观层面，要建章立制，提高准入标准；在中观层面，要加大职前职后培训力度；在微观层面，要提升个人专业素质，提高专业认同感。④ 还有人提出，要确立以"增权赋能"为核心和以"实践智慧、专业自觉和外部引领"为路径的"三维一体"专业化发展框架，采取立足政策保障提升职业认同、通过专业培养增强专业素养、以实践反思筑牢实践智慧、强化教师继续教育岗位和培训等措施，推进社区教育教师专业化发展。⑤

（六）社区与学校互动合作的研究

人们主要对学校与社区的关系、我国社区与学校互动合作的现状及存在的问题、如何加强社区与学校互动合作等方面进行了研究。

1. 学校与社区关系的研究

20世纪90年代以来，人们对于学校与社区的关系进行了一些探讨，认为二者是相互联系、相互依存和相互作用的。如有人以社会学理论为分析工具，特别是从结构功能理论、互动理论及交换理论视角去分析和解释了学校与社区的关系，认为学校与社区的多功能协作是双方获得双赢的必要基础。⑥ 人们还总结了学校和社区对彼此发展的作用，认为一方面，学校具有办学优势、文化优势、文明辐射优势及空间优势，在社区建设中具

① 黄健：《专业化：社区教育专职教师队伍建设的研究》，《远程教育杂志》2010年第4期。
② 张书娟：《社区教育专职教师胜任素质模型研究——以上海市为例》，硕士学位论文，华东师范大学，2011，第47~56页。
③ 杨秀彤：《上海市社区教育专职教师专业素养提升研究》，硕士学位论文，上海师范大学，2013，第18~20页。
④ 熊菲：《中美城市社区教育工作者的专业化比较研究》，硕士学位论文，南昌大学，2011，第45~53页。
⑤ 程仙平、潘冬艳：《专业化赋能框架下社区教育教师发展研究》，《河北师范大学学报》（教育科学版）2020年第6期。
⑥ 李卫英、李鹤松：《学校与社区关系的社会学分析》，《四川教育学院学报》2007年第3期。

有大教育功能、文明辐射功能。① 另一方面，社区为学校提供发展背景、价值基础和教育教学资源，社区参与、支持、评估和影响学校。② 还有人提出，学校、家庭和社区的关系模式的变化是从空间主导型到权力主导型、知识主导型、互动主导型的逻辑演进过程。③

2. 社区与学校互动合作中存在问题的研究

这些问题主要有：教育行政部门和学校缺乏大教育观念，没有充分整合利用社区教育资源；学校教育与"终身教育"、建立学习型社会联系不紧密，学校教育内容与社区教育内容联系紧密；④ 学校开展社区教育活动的情况不理想，向社区开放教育资源的积极性不高；⑤ 大多数教师、社区居民和管理者对学校与社区合作认识不够明确；在学生德育、家庭教育、社区体育、社区教育等方面内容的合作上存在问题；学校与社区合作活动的开展缺乏相应的制度保障；⑥ 大多数学校没有与社区互动的相应机构；⑦ 互动前目标定位不准，忽视学生社会化发展；互动中家校功能发挥不对等，校社共同管理困难；互动后忽视评估反馈，难以持续发展；等等。⑧

3. 社区与学校互动合作的模式研究

人们提出了多种促进学校与社区互动合作、协同发展的模式，如刘淑兰提出了三种学校与社区互动的模式：社区主导参与模式、学校主导参与社区建设模式、学校与社区共建模式。⑨ 黄崴等把学校与社区互动模式分为以解决问题为出发点、以教育资源共享为前提、以政策性法制规范为指

① 鲁洁主编《教育社会学》，人民教育出版社，2001，第340页。
② 厉以贤：《论社区教育的视角与体制》，《教育研究》1995年第8期。
③ 翟晓磊、李海鹏：《论学校在"校-家-社"关系中的主导地位——空间、权力和知识视角下学校、家庭和社区关系研究》，《中国教育学刊》2020年第11期。
④ 何铁彪：《关于呼和浩特市社区教育与中小学教育协调发展的思考》，硕士学位论文，内蒙古师范大学，2004，第9页。
⑤ 李继星：《学校不能成为社区的"文化孤岛"——社区与中小学相互开放教育资源的调查分析》，《中小学管理》2005年第11期。
⑥ 谌启标：《学校与社区合作伙伴关系的建构研究》，硕士学位论文，福建师范大学，2011，第25～36页。
⑦ 陈红梅、田媛陈：《影响学校与社区互动的因素分析——基于湖北省武汉市的调查》，《中国教育学刊》2012年第7期。
⑧ 梁艳、赵丹：《农村学校-社区互动的问题及对策研究》，《农村经济与科技》2021年第1期。
⑨ 刘淑兰：《学校与社区的互动》，四川教育出版社，2003，第82～89页。

引、以组织为基础四种互动模式。① 杨昌勇等借用公共关系理论把学校与社区互动归纳为4组8种基本的互动模式：单向非对称模式和双向对称模式、常态互动模式和非常态互动模式、间接互动模式和直接互动模式、公关专题互动模式和日常随机互动模式。认为上述各种模式之间具有内隐的关联性和互补性，学校与社区的公共关系建设是一个系统工程，不能顾此失彼。②

（七）改革发展中国社区教育的研究

1. 我国社区教育发展中形成的模式与经验研究

有人把我国社区教育的模式归纳成行政地域型模式、企业厂区型模式、学校中心型模式几种。③ 有人认为，在我国社区教育中，统筹型模式是主导模式，辐射型模式是主体模式，互惠型模式是基本模式，实体型模式是超越型模式。④ 还有人从另一角度归纳了我国实践中产生的社区教育模式类型，即三级社区教育委员会模式，官民结合的社区教育管理模式，单主体推进各部门联动模式，"政府主导推进、专门机构实施、社会力量协同、居民自主参与"的合力模式，并进一步把以上社区教育发展模式归纳为几种类型。⑤

认为我国社区教育经验主要有：树立社区教育是国民教育重要组成部分及社区教育与社区发展互动的理念；认真落实各级政府的刚性责任；提供社区教育运作的保障条件；搭建完善的教育体系；提高教育规划的科学度、教育主体的整合度、教育资源的利用度、教育对象的参与度、教育内容的适宜度、教育手段的先进度、教育进程的持续度、教育结果的有效度；抓好社区教育的两个关键是学习型组织建设和社区文化建设；坚持因地制宜的自主创建，注重科学借鉴。⑥ 叶忠海把中国社区教育发展经验从

---

① 黄崴、王晓燕：《学校与社区关系及其改善策略》，《教育科学》2006年第5期。
② 杨昌勇、谢艳娟：《公共关系视阈下的学校与社区互动模式》，《广西社会科学》2012年第12期。
③ 黄利群主编《社区教育概论》，沈阳出版社，1992，第126～142页。
④ 胥英明：《中国主要社区教育模式研究》，硕士学位论文，河北大学，2000，第12～27页。
⑤ 李志雄：《社区教育发展模式：类型分析与优先策略》，《广州城市职业学院学报》2012年第1期。
⑥ 朱涛：《社区教育：新成效·新认识·新经验》，《河北师范大学学报》（教育科学版）2007年第6期。

最终价值向度、对象、内容、形式、资源、基地和载体、管理模式、经费、基本特点、运作模式和机制、评价、交流合作、理论研究等方面归纳为13点。[①]

2. 我国社区教育存在的问题研究

不少学者对我国社区教育中存在的问题进行了思考和总结，认为我国当前社区教育主要存在以下问题：发展不平衡；开展社区教育的积极性和迫切性基层高于上层；社区教育领导管理体制混乱无序；需要有实体及多方面人士和组织的参与；[②] 对社区教育的认识有待提高；缺乏一支专业化、高素质的社区教育队伍；学习成果认证制度尚未建立；社区内的各种教育资源与相应机构的整合存在问题；[③] 社区教育机构发展不健全；社区教育活动载体陈旧；学习型组织不成熟；[④] 社区教育整体发展缺乏普遍性规律的指导和合法性制度的支撑；政府单一主体的供给无法满足多元需求。[⑤]

3. 改革社区教育的策略研究

这方面的成果非常多，下面列举几项比较有代表性的。

叶忠海在其著作中以很长的篇幅从8个方面阐述了21世纪初中国社区教育发展的基本对策：形成以终身学习为导向的新学习文化；推进社区教育信息化；运用多种举措激励民众终身学习；推进学习型组织的建设，强化过程、特色创新、系统及滚动的意识；加强学习型社区构件的建设；加强社区教育机构的能力建设；建立和完善社区教育评价制度；强化社区教育的科学研究。[⑥]

陈乃林指出，要持续地引导社区全体居民进行终身学习，促进人的全面发展；坚持整体规划和分段实施相结合，积极稳步地推进社区教育发展；坚持基本标准统一性和发展模式多样性相结合，鼓励社区教育争创特色；坚持面向全员和突出重点相结合；积极探索社区教育的科学运行机

①　叶忠海：《21世纪初中国社区教育发展研究》，中国海洋大学出版社，2006，第21~30页。

②　厉以贤主编《社区教育的理论与实验》，四川教育出版社，2000，第25~26页。

③　汪国新主编《中国社区教育30年名家访谈》，浙江科学技术出版社，2010，第23~26页。

④　王瑞琪：《中国社区教育社会化推进策略研究》，硕士学位论文，山西大学，2013，第6~17页。

⑤　李斌：《后现代视域中社区教育的发展困境》，《江苏开放大学学报》2015年第2期。

⑥　叶忠海：《21世纪初中国社区教育发展研究》，中国海洋大学出版社，2006，第144~211页。

制，建立目标导向机制、评估督导机制、投入保障机制和激励制约机制。①

张燕农等从宏观与微观两个方面提出了社区教育发展策略，并对每一个策略的具体操作进行了比较详细的阐述。从宏观策略看：建立健全社区教育法律和政策体系、注重激励机制的建立和加大经费资助力度。从微观策略看：逐步建立并持续推进社区教育管理体制和运行机制的深化发展、提高社区教育实体专业化服务水平、形成全社会参与的机制、提高社区教育教师的多方面能力、找准社区教育品牌的发展定位、开发和整合社区教育网站学习资源。②

顾侠强指出，发展我国社区教育，要建立科学的领导体制和工作机制；建立科学的社区教育制度、组织和经费保障机制；坚持"区域分治、分类达标、分类指导、建立机制、联动推进"的方针；加大宣传力度；加强宏观政策调控与指导；形成各地区社区教育网络；整合各类教育资源；打造全国社区教育网络联盟；加强现代远程教育；加大经费投入。③

宋亦芳对社区教育高质量发展进行了探讨，认为其在理念上体现了新时代的发展要求，在供给上体现了高水平的教学服务，在机制上体现了高效能的系统循环。同时，社区教育高质量发展特征呈现时代性、整体性、发展性三大特性。为增强内生动力，社区教育高质量发展运行机理强调，要以改革促进提升，以提升谋求改革；以传承支撑创新，以创新助力传承；以投入保障产出，以产出引导投入。④

第二节　我国社区教育学术研究的反思与方向前瞻

一　百年来我国社区教育学术研究的反思

百年来，我国社区教育学术研究取得了优异的成绩，同时存在不少的

---

① 陈乃林：《坚持以科学的理念指导社区教育发展》，《教育研究》2004 年第 1 期。
② 张燕农、张琪：《社区教育发展模式的理论与实践研究》，首都师范大学出版社，2011，第 94~120 页。
③ 顾侠强：《社区教育概论》，中央广播电视大学出版社，2011，第 353~363 页。
④ 宋亦芳：《社区教育高质量发展的理论解析》，《职教论坛》2021 年第 9 期。

问题。

（一）百年来中国社区教育学术研究取得了巨大的成绩

1. 对社区教育的相关研究从无到有，并逐渐形成一个专门的研究领域

民国时期，社会教育首次开始成为一个专门的研究领域，这在我国社区教育研究历史上具有开创性意义。尽管这时人们并没有使用社区教育这一名词，但其研究的有关内容实际上绝大部分属于社区教育范畴。20世纪80年代中期以后，国内学者在研究中开始正式使用"社区教育"这一概念。在这百余年间，我国关于社区教育的研究成果从无到有，逐渐形成了一个专门的研究领域，主要表现在以下几个方面。

（1）涌现了大量社区教育的研究成果

这是使其成为一个专门的研究领域的前提条件，因为对一个问题的研究数量过少，则无论如何都不能使该问题成为一个专门的研究领域。百年来，我国出版的以社会教育、通俗教育、平民教育、民众教育、社区教育、社区学院等为题名的专著有1000多本，期刊论文数万篇，还有大量专门研究社区教育的博士及硕士学位论文。

（2）研究形成系统体系

这也是使社区教育成为一个专门的研究领域的重要方面。在民国时期，有关社区教育的研究，就包括了社区教育相关概念内涵与特点、目的与功能、实施途径与形式、课程、教学、师资、校社关系、国外社区教育等方面，研究开始形成体系。20世纪80年代中期以来，除了出版及发表了一些比较全面、系统地研究社区教育的专著及博士、硕士学位论文外，全国教育科学规划办还立项了大量有关社区教育的课题，如在"十五"期间，社区教育被列入全国教育科学规划项目的就有27项。在这些课题中，各研究人员分工协作，使研究具有较强的系统性。百年来，既有关于社区教育基本原理方面的研究，又有关于社区教育各个领域的研究；既有对全国范围的研究，也有对各地区社区教育的研究；既有对城市社区教育的研究，又有对农村社区教育的研究；既有对国内社区教育的研究，还有大量对国外社区教育的专门研究。

（3）研究内容专门化

首先，有专门的概念与理论是使问题成为一个专门的研究领域的关键。百年来，我国学术界在社区教育研究中确立了一系列的专门概念，并

对其进行了探讨。社区教育、通俗教育、平民教育、民众教育、社会教育、社区大学、社区学院（校）等都是社区教育研究中特有的概念。同时，不管是民国时期的教育家，还是当代的一些学者，都提出了一些有关社区教育概念、目标、课程、教学等方面的理论。其次，有专门的研究范畴和内容是使问题成为一个专门的研究领域的核心。百年来，我国对社区教育的本质特点、功能、目标，社区教育政策与法规，社区教育机构建设，社区教育的课程与教学，社区教育教师专业化，校社合作与一体化，建设学习型社区，社区教育促进社区治理，整合社区教育资源，等等的研究，正是社区教育专属的研究范畴和内容。

（4）研究人员专业化

是否有专门的研究人员，同样是衡量问题是否成为一个专门的研究领域的重要方面。民国时期，我国涌现了一大批如晏阳初、俞庆棠、梁漱溟、李蒸、雷沛鸿等研究社区教育的著名教育家，可谓群星灿烂。我国当代社区教育的研究人员数量更多，主要是社区教育的实际管理者及专职的科研人员，社区教育、成人教育、继续教育、终身教育等领域的专家学者是社区教育的核心研究群体。

（5）在研究方法上特别注重从我国实际出发

进行了大量的调查研究、区域研究和典型案例解剖研究，出版和发表了大量相关的调查报告、现状与经验介绍等的专著与论文，这些都有利于凸显我国社区教育的特色，使之成为一个专门的研究领域。

此外，还成立了相关的研究机构，如民国时期有通俗教育研究会、中华平民教育促进会等有关专门组织，当前我国有社区教育委员会等专门组织。这些研究组织既推进社区教育实践，又进行有关的研究，还办了大量的专门杂志。

2. 运用了多种理论来研究我国社区教育的有关问题

民国之初，我国现代社区教育不管是在实践上还是在理论研究上都刚刚起步，可借鉴的研究成果极少，在这种情况下，我国学术界一直致力于运用相关理论，主要是国外的一些相关理论来分析我国社区教育的有关问题。如从西方卢梭、杜威等人的相关理论出发分析我国社区教育的目标，凸显了唤起民众、"作新民"的内容，同时运用这些理论去分析社区教育教师的角色，认为教师处于辅助与指导的地位；运用现代学习心理学的理论，提出一系列教学原则与方法，如强调要从学生的心理出发，强调引起动机、反复练习、直观教学等都体现了现代学习心理学的有关思想。当代社区教育产生后，人们更是大量运用了有关的理论来研究我国社区教育问题。如把终身教育理论和学习化社会理论作为社区教育改革和发展的研究视角；运用社会学理论探讨社区教育的本质；运用相关的经济学理论研究社区经济与社区教育发展的关系；从现代课程论视角出发提出改革我国社区教育课程的建议与对策；从交换理论、公共关系理论、资源合理配置理论视角出发研究学校与社区的关系、互动的模式和资源配置问题；从治理理论出发探讨社区教育融入社区治理；等等。

3. 研究体现了鲜明的时代精神

时代精神是一个社会在某个时代主要的发展趋势与要求，深刻地影响着社会的方方面面。我国现代社区教育的产生及当代社区教育在 20 世纪 80 年代中期的兴起本身就是时代的产物，与时代精神紧密相连。对社区教育的研究同样受到时代精神的影响，其学术思想也必定体现了时代精神。如我国现代社区教育的产生是出于中华民族救亡图存的需要，同时受到西方社会的民主、平等等精神的影响，因此，人们无不强调社区教育振兴国家民族的社会功能和目标，以及教育对象是全民的教育民主化思想。此外，民国时期学者们的研究重点从通俗教育到平民教育，再到民众教育，也正是教育民主性时代精神影响的结果。为了给学校教育提供一个好的德育社会环境以及为其筹集更多的资金，我国当代社区教育产生，在这种情况下，人们大多是从学校本位的角度对社区教育进行探讨。到了 20 世纪 90 年代中期后，学校与社区开始走向融合与双向服务。反映在研究中，人们对社区教育本质和功能的理解发生了变化，强调教育社会一体化。2000 年以后，随着终身教育思潮对我国影响范围的扩大，以及建设学习化社会思想的提出，促使人们对社区教育与终身教育的关系、促进社区与学校沟通等方面进行研究；教育信息化步伐的加快，使得社区教育信息化的研究被提上了议事日程；随着近几年国家对治理理念的强调，一些学者开始对社区教育融入社区治理问题进行探讨……

4. 注重对境外社区教育的研究

加强比较研究，对任何领域都有着十分重要的意义。我国学术界特别注重对境外社区教育的介绍、总结与比较研究。民国时期，我国就多次翻译、介绍了英、美、日、北欧各国家的相关先进经验，并出版了有关社区教育比较研究的专著。20 世纪 80 年代末，我国出版了第一本系统介绍美国社区学院的专著，此后，出现了大量研究美国、日本等国家社区教育的著作，博士、硕士学位论文及期刊论文，其中尤以研究美国社区学院的成果最多。这些成果对境外社区教育发展的历史、特点、职能、办学形式、课程、学生及教师、教学方法、行政管理、经费来源等进行了介绍，并在此基础上提出了我国社区教育改革发展的一些建议与对策。

5. 提出了大量有价值的思想观点

研究中，人们提出了大量有价值的思想观点，如：民国时期，大多数人认为，社会教育是家庭教育、学校教育以外一切教育活动的统称的观点一直影响到现在，社会教育由此被作为与家庭教育和学校教育并列的三大教育之一；当时许多教育家的思想中都体现了教育民主化，强调要造就健全的公民，这些思想到今天也仍未过时；强调社区教育的实施要以社区及社区居民为本，把社区教育与社区各方面的实际结合起来，强调教育资源的整合，这也正是今天我们还在大力提倡的；提出了灵活多样的社区教育实施途径与方式，特别是其中提出的学校式和社会式两种实施方式，奠定了我国社区教育实施基本形式的划分基础；确立了我国社区教育课程内容的基本框架；对社区教育的教学法进行了总结，对各种教学法进行了详细而具体的阐述，对社区教育教学与普通学校教学的区别进行了思考；提出社区教育中要使学员自动学习的观点，突破了教师权威的传统思想观念。当代中国社区教育产生后，同样产生了大量有价值的思想观点，如：强调社区教育的根本特点应该是自下而上的，对于逐渐改变当前自上而下的局面具有指导意义；认为社区教育是大教育的观点，突破了只把教育局限于社区或学校的思想，符合现代教育的理念；提出在社区教育中要构建政府、市场和社会三维框架下的多中心治理模式，体现了现代治理理论精神，也是我国建立社区教育治理体系的要求；改变以政府评价为主的现状，推行社区教育的社会评价，体现了现代教育评价的趋势；对社区教育课程、教学与学校教育课程、教学比较，使社区教育的课程和教学研究走向深入，更加凸显了社区教育的特色；提出了学校与社区互动合作的多种模式，体现了我国社区教育及学校教育发展的客观要求与趋势；等等。

6. 终身教育思想的影响越来越凸显

民国时期，尽管终身教育思想还未在世界上正式产生，但在我国有关社区教育的研究中，已经提出了相关的思想观点，特别是在界定民众教育和社会教育概念时，一些人就强调了受教时间的终身性这一特点，只不过，这一思想在当时的研究中还不是主流。20世纪90年代中期以来，随着社会和国家对终身教育的重视，人们开始认识到社区教育是构建终身教育体系的有效途径，在研究中把终身教育思想作为研究社区教育的最重要视角和指导思想，终身教育思想的影响越来越大。

（二）百年来我国社区教育学术研究中还存在众多的问题

总体来看，具有中国特色的社区教育理论体系还没有完全构建起来，还没能很好地促进社区教育专业化。具体而言，研究中存在的问题主要有以下几个方面。

1. 以社区为本的研究理念还没完全确立

社区教育是在社区中、从社区出发、为了社区进行的，因此，在研究中首先要确立以社区为本的理念，以社区为本的理念体现在社区教育研究中，就意味着要做到以下几点。其一，要把社区本身的历史、经济、文化特点，以及在这一区域内的社会生活共同体的特点作为社区教育研究的出发点。其二，要把提高所有社区居民的综合素质，帮助其实现全面发展、个性发展、主动发展和可持续发展作为研究的终极目标。任何教育都是一种培育人的活动，相应地，任何教育研究都是为了更好地促进受教育者的发展，社区教育也不例外。其三，要把促进社区的健康可持续发展作为社区教育研究的重要目的。任何教育都具有社会功能与本体功能，促进人的发展是其本体功能，而促进社会发展是其社会功能，二者相辅相成，不可偏废，因此，促进社区的健康可持续发展自然应成为社区教育研究的重要目的。

民国时期，由于"社区"这一概念在当时还几乎未得到使用，因此也就说不上有多少以社区为本的专门研究。在当代社区教育研究中，以社区为本的理念也还没有完全确立。其一，对社区及社区教育的内涵及特点研究不够。虽然人们对社区教育的概念做了多种界定，但对这一概念中的社区性研究和强调不够，而社区性是社区教育区别于其他教育形式的最重要的本质特点。没有突出社区教育中社区的特色，导致产生社区教育概念内涵仍不清晰、对各地如何从本社区的特点出发创造自己的社区教育品牌研究不够、对社区教育教师与一般学校教育教师的区别研究较为欠缺、对社区教育课程及教学与普通学校课程及教学区别研究不够深入等方面问题。其二，在研究中没有明确强调以社区居民发展为本的理念。这表现为对社区居民的需求、心理特征、社会特征等方面研究虽然有一些，但总体还较少；对如何促进社区居民参与社区教育，使其成为社区教育的参与主体、管理主体研究极少；对如何提高居民的学习能力、如何完善居民的人格等方面关注不够；对相关政策如何向居民中的弱势群体倾斜，以确保每一个居民都能受到同样的教育等研究极少；对怎样在专业开设、课程设置、教学运行中使居民的个性和主动性得到最大发展等方面研究较少。其三，对社区教育如何促进社区发展的研究不够。不少研究往往是为研究而研究，较少把促进社区发展作为重要目标，如当前一些人进行的"社区教育融入社区治理"研究，其重点在于"融入"，而不是通过社区教育去促进社区治理。

2. 研究的学理性比较欠缺

民国时期，我国有关社区教育的研究刚刚开始，尽管人们力图运用各种理论去研究社区教育的有关问题，但学理性总体上还是比较欠缺，表现为不少研究成果停留在提出观点或者只是对该观点进行较为浅层次的阐述的水平上，没有上升到理论的高度。这一现象在20世纪80年代以来虽然有所改善，但由于从20世纪50年代到70年代末几乎中断了三十来年的研究，当代社区教育对于研究者们几乎又是一个全新的领域，因此，社区教育研究的学理性与基础教育、高等教育等相比仍然相去甚远，高水平的学术专著和论文都较少。也即是说，百年来，我国社区教育研究的总体水平还不够高、学理性还不够强。如极少有人从与国外的政治、社会文化传统等方面的比较中去思考中国社区教育的改革发展问题；对社区教育与终身教育、成人教育、社会教育等概念内涵的比较大多比较表面化，没有从更高层次的哲学思想基础、更高层面的社会现实基础、更深层面的传统历史文化背景去进行分析比较；大多数人没有从价值论、认识论、教育管理学等相关理论出发深入探讨社区教育评价的理论基础；大多数人没有从课程论、教学论、知识论等相关理论出发去探讨社区教育课程与教学的相关问题；在加强社区与学校的互动合作问题上，人们极少从社会学、传播学、公共管理学、公共关系学等有关的理论出发去进行研究；等等。

3. 一些重要的问题还几乎没有人研究或者研究极少

尽管人们对社区教育的主要问题进行了探讨，但一些重要问题还几乎没有人进行研究或研究极少。在社区教育管理上，人们对社区教育管理的理念及基本理论等研究甚少；对政府在社区教育中的角色与职责问题研究较少；对以政府为主导自上而下的社区教育管理模式怎样逐步发展为以居民为主体自下而上的社区教育管理模式研究极少；对社区教育管理中的居民参与问题研究不多，特别是对于居民参与的内涵、意义等研究极少；对民间组织、社会力量在社区教育管理体制中的地位和作用探讨较少。对我国社区教育法律法规的价值取向，制定的理论和实践依据、程序、内容等研究不多。对我国社区教育发展均衡问题及社区教育的质量问题关注较少。对我国社区教育及社区学院的定位与培养目标问题研究甚少。对社区教育课程与教学的特质研究不多。没有对社区教育教师专业化的内涵、标准、必要性、专业化策略等进行深入研究，没有系统地分别对社区教育专职教师、兼职教师的素质构成进行探讨。对于社区治理背景下中国社区教育的发展研究不够深入。对于教育信息化背景下我国社区教育在办学理念、课程教学等方面如何改革的研究不多。几乎没有对社区教育在家、校、社协同育人中地位及作用的研究。

4. 研究中不少重要的问题还没有形成共识

未形成共识的问题很多，这里只是列举几种最主要的。第一，对社区教育概念内涵的争议。民国时期人们就对与社区教育相关的概念内涵存在争议，到现在，人们对于社区教育的内涵仍然存在不同的看法，因此才有社区教育是指社区内所有的教育活动和社区教育是一种与学校教育、家庭教育并列存在的社会教育的两种不同观点之争。同时，正因为社区教育概念存在争议，所以人们对社区教育产生的时间以及其是否是人类出现以来就存在的等问题的观点各不相同。第二，我国 20 世纪 80 年代中期后兴起的社区教育究竟是我国新创造的一种教育形式还是 20 世纪 20~30 年代社会教育活动的复兴？现代社区教育的产生究竟需要什么样的政治、经济条件？与此紧密相关的是，在我国经济欠发达地区是否也能够发展社区教育？我们目前对这些问题还没有明晰的认识。第三，社区教育的归属不明，一些人把其归于成人教育领域，一些人把其归于社会教育领域。第四，社区教育机构的定位和地位没有得到明确，社区学院是否应具有法人地位的问题也未得到明确。第五，社区教育机构与电大、成人学校等机构之间的关系没有厘清。第六，我国社区教育发展模式应是自上而下的还是自下而上的这一问题没有得以明确。第七，社区教育教师是否是一个专门的职业问题在当前并未形成共识。上述问题都是社区教育研究中的基本问题，但我国当前并没有对此形成一个统一的认识，我们必须对这些问题进行进一步的思考。

5. 对国内外社区教育成果的本土化不够

在建设中国特色的现代化国家历程中，构建有中国特色的社区教育体系也是题中应有之义。百年来，尽管我国翻译和介绍了大量国外的有关成果，但这些研究大多数只是简单地介绍、总结国外的有关现状与经验，缺少在比较深入思考基础上的本土化的研究成果。中国在政治、经济、文化等方面都有其具体的国情。民国时期，文盲占人口的绝大多数，经济比较落后，我国当前也存在经济发展极不平衡，以及不同的社会历史文化背景及社会政体等特有的国情，这些都决定了我们不能把国外的一些做法生搬硬套过来。如在社区教育管理模式上，美国、日本、新加坡分别采用了不同的管理模式，针对我国的具体情况，特别是我国不同地区的具体情况，应采用何种管理模式？再如，北欧社区教育中的人文主义理念与美国社区教育中的实用主义理念，都鲜明地体现了其本地、本国的文化特色，那么，我们应怎样根据自己的民族文化传统和当前社会的核心价值观确立科学的社区教育理念？又如，美国社区学院在社区教育课程开发与评估等方面都已较为成熟，取得了良好的效果，我们应如何根据本地情况学习与借鉴这些做法与经验？另外，不少发达国家的社区教育工作者队伍建设搞得很好，它们在政策法律保障、专业资格要求、职前职后培训、专业组织机构等方面都有很好的做法，我们应怎样从中国国情出发，借鉴别国的经验，以促进社区教育工作者专业化？因此，我们在研究中不但要有全球化的眼光，而且要有本土化的意识，但人们研究中的着力点主要还在前者。

6. 研究的地区范围不够广泛

不管是在民国时期还是在当代社区教育的研究中，都存在对实验区及发达地区研究较多，对非实验区及欠发达地区研究不足的问题。然而，发达地区及社区教育实验区的范围都较小，当前把我国国家和省两级社区教育实验区加起来，只占全国县（区、市）总数的1/5左右。而且实验区与非实验区、发达地区与欠发达地区，其社区教育各有特色，各自所存在的问题与所取得的经验也不尽相同。我们应扩大社区教育研究的地区范围，特别注重非实验区及欠发达地区的社区教育研究。

7. 研究的范式尚需改进

百年来，我国在社区教育研究中主要运用了哲学思辨的研究范式和实证主义的研究范式，这两种研究方法各有优点，前者有益于提高社区教育研究的理论深度，后者有助于对社区教育的实际情况进行量化。近年来，有少数人运用了质性研究范式，但总体而言，这几种研究范式的结合还并不好，表现为一些哲学思辨范式研究多停留于理论上的泛泛而谈，与实践结合不紧密，大大减弱了理论研究对实践的指导意义；一些实证研究范式则停留在调查报告的水平，缺乏理性思考和升华；一些质性研究同样缺乏深入的挖掘与思考。

综上所述，百年来，我国众多的学人对社区教育进行了艰苦的探索，尽管研究中存在这样那样的问题，但他们的研究具有开创性的意义。总体来看，一方面，相关研究开辟了一个崭新的领域，填补了我国在社会教育和社区教育研究上的空白，并成为我国终身教育研究中不可缺少的重要组成部分，研究由自发逐渐走向自觉、由零星逐渐走向系统、由肤浅逐渐走向深入，理论研究和实验相结合、专职理论工作者和实践工作者相结合，研究水平不断提高。另一方面，研究中提出的不少观点为指导我国社区教育实践、推进终身教育和创建学习型社区提供了科学依据，其中的一些研究来源于我国社区教育实践，但又高于实践，为推动我国社区教育的健康发展做出了不可磨灭的贡献。总结并反思百年来我国社区教育的有关研究，是为了借鉴已有的优秀成果，解决研究中尚存的问题，更好地对这一领域进行探索。随着我国社区教育的发展，新的情况不断出现，如何在汲取已有研究成果精华的基础上，进一步明确未来的研究方向，采用科学的研究范式，以进一步提高研究的理论水平和增强对社区教育实践的指导性是特别应该引起我们深思的问题。

二　我国社区教育未来的研究方向

针对我国社区教育研究中存在的问题及社区教育实践的需要，应从以下几个方面确立我国社区教育未来的研究方向。

（一）从只关注社区教育本身的研究拓展到把社区教育放在社会、社区及其他教育形式中进行研究

随着社会的发展，教育越来越成为一个开放的大系统，社区教育是教育中的一个子系统，社区是其产生与发展的土壤，这决定了社区教育更应与其所处的社会、社区相融合，与其他教育形式相沟通。因此，我们应跳出就社区教育本身论社区教育的思维局限，把社区教育放到一定的社会背景及其所在的社区的具体情况中进行研究，把社区教育与其他教育形式作为一个整体进行研究。研究的重点主要有以下三个方面。

第一，把社区教育放到大社会环境中进行研究，特别是要研究社区教育与社会变迁的关系。社会变迁是社会政治、经济、文化等各个方面变化的综合表现，社区教育是社会变迁的产物，同样，社区教育的发展也不可避免地受到社会变迁的影响。首先，经济因素对社区教育有着重大的影响。经济因素是社会变迁的最终决定性力量，经济发展水平与经济结构的变化，使人类社会由农业社会向工业社会及信息社会转型，引起产业结构的改变，影响到人们的生活、居住方式等的变化，从而产生了社区与社区教育，并促进了社区结构与功能的变化，进而深刻影响甚至决定了社区教育的发展方向、发展模式、教育内容等。就我国而言，漫长的农业社会没能产生现代意义上的社区及社区教育，中华民国成立后，工业化进程得到一定程度的推进，这是我国现代社区教育得以产生的经济因素。此外，经济一般首先在城市中得到较快的发展，因此我国当代社区教育首先在经济实力最强的上海市产生。这些都说明我们在研究社区教育的产生及改革发展时，必须从当时的经济环境、经济水平出发。其次，政治变迁对社区教育有着重大的影响。封建专制下的政治制度和体制显然不可能孕育出具有民主性和开放性的现代社区教育，只有在推翻了封建帝制后，开始走向民主的政治背景下，我国现代意义上的社区教育才得以产生。同样，我国当代社区教育是在改革开放后民主政治得以大踏步发展的政治背景下产生

的。再次，文化领域的变迁主要体现在观念上，即价值与态度的变化，以及行为规范上的变化，如传统的把教育局限于学校教育的观念被突破，而这正是社区教育得以产生并日益深入人心的群众基础。从以上分析可以看出，社区教育的产生及发展都与社会的变迁紧密相连，因此，我们应加强对社区教育与社会之间的关系、社区教育产生及发展的历史、影响社区教育发展的因素等方面的研究。

　　第二，加强对社区教育与社区关系的研究。社区教育是以社区为地域范围的教育，而各地区的经济、文化等有着较大的区别，因此，我们必须加强对社区教育与社区关系的研究。首先，应加强对社区教育与社区发展关系的研究。社区的发展情况对社区教育的发展有着重大的影响。联合国及许多国家倡导的社区发展目标有以下 4 个：提倡互助合作精神，鼓励居民自力更生解决本社区的问题；培养社区成员的民主意识，在社区发展过程中促使民众积极参与社区公共事务；加强社区整合；使社会变迁有计划地进行。① 而社区教育正是需要各单位、组织及个人的互助合作，需要居民的主动参与，需要整合全社区的教育资源，从而有计划地推动社区的发展。在互助合作、居民参与、资源整合等方面做得较好的社区，显然有利于社区教育的发展，反之，则发展社区教育障碍重重。因此，要使社区教育得到良好发展，就必须加强对社区教育与社区发展关系的研究。其中，要特别注意加强对社区教育促进社区治理的研究，包括要进一步探讨社区教育促进社区治理的必要性及其机制与模式等问题。其次，加强对社区教育与社区文化关系的研究。社区文化是构成社区的核心要素，主要指社区内社会关系和社会组织的结构和特征。按照滕尼斯的划分，社区文化可分为礼俗社会与法理社会两种类型。礼俗社会类型的社区主要存在于农村，以重血缘、情感、礼仪等为特征，人与人之间关系紧密；法理社会类型的社区主要存在于城市，人与人之间关系疏远甚至陌生，主要以统一的规章制度来规范人们的行为。要在这两种社区类型中进行社区教育，显然不能用同样的方式方法。因此，加强对社区教育与社区文化关系的研究是非常必要的。再次，应加强对不同社区的教育发展策略的研究。如对于发展水平较高的社区，应把研究的着力点放到如何提高该社区教育的质量上；对

---

① 张敦福主编《现代社会学教程》，高等教育出版社，2001，第 177 页。

于发展水平较低的社区，则应把研究的着力点放到如何促进该社区教育的起步上。总之，我们应通过研究社区的具体情况，从该社区的实际出发，提出富有针对性的对策建议，使各地区的社区教育实现特色发展。

第三，加强对社区教育与其他教育形式进行沟通与融合的研究。首先，社区教育不可能独立于其他教育形式而存在，必然要与别的教育形式产生千丝万缕的联系。我国社区教育从民国时期的学校兼办社会教育，到20世纪80年代中期的社区为学校德育服务，再到20世纪90年代提出的要实现家庭教育、学校教育、社会教育一体化的观点，正是社区教育必须与其他教育形式进行沟通与融合的反映。其次，社区教育是终身教育、终身学习、建设学习化社会"立交桥"的重要组成部分，必须进一步与其他教育形式进行沟通与融合。再次，社区教育与其他教育形式进行沟通与融合有利于社区居民在学习时有更大的选择余地和空间，能采取更加灵活的方式，有利于社会全体成员的个性发展。最后，社区教育与其他教育形式进行沟通与融合有利于教育资源的整合，最大限度地发挥各种教育资源的作用。这对于教育资源本来严重匮乏的欠发达地区而言更为重要。我国学术界虽然进行了一些有关社区教育与其他教育形式进行沟通与融合的研究，但总体来看，还很不够，我们应重点研究以下两个方面的问题。其一，研究如何实现社区教育与职业技术教育及成人教育、社区教育与学校教育及家庭教育之间的统筹、协调发展，如何整合各种教育资源，使其互相融合、取长补短；其二，研究如何建立科学的学习成果认证制度，使社区教育能实现与其他教育形式在课程、学分、证书等方面的互认。这是决定社区教育与其他教育形式进行沟通与融合的最关键因素，理应成为我们研究的重点。

（二）从注重对社区教育管理的研究转向注重对社区教育协同治理的研究

百年来，我们大多是站在政府行政部门的立场去研究如何管理社区教育，没有明确认识到居民是社区教育最重要的主体，社区教育应由居民与政府及其他社会组织协同治理，导致对居民参与社区教育、政府在社区教育中的职能、社区教育中政府主体与居民主体的关系等问题的研究不多、观点不明。公共治理理论一个最核心的观点是主张多元主体共治。"治理"与"统治"的最大区别在于：统治的主体是单一的，而治理的主体除了政府外，还可以包括企业组织、社会组织、公民组织等。① 公共治理可以被视为一个利益相关者协同采取行动的过程。作为纳税者，社区居民是社区教育的投资者；作为学习者，社区居民是社区教育的消费者。因此，社区居民是天然的社区教育利益相关者，理应成为社区教育的参与主体。以此出发，我们应注重研究以下几方面问题。

1. 注重研究社区教育中居民的参与问题

首先，要弄清社区教育中居民参与的内涵。社区教育中居民参与不仅仅是指居民对具体社区教育活动的参与率，而且意味着居民对社区教育拥有的决策权和管理权。其次，要从社会政治、教育及居民的个人发展需求等角度去研究社区教育中居民参与的必要性，以及我国社区教育中居民参与现状与存在的问题。再次，社区居民的特点与需要应成为重要的研究对象和内容。虽然也有一些人对社区居民的需求进行了一些调查研究，但数量不多，也不系统。最后，要以培养居民的参与意识与参与能力为重要的研究内容。现代社区教育区别于传统社会教育的重要特点之一就是社区居民普遍具有了较强的社区教育参与意识，并具有较强的参与能力，与政府一起管理和推动社区教育。但在我国当前社区教育中，社区居民的参与意识与参与能力都还较弱，社会组织与社会团体也不够发达，因此，我们必须加强相关的研究。

2. 注重研究社区教育中政府的职能

《国家中长期教育改革和发展规划纲要（2010—2020 年）》指出："各级政府要切实履行统筹规划、政策引导、监督管理和提供公共教育服务的职责，建立健全公共教育服务体系，逐步实现基本公共教育服务均等化，维护教育公平和教育秩序。"② 这就明确规定了政府在教育中的职责。社区教育虽然不像义务教育那样是纯粹的公共产品，但也具有公共产品的属性，政府在其中同样负有不可推卸的责任。因此，明确政府在社区教育发展中的应有服务职能及如何履行这些职能应成为我们今后研究中的重要内容，包括要研究政府在社区教育发展中的角色，研究政府应负有的在社区教育相关政策法规的制定、统筹规划、监督管理、资金投入

---

① 俞可平：《论国家治理现代化》，社会科学文献出版社，2015，第 2 页。
② 《教育规划纲要》工作小组办公室：《教育规划纲要学习辅导百问》，教育科学出版社，2010，第 44 页。

等方面中的责任。

3. 注重研究社区教育治理中政府主体与居民主体的关系

政府与居民是社区教育治理中两个最重要的主体，明确两个主体各自的角色与地位、明确两个主体之间的关系应成为我们重要的研究内容。只有明确了政府与居民之间的关系，才能使政府与居民的责任和权利边界清楚，在实践中也才能正确处理政府和居民的关系，充分发挥它们各自的作用，改变长期以来形成的政府"越位"与"缺位"、居民对社区教育参与不够等现状，真正建立现代社区教育治理体系。

（三）从只注重对社区教育办学体制的研究到特别注重对社区教育培养过程的研究

首先，社区教育是一种教育形式，其本质是要培养人，这就要求我们必须对其教育过程，即培养过程的各个方面进行研究。如果我们研究的重心只停留在办学的体制上，对其培养过程还没有足够的重视或研究不多，则只能说明这一研究处于比较初级的阶段。因为在任何一种教育活动中，办学体制固然很重要，但这仍然是形式和表层的东西；具体的教育教学过程则是内容，是核心，是更深层次的东西。办学体制是为培养人才服务的，我们必须把研究深入社区教育的培养过程。其次，只有加强对社区教育培养过程的研究，才能使社区教育得到高质量发展，社区教育在面对建设学习化社会与终身教育"立交桥"的挑战时也才能立于不败之地。再次，加强对社区教育培养过程的研究，是以人为本理念的体现，其实质就是要促进社区居民的全面和谐发展。为此，我们应着重研究以下几个方面的问题。其一，研究社区教育的培养目标。培养目标规定要培养什么人，决定着社区教育教学的各个方面。我们要在深入探讨教育目的、教育价值观及社区教育的特点等基础上构建社区教育的培养目标体系，特别是要注意由于社区教育机构的多样，要分别研究社区大学（学院、学校）、老年大学、各种职业培训机构、各种休闲教育机构等的培养目标。其二，研究如何改革和加强社区教育中的公民教育。党的十八大和十九大都强调了要落实立德树人的根本任务。因此，我们要特别注重研究如何在社区德育中更好地使社区居民确立社会主义核心价值观，更好地弘扬民族精神和时代精神，帮助居民养成应有的公民意识和公民素质。这是在社区教育中贯彻立德树人精神的重要体现，而这恰好是我国当前社区教育实践和研究中的薄弱环节。其三，研究如何改革社区教育中的课程与教学。课程与教学是一切教育的核心要素，对教育质量有着重大的影响，而我国学术界对社区教育中课程与教学的研究还很薄弱，因此，对不同种类社区教育的课程与教学目标、内容、实施、评估、考核等内容应成为我们今后的重点研究方向。其四，研究社区教育教师的专业化，包括社区教育教师是否具有专业性职业的特点、是否应专业化、我国社区教育教师专业化现状，以及如何推进其专业化等问题。其五，研究社区教育的高质量发展，包括社区教育高质量发展的内涵、标准、评估及推进策略等问题。

（四）从重点研究发达地区的社区教育到同时关注研究欠发达地区的社区教育

百年来，我国对社区教育研究的主要关注点在发达地区，这是极不利于广大欠发达地区社区教育发展的。因此，在今后的研究中，我们应特别关注欠发达地区的社区教育。第一，研究如何更好地在欠发达地区发展社区教育是实现教育民主的需要。教育民主的一个最重要的方面是终身学习权利的保障，这一个方面"现今已作为国际社会衡量一个国家对终身教育理念把握的程度，以及政策展开的一个评价基准"。① 教育民主是终身教育的要求，社区教育本身是一种具有极大民主性的教育制度。因此，在欠发达地区发展社区教育也是保障这些地区人员学习权利的重要举措之一，是实现教育民主的重要途径。第二，研究如何更好地在欠发达地区发展社区教育是缩小地区差异和城乡差距，实现整个社会和谐发展的需要。长期以来，我国地区之间、城乡之间的发展水平一直存在较大的差距，这种情况极不利于整个社会的和谐发展。社区教育有助于促进欠发达地区的发展，也有助于缩小地区和城乡差距。第三，研究如何更好地在欠发达地区发展社区教育是实现城乡一体化发展的需要。社区教育通过提高农民素质，促进农民及农村地区的发展，从而实现城乡一体化发展。第四，研究如何更好地在欠发达地区发展社区教育是弥补当前我国社区教育研究中缺陷的需要。如前文所述，我国学术界一直对欠发达地区的社区教育的研究重视不够、成果较少。因此，我们应着力研究如何针对欠发达地区的实际情况开

---

① 吴遵民：《现代中国终身教育论——中国终身教育思想及其政策的形成和展开》，上海教育出版社，2003，第56页。

展社区教育、构建切实可行的办学模式、制定合理的培养目标、开设适合该地区居民和社区发展需要的课程、采用更加有效的教学方式与手段、切实加强学习资源建设等问题。

（五）从分别研究城市与农村的社区教育走向城乡社区教育均衡、城乡社区教育一体化的研究

百年来，我国学术界对社区教育的研究大多是分别对城市地区与农村地区进行的。事实证明，要缩小城乡社区教育的差距，只研究城市社区教育或者只研究农村社区教育都是不行的，因为社会是一个整体，正如在20世纪80年代中期开始的农村教育综合改革，人们在较长时期把改革的对象限定在农村地区之内，但后来发现，这一做法不能从根本上解决问题，而且随着我国社会政治、教育等领域改革的深入推进，社会公平和教育公平问题越来越凸显出来，实现城乡教育均衡发展日益成为迫切需要解决的问题。因此，我国学术界在20世纪90年代中期提出了"教育均衡发展"，国家也采取了一些促进城乡教育均衡发展的相关措施。2000年后，城乡教育一体化被正式提上党和国家工作的重要议事日程，2010年的《国家中长期教育改革和发展规划纲要（2010—2020年）》中进一步明确地提出要"构建城乡一体化的教育发展机制"。社区教育作为教育的一种形式，同样要实现城乡社区教育均衡发展与城乡社区教育一体化发展。因此，我们在今后的研究中，应跳出以城市或者以农村为本位的一元化视角，致力于我国城乡社区教育均衡发展和城乡社区教育一体化发展研究。首先，要研究城乡社区教育均衡发展与城乡社区教育一体化发展的内涵，明确城乡社区教育均衡不等于平均，更不是低位均衡，城乡社区教育一体化也不是千篇一律、抹杀个性的一体化。其次，要从有关的教育均衡发展、城乡一体化发展理论及我国的具体实际出发，着力研究如何实现城乡社区教育均衡发展，最终形成城乡社区教育一体化协调发展的局面。

（六）从单纯介绍国外社区教育情况走向社区教育本土化研究

对我国社区教育的研究可以说是从介绍国外的社区教育情况开始的，一直到今天，仍然有不少研究国外社区教育的论文与著作。这些研究有利于开阔我们的视野，借鉴他国的有益经验，更好地在我国开展社区教育。但其中最大的问题是这些研究大多只停留在介绍和总结他国社区教育的现状、做法及经验的基础上，社区教育的本土化还没有完全从自发走向自觉，没有把国外社区教育的有关理论及经验与中国社区教育的实际很好地结合起来。因此，我们除了要继续对国外社区教育进行深入研究外，还应加强对以下一些问题的研究。一是研究有关社区教育全球化与本土化的内涵与关系问题。二是研究百年来国外有关教育理论与实践对我国社区教育产生了哪些影响，全面总结取得的成果与存在的问题。三是全方位地对国外社区教育与我国社区教育进行深入而系统的比较研究。四是研究怎样从我国的政治、经济、文化及社区实际情况出发，借鉴国外先进的有关社区教育的理论、理念、做法等，构建具有中国特色的社区教育体系和社区教育模式，创建各地的社区教育品牌。

（七）着力研究在现代信息技术背景下社区教育的改革发展问题

现代信息技术以不可挡之势席卷整个教育界，数字化、网络化及智能化的现代信息技术，使信息传播具有打破时空限制、即时性、信息共享、大容量、超链接等高速性和广泛联通的特征。这一切对教育的理念、培养目标、内容、方法、手段、教与学的关系等方面产生了巨大而深远的影响。国家也在近几年出台了一系列有关教育信息化的政策。在学校教育领域，教育技术、教育信息化已成了研究中的热点，人们从教育哲学、技术哲学、生态学等多个视角对现代信息技术与教育及人的关系，教育信息化中的教学场所、方法、手段、学习资源建设等进行了广泛而深入的探讨，而在社区教育中，我们尽管也有一些相关的研究，但与普通教育相比，还很不深入。我们应把在现代信息技术背景下社区教育的改革作为研究中的一个重要方向，着力研究如下问题：社区教育在教育信息化背景下的发展方向；社区教育信息化的基本理论问题；现代信息技术对于社区教育的教学、课程、教材、资源建设、师生关系等的影响；怎样改善社区教育信息化环境，加强社区教育的资源建设与信息共享，形成覆盖面更广、内容更丰富的社区教育网络体系；如何构建更加适合居民使用的数字化服务学习和管理平台；怎样建立科学的线上与线下混合型教学模式，提高教学的有效性；等等。

（八）加强对社区家庭教育的研究

在全民终身学习的大格局下，家庭教育越来越受到人们的重视。2020年，《中华人民共和国家庭教育法（草案）》（征求意见稿）的出台，使家庭教育上升到了法律的高度。随着教育公平水平的提升和终身教育理念的深入人心，新时代家庭教育已成为社会基本公共服务体系的重要组成部分。也即是说，现代家庭教育理念使家庭教育由私密性转向公共性，由传统的局限于家庭拓展到学校和社区，由"一时性"转向"终身性"。与此同时，我国现阶段家庭教育中不管在内容上还是方式上都存在种种问题，而对于家庭教育的指导，存在统筹性不强、指导体系未形成、指导与服务队伍专业化程度低、家庭教育培训不规范等问题。针对这一情况，中共中央办公厅、国务院办公厅在 2021 年 7 月发布的《关于进一步减轻义务教育阶段学生作业负担和校外培训负担的意见》中，明确指出要办好家长学校，推动社区家庭教育指导中心、服务站点建设。社区教育机构本身是一个公共服务机构，承担着全社区居民的教育任务，而且相较于学校存在的难于统筹整个社区的教育资源及把家庭教育定位于服务学校教育等缺陷，社区教育机构是最为合适的社区家庭教育的"牵头"主体机构。社区家庭教育是指以社区教育机构为主导，统筹和整合社区、学校、家庭中的教育资源，建立家、校、社教育共同体，对社区家庭所有成员进行的教育。当前，我国学术界对于家庭教育以及"家—校"教育的研究较多，但极少有人对社区家庭教育进行专门研究。为此，我们应主要探讨如下几个问题：一是社区家庭教育的对象与内涵及其与学校家庭教育的区别；二是社区、学校、家庭分别在社区家庭教育中的角色，以及几者之间的关系；三是社区家庭教育的理论基础；四是社区家庭教育中的目标、管理、模式、课程、教材、方式方法、师资、评价等具体问题。

第三节　社区教育研究范式的转换

　　库恩（T. Kuhn）认为，范式"通常是指那些公认的科学成就，它们在一段时间里为实践共同体提供典型的问题和解答"。他提出的范式，是要为特定的连贯的科学研究提供模式，是特定科学共同体成员在研究中承诺同样的规则和标准，包括定律、理论、应用等。[①] 如果说这种表述还不够

---

① 〔美〕托马斯·库恩：《科学革命的结构》，金吾伦、胡新和译，北京大学出版社，2003，序第 4 页，第 9～10 页。

具体的话，叶澜对范式的表述，即"任何一类研究都需要综合运用思维工具、技术工具和符号工具，都要有一套从发现问题到检验结论正确性所必需的顺序与规范……这些工具、程序、规范的特定结构性组合，可称为'研究范式'"，以及我国《辞海》中对范式的界定，即"是指科学共同体成员所共有的'研究传统'、'理论框架'、'理论上和方法上的信念'、科学的模型和具体运用的'范例'，还包括自然观或世界观等"，① 就更加清晰具体地阐明了范式的核心内涵——研究群体成员所共有的研究理念与方法，这两个方面分别是从认识论和方法论角度界定了范式的内涵。"范式在任何理论、学说或意识形态中起一个既是地下的又是至高的作用。"② 因此，范式是科学研究中一个十分重要的概念。在社区教育研究中之所以出现种种问题，其中一个最重要的因素是缺乏对其研究范式的思考。哲学思辨的研究范式、实证的研究范式与质的研究范式是当前教育研究，包括社区教育研究在内的几种最主要范式，而教育的复杂性，决定了简单地运用任何一种研究范式总是存在这样那样的问题，社区教育的异常复杂性则更是决定了我们应突破这种简单的研究范式，在复杂性理论视野下去审视这一问题，确立复杂性研究范式。

一　复杂性范式——一种认识事物的新方式和新方法

20 世纪 70 年代，法国当代著名的哲学家及社会学家莫兰（E. Morin）提出了复杂性的思想观点，多次阐述了有关复杂性的含义。其认为：复杂的东西不能被概括为一个主导词，不能被归结为一条定律，不能被化归为一个简单的观念；复杂性不仅是统一性与多样性的统一，而且是有序性和无序性的统一，有序性指世界的稳定性、规则性、必然性、确定性与其组成事物之间的相关性和统一性等，无序性是指世界的变动性、不规则性、偶然性、不确定性与事物彼此之间的独立性和离散性等，有序性和无序性占有相同的本体论地位；复杂性是由不可分离地连接着的异质构成因素交织形成的，它提出了一和多的悖论，是种种事件、行为、相互作用、反馈

---

① 辞海编辑委员会编纂《辞海》，上海辞书出版社，2009，第 472 页。
② 〔法〕埃德加·莫兰：《复杂性理论与教育问题》，陈一壮译，北京大学出版社，2004，第 17 页。

作用、决定性、随机性的交织物；"复杂性并不仅仅包含向我们的计算能力挑战的组成单元的数量和相互作用的数量，它还包含着不确定性、非决定性、随机现象"。复杂性"与有序性和无序性的某种混合相关联"。① 学术界对于复杂性的定义多种多样，如普里戈金（I. Prigogine）等用"自组织"去界定复杂性，我国《辞海》把复杂性界定为："指事物或系统的多因素性、多层次性、多变性以及相互作用所形成的整体行为和演化。一般认为，非线性、不稳定性、不确定性是复杂性的根源。"② 复杂性这一概念本身确实较为复杂，难以有统一的定义，但大多数人认为，非线性、系统性、不确定性、系统的自组织性、混沌性、无序性、变动性、偶然性等是复杂性的特点。

复杂性理论既是一种认识事物的新方式，又是一种新的方法论。之所以要提出这一理论，是因为人们对研究人的方法的不满。莫兰认为，当时的研究方法或者是文化主义的，只从社会文化方面研究人；或者是生物学主义的，只从自然生物方面研究人。这些研究都只能得到片面的结果，因为人是自然和文化的"合金"。他批判了经典科学的简单化认识方法的两个极端。一是化简，即把复杂的事物还原为简单的事物。二是割裂，认为"我们生活在分离的、还原的和抽象的原则的统治下，我把这些原则的整体称为'简单化模式'"。笛卡尔（R. Descartes）提出的这个西方的主导范式，将哲学和科学家分开了。"这样一种分离，削弱了科学认识和哲学思维之间的交流，可能最终剥夺科学的任何自我认识、自我反思的能力，甚至使之不能科学地自我构想本身。此外，分享的原则使科学认识的三大领域——物理学、生物学、人类科学彼此根本隔离。""不能够认识人类的——社会的现实在微观方面（个人存在）和在宏观方面（人类的全球总体）的复杂性，导致了无穷的悲剧和把我们引向极端的悲剧。"③普里戈金等认为，"人们对自然的看法正在经历着一个向着多重性、暂时性和复杂性发展的根本变化"，"我们发现我们自己处在一个可逆性和决定论只适用于有

---

① 〔法〕埃德加·莫兰：《复杂性思想导论》，陈一壮译，华东师范大学出版社，2008，译者序第 3~5、7~8、31~32 页。
② 辞海编辑委员会编纂《辞海》，上海辞书出版社，2010，第 542 页。
③ 〔法〕埃德加·莫兰：《复杂性思想导论》，陈一壮译，华东师范大学出版社，2008，译者序第 3、5~7 页。

限的简单情况，而不可逆性和随机性却占统治地位的世界之中。"① 20 世纪
80 年代，美国建立了专门研究复杂性科学的机构——圣菲研究所。作为一
种崭新的研究范式——复杂性研究范式，受到了越来越多人的重视，这是
一种与传统研究范式在本体论、认识论与方法论上都有着极大区别的研究
范式。莫兰提出了复杂性范式的 13 条原则，主要有：复杂性研究除了遵循
普遍性原则之外，还应该遵循局部性和特殊性原则；承认和融入时间不可
逆性原则；整体和部分紧密相连，整体不一定能完全还原为构成它的部
分，具有非线性；复杂系统中出现了自组织现象；存在相互作用的复杂因
果网络；复杂系统中存在随机现象，不再完全遵循决定论模式；研究对象
及其环境相互作用，不能完全分离；观察者和被观察者、研究者与研究对
象相互关联；系统具有自主性；以双重逻辑和宏大概念进行思考，具有不
确定性等。② 复杂性范式主要是反对把整体等同于部分相加的简单还原性
范式，反对传统研究中的线性的、简单的思维方式与方法，强调非线性、
整体性、不确定性、无序性、自组织性。其中，非线性和整体性是最核心
的因素，整体性是区分经典科学范式的关键所在，而非线性因素导致了不
确定性与无序性。复杂性理论很难归入某一学科，是一种跨学科的思维方
式与方法论，对于包括教育在内的科学研究起着极大的指导作用，社区教
育的研究也应以此为指导，转向复杂性研究范式。

二　社区教育为什么要转向复杂性研究范式

（一）任何一种单独的研究范式都存在种种不适应社区教育的缺陷

　　哲学思辨是一种古老的研究范式，20 世纪以来，教育研究有两种主要
的研究范式："一是模仿自然科学，强调适合于用数学工具来分析的、经
验的、量化的观察，研究的任务在于确立因果关系，并做出解释。另一种
范式是从人文学科推衍出来的，所注重的是整体和定性的信息以及理解的

---

① 〔比〕伊·普里戈金、〔法〕伊·斯唐热：《从混沌到有序——人与自然的新对话》，曾庆
宏、沈小峰译，上海译文出版社，2005，第 2~3、9 页。
② 黄欣荣：《复杂性范式的兴起与科学世界观的变革》，《河北师范大学学报》（哲学社会科
学版）2009 年第 3 期。

方法。"① 社区教育研究也主要是这两种范式，近年来，还兴起了质性研究范式。其之所以应转向复杂性范式，是因为上述研究方式存在不适应社区教育形式的种种问题。

从哲学思辨研究范式看：哲学思辨的研究范式是教育研究的最初范式，具有人文性特点。这种研究范式"认同'形而上学'哲学观，推崇从'先验原则'或'公理'出发，依靠直觉、洞察、逻辑推理演绎来获取理论和知识；在研究程序上多采用'自上而下'的方式，从一般到特殊，逐层推理演绎，体系'叙事宏大'，着重概念操作，让事实符合概念而不是从事实中发现概念；具体方法上常有抽象与概括、分析与综合、比较与类推、归纳与演绎、想象与直觉等"。② 苏格拉底、柏拉图及孔子、朱熹等人的思想都体现了这一点，这一研究方式在整个古代都占据着最主要的地位，其适用于对教育本质、教育价值、教育目的及教育元理论等基本问题做形而上的探讨，多适用于宏大叙事的研究，在研究中处于最高的层次，是理论建构中不可缺少的，但其缺陷也是明显的，即研究具有较强的模糊性，难以对教育实践进行较为精确的研究，以及由于缺少实证而具有较强的主观性。百年来，我国社区教育总体以哲学思辨研究范式为主，虽然也有一部分实证主义研究，但所占比重不高，而哲学思辨的研究范式难以对社区教育实践中的一些具体问题，如社区教育学员的需要与动机、各种能力水平、学习风格、学习焦虑等方面进行量化研究，因此，实证研究范式在研究这些心理方面的指征时不可缺少。再如，对社区教育中机构设施与分布、课程设置、教学、师资等方面的情况，也需要用实证主义研究范式进行。

从实证主义研究范式看：实证主义研究范式既是一种哲学理论，又是一种研究的方式。这种研究范式以自然科学研究为典范，立足于观察、实验过程中的经验材料（数据）的搜集，通过归纳方式获得通则性的理论解释，或者基于理论假设—演绎的方式，去获取数据并对其加以分析来验证理论。正是遵循上述路线，实证意义的量化研究建立了一系列近乎刻板以

---

① 胡森：《教育研究范式》，转引自瞿葆奎主编《教育学文集》第15卷《教育研究方法》，人民教育出版社，1988，第179页。

② 林宁：《复杂性视阈下的教育研究范式探究》，硕士学位论文，河南大学，2006，第13页。

至于被人责之为"八股"式的规范，并在社会研究中被赋予了唯一具有"科学"意味且最具合法性的至尊地位。① 这一研究范式在本体论上，强调教育规律的绝对性及一元性，强调教育现象的客观性与普遍性，强调教育事实与教育价值的分离，认为教育研究就是研究主体在保持价值中立的前提下，把教育问题逐级分解，再分别进行各部分、各层级的研究，从中找寻出普遍规律的过程。在认识论上，认为一切教育客观事实都独立于认识主体之外，研究者应对其进行纯客观的描述；一切教育理论都应可以还原为教育经验，而且教育理论的真理性必须由经验来检验；教育内部存在普遍的因果关系。在方法论上，强调用自然科学的研究方法，强调精确而客观的量化。"量化的基本过程是：研究者事先假定并确立具有因果关系的各种变量，然后使用某些经过检测的工具对这些变量进行测量和分析，从而验证研究者预设的假定。定量研究不考虑主体对研究客体的影响，而追求操作工具的科学性和规范性。"② 近代以来，受国外实证主义思想和实验教育学、实验心理学等的影响，我国在社区教育研究中也开始注重实证主义研究范式。这一研究范式采用观察、统计和实验等方法，使社区教育研究更加准确、严密和客观，有利于克服哲学思辨研究范式中模糊性与主观性的缺陷。但其存在的缺陷也不可忽视。与所有的教育形式一样，社区教育也是以人为主体，是一种培养人的活动。这就决定了以下方面，首先，人是具有复杂的情感、需要、态度等的生物，这些心理成分是任何科学手段都难以进行准确测量和量化的，同时，人类心理意识的复杂性决定了人们能清楚意识到的，只是自己心理的一小部分，而大部分的潜意识心理则连自己都不能感知，自然也难以测量。其次，任何教育都承载了一定的价值，我国社区教育所承载的价值主要在于促进社区居民的发展，培养合格的现代公民，促进社区发展。如果单纯以技术方式去研究上述相关问题，把其进行量化，显然是行不通的。再次，社区教育要传承人类文化与本社区的地域文化，而文化同样是一个复杂的概念与领域，很多时候都难以量化。

　　从质的研究范式，即人文理解的研究范式看：这种研究范式是相对

---

① 阎光才：《如何理解中国当下教育实证研究取向》，《大学教育科学》2020 年第 5 期。
② 冯建军：《西方教育研究范式的变革与发展趋向》，《教育研究》1998 年第 1 期。

于实证主义研究范式或者说是为了批判与矫正实证主义研究范式的缺陷而产生的。这一研究范式以解释学为哲学基础，在本体论上，它强调一种整体观和相互联系的观点，强调把教育作为一个整体看待，把教育现象中人的行为和事件同所处的各种关系结合起来加以考察。在认识论上，认为教育活动是有目的、有意识的人为活动，具有主观性和价值性，研究主体对客体的认识实际上是主体和客体在互动的过程中对客体的重新解读和建构。在方法论上，它特别强调研究者深入现场，注意自己和被研究者的互动，然后在这一基础上对被研究者的意义解释系统进行再现和建构，具体有叙事研究、田野研究等方法。"理解的研究范式是不同于哲学思辨研究自上而下的研究，它是一种自下而上的研究，它不同于实证主义冷冰冰的'纯客观研究'，而是一种充满'人情味的研究'；教育研究的目的，不只是要从客观量化的研究中来了解事实，它更重要的在于了解和解释这些事实背后的意义。"[1] 近年来，我国在社区教育研究中也有了一些使用这种研究范式的成果，这一研究范式的优点在于充分考虑到了社区教育具有的人文性，有利于克服实证主义研究范式中存在的唯技术性、机械性等缺点，其缺点在于对研究者的要求更高，具有更强的主观性，即不同的研究者可能对于同样的现象得出相去甚远的结论。同时，这一研究范式较为费时，难以开展大规模的社区教育研究，其研究结果也难以展现我国社区教育的全景。

由上可见，不管是哲学思辨研究范式、实证主义研究范式，还是质的研究范式，其研究范式都各有优缺点，社区教育研究中如果只使用其中的一种研究范式，都是不科学的。

（二）社区教育具有的复杂性特点决定了其研究必须转向复杂性范式

教育系统由于其教育者和受教育者都是具有复杂思想且身心发展都处于不断变动状态的生命体，以及教育是一种与社会有着不可分割联系的社会现象，所以，教育系统具有复杂性的特征，而社区教育在教育系统中最具复杂性。首先，一切教育对人产生的影响都必须通过学习者自己的主观理解与解释进行，教育与学习者之间并不存在线性的决定关系，而且社区

---

[1]　冯建军：《教育研究范式：从二元对立到多元整合》，《教育理论与实践》2003 年第19 期。

教育是一个开放的复杂系统，受教育对象是社区全体居民，其不同的年龄、职业、文化程度、爱好、学习动机、个性等使这一群体比年龄和身份大致相当的普通学校学生更为复杂，这种复杂的学员群体更加决定了我们在研究时不能单一地使用某一种研究范式。其次，社区教育在课程内容上更具复杂性。与普通学校按学科开设课程不同，社区教育机构开设的课程不以学科为分类，既有职业培训类，又有休闲娱乐、公民道德、文化艺术、卫生保健等类，包罗万象，不一而足，而社会科学的研究方法在很大程度上取决于知识的结构与内容，社区教育课程内容的复杂性决定了其研究必须转向复杂性范式。再次，社区教育是一种由社区主办、从社区出发、为了社区的社会教育形式，是与社会和社区联系最为紧密的教育，其发展要求社区内各部门、各单位要共同努力，统筹和整合社区的一切教育资源，因此，社区教育这种教育形式比其他教育形式更加复杂。最后，社区教育教师由专职教师、兼职教师和志愿者组成，其来源于社会中的各个群体，具有各种身份和文化层次，远比学校教育中的教师复杂。社区教育具有的上述复杂性特点，使社区教育的管理、学员、教师、社区、社会、课程内容之间，过程与结果之间，应然价值与实然作用之间，是一个相互联系、不可割裂的整体，但同时，这些因素之间存在诸多的非线性关系，具有强烈的非线性、不确定性和无序性特征。这些特点完全符合"复杂性"具有的要素，符合莫兰提出的复杂性范式的 13 条原则内容。

我国在社区教育研究中，总体对社区教育系统的复杂性重视不够，表现为以下几个方面。其一，系统性和整体性观念不强。不少研究还停留在传统的笛卡尔经验论的认识方式上，即将所研究的对象当成一个大的整体，把其分解为各个部分，然后再将各个部分继续分解为更小的部分，最后试图通过对每一部分的研究，总结每一部分的规律，从而达到认识这个大的整体，总结出这个大的整体的规律的方式。这种机械地把问题分解后再进行组装的研究，最大的问题在于：一是忽略了各部分之间的相互作用，一加一往往不等于二；二是忽略了社区教育的研究对象是人，而把其当成了机械。其二，线性思维占据主导地位，用简单的因果关系来分析和概括问题。如社区教育具有的特殊复杂性，决定了其更具非线性、无序性及偶然性等特点，表现为同样的原因不一定导致同样的结果，反过来，同样的结果，也可能出自不同的原因。如同样一种教学方式或方法对于张三的学习可能起到很大的促进作用，对于李四则可能因不适合而效果不好。其三，忽视社区教育的自组织特性。社区教育作为复杂系统具有自组织特性，但在研究中，人们对这一特性的认识不够，还存在许多忽视这一特性的倾向。如把社区教育更多看成由政府组织、管理、干预的他组织，而忽视了社区教育自身的内在规律；把教学更多地看成教师的教，对学员的主体性重视不够；等等。

综上，任何一种研究范式都有其缺陷，在社区教育中如果只采用其中的一种研究范式是不科学的，而且社区教育具有特殊的复杂性，我们应克服现有研究中的缺陷，转向复杂性范式，这也符合当前整个教育研究的大趋势。事实上，现在各种研究范式之间的对立正在消解且日益趋向融合。正如有人指出的那样："进入 21 世纪的社会科学领域，无论本体论上是持实在论立场——依旧认为社会现实是一种客观存在，还是持各种建构主义的取向——强调社会是特定境遇中多方不同利益与价值群体乃至个体的自我建构，都不再恪守实证为知识与理论获取唯一合法性渠道的信条，人们逐渐接受了一种多元主义立场，即一种容纳量化与质性的混合方法取向。"①复杂性研究范式正是这样一种秉持多元主义立场的研究范式。

三　社区教育复杂性研究范式的内涵

复杂性范式在教育研究中表现出以下特点：教育是一个复杂的、开放的社会系统，教育活动是最具有复杂性的一种活动，难以精确地用线性的普遍的规律来把握；复杂性要求打破二元的、精致的思维，树立动态的、开放的、非线性的思维；复杂性要求教育研究整合多种研究范式。② 也就是说，复杂性教育研究范式强调复杂性，反对线性化思维，主张去中心化，重新肯定非理性和定性研究的价值，主张教育研究方法的多元化。按照前文对范式概念的理解，社区教育研究范式的最核心含义就是指社区教

---

① 阎光才：《如何理解中国当下教育实证研究取向》，《大学教育科学》2020 年第 5 期。
② 冯建军：《教育研究范式：从二元对立到多元整合》，《教育理论与实践》2003 年第 19 期。

育研究共同体成员在研究社区教育问题中所拥有的共同理念及方法，也即包括了社区教育的研究理念与研究方法两个层面。

（一）在社区教育研究中确立复杂性的思想理念

在研究范式的转换中，首先是研究思想理念的改变，这是实施复杂性研究范式的深层次因素，也是最根本的前提。总体而言，社区教育复杂性研究理念就是要在社区教育研究中确立客观、整体、多维、复杂、非线性、开放、动态等理念。其本体论是认为社区教育中存在客观的、普遍的规律，但同时具有复杂性和非线性的特点，是多重性的世界；社区教育是由教育与社区、教育机构与居民、教师与学员等各个部分组成的开放的、动态的、相互联系的整体。其认识论表现为研究主体既要坚持社区教育中各种教育事实的客观性，又要注重主体与客体之间的关系，注重研究者对社区教育各种现象的多种解读和建构。社区教育复杂性研究理念具体表现为以下几个方面。

1. 客观与主观的统一

一方面，社区教育作为一种社会教育，与社会的联系更加直接与紧密，因此，与学校教育相比，其受到社会政治、经济、文化等客观环境因素的影响更大，具有客观性特点。以百来年我国社区教育发展的历程为例，中华民国成立之时，我国的现代社区教育也随之产生；在新中国成立后，工农教育这一概念取代了社会教育的概念，而且其后的历次社会大事及政治运动，如社会主义教育、"大跃进"、学习雷锋、学习毛选等都成为当时实际上的社区教育内容。此外，作为一种教育形式，社区教育必须遵循教育的客观规律去制定培养目标、设置课程、编写教材，以及实施教学与德育。但另一方面，研究者的身份立场、学识修养、过去经验、思维方式、兴趣爱好等不同，决定了不同的研究者对社区教育中同样的教育现象和问题可能有不同的解读，这就使社区教育研究具有了主观性。也就是说，在社区教育研究中，教育事实与教育价值很难完全分开，教育研究者也不可能做到完全的价值中立。上述两个方面要求我们在研究中既要承认并努力去探寻社区教育的客观规律，又要认识到社区教育的任何研究都渗透着研究者的价值倾向与个性特点，研究者与研究对象之间紧密联系，是客观与主观的统一。

2. 一般与特殊的统一

这主要是指在研究中，一方面，要看到社区教育具有与其他教育形式相同的一般特点，并应用相关的一般原理与理论作为指导进行研究。社区教育既然是一种教育，其当然具有所有教育的一般特性，如教育的目标是培养全面发展的人，一些基本的原则，如注重学生需要、循序渐进、因材施教等同样适用于社区教育教学，因此在社区教育研究中，我们同样应以普通教育学的基本理论作为指导。另一方面，我们还要看到社区教育自身的内在规律，重视这一教育形式的自组织性，并对此进行深入的分析研究。如社区教育具有极强的开放性、生源的复杂性、内容的多样性、回应社区发展需要等其他教育形式不具备的特点，这些特点决定了社区教育比其他教育形式更具有现实性和灵活性，更加重视社区发展及居民的实际生活需要。因此，我们在研究时必须把研究的侧重点放到如何通过社区教育更好地促进社区和社区内每一个居民的发展；如何整合和统筹社区内的各种教育资源，以及促进社区教育与其他教育形式的沟通与融合，建立更完善的学习支持服务体系；如何根据地区差异，采取多元化办学模式，开设有特色的课程；如何使社区教育更贴近居民的生活需要；如何采用多元的质量评价标准；如何实现社区教育学习成果与其他教育形式学习成果的互认；如何真正发挥社区教育在继续教育、终身教育"立交桥"中的作用；等等问题上。为此，我们还必须以社会学、管理学等方面的理论为指导进行研究。

3. 部分与整体的统一

社区教育是由方方面面因素构成的一个大系统，对社区教育各组成部分分别进行深入、细致的研究当然是必要的，事实上，我们长期以来都是这样做的。但我们应特别注意把社区教育作为一个具有普遍联系特征的开放整体进行研究，把对社区教育各组成部分的研究纳入统一的视线进行整合。实证性教育研究得到人们极力推崇和发展以来，打破了以往教育研究的模糊性局限，把教育分成各个层级与细小的部分后分别进行研究，使教育研究走向具体与明确。但同时出现了忽略整体及部分之间的相互联系与作用的倾向，误认为整体等于部分之和。"复杂性原则要求我们在思维时永远不要使概念封闭起来，要粉碎封闭的疆界，在被分割的东西之间重建联系，努力掌握多方面性，考虑到特殊性、地点、时间，又永不忘记起整合作用的总体。"① 如社区教育中的政策与法规、经费、师资、课程、教学等是其重要组成部分，但我们绝不能把对社区教育的研究理解为是这几个部分研究的简单相加，而应努力探究各组成部分之间的关系，如政策与法规为社区教育的经费、师资等方面提供相应的保障，师资是影响课程实施与教学质量的最重要因素，等等。因此，我们在研究社区教育中的政策与法规时，不仅要探究如何建立更加科学严密的社区教育政策与法规体系，还要探究如何更好地使这些政策与法规促进社区教育师资队伍建设、保障社区教育经费等。再如，我们在研究社区教育师资队伍时，不仅要研究如何促进社区教育教师队伍专业化问题，而且要研究如何通过提高教师专业化水平去提高教学质量等问题。莫兰提出了把"宏大概念"作为认识复杂对象的方法，认为宏大概念是由多个不同的基本观念或原理组成的概念网络，其中每一个基本观念或原理揭示对象的一重本质，而这些不同的观念或原理在说明对象的具体本质中相互补充。② 也就是说，我们在研究每一部分的同时，必须看到各部分之间的相互作用，因为如果没有这些相互作用，部分就不可能成为整体。因此，我们在研究社区教育时，必须坚持部分与整体的统一。

4. 线性与非线性的统一

一方面，我们应该肯定，社区教育是有序的、有规律可循的，也就是说，有些结果确实是出于一定的原因，反过来，有些原因确实一定会导致某些结果。比如，社区教育存在资源整合不够、统筹不力的现象和社区教育定位不清楚、没有明确的管理部门是分不开的。再如，社区教育法律法规的不健全，确实会导致社区教育地位不高，难以受到人们重视。否定社区教育中原因和结果的有序性，就会陷入不可知论，而我们的研究就是要揭示这些规律，为社区教育能得到更好地发展提供指导，这也是研究的最大意义所在。但另一方面，无论是对人的自我意志、情感、认知乃至行为动机以及环境之于人影响的实质，我们实际上至今依然所知甚少。③ 而且

---

① 〔法〕埃德加·莫兰：《复杂思想：自觉的科学》，陈一壮译，北京大学出版社，2001，第151页。

② 〔法〕埃德加·莫兰：《复杂性思想导论》，陈一壮译，华东师范大学出版社，2008，译者序第4页。

③ 阎光才：《如何理解中国当下教育实证研究取向》，《大学教育科学》2020年第5期。

社区教育是教育中最具复杂性的子系统，在社区教育中存在大量的非线性特征及其所带来的随机性和偶然性。比如，在社区教育活动中，教师与居民学员这两个最主要因素的来源都非常复杂，具有极强的可变性，而且社区教育本质上是一种社会教育，周围环境对其影响更加多样，这种种因素之间多向的相互作用以及可能具有的多种因果关系使社区教育教学具有大量的非线性特征。因此，在社区教育的研究中就不能仅以线性思维来看待和处理问题，也不能认为有了某种原因，就一定有某种结果，或者认为某种结果一定是某种原因导致的，而必须打破单一的线性思维方式，使线性与非线性思维相统一，使有序与无序相交融。

5. 当前发展与可持续发展的统一

教育是一个发展的、动态的系统，任何教育中都存在大量的当前发展与可持续发展相矛盾的问题，如中、小学教育中存在学生的升学与个人可持续发展相矛盾等问题；大学教育及职业教育中存在学生的就业与可持续发展相矛盾等问题。社区教育作为一种现代开放的教育形式，同样存在学员提高文化水平、职业能力等当前发展与可持续发展相矛盾的问题。不仅如此，对社区而言，社区教育还存在是注重适应与满足社区当前需要的发展还是注重可持续发展的选择问题。从本质上讲，不管是个人还是社区，当前发展和可持续发展应该可以是统一的，但在现实中，二者往往又存在矛盾。如在专业设置上，是考虑以学员及社区当前的需要为主还是考虑以这二者的可持续发展为主？在课程开设上，是只开设当前社区中最急需的课程，还是同时开设一些对当前社区来说不急需且对居民个人也不能马上用得上但能提高居民综合素质的课程？在教育教学中，是为了迎合评估，获得最大的当前利益而搞面子工程，还是为了真正提高居民的素质，有利于其实现可持续发展而实施核心素养教育？等等。因此，我们在研究中应树立当前发展与可持续发展相统一的理念：一方面，要从研究社区和个人当前的需要出发，进而研究社区教育应设置哪些相应的课程，采取哪些适当的教育教学方式；另一方面，不能只局限于研究居民及社区的当前需要，必须高屋建瓴，研究社会和社区发展的未来趋势，立足于居民及社区实现可持续发展，即要比较准确地预测社会社区需求的走向，及时开设相关的课程，研究开设那些虽不能马上应用于实际，但有助于人的全面发展的课程，研究如何在教学和学习中注重培养居民的可持续发展能力，等等。

6. 技术与人的发展的统一

现代信息技术对于塑造人、促进人的解放与自由发展起到了巨大的作用，由此出现了技术决定论的错误倾向，这种错误倾向同样体现在社区教育研究中。如近年来，不少人推崇用可视化分析软件对社区教育进行文献综述研究，即通过图表形式呈现有关主题研究的时间分布、核心作者、主要研究机构、空间分布、研究内容热点等内容，其优点是直观简便，但其最大缺点是容易使研究流于表面，难于探析研究中所持的价值取向和提出的观点等，实际上就是以现代信息技术手段去简单粗暴地总结和衡量复杂而深奥的人的思想观点，这显然是有问题的。因此，在社区教育研究中，一方面，我们不能把技术与人二者割裂和对立。人创造了技术，而人又在创造技术的过程中不断发展，因此人和技术是相互联系的，在社区教育研究中，恰当地运用现代信息技术是必要的，有利于提高研究的效率与质量。另一方面，我们不能把实证科学研究中的技术方式当成社区教育研究的唯一手段，过于强调技术带来的量化和实证研究手段。否则，就容易把人物化，也就偏离了人是本体的方向。因此，即使在使用实证技术进行研究时，也要以人的发展为旨归，做到技术与人的发展的统一。

（二）在社区教育研究中整合多种研究方法

从方法论看，社区教育复杂性研究范式主要是指在社区教育研究中，既要注重采用哲学思辨研究、量化的研究及质的研究等多种研究方法，同时要注重多种研究方法的整合，这是复杂性研究范式的外在具体表现。

1. 进一步加强哲学思辨研究

虽然在我国社区教育研究中，哲学思辨研究范式占据着最主要的位置，但这种思辨处于比较低的水平，还较为缺乏哲学的反思与批判，具体表现为对社区教育的本质与特点、社区教育的培养目标、社区教育的归属、社区教育课程知识的特点、社区教育教师专业化的认识、社区教育与社区发展、社区教育均衡发展，特别是对社区教育的元研究等问题探讨较少，或者即使有一些探讨，大多也是经验的总结，缺乏理论的提升，没有真正站在哲学的高度去审视，导致社区教育的基础理论还比较薄弱。我们在今后的研究中要继续运用哲学思辨的方法，注意从更高的高度去审视社区教育，特别是要对社区教育的基本理论问题进行比较深入的探讨和思考，加强研究的理论性。如在研究社区教育的培养目标时，应从教育价值论的高度去进行探讨。明确价值论是关于价值的性质、构成、标准、评价的哲学理论，是社会科学的基础理论，任何社会科学中关于社会利益关系的理论与观点，都自觉或不自觉地以某种价值论为前提。教育价值论主要是关于教育这一社会活动中的客体及其属性同其主体的需要是否相一致或相接近，以及如何使其一致与接近的理论，是一切教育分支学科，包括社区教育在内的基础理论。我们所进行的社区教育活动总是在一定的教育价值观支配下进行的，从宏观层面决定着社区教育的理念、指导思想和发展方向，从中观层面决定着社区教育的发展目标、管理模式、运行机制，从微观层面决定着社区教育的培养目标、课程、教学等。然后再从应确立的教育价值观出发去分析我国社区教育应确立什么样的培养目标。

2. 加强实证研究

首先，加强实证研究是所有教育研究的需要。"在从'或然映像'到实然的教育事实的探究过程中，实证研究的关键作用是不言而喻的。因为教育实证研究既要观测到实然的教育行为和受教育者发生的实然变化，也要发现两者之间实然的相关性或关联性，科学地剔除'假象'，从而正确推断实然的教育事实。教育实证研究奠定了选择更加合理的教育行为的事实基础。"① 其次，加强实证研究是社区教育具有的极强的实践性特点决定的。社区教育具有的与社区发展及社区居民生活生产实践紧密联系的实践性特点，决定了我们要提高社区教育研究的有效性，就必须进行深入的调查研究，了解其中存在的问题，只有这样，才能在此基础上，在相关理论的指导下提出相应的改革措施及意见。再次，加强实证研究是大数据时代的要求决定的。大数据时代已经来临，"教育研究面向的大数据可以被描述为生活世界中不断产生的、承载教育意义并具有教育研究价值的数据集合。作为信息时代的生产要素，大数据为人类认识和改造教育世界的活动提供了全新视角"②。其最基本的意义就在于为我们更加广泛地收集数据资料，使所研究的面更广、研究的对象更多，为研究的结果更客观、更具说

---

① 母小勇：《教育研究的科学化：保持理论与实证的张力》，《湖南师范大学教育科学学报》2020 年第 2 期。

② 朱波、王坦：《大数据之于教育研究范式的价值及其限度》，《教育发展研究》2019 年第 21 期。

服力提供了条件。因此，加强实证研究既是教育及社区教育本身的要求，也是时代的要求。

3. 注重质的研究

质的研究方法在社区教育中使用还较少，但社区教育的复杂性特点决定了其运用质的研究方法的必要性，因为这种研究方法最适合解决复杂性问题。其中，叙事研究与田野研究是质的研究中最具典型意义的方法，也适用于社区教育的研究。其一，叙事研究方法，即研究者通过对社区教育中的典型事件、实践经验等的描述，从而分析这些事件与经验中蕴藏着的思想观点，再进一步升华，揭示其中的本质与规律。这种方法是对传统哲学思辨方法中宏大叙述研究的反动，有利于研究者从多维视角解读社区教育，符合教育回归生活的理念，符合社区教育具有的复杂性特点。其二，田野研究方法，即研究者要通过长时间的对研究对象的观察，并参与研究对象的生活，详细地观察与记录，在对这些观察材料进行整理、归纳和分析的基础上提出理论观点。这一研究方法强调研究者与研究对象的融合，强调较长的研究时间，强调研究的复杂性、情境性、综合性，适合社区教育的特点。

4. 整合多种研究方法

复杂性思维方式首先要求人们要打破二元对立的思维方式，从而整合多种研究方法，这也是复杂性研究范式的实质所在。正如有学者指出的那样，"历史上形成的实证主义范式，解释学、现象学的范式，批判理论的范式以及女性主义的教育研究范式等都有其合理性，但都是对教育进行的局部的、抽离式的研究。我们只能说对某一方面的探讨可能适合某种范式，但决不能以偏概全，以某种具体的范式代替整个教育研究的范式。复杂性所要求的教育研究范式，不仅是后现代的多元，而且强调整合"。① 叶澜教授也强调，"在一定意义上，教育研究需集人类研究方法之大成"。② 社区教育既然具有复杂性，每一种研究方法又各有优劣，因此，不能以一种研究方法统领社区教育的研究，而应在社区教育研究中整合运用多种研究方法。一方面，要针对不同的研究问题运用不同的研究方法，如针对社

① 冯建军：《教育研究范式：从二元对立到多元整合》，《教育理论与实践》2003 年第 19 期。

② 叶澜：《教育研究方法论初探》，上海教育出版社，1999，第 325 页。

区教育基础理论问题采用哲学思辨方法，针对社区教育具体实践问题采用实证主义研究或质的研究等方法；另一方面，对社区教育的同一问题可用不同的方法，从不同的角度进行研究，如对社区教育的课程与教学问题进行研究，就既可以从哲学思辨的角度对其进行纯学理的探讨，又可对其进行实证调查研究，还可采用田野研究等方法对其进行质的研究。

综上所述，中国社区教育研究在百年来取得了优异的成绩，但也存在一些问题。这就需要我们坚持继承与创新统一的原则，即既要继承社区教育研究中的好思想、好观点与好方法，扬弃那些已经不适应社会发展的思想观点和方法，又要在继承的基础上不断实现超越与创新。社区教育研究的总体发展方向是要从单一的研究范式转向复杂性研究范式。

第九章

现代化理想、治理理念、教育均衡
与中国社区教育改革

百年来，无数中华儿女坚持不懈地追求着整个国家的现代化，在这一过程中，我国社区教育走过了艰难曲折的现代化历程，现代化理想与中国社区教育改革也因此成为一个重要的课题。20 世纪八九十年代以来，世界从管理步入治理，近些年我国也提出了一些关于社会治理及社区治理的理念，作为社会治理中重要组成部分的社区教育，其治理体系内涵，以及社区教育促进社区治理的机理与实现等都是我们必须深入思考的问题。同时，随着教育民主进程的推进，我们不但要实现义务教育的均衡发展，而且还应实现社区教育的均衡发展。

第一节　现代化理想与中国社区教育改革

我国社区教育初步走上现代化道路，但同时存在种种问题。对百年中国社区教育的现代性进行全面、系统的审视，并在此基础上对推进中国社区教育现代化进行展望，有利于认清我国社区教育在现代化上积累的经验与存在的不足，以进一步改革我国社区教育，促进社区教育现代化。

一　教育的现代性

20 世纪初，以杜威为代表的"现代教育"学派逐步发展起来，与其相对地，则是被杜威等人批评的以赫尔巴特为代表的"传统教育"学派。众所周知，教育不能脱离现实社会而存在，并且总是在一定的社会背景下产生。古代社会的特点主要表现为生产力水平低下、以自给自足的自然经济为主、社会极不平等、文化教育资源为少数特权阶层所有。在这样的社会背景下，教育的特点也表现为受教育者面极窄，教育与生产劳动相分离，教育主要为统治阶级培养接班人服务，没有形成系统的教育制度体系，教育内容、方法及手段极少变革等。而现代社会的主要特点表现为现代大工业生产使生产力飞速提高、从自然经济转向市场经济、整个社会从专制走向民主和法治、人的发展被提到了重要地位、社会处于极速变革的状态、文化日趋多元等。在这样的社会背景下产生的现代教育，其特点与传统教育有巨大的不同。对于什么是现代教育，学术界有不同的看法。黄济等人指出："所谓现代教育，就是从资本主义大工业和商品经济发展起来到共产主义完全实现这一历史时期的致力于与生产劳动相结合，培养全面发展个人的教育。"① 这一界定的影响较大，也就是说，现代教育是建立在现代化大工业生产基础之上的，其根本目的是培养全面发展的人，教育与生产劳动相结合是实现这一目的途径。而教育现代性是现代教育的灵魂，"教育现代性的增长是教育现代化进程的根本特征"②，其增长的程度体现了一个国家教育现代化的程度。

"教育现代性首先是一种观念，指社会现代化进程中教育所表现出的价值理念和文化精神，其核心是崇尚科学、理性、主体自由以及求新意识。其次，它描述的是教育由古典向现代转换过程中，在教育思想、理念、制度、模式等方面所表现出的一些新的性质和特征，这些特征主要有：注重对整个教育运作作制度化的安排；注重发展人的理性和主体性，崇尚人的独立人格；注重对教育过程进行有效控制，追求教学效率以及教育的世俗化和大众化等等。"③ 教育的现代性其实就是指现代教育的特征，不少人对这一问题进行了探讨和归纳，如黄济人等把现代教育的基本特征概括为：培养全面发展的个人的理想和理论走向实践（这是现代教育区别于传统教育的首要的基本特征）。教育与生产劳动相结合。科学精神和人文精神相统一；教育民主化向纵深发展；拥有前所未有的新手段；日益显示出整体性和开放性；教育功能扩展和增强；教育的社会地位逐步发生根本变化，教育成了先行者；不断变革（这是现代教育的本性和存在的形式）；理论自觉性越来越强。④ 靳玉乐等认为，现代教育的现代性除了要体现现代社会具有的市场经济、科学化、民主化、法治化、变革性等特征

---

① 黄济、王策三：《现代教育论》，人民教育出版社，1996，第 168 页。
② 褚宏启：《教育现代化的路径》，教育科学出版社，2000，第 8 页。
③ 金业文、刘志军：《教育现代性研究的进展及其阐释空间的拓展》，《现代大学教育》2014年第 2 期。
④ 黄济、王策三：《现代教育论》，人民教育出版社，1996，第 173～202 页。

外，还要体现教育本体的现代性，包括现代教育思想、现代教育制度、现代教育内容、现代教育方法。其基本特征：现代教育与生产劳动的结合日趋紧密，普及性与专门性结合，形式更加多样化，具有商品性，科学性与人文性融合，发展性、民主性、主体性、民族性与国际性日益结合，生态意识增强。① 顾明远认为，教育现代化的基本特征：受教育者的广泛性和平等性，教育的终身性和全时空性、生产性和社会性、个性和创造性、多样性和差异性、信息化和数字化、变革性和创新性、开放性和国际性、科学性和法制性9个方面。②

　　总结学术界的相关研究，笔者认为，现代教育的特征或者说教育的现代性主要表现在以下几个方面：教育要以促进学生的全面发展为根本目标，教育与生产劳动相结合，教育民主化，大教育化，教育体制、内容、方法和手段的现代化，以及教育的终身化与教育本身不断改革创新等。下面，我们就从上述几个方面去审视百年中国社区教育的现代性，或可以说是审视百年中国社区教育的现代化程度。

二　百年中国社区教育改革的现代性审视

　　从清朝末年开始，中国被迫开启了现代化的进程，人们一般把1912年，即中华民国的建立作为中国现代社会的开端，教育的现代性一般与社会的现代性同步。中国教育的现代化进程也始于清末，1904年第一个现代学制——"癸卯学制"颁布，1905年科举制度被废除，1912年中华民国成立，这成为传统教育与现代教育的分界线。此时，出于中国救亡图存和旧教育改革的需要，在国外有关理论与实践的影响下，现代社区教育在中国诞生，成了一种与学校教育、家庭教育并列的重要教育形式。百年来，我国社区教育改革中的现代性不断凸显，但同时存在与现代性格格不入的种种问题。

（一）培养全面发展的人逐渐从理论走向实践，但存在较多问题

　　中国古代社区教育只注重德行教育，其目的是培养符合封建伦理道德

① 靳玉乐、李森：《现代教育学》，四川出版集团、四川教育出版社，2005，第37~41页。
② 顾明远：《实现教育现代化的宏伟蓝图——学习贯彻〈国家中长期教育改革和发展规划纲要〉》，《北京师范大学学报》（社会科学版）2010年第5期。

的君子，到了近代，则"以偏重推行智的社会教育为目的"①。这些教育显然都是片面发展的教育。培养全面发展的人之所以是现代教育的首要目的，是因为现代社会不断变动的劳动需求，要求个人必须得到全面发展，以适应不同的工作岗位。为顺应现代社会的发展，首先，人的全面发展思想和目标逐步在我国社区教育中确立。如国民党中央执委在1931年规定社会教育的目标为提高民众知识、增进民众职业智能、训练民众四权、养成健全的身心；②毛泽东于1957年提出"我们的教育方针，应该使受教育者在德育、智育、体育几方面都得到发展，成为有社会主义觉悟的有文化的劳动者"；③1987年颁布的《乡（镇）农民文化技术学校暂行规定》提到，乡（镇）农民文化技术学校要培养"热爱农村，建设家乡，有理想、有道德、有文化、有纪律、懂技术、善经营的新型劳动者"；④2016年教育部等九部门在《关于进一步推进社区教育发展的意见》中指出，社区教育要以提高国民思想道德素质、科学文化素质、健康素质和职业技能为宗旨，要充分发挥社区教育在服务人的全面发展等方面的作用……⑤这些思想与政策规定都不同程度地体现了全面发展的教育理念，确立了全面发展的基本内涵。其次，培养全面发展的人在社区教育中逐步从理论走向实践。在课程设置方面，彻底改变了古代社区教育以道德课程为主的现象，特别是在当代社区教育中，文化历史、职业技术、休闲娱乐、卫生保健等都成为社区教育的重要课程内容。课程的多样化有利于居民学习多方面的知识，促进居民的全面发展。比之学校教育，社区教育更加强调教育内容与生产生活相结合，更加注重因材施教，人的全面发展理念被应用于社区教育实践。

但同时我们应该看到，培养全面发展的人的教育理念在我国社区教育具体实践中存在较大偏差。人的全面发展一直以来都是人类社会的理想追

---

① 蒋建白、吕海澜：《中国社会教育行政》，商务印书馆，1937，第2页。
② 教育部社会教育司：《社会教育法令汇编》，商务印书馆，1936，第17～18页。
③ 《毛泽东同志论教育工作》，人民教育出版社，1992，第258、273页。
④ 《乡（镇）农民文化技术学校暂行规定》，第一财税网，1987年12月30日，https://www.tax.org.cn/displaw-law-11256230.html。
⑤ 教育部等九部门《关于进一步推进社区教育发展的意见》，中华人民共和国教育部网站，2016年7月29日，http://www.moe.gov.cn/jyb_xwfb/xw_fbh/moe_2069/xwfbh_2016n/xwfb_160729/160729_sfcl/201607/t20160729_273300.html。

求，但直到马克思主义诞生，科学的全面发展理论才真正被提出，马克思关于全面发展的内涵主要有以下两个方面。其一，全面发展是指劳动者智力与体力的全面发展，其核心是体力劳动与脑力劳动的结合，同时，道德方面也受到高度重视。其二，全面发展是指个人发展、自由发展、充分发展，是创造性的发展。① 也即是说，全面发展本身包含了个性发展，真正的"全面发展"所追求的恰恰是个性和卓越。② 在新中国成立以前，我国社区教育中只出现了一些带有全面发展思想的观点，但没有明确的有关全面发展的理论与方针。因此，在社区教育相关实践中，存在比较严重的理论与实践相分离的现象，课程开设门类不多，居民选择余地较小，不利于其全面发展。毛泽东在 1957 年提出的教育方针，是马克思主义的全面发展理论在中国的新发展。但此时不少人把全面发展理解为平均发展，而忽略了个性发展和主动发展，这一点在社区教育实践中也表现得非常明显，居民的主动性和主体性没有受到应有的重视。当代社区教育虽然开始强调培养居民的主体性，强调个性发展，但社区教育开设的课程以休闲娱乐为主，职业教育、公民教育等课程较少，供居民选择的余地仍然还不够大，同时，居民在社区教育中仍在较大程度上处于被动地位，不利于其全面发展、个性发展和主动发展。

（二）越来越注重社区教育与生产劳动相结合，但在理论和实践上都出现了偏差

教育与生产劳动相结合是现代教育的另一个基本特征，而且这一特征和人的全面发展是一体两面的关系，即人的全面发展是目标，教育与生产劳动相结合则是实现这一目标的途径。马克思早就得出了教育同现代化的大工业生产相结合是造就全面发展的人的唯一方法的著名论断。现代社会要求教育必须培养能适应多种劳动需求的人，而这样的人只能通过教育与现代化的大工业生产相结合去培养。民国时期，我国社区教育开始从只重视理论知识教育到注重教育与生产生活的结合。俞庆棠曾指出，在民众教育中，"实际的问题必须从实际经验中找出；切实的办法，必须从切实生活中求得"。③ 强调了教育与生活、社会的联系。1934 年毛泽东提出的苏

① 王策三：《教育论集》，人民教育出版社，2002，第 120~140 页。
② 扈中平：《"人的全面发展"内涵新析》，《教育研究》2005 年第 5 期。
③ 茅仲英、唐孝纯编《俞庆棠教育论著选》，人民教育出版社，1992，第 216 页。

维埃文化教育的总方针，明确要"使教育与劳动联系起来"。① 晏阳初等人的教育实验是社区教育与生产劳动相结合的典型代表。在定县实验中，把社区教育同帮助农民改良稻谷、棉花、小麦、高粱、家禽、家畜、农具，推进合作经济，建立实验车间，购买先进的织布机，发展乡村工业结合起来。② 在这些实验中，不管是改良农业的各个方面，还是发展合作社、工厂等经济组织与经济实体，从中都能看到现代科学技术的身影，而现代科学技术正是现代教育与生产劳动的结合点，是通过现代科学技术把社区教育与生产劳动结合起来的可贵尝试。革命根据地更加注重社区教育与生产劳动的结合，如在解放战争时期，识字班、民校、冬学等都以生产小组或生产小队为单位，使学习与生产相互促进，这一做法一直沿用到新中国成立后。1958 年，《中共中央、国务院关于教育工作的指示》把教育与生产劳动相结合明确为党的教育工作方针。③ 改革开放后，国家出台的众多相关政策都强调了社区教育必须与生产实践结合起来，特别强调了现代科学技术的重要性。如 2002 年，教育部在《关于进一步加强农村成人教育的若干意见》中强调，要增强农村劳动力掌握和运用先进实用技术的能力，不断引进新知识、新技术和新品种。④ 在当前我国社区教育举办的职业培训中，从课程设置、教学计划到教学内容与方式手段，都注意通过现代科学技术把教育与生产劳动结合到一起。因此，百年来，我国社区教育与生产劳动相结合的过程，是一个从与小生产劳动相结合到逐步以科学技术为中介与现代大生产相结合的过程。

我国社区教育在与生产劳动相结合的百年历程中，出现了各种偏差：首先，我国现代社区教育产生后，尽管也开始注重教育与生产劳动相结合，比之传统中教育与生产劳动相分离已经是巨大的进步，但在很长时期内，我国的大工业还没发展起来，此时的生产劳动还主要表现为手工劳动。因此，此时的社区教育与生产劳动相结合，实际上很多时候是与这些

---

① 李桂林：《中国现代教育史教学参考资料》，人民教育出版社，1987，第 48 页。

② 马秋帆、熊明安编《晏阳初教育论著选》，人民教育出版社，1993，第 147～155 页。

③ 刘英杰主编《中国教育大事典 1949—1990》（上），浙江教育出版社，1993，第 18～19 页。

④ 教育部《关于进一步加强农村成人教育的若干意见》，中华人民共和国教育部网站，2002 年 11 月 21 日，http://www.moe.gov.cn/srcsite/A07/zcs_cxsh/200211/t20021121_8929.html。

手工劳动相结合，而非马克思所讲的与现代大工业生产相结合。即使在新中国成立后较长的时期内，我国也没能完全正确地理解马克思的教劳结合理论，仍然认为只要把教育与当时的小生产劳动相融合，就实现了教劳结合。其次，我国当代社区教育虽然真正走上了教劳结合的道路，但各社区教育机构中开设的职业教育课程较少，相关的实验实训基地更少，限制了社区教育与现代大生产劳动相结合。

（三）社区教育日益走向民主，但民主程度较低

教育民主包括外部民主与内部民主。教育的外部民主主要是指受教育机会的平等以及在教学过程中享受同等的教育资源；教育的内部民主主要是指以学生为本，学生作为教育的主体参与教育管理与教学过程。

一方面，百年来中国社区教育同整个国家一样，日益走向民主化。社区教育致力于为尽可能多的人提供平等的受教育机会，政府颁布的有关政策体现了教育的全民化、民主化思想。如 1929 年的《民众学校办法大纲》规定，"凡年在 12 岁以上，50 岁以下之男女失学者，均应入民众学校"；[1] 1931 年，鄂豫皖苏区赤色教师学生代表大会决议案指出"苏维埃的文化教育必须建筑在广大工农群众身上"；[2] 1949 年的《中国人民政治协商会议共同纲领》把"大众的文化教育"作为新中国的文化教育纲领之一；[3] 2016 年，教育部等九部门在《关于进一步推进社区教育发展的意见》中规定，要"为社区内不同年龄层次、不同文化程度、不同收入水平的居民提供多样化教育服务。体现社区教育的普惠性，促进社会公平"。[4] 这些政策规定都体现了要为尽可能多的人提供平等的社区教育机会的民主精神。在具体实践中，我国在民国时期就设立了大量的社区教育机构，入学民众数量不断增长。如在抗日根据地，展开了空前的群众教育运动，规模之巨大，人数之众多，在近代社会教育的历史上是无可比拟的。[5] 新中国成立后，更是在全国先后设立了冬学、民校、业余学校、文化技术学校以及当

---

① 教育部：《民众学校办法大纲》，《国立中央大学教育行政周刊》1929 年第 81 期。

② 董纯才：《中国革命根据地教育史》第 1 卷，教育科学出版社，1991，第 308 页。

③ 皇甫束玉等：《中国革命根据地教育纪事》，教育科学出版社，1989，第 402 页。

④ 教育部等九部门《关于进一步推进社区教育发展的意见》，中华人民共和国教育部网站，2016 年 7 月 29 日，http://www.moe.gov.cn/jyb_xwfb/xw_fbh/moe_2069/xwfbh_2016n/xwfb_160729/160729_sfcl/201607/t20160729_273300.html。

⑤ 项柏仁等：《社会教育的组织领导和方法》，新民主出版社，1949，第 14 页。

代的社区学院等社区教育机构，使越来越多的社区居民能拥有进入社区教育机构学习的机会。在社区教育的内部民主方面，民国初年，我国开始确立起以受教育者为本的理念。蔡元培在1912年指出："民国教育方针，应从受教育者本体上着想。"① 在社区教育中，当时不少教育家也奉行以学生为本的理念。如陈礼江指出，"以民众为本位的教育，才是真正的民教精神的表现"。② 革命根据地的社区教育也比较注重调动学习者的积极性。陕甘宁边区政府在《关于1945年冬学的指示信》中强调要"进一步提高群众的自动性"。③ 改革开放后，人的本体地位在社区教育的有关政策规定中得以明确，强调社区教育要从居民的学习需求出发。2004年，教育部在《关于推进社区教育工作的若干意见》中指出，要逐步建立起适应居民学习需求的社区教育体制与模式。④ 2016年，教育部等九部门《关于进一步推进社区教育发展的意见》中提出的"坚持以人为本，需求导向"被列为社区教育发展的基本原则。⑤

另一方面，中国社区教育民主在百年的发展历程中还存在明显的问题。首先，受教育机会没有实现完全平等。民国时期国统区的社区教育机构主要集中在城市，乡村很少。当代社区教育机构也多集中在发达地区及城市，还没有完全实现居民受教育机会的平等，而且受教育对象主要是老年人及青少年学生。同时，在农村及欠发达地区，即使设立了相关的社区教育机构，居民拥有了平等的入学受教育机会，但由于各地社区教育机构在师资水平、设施、教学资源等方面存在巨大的差异，居民难以在教育过程中享受同等的教育资源，也难以获得平等的教育结果。其次，居民还远未成为社区教育的主体。在革命根据地及新中国成立后的很长一段时期内，存在以社会为本位的问题，在这样的定位中，学生当然不可能成为教育的主体。同时，社区教育的推动，几乎一直都以政

---

① 中国第二历史档案馆：《中华民国史档案资料汇编》第3辑，江苏古籍出版社，1991，第627页。

② 陈礼江：《民众教育》，商务印书馆，1935，第415页。

③ 皇甫束玉等：《中国革命根据地教育纪事》，教育科学出版社，1989，第300页。

④ 教育部《关于推进社区教育工作的若干意见》，中华人民共和国教育部网站，2008年4月25日，http://www.moe.gov.cn/srcsite/A07/zcs_cxsh/200412/t20041201_78909.html。

⑤ 教育部等九部门《关于进一步推进社区教育发展的意见》，中华人民共和国教育部网站，2016年7月29日，http://www.moe.gov.cn/jyb_xwfb/xw_fbh/moe_2069/xwfbh_2016n/xwfb_160729/160729_sfcl/201607/t20160729_273300.html。

府为主体。如雷沛鸿就是借助广西政府的力量自上而下地推行社区教育。新中国成立后，我国社区教育改革在很长一段时间内也完全是自上而下进行的。在很多时候，社区教育的内容、时间、方式等都由政府决定，居民处于被动地位。即使当代社区教育仍然以自上而下的模式为主，表现为极少有居民参与社区教育的管理。在社区教育的规划、决策及各环节的具体管理中，居民的参与也不够，这一切都说明，居民还远未成为社区教育的主体。

（四）社区教育走向大教育化，但与其他教育形式的整合与沟通还不够

大教育性是现代教育不可或缺的一个特点，社区教育大教育化程度是衡量社区教育现代性程度的重要标准之一。民国初年，我国教育开始从局限于儿童、青少年的学校教育走向贯穿人一生的大教育，社区教育就在这一过程中开始与社会和其他教育形式融合，突出表现为国民政府颁布了众多关于加强社区教育与学校教育合作的文件。如1938年颁布的《各级学校兼办社会教育办法》要求"全国各级学校应遵照本办法兼办社会教育，务期化除学校与社会之界限，而使学校成社会教化之中心"。[①] 这些政策发布后，一些市县及学校内部成立了社会教育推行委员会，出台了有关学校办理社会教育的计划、大纲，规定了办理社会教育的具体内容，开展了形式多样、内容丰富的社会教育活动。而注重社区教育与学校教育的结合更是中国共产党的优良传统，在革命根据地，由于其条件更为艰苦，教育资源更为匮乏，因此，不少社区教育机构就附设在小学里，以利用小学的场地、设施和师资。新中国成立后，党和政府发布的大量文件都体现了社区教育走向大教育的趋势。如1956年《关于扫除文盲的决定》中规定在各级党委、政府统一领导下，由扫盲工作部门、教育行政部门和有关方面配合的运行模式，是我国当代社区教育模式的前身……在实践中，各级学校都积极参与社区教育、社区建设等活动，不少地方利用中小学的师资、场地和设备，开办夜校、业余学校等，对当地居民开展扫盲等业余教育。改革开放后，国家发布了一系列有关加强各种教育形式之间的联系，建立大教育体系的文件。如《中共中央关于改革和加强中小学德育工作的通知》

---

① 教育部：《各级学校兼办社会教育办法》，《教育通讯》1938年第12期。

（1988 年）强调，要把社会和家庭教育同学校教育密切结合起来，建立社区教育委员会一类的组织；《中华人民共和国教育法》（1995 年）鼓励社会各团体及个人与学校进行多种形式的合作；教育部《关于推进社区教育工作的若干意见》（2004 年）要求各地要建立有相关部门负责人参加的社区教育工作领导机构；教育部等九部门《关于进一步推进社区教育发展的意见》（2016 年）更是把整合学校教育资源和其他社会资源作为发展社区教育的基本原则之一；等等。在当代社区教育实践中，一些农村中小学同时是当地社区教育基地，并把社区教育纳入中小学综合评价指标体系，不少地区的公办学校都与街镇签订了"资源共享协议"。同时，建立了社区各单位多方参与的社区教育管理体制，社区与学校正在努力实现师资、课程、学习资源等的共享，并尝试建立"学分银行"，以更好地与各种教育形式衔接。

在百年社区教育大教育化的进程中，主要存在社区教育大教育化程度较低的问题。在 1986 年中国当代社区教育产生之前，社区教育与社会的融合主要体现在学校对社区教育方面的支持，但当时学校对社区教育的支持力度不大。比如在民国时期，兼办社会教育的学校还是少数。1986 年后，社区教育与社会的融合主要体现在社区支持学校方面。20 世纪 90 年代中期才开始实现学校与社区的互动与双向参与。也可以说，直到今天，社区教育大教育化的雏形才真正开始形成。虽然当前我国社区教育在尽力与社会各界及学校教育等建立联系，但在大多数地方，彼此之间的"围墙"并未拆除，各自拥有的教育资源仍难以共享。同时，学习成果的互认也存在较大的障碍，"学分银行"还未建立起来。

（五）　社区教育体制、内容、方法和手段等方面走向现代化，但现代化程度不高

百年来，我国社区教育的体制、内容和方法手段等方面都逐步走向现代化。

1. 社区教育体制的现代化

首先，管理体制的现代化。在中华民国成立之前，我国并没有专门管理社区教育的机构，而 1912 年在教育部下设社会教育司后，不少省、市、县都设立了相应的机构，社区教育行政管理体制开始形成。在革命根据地同样建立了社区教育的管理体制。其次，办学体制的现代化。民国时期，各社区教育机构按照学生的不同情况分别开办了不同层次的学习班，并制定了相应的规章制度。如山西革命根据地的民众学校就按照学生年龄、性别、识字程度分编班级。修业年限一般为 4 年，每学年分两个学段，每学段结束时举行一次测试，成绩优良者升级，不及格者留级，修业期满考试及格者准予毕业，由村公所报请县政府发给毕业证书。① 由此我们可以看出，当时社区教育机构办学呈现制度化的趋势。新中国成立后，在全国各地设立了业余学校、夜校、成人学校及社区学院等。时至今日，不少地方已形成"社区大学—社区学院—社区学校—社区教学点"的四级办学机构体系。

2. 社区教育内容的现代化

现代社区教育不再教授封建内容，而是以现代政治、文化、道德、科技、卫生等方面的内容为主。在革命根据地，则加入了大量马列主义、革命斗争、破除封建迷信等内容。新中国成立后，在各地开办的业余学校中，教育内容除了时事政治外，还有各种现代科学技术。特别是在改革开放后，现代科学技术成为各地社区教育机构的重要教学内容，甚至老年教育机构也开办了老年电脑班、老年手机班等。同时，民主、法治等也成为当前我国社区教育的重要内容。

3. 社区教育教学方法的现代化

传统的教学方法大多以灌输式为主，强调以教师为中心，现代社区教育则开始在教学中重视"学"的一面。如当时教育部编的《民众学校课本教学法》一书中规定，教学法分五步：引起动机、生字学习、课文朗读、课文研究、应用练习。② 由此可以看出，杜威思想产生的影响及现代社区教育对"学"的重视。在山西革命根据地，其冬学教学实行自由讨论、总结经验、示范结合反省等方式，③ 也体现了注重发挥学生主动性的特点。改革开放后，社区教育的教学方法除传统的讲授、讨论等外，还采用了一些更加现代的如探究式教学、对话教学等方式，并努力把面授、参观、实习等形式融入其中。

---

① 辛萌：《山西革命根据地社会教育研究》，博士学位论文，山西大学，2017，第 98 页。
② 教育部：《民众学校课本教学法》第 1 册，新光印刷公司，1937，第 3~4 页。
③ 辛萌：《山西革命根据地社会教育研究》，博士学位论文，山西大学，2017，第 86 页。

4. 社区教育教学手段的现代化

民国时期，社区教育开始使用现代教学手段，如晏阳初及陶行知都在嘉兴的识字运动中使用了幻灯进行教学，并收到了良好的效果。1935 年，江苏镇江民众教育馆开办了"电化教学讲映场"。除了幻灯外，还采用电影、播音等现代手段进行社区教育。20 世纪 60 年代初，我国在北京、上海、天津等中心城市创办了电视大学，利用广播电视进行社区教育。改革开放后，我国社区教育教学手段迅速走向现代化，国家也多次强调要在社区教育中应用现代教学手段。如 1991 年《国家教委关于大力发展乡（镇）、村农民文化技术学校的意见》规定，农民文化技术学校要充分利用现代化教学手段；2016 年教育部等九部门在《关于进一步推进社区教育发展的意见》中强调，要推进社区教育信息化。当前，全国各地建立了社区数字化学习网站，计算机网络、各种网上学习平台、各种 App 等被广泛应用于社区教育，教学手段进一步现代化。

百年来，虽然我国社区教育在其体制、内容和方法手段等方面都逐步走向现代，但在社区教育现代化的过程中还存在一些问题，主要表现在以下几个方面。

第一，教育管理体制存在一些问题。民国时期，一些地方没有建立社区教育的管理机构。新中国成立后，社会教育司被取消，使社区教育失去了专门的管理机构，直到今天，我国社区教育仍存在多头管理的问题。而且在我国的社区教育管理体制中，还一直存在居民参与度不高的问题，社区教育管理的现代性有所欠缺。

第二，办学体制存在一些问题。社区教育办学机构总体比较零乱，有不少地方甚至没有社区教育办学机构。新中国成立后，社区教育办学机构基本形成体系，但比较粗糙，没有明显的层级结构。当代社区教育虽初步形成了办学结构体系，但这个体系只限于各大城市及一些发达地区，没有覆盖全国，社区教育的民主性没有得到充分体现。

第三，教学内容存在一些问题。各个时期都存在对现代职业技术内容及现代公民意识教育内容不够重视的缺陷。

第四，教学方法和手段存在一些问题。目前，我国的社区教育仍以课堂讲授为主，对话式、探究式等能发挥学员主体性、凸显现代特色的教学方法使用不多。在改革开放之前，我国社会教育教学中极少使用现代教学手段，基本停留在纸笔加黑板的阶段，民国时期的电化教育也只在少数地方使用。在当代社区教育中，对互联网、计算机等现代教学手段的使用还远远不够。

（六）社区教育终身化特点凸显，但同时存在种种问题

在社区教育的终身化方面，随着终身教育与建设学习型社会思潮成为主流，终身教育也成为我国社区教育的重要指导理念，把社区教育作为建设学习型社会的重要途径，这在国家有关的重要法律及政策中都有所体现。如 1995 年的《中华人民共和国教育法》规定，要建立和完善终身教育体系；2004 年，教育部在《关于推进社区教育工作的若干意见》强调，要通过社区教育进一步构建和完善终身教育体系，形成终身学习的公共资源平台。2016 年教育部等九部门《关于进一步推进社区教育发展的意见》中再次强调，社区教育要以促进全民终身学习、形成学习型社会为目标。但总体来看，终身教育理念还没有很好地得到确立与贯彻，突出表现为还没有出台专门的社区教育或终身教育方面的法律，不少学校还没有把建立终身教育体系提上议事日程。

在社区教育的改革创新方面，从民国时期初步建立的社区教育管理体系到今天正在建立的社区教育治理体系，从社区教育与手工劳动相结合到今天的与现代大工业生产相结合，从社会本位转向以人为本，从传统教学手段到现代化教学手段，社区教育在不断发展完善。2016 年，教育部等九部门《关于进一步推进社区教育发展的意见》更是把"坚持改革引领，创新驱动"作为发展社区教育的基本原则之一。[①] 可以说，百年来我国社区教育一直处于不断变革之中，体现了其具有的现代性特点。到今天，社区教育改革创新的理念更加受到重视，与此同时，我国还存在各地社区教育课程内容和教学方式雷同的问题。一些地区，特别是一些起步较早的社区教育示范区数年来按部就班，一直沿用旧的社区教育发展模式，导致课程开发及管理等工作仍然依照自上而下的思路，存在居民参与度不高等问题，因此，社区教育还须增强改革创新意识。

[①] 教育部等九部门《关于进一步推进社区教育发展的意见》，中华人民共和国教育部网站，2016 年 7 月 29 日，http：//www.moe.gov.cn/jyb_xwfb/xw_fbh/moe_2069/xwfbh_2016n/xwfb_160729/160729_sfcl/201607/t20160729_273300.html。

三　对我国社区教育现代化的思考

教育是实现社会主义现代化的重要推动力量，改革开放以来，党和国家的主要纲领性文件都强调了要实现教育的现代化。2019 年 2 月，中共中央、国务院印发了《中国教育现代化 2035》这一以推进我国教育现代化为主题的文件，提出要"大力推进教育理念、体系、制度、内容、方法、治理现代化"。[①] 为推进我国社区教育的现代化进程，结合社区教育实际，我们应特别注意思考以下两个方面的问题。

（一）进一步加强我国社区教育的现代性

1. 现代社区教育必须把培养现代人作为核心目标

培养现代人是建设现代化社会、社区教育走向现代化，以及人自身发展的要求，因此，现代社区教育必须把提高人的现代性，培养具有各方面素养的现代社会公民作为核心。教育目标对整个教育的管理、课程、教学、方法及评估等都起着方向性与调节性作用。在现代社区教育中，只有明确培养现代人这一核心目标，才能使社区教育的各个方面朝着现代化的方向前进，也可以说，培养现代人的教育目标是加强我国社区教育现代性的核心与前提。对这一问题前面已有专门阐述，此处不再重复。

2. 加强社区教育的民主化

教育民主化早已成为世界性的潮流，也是现代教育的重要特征之一。要加快我国社区教育的民主化进程，应从以下两个方面着手。一是要以社区居民为本，即社区教育要以社区居民为出发点，使社区内所有居民都实现全面发展。只有每个人都得到了应有的重视和发展，才能实现一切人发展的目标，才能真正实现社区教育的民主。同时，在现代社区教育管理和具体教学过程中，要以居民为主体，建立自下而上的管理体制和平等的师生关系，实现社区教育的内部民主。二是要实现教育均衡。教育均衡发展是社区教育迈向现代化的重要表现。20 世纪 90 年代中期，我国提出"教育均衡发展"，21 世纪以来，国家的相关政策频频出现"教育均衡发展"

[①] 《中共中央、国务院印发〈中国教育现代化 2035〉》，中华人民共和国教育部网站，2019 年 2 月 23 日，http://www.moe.gov.cn/jyb_xwfb/s6052/moe_838/201902/t20190223_370857.html。

这一概念。社区教育同样应努力实现地区之间、城乡之间的均衡发展，使居民在社区教育机会、过程和结果几方面获得基本的公平，从而实现社区教育的民主。

3. 推进现代社区教育体制的现代化

《中国教育现代化 2035》强调，要"推进教育治理方式变革，加快形成现代化的教育管理与监测体系，推进管理精准化和决策科学化"。[①] 应建立现代社区教育治理体系，推进社区教育体制的现代化。首先，要建立完整、系统的社区教育管理体制和办学体制，改变当前社区教育管理机构不明，多头管理的局面，改变当前社区教育办学体制不健全，不少地区还没有当代社区教育办学机构的现状。其次，以现代管理理论为指导，努力推进社区教育体制的科学化。要健全各项规章制度，同时，一切管理及教学的思想、方法和手段，都要同先进的科学技术和居民的需求、社区教育的特点相适应，使人们的思想、文化水平与当前的社会生产力发展水平相适应，收到良好的管理及办学效果，实现社区教育管理和教学的规范化与科学化，提高社区教育的个人效益和社会效益。最后，在治理理论指导下建立社区教育的治理体系。我们必须改变过去那种单一行政部门管得过多过死的科层式体制，建立多元主体参与及协商与合作的体制，实现社区教育公共利益的最大化。

4. 进一步促进社区教育与社会各方沟通融合，建立大教育体系

社区教育的基本内涵是教育社会一体化，即把教育纳入社区的大系统，改变把教育仅看成是政府的事情和教育部门的责任的观念，建立学校教育、家庭教育和社会教育一体化的教育体系，实现本社区的普通教育、职业教育和成人教育的统筹。[②] 破除社会与教育之间的藩篱，加强社会与教育之间的联系，建立社会教育一体的大教育体系。这不但是教育民主化的体现，更是教育现代化的重要特征。首先，社区教育应进一步增强其开放性，更加主动自觉地与各种教育机构、教育形式，以及党政机关、企业、社会团体等沟通交流，互通有无，把社区教育与各种社会力量紧密结

---

① 《中共中央、国务院印发〈中国教育现代化 2035〉》，中华人民共和国教育部网站，2019 年 2 月 23 日，http://www.moe.gov.cn/jyb_xwfb/s6052/moe_838/201902/t20190223_370857.html。

② 张云间、张秀岩、王晓明：《关于社区教育若干基本问题的思考》，《教育研究》1995 年第 5 期。

合起来，建立社区教育的社会资本网络体系，最大限度地实现教育资源共享。美国社区学院在这方面的经验值得学习，有人对 173 所美国社区学院进行研究，结果发现，平均每所社区学院获得 59 个合作项目，为 8781 人服务。这些合作单位主要是当地和州的俱乐部、其他组织以及其他教育机构，还有州、市政府机构和私人企业。合作内容包括分享设备和赞助课程等。① 其次，应形成社区教育、学校教育、职业教育、成人教育等相互沟通的教育网络体系，形成覆盖全国城乡的教育系统，为各类社会成员提供多种教育服务，并建立相应的学习成果认证制度和体系，实现各种教育形式和学习形式的沟通衔接，真正形成社会与教育一体化的大教育系统，建设学习型社会。需要注意的是，学校教育与社区教育都是大教育体系的重要组成部分，但它们又具有相对独立性。

5. 推进社区教育途径、内容、方法手段的现代化

首先，除了课堂教学活动外，还要特别注意通过社会实践、实习、参观等具体的教育方式进行社区教育。要把社区教育与现代生活及现代大工业生产的紧密结合作为现代社区教育的重要途径，不能把教育与生产劳动相结合片面地理解为教育与手工劳动的结合，那是与现代教育精神相悖的。其次，加强社区教育内容的现代性，即在有选择地向社区居民提供人类优秀传统文化内容的基础上，还要注意传授最先进的科学技术知识、现代职业技能，以及宣传先进的思想理念、现代公民意识等。最后，要更新社区教育的方法与手段，除了继承传统的如讲授、讲座等方法与手段外，还要加入更有利于培养现代人主体性的探究式、合作式教学方法。2019 年2 月，中共中央办公厅、国务院办公厅印发的《加快推进教育现代化实施方案（2018—2022 年）》指出，要促进信息技术与教育教学深度融合，逐步实现信息化教学应用全覆盖；创新信息时代教育治理新模式，开展大数据支撑下的教育治理能力优化行动，推动以互联网等信息化手段服务教育教学全过程；加快推进智慧教育创新发展；构建"互联网+教育"支撑服务平台。② 在社区教育中，要充分利用微信、微博、微课程、自媒体等渠道，通过计算机、手机等电子终端进行远距离教育与学习，创建更多高质

---

① 张永：《西方现代社区教育理念及其启示》，《全球教育展望》2011 年第 12 期。
② 《〈加快推进教育现代化实施方案（2018—2022 年）〉全文》，闽南网，2019 年 2 月 25日，http://www.mnw.cn/edu/jyzc/2131494.html。

量的数字化、公益性社区教育网络学习平台，建立数字化学习资源共享机制，使社区教育手段日益走向现代化。

此外，还应进一步确立终身教育理念，尽快出台有关社区教育和终身教育的专门法律。同时，各地应不断对社区教育的各个方面进行改革创新，只有这样，我国的社区教育才能不断进步。

（二）在批判继承我国社区教育传统的基础上改革创新社区教育

教育现代化就是从传统教育走向现代教育的过程，其间贯穿传统与现代的矛盾，如何看待和处理二者的关系与矛盾，关系着教育现代化能否顺利实现。在我国现代社区教育的发展过程中，仍然存在这个问题。为此，我们应辩证地看待二者的关系。

1. 传统社区教育是我国现代社区教育发展的基础，我们必须扬弃地继承

一方面，我国社区教育中有不少优良传统值得我们继承。吉登斯（A. Giddens）曾指出，"为解释现代社会的性质，我们必须抓住民族国家的具体特征"。[①] 同样，改革创新现代社区教育必须继承我国社区教育的优良传统，如果抛开中国社区教育传统，中国现代社区教育就失去了发展的根基。因为任何一种教育都是历史发展的结果，都必然要继承和吸收历史的成果。事实上，不论是中国古代的社区教育还是民国时期的社区教育，都有不少好的做法，积累了丰富的经验。我国对民众进行教化的传统源远流长，这也是后来开展现代社区教育的社会心理基础。而且不管是秦汉时官方鼓励的"孝悌力田"，唐宋时期民间的"负鼓说书"，宋代的乡约，还是元代的社学等各种教育机构，都有着值得今天的人们继承的价值。如丰富且通俗易懂的教育内容是我们今天仍应坚持的；义学、社学等带有社会组织或个人办学性质的免费教育机构，在现在看来也是值得效仿和推崇的。即使在教育内容方面，也有不少值得我们继承的部分，如著名的《吕氏乡约》中规定的德业相劝、过失相规、礼俗相交和患难相恤等内容，对正确处理人与人之间的关系仍有借鉴作用。现代社区教育产生后，更有不少做法值得我们借鉴。如民国时提出的社区教育全民化思想；各种社区教育机构的设立；晏阳初等人在社区教育中采取的实验方法、实验精神，尤

---

① 〔英〕安东尼·吉登斯：《现代性的后果》，田禾译，译林出版社，2000，第11页。

其是把社区教育与社区建设紧密结合的做法；学校与社区教育的结合；有关社区教育法律法规的体系化；革命根据地及新中国成立后在整合教育资源、灵活多样地开展社区教育、社区教育与生产生活实际紧密结合等方面的经验等都应为我们继承并发扬光大。

另一方面，在继承社区教育传统时，我们应秉持扬弃的态度，既要发扬传统社区教育中的积极因素，也要摒弃传统社区教育中的消极因素。在中国传统社区教育中，存在不少糟粕，如教导人做封建社会的臣民、顺民的思想，把社区教育内容局限于道德教育，教育中只注重"上所施、下所效"，轻视学习者"学"的主体性等，都是我们应该舍弃的。但扬弃不是全盘否定，不是以一种新形式去彻底否定旧形式，不是从一个极端到另一个极端。"中国的启蒙从清末开始、经历五四运动及其以后，随着革命的相继发生，社会制度的接连更迭，现代化过程也表现为一种革命型的震荡式推进。"① 百年来，我国社区教育同样多次表现为以全盘否定历史的革命式方式去推进，这样，就使中国社区教育发展的基础受到影响，从而影响了中国社区教育的现代化进程。

2. 超越传统社区教育，改革创新现代社区教育

传统社区教育是在传统社会中产生，并适应于传统社会的教育，现代社区教育要想适应现代社会的发展，就必须不断改革创新，而且改革创新正是现代社区教育的重要特性之一。

首先，改革创新社区教育是人和现代社会发展的要求。人的生命处于未完成状态的特性决定了人具有超越性与创造性，正因如此，杜威才提出"教育即生长"的论断，也即是说，教育就是要促进人生命的不断完善。社区教育只有不断改革自身，才能让所有居民最大限度地发挥自己的潜力，走向生命的"卓越"。同时，现代社区教育本来就是在农业社会走向工业社会，传统社会走向现代化的背景下产生的，传统社会那种把教育局限在学校的少数人的精英式教育与理论脱离实践的教育再也不能适应现代大工业生产的需要。为适应不断发展变化的社会，现代社区教育要不断进行改革创新。这一点在世界各国的社区教育实践中早已体现出来。如我国

---

① 陈嘉明：《中国现代性研究的解释框架问题》，《华东师范大学学报》（哲学社会科学版）2006 年第 3 期。

当代社区教育正是为适应人和社会的发展需求而产生的，而且从最初的社区单向服务于学校走向校社一体的大教育体系，从自上而下的管理体系逐步走向多元参与的治理体系。再如美国社区学院的功能自产生之日起，就一直在不断地发展和完善：从刚开始时的以转学教育职能为主，到后来职业教育、社区教育功能并重，到今天已发展成集转学教育、职业教育、社区教育、继续教育、补习教育等功能于一体的教育机构。

　　其次，改革创新是现代社区教育自身发展的要求。在现阶段，我国社区教育还存在多种不适应人与社会发展需要，影响社区教育发展的问题：社会对社区教育不够重视，没有把社区教育纳入国民教育系统，没有制定社区教育方面的专门法律，有关政策不管在内容还是系统性方面都存在缺陷；社区教育管理机构不明确，多头管理现象严重；社区教育发展不平衡，在不少欠发达地区，当代社区教育还没有起步；社区教育在资源整合方面存在问题，与各机关、企业、单位、学校融合不够，没有建立起相互联系、资源共享、成果互认的大教育体系；受教育对象主要为老年人，青壮年者较少参与；经费没能得到有效保证，社区教育经费的多少主要取决于当地的重视程度；课程资源不够丰富，课程开发缺乏专门的团队；师资未专业化，教师数量及质量都不高；居民参与社区教育程度较低，基本以政府为单一主体，远未建立起多元主体参与的社区教育治理体系；等等。这些问题的存在，极大地影响着我国社区教育的发展，必须对其进行改革和创新发展。

　　总之，我们不但要继承我国传统社区教育中的精华，摒弃其糟粕，而且还要不断改革创新，不断实现社区教育理念、教育内容、教育方法与手段等方面的现代化，建立现代社区教育治理体系，促进社区治理，为现代社会培养全面发展的人。

第二节　社区教育促进社区治理的机理及功能体现

　　人们对什么是治理有着多种表述，其共同强调的核心内涵主要有：民主，即公民广泛而深入的参与；多元，即治理主体由政府、社会组织、公民个人等多个平等的主体构成；协商，即治理是通过上述各治理主体协商合作完成的；善治，即治理的目标是实现公共利益的最大化。社区是社会治理的基本单元，党的十八大报告首次提出了社区治理的理念，十八届三中全会以后，社区治理更是成为推进社会治理的关键。一些地区开始尝试把社区教育融入社区治理，国内学术界也对此进行了一些相关研究，但总体来看，不管是研究的数量还是研究的深度都还很不够。首先，社区教育不但要融入社区治理，而且还要引领和创新社区治理。正如一个国家要发展，教育必须先行一样，一个社区要得到良好的治理，社区教育也应在其中起着火车头的作用，但不少研究并没有看到这一点。其次，一些学者虽然也简单总结了社区教育与社区治理之间的内在关系，但这样的研究并不多，对现代社区教育的本质属性有哪些，社区治理和社区教育在本质属性上有哪些方面是契合的，社区教育促进社区治理的理论基础是什么等问题研究不多且不深入，导致无法全面、深入地探讨社区教育与社区治理的内在关系和社区教育在社区治理中的功能，更不能深入研究社区教育如何促进社区治理。

要较为深入地研究社区教育与社区治理的关系，研究社区教育在社区治理中的功能，我们必须弄清这样几个问题。第一，社区教育与社区治理之间有着怎样的内在联系？第二，社区教育推进社区治理的理论基础是什么？第三，社区教育怎样促进社区治理，即社区教育推进社区治理的功能是如何实现的？

一　社区教育与社区治理的内在联系

社区治理是国家治理的基本构成部分，"社区治理是指以城市、乡镇或邻里的社区为基本范围，以与社区公民生活直接有关的公共政策制定和公共服务提供为主要治理对象，依靠社区内政府、企业组织和公民组织建立社会网络组织，通过社区公民直接的、广泛的参与而形成的基本治理模式"[①]。结合我国当前社区治理的实际，社区治理具有以下特点。首先，社区治理具有社区性，是以社区为范围和基础，在社区内进行的。其次，社

---

① 孙柏瑛：《当代地方治理——面向 21 世纪的挑战》，中国人民大学出版社，2004，第 44 页。

区治理的目标是通过制定相关政策和提供相应的服务，实现社区内公共利益的最大化。再次，强调社区治理中的公民参与，强调治理主体的多元化，治理权力开放化和分散化，社区权力运行由垂直方式向网络方式转变。最后，社区治理目标的实现必须依靠社区的管理机构、各社会组织和公民结成平等的伙伴关系，协商合作，形成网络互动结构，充分利用市场经济的规律，采取多种方式进行。在这几个方面中，主体多元、平等协商是核心。事实上，一些发达国家的社区治理已经做到了上述几方面。如有人把日本的社区治理特点总结为民主化、市场化、组织化、多元化等几个方面。①

　　社区教育之所以具有促进社区治理的功能，是因为其与社区治理有着紧密的内在联系。从一般意义上讲，教育与社会有着不可分割的联系。众所周知，教育在社会中产生发展，受社会政治经济文化等方面的影响，同时，教育又反作用于社会，推动社会的发展。同理，社区教育的根基在社区，必然要受社区政治、经济、文化等方面发展水平的影响，社区教育要得到良好发展，离不开社区治理的大环境。同时，社区教育又通过培养人才、营造文化氛围等途径对社区治理产生深刻影响，特别是社区治理要走向科学化与专业化，需要引入治理方面的理念、知识和技术，就更需要社区教育。现代社区教育是以社区为地域范围进行的、居民自主参与的教育社会一体化的教育形式，其本质属性表现为育人性、社区性、大教育性、民主性和现代性几个方面。② 从社区教育与社区治理各自的归属、内涵与本质属性来看，二者具有紧密的内在联系。

　　第一，社会学是二者共同的上位学科。社会学是研究社会结构、社会现象、社会问题，以及社会中人的关系、行为和心理的学科。社会学的研究范围极其广泛，从传统的社会分层、社会流动、社会宗教、社会越轨等方面的研究延伸至更多更细的研究对象，其分支学科也不断增多。社区是社会的基本组成单位，也是社会学中的一个基本概念，社区治理自然毫无疑问是属于社会学的范畴。而社区教育的实质是在社区内进行的社会教育，因此，社会学也是社区教育的上位学科。社区教育与社区治理具有共

---

① 宋雪峰：《日本社区治理及其启示》，《中共南京市委党校学报》2009 年第 3 期。

② 邵晓枫：《社区教育究竟是什么？——对社区教育本质的理性思考》，《职教论坛》2015年第 36 期。

同的上位学科，决定了二者必定有着紧密的内在联系。

第二，具有共同的区域基础，二者都以社区为本位。社区教育与社会教育的最大不同点在于其教育的空间范围是社区，受教育对象主要是社区内的成员，社区教育必须从社区的需要和特点出发。社区治理同样如此，必须以社区的基本情况和需要作为治理的基础。

第三，都体现了鲜明的现代性。我国现代社区教育产生于民国初期，是生产力与民主政治发展的产物，具有传统社会教育所没有的现代性。传统社会教育主要是作为正规学校教育的一种补充形式，向社会普及科学文化知识，提高人的文化素质，以及地区和社会的道德水平，维护地区与社会和谐；现代社区教育作为与学校教育并列的一种教育形式，其不仅要实现传统社会教育的上述功能，还要注重提高社区居民的公民意识、公民道德与作为公民的参与能力及培养全面发展的人。现代社区教育强调教育的民主性，其与社会生产生活紧密相联，逐步走向教育与社会的一体化，成为终身教育的一种重要形式。"治理"这一概念之所以在20世纪八九十年代后流行，同样是因为现代民主政治的发展，不少有识之士发出了"少一些统治，多一些治理"的呼声。同时，生产力和科学技术的发展，政府失灵和市场失灵的问题都十分突出，再加上全球化时代的来临，作为新公共管理模式的升级版，新公共治理模式成了人们追捧的对象。自改革开放以来，随着政治、经济、文化等方面现代化进程的加快，以及在全球化浪潮的冲击下，党的十八大报告首次提出了社区治理的理念，党的十八届三中全会把推进国家治理体系和治理能力现代化作为全面深化改革的总目标。由此可见，社区治理同样具有鲜明的现代性，与社区教育产生的背景及精神特质是相通的。

第四，民主与多元是现代社区教育与社区治理的共同本质属性。一方面，民主是治理最本质的属性，而一元必定意味着专制，因此，也可以说，社区治理主体的多元本身就意味着民主，体现在社区居民及社会组织参与社区公共事务的决策与管理上。另一方面，现代教育的本质特点之一就是民主性，现代社区教育也必定具备这个本质特点，表现在社区居民不但应是社区教育活动的积极参加者，而且应是社区教育规划、决策与管理的重要主体。由此可见，现代社区教育与社区治理有着共同的本质属性，这决定了二者在基本理念和指导思想上具有一致性。

第五，促进社区善治是现代社区教育与社区治理的共同目标。一方面，社区治理首先是一种公共服务与公共利益的实现活动，即要进行社区公共事务管理及提供公共产品，其最终目标是实现善治，即要满足社区内成员的多种需要，实现社区内公共利益的最大化。另一方面，与所有的教育活动一样，作为教育重要组成部分的社区教育的本质目的同样是培养人，满足社区居民的多种教育与发展需要，并通过提高社区成员的素质，培养现代公民，最终实现社区的善治。由此我们可以看出，社区教育与社区治理具有相同的目标。

第六，社区治理的实现有赖于社区教育培养具有广泛参与能力的居民与社会组织。社区治理意味着扩充和整合治理主体，重新分配治理权力，重构治理的体制与制度，因此，社区治理的实现，是社区公民的广泛参与及各组织与政府之间协调活动的结果。社区居民要想广泛参与社区治理，就必须依赖社区教育培养具有主体性及具备参与意识和参与能力的社区公民，培育各种公民组织。总之，从社区旧的管理模式转向新的治理模式，治理要求的民主理念、多元参与、协商对话、实现公共利益最大化等都需要社区教育的参与。同时，社区教育作为社区的一个组成部分，不可能独立于社区治理之外，而必须把社区治理的要求当作重要的出发点和目标，进行自身功能的调整和改革。

二　社区教育促进社区治理的理论基础

社区教育之所以能促进社区治理，不但因为二者之间存在内在联系，而且还有一定的理论作为基础，主要包括公民治理理论和社会资本理论。

（一）公民治理理论

公民治理理论是针对官僚中心，公共利益真正的主体——公民却处于被动地位的行政模式提出的，强调公民在行政管理中的主体地位及参与权与决策权，主张建立公民与政府合作的公民性政府。美国著名学者博克斯（R. C. Box）是这一理论的代表人物，他还特别阐述了适用于社区治理的理论。博克斯重新界定了公民、代议者（由公民民主选举产生）和行政管理者各自的角色、地位及几方的互动关系。认为公民是社区事务的直接参与者与治理者，而行政管理者只是公民参与的辅助者与顾问，代议者则处于协调上述二者的位置。公民治理理论认为 21 世纪将是以公民治理为中心的时代。博克斯将公民划分为搭便车者、看门人和积极的公民三种角色，其中"搭便车者"与"看门人"是社区治理中的消极角色，积极参与者则致力于主动参与公共事务管理，在社区的政策制定和执行中扮演重要角色。① 首先，社区治理的实现必须要有积极的公民参与者，公民的参与是关键。如前文所述，公民参与不但指公民参与的广度，而且还指参与的深度，即公民能够与决策者形成一种伙伴关系，参与决策与管理，这才是真正的公民参与。其次，公民要能选出代表自己利益的代表，有效保障公众利益。但社区治理中积极的公民参与者与其较强的参与能力都依赖于社区教育通过各种方式去培养与提升：通过社区教育，培养社区居民的参与意识，培养社区治理的积极参与者；通过社区教育，提升社区居民的参与能力，实现其在社区治理中广泛而深入的参与，表现为能有效地选举代议人，特别是具有参与社区事务管理和决策能力的代议人；通过社区教育，使社区行政管理者明白治理的要义与社区公民的主体地位，从而让渡部分社区治理的决策权与管理权，以顺利实现社区居民对社区治理的深度参与，同时，通过社区教育，提升社区行政管理者有关社区治理的专业能力。总之，按照公民治理理论，社区公民及行政管理者都需要有关社区治理方面的训练，社区教育在其中起着关键作用。

（二）社会资本理论

自布迪厄（P. Bourdieu）从社会学角度提出"社会资本"概念以来，大量有影响的人物，如科尔曼（J. S. Coleman）、帕特南（R. D. Putnam）都从不同角度对社会资本进行了探讨，他们认为社会资本是一种社会组织结构资源。最有代表性的观点是哈佛大学教授帕特南提出的，其认为"社会资本是指社会组织的特征，诸如信任、规范，以及网络，它们能够通过促进合作行为来提高社会的效率"。② 由此，信任、规范、网络成了公认的社会资本的核心要素。社区治理是政府、社区和公民之间协商、互动与合作的结果，信任就成了其先决条件，同时，公民的广泛参与及其与政府机

---

① 〔美〕理查德·C. 博克斯：《公民治理——引领 21 世纪的美国社区》，孙柏瑛译，中国人民大学出版社，2013，第 2、30 页。

② 〔美〕罗伯特·D. 帕特南：《使民主运转起来》，王列、赖海榕译，江西人民出版社，2001，第 195 页。

构一起形成的运行规范、合作互动的网络体系都是社区治理不可或缺的要素。社会资本的存量与增量状况决定社区治理的成效，而社会资本培育离不开社区教育。首先，社区教育有利于加强政府、社会组织及公民个体等各治理主体之间的互动，促进其相互了解，建立彼此的信任，从而展开社区治理中的各种合作；社区教育有利于使社区治理各主体明确自身的角色和定位，促进社区治理各主体的广泛参与，促进各种资源，特别是社区内教育资源的共享与整合，形成合作互动的网络体系，提高各种资源的利用率；社区教育活动的开展有助于增强社区治理主体的规范意识，有利于在社区治理各主体信任与合作网络的形成过程中，建立必要的规则与制度，保障合作顺利而健康地进行。综上所述，社区教育是增加社区社会资本的重要途径，因此，研究社区教育在社区治理中的功能应把社会资本理论作为重要的理论基础。

三　社区教育促进社区治理的功能体现

社区治理的本质属性表现为民主、多元、组织协调等，这些都对政府管理能力、公民个体的文化素质与参与能力、政府与公民及社会组织的协调能力提出了非常高的要求。有人提出了良好社区治理的衡量标准：社区自组织水平，即社区社会组织的数量和组织资源；社区交往程度，即成员之间的网络关系；社区成员信任度；社区集体行动能力，即参与公共事务的人数、频度。[①] 我国现行社区治理水平离上述要求与标准还相去甚远，这就对社区教育提出了新的要求，这些新要求正是我国社区教育提升社区治理功能的具体体现。具体而言，我国社区教育对社区治理功能的提升主要体现在以下几个方面。

（一）提高公民的基本素质水平

首先，社区教育通过向社区居民传播现代政治知识，特别是有关治理的知识与理念，培养现代公民意识与公民道德，培养社区治理所需的现代公民。要实现社区治理，必须要有博克斯所说的具有"积极公民资格"的

---

① 燕继荣：《社区治理与社会资本投资——中国社区治理创新的理论解释》，《天津社会科学》2010年第3期。

公民，而不是传统意义上的普通居民。据此，社区教育作为社区中的一种重要教育形式，在以下几方面责无旁贷。一是传播现代政治知识。我国社区居民总体政治知识不足，对于什么是治理，自己在社区治理中处于什么位置，起着什么作用大多不甚了解。因此，社区教育促进社区治理首要的一点，就是要通过各种教育活动，向社区居民宣讲相应的政治知识，包括公民的含义、治理的理念、社区公共事务治理的流程与程序、社区自组织的性质与作用等方面的知识。二是强化社区居民的现代公民意识和主体意识，使其产生对社区公共事务的责任感和主人翁意识，培养"积极的公民"。现代公民意识是指公民对自身在社会和法律上的身份地位有较为清醒的认识，有较强的权利与责任意识、平等参与意识、民主法治意识、合作协商意识、公共道德意识、博弈竞争意识、尊重宽容意识、契约诚信意识等。这实际上也是一个公民主体意识觉醒与增强的过程，没有居民主体意识的觉醒，也就谈不上真正意义上的社区治理。三是形成积极的公共道德精神与道德伦理标准，培养社区居民的责任、公正、奉献、忠诚、守法、合作等品德。

其次，提高社区居民的社区意识。有学者在阐述了包括麦克米兰（D. W. McMillan）等人的关于社区意识的定义后（麦克米兰认为，社区意识是社区成员对所属社区的归属感，是社区成员对所属社区及社区内其他成员重要关系的感知，是相信通过集体的奉献，社区需求都会得以满足和实现的共有信念），把社区意识归纳为社区情感认同、社区参与程度、社区满意度、信任与奉献精神、社区发展态度五个方面。① 我国现阶段人口的大量流动，新社区的不断产生，以及原有社区中新居民的不断加入，都极大地改变了传统社会中人们对所在社区具有深厚感情的状况，使社区居民对现在居住社区的情感不足，与社区政府机构、社会团体及其他居民之间联系不多，信任度也不够高，再加上长期以来形成的对体制的依赖心理，对社区的公共事务缺乏参与和奉献的热情。上述问题的存在，使社区居民较少参与社区事务，导致社区居民这一社区治理重要主体的缺失。社区教育在其中所起的重要作用是通过各种教育活动，提高社区居民的社区

---

① 王处辉、朱焱龙：《社区意识及其在社区治理中的意义——基于天津市 H 和 Y 社区的考察》，《社会学评论》2015 年第 1 期。

意识，为社区治理提供必要的前提条件。如通过对本土历史、文化的宣传，使社区居民加深对所在社区的认识，加深他们对社区的热爱；通过组织各种形式的教育活动，使社区居民在交流合作中增进彼此的信任，并且在交往中组成新的自组织团体，与政府机构一起形成参与社区治理的网络和互惠规范，形成和增加社区治理的社会资本；居民通过参加社区教育学习，了解自己对社区发展的责任，从而积极参与社区治理等。

最后，激发社区居民参与社区治理的积极性，提高社区居民的参与能力。要想提高社区居民参与社区公共事务治理的积极性，首先要考虑其参与的动机。心理学研究早已证明，影响动机形成的最重要的因素是"需要"，需要是人们一切行为的动力源泉，是动机产生的基础。要想激发社区居民参与社区治理的积极性，就要抓住其需要。就社区居民个体而言，其参与社区治理的动机在于个人利益需要的满足，但显然，公民的个人利益与整个社区和社会的公共利益并不完全吻合。社区教育在其中所起的重要作用之一，就是引导社区居民正确认识自身和他人利益之间的关系，把出于满足个人利益需要这种原始动机，通过合作协商，转化为包括自身利益在内的社区公共利益最大化的更高层次的动机。但仅做到这一点还不够，社区教育还要致力于提高社区居民的参与能力，应特别注意提升社区居民以下两方面的参与能力：一是表达和沟通能力。这是社区居民参与社区治理的重要能力。涂尔干认为，"民主并不取决于支配国家的人有多少；民主的本质及其特征，是人们与整个社会的沟通方式"。① 当前我国社区居民的利益诉求之所以没有得到足够的重视，其中一个重要的原因就在于居民缺乏表达自己利益诉求的能力。据调查，当前我国公民在参与社区治理的过程中通常表现为一种漏斗式的利益表达，即要表达的利益、表达出来的利益、被听到的利益、被理解的利益、被记住的利益呈递减趋势，占比分别为100%、80%、60%、40%、20%。② 社区教育在提高居民的口头语言表达和书面语言表达能力，教会居民怎样与他人沟通方面大有可为。二是协调和管理能力。社区居民、政府机构、社会组织等社区治理主体具有

---

① 〔法〕爱弥尔·涂尔干：《职业伦理与公民道德》，渠东、付德根译，上海人民出版社，2001，第91页。

② 夏晓丽：《城市社区治理中的公民参与问题研究》，博士学位论文，山东大学，2011，第75页。

各自的利益诉求，在参与社区治理的过程中，社区居民要想通过谈判、博弈、协商等方式协调自身与其他主体的利益，实现公共利益的最大化，就需要其自身具有一定的协调能力。而对于社区公共事务，如何做出更加科学和合理的规划、决策、评估等，需要社区居民具有较强的管理能力。社区教育可以通过理论教学、场景模拟、案例剖析、实践体验等方式培养社区居民的协调与管理能力。

（二）培养社区社会组织，充分发挥公民在社区治理中的主体作用

托克维尔（C. A. Tocqueville）曾经讲过，"在民主国家里，所有公民都是独立的，但又是软弱无力的。他们几乎不能单独靠自己的力量去干一番事业，其中的任何人都不能强迫他人来帮助自己。所以，他们如果不学会主动地互助，那么就会全都陷进无能为力的状态"。① 也就是说，公民作为个体的力量是有限的，要想发挥公民在社区治理中的主体作用，结成社会组织十分重要，可以说，社区社会组织是实现社区治理的关键因素，而且"政治现代化最基本的方面就是要使全社会性的社团得以参政"②。社区社会组织又被称为第三部门、非营利性组织、民间组织、社团组织等，虽然有各种不同的称呼，但它们具有非官方性、非营利性、自组织性，以及以实现社区公共利益为目标等共同点。一个治理成熟的社会中必定有大量的社会组织。社区社会组织是社区治理的重要主体，其可以提高社区治理中公民的自治能力，促进社区居民参与社区治理的有序化、组织化，消除政府在社区治理中的一元化主体现象，通过培育和增加社会资本，提供更多的公共产品，提高公共服务水平。一些人对英国新工党执政后进行的社区复兴运动公共参与形式的研究发现，作为社会调查方式的民意测验和满意度调查本身对社会资本存量影响不大，因为它们并不会促进社会交往，改变社会结构。那些包含更多深度或者长期协商的参与机会，例如社区论坛和协商小组等方式可能会在事实上创造社会资本，因其能够通过建立信任和互惠的规范促进未来的集体行动。③ 当前我国不少地方都认识到了社

---

① 〔法〕托克维尔：《论美国的民主》，张杨译，湖南文艺出版社，2011，第 389 页。
② 〔美〕塞缪尔·P. 亨廷顿：《变化社会中的政治秩序》，王冠华、刘为等译，上海人民出版社，2008，第 28 页。
③ 程秀英、孙柏瑛：《社会资本视角下社区治理中的制度设计再思考》，《中国行政管理》2017 年第 4 期。

区社会组织的重要性，据统计，目前由上海社区教育部门统计在册和培育发展的各类学习团队的数量已超过 3 万支。[1] 但这远远不够，有人通过对由民政部组织评选出的 2013~2015 年中国社区治理创新成果的案例进行分析，发现社区治理创新主体以党政机构为主，占获奖项目总数的 87.3%。[2] 2018 年 1 月民政部发布的《关于大力培育发展社区社会组织的意见》提出，"到 2020 年，社区社会组织培育发展初见成效，实现城市社区平均拥有不少于 10 个社区社会组织，农村社区平均拥有不少于 5 个社区社会组织。再过 5 到 10 年，社区社会组织管理制度更加健全，支持措施更加完备，整体发展更加有序，作用发挥更加明显，成为创新基层社会治理的有力支撑"。[3] 这表明国家对社区社会组织在社区治理中地位与作用的重视。

社区教育在培育社区社会组织中具有十分重要的作用。第一，为社区社会组织培养大量的社工人才。社工人才是社区社会组织能够成立、科学运转及可持续发展的基本条件。面对社区公共利益，如何把社区中零散的力量组织起来，成立一个能代表相关成员利益的组织，确定组织的发展目标、制度规范和运转方式，并有效地开展活动，这一切都需要领导人物和骨干力量。社区教育可以通过办理各种培训班，培养一批这样的领导人物和骨干力量，促进社区社会组织的发展，增加社区治理的社会资本。在培养社工人才的过程中，要特别注意志愿精神和志愿者的培养。我国大多数城市社区成立了志愿者协会，但广大的农村社区还非常匮乏。社区教育对宣讲志愿者精神，促进社区志愿者协会的成立起到极大的作用。第二，培育大量的社区共同体。一是要培育在民政部门登记的比较正式的基金会、社会团体和社会服务机构；二是要培育大量达不到民政部门登记注册标准的社区共同体组织，这些组织由社区当地居民根据兴趣爱好和需要自发形成，没有严格的规章制度和发展目标，但这类草根组织对城乡社区居民的生活起着十分重要的作用。社区教育应

① 黄健：《社区教育：在基层社区治理中拓展新功能——基于上海案例的思考》，《高等继续教育学报》2015 年第 5 期。

② 王江伟：《中国社区治理创新的特征、动因与绩效——基于"中国社区治理创新成果"的多案例分析》，《求实》2017 年第 12 期。

③ 《民政部：2020 年城市社区平均有不少于 10 个社区社会组织》，中国新闻网，2018 年 1 月 8 日，https://www.chinanews.com.cn/gn/2018/01-08/8419056.shtml。

更加注重培育、引导，使其成为促进社区居民发展和社区治理的重要力量。如成都市青羊区社区学院近几年非常关注社区学习共同体的培育，2015 年出台了《"市民自主学习群体"培育和扶持指南（试用稿）》，开展了相应的教育、孵化工作，并对全区的居民自主学习群体进行了验收。这些做法促进了一大批社区居民学习团体的产生，促进了该地区的社区治理。再如，成都市龙泉驿区社区教育中心通过培育社区学习型团队的领袖人物和骨干，孵化学习型团队，对学习型团队所需的师资、场地等给予支持。在这一过程中，居民的主体意识和主体能力都得到了极大的提高，使社区社会组织成为社区治理的重要主体，促进了社区居民参与社区治理的有序化、组织化。第三，改变我国当前社区社会组织"弱势群体化"现状，培养更多代表"强势群体"的社区社会组织。当前我国不少社区社会组织，特别是草根社会组织，大多数为老年人发起成立的有关绘画、书法、音乐、家居等的组织，作为社区中坚力量的青壮年组织不多，而老年人本身就是社区中的弱势群体，其对于社区治理的影响力有限。因此，社区教育应重视对青壮年社会组织的培育，使社区的社会组织更具活力，对社区治理更具影响力。

（三）培训政府官员和社会工作人员，使社区治理走向专业化

当前我国社区治理的专业化程度还不够高。在政府层面，拥有社会工作师等专业资格的官员非常少，对社区的管理主要是按照行政科层式的方式进行，治理理念中的民主、多元、协商等核心理念还没有完全确立起来，一些人仍然把政府当作治理的中心，甚至是唯一的主体，社区公民和社区社会组织是社区治理主体的意识还不高；对于社区治理及公民参与的内涵、社会工作的基本形式与方法技术等社区治理相关知识了解不多；在统筹整合、调查研究、协商公关、促进居民参与等方面的社区治理能力不够强。社会工作者的专业化程度也较低。在相当长一段时间内，我国主要依靠"居委会大妈"开展社区管理工作，虽然目前这一情况已得到较大改善，但社区工作者不专业的问题仍未得到根本解决。有人对四川省威远县严陵镇的社区工作者进行了调查，发现他们中的大多数欠缺社区工作所需的专业理论知识和专业技能，缺少开展社区工作的方法、技巧训练，服务的专业化程度不高，也基本不具备社区工作专业的学历背景，仅有一人取得助理社会工作师资格证，占总人数的 1.3%。① 至于民间的自组织管理人员，就更谈不上专业化了。政府官员及社会工作者对社区治理不够专业，导致其提供的服务也不够专业，难以满足社区居民的需求，也难以实现社区公共利益的最大化，最终影响社区治理目标的实现。

专业化的最大特点是具有不可代替性。社区教育在促进社区治理走向专业化的过程中可以从以下几个方面发挥作用。其一，培育和强化政府相关管理人员及社区工作者的专业理念与道德。通过宣传及办理各种培训班，向社区相关的管理人员和工作者宣传多元理念和社区工作专业化理念，培养他们热爱社区、投身社区工作的专业意识、专业精神和不畏艰难、耐心细致的专业道德。其二，向政府相关管理人员及社区工作者传播专业知识。包括向他们传播与社区工作有关的政策法规、社会心理、公共管理、政治学、经济学、社区及其治理等方面的相关理论知识，以及本社区的历史地理、文化习俗等基本知识。其三，培育和提升政府相关管理人员及社区工作者的专业技能。这是最核心的一个方面。社区治理要取得成效，关键是具体的实施，这就要求参与治理人员要掌握较为专业的治理技能。社区教育机构可对提高相关人员在以下几个方面的技能和能力开展有计划的、系统的培训：提高调查研究能力，调查研究是社区治理中必不可少的环节，是以社区为本的具体表现，如何进行调查研究才能取得较高的效度和信度，如何处理、分析、诊断调查结果等都是专业的问题，社区教育可以对社区工作人员和管理者进行有关调查研究的系统培训；提高共同参与和沟通协商的技能，如前所述，社区参与及各主体之间的协商协调活动是社区治理的核心，社区教育可以通过头脑风暴、体验式学习、案例讨论、实地参与等形式培养相关人员的上述技能；提高运用信息技术的能力，使社区工作人员和管理者能充分利用"互联网+"平台，让更多的人参与社区治理，提高社区治理的效率和质量；提高创新社区治理的能力，社区教育通过向相关人员引入其他国家和地区的经验，在分析本地特色的基础上，不断提升其创新社区治理方法、模式的能力。其四，社区教育机构与政府及其他社会组织合作，帮助相关部门建立社区工作者的从业资

---

① 刘朝晖等：《西部地区基层社区工作者队伍专业化建设的思考——以四川省威远县严陵镇为例》，《吉林广播电视大学学报》2016 年第 10 期。

格、业绩评价、职称评定、职后培训等制度与标准，逐步实现社区工作人员及管理人员的专业化。

（四）加强政府与公民及社区社会组织的协调，优化社会秩序

首先，社区教育可以让政府、公民及社区社会组织明确自身在社区治理中的角色与地位，实现协调合作。目前，我国社区治理中普遍存在社区居民参与积极性不高、社区社会组织不健全等问题。这是由于没有科学地界定社区治理中各主体的职责任务。社区教育的重要任务之一就是向社区成员宣讲各自的权利与义务，使各治理主体各司其职、协调配合。

其次，通过社区教育活动搭建平台，提供居民参与社区治理的途径。我国各地的社区教育机构都组织开展了各种教育活动，如终身学习活动周、文化艺术节、竞赛与论坛、生活技能培训、知识讲座等，这些都为社区居民参与社区治理提供了平台。在这些活动中，居民参与能力不断提高，社区社会组织不断走向成熟与壮大，并且通过这些活动，居民与居民之间、居民与社区社会组织之间、居民及社区社会组织与政府之间的联系得到加强，彼此之间的信任度提高，从而形成社区治理所需的多元主体及其规范与网络，增加社会资本，促进社区治理。

最后，通过社区教育活动，化解矛盾，优化社会秩序。随着改革的深入，出现了大量新的社会矛盾，这些矛盾的解决显然不是传统的"单位"或"社区领导"能做到的。社区教育在化解这些矛盾，促进社区治理中起着极大的作用。如上海闵行区马桥镇把社区居民间的一些矛盾，如养宠物、装修出租房屋等作为讨论话题，居民通过学习与讨论明确是非，最终事情得到圆满解决，化解了矛盾。上海松江区泗泾镇社区学校联合全镇8个职能部门，将培育"孝道文化"作为弘扬传统文化、践行社会主义核心价值观的重要载体。2014年上半年，全镇家庭和邻里纠纷信访率较上年同期下降了11%。① 通过对近3年四川省威远县的调查发现：开展社区教育的社区比对照社区家庭纠纷的发生率下降40.25%，邻里纠纷的发生率下降46.41%，一般群体性事件的发生率下降43.41%，违法犯罪事件的发生

---

① 黄健：《社区教育：在基层社区治理中拓展新功能——基于上海案例的思考》，《高等继续教育学报》2015年第5期。

率下降 33.42%。① 据笔者调查，成都市龙泉驿区丽阳社区房屋拆迁问题曾导致居民与当地政府之间产生了尖锐的矛盾，对此，社区教育中心派出了3 人工作团队，历时两年半，在社区居民和政府之间搭建起沟通的桥梁，化解了居民与当地政府间的矛盾，最终圆满解决了问题，并使丽阳社区成为龙泉驿区社区治理的十佳社区。上述案例充分说明了社区教育在重建社会秩序、促进社区治理中发挥了重要的作用。

第三节　社区教育均衡发展的理性思考

自 20 世纪八九十年代开始，我国城乡教育均衡发展问题就引起了人们的关注，进入 21 世纪以来，该问题已成为国内学术界关注的焦点。社区教育是终身教育的重要组成部分，是建立学习型社会的重要途径。随着我国教育民主化进程的推进，不仅义务教育要实现均衡发展，社区教育同样要实现均衡发展。百年来，虽然我国现代社区教育发展取得了可喜的成就，但城乡之间和地区之间仍存在较大的差距。目前，我国学术界对这一问题的研究还不是很深入，对社区教育均衡发展的内涵、现状及对策等问题的研究还不系统，为此我们拟对上述问题做较为深入而系统的探讨。

一　社区教育均衡发展的内涵

对于教育均衡发展的内涵，人们有着不同的表述，如认为"实际上教育均衡发展是教育平等的问题，说到底还是一个人权问题"②；"教育均衡发展，是指通过法律法规确保给公民或未来公民以同等的受教育的权利和义务，通过政策制定与调整及资源调配而提供相对均等的教育机会和条件，以客观公正的态度和科学有效的方法实现教育效果和成功机会的相对均衡"③；"教育均衡实质上是指在教育公平思想和教育平等原则的支配下，

---

① 刘纬度、刘朝晖：《社区教育在社会治理创新中的功能与地位——以四川省威远县的实践为例》，《天津电大学报》2017 年第 2 期。

② 顾明远：《教育均衡发展是教育平等的问题，是人权问题》，《人民教育》2002 年第 4 期。

③ 于建福：《教育均衡发展：一种有待普遍确立的教育理念》，《教育研究》2002 年第 2 期。

教育机构、受教育者在教育活动中享受平等待遇的教育理想和确保其实际操作的教育政策和法律制度。其最基本的要求是，在教育机构和教育群体之间平等地分配教育资源，达到教育需求与教育供给的相对均衡，并最终落实在人们对教育资源的分配和使用上"①；等等。总体而言，人们从受教育的权利以及教育资源分配等角度对教育均衡进行了界定。对于社区教育均衡发展的内涵，学术界大致从这些角度对其进行了少量的探讨，如认为社区教育均衡是使全体居民能够接受水平大致相当的社区教育，使得每个居民的基本发展权得到保障；② 认为社区教育均衡是对管理体制、经费投入等进行统一规划，实现区域内社区教育供需相对均衡；③ 认为社区教育均衡化是指供给、效果、服务的均衡。④ 但当前对社区教育内涵的研究都较为简单，不全面，也不系统。笔者拟从教育哲学、教育社会学、教育经济学及和谐理论等多维视角对社区教育均衡的内涵进行比较全面、系统的探讨。

（一）教育哲学视角：社区教育均衡是指不同地区教育主体的利益都得到同样重视

本书所指的教育哲学角度，主要是指从教育价值取向的视角去解读社区教育均衡的内涵。不同地区社区教育作为不同的主体，都具有满足社会和社区发展需要的价值属性，但当这些地区不能同时得到保障时，就出现了选择把谁放到更重要的位置上，谁的利益能优先得到保障的问题。此时国家必须从自身的需要和利益出发，对社区教育不同主体的利益进行取舍和调整。长期以来，我们显然更加重视城市地区和东部地区社区教育的发展，因此，在教育价值取向的视角下，社区教育均衡的内涵是改变以经济发达地区教育为中心的价值取向，从而使不同地区教育主体的利益都受到同样的重视，同时，应特别注意根据我国的具体情况，提高经济欠发达地区社区教育的地位和保障经济欠发达地区教育主体的利益。地位问题是事

①　翟博：《树立科学的教育均衡发展观》，《教育研究》2008 年第 1 期。

②　王铭、王义保：《公平视阈下城乡社区教育发展均衡化问题研究》，《江苏广播电视大学学报》2013 年第 5 期。

③　唐晓明：《社区教育均衡发展与和谐社会构建的辩证思考》，《宁波广播电视大学学报》2011 年第 2 期。

④　国卉男、赵华、李珺：《比较视野下社区教育的均衡化发展》，《中国远程教育》2019 年第 3 期。

物发展的首要和关键问题，只有首先从教育价值取向上明确经济欠发达地区社区教育的重要性，把农村地区和西部地区的社区教育地位提升到与城市地区和东部地区社区教育地位同样重要的高度，才能使经济欠发达地区与经济发达地区社区教育主体的利益受到同样的重视，因此，这是实现社区教育均衡的先决条件。

（二）教育社会学视角：社区教育均衡是指实现不同地区在教育机会、过程和结果方面的公平

公平的基本含义是公正、不偏不倚，而均衡中的"均"，即指公正、均等，有了"均"，才有"衡"。也就是说，教育均衡实际上首先强调的是教育公平，因此，城乡教育均衡的核心是实现城乡教育公平。在人类发展史上，教育公平一直被作为一种社会权利。胡森（T. Husen）提出教育的平等包括起点均等、过程均等和结果均等的观点，科尔曼提出教育公平包括进入教育系统的机会均等、参与教育机会的均等、教育结果均等、教育对生活前景机会的影响均等。[①] 人们一般认为，教育公平包括教育权利和机会公平、教育过程公平与教育结果公平。谢维和等提出，教育公平运动主要有三种形态：基本的教育平等，即要给予所有人同样的受教育的机会；自由的教育平等，指人们为达到更高的目标所需要的教育公平和平等；激进的教育平等，指整个教育结果或教育成功上的平等。[②]综合学术界的观点，笔者认为，社区教育均衡包含三种状态或三个阶段，即实现不同地区的基本教育平等、教育过程平等及教育结果平等，其实质不仅指底线的教育公平，而且还指不同地区的各个教育主体在争取更大的成功与自由幸福时所要求的公平。

首先，社区教育均衡是指实现不同地区基本教育的平等，即在不同地区实现基本教育权利与机会的公平。肯定不同地区的各教育主体在法律上具有平等的受教育的权利与机会，其基础是人生而平等、天赋人权的观点。在这种基本的教育公平观中，"人们重视的是能否获得这种机会本身，而没有更多地考虑这种机会能够带来什么"。因此，这是一种最低纲领主

①　鲍传友：《教育公平与政府责任》，北京师范大学出版社，2011，第 177 页。

②　谢维和等：《中国的教育公平与教育发展（1990—2005）——关于教育公平的一种新的理论假设及其初步证明》，教育科学出版社，2008，第 88~94 页。

义者的观点。① 但它是社区教育均衡的起点，在理念上把教育均衡与基本人权联系在了一起，在实践上也为实现社区教育均衡提供了最基本的前提条件。其次，社区教育均衡是指教育过程平等，这种平等超越了基本的教育平等，即不止满足于受教育权利的平等，而且还要求获得更多更好的受教育机会，是社区教育均衡的核心阶段。具体而言，一方面是指不同地区各教育主体对教育资源的公平分享，包括经费投入、办学条件、师资配备等方面的大致均衡；另一方面还意味着不同地区各教育主体在争取获得更多优质教育资源中的自由平等。最后，社区教育均衡是指社区教育结果的公平，这是社区教育均衡的最高阶段。此时，人们关心的不再是有无受教育的权利，而是他们所受的同等水平教育对自己生活前景的影响力是否基本相等。从内在价值看，结果公平意味着不同地区的每一个个体都能得到最适合自己的教育。

（三）教育经济学视角：社区教育均衡是指不同地区间教育资源配置的均衡

教育均衡是经济均衡这一概念的发展和移植，它是由"人类教育资源的稀缺和有限以及现有教育资源配置不均衡、不合理而引出的……教育均衡首先是教育资源配置的均衡"。② "资源配置就是将有限的经济资源在不同的需求之间进行分配。"③ 经济学是研究如何合理、有效配置资源的学科，因此，从教育经济学角度来看，社区教育均衡的本质是不同地区教育资源配置的均衡，是实现不同地区社区教育均衡的核心。教育资源包括教育经费投入（财力资源）、办学条件（物力资源）和师资水平（人力资源）三大方面。所以，从教育经济学角度看，社区教育均衡可理解为以下三个方面的均衡。首先，指不同地区社区教育经费投入的均衡。教育经费投入包括国家投入和城乡居民个人投入两个部分。国家投入部分又包括教师工资投入（基本工资、补助工资、福利费等）、生均公用经费、新建校舍投入、危房改造投入等。其次，指不同地区社区教育办学条件的均衡，

---

① 谢维和等：《中国的教育公平与教育发展（1990—2005）——关于教育公平的一种新的理论假设及其初步证明》，教育科学出版社，2008，第 127 页。

② 翟博：《教育均衡论——中国基础教育均衡发展实证分析》，人民教育出版社，2008，第 50 页。

③ 靳希斌：《教育经济学》，人民教育出版社，2004，第 144 页。

包括生均校舍面积、仪器设备、生均图书占有量、学校环境等方面的均衡。最后，指不同地区社区教育师资的均衡，包括教师的学历、职称、年龄、学科结构等方面的均衡。从经济学角度看，对资源配置主体主要有两种观点：一是认为应由市场自发地对资源进行调节和配置，二是认为应由政府统一计划配置。前一种方式容易导致盲目、混乱，后一种方式容易导致僵化，两种方式都容易产生不公。要科学合理配置不同地区的社区教育资源，应针对实际情况，把这两种方式结合起来，在由政府统一计划和调配的同时，充分调动社会各领域的积极性，合力实现不同地区社区教育资源的均衡配置。

有两点我们应该特别注意。其一，社区教育资源的均衡配置不等于均等配置，因为不同的地方、不同的社区教育机构所需的教育资源不完全一样。因此，社区教育资源配置应在配置水平基本相当的前提下，本着满足不同地区、不同社区教育机构，以及居民的不同需求来进行，这样才能真正实现社区教育的均衡发展。其二，不能认为社区教育资源的均衡配置就一定会带来社区教育的均衡发展。影响社区教育均衡发展的因素有很多，只强调教育资源的均衡，不能全面解释社区教育发展均衡的含义。

（四）和谐理论视角：社区教育均衡是指实现社区教育和谐发展

从古至今，不少学者对和谐进行了论述，其主要观点有以下几种。第一，认为和谐是事物发展的最高境界。毕达哥拉斯提出一切美好的东西都是和谐的或产生于和谐的观点。《尚书·舜典》从音乐角度谈和谐："八音和谐，无相夺伦，神人以和。"[①] 《管子·兵法》从管理民众角度谈和谐："畜之以道则民和，养之以德则民合，和合故而能谐，谐故能辑，谐辑以悉，莫之能伤。"[②] 高清海把和谐界定为真善美的统一，认为其是事物存在的最佳表现形态，是一切美好事物的共同特点。[③] 第二，和谐是事物多样的统一，是事物发展的原则。古希腊的赫拉克利特提出对立和谐观，强调和谐是对立与斗争的统一。西周时期的史伯提出："夫和实生物，同则不继。以他平他谓之和，故能丰长而物归之，若以同裨同，尽乃弃矣。"[④] 强

[①]　王世舜：《尚书译注》，四川人民出版社，1982，第18页。
[②]　赵守正：《管子通解》（上），北京经济学院出版社，1989，第243页。
[③]　高清海：《文史哲百科词典》，吉林大学出版社，1988，第480页。
[④]　上海师范大学古籍整理组校点：《国语》（下），上海古籍出版社，1988，第515页。

调"和"与"同"的区别。荀子说："万物各得其和以生。"① 也表明了和谐是事物生长和发展的原则。朱智贤把和谐定义为"美好事物的基本特征之一，指事物和现象各个方面完美的配合、协调和多样中的统一"。② 因此，和谐既不是盲目附和与苟同，也不是因为矛盾对立而各行其是，而是和而不同，即要让这些"不同"最终通过斗争能相互融洽与完美配合，都得到发展。第三，和谐是不偏激、不极端，不违背自然的中正之道。"所谓和谐，就是在'中和'的前提下，事物的状态或者关系，达到了相宜相生、相辅相成、和衷共济的美妙境界。"③ 如果严重偏向某一方，也就与和谐背道而驰了。

均衡（Balance Equilibrium）强调系统各要素间的协调和比例关系适度，是平衡、和谐的同义语。④ 均衡在《辞海》中被定义为"矛盾暂时的相对的统一或协调"⑤，也即是说，均衡的本意是矛盾双方在对立斗争中实现相对的均等、统一、协调与稳定，是事物存在的一种理想状态，正符合和谐的本意。因此，在和谐理论视角下，社区教育均衡发展的实质就是要实现不同地区社区教育的和谐发展，包含以下几层意思。第一，社区教育均衡发展是要实现不同地区社区教育高水平的均衡发展。和谐是人们公认的事物发展的最高境界，是事物存在的最佳表现形态，因此，社区教育的均衡发展是要使不同地区的社区教育在办学水平、教育质量上达到高水平的均衡发展。第二，社区教育均衡是相对的均衡，是要使不同地区社区教育的发展实现"和而不同"。因此，社区教育均衡不是不同地区社区教育绝对平均化发展，不是要抹杀各地社区教育的办学特色，而是要在受教育机会及办学条件基本均衡的前提下，让各地社区教育都得到有特色的发展，这样，社区教育才会有强大的生命力。第三，社区教育均衡发展不是要偏向发达地区和欠发达地区的任何一方，而是要把各地的社区教育视为一个整体，使它们相宜相生、相辅相成、取长补短，只有这样，才能真正实现社区教育的均衡发展。

---

① 杨柳桥：《荀子诂译》，齐鲁书社，1985，第448页。
② 朱智贤：《心理学大词典》，北京师范大学出版社，1989，第265页。
③ 易超：《论和谐》，《探索》2004年第2期。
④ 田芬：《基础教育均衡发展研究》，博士学位论文，苏州大学，2004，第4~5页。
⑤ 辞海编辑委员会编纂《辞海》，上海辞书出版社，2010，第1440页。

综上所述，在教育哲学、教育社会学、教育经济学及和谐理论的多维视角下，社区教育均衡是指在各社区教育主体的利益都得到同样重视的前提下，在教育公平理念的指导下，以社区教育资源配置均等为核心，最终实现不同地区的社区教育多元优质、和而不同的和谐发展。同时，这种均衡是相对的、动态的。社区教育供给与社区教育需求之间是相对均衡的关系，不存在绝对的社区教育均衡，而且这种均衡是"不均衡—暂时的均衡—不均衡—更高层次的均衡"螺旋式上升的过程。

二　中国社区教育均衡发展的现状及问题分析

当前我国社区教育发展水平差异明显，东部地区、城市地区的社区教育发展较好，不断迈向优质均衡，而西部地区及农村地区的许多地方尚未实现社区教育基本均衡，导致我国社区教育总体呈现发展不均衡的局面。

（一）不同地区教育主体的利益没有得到同样重视

民国时期，国家发布了众多有关通俗教育、平民教育、民众教育、社区教育等方面的文件，关注底层劳动人民的社区教育问题，如1915年颁布的《通俗教育讲演规则》，对省会、县城等应设置的讲演数目进行了规定；1936年颁布的《实施失学民众补习教育办法大纲》规定了失学民众补习教育的普及、每年每县市应添设的民众学校数、办学期数、时间等。新中国成立后，国家发布了大量有关业余教育，特别是有关农民业余教育方面的文件，2004年教育部《关于推进社区教育工作的若干意见》指出，"在经济教育较发达的东部地区，社区教育延伸到农村地区并取得初步经验。中部和西部地区在条件较好的农村地区开展社区教育实验"。[①] 这表明农村地区和中部、西部欠发达地区的社区教育受到一定程度的关注和重视。2016年教育部等九部门在《关于进一步推进社区教育发展的意见》中指出，要"统筹城乡社区教育协调发展，着力补足农村社区教育短板"。[②] 这些政策

---

① 教育部《关于推进社区教育工作的若干意见》，中华人民共和国教育部网站，2008年4月25日，http：//www.moe.gov.cn/srcsite/A07/zcs_cxsh/200412/t20041201_78909.html。

② 教育部等九部门《关于进一步推进社区教育发展的意见》，中华人民共和国教育部网站，2016年7月29日，http：//www.moe.gov.cn/jyb_xwfb/xw_fbh/moe_2069/xwfbh_2016n/xwfb_160729/160729_sfcl/201607/t20160729_273300.html。

在客观上维护了不同地区各教育主体的利益。但在很长时期内，由于国家无力让所有地区的教育都得到同样高水平的发展，因此把经济较发达地区（包括城市地区和东部地区）教育的发展放到了优先位置，体现了优先保障城市地区和东部地区教育发展的价值取向。随着我国经济实力的增强和教育民主化的推进，义务教育均衡受到了空前的重视，人们日益认识到义务教育是一种公共事业，而政府是办好这种公共事业最大的责任主体，对不同地区的义务教育发展负有同样的责任。但在社区教育领域，国家一直没有把社区教育的均衡发展正式提上议事日程，表现为在教育部出台的各种文件中没有明确提出社区教育均衡发展的要求，如2012年教育部颁发的《关于加快发展继续教育的若干意见（征求意见稿）》指出，到2015年，全国副省级和地级以上城市社区建立专门社区教育机构的比例分别达到70%和40%。① 这意味着政府还是把城市地区的社区教育放到了优先发展的位置，农村地区教育主体的利益没有受到同样的重视。

（二）社区教育机会不均衡

教育机会均衡也称教育机会均等，教育机会均等围绕教育起点、过程与结果三个维度展开，强调教育要惠及全体成员，使人人都有均等的入学机会和拥有优质教育资源及取得学业成就的机会。因此，社区教育均衡是指不同社区的成员应拥有相同的接受社区教育的机会且每个人在教育过程中具有水平大致相当的教育资源，从而拥有能促使自己得到最大发展的教育机会。当前我国社区教育中的机会不均衡主要表现为以下几点。

首先，社区教育机构分布不均衡。社区教育机构的均衡分布是居民教育机会均等的基础，社区教育实体机构空间分布不均直接导致居民受教育机会失衡。目前，我国当代社区教育机构还未实现地域范围内的全覆盖，特点是东部地区多，中部、西部地区少；大城市多，农村少；发达地区多，落后地区少。"部分东部地区的县级社区学院覆盖率不足50%，西部县级及以下社区教育机构基本是空白。农村明显落后于城

---

① 《关于加快发展继续教育的若干意见（征求意见稿）》，爱问文库，2012年2月28日，https://ishare.iask.sina.com.cn/f/23310257.html。

市。"① 以青海省为例，截至 2018 年，开展社区教育的只有西宁市、海东市、海西州和海南州。② 以上海市和四川省为例来比较分析东西部地区社区教育发展的差异。上海市作为我国社区教育发展的"领头羊"，其 16 个区（县）形成纵向到底、横向到边的社区教育四级办学网络，有上海社区学院 1 个、区级社区学院 16 个、街镇（乡镇）社区学校 212 个、居村委（社区）学习点 5275 个。③ 而在西部地区的四川省，据笔者了解，社区教育机构并未实现区（县）全覆盖，在四川省的 21 个市（州）中，省会城市成都，以及一些中等城市，如绵阳、达州、泸州、自贡、广安、内江、遂宁、广元等设立了当代社区教育机构，一些地区，特别是县级城市还是空白。目前四川省只有成都市的办学体系较为完整，建立了市级社区大学—区（县）级社区学院—街道（乡镇）级社区学校的体系，四川其他一些地区的社区教育机构主要设在地级市，农村地区很少。这些都说明，在东西部地区之间和城乡之间，居民接受社区教育的机会是很不均衡的。

　　其次，优质社区教育资源分布不均衡。伯恩斯坦（B. Bemstein）提出，学习依赖于家庭的某种经济条件和具有象征性的活动。④ 同样，地区的地理条件和经济状况也影响居民接受社区教育的机会，地理条件和经济条件较好的地区在社区教育发展上具有先天优势，居民也因此拥有更多更好的教育资源。2013 年，全国社区教育实验区在东部、中部、西部地区分别有 106 个、21 个、18 个，占比分别为 73.1%、14.5%、12.4%。⑤ 2015 年，全国社区教育实验区在东部、中部、西部地区分别有 148 个、55 个、43 个，占比分别为 60.2%、22.4%、17.5%。⑥ 在教育部 2016 年公布的第六

---

① 《社区教育深度融入社区治理的路径探析》，人民论坛网，2020 年 9 月 3 日，http：//www.rmlt.com.cn/2020/0903/592224.shtml。

② 周延军：《新时代社区教育若干问题研究》，北京时代华文书局，2020，第 241 页。

③ 《社区教育的上海模式》，上海学习型社会建设平台网站，2018 年 1 月 15 日，http：//shlc.shlll.net/Notice/NoticeInfo.aspx？Z=&A=18695。

④ 〔英〕巴兹尔·伯恩斯坦：《教育、符号控制与认同》，王小凤等译，中国人民大学出版社，2016，第 110 页。

⑤ 杨志坚主编《中国社区教育发展报告（2013—2014 年）》，中央广播电视大学出版社，2015，第 69、120 页。

⑥ 数据系对我国社区教育实验区（示范区）省份分布情况整理所得，具体情况参见 http：//www.shequ.edu.cn/。

批全国社区教育实验区中，东部、中部、西部地区分别有 37 个、17 个、10 个，占比分别为 57.8%、26.6%、15.6%。① 从社区教育实验区的分布来看，虽然中部、西部地区占比有所提升，但社区教育资源的配置仍不均衡。值得注意的是，西部地区不少省份只拥有 1～2 个社区教育实验区或示范区，个别省份甚至没有，这说明西部地区优质社区教育资源匮乏。另外，优质的社区教育资源主要集中在城市的社区教育机构，全国主要的社区教育示范区或实验区主要集中在城市，特别是大城市。以四川省为例，国家级社区教育示范区集中于成都市五大主城区以及龙泉驿区。2018 年，达到成都市市级规范化标准的社区教育学校（26 所）也主要分布在城区。

（三）社区教育经费投入及机构设施不均衡

首先，我国社区教育经费投入不均衡。社区教育经费分为专项经费和常规经费，以政府拨款为主。我国社区教育经费投入不均衡主要表现在以下几个方面。第一，我国地区间社区教育经费投入失衡。如云南省大理白族自治洲宾川县每年只有 80 多万元的经费用于社区教育活动。此外，该县社区教育机构每年也有一定的活动经费，但不多。② 而浙江省海曙区社区教育经费共投入 230.15 万元，江北区 1221.94 万元，慈溪 869 万元，象山 146 万元。③ 第二，我国城乡间社区教育经费投入失衡。盛淑桢等人发现，其调查的 220 所村居学习点的经费都很少，个别学习点极少甚至没有。④ 一般而言，城市越大，社区教育经费就越多。第三，社区教育机构级别不同，经费也有差异。如上面提到的浙江省江北区是全国社区教育实验区，专项经费共有 1221.94 万元，而作为非全国社区教育实验区的象山，其社区教育专项经费才 146 万元。第四，居民人均社区教育经费投入失衡。在 2012 年和 2013 年，上海市长宁区的社区教育人均经费达 11.18 元和 16.67

---

① 教育部《关于公布第六批全国社区教育实验区、第四批全国社区教育示范区名单的通知》，中华人民共和国教育部网站，2016 年 6 月 1 日，http：//www.moe.gov.cn/srcsite/A07/s7055/201606/t20160601_247305.html。

② 刘云堤：《大理州宾川县社区教育现状与发展对策研究》，硕士学位论文，云南师范大学，2013，第 32～53 页。

③ 卢筱媚：《新型城镇化中宁波社区教育一体化发展研究——基于四地社区教育调查》，硕士学位论文，宁波大学，2015，第 23 页。

④ 盛淑桢、熊婷：《社区教育资源城乡统筹配置审视》，《中国成人教育》2017 年第 22 期。

元,[①] 2018 年,上海市奉城镇人均社区教育经费为 10.75 元。[②] 浙江的一些地方人均社区教育经费早已达到每年 20 多元,而作为全国社区教育示范区的成都市青羊区只有 6 元/人,龙泉驿区为 5.2 元/人。[③] 在广大农村地区,社区教育经费不足 1 元/人且经费来源不固定,有的地方甚至没有经费。[④] 由此可见,我国社区教育经费投入极不均衡。社区教育经费是社区教育活动开展的基础与保障,其投入的不均衡必定会导致社区教育发展的不均衡。社区教育经费投入失衡的主要原因有以下几点。其一,各地区的公共财政收入差距较大,西部地区和农村地区的公共财政总量不足,较难投入社区教育。其二,重视程度不够。一些地方的政府官员由于没有将社区教育与增加居民人力资本和社区发展相联系,不愿意加大对社区教育的投入。其三,在教育经费有限的情况下,一些地区采取了优先或重点发展城市社区教育的策略,形成有差别的财政拨款,进而导致社区教育经费投入失衡。

其次,社区教育机构设施不均衡。主要表现为社区教育机构的建筑面积、学习室、图书册数、教学仪器等在地区和城乡间的不均衡。发展较好的社区学校大多达到标准化建设要求,如保定市社区教育硬件设备设施完善齐全,有室内图书馆、乐器学习室等,社区配备六室一站。[⑤] 江苏省 K 市积极利用科学博物馆、市民文化广场等社会公共资源开展社区教育,也有多功能教室、图书馆、聊天室等多种活动场所。[⑥] 而山东曲阜市农村社区教育的硬件条件较差,设备设施不齐全,如图书馆、教材、多媒体、文化设施不完善,农民培训室里只有几本书、几张桌椅和一台没有联网的电

① 宋亦芳:《社区教育政府经费的使用效益研究——以上海市长宁区为例》,《中国职业技术教育》2013 年第 3 期。

② 《2022 年度奉城镇履行教育职责自评报告》,上海市奉贤区人民政府网站,2022 年 11 月 25 日,https://www.fengxian.gov.cn/fcz/tzgg/20221125/31878.html。

③ 李盛聪、李宜芯、韩忆娟:《美好生活视域下社区教育的发展逻辑与现实困境》,《职教论坛》2019 年第 11 期。

④ 姚取科:《农村社区教育问题研究——以湖南省湘阴县楠竹山村为例》,硕士学位论文,湖南农业大学,2013,第 18~19 页。

⑤ 刘沂青:《基于京津冀协同发展的保定市社区教育策略研究》,硕士学位论文,河北大学,2016,第 22~23 页。

⑥ 陈娅慧:《新农村社区教育发展问题及对策研究——以江苏省 K 市为例》,硕士学位论文,西华师范大学,2015,第 41~42 页。

脑。① 我国多数农村社区学校的硬性教育条件都不如城区，难以达到社区教育标准化水平。设备设施是社区教育活动开展的中介，设备设施的缺乏会影响居民学习过程与效果，导致社区居民教育过程与结果失衡。公共财政投入的有限性是实现社区教育设施均衡最大的制约因素，各级政府大多在社区教育物质投入上偏向城市，忽略基层学习点。同时，发达地区的社区教育机构可以借助多种社会资源来完善自身的设备设施，而经济欠发达地区可利用的资源较少。此外，东部地区组织协调机构较为系统，而中西部地区普遍缺乏强有力的组织协调机制，山西、吉林、云南等省份还没有成立省级社区教育指导机构。②

（四）社区教育师资队伍不均衡

师资队伍是实现社区教育均衡发展的关键因素，现阶段我国社区教育教师队伍总数较发展初期有了巨大飞跃，2015 年共有专职教师 112311 人，③ 但也存在发展失衡情况。首先，各地区在社区教育教师数量上存在不均衡的现象。东部地区社区教育师资力量较为雄厚。2016 年，上海拥有专职教师 1600 余名、兼职教师和志愿者 4 万余人。而西部地区较难达到上海的水平，有的地方专职社区教育教师极少甚至没有。其次，各地区在社区教育师资力量上存在不均衡的现象。同为非城区社区教育机构，发达地区社区教师具有较强的业务能力与专业素养。如江苏省 Z 镇社区教师团体为 3 位专职教务老师，30 多位合作单位专家组成员，10 多位中小学及民营教育机构教师，50 多位来自各行各业的志愿者。④ 而山东省曲阜市某乡镇社区教师由志愿者和民间社团组成，他们大多从事宣传、巡逻等工作，没有专职教师或管理者。⑤ 在广西，农村社区教师不但数量少，而且其学历以高中、初中为主。⑥ 教师是社区教育的核心力量，其数量与质量直接影

---

① 侯龙真：《曲阜市农村新型社区教育发展研究》，硕士学位论文，曲阜师范大学，2016，第 26~27 页。
② 周延军：《新时代社区教育若干问题研究》，北京时代华文书局，2020，第 242 页。
③ 《社区教育工作 2015 年数据图解》，社区教育网，http：//www.shequ.edu.cn/。
④ 陈娅慧：《新农村社区教育发展问题及对策研究——以江苏省 K 市为例》，硕士学位论文，西华师范大学，2015，第 41~42 页。
⑤ 侯龙真：《曲阜市农村新型社区教育发展研究》，硕士学位论文，曲阜师范大学，2016，第 26~27 页。
⑥ 石颖：《广西农村社区教育教师队伍建设研究——以桂林市为例》，硕士学位论文，广西师范大学，2016，第 13~18 页。

响社区教育的质量，而工资待遇、社会保障等外在因素会极大地影响教师的配置与流动。总体而言，欠发达地区的社区学校教师福利待遇较差。有人通过对成都市调查发现，社区教育机构中，有41%的专职教师和37%的兼职教师受经济问题困扰，[①]在西部地区的农村地区，这一问题更加突出。此外，欠发达地区，特别是农村地区社区学校教师的培训机会较少，缺乏专业发展空间。这些都使欠发达地区较难吸引优质人才的加入，从而导致地区间和城乡间社区教育师资的不均衡。

（五）社区教育结果不均衡

社区教育结果均衡指要实现社区教育机构和社区居民的均衡发展，其中社区教育机构均衡发展是基础。具体来讲，社区教育结果均衡的前提是社区教育实体机构要为每个居民提供均等的受教育机会、教育条件和教育资源，尽可能实现社区教育过程均衡，居民接受水平相当的社区教育后能最大限度地实现自我发展。各地区在社区教育机会、经费投入、硬件设施及师资力量等方面存在不均衡的现象，这会导致社区教育结果失衡。社区教育机构发展数量及水平的不均衡，会导致各地区居民发展的不均衡。在东部发达地区及城市地区，居民能拥有更多的接受社区教育的机会，享有更多的优质教育资源，能更好地开发自身的潜力，实现个性的最大化发展。而在西部欠发达地区和农村地区，居民接受社区教育的机会少得多，且教育资源不充分，教育水平相对较低，这自然会影响居民的全面发展和个性发展。

（六）社区教育没能很好地实现和谐发展

首先，我国社区教育还远没有实现不同地区间的高水平均衡发展。如前所述，在城乡之间、东西部地区之间，社区教育在教育的机会、过程及结果等方面都有着极大的差异。一些地区开展社区教育的水平极低，甚至还没有开展，而和谐是一种事物最美好的境界，社区教育的这种不均衡发展状态，当然也就谈不上和谐。其次，即使在少数发达地区，其社区教育的受教育机会及办学条件基本均衡，但各地社区教育的特色没有得到充分体现，没能做到和而不同与多样的统一。如不少地方开设的

---

① 林洁：《成都市社区教育教师队伍建设研究》，硕士学位论文，四川师范大学，2017，第24~25页。

课程内容大同小异，都以面向中老年人的娱乐和休闲教育为主，虽然也推出了一些带有地方特色的课程，但总体还不够。最后，各地社区教育还没被视为一个整体，使其能在相辅相成、取长补短中实现相宜相生和一体化发展。尽管各地社区教育机构之间开展了一些交流活动，也开始尝试合作，但这些合作与交流还远远不够。事实上，当前在国家层面也没有把城乡之间、东西部地区之间的社区教育发展看成一个整体，而这一问题在义务教育阶段早已被提上议事日程，提出了城乡教育一体化的观点，并付诸实践。

三　实现社区教育均衡发展的路径

社区教育均衡的最终目标是要办好每一所社区教育学校，满足所有居民的教育需要，实现全体居民自由而全面的发展。为实现这一目标，我们必须从以下几个方面着手。

（一）坚持教育公平及一体化发展的价值取向

1. 在社区教育中真正确立教育公平的价值取向

公平"作为伦理学范畴，含有从公正的角度出发平等地对待每一个与之相关的对象的意义。在经济伦理学中，指社会成员的财富分配相对均衡化"。[1] 每个人都能获得最广泛的、与他人相同的自由；地位、职位、利益应该对所有人开放；处于不利地位者的利益应用补偿利益的原则来保证。[2] 对于教育公平这一价值理念，有两点得到了人们的一致认可：每一个受教育者都获得平等的待遇及对弱势群体进行补偿，这实际上体现了不同地区教育主体的利益都得到同样重视的价值取向。首先，让不同地区的每一个受教育者在入学机会、教育过程和教育结果上享有平等的待遇。米奇利（J. Midgley）认为社会发展是提高社会福利水平的一种重要途径，而"要成功地促成社会发展，国家必须在融合经济与福利制度，在动员市场、社

---

[1] 辞海编辑委员会编纂《辞海》，上海辞书出版社，2010，第596页。

[2] 翟博：《教育均衡论——中国基础教育均衡发展实证分析》，人民教育出版社，2008，第29~30页。

区和公共部门的过程中起主要作用"。① 教育福利从属于社会福利，意味着国家应从教育公平的理念出发去制定相应的社区教育政策，使不同地区和阶层的居民享有平等的社区教育服务。我国在 1954 年、1975 年、1978 年、1982 年的宪法及此后几次修正过的宪法中，都规定了公民享有受教育的权利。2006 年的《中华人民共和国义务教育法》将均衡教育思想作为根本指导思想，表明我国从追求入学机会的公平上升到追求教育过程和教育结果的公平，这对社区教育均衡发展具有借鉴意义。其次，在保障所有居民都有平等的接受社区教育的机会的同时，还应对欠发达地区社区的受教育弱势群体进行补偿。罗尔斯在其提出的著名的公平原则中，特别强调了补偿原则，即"为了平等地对待所有人，提供真正的同等的机会，社会必须更多地注意那些天赋较低和出生于较不利的社会地位的人们"。② 公共资源从富裕流向贫困的原则在理念上已被广泛接受，世界许多国家都制定了扶持弱势群体的教育措施，如日本的《偏僻地方教育振兴法》《关于国家扶助就学困难儿童就学的法律》等就鲜明地体现了这一点。我国也应出台一些有关欠发达地区社区教育的补偿政策。

2. 坚持不同地区社区教育一体化发展的价值取向

社区教育均衡是要把不同地区的社区教育视为一个整体来进行统筹或协调，使它们在矛盾的对立统一斗争中相互沟通与融合，取长补短，最终实现城乡教育共同发展。为此，在国家层面应做到城乡之间、东西部地区之间的社区教育规划一体化、教师人员编制一体化、教育机构设置一体化、教育经费一体化、学校建设及设施一体化、教育质量评价一体化。近年来，国家特别重视统筹城乡教育综合改革，在重庆等地建立了若干统筹城乡教育综合改革的试验区，提出了不少城乡教育一体化改革措施，这为社区教育的一体化发展提供了启发。当然，社区教育均衡和不同地区社区教育的一体化发展不是绝对平均发展，而是指在受教育机会及办学条件基本均衡的前提下，让各个地区的社区教育得到有特色的发展。在地方层面，应加强地区之间、城乡之间的合作，取长补短。近年来，各地注重加

---

① 〔美〕詹姆斯·米奇利：《社会发展：社会福利视角下的发展观》，苗正民译，格致出版社、上海人民出版社，2009，第 11 页。

② 〔美〕约翰·罗尔斯：《正义论》，何怀宏、何包钢、廖申白译，中国社会科学出版社，1988，第 96 页。

强区域合作，如 2019 年，形成了上海金山、浙江嘉善、江苏吴江、安徽宣城四地终身教育合作联盟；同年，沪苏浙皖共同制定了《长三角地区社区教育、老年教育协同发展三年行动计划（2019—2021）》；东西部社区学院开展了结对行动，如上海市 16 所社区学院全部参与了与西部地区社区学院的结对项目；2019 年，成都市、西安市、广元市、汉中市、陇南市、南充市、达州市、巴中市、绵阳市社区大学发起成立了川陕甘区域城市社区教育合作联盟；上海与新疆对口支援；[①] 2020 年，中国成人教育协会启动全国"区域终身学习发展共同体"实验项目，分省级、地市级、县区级、街镇级，结成不同地区间同级的社区教育共同体，以社区教育融入社区治理等 7 个项目为共同体抓手；等等。

（二）确立有层次的均衡目标及社区教育均衡发展标准框架

社区教育政策应确立有层次的均衡目标。社区教育均衡是一个长期的、动态的发展过程，需要分阶段实现。均衡发展政策可以将发展目标分为三个层次。第一个层次是实现所有地区居民受教育机会的均衡，普及社区教育学校。对于发展薄弱地区，国家加大财政投入和补贴力度，同时把发展社区教育作为政府部门工作考核标准，确保社区教育学校的全覆盖。第二个层次是实现社区教育机构设施和师资均衡。以社区教育硬性和软性资源的合理配置为目标，实现我国不同地区、城乡间社区教育机构的条件均等，关注社区教育过程公平与均衡。第三个层次是实现我国社区教育质量均衡。在缩小各地社区教育发展水平差距的同时，各社区教育机构基于本社区文化风俗，开发特色课程资源，打造社区教育品牌，实现内涵式发展与特色发展。目前，我国发达地区正在实现第二、第三层次均衡目标。如浙江地区通过建立"海曙区社会工作者培训基地"和"宁波市 81890 志愿者培训基地"，提升教师专业化水平。对于欠发达地区，应以实现第一层次目标为主，坚持广覆盖的需求导向原则，为居民提供接受社区教育的基本机会。另外，各级政府应明确社区教育均衡目标要求，将其分解和细化。国家层面重点明确全国社区教育均衡发展整体目标，对西部地区、农村地区予以倾斜；省级层面重点明确省内的各市（县）社区教育均衡发展目标；县级层面重点推进县域内街道（乡镇）级和村（居）级社区教育机

① 周延军：《新时代社区教育若干问题研究》，北京时代华文书局，2020，第 251~259 页。

构的均衡，并将其纳入经济社会发展统筹规划。同时，还应建立社区教育均衡发展水平的评估和监测机制，加强对社区教育均衡发展水平的监测，及时对发展目标进行调整，并将均衡发展目标的完成情况作为各级政府相关部门的考核依据。

　　按照社区教育均衡发展的目标要求，经济社会发展情况以及社区教育发展的实际情况，在参考翟博构建的教育均衡发展指标体系的基础上，[①]我们从教育机会、教育资源配置和教育质量三个维度尝试构建了社区教育均衡发展标准框架（见表9-1）。

表 9-1　社区教育均衡发展标准框架

子领域	一级标准	二级标准
教育机会均衡标准	社区教育机构覆盖率差异情况	地区间社区教育机构覆盖率差异
		城乡间社区教育机构覆盖率差异
	居民社区教育参与率差异情况	地区间居民社区教育参与率差异
		城乡间居民社区教育参与率差异
教育资源配置均衡标准	人均社区教育经费差异情况	地区间居民人均社区教育经费差异
		城乡间居民人均社区教育经费差异
	人均社区教育机构建筑面积差异情况	地区间居民人均社区教育机构建筑面积差异
		城乡间居民人均社区教育机构建筑面积差异
	社区教育机构教学设备设施差异情况	地区间社区教育机构教学设备设施差异
		城乡间社区教育机构教学设备设施差异
	图书资料人均占有量差异情况	地区间社区教育机构图书资料占有量人均差异
		城乡间社区教育机构图书资料占有量人均差异
	社区教育机构教师学历结构差异情况	地区间社区教育机构教师学历结构差异
		城乡间社区教育机构教师学历结构差异
	社区教育机构教师职称结构差异情况	地区间社区教育机构教师职称结构差异
		城乡间社区教育机构教师职称结构差异

　　① 参见翟博《教育均衡发展：理论、指标及测算方法》，《教育研究》2006年第3期。

子领域	一级标准	二级标准
教育质量均衡标准	居民对社区教育质量的满意度差异情况	地区间居民对社区教育质量的满意度差异
		城乡间居民对社区教育质量的满意度差异
	社区教育对居民素养的提升度差异情况	地区间社区教育对居民素养的提升度差异
		城乡间社区教育对居民素养的提升度差异

社区教育均衡发展标准框架从教育机会、教育资源配置与教育质量三个维度展开，共有 10 个一级标准和 20 个二级标准。篇幅所限，这里只列出了一级标准和二级标准，实际上，在二级标准下还可进一步细化至三级标准甚至四级标准。如地区间社区教育机构覆盖率差异可细分为东部、中部和西部的社区教育机构（社区学院、社区学校和社区教育学习点）覆盖率差异。此外，还可计算地区内各省份社区教育机构覆盖率，了解地区内社区教育的均衡程度。城乡间社区教育机构覆盖率差异可细分为城市和农村地区的社区教育机构覆盖率差异。地区间、城乡居民社区教育参与率差异可以细分为性别、经济收入水平、年龄层次和受教育年限等方面的差异。可以从初中/中职、高中/高职、专科、本科和研究生这几种学历层次入手来了解地区间、城乡社区教师（专兼职）的学历结构差异情况。再如，社区教师职称结构差异可以从无职称、初级职称、中级职称、副高职称和正高职称这几个方面了解差异情况。社区教育质量的满意度可从居民对社区教育不同资源利用情况、社区教育课程的组织与实施、社区教育教学手段和师资来了解差异情况。社区教育对居民素养的提升度也可从居民的自我发展（身心健康、自我管理、学会学习与创新）、人文修养（道德品质、语言与交际、科学技术与信息技术、审美与人文）、社会参与（公民的社会责任、国家认同）等方面了解差异情况。表 9-1 中 20 个二级标准均用差异系数表示（社区教育质量的满意度差异和社区教育对居民素养的提升度差异需要先用等级评定法获取相关资料，根据选项赋予的分值进行数据的统计和整理，然后再计算差异），在计算每个标准的差异系数后，编制社区教育均衡发展指数。社区教育均衡发展指数的编制可借鉴学者翟博教育均衡发展指数的编制过程，即首先确定参与率、设备设施达标率等的最大值和最小值，并将其转化为在 0～1 取值的

形式，再对照上述框架界定的分类标准，将 20 个标准按照教育机会均衡、教育资源均衡和教育质量均衡这三个方面分别做简单平均，得出 3 个一级标准的均衡发展指数。在计算一级标准的均衡发展指数时，可借鉴 UNDP 有关人类指数的计算方法。[1] 一个地区的均衡指数数值越大，说明该地区社区教育均衡程度越高。

（三）实现社区教育经费与设备设施均衡

1. 实现社区教育经费均衡

经费问题是社区教育均衡发展的核心问题，它不但决定着欠发达地区社区教育机构办学硬件的好坏，也影响着这些地区社区教育质量的高低。

第一，制定社区经费投入标准，明确各级政府提供社区教育服务的财政职责，加大中央及省级财政的经费投入。斯蒂格勒指出，地方政府在区域内能有效配置资源，但中央政府有利于实现区域间资源配置的有效性和公平性。[2] 马斯格雷夫也提出中央政府比地方政府更能维持社会稳定。[3] 在发达国家中，中央和省级政府为实现教育均衡中都加大了财政投入。这对我国中央和地方政府明确社区教育经费具有一定的指导作用。因此，我国必须制定相应的法律法规，明确各级政府教育经费的投入比例，总体原则是中央政府财政及省级政府财政应负担其中的绝大部分，即要加大中央及省级财政对社区教育经费投入。

第二，中央政府应加大中西部地区社区教育经费的财政转移支付力度，特别是在我国西部欠发达地区，不少县财政十分紧张，中央及省级财政应对这些地区在经费拨付上给予适当倾斜；加强省级统筹，对于各省县域间的社区教育经费投入，由省级政府根据管辖区域的实际情况拨付，并对老少边穷地区增加补贴；在县域内，则以社区教育入学数为标准，实行社区教育均等化拨款制度，并适当向农村社区倾斜。同时，建立发达地区的县（市、区）对欠发达地区县（市、区）的"一对一"帮扶机制，发挥地方财政横向流动与支援的作用，缩小地区间社区教育发展差距。

---

① 翟博：《教育均衡发展：理论、指标及测算方法》，《教育研究》2006 年第 3 期。
② 谭娅：《对我国专项转移支付改革的研究》，博士学位论文，财政部财政科学研究所，2014，第 23~24 页。
③ 崔运政：《财政分权与完善地方财政体制研究》，博士学位论文，财政部财政科学研究所，2011，第 18 页。

第三，建立并完善特殊地区或群体的社区教育经费投入制度。基于罗尔斯最少受惠者利益最大化原则，建立发展薄弱地区的社区教育专项经费制度，由省级及以上政府负责，保障发展薄弱地区民众的教育福利。国家也应设立面向特殊群体的经费拨款制度，确保残障人士、外来务工人员、转岗待业人员、家庭主妇等享有针对性的教育服务，保障这部分人的教育培训权。

第四，实行城乡有别的经费投入机制。农村社区教育需更多地依靠政府财政力量来保证社区教育服务供给与农村社区居民的教育权益，因此，在对农村社区教育进行财政拨款时，可以根据农村地区的经济发展水平进行拨款，如对经济欠发达地区由中央政府和省政府共同设立社区教育专项经费。城市社区教育除了政府资助外，还可通过市场机制和非政府组织力量进行筹资，因此，相对于农村，城市社区教育的筹资渠道更为多元，更要发挥多主体的力量去保障社区教育资金投入。

2. 实现社区教育设备设施均衡

社区教育机构设备设施，如生均占地面积、生均校舍建筑面积、教学仪器、运动设施、图书资料、网络支持等方面，在教育资源配置中占据重要地位，是实现社区教育均衡的物质条件。我国早已在义务教育阶段推行标准化学校建设，在社区教育中也应进行社区教育机构的标准化建设，其中最重要的就是要有大致均衡的物质条件和师资力量，而物质条件是指社区教育机构的设备设施。因此，要实现社区教育均衡发展，就必须制定社区教育机构设备设施建设的基本标准，即"低保线"，要求所有社区教育机构都达标，统一各地区社区教育硬件条件的标准，保证各地区的社区教育机构享有同等的硬件条件。对于暂时不能达到规范化标准的地区，国家应无偿提供。日本早在20世纪末就实现了社区教育设备设施标准化，如大阪市通过《日本国宪法》《教育基本法》《社会教育法》等法律，规划全市社会教育设施据点，保障社区教育的运行。我国也应尽快出台有助于实现社区教育设备设施均衡的法律法规，并认真执行。此外，还可以实行学区化管理，实现学区范围内社区教育设备设施的共享。以县（市、区）为大学区单位，县（市、区）社区教育学院为龙头，街道（乡镇）社区教育学校为主干，划分多个学区，共享设备设施资源。

（四）多方面推进社区教育师资均衡

师资是影响社区教育质量的重要因素。总体来看，现有师资较难满足社区居民学习需求。应通过公共财政保障教师工资，健全师资流动和管理制度。

第一，建立社区教育教师工资财政保障制度。胡森指出，影响一国教师供给的关键因素在于教师行业的工资水平高低与工作条件的好坏。[①] 因此要实现社区教育师资均衡，工资保障要先行。具体而言，应做到在同一区域内实行城乡无差别的社区教育教师基本工资待遇，即同级别的社区教育教师同工同酬；建立发展薄弱地区社区教育教师工资转移支付制度，由省级及以上政府负责工资发放；增加边远地区社区教育教师的津贴和补助。

第二，健全社区教育教师流动制度，实现区域内部、区域间社区教育教师这一公共资源的流动与共享。可通过县域内社区教育骨干教师在社区教育机构间巡回授课和流动教学、县（市、区）及乡镇（街道）的社区教育教师到基层学习点进行一定时期的任教服务、基层社区学习点的教师到县（市、区）和乡镇、街道社区教育机构学习等多种方式进行。另外，形成城乡社区教育的帮扶机制，通过建立捆绑式发展机制，以教师互动来提高农村社区教育的教师质量，实现城乡社区教育师资均衡。教师流动形式应把政府干预、社区学院自发与教师自主相结合。政府为社区教育教师流动创设有序、有保障的制度环境，并提供一定经费，普通级别的社区学院教师可以自发向级别高的社区学院学习。

第三，建立县（市、区）管校用、统筹安排的社区教育教师管理制度。我国主要通过专任制、委派制、招聘制、聘请制、自愿制等招聘社区教育教师，导致其人事、户籍等管理权分割在多个部门手中，教师若想在地区间流动也较为困难。因此，可以把教师的管理权限收归县（市、区），再由教育行政部门统一配置，而将教师的使用权归于社区教育学校。县（市、区）教育局根据社区教育的生源人数、教师的学历结构、职称结构等对社区教育机构下达交流指标，统筹安排教师，教师再通过竞争上岗、

---

① 〔瑞典〕T. 胡森、〔德〕T. N. 波斯尔斯韦特：《教育大百科全书教育经济学》，西南师范大学出版社，2011，第 390 页。

科学定编参与社区教育。这种做法改变了社区教育教师归属，社区教育教师由单位人转变为系统人，有利于促进社区教育教师管理的规范化，实现师资均衡。

（五）各地社区教育实现高水平均衡下各有特色的和谐发展

一方面，社区教育质量均衡意味着社区教育质量总体应达到较高的水平，这是实现社区教育均衡的重要标准。为此，第一，国家应组织专门人员，研究和制定社区教育质量均衡发展的标准及指标体系。特别注意要把居民在知识水平、职业技能、自我导向学习及参与社区治理的能力、社区意识及公民道德、身心健康水平、幸福感等方面的提升等作为教育质量均衡的基本要素。第二，成立专门的社区教育质量均衡评估机构，按照制定的标准对各地区的社区教育质量均衡状况进行评价，对缩小社区教育质量差距明显的地区予以奖励，帮助缩小教育质量差距效果不明显的地区找到原因和制定改进措施。而要实现社区教育水平整体相当，各级政府领导和相关人员需要对欠发达地区，特别是农村地区的社区教育给予特别的关心，经常深入农村，了解农村社区教育存在的问题，除要树立社区教育均衡发展的理念，保障各地区社区教育在经费、办学条件、师资等方面的均衡外，还要努力提高欠发达地区社区教育机构的教学水平。另一方面，社区教育质量均衡不是只有一个"一刀切"的标准，而是指社区教育质量水平在总体相当的前提下，又各有特色。农村和城市、东部地区与西部地区，在地理环境、文化传统、社会需要等方面都存在较大差异，这决定了它们在社区教育目标、课程开发与设置及教学的组织与实施上，也应各有特色。只有这样，才能真正使每一个居民都得到最适合自己的教育。此外，还要把城乡之间、东西部地区之间的社区教育发展集于一体来进行思考，实现社区教育一体化发展，这种一体化发展是指统筹各地社区教育，整合各地社区教育资源，构建良性互动的教育体系和机制，促进社区教育资源共享、优势互补，推动各地社区教育相互支持、相互促进，有效消除地域、经济等原因导致的教育不公平，使均衡化的公共教育服务覆盖全体居民，实现社区教育的和谐发展。

参考文献

一 工具书

〔瑞典〕T. 胡森，〔德〕T. N. 波斯尔斯韦特总主编《教育大百科全书教育经济学》，西南师范大学出版社，2011。

辞海编辑委员会编纂《辞海》，上海辞书出版社，2010。

高清海主编《文史哲百科词典》，吉林大学出版社，1988。

顾明远主编《教育大辞典》（增订合编本）（上），上海教育出版社，1998。

国家统计局编《中国统计年鉴（2021）》，中国统计出版社，2021。

江山野主编译《简明国际教育百科全书》（课程卷），教育科学出版社，1991。

教育部教育年鉴编纂委员会编《第二次中国教育年鉴》，商务印书馆，1948。

教育部教育年鉴编纂委员会编《第一次中国教育年鉴》，开明书店，1934。

刘英杰主编《中国教育大事典 1949—1990》（上）（下），浙江教育出版社，1993。

中国大百科全书总编辑委员会《教育》编辑委员会、中国大百科全书出版社编辑部编《中国大百科全书》（教育卷），中国大百科全书出版社，1985。

《中国教育年鉴》编辑部编《中国教育年鉴（1985—1986）》，湖南教育出版社，1988。

《中国教育年鉴》编辑部编《中国教育年鉴（2001）》，人民教育出版社，2001。

《中国教育年鉴》编辑部编《中国教育年鉴（2012）》，人民教育出版社，2013。

《中国教育年鉴》编辑部编《中国教育年鉴（2010）》，人民教育出版社，2011。

《中国教育年鉴》编辑部编《中国教育年鉴（2006）》，人民教育出版社，2006。

《中国教育年鉴》编辑部编《中国教育年鉴（2005）》，人民教育出版社，2005。

《中国教育年鉴》编辑部编《中国教育年鉴（1990）》，人民教育出版社，1991。

《中国教育年鉴》编辑部编《中国教育年鉴（1991）》，人民教育出版社，1992。

《中国教育年鉴》编辑部编《中国教育年鉴（1992）》，人民教育出版社，1993。

《中国教育年鉴》编辑部编《中国教育年鉴（1997）》，人民教育出版社，1997。

《中国教育年鉴》编辑部编《中国教育年鉴（2000）》，人民教育出版社，2000。

《中国教育年鉴》编辑部编《中国教育年鉴（1994）》，人民教育出版社，1995。

《中国教育年鉴》编辑部编《中国教育年鉴（1988）》，人民教育出版社，1989。

《中国教育年鉴》编辑部编《中国教育年鉴（1982—1984）》，湖南教育出版社，1986。

《中国教育年鉴》编辑部编《中国教育年鉴（1949—1981）》，中国大百科全书出版社，1984。

《中国教育年鉴》编辑部编《中国教育年鉴（2002）》，人民教育出版社，2002。

中华人民共和国教育部发展规划司编《中国教育统计年鉴（2019）》，中国统计出版社，2020。

朱智贤主编《心理学大词典》，北京师范大学出版社，1989。

二　著作及报告等

〔美〕B. S. 布卢姆等编《教育目标分类学　第一分册　认知领域》，罗黎辉等译，华东师范大学出版社，1986。

〔加〕G. 西蒙斯：《网络时代的知识和学习——走向连通》，詹青龙译，华东师范大学出版社，2009。

〔美〕J. 莱夫等：《情境学习：合法的边缘性参与》，王文静译，华东师范大学出版社，2004。

〔瑞士〕皮亚杰：《皮亚杰教育论著选》，卢濬选译，人民教育出版社，2015。

〔美〕帕克等：《城市社会学——芝加哥学派城市研究文集》，宋俊岭、吴建华、王登斌译，华夏出版社，1987。

〔美〕罗伯特·M. 加涅：《学习的条件》，傅统先、陆有铨译，人民教育出版社，1985。

〔美〕Stephen D. Brookfield，Stephen Preskill：《讨论式教学法——实现民主课堂的方法与技巧》，罗静、褚保堂译，中国轻工业出版社，2002。

〔英〕T. H. 马歇尔、安东尼·吉登斯等著，郭忠华、刘训练编《公民身份与社会阶级》，江苏人民出版社，2007。

〔美〕W. 理查德·斯格特：《组织理论》，黄洋等译，华夏出版社，2002。

殷陆君编译《人的现代化——心理·思想·态度·行为》，四川人民出版社，1985。

〔美〕阿列克斯·英克尔斯、戴维·H. 史密斯：《从传统人到现代人——六个发展中国家中的个人变化》，顾昕译，中国人民大学出版社，1992。

〔法〕埃德加·莫兰：《复杂性思想导论》，陈一壮译，华东师范大学出版社，2008。

〔法〕埃米尔·涂尔干：《社会分工论》，渠东译，生活·读书·新知三联书店，2000。

〔法〕埃德加·莫兰：《复杂性理论与教育问题》，陈一壮译，北京大学出版社，2004。

〔美〕埃德加·斯诺：《西行漫记》，董乐山译，生活·读书·新知三联书店，1979。

〔法〕爱弥尔·涂尔干：《职业伦理与公民道德》，渠东、付德根译，上海人民出版社，2001。

〔英〕安东尼·吉登斯：《现代性的后果》，田禾译，译林出版社，2000。

〔美〕巴克教育研究所：《项目学习教师指南——21世纪的中学教学法》，任伟译，教育科学出版社，2008。

〔巴西〕保罗·弗莱雷：《被压迫者教育学》，顾建新、赵友华、何曙荣译，华东师范大学出版社，2001。

〔英〕巴兹尔·伯恩斯坦：《教育、符号控制与认同》，王小凤等译，中国人民大学出版社，2016。

北京市人民政府文教办公室编著《北京社区教育》，改革出版社，1996。

〔比〕伊·普里戈金、〔法〕伊·斯唐热：《从混沌到有序——人与自然的新对话》，曾庆宏、沈小峰译，上海译文出版社，2005。

〔美〕布鲁斯·约翰斯通、帕玛拉·马库齐：《高等教育财政：国际视野中的成本分担》，沈红、李红桃、孙涛译，华中科技大学出版社，2014。

蔡元培：《蔡孑民先生言行录》，山东人民出版社，1998。

陈大白编著《洛阳实验区事业实验记》，洛阳实验区，1940。

陈红梅：《教育共同体视域下学校与社区互动的研究——基于现代学校制度建设的思考》，华中科技大学出版社，2015。

陈礼江编著《民众教育》，商务印书馆，1935。

陈礼江编著《社会教育的意义及其事业》，正中书局，1937。

陈礼江编著《乡村教育及民众教育》，正中书局，1938。

陈乃林、刘建同主编《学习型社会建设中的社区教育发展研究》，高等教育出版社，2010。

陈乃林、张志坤主编《社区教育管理的理论与实务》，高等教育出版社，2009。

陈乃林主编《现代社区教育理论与实验研究》，中国人民大学出版社，2006。

陈庆云：《公共政策分析》，中国经济出版社，1996。

陈侠、傅启群编《傅葆琛教育论著选》，人民教育出版社，1994。

陈学恂主编《中国近代教育大事记》，上海教育出版社，1981。

陈学恂主编《中国近代教育史教学参考资料》（中），人民教育出版社，1987。

陈友松主编《雷沛鸿教育论著选》，人民教育出版社，1992。

陈振明主编《政策科学教程》，科学出版社，2015。

陈振明、黄强、骆沙舟主编《政策科学原理》，厦门大学出版社，1993。

褚宏启：《教育现代化的路径》，教育科学出版社，2000。

戴伯韬编《解放战争初期苏皖边区教育》，人民教育出版社，1982。

〔英〕戴维·赫尔德：《民主的模式》，燕继荣等译，中央编译出版社，2004。

邓旭：《教育政策民意表达研究》，辽宁人民出版社，2015。

东北行政委员会教育委员会编《冬学手册》，东北书店，1947。

董宝良主编《陶行知教育论著选》，人民教育出版社，1991。

董纯才主编《中国革命根据地教育史》第1卷，教育科学出版社，1991。

董纯才主编《中国革命根据地教育史》第2卷，教育科学出版社，1991。

董纯才主编《中国革命根据地教育史》第3卷，教育科学出版社，1993。

董小英：《再登巴比伦塔——巴赫金与对话理论》，生活·读书·新知三联书店，1994。

杜元载：《非常时期之社会教育》，上海中华书局，1937。

范望湖：《民众教育 ABC》，ABC 丛书社，1929。

〔德〕斐迪南·滕尼斯：《共同体与社会——纯粹社会学的基本概念》，林荣远译，商务印书馆，1999。

费孝通：《论人类学与文化自觉》，华夏出版社，2004。

风笑天、陈万柏主编《社会学》，华中师范大学出版社，1994。

冯建军等：《教育哲学》，武汉大学出版社，2011。

冯契：《认识世界和认识自己》，上海人民出版社，2011。

〔英〕弗里德利希·冯·哈耶克：《自由秩序原理》（上），邓正来译，生活·读书·新知三联书店，1997。

高平叔编《蔡元培教育论著选》，人民教育出版社，2011。

顾侠强：《社区教育概论》，中央广播电视大学出版社，2011。

顾旭侯等编《平民教育实施法》，商务印书馆，1925。

广东省政府秘书处编《广东省三年施政计划说明书》，广东省政府秘书处，1933。

广西壮族自治区教育局《农民识字课本》编写组编《农民识字课本》，广西人民出版社，1981。

郭永华：《内生追赶型中国教育现代化模式研究》，海南出版社，2009。

国家教育委员会成人教育司编《扫除文盲文献汇编（1949—1996）》，西南师范大学出版社，1997。

国立社会教育学院编《国立社会教育学院概况》，国立社会教育学院，1948。

〔德〕哈贝马斯：《公共领域的结构转型》，曹卫东等译，学林出版社，1999。

〔德〕哈贝马斯：《现代性的哲学话语》，曹卫东译，译林出版社，2011。

哈佛燕京学社、三联书店主编《公共理性与现代学术》，生活·读书·新知三联书店，2000。

汉口市政府教育局编《市立民众教育教师讲习所报告》，汉口市政府教育局，1930。

何传启：《第二次现代化的行动议程　公民意识现代化》，中国经济出版社，2000。

何东昌主编《中华人民共和国重要教育文献（1949—1975）》，海南出版社，1998。

何国华：《民国时期的教育》，广东人民出版社，1996。

河北省教育厅编《河北省各县民众学校概况统计报告表》，河北省教育厅，1932。

河北省立民众教育人员养成所：《江浙民众教育参观报告》，河北省立民众教育人员养成所，1931。

贺祖斌主编《2015 中国远程高等教育专题研究报告——社区教育发展》，广西人民出版社，2016。

洪成文：《现代教育知识论》，山西教育出版社，2003。

湖南省长沙师范学校编《徐特立文集》，湖南人民出版社，1980。

〔英〕怀特海：《教育的目的》，庄莲平、王立中译，文汇出版社，2012。

皇甫束玉、宋荐戈、龚守静编《中国革命根据地教育纪事 1927.8—1949.9》，教育科学出版社，1989。

黄光雄、蔡清田：《课程设计——理论与实际》，南京师范大学出版社，2005。

黄焕山、郑柱泉主编《社区教育概论》，武汉出版社，2005。

黄济、王策三主编《现代教育论》，人民教育出版社，1996。

黄济：《教育哲学通论》，山西教育出版社，2002。

黄健、庄俭主编《社区教育，我们这样做——上海终身教育案例》，华东师范大学出版社，2016。

黄健：《成人教育课程开发的理论与技术》，上海教育出版社，2002。

黄利群主编《社区教育概论》，沈阳出版社，1992。

黄云龙主编《社区教育基础》，华东理工大学出版社，1994。

黄云龙等：《社区教育管理与评价》，上海大学出版社，2000。

黄志成主编《国际教育新思想新理念》，上海教育出版社，2009。

姬忠林、刘卫东、张峨建：《中原革命根据地成人教育史略》，河南大学出版社，1990。

〔英〕迈克尔·吉本斯等：《知识生产的新模式：当代社会科学与研究的动力学》，陈洪捷、沈文钦等译，北京大学出版社，2011。

〔美〕简·韦拉：《对话培训法——理论与实务》，马忠虎等译，教育科学出版社，2008。

江必新、王红霞：《国家治理现代化与制度构建》，中国法制出版社，2016。

江苏省立教育学院编《实验民众读本》（无图本），商务印书馆，1937。

江苏省立镇江中心民众学校：《江苏省立镇江中心民众学校概况》，江苏省立镇江中心民众学校，1933。

江苏省陶行知研究会、南京晓庄学院选编《陶行知文集》（上），江苏教育出版社，2008。

姜贡璜、宋绍洵、沈百英编校《民众学校适用初级算术课本》，商务印书馆，1937。

蒋建白、吕海澜编著《中国社会教育行政》，商务印书馆，1937。

教育部：《教育部督学视察南京市中小学及社会教育总报告》，教育部，1933。

教育部编纂《民众学校课本教学法》第1册，新光印刷公司，1937。

教育部编《中华民国二十二年度全国社会教育统计》，商务印书馆，1936。

教育部督学室编印《教育视导试行标准》，教育部督学室，1945。

教育部社会教育司暨总务司第二科编制《全国社会教育概况》，中华书局，1931。

教育部社会教育司编《各级学校兼办社会教育重要法令》，教育部社会教育司，1939。

教育部社会教育司主编《民众教育馆》，正中书局，1941。

教育部社会教育司编《全国社会教育概况（中华民国二十九年度）》，南京京华印书馆，1940。

教育部社会教育司编《全国社会教育概况（中华民国十九年度）》，南京京华印书馆，1934。

教育部社会教育司编《全国社会教育概况统计（中华民国二十一年度）》，南京大陆印书馆，1935。

教育部社会教育司编《全国社会教育概况统计（中华民国二十年度）》，南京大陆印书馆，1934。

教育部社会教育司编《社会教育概况》，教育部社会教育司，1942。

教育部社会教育司编《社会教育法令汇编》第2辑，商务印书馆，1940。

教育部社会教育司编《社会教育法令汇编》，商务印书馆，1936。

教育部社会教育司编印《社会教育一般重要法令》，教育部社会教育司，1942。

教育部社会教育司编《实施失学民众补习教育办法大纲》，商务印书馆，1936。

教育部社会教育司编《学校兼办社会教育》，教育部社会教育司，1940。

教育部社会教育司编印《战时社会教育》，正中书局，1939。

教育部社会教育司编印《中国社会教育概况》，教育部社会教育司，1939。

教育部师范教育司编《教师专业化的理论与实践》，人民教育出版社，2001。

教育部特种教育委员会刊印《中山民众学校课程标准》，教育部特种教育委员会，1939。

教育部统计室编《全国社会教育统计（中华民国二十三年度）》，商务印书馆，1939。

金德琅：《终身教育体系中社区学校实体化建设的研究》，上海社会科学院出版社，2007。

靳希斌编著《教育经济学》，人民教育出版社，2009。

靳玉乐、李森主编《现代教育学》，四川教育出版社，2005。

靳玉乐主编《对话教学》，四川教育出版社，2006。

靖国平：《教育的智慧性格——兼论当代知识教育的变革》，湖北教育出版社，2004。

璩鑫圭编《中国近代教育史资料汇编·鸦片战争时期教育》，上海教育出版社，2007。

瞿葆奎主编《教育学文集》第15卷《教育研究方法》，人民教育出版社，1988。

〔英〕卡尔·波普尔：《通过知识获得解放　关于哲学历史与艺术的讲演和论文集》，范景中、陆丰川、李本正译，中国美术学院出版社，2014。

〔德〕马克思：《资本论》第1卷，人民出版社，2018。

〔美〕卡罗尔·佩特曼：《参与和民主理论》，陈尧译，上海人民出版社，2006。

〔德〕米歇尔·卡斯特尔：《自我价值与共享思想——运用社会智慧获得持久成功》，董岩、唐子奕译，北京出版社，2002。

〔美〕科恩：《论民主》，聂崇信、朱秀贤译，商务印书馆，1988。

〔印度〕克里希那穆提：《一生的学习》，张南星译，群言出版社，2004。

课程教材研究所编《课程改革整体论》，人民教育出版社，2003。

〔捷〕夸美纽斯：《大教学论》，傅任敢译，人民教育出版社，1984。

〔美〕拉尔夫·泰勒：《课程与教学的基本原理》，施良方译，人民教育出版社，1994。

〔美〕莉兹·阿尼：《混合式教学：技术工具辅助教学实操手册》，孙明玉、刘夏青、刘白玉译，中国青年出版社，2017。

李桂林主编《中国现代教育史教学参考资料》，人民教育出版社，1987。

李森：《现代教学论纲要》，人民教育出版社，2005。

李惟民：《社区教育课程开发研究与指南》，上海社会科学院出版社，2012。

李学红主编《社区教育机构标准化建设研究》，上海科学普及出版社，2010。

李训贵主编《创新社区教育发展推进学习型社会建设》，辽宁教育出版社，2015。

李艳萍主编《社区之教》，沈阳出版社，2003。

李义天主编《共同体与政治团结》，社会科学文献出版社，2011。

李浴日：《定县平民教育》，良友图书印刷公司，1934。

李允主编《课程与教学论》，北京大学出版社，2015。

〔美〕理查德·C.博克斯：《公民治理：引领21世纪的美国社区》，孙柏瑛等译，中国人民大学出版社，2013。

〔美〕理查德·C.博克斯：《公民治理：引领21世纪的美国社区》，孙柏瑛等译，中国人民大学出版社，2005。

厉以贤主编《社区教育的理论与实验》，四川教育出版社，2000。

厉以贤：《社区教育原理》，四川教育出版社，2003。

厉以贤主编《现代教育原理》，北京师范大学出版社，1988。

联合国教科文组织编《反思教育：向"全球共同利益"的理念转变》，联合国教科文组织中文科译，教育科学出版社，2017。

联合国教科文组织编《教育——财富蕴藏其中》，联合国教科文组织总部中文科译，教育科学出版社，1996。

联合国教科文组织国际教育发展委员会编著《学会生存——教育世界的今天和明天》，华东师范大学比较教育研究所译，职工教育出版社，1989。

廖其发主编《当代中国重大教育改革事件专题研究》，重庆出版社，2007。

廖其发主编《中国农村教育问题研究》，四川教育出版社，2006。

林水波、张世贤：《公共政策》，五南图书出版公司，1987。

刘百川：《国民学校办理社会教育概论》，商务印书馆，1948。

刘伯奎：《社区教育实验理论与实务推展——社区教育工作指南》，中央广播电视大学出版社，2013。

刘立德、谢春风主编《新中国扫盲教育史纲》，安徽教育出版社，2006。

刘淑兰：《学校与社区的互动》，四川教育出版社，2003

刘小枫：《现代性社会理论绪论》，华东师范大学出版社，2018。

刘晓云主编《近代北京社会教育史料汇编》，河北科学技术出版社，2011。

刘兴富、刘芳主编《教师专业化发展的理论与实践》，光明日报出版社，2010。

刘尧：《中国县级社区学院发展研究》，江苏大学出版社，2009。

罗检秋：《中国近代社会文化变迁录》第3卷，浙江人民出版社，1998。

鲁洁主编《教育社会学》，人民教育出版社，2001。

吕乃基：《科技知识论》，东南大学出版社，2009。

〔美〕罗伯特·D. 帕特南：《使民主运转起来》，王列、赖海榕译，江西人民出版社，2001。

〔美〕罗伯特·基欧汉、约瑟夫·奈：《权力与相互依赖》，门洪华译，北京大学出版社，2002。

罗荣渠：《现代化新论——世界与中国的现代化进程》，北京大学出版社，1993。

〔英〕伯特兰·罗素：《教育与美好生活》，杨汉麟译，河北人民出版社，1999。

〔英〕约翰·洛克：《教育漫话》，徐诚、杨汉麟译，河北人民出版社，1998。

〔德〕马丁·布伯：《人与人》，张见、韦海英译，作家出版社，1992

马和民主编《新编教育社会学》，华东师范大学出版社，2009。

马金东主编《终身教育体系下社区教育实践研究》，高等教育出版社，2011。

马秋帆、熊明安编《晏阳初教育论著选》，人民教育出版社，1993。

马秋帆编《梁漱溟教育论著选》，人民教育出版社，1994。

马叔平、郑晓齐编《论社区教育发展模式——适应北京地区经济发展的社区化教育模式研究》，高等教育出版社，2001。

马宗荣、黄雪章编著《中国成人教育问题》（上），商务印书馆，1937。

马宗荣、蓝淑华：《社会教育原理与社会教育事业》，文通书局，1942。

马宗荣：《比较社会教育》，世界书局，1933。

马宗荣：《大时代社会教育新论》，文通书局，1941。

马宗荣：《社会教育概说》，商务印书馆，1933。

马宗荣：《现代社会教育泛论》，世界书局，1934。

毛礼锐、沈灌群主编《中国教育通史》第 3 卷，山东教育出版社，1987。

毛礼锐、沈灌群主编《中国教育通史》第 5 卷，山东教育出版社，1988。

毛礼锐、沈灌群主编《中国教育通史》第 6 卷，山东教育出版社，1989。

茅仲英、唐孝纯编《俞庆棠教育论著选》，人民教育出版社，1992。

古楳：《民众教育新动向》，中华书局，1946。

孟宪承编著《民众教育》，世界书局，1933。

苗春德主编《中国近代乡村教育史》，人民教育出版社，2004。

欧阳璋主编《成人教育大事记（1949—1986 年）》，北京出版社，1987。

潘洪建：《致知与致思：课程改革的知识论透视》，山东教育出版社，2015。

裴娣娜等：《教育实验评价的研究》，四川教育出版社，1997。

戚万学主编《高等教育学》，山东大学出版社，2008。

〔英〕齐格蒙特·鲍曼：《共同体：在一个不确定的世界中寻找安全》，欧阳景根译，江苏人民出版社，2003。

钱承旦主编《世界现代化历程》（总论卷），江苏人民出版社，2015。

秦柳方、武葆邨编著《民众教育》，世界书局，1933。

邱梦华等编著《城市社区治理》，清华大学出版社，2013。

邱冶新编《民众学校教材及教学法》，中华书局，1938。

人民教育出版社编《毛泽东同志论教育工作》，人民教育出版社，1992。

〔美〕塞缪尔·P. 亨廷顿：《变化社会中的政治秩序》，王冠华、刘为等译，上海人民出版社，2008。

桑宁霞主编《社区教育概论》，中国社会科学出版社，2002。

陕西师范大学教育研究所编《陕甘宁边区社会教育资料》（社会教育部分）（上），教育科学出版社，1981。

上海市教育局编《上海市民众识字读本》第 1 册，上海商务印书馆，1935。

上海市徐汇区教育局：《创新文化引领社区教育管理体制发展的研究》，上海文化出版社，2013。

上海市学习型社会建设与终身教育促进委员会办公室、上海市学习型社会建设服务指导中心办公室编《实验与示范（三）——上海市社区教育实验工作总结（2011—2012）》，上海人民出版社，2011。

上海终身教育研究院主编《中国终身教育研究》，上海交通大学出版社，2020。

邵宏主编《社区教育新视野》，浙江人民出版社，2006。

沈百英编《新时代民众学校识字课本》，商务印书馆，1933。

沈同、邢造宇主编《标准化理论与实践》，中国计量出版社，2005。

施良方：《课程理论——课程的基础、原理与问题》，教育科学出版社，1996。

石场、卓斯廉、汪志广：《社区教育与学习型社区》，中国社会出版社，2005。

石中英：《教育哲学导论》，北京师范大学出版社，2004。

史金豹、李金迎主编《社区教育回眸》，天津教育出版社，2008。

舒辉编著《标准化理论与实务》，经济管理出版社，2000。

四川省国民教育委员会编著《中心学校国民学校社会教育实施纲要》，四川省政府教育厅，1940。

宋恩荣主编《晏阳初全集》第1卷，湖南教育出版社，1989。

绥远省民众教育所编《绥远社会教育所一览》，绥远省民众教育所，1933。

孙柏瑛：《当代地方治理：面向21世纪的挑战》，中国人民大学出版社，2004。

孙桂华：《社区学院实践探究》，北京航空航天大学出版社，2009。

孙杰：《五四时期教育目标研究》，中国社会科学出版社，2012。

孙绵涛主编《教育政策学》，武汉工业大学出版社，1997。

孙培青主编《中国教育史》，华东师范大学出版社，2000。

邰爽秋编著《教育调查》（上），教育印书合作社，1931。

谭虎娃：《延安时期马克思主义大众化研究》，人民出版社，2014。

〔美〕汤姆·范德·阿尔克、莉迪亚·多宾斯：《如何利用学校网络进行项目式学习和个性化学习》，吕璀璀、刘白玉译，中国青年出版社，2019。

〔美〕唐·倍根、唐纳德·R.格莱叶：《学校与社区关系》，周海涛主译，重庆大学出版社，2003。

田晓明主编《高阳教育文选》，苏州大学出版社，2012。

田正平主编《中外教育交流史》，广东教育出版社，2004。

〔法〕托克维尔：《论美国的民主》，张杨译，湖南文艺出版社，2011。

〔美〕托马斯·库恩：《科学革命的结构》，金吾伦、胡新和译，北京大学出版社，2003。

汪国新主编《中国社区教育30年名家访谈》，浙江科学技术出版社，2010。

王北生、姬忠林主编《成人教育概论》，河南大学出版社，1999。

王本壮主编《社区终身学习体系的政策、理论与实务》，师大书苑有限公司，2007。

王策三：《教育论集》，人民教育出版社，2002。

王承绪主编《比较教育学史》，人民教育出版社，1999。

王道俊、郭文安主编《主体教育论》，人民教育出版社，2005。

王政彦：《终生学习社区合作网络的发展》，五南图书出版公司，2002。

〔美〕威廉·N.邓恩：《公共政策分析导论》，谢明等译，中国人民大学出版社，2002。

魏晨明：《社区教育概论》，青岛出版社，2009。

无锡县立民众教育馆编《无锡县立民众教育馆概况报告》，无锡县立民众教育馆，1931。

吴建军、毛长红主编《学习化社区建设指南》，地质出版社，2002。

吴立明主编《公共政策分析》，厦门大学出版社，2006。

吴学信编著《社会教育史》，商务印书馆，1939。

吴雨农：《定县牛村的平民教育》，中华平民教育促进会，1929。

吴遵民：《现代中国终身教育论——中国终身教育思想及其政策的形成和展开》，上海教育出版社，2003。

奚从清：《角色论——个人与社会的互动》，浙江大学出版社，2010。

项柏仁等：《社会教育的组织领导和方法》，新民主出版社，1949。

〔日〕小林文人、〔日〕末本诚、吴遵民：《当代社区教育新视野——社区教育理论与实践的国际比较》，上海教育出版社，2003。

肖锋主编《杭州社区教育发展报告 1989—2009》，浙江科学技术出版社，2009。

肖甦主编《转型与提升 教师教育的改革与发展》，山东教育出版社，2015。

谢维和等：《中国的教育公平与教育发展（1990—2005）——关于教育公平的一种新的理论假设及其初步证明》，教育科学出版社，2008。

徐晨编著《公共政策》第 2 版，对外经济贸易大学出版社，2015。

徐继存、张广君主编《当代课程论文选》，山东教育出版社，2013。

徐魁鸿：《中国社区学院运行机制研究》，厦门大学出版社，2015。

徐勉一等编《识字课本》，工人出版社，1950。

徐永祥：《社区发展论》，华东理工大学出版社，2003。

许公鉴：《中国社会教育新论》，中国文化服务社，1948。

〔美〕雪伦·B. 梅里安编《成人学习理论的新进展》，黄健等译，中国人民大学出版社，2006。

〔德〕雅斯贝尔斯：《什么是教育》，邹进译，生活·读书·新知三联书店，1991。

〔古希腊〕亚里士多德：《尼各马可伦理学》，廖申白译注，商务印书馆，2003。

〔美〕亚历山大·温特：《国际政治的社会理论》，秦亚青译，上海人民出版社，2014。

晏阳初、傅若愚编《平民千字课》，青年会全国协会，1925。

晏阳初编《平民教育概论》，商务印书馆，1928。

杨德广主编《高等教育学概论》，华东师范大学出版社，2002。

杨佩文编著《民众教育实施法》，商务印书馆，1937。

杨应崧、孔祥羽主编《构建学习型城市——上海社区学院巡礼》，上海交通大学出版社，2003。

杨志坚主编《中国社区教育发展报告（2013—2014 年）》，中央广播电视大学出版社，2015。

杨志坚主编《中国社区教育发展报告（1985—2011 年）》，中央广播电视大学出版社，2012。

叶澜：《教育概论》，人民教育出版社，1999。

叶澜：《教育研究方法论初探》，上海教育出版社，1999。

叶忠海：《社区教育学基础》，上海大学出版社，2000。

叶忠海：《21世纪初中国社区教育发展研究》，中国海洋大学出版社，2006。

于歌：《现代化的本质》，江西人民出版社，2009。

于志晶等：《吉林省社区教育发展模式研究》，吉林大学出版社，2008。

余寄编译《社会教育》，中华书局，1917。

余文森：《从有效教学走向卓越教学》，华东师范大学出版社，2015。

俞可平：《论国家治理现代化》，社会科学文献出版社，2015。

俞庆棠编著《民众教育》，正中书局，1935。

俞庆棠编著《师范学校民众教育》，正中书局，1946。

俞雍衡：《通俗讲演》，浙江省立图书馆，1931。

袁采主编《上海社区教育的实践和认识》，上海社会科学院出版社，1989。

袁纯清：《共生理论——兼论小型经济》，经济科学出版社，1998。

〔美〕约翰·克莱顿·托马斯：《公共决策中的公民参与：公共管理者新技能与新策略》，孙柏瑛等译，中国人民大学出版社，2005。

〔美〕约翰·罗尔斯：《正义论》，何怀宏、何包钢、廖申白译，中国社会科学出版社，1988。

〔美〕约翰·罗尔斯：《政治自由主义》（增订版），万俊人译，译林出版社，2011。

〔美〕约翰·奈斯比特：《大趋势——改变我们生活的十个新方向》，梅艳译，中国社会科学出版社，1984。

翟博：《教育均衡论——中国基础教育均衡发展实证分析》，人民教育出版社，2008。

〔美〕詹姆斯·米奇利：《社会发展——社会福利视角下的发展观》，苗正民译，格致出版社、上海人民出版社，2009。

张敦福主编《现代社会学教程》，高等教育出版社，2001。

张瑞璠、王承绪主编《中外教育比较史纲》（现代卷），山东教育出版社，1997。

张华：《课程与教学论》，上海教育出版社，2003。

张金马主编《政策科学导论》，中国人民大学出版社，1992。

张乐天主编《教育政策法规的理论与实践》，华东师范大学出版社，2002。

张武升、柳夕浪：《教育实验的本质与规范》，四川教育出版社，1997。

张雅晶：《台湾社区教育概述》，中国社会出版社，2005。

张燕农、张琪：《社区教育发展模式的理论与实践研究》，首都师范大学出版社，2011。

章志光主编《社会心理学》，人民教育出版社，2008。

章志光主编《心理学》，人民教育出版社，2002。

赵健：《学习共同体的建构》，上海教育出版社，2008。

赵健：《学习共同体——关于学习的社会文化分析》，华东师范大学出版社，2006。

赵冕编著《社会教育行政》，商务印书馆，1938。

郑金洲主编《对话教学》，福建教育出版社，2005。

《中共党史教学参考资料（一）》，人民出版社，1957。

《列宁全集》第 2 卷，人民出版社，1984。

《马克思恩格斯全集》第 23 卷，人民出版社，1972。

中共中央文献研究室编《建国以来重要文献选编》第 11 册，中央文献出版社，1995。

中国蔡元培研究会编《蔡元培全集》第 2 卷，浙江教育出版社，1997。

中国第二历史档案馆编《中华民国史档案资料汇编》第 3 辑，江苏古籍出版社，1991。

中国第二历史档案馆编《中华民国史档案资料汇编》第 5 辑第 1 编教育 2，江苏古籍出版社，1994。

中华民国大学院编纂《全国教育会议报告》，商务印书馆，1928。

中央教育科学研究所编《老解放区教育资料》（二·下），教育科学出版社，1986。

钟灵秀编著《社会教育大纲》，中央训练委员会内政部，1941。

钟灵秀编著《社会教育行政》，正中书局，1947。

钟启泉、高文、赵中建主编《多维视角下的教育理论与思潮》，教育科学出版社，2004。

钟启泉主编《课程与教学概论》，华东师范大学出版社，2004。

钟启泉编著《现代课程论》，上海教育出版社，2006。

周延军编著《新时代社区教育若干问题研究》，北京时代华文书局，2020。

朱绍云编《河南汲县香泉民众学校报告》，河南村治学院同学会，1932。

朱熹撰《四书章句集注》，中华书局，1983。

朱永新：《新教育实验　为中国教育探路》，中国人民大学出版社，2017。

朱有瓛等编《中国近代教育史资料汇编　教育行政机构及教育团体》，上海教育出版社，2007。

朱有瓛主编《中国近代学制史料》第3辑（下），华东师范大学出版社，1992。

朱智贤：《通俗讲演设施法》，山东省立民众教育出版部，1932。

〔日〕筑波大学教育学研究会编《现代教育学基础》，钟启泉译，上海教育出版社，2003。

庄泽宣：《如何使新教育中国化》，民智书局，1929。

邹平林：《现时代的理性、自由与意义——黑格尔、马克思以及哈贝马斯的现代性思想研究》，江西人民出版社，2014。

三　博士学位论文

崔运政：《财政分权与完善地方财政体制研究》，博士学位论文，财政部财政科学研究所，2011。

江涛：《人类学视野中的乡村教化（1949—2014）——以伍村为个案》，博士学位论文，东北师范大学，2015。

李姗姗：《他者教育理论本土化问题研究》，博士学位论文，东北师范大学，2010。

刘春朝：《终身学习视角下的我国社区学院发展研究》，博士学位论文，中国矿业大学，2013。

刘宗锦：《我国城市社区教育协同治理研究》，博士学位论文，天津大学，2017。

秦钠：《中日都市社区教育比较研究——以上海和大阪为例》，博士学位论文，上海大学，2006。

孙亚玲：《课堂教学有效性标准研究》，博士学位论文，华东师范大学，2004。

谭娅：《对我国专项转移支付改革的研究》，博士学位论文，财政部财政科学研究所，2014。

田芬：《基础教育均衡发展研究》，博士学位论文，苏州大学，2004。

王英：《中国社区老年教育研究》，博士学位论文，南开大学，2009。

王玉珏：《抗战时期陕甘宁边区社会教育研究》，博士学位论文，西南交通大学，2013。

吴家虎：《革命与教化：毛泽东时代乡村文化的一项微观研究》，博士学位论文，南开大学，2012。

夏晓丽：《城市社区治理中的公民参与问题研究》，博士学位论文，山东大学，2011。

辛萌：《山西革命根据地社会教育研究》，博士学位论文，山西大学，2017。

杨才林：《"作新民"、"唤起民众"——民国社会教育研究》，博士学位论文，首都师范大学，2007。

袁媛：《热闹而寂寞的乡村教化——基于建国后石村社会教育历史人类学考察的研究》，博士学位论文，东北师范大学，2010。

张蓉：《中国近代民众教育思潮的研究》，博士学位论文，华东师范大学，2001。

朱鸿章：《社区教育政策与公民学习权保障的研究》，博士学位论文，华东师范大学，2012。

朱一丹：《吉林通俗教育讲演所研究（1915—1931）》，博士学位论文，吉林大学，2016。

朱煜：《江苏民众教育馆研究（1928~1937）》，博士学位论文，苏州大学，2012。

四　硕士学位论文

薄运玲：《试论建国后十七年河南农村的社会教育》，硕士学位论文，河南大学，2002。

陈建美：《瑞典学习圈运作模式及对我国社区学习圈的启示》，硕士学位论文，四川师范大学，2015。

陈建蓉：《社区教育资源开发研究——基于太仓市县府社区的调查》，硕士学位论文，江南大学，2014。

陈翾：《中日社区思想政治教育比较研究》，硕士学位论文，暨南大学，2011。

陈娅慧：《新农村社区教育发展问题及对策研究——以江苏省 K 市为例》，硕士学位论文，西华师范大学，2015。

邓璐：《区域性学校与社区合作问题研究——以上海市浦东新区为例》，硕士学位论文，华东师范大学，2007。

邓爽：《雷锋形象的塑造与民众动员——以 1963—1966 年上海"学雷锋"运动为例》，硕士学位论文，复旦大学，2012。

董业勷：《"文革"时期曲阜"批林批孔"运动研究》，硕士学位论文，曲阜师范大学，2010。

杜君英：《社区教育课程开发研究》，硕士学位论文，华东师范大学，2005。

冯映辉：《美国社区学院多元化教育经费投入研究》，硕士学位论文，郑州大学，2016。

高博：《社区教育在促进教育公平中的作用与局限》，硕士学位论文，陕西师范大学，2009。

关珊珊：《社区教育教学满意度研究——基于上海市闸北区的调查研究》，硕士学位论文，华东师范大学，2014。

管翔：《社区教育经费居民捐赠筹集行为影响因素的实证分析——以成都市为例》，硕士学位论文，西南交通大学，2018。

郭振超：《职业依附与认同冲突——上海社区教育专职教师职业认同的叙事研究》，硕士学位论文，华东师范大学，2011。

何铁彪：《关于呼和浩特市社区教育与中小学教育协调发展的思考》，硕士学位论文，内蒙古师范大学，2004。

侯龙真：《曲阜市农村新型社区教育发展研究》，硕士学位论文，曲阜师范大学，2016。

胡蕙芳：《关于我国学习型社区构建的研究》，硕士学位论文，广西师范大学，2004。

江蕾：《中国大都市中心城区社区教育经费管理研究》，硕士学位论文，华东师范大学，2007。

李福岭：《社区教育资源整合研究——基于上海市虹口区的调查》，硕士学位论文，华东师范大学，2011。

李荟：《政府在社区教育中的公共服务职能研究》，硕士学位论文，浙江工业大学，2012。

李梦真：《社区教育工作者生存状态研究——以宁波市为例》，硕士学位论文，宁波大学，2019。

李晓飞：《信息化社区教育研究》，硕士学位论文，华东师范大学，2002。

李云水：《县办社区学院的理论与实践研究》，硕士学位论文，天津大学，2003。

李征：《社区教育资源开发研究——基于上海市闸北区的现状分析》，硕士学位论文，华东师范大学，2004。

李支连：《城市社区思想政治教育机制创新探析》，硕士学位论文，苏州大学，2010。

林洁：《成都市社区教育教师队伍建设研究》，硕士学位论文，四川师范大学，2017。

林宁：《复杂性视阈下的教育研究范式探究》，硕士学位论文，河南大学，2006。

刘芳：《社区教育发展中社会资源的开发和利用》，硕士学位论文，上海师范大学，2004。

刘硕宇：《金州新区社区教育工作现状调查研究》，硕士学位论文，大连理工大学，2014。

刘沂青：《基于京津冀协同发展的保定市社区教育策略研究》，硕士学位论文，河北大学，2016。

刘云堤：《大理州宾川县社区教育现状与发展对策研究》，硕士学位论文，云南师范大学，2013。

楼建丽：《浙江省 XCQ 社区学院实践研究》，硕士学位论文，华东师范大学，2008。

卢筱媚：《新型城镇化中宁波社区教育一体化发展研究——基于四地

社区教育调查》，硕士学位论文，宁波大学，2015。

栾精靓：《美、德、日社区教育发展的成功经验及对我国的启示》，硕士学位论文，黑龙江大学，2008。

马千帆：《成都市社区学院课程开发研究》，硕士学位论文，四川师范大学，2016。

南红伟：《我国社区教育工作者专业化发展研究》，硕士学位论文，曲阜师范大学，2010。

欧阳忠明：《江西省社区教育发展模式研究》，硕士学位论文，南昌大学，2006。

庞莎莎：《西北联大社会教育研究》，硕士学位论文，西北大学，2014。

石颖：《广西农村社区教育教师队伍建设研究——以桂林市为例》，硕士学位论文，广西师范大学，2016。

孙璐：《学校与社区合作伙伴关系的建构研究》，硕士学位论文，福建师范大学，2011。

谈利雅：《中美社区思想政治教育比较研究》，硕士学位论文，吉首大学，2014。

唐彬源：《清末半日学堂研究》，硕士学位论文，上海社会科学院，2017。

万克宝：《城市社区思想政治教育的方法研究——基于戴维·伊斯顿的系统分析理论》，硕士学位论文，安徽大学，2012。

王峰：《社区教育数字化学习资源应用研究——基于上海市两个区的现状调查》，硕士学位论文，上海师范大学，2013。

王福霞：《城市社区思想政治工作研究》，硕士学位论文，西南师范大学，2002。

王昊巍：《新中国成立初期上海工人扫盲教育研究（1950—1956）》，硕士学位论文，华东师范大学，2017。

王瑞琪：《中国社区教育社会化推进策略研究》，硕士学位论文，山西大学，2013。

王文群：《中心城区社区教育的发展工作现状与对策研究——以南昌市西湖区为例》，硕士学位论文，江西师范大学，2011。

王永川：《社区教育工作者专业素养的缺失与对策研究——以重庆市S区为个案》，硕士学位论文，西南大学，2010。

王玉环：《1966 年〈科尔曼报告〉研究》，硕士学位论文，河北大学，2015。

王志强：《我国社区学院发展中的问题及对策研究》，硕士学位论文，首都师范大学，2008。

魏国良：《上海市社区学校教师队伍建设的研究》，硕士学位论文，上海师范大学，2010。

谢飞：《抗战时期陕甘宁边区社会教育研究》，硕士学位论文，兰州大学，2010。

熊菲：《中美城市社区教育工作者的专业化比较研究》，硕士学位论文，南昌大学，2011。

胥英明：《中国主要社区教育模式研究》，硕士学位论文，河北大学，2000。

杨秀彤：《上海市社区教育专职教师专业素养提升研究》，硕士学位论文，上海师范大学，2013。

姚取科：《农村社区教育问题研究——以湖南省湘阴县楠竹山村为例》，硕士学位论文，湖南农业大学，2013。

仪淑丽：《中央苏区的社会教育研究》，硕士学位论文，福建师范大学，2003。

游赛红：《社区教育教材开发的现状研究——以上海市五所社区学校为例》，硕士学位论文，华东师范大学，2015。

詹凯：《建国初期四川的社会教育研究（1949—1956）》，硕士学位论文，西南交通大学，2014。

张昌波：《走向构建终身教育体系——我国城市社区教育的理论与实践探索》，硕士学位论文，广西师范大学，2003。

张利纳：《新型城镇化背景下农村社区教育课程建设研究》，硕士学位论文，山西大学，2015。

张书娟：《社区教育专职教师胜任素质模型研究——以上海市为例》，硕士学位论文，华东师范大学，2010。

张艳：《我国社区教育政策及其价值取向探究》，硕士学位论文，华东师范大学，2010。

张泽平：《论大学和社区的合作》，硕士学位论文，山西大学，2013。

赵华：《论社区教育课程的性质定位——基于上海市社区学校课程建设的现状调查》，硕士学位论文，华东师范大学，2014。

郑玉：《成都市社区居民公民意识培育研究——以成都市五城区社区学院为例》，硕士学位论文，四川师范大学，2019。

周业双：《城市社区教育课程开发研究——以重庆市渝中区为个案》，硕士学位论文，西南大学，2018。

朱亚勤：《松江区社区学院（学校）教师能力提升研究》，硕士学位论文，华东政法大学，2018。

五　外文文献

G. Adekola, "Establishing a Link between Adult Education and Community Development for Improved Teaching, Learning and Practice of the Concepts," *Global Journal of Educational Research* 11 (2012).

Alex Molnar et al., Virtual Schools in the U. S. 2019 (National Education Policy Center, Boulder, 2019).

Boston University The Community Service Center: Programs, Projects, and Events, http://www. bu. edu/csc/community-service-center-programs.

Brian Findsen, Marvin Formosa, eds., *International Perspectives on Older Adult Education* (Switzerland: Springer International Publishing, 2016).

Chicago Universirty University Community Service Center: Programs, https://ucsc. uchicago. edu/page/programs.

CU Government and Community Affairs: Community Newsletter Spring, http://gca. columbia. edu/files/gca/content/Community% 20Newsletter% 20 Spring% 202016. pdf.

D. Randy Garrison, Norman D. Vaughan, *Blended Learning in Higher Education: Framework, Principles, and Guideline* (San Francisco: John Wiley & Sons, Inc., 2007).

Edgar Litt, "Civic Education, Community Norms, and Political Indoctrination," *American Sociological Review* 28 (1963).

Grace Ko et al., "Enhancing Student-Centered Blended Teaching Competency: A South Korean Teacher PD Case Study, " *Journal of Technology and Teacher Education* 29 (2021).

George H. Higginbottom, Richard M. Romano, "Appraising the Efficacy of Civic Education at the Community College, " *New Directions for Community Colleges* 136 (2006).

Harry C. Boyte, "Community Service and Civic Education, " *Phi Delta Kappan* 72 (1991).

Khalilurahman Hanif, Adult Literacy Teaching and Learning at Community Learning Centers in Afghanistan: A Research Study of Adult Literacy Teaching and Learning-Challenges and Opportunities from the Facilitators and Learners' Points of View at Community Learning Centers (master's thesis, Karlstad University, 2015).

Lisel O'Dwyer, Mandy Mihelic, Provision of Foundation Skills Training by Community Education Providers in Regional Australia (Adelaide: National Centre for Vocational Education Research, 2021).

Nan B. Hu et al. , Planning and Developing Community Colleges in China (paper presented at the conference "Toward the 21st Century: The Trends in World Education Development and China's Education Reform, " Washington D. C. , 1996).

Nicholas V. Longo, *Why Community Matters: Connecting Education with Civic Life* (Albany: SUNY Press, 2007).

Pius S. Kartasasmita, "Beyond Project Compliance: Unintended Social Impact and the Emergency Call for Community Education in West Tarum Canal, " *Journal of Social Studies Education Research* 11 (2020).

Rosalind L. Raby, Edward J. Valeau, "Community College Global Counterparts: Historical Contexts, " *Research in Comparative and International Education* 8 (2013).

Rosalind L. Raby, Edward J. Valeau, eds. , *Community College Models: Globalization and Higher Education Reform* (Dordrecht: Springer, 2009).

Scott London, *Doing Democracy: How a Network of Grassroots Organizations Is Strengthening Community, Building Capacity, and Shaping a New Kind of Civic Educa-*

tion (Dayton: Kettering Foundation, 2010).

Sherry R. Arnstein, "A Ladder of Citizen Participation, " *Journal of the A-merican Institute of Planners* 4(1969).

The Washington State Board for Community and Technical Colleges: SBCTC Policy Manual, http://www. sbctc. edu/colleges－staff/policies－rules/policy－manual/chapter－4. aspx#section－appendix－g.

William J. Cirone, Barbara Margerum, "Models of Citizen Involvement and Community Education, National Civic Review, " *National Civic Review* 76 (1987).

Yi(Leaf) Zhang, "Models of Community Colleges in Mainland China, " *New Directions for Community Colleges* 177 (2017).

后 记

社区教育作为现代教育体系的重要组成部分,正在中国大地上蓬勃发展,在构建服务全民终身学习的教育体系中发挥着越来越重要的作用。百余年来,我国无数的社区教育工作者投身于社区教育实践,进行了大量的探索。回顾这段历程,深感其间的经验与教训都应成为我国当前及今后社区教育发展的借鉴。于是,就有了这样一本回望与反思社区教育百年发展历史的拙作。本书不仅重视"史",披览和发掘了大量的历史文献,而且还特别重视"论",即特别关注我国社区教育的现实问题,着力于对其进行比较深入的学术思考。当然,由于相关史料众多,而且社区教育尚属较新的事物,其间存在的理论与实践问题用"成山成堆"去形容也不为过,囿于笔者的能力与水平,难免有挂一漏万及不当之处,还盼读者能提出宝贵意见,批评指正。

本书是我主持的国家社会科学基金"十三五规划"2019年度教育学一般项目的最终成果(项目编号:BKA190225)。本书得以面世,要感谢的人太多:感谢全国教育科学规划办批准这项课题的立项,感谢四川师范大学教育科学学院对本书出版的资助,感谢西南大学廖其发教授、华东师范大学吴遵民教授、四川师范大学吴定初教授等对我的支持,感谢课题组所有成员的付出,感谢社会科学文献出版社李晨老师等的辛勤劳动。另外,四川师范大学杜学元教授及北京盈科(成都)律师事务所的郑少飞博士参与撰写了本书第八章、第九章部分内容,西华师范大学刘永红教授、刘文怡老师参与撰写了第六章部分内容,在此一并说明及致谢。

四川师范大学教育科学学院　邵晓枫

2023 年 5 月 16 日

图书在版编目（CIP）数据

百年中国社区教育发展的历史反思与前瞻：1912-
2020 / 邵晓枫著. -- 北京：社会科学文献出版社，
2023.6（2024.9 重印）
　ISBN 978-7-5228-2027-9

　Ⅰ.①百…　Ⅱ.①邵…　Ⅲ.①社区教育-研究-中国
-1912-2020　Ⅳ.①G779.2

中国国家版本馆 CIP 数据核字（2023）第 110429 号

百年中国社区教育发展的历史反思与前瞻（1912～2020）

著　　者 / 邵晓枫

出 版 人 / 冀祥德
责任编辑 / 李　晨
责任印制 / 王京美

出　　版 / 社会科学文献出版社
　　　　　地址：北京市北三环中路甲 29 号院华龙大厦　邮编：100029
　　　　　网址：www.ssap.com.cn
发　　行 / 社会科学文献出版社（010）59367028
印　　装 / 唐山玺诚印务有限公司

规　　格 / 开　本：787mm×1092mm　1/16
　　　　　印　张：42　字　数：653 千字
版　　次 / 2023 年 6 月第 1 版　2024 年 9 月第 2 次印刷
书　　号 / ISBN 978-7-5228-2027-9
定　　价 / 98.00 元

读者服务电话：4008918866